新闻出版博物馆 文库·研究

近现代出版与新知识传播

复旦大学历史学系
中国近现代新闻出版博物馆　编

中 华 书 局

图书在版编目(CIP)数据

近现代出版与新知识传播/复旦大学历史学系,中国近现代新闻出版博物馆编. —北京:中华书局,2023.12
(新闻出版博物馆文库)
ISBN 978-7-101-16331-5

Ⅰ.近… Ⅱ.①复…②中… Ⅲ.①出版事业-文化史-中国-近现代②知识传播-研究-中国-近现代 Ⅳ.①G239.295②G219.2

中国国家版本馆 CIP 数据核字(2023)第 168492 号

书　　　名	近现代出版与新知识传播	
编　　　者	复旦大学历史学系　中国近现代新闻出版博物馆	
丛 书 名	新闻出版博物馆文库	
责任编辑	董洪波	
责任印制	陈丽娜	
出版发行	中华书局	
	(北京市丰台区太平桥西里38号　100073)	
	http://www.zhbc.com.cn	
	E-mail:zhbc@zhbc.com.cn	
印　　　刷	三河市中晟雅豪印务有限公司	
版　　　次	2023 年 12 月第 1 版	
	2023 年 12 月第 1 次印刷	
规　　　格	开本/710×1000 毫米　1/16	
	印张 39　插页 2　字数 600 千字	
印　　　数	1-1000 册	
国际书号	ISBN 978-7-101-16331-5	
定　　　价	128.00 元	

目　录

3

全球史视野下的中国近代
出版文化（代序）

邹振环

中国是一个有着悠久出版文化传统的国家，从唐朝起中国就与周边的日本、朝鲜和越南在印刷技术、书籍编辑和出版流通等方面有着多种形式的广泛交流。传统学者对出版史的讨论，或以为可以上溯到宋代沈括《梦溪笔谈》有关泥活字的记载，该书也记述了宋代与朝鲜、日本、东南亚、阿拉伯诸国医药文化交流的史料。明清以后中国在出版物、出版人、出版机构和书坊等方面与日本、朝鲜和越南等有着越来越多的互动，通过出版传播，中华文化对东亚、东南亚等周边地区的文明进程产生了深远的影响。

严格意义上的中国出版史的现代研究，可以追溯至张静庐，他以一人之力自 20 世纪 50 年代起编辑了《中国近代出版史料》《中国现代出版史料》以及《中国出版史料补编》共 8 卷，被很多历史学者视为新中国最初 30 年中国出版史界独步一时的人物。其时上海正在酝酿推动近现代中国出版史研究的计划，60 年代上海出版局曾专门成立了上海出版文献资料编辑所，负责出版史料的征集和编辑，后来编纂有《近现代上海出版界印象记》的朱联保曾经参与过编辑所的资料整理工作。动乱年代，由于种种原因，当时征集的不少资料陆续有散失，中国的出版史研究也陷于停顿，此一期间与海外出版史学者的交流亦几乎完全处于隔离的状态。一个典型的案例是 1966 年在韩国庆州佛国寺释迦塔出土了一件《无垢净光大陀罗尼经》，韩国学者认为该经卷应该刻印于 8 世纪时的新罗王国，是世界上最早的印刷品，进而提出印刷术起源于朝鲜半岛的假设。1967年美国哥伦比亚大学学者雷德雅(Gari Ledyard)和美国汉学家兼印刷史家富路特(Luther Carrington Goodrich)将此一重大发现公布于《纽约时报》,成为轰动当时世界的新闻。可惜直至1979年,中国著名的出版史研究者胡道静通过归国访问的美国芝加哥大学东亚图书馆馆长钱存训才得晓此事,并在《书林》杂志上作了介绍。1980年的《书林》和《图书馆研究》相继发表了十多年前美国学者富路特、韩国学者李弘植的相关论文的译文,引起了中国学者的热烈讨论。张秀民、钱存训、潘吉星等学者纷纷撰文,指出庆州本《陀罗尼经》的刊刻地应该在中国。这一段中外学者有关《无垢净光大陀罗尼经》的讨论,提示着世界范围内出版文化交流史研究的重要性。缺乏全球视野,意味着一旦出版史相关信息闭塞,研究的话语权就容易失落。

随着80年代改革开放,中国出版史研究掀起热潮,并很快在中国大江南北形成了相当的规模。1982年由上海出版工作者协会会长宋原放和吉少甫等老出版人推动出版史研究,其标志性的事件一是1982年12月《出版史料》在上海问世;二是在北京成立了出版科学研究所,以新闻出版署党史资料征集的名义,1989年在全国26个省成立了相应的机构,并在征集党史及近代革命出版传统资料的同时,组织近现代出版史史料的整理和研究。新闻出版署还先后在湖南的大庸(张家界)、山西的太原等地召开了几次近现代出版史的学术研讨会,作为会议论文集问世的有《中国近代现代出版史学术讨论会文集》《新民主主义革命时期出版史学术讨论会文集》和《近现代中国出版优良传统研究》。随着各省出版志开始纂修,各地也有相当力量致力于出版史志研究的开展,其间最有成绩的要数江苏省出版史志编纂委员会编辑部推出的十余种"出版史志丛书"(江苏人民出版社出版)。1987年以商务印书馆90周年纪念为契机,商务印书馆也以张元济和商务印书馆为中心展开资料整理和研究,先后问世的有《商务印书馆九十年》《商务印书馆九十五年》《商务印书馆一百年》《商务印书馆一百一十年》《商务印书馆120年大事记》等。中国出版史研究出现了第一个具有系统性和连续性的典型个案研究,为中国出版史研究的纵深发展奠定了基石。

20世纪90年代中期以后规模性的出版史研究走向低谷,出版史研究演变为学者和部分出版机构的个别行为,其间标志性的出版物有叶再生主编的6期《出版史研究》;广西教育出版社从1999年开始为推动出版史研究不懈努力,如出版有孙晶的《文化生活出版社与现代文学》、刘纳《创造社与泰东图书局》,该社出版的"20 世纪中国出版文化丛书"先后推出了邹振环的《20 世纪上海翻译出版与文化变迁》、汪家熔的《出版人的文化追求》和张志强的《20 世纪中国的出版研究》等。出版史研究也进入了博士论文的选题,如王建辉的《文化的商务》(商务印书馆)、史春风《商务印书馆与中国近代文化》(北京大学出版社)、周其厚《中华书局与近代文化》(中华书局)等。综览上述研究,尽管在资料整理方面的成绩颇为可观,且在若干个案的研究上也有独到的见识,但总体研究上的不足非常明显,方法相对陈旧,对于海外的出版史成果的利用也非常有限。

为了推进中国出版史和出版文化交流史的研究,2008 年 11 月 8 日—9日,复旦大学历史系与上海新闻出版局出版博物馆(筹)共同策划,联合在上海主办了以"历史上的中国出版与东亚文化交流"为主题的国际学术研讨会。作为首届以出版文化交流史为主题的国际会议,受到了中外学界的高度关注,来自日本、美国、德国、挪威、中国大陆和中国港台等地的近百位海内外学者参加了研讨会,并提交了高质量的学术论文。之后笔者和上海新闻出版局出版博物馆(筹)负责人林丽成老师先后联系了中国香港的郑培凯、日本的沈国威和陶德民,以及北京的张西平等,共同策划了为期五年的旨在"把出版史研究放在国际交流的平台上"的学术合作计划。2009 年 11 月,郑培凯教授接续在香港城市大学中国文化中心主办了第二届题为"出版文化的新世界:香港与上海"的国际学术研讨会;2010 年 10 月,又与日本关西大学文化交涉学教育研究中心共同策划,主办了第三届题为"印刷出版与知识环流——16 世纪以后的东亚"的国际研讨会;经与张西平教授商议,2011 年 11 月又在首都与北京外国语大学海外汉学研究中心合作,主办了"西学东渐与东亚近代知识的形成与交流暨第四届出版史国际学术研讨会"。这一为期五年的学术合作的最后一次会议,是 2012 年 6 月由复旦大学历史系、中国近现代新闻出版博物馆、中华书局、上海辞书出版社联合主办的"中华书局与中国近现代文化"国际学术研讨会。五届国际学术会议和之后推出的五部厚重的学术论文集,由郑培凯、周振鹤、张西平、葛兆光等著名学者作序,首次将中国出版史研究放在东西文化交流史的框架下,开创了一个崭新的国际学术交流平台,以整体的面貌向学界展示了海内外中外出版交流史的研究力量。

2019 年,随着中国近现代新闻出版博物馆馆址的选定和正式筹建,新一轮的出版史研究计划得以重启。2021 年 5 月,克服疫情带来的困难,由复旦大学历史系和中国近现代新闻出版博物馆合作主办的"近现代马列主义文献汉译出版"研讨会在美丽的江南古镇朱家角举办。"新闻出版博物馆·研究"系列连续编辑出版了六部从 33 万至 60 万字不等篇幅的论文集,先后由百家出版社、上海人民出版社和中华书局推出。可以毫不夸张地说,21 世纪前二十年,中国出版文化史研究由于海内外学者的共同参与,已进入了快车道。近期出版史研究热点在高校和研究机构呈现多点散发的趋势,如由浙江大学郝田虎、冯国栋,以及商务印书馆杜非等发起的"中西比较文献学与书籍史工作坊",致力于整合国内研究中西文献学与书籍史的研究力量,开展对话与交流,迄今已分别在浙江大学、河南大学、山东大学、北京印刷学院和上海外国语大学成功举办了五届。

中国出版史研究经历了若干年快速发展,给中国出版文化交流史研究注入了活力。出版史的研究涉及印刷技术、装裱艺术、纸张、雕版、流通、商贸等领域,更重要的还需要新的理论和方法。既有许多不同领域的研究者纷纷介入出版史的研究,引入了其他领域如文化社会学、知识社会学、书籍史、文化传播学、阅读史等的新理论与新方法。第二次世界大战之后,国外对于出版史的研究有了一个突飞猛进的大发展,年鉴学派有关出版史和书籍史的研究,如费夫贺(Lucien Febvre)和马尔坦(Henri-Jean Martin)于 1958 年在法国出版的《印刷书的诞生》(*The Coming of the Book*)研究了平面印刷在欧洲出现后的发展、产生的社会影响及它如何影响人们对于社会的态度,又如何造成了大的社会历史变动等一系列问题,以出版为线索,联系到了社会的各个不同领域和不同方面。受年鉴学派直接影响的美国学者罗伯特·达恩顿(Robert Darnton)完成了《启蒙运动的生意》(*The Business of Enlightenment*)一书,更以《百科全书》为线索,将其作为一个生意的运作过程和状况,研究了从启蒙时代一直到法国大革命之前法国和整个欧洲社会及文化思维的变迁。这些成果都多少启发了中国的出版史研究,也为出版文化交流史提供了全球史的视野。

16 至 19 世纪是全球化历史发展的一个关键时期,正是在这一时期以欧洲为中心的西方率先走上了现代化的道路,成为全球化历史的推动者。如何从中国出版史来观照整个亚洲和世界,揭示中国出版史在全球背景下的各个侧面,展现其与世界其他文明区域相较所具有的共通性和特殊性,有助于重新理解世界其他区域出版近代化不同的驱动力。全球史视野具有如下特点:一是否定了"国家本位",以"社会空间"而非"国家"作为审视历史的基本单元,因此"交流"和"互动"就成为研究的一个重要面向;二是关注世界大范围的整体运动,这些年随着域外研究成果和研究理念的引进,社会文化史、书籍史等研究视角与方法在出版史研究中正得到日益广泛的应用,出版交流史的研究范围也得到了空间上的拓展;三是重估出版活动与社会结构之间的关系。传统的古代中外出版交流史研究对象的主体是东亚世界的中国,近代的重点在中国和西方的关系,且西方又主要指西欧部分地区,研究所强调的多是"单向关系"。从全球史的角度来看,这些认识是存在问题的。中国和世界不同地区的文化关系,在 1500 年以来的大部分时间内是双向互动而非单向的交流;不是一种方式,而是多种途径。从 16 世纪开始,中外交往和互动交流的过程又具有全球性。因此,这种出版交流不能将终端停留在古代的东亚和近世的中西。中国出版文化史"整体史观"的建立,离不开"全球化"的历史方法。明清以来以长时段的时空发展为周期,处于东西方海洋活动连接的时代,也正是世界开始进入真正全球化的时代。不仅中国出版史的大结构和大进程的叙述需要宏大的全球化视野,即使其中个体的生存与活动,如人物、书籍和机构的生命史的历史细节,也离不开变动中的宏大背景。

本次"近现代出版与新知识传播"学术研讨会,由复旦大学历史系和中国近现代新闻出版博物馆联合主办,是出版文化交流史研究又一个崭新的开端,在选题上有了前所未有的开拓,如《世界书局教科书的两次竞争与现代教科书市场的型塑》,即属于老书局论题的新解读,将《澳门新闻纸》和《西国近事汇编》作为以官方阅读为主的翻译类文摘报刊来研讨,从近代出版与社会性别的重构来分析商务印书馆老期刊《妇女杂志》,均属于此类研究;也有新论题的开掘,如《上海伊文思书店考略》,考察作为印书馆的灵修院——香港纳匝肋之家等,都是属于填补空白之作。运用报刊新材料是本届研讨会论文的突出特点,如《博医会报》《清议报》《现代》、《证交》半月刊,以及东北沦陷时期《明明》杂志、北平日文报刊史料钩沉;细节研究亦呈现出史无前例的丰富,如《政法类典》《华商行名簿册》以及近代徐家汇出版的教材,等等;对文本及其意义亦已有了破天荒的深入,如《中华百科辞典》与中国现代知识体系建构;从《西学书目表》《东西学书录》《中译德文书籍目录》探究近代东西学书目中的科技类译著分类法,到科学传播与文化传承的角度研讨陈遵妫译的《宇宙壮观》,这些论文呈现出与其他学科的互涉与渗透,都有了空前活跃的实况。

本次研讨会提交的论文,有一个突出的特点,即主动将自己的研究放在全球史的背景下来讨论,如东西方军事、蚕学知识的引入,一方面注意这些知识在其发源地的变化,一方面注意这些知识在旅行过程中发生的各种变异,如加拿大史蒂芬·李科克(Stephen Leacock,1869—1944),其幽默文学虽然没有狄更斯、马克·吐温那样有名,但他却在 20 世纪的四分之一世纪里成了全球英语世界最受欢迎的幽默作家。以《字林西报》和《大陆报》为代表的近代在华早期英文报刊,在此一时段内对其进行了集中报道并追踪了他在西方世界最热门的新作品和创作动向,印证了李科克幽默文学为 30 年代以降逐渐形成的中国现代幽默文学,提供了溯源的线索。近代以来有一个重要的变化是仿效西方脚注,这一书写形式最初可能起源于 19 世纪的德国大学,后来伴随着中西文化交流和印刷媒介、阅读革命的发展在近代中国得以扎根。脚注也可被视为近代知识社会变迁的一则注脚,通过追溯脚注等新的知识形式的发展历程,我们也得以还原晚清民国知识生产和社会变迁的部分历史场景。脚注以及附录、索引、参考文献等在对西方知识文化和其书写习惯的模仿中诞生,同样也是近代全球化背景下中西交融的知识环境的产物。徐家汇印书馆推出的法国人夏之时(Richard Louis,1868—1948)的《法文中国北方坤舆详志》《法文中国坤舆志略》,很快由爱尔兰耶稣会士甘沛澍(Martin Kennelly,1859—1926)于 1908 年译成英文,并对之增补修订,而《华英文中国府厅州县名合表》这一部地理类资料性工具书,正是翻译完成《英文中国坤舆详志》的副产品,颇获中外学界好评。中国学者许彬兼顾科学研究性与文学可读性的《斐洲游记》,呈现出文本形制受外来文化影响的新风貌,呼应了同时期欧洲大陆的博物学兴起,及其与旅行书写相结合的潮流。美国学者玛丽·路易斯·普拉特(Mary Louise Pratt)在《帝国之眼:旅行书写与文化互化》一书指出:"(欧洲人写的关于非欧洲世界的)旅行书赋予欧洲读者大众一种主人翁意识,让他们有权利熟悉正在被探索、入侵、投资、殖民的遥远世界……它们创造一种好奇、兴奋、历险感,甚至引起对欧洲扩张主义的道德热情。"换言之,来自西方科学的解释力量,把这些非欧洲区域都纳入一个以欧洲为中心的全球化的知识框架中,认为由之生产的旅行话语可以创造一种"不需要诉诸征服和暴力的占有方式",而其目的则是着眼于"欧洲殖民未来的种种可能性"。这一论断实在有进一步放到全球史框架下解读的空间。

上述这些新成果都是以往出版史研究者比较忽略的面向。相信中国出版史和中国出版文化交流史的研究将会有一个可持续的发展,我们有理由为此感到振奋。本次会议作为该课题系列会议的新一届,预示着这一国际性研究的平台,可以放到全球史视野下来拓展。

2014 年英国牛津大学出版社推出了苏亚雷斯(Michael F. Suarez S. J.)和伍德胡森(H. R. Woudhuysen)编的《全球书籍史》(The Book: A Global History),以"区域性""本土性"和"国际性"三个不同的维度,细致入微地讲述欧洲各国出版史,尤其对欧洲印刷业崛起的近现代出版史的叙述十分详赡;该书详于欧洲人发明的近代金属活字印刷,但对西方文明之外其他世界古代文明在书籍出版方面所取得的灿烂成就,则一笔带过,甚至说了若干外行话。这些都说明,摒弃出版史研究领域的欧洲中心主义仍任重而道远。十多年前我提出"把出版史研究放在国际交流的平台上"的学术合作计划,在当今的全球化时代,出版史研究正迎来一个新的起点,即以全球视野重新审视中国的出版史,借鉴域外出版史、书籍史研究的理论与方法,站在人类整体文明演进的高度,积极融入全球学术语境,参与国际学术对话,写出具有全球胸襟的中国出版史和出版文化交流史,应当把中国出版史和出版交流史的研究放在一个全球视野下来拓展。全球史视野并非各国历史的简单相加,还包括各国、各地区在历史上的沟通交往与相互影响,这是防止研究碎片化的有效途径。正是基于这样的考虑,中国研究者需要以世界史"他者"视角和国别史不同视界的全球眼光,把中国出版史和出版文化交流史作为一个整体加以观照,强调地区、文明、国家之间的丰富联系与互动,在研究中引入全球视野,从比较的角度提出问题、思考问题,重获新的书写思路。

主 旨 发 言

新阅读的资源生产与
"文""艺"类型的形成

黄显功

（上海图书馆）

阅读是人们获取信息与知识的过程。各个时代的不同群体与个人在接收信息与知识的过程中，将受到文献资源生产的客观环境与条件的制约。在不同的历史时期，文献载体的形式与生产方式深刻地影响着人们的阅读。19世纪以来，中西文化的交流互动扩大了中国人的阅读视野与知识疆界，促进了官员、士绅、学子与市民阅读结构的转移，形成了新的阅读空间，推动了中国近代新的文本类型与艺术类型的成长与发展。晚清以来新式传播媒介在这转变的过程中发挥了重要作用，既形塑了知识的学科化与出版物的类型化和功能性，也顺应了读者的阅读需求而不断创造出新的出版物与艺术创作。本文在此以报刊为考察对象，以"文摘"和"画报"两种类型为例，解析新阅读的资源生产与"文""艺"类型的形成。

一、大变局时代的中国出版与阅读变化

阅读的变迁史既与书籍史相关联，同时也受制于当时的政治、经济、文化的发展状况。在不同的历史时期，阅读资源的生产结果与阅读对象具有互动关系，两者在变化的背景下，直接促进了阅读的新变迁，形成阅读的新状态。

1. 西学东渐进入新阶段。明末清初以来，西学东渐是一个不断影响中国人世界观和知识体系的过程。数百年间，前期的西学只在少数的知识精英和开明官员中发挥了知识传播的影响，到晚清时期，随着沿海城市的陆续开埠，

传教士、外商和外交人员的不断进驻与侨民化,西方文化以强劲的势头涌入中国。除了传教士开创的中国近代出版业的发展,外商还纷纷在华开办报刊,出版图书,兴办学校、医院,设立工厂、商铺,操纵经济、贸易、金融、航运等领域。西学不仅以印刷载体的形式在中国传播,还以文化的实体形态被人们在日常生活中所感知,在有形和无形中介入了中国人的精神生活与物质生活中。

2. 中国出版形成新格局。晚清至民国时期,中国的知识资源经历了崭新的重构,知识的阅读对象与生产机制,出现了一系列变革性的转型与发展。知识资源的商品属性,随着出版物的发行进一步得到了加强。上海是我国受到西学影响最大的城市之一,作为中西文化交流的中心,出版充当了文化先锋的角色。多元化的出版格局和数量众多的出版机构使上海成为中国的出版中心。形式多样、内容丰富、数量可观的各种出版物,构筑了中国人新的知识版图,扩展了阅读空间的外延与内涵,改变了人们获取信息与知识的方式与途径。随着地理区位优势的不断加强,上海不仅在经济方面日益显现出沿海城市的枢纽地位和辐射内地的龙头影响力,在文化方面也以海纳百川的包容性,吸引了中外各类文化人士在此融汇古今中外。引领时代风气。承载文化创新成果的各类报刊图书,极大地丰富了人们的阅读生活,上海成为中国阅读资源类型最丰富、传播输出能力最强的城市。

3. 读者阅读产生新群体。与知识传播和阅读直接相关的教育模式在晚清发生了重大变革。新学制的出现,教学形式的转变,学生教材的更新,以及 1905 年清廷废除科举制度,均对中国人的阅读转向产生了重大影响。此外,晚清是中国社会从封建帝国向近代转型的时期,传统士人出现了身份转向,而新兴阶级的形成以及"口岸知识分子"的崛起,使知识资源的社会功能发生了改观。知识的价值再造促进了阅读的多元化与非功利性,知识的实用性日益受到了人们的重视。① 都市的崛起催生了市民文化的繁荣,适应不同性别、职业、年龄的读物陆续出现,于是读者群体日益扩大,不断造就了新的读者群体。

4. 阅读结构出现新转移。在晚清社会大变局的背景下,新的阅读空间促

---

① 〔日〕仓田明子著,杨秀云译:《19 世纪口岸知识分子与中国近代化——洪仁玕眼中的"洋"场》,凤凰出版社 2020 年版,第 228 页。

进了人们阅读结构的转移,即有别于中国传统的"经、史、子、集",而是面对新知识、新学科、新文本的信息与知识,其知识体系更新为中外结合和学科化的专业知识,以及国内外时事新闻,文学艺术等内容。其阅读的视野、文本的形式与内容的选择,均比以往有极大的超越。特别是日益增长的翻译书刊和传教士的编纂著述为中国人建立了新的"知识仓库"①,如上海的江南制造局翻译馆、南洋公学译书院、商务印书馆翻译出版的图书等。此时的新阅读不是对中国传统知识的全盘传承,而是对"西学"与"东学"的学习,是跨文化、跨语境的知识更新。这种转移的结果在 20 世纪初呈现了不可逆转的结局,即中国传统经典从"知识资源"转变为"学术资源",失去了主导地位。②

所以,时代变局下出现的以上与阅读相关的新变化,对阅读的资源生产也产生了直接影响。晚清以来,中国近代文献资源生产的文本形式、内容结构、视觉感受突破了古代抄本和刻本的传统定势,随着印刷技术与材料的迭代更新,经专业出版人员的编辑,形成了书、报、刊三大类型的出版物,由此构建了作者、编辑、读者的新型关系和"知识生产"与新文本阅读的新景象。

二、报刊是中国近代出版的新起点

报刊是不同于书籍的连续出版物,它的演变是中国近代出版的主要考察对象之一。近代意义上的报刊是中西文化交流背景下的产物,是随着我国城市文化和市民社会的发展而不断丰富起来的。早期的中国报刊在传教士的主持下出版,他们出于传教的需要,自 1815 年创办《察世俗每月统记传》起,从南洋渐次向香港、广州等地发展,将西方的新闻媒体工具逐步引进到我国沿海城市与内地,带动了中国近代报刊的出版,推动创建了以报刊为主要载体的中国近代舆论场和新阅读文本。在此从读者的视角对报刊阅读略作考察。

当习惯于中国传统图书表述文体的士人阅读翻译图书时,对其结构差异曾经历了一个适应过程。如关注西学的孙宝瑄在日记中说自己读完《日知录》后,感到"我国人自古著书多无条理,往往凌杂续成,无首尾一线到底者。试观

---

① 潘光哲:《晚清士人的西学阅读史(1833—1898)》,"中央研究院"近代史研究所 2014 年版,第50 页。
② 章清:《传统:由"知识资源"到"学术资源"——简析 20 世纪中国文化传统的失落及其成因》,《中国社会科学》2000 年第 4 期。章清:《学术与社会——近代中国"社会重心"的转移与读书人新的角色》,上海人民出版社 2012 年版。

释家之书及西人书,则节目条贯,无丝毫紊杂为可贵也"①。新式文本的报刊同样有一个适应读者的过程,这种阅读的适应性调整首先来自报刊主办方的努力。在早期传教士主办的出版物中均有内容从注重传教到增强世俗化转变的特点,以此争取更多的读者,如影响最大的传教士中文刊物《万国公报》在前身《中国教会新报》的基础上,"历次变革与举措的主要目标是为了争取读者,扩大发行量。所以,就《万国公报》而言,其社会影响力的形成,来自两个方面,一是主办方的极力推动,二是读者的阅读层次与群体响应"②。晚清时期的传教士采取多种形式,"根据不同的群体,采用多样的传播形式,针对对西学有兴趣者,出版科学书籍与科学期刊,与官方合作举办征文比赛,且在科考时发散小册,以扩大在士人间的影响力。针对文化水准不那么高的,除了口语宣传之外,有采取当地方言写成白话期刊与宣传品。由以图画为主文字为辅的画报。几乎所有的传播形式都运用上了"③。这种适应性调整的出版策略正是对早期利玛窦倡导的适应性传教策略的一种应变性继承。

此外,中国近代的商业性报刊在经营的过程中,也积极应对读者的需求,不断调整策略与内容,增强报刊在市场上的竞争力。如 1872 年 4 月 30 日创刊的《申报》,不仅价格低,而且在内容上十分注重迎合多层次读者的阅读趣味,《本馆告白》曾声称:"上而学士大夫下而农工商贾皆能通晓者,则莫如新闻纸之善矣。"④因此,除了丰富的新闻外,增加了人们喜闻乐见的诗文、图画等,仅 8 个月即挤垮经营十余年的《上海新报》,成为影响最大的中文报纸。《申报》所开创的商业化经营模式,对中国报业发展具有示范效应,促进了报刊出版以读者为中心的经营理念的发展。

报刊作为中国近代新式传播媒体,为读者提供了大量的新阅读资源,这种连续性出版物培育了中国读者新的阅读习惯。但从接受度来看,报刊的读者范围从 19 世纪中期的士绅逐渐向市民和普通民众扩展。戊戌变法后,报刊出版数量明显增长,报纸成为清末民初舆论场中的喉舌,影响日益增强。19 世

① 孙宝瑄:《忘山庐日记》,上海古籍出版社 1983 年版,第 135 页。
② 黄显功:《万国公报影印出版前言》,《万国公报》,上海书店出版社 2014 年版,第 1 册,第 4 页。
③ 李仁渊:《晚清的新式传播媒体与知识分子——以报刊出版为中心的讨论》,台湾稻乡出版社 2013 年版,第 55 页。
④ 《本馆告白》,《申报》1872 年 4 月 30 日。

纪末,在变革思潮的推动下,涌现了面向大众读者的白话报刊,1900 年到辛亥革命,各地的白话报达一百多种。至此,报刊的读者群体更加多元。① 1904 年还出现了供人免费阅读报刊的"阅报社",到 1905、1906 年时,各地阅报社大量出现,《大公报》等报纸上对此有许多报道。兹以北京为例,《大公报》1905 年 6 月 12 日报道:"北京志士纷纷设立阅报处、讲报处,诚于下等社会及寒士有大裨益。"据统计,"北京一地到 1905 年 7 月底前为止,共有十处;到 1906 年的 2 月就已经增加到二十八所;到 6 月共有二十六所"②。《大公报》1905 年 5 月 5 日报道,1905 年成立的北京西城阅报社,内有《中国白话报》十六册,《福建白话报》三册,《广雅报》一册,《广雅俗报》四册,还有《湖南俗报》《安徽白话报》《新白话》《童子世界》《启蒙画报》等京津等地的报纸。直到 1910 年,《大公报》还刊登了一篇《推广阅报社之益》:"大抵开通民智之难,莫难于使之自愿。故强迫不可也,劝导无效也。使之自愿之道,殊无过于广设阅报社。阅报报社之设置甚易,只须择公有地方数处,略备椅桌,购置各种日报而已。""阅报社一事,非为城邑所不可少,乡镇之间亦宜同时举办。"③阅报社成为"开民智"的举措之一得到了社会认同,设于寺庙、茶楼等处的阅报社多由有识之士、商人、出家人出资支持,之后官府士绅也参与其中。1910 年公布的《京师地方自治章程》将设立阅报社也列入了规划。

倡导阅报还体现在学校对报刊的重视,晚清时期的部分学校将此列为"日课"阅读。如光绪二十三年(1897),某御史"以现在各省士子,不知时事者,实繁有徒","因特具奏请饬各直省地方官,传谕各书院肄业诸生,均须将日报留心观览,以扩见闻,则异日身入士途,当可一洗迂腐之习,不至于世故人情,茫无理会"④。这是迄今所知通过政府将报刊阅读列入学校教育的最早记载。之后求是书院订有《阅报章程》,陕西课吏馆颁布《阅报条规十则》,将阅报纳入学校教学制度中。当时,人们对报刊已有如下认识:"农工有报,商业有报,政法有报,经济有报,有普通报,有专门报。要而言之,无事不有学,即无学不有

---

① 蔡乐苏:《清末民初的一百七十余种白话报刊》,丁守和主编:《辛亥革命时期报刊介绍》第四集,人民出版社 1982 年版,第 493—538 页。
② 李孝悌:《清末的下层社会启蒙运动 1901—1911》,"中央研究院"近代史研究所 1996 年版,第 44 页。
③ 无妄:《推广阅报社之益》,《大公报》1910 年 4 月 2 日。
④ 编者:《报章有益》,《集成报》1897 年第 3 期。

报,无人不知学,即无人不阅报。"①

辛亥革命后,各地报刊如雨后春笋般纷纷创办,除了五花八门的党派报纸外,专业性报刊也陆续问世,城市中大量的文艺类、娱乐类报刊成为市民文化的消费品,吸引了大量读者。如上海的小报是"一类数量很大,有广泛读者的报纸"②。其"读者主体是职员、店员、学生和粗通文墨的市民,但是政府要员、上海闻人、出身显赫的上海寓公、大小公馆里的有闲人士喜欢读小报的也不在少数,甚至不少新文学作家也有读小报的嗜好"。因其庞大的读者群,上海的小报"总数至少在一千种以上"③。

中国近代报纸是一种新式传播媒体中的阅读文本,读者接受方式的变化正如戈公振先生所说:"嘉道间,报纸多系送阅;咸同间,报纸多系挨户乞阅;光宣间,报纸始渐流行,然犹茶余酒后之消遣品也。共和告成以来,报贩渐成专业,派报所林立。"④因此,中国近代报纸在出版的过程中,演绎出一系列新的出版物,不仅丰富了中国读者新阅读的资源,而且有助于我们探讨"知识生产"的内在逻辑和读者在其中所发挥的作用,考察出版史与阅读史之间的关系。

三、文摘:报纸出版的二次文化消费

报纸作为连续性出版物,各家出版周期、篇幅、发行范围与数量、阅读对象均不相同,各具特色。报刊出版具有周期短、时效性强的特点,是一种即时性的文化消费品。因其数量多,影响大,读者难以遍阅,客观上具有信息整合、精选加工的内在需求。在此基础上出现了选择性的文摘类报刊,这种衍生性出版物是阅读需求催生的产物,其所呈现的文献再生产现象,不仅是报刊出版的二次文化消费,还具有新阅读的价值取向。

文摘具有信息密集、内容指向性明确的特点,从阅读的角度具有以最少时间获取最大信息量的功效。其体例有选报、选刊、选书,文本形式有全录、摘录(或全译、摘译)及缩写等。尽管现代文献学、情报学对文摘的定义莫衷一是,但我们从文摘的基本特征与编者的目的这两方面仍能对我国早期的文摘

---

① 王世德:《关中学报序》,《关中学报》1906 年第 1 期。
② 秦绍德:《上海近代报刊史论(增订版)》,复旦大学出版社 2014 年版,第 129 页。
③ 李楠:《晚清民国时期上海小报》,人民文学出版社 2006 年版,第 63 页。
④ 戈公振:《中国报学史》,上海书店出版社 2013 年版,第 317 页。

进行分析考察。纵观晚清民国百年间的文摘读物,大致可分为两类:一是以官方阅读为主的翻译类文摘报刊;二是面向大众的文摘报刊。在此择要介绍和分析。

1. 以官方阅读为主的翻译类文摘报刊:《澳门新闻纸》和《西国近事汇编》

《澳门新闻纸》 1839 至 1840 年,鸦片战争前夕,面对英军的侵扰与鸦片走私,林则徐奉旨在广东禁烟期间,组织 4 位译者,开展了一项翻译英文报纸的活动,以期"探访夷情,知其虚实,始可以定控制之方"①。这份根据当时英文报纸内容选译的《澳门新闻纸》,林则徐认为"其中所得夷情实为不少,制御准备之方,多由此出。"②因此他除了自己利用之外,也抄送广东同僚与他省督抚官员参阅,还曾将部分内容附折奏呈道光皇帝御览。据学者苏精研究,"《澳门新闻纸》的底本就是《广州记事报》《广州新闻报》和《新加坡自由报》三者,其他如《中华丛论》或伦敦、孟买、孟加拉与其他地方的报纸与书籍,都不是《澳门新闻纸》的底本,或者只能说是间接的来源。"③《澳门新闻纸》内容译自以上三种报纸中的新闻、社论、行情、广告等栏目。选择什么内容翻译?苏精推测或许是林则徐先提出主题范围要求译者据此翻译;或许是由译者将一天的报纸每则内容的主题译出后,由林则徐及其幕僚圈出要译的内容;也有可能完全交给四名译者自行选择,译出内容后呈林则徐批阅。④ 从 1839 年 7 月 16 日到 1840 年 11 月 7 日,《澳门新闻纸》的翻译文字超过十万字,共有 177 篇,每篇开头均注明译文来源,即某年某月某日的某地新闻纸,另起一段为译文内容。若是与前一篇来源相同,则标以"又"字。遗憾的是,这部中国人的"第一部英文中译作品",因译者水平的限制出现较多问题和错误,"导致林则徐虽然睁开了眼,看到的却是笼罩着一层薄雾也有些扭曲变形的世界"⑤。

《澳门新闻纸》原件现已不存,如今可见的是两份分别藏于上海图书馆和南京图书馆的稿抄本。从其形式来看,具有连续性;在文本的生成方面,有相当于编辑部的专职人员负责编译;在材料来源上有特定的对象。因而,这可归

---

① 中国第一历史档案馆编:《鸦片战争档案史料》第二册,天津古籍出版社 1992 年版,第 29—30 页。
② 魏源:《海国图志》卷 80,岳麓书社 2011 年版,第 1947 页。
③ 苏精:《林则徐看见的世界:〈澳门新闻纸〉的原文与译文》,台北斯福斋 2016 年版,第 14 页。
④ 同上,第 41—42 页。
⑤ 同上,第 50 页。

入专供官方读者利用的编译性文摘。

《西国近事汇编》 这是 1873—1900 年江南制造局翻译馆主办的以翻译国际时事新闻为主的出版物。对于它的性质,学术界有书籍说、报纸说、期刊说三种。基于笔者对江南制造局翻译馆历史与文献的整理①,《西国近事汇编》的文献性质应归为期刊。

《西国近事汇编》又称《西国近事》或《近事汇编》,从同治十二年(1873)创刊,到光绪二十六年(1900)停刊,连续出版 28 年,每周出版一期(个别几期是相隔两周、三周或四周出版),每季或每年汇编成册,连续出版了 1 320 期,共 108 卷,是晚清官办的一份时间最长的连续出版物。先后参与编辑该刊的中外人士有 15 名,该刊报道内容涉及 100 多个国家和地区,注明消息来源的报刊有 200 种左右,另有国内外电讯、来信以及翻译馆采编的新闻和部分中国的中英文报纸,重点报道西洋各国的外交、政治、军事、社会、科学、宗教等,是一份综合性的国际新闻译刊。其体例属于"选报",即有编选意图地从各种外文报纸中选译相关主题内容。

2. 上海出版的面向大众的文摘报刊:《集成报》《萃报》《选报》《文摘》《月报》和早期的《东方杂志》

《集成报》是旬刊 1897 年 5 月 6 日由陈含创办于上海。1898 年 5 月出版至第 34 期后停刊。该刊内容多取诸《时务报》《万国公报》《汉报》《博闻报》《新闻报》《官书局报》《中西报》等,以及《美国纽约报》《巴黎时报》《日本内阁官报》《上海字林西报》等外文报刊。所摘内容,颇为丰富,遍及政治、科技、实业、历史、地理以及掌故、轶闻等。因《集成报》的成功,引起了人们对文摘报刊出版的热情,之后沪上又出现了三种类似的刊物。另一种《集成报》是 4 年后,即 1901 年 4 月在上海创立的刊名、内容、刊期、装帧、型式均与前者相同的一种文摘期刊,共出版了 49 期。所不同者,只是前者为连史纸石印,后者为有光纸铅印。1897 年 8 月 22 日,由梁启超写《叙》的《萃报》出现在读者面前,此刊所选内容在栏目之下按国别、地区分类编排,在沪出版了 20 期后移至武昌出版。1901 年 11 月,上海新创刊的《选报》旬刊问世,由蔡元培作《叙》,出版 42

---

① 笔者主持整理出版有《江南制造局译书全编》40 卷,上海科学技术文献出版社 2021 年版;《西国近事汇编》将由上海科学技术文献出版社于 2023 年出版。

期后改为周刊。

我国正式以"文摘"命名的刊物是 1937 年元旦出版的《文摘》月刊,由上海复旦大学教授孙寒冰主编,复旦大学文摘社出版。这份诞生于抗战时期的刊物具有明确的时代特色,积极宣传抗日,以首次刊发斯诺发表在《亚细亚》英文杂志上的《毛泽东自传》译作而闻名。"八一三"上海淞沪战役后次月,《文摘》改名为《战时文摘旬刊》,随着向后方的大迁移,转到汉口、重庆出版,抗战胜利后回沪,1948 年终刊。这是民国时期出版时间最长的文摘刊物。1937 年 1 月上海开明书店出版的《月报》也属于文摘刊物,出刊 7 期后因战事而停刊,此刊每期篇幅多达 250 页左右,内容十分丰富。

20 世纪初还出现了一份不同于上述以新闻和知识性内容为主的文摘杂志,即我们熟知的《东方杂志》。它在创办早期(1904—1908),是以"选报"的形式问世的,选择了当时 48 种有影响的报刊上的论说为内容,"通过汇集众家言论来体现自身的政治理念"①,是一份独具特色的舆论性文摘刊物。直到 1908年 7 月第五卷第七期起的调整后,其"选报"体例才逐渐消失。

此外,文摘报刊还有上海的《经世文潮》(1903 年)、《文萃》(1945 年)、《读者文摘》(1946 年),广州的《述报·中西近事汇编》(1884 年)、金华的《萃新报》(1904 年)、武汉的《半月文摘》(1937 年)、北京的《时代文摘》(1944 年)、山东的《新华文摘》(1945 年)、长沙的《时代文萃》(1946 年)、重庆的《现代文摘》(1947 年)等。兹不具述。

3. 文摘报刊创办的原因

历史上的新文本的出现均有其背景与场合,对新文本进行加工再利用是文献传播史上的常见现象。原始文献与再生文献交互后所产生的新文本具有多种类型,而不同形式的文摘读物,正是适应阅读需求而产生的新资源。其产生的原因有以下三方面。

一是顺应时局的政治需要,给执政官员提供参考。由于清王朝的闭关锁国,中国人缺乏对外部世界的了解。在时局的逼迫下,统治者才意识到知"夷情"的重要性。《澳门新闻纸》虽然存世时间较短,阅读者仅限于少量的上层官员,但林则徐的创举仍应载于史册。多年后,张之洞在《劝学篇》中提到"中国

---

① 丁文:《"选报"时期〈东方杂志〉研究(1904—1908)》,商务印书馆 2010 年版,第 9 页。

自林文忠督广时,始求外国新闻纸而读之"时,充满了赞赏之情。《西国近事汇编》的出版是洋务派务实求知的重要举措,希望"选沉潜缜密之士,凡各国之传承闻可信者,简其要而删其繁,分类辑录,以备省览",以达到"录新报以知情伪"、"考其形势,觇其虚实"和"可资策画"的目的。① 这两份晚清文摘类读物的存在,正可说明历史上"至今仍在很大程度上依赖于文摘的政治家"对此的需求。②

二是大众阅读需求的推动。维新运动时期我国近代报刊发展进入繁荣的阶段,各种报刊纷纷登场。中国有多份文摘报刊创刊于 20 世纪交替前后。《集成报》在创刊的《叙》中说,当今"综日报计之,每月不下几百纸,中人之产,中材之士,纵观非易,遍购又难"。胡愈之在《月报》创刊卷首的《这一月》明确地说出了办刊的目的:现在国内发行的报刊有千种以上,"每一种刊物都有值得一读的文章,但是也都有不值得一读的文章,如果把所有的刊物都读过,不用说平常人没有这么多的钱,就是时间也不许可,为了弥补这一缺点,我们才想到办这么一个综合刊物"。所以,为读者着想是文摘报刊的办刊宗旨。

三是出版界自我反省与革新的产物。《集成报》创刊的意图如孔昭晋在《集成报叙》中提到的,"日有日报,旬有旬报,月有月报"的报刊繁荣中,存有六大憾,即"各报有长短,有是非,限于见闻,局于体例,一憾也;择焉不精,语焉不详二憾也;专攻时政,或伤国体,三憾也;累牍雨晴,连篇琐屑,四憾也;好丹非素,论甘忌辛,意见所歧,交构之渐,五憾也;把持暧昧,假托谣传,乞米受金,以文为市,非特无以劝惩,甚且借之牟利,自刽以下,吾无讥焉,六憾也"。此外,仍有一憾,即"中人之产,中材之士。纵观匪易,遍购尤难,即识能纵观,力能遍购,积以岁时,浩如烟海,其中军国之大政,华夷之变局,伟人硕士之论说,未易得其二三,何况对其八九",此为"六憾之外一大憾也"。因此,为解报刊之憾,需"专集各报,节其所长,去其所短,取其所是,辟其所非,类聚群分,都为一册"。为《萃报》写《叙》的梁启超也对晚清风起的报刊批评道:"报章体例未善,率互相剿说,杂采澜语,荒唐悠谬,十而七八;一篇之中,可取者仅二三策""每日一纸,芜词过半"。所以,须对众报刊的缺陷进行"节长""去短""取是""阙

---

① 中国史学会主编:《洋务运动》(4),上海人民出版社、上海书店出版社 2000 年版,第 79 页。
② 〔美〕哈罗德·博科、〔美〕查尔斯·L·贝尼埃合著,赖茂生、王知津译:《文摘的概念与方法》,书目文献出版社 1981 年版,第 33 页。

非"的工作。既能纠偏众报缺失、又可促生新报种的"无憾"之举,正是报界发展到一定程度之后自我反省与革新的产物。

四、画报:开创了机器复制时代的图像艺术的发展与文本阅读

中国自古有图文并重的传统。长期以来,文字和图像是中国古代文献媒介上的主要视觉对象。图像作为一种视觉存在,一直在图书阅读史上发挥着作用,不仅吸引着读者的阅读兴趣,而且有众多艺术家为之绘画插图。"左图右史"作为我国先人对图文并重的概括,既体现了一种"图书观",也反映了一种"阅读观"。但独立的以图像为主的阅读载体形式较为少见,图像性的连续出版物更加缺少。所以,"当中国的图书文献未完成内在的自身蜕变时,只能被动地接受外来文化的输入,以西方的出版模式再造自己的文献生产过程与表现类型"①。深受大众喜闻乐见的"画报",开创了机器复制时代的图像艺术的发展与文本阅读。

在近现代历史上,上海是中国的新闻出版中心,占据了我国画报出版的半壁江山,是一批最具影响力的画报名刊的诞生地。在新闻摄影还未引入或广泛运用的时代,以绘画来描述动态的时事,是一种新颖有效的书面可视图像形式,也是 19 世纪后期中国报刊编辑出版的一种创新。戈公振指出:"我国报纸之有图画,其初纯为历象、生物、汽机、风景之类,镂以铜版,其费至巨。石印既行,始有绘画时事者,如《点石斋画报》、《飞影阁画报》、《书画谱报》等是。"②因此,报纸是我们考察画报产生的主要研究对象。兹以我国晚清和民国两个时期的代表性画报为例考察画报与报纸的渊源。

《申报》主办的《点石斋画报》之前的早期画报有 1874 年 2 月在福州创刊的《小孩月报》,由传教士家属普洛姆夫人和胡巴尔夫人主编。1875 年 5 月在上海创刊的另一种《小孩月报》由美国长老会传教士范约翰主编。之后,有 1877 年 6 月在英国编译的《寰瀛画报》,1880 年由上海《小孩月报》改名的《花图新报》(《画图新报》)。这些画报的创办者均有教会和外商的背景,他们作为文化的摆渡者,将在西方诞生不久的画报引入了中国。此举在中国出版

① 黄显功主编:《经典老画报丛刊·上海》前言,山东画报出版社 2017 年版。
② 戈公振:《中国报学史》,上海书店出版社 2013 年版,第 233 页。

13

史上具有开创意义。

《申报》的主要创办人美查是较早认识到图像在报纸上具有独特地位和作用的报人,他借鉴西方的报刊出版经验,积极拓展报纸经营。他在《申报》上运用了图像的叙事功能,而读者也从满目文字的报纸上乐观其版面的变化,热衷于欣赏耳目一新的画像。19世纪后半期,报纸报道"时事"、传播"新知"的图像新闻兴起后,激发了读者的读图热情,随之催生了画报这一新式出版物的诞生,对此读者评价道:"方今欧洲诸国共敦辑睦,中国有志富强,师其所长。凡夫制度之新奇、器械之精利者,莫不推诚相示,资我效法,每出一器,悉绘为图。顾当事者得见之,而民间则未知也。今此报既行,俾天下皆恍然于国家之取法西人者,固自有急其当务者在也。"①《点石斋画报》创刊之后陆续出现的画报正是出版人应势而为的结果,也是西方文化深入影响的产物。在仿效西方报刊出版模式,利用西方印刷技术的背景下,画报以雅俗共赏为取向,取材广泛、内容丰富,举凡寰宇天下,从人文到自然,从民间到官府,从工商百业到华洋百态,从市政交通到娱乐餐饮,从奇闻怪事到科技新潮,展现了具有百科全书特点的社会画卷。上海出版的《点石斋画报》《飞影阁画报》等一系列画报除了其内容的综合性外,对上海特定时期的社会变迁有着十分写真性的描绘,保存了一批较为纪实而生动的城市景象。

晚清画报并不是以艺术创作为目的,而是通过图像叙事为新闻服务,是以图来"画"报。我们从美查的《点石斋画报缘启》中可清楚地看出他的意图,他强调"爰倩精于绘事者,择新奇可喜之事,摹而为图。月出三次,次凡八帧。俾乐观新闻者有以考证其事,而茗余酒后,展卷玩赏,亦足以增色舞眉飞之乐"②。

晚清画报从属于报纸的属性还可从画报的名称与发行来印证。"时事"乃新闻的又一称呼,而"时事画"即为图像新闻之意,一些早期画报直接以"时事"和"新闻"命名。如上海有《时事画报》(1907,又名《时事报馆画报》)、《时事报图画旬报》(1909)、《时事新报星期画报》(1911),北京有《(北京)时事画报》(1907)和《燕都时事画报》(1909),广州有《时事画报》(1905)和《广州时事

---

① 见所见斋主人:《阅画报书后》,《申报》1884年9月19日。
② 尊闻阁主人:《点石斋画报缘启》,《点石斋画报》第1号,1884年5月8日。

画报》(1912),以"新闻"命名的有上海的《图画新闻》(1907)、《新闻图画》(1909),北京的《浅说日日新闻画报》(1908)等。晚清的画报发行多是随报附送,不仅《申报》的《点石斋画报》如此,其他还有《海上日报》的《海上日报画报》(1899);《民呼日报》的《民呼日报图画》(1909);《神州日报》的《神州日报画报》(1909)等。这种随报纸附送画报的状况到民国时期的上海仍有沿袭,如《民立画报》《时报·图画周刊》《新闻报图画附刊》《申报图画周刊》等。有些画报往往在报纸附送后,出版累积本,如《点石斋画报》《时事报馆戊申全年画报》等。

民国时期城市经济与文化的发展,促进了新闻出版业的繁荣。随着报刊数量的增长与类型的日益丰富,画报的呈现面貌也更加多样,在内容上突破了时事画的藩篱而趋向多元,印刷技术也从早期的雕刻铜版、石印向先进的铜版、锌版、影写版转变,独立发行的画报渐成主流。一批画报名刊在市场上争奇斗艳,洋溢着强烈的大众娱乐气息,成为城市生活的多棱镜,反映了丰富的大众阅读趣味。作为以图像为主的画报,它的资源生产特别重视新技术、新材料的运用,其产品的编辑与发行针对不同的读者群体和文化类别细分为不同的画报,不断满足读者的新阅读需求。这个时期依附于报纸的画报虽然已在减少,但报纸孵化画报的功能依然发挥着作用。兹以漫画类画报为例说明。

我国现代意义上的漫画是外来文化的产物,滥觞于清末,成熟于民国时期,与中国现代社会的变迁关系密切,具有强烈的现实主义特色。漫画的创作与传播离不开新兴媒体报刊的发行。1904年3月27日,上海《警钟日报》上发表了一组被冠以"时事漫画"名称的绘画,之后的一个多月该报刊载了三次"时事漫画"。1925年5月上海的《文学周报》刊登丰子恺的小品画时称其为"漫画"后,"漫画"作为绘画种类的名称才流行起来。我国漫画的发表以报刊为主要载体,民国时期的众多报刊定期或不定期地辟有漫画作品专栏。随着报刊上分散发表的漫画作品的不断积累,读者的阅读趣味也随之提高。从早期依附于报刊的零星刊登,到专业漫画杂志的出版,这个"孵化"过程既扩大了漫画的社会影响,产生了一批新的漫画类画报,也确立了漫画艺术的独立地位,形成20世纪30年代的一种文化现象。漫画杂志的问世,不仅以其专业性丰富了中国美术杂志的多样性,还以其新闻性、批判性和幽默性特色,使其在艺术性之外,具有强烈的社会性价值,是折射时代面貌的重要媒介。

由此看来,报纸是专业画报诞生的温床,是新兴传播媒体发展后的一种新的阅读资源,其生产从孕育到成熟有渐进的过程。我们发现,报与刊的互动是报刊出版的常见特征,其他一些类型的期刊往往也是脱胎于报纸而独立出刊。

结束语

新阅读的资源生产是"知识生产"的结果,不同历史阶段的"知识生产"均会出现与之相适应的"新阅读"和为之服务的资源生产。这一历史过程,在不同时期表现出各自的特点。对于晚清民国而言,新阅读的资源生产呈现出了不同于以往的快速变革与多元发展的特征。其资源生产的技术"场域"、内容"场域"与读者"场域"具有强烈的时代特色,而读者是其中最关键的因素。

阅读史研究证明了媒体的受众是文本生成的土壤。一种文本的存在,是因为读者赋予它被阅读的意义。两者的交互关系决定了双方的期待,一是期待组织"可读"空间(内容),二是期待将作品"现实化"的环境空间(阅读)。[①]本文选取"文摘"和"画报"这两种文本形式作为新阅读的资源生产来讨论,是因为这两类文本具有较广的阅读群体,直到现在仍广受瞩目,在"文字"与"艺术"形态的两大报刊类型中具有代表性,而且在"技术"和"内容"方面具有特殊性,一类属于非原创文字的二次文献,一类属于图像文献,具有阅读的视觉两重性。这两类文献读本在晚清和民国时期均有明显的演变特征,有助于我们考察新阅读资源生产的典型性,分析读者的阅读行为变量与文本形式变量这两个维度中读者与文本的关系。以上对"文摘"和"画报"的考察使我们对"新读者创造新的阅读行为,文本的新意直接依赖于文本的新形式"[②],从中国的阅读史中得到了新的认识。

---

① 参见〔法〕罗杰·夏蒂埃著,吴泓缈、张璐译:《书籍的秩序》,商务印书馆2013年版,第88页。
② 同上,第90页。

《博医会报》与中西医界知识的交流[*]

陶飞亚　何翔钰

（上海大学）

一、《博医会报》创办缘起

《博 医 会 报》(*The China Medical Missionary Journal/ The China Medical Journal*)是中国近代重要的医学刊物之一,它由医学传教士团体博医会(The China Medical Missionary Association)于 1887 年 3 月在上海创刊,首任主编是嘉约翰(John G. Kerr)。自 1907 年 5 月刊开始,更名 *The China Medical Journal*,转型为医学专业期刊。1932 年,随着博医会与中国本土医学团体中华医学会的合并,《博医会报》也并入《中华医学杂志》(英文版)。《博医会报》创刊之初,以季刊发行,一年 4 期;1905 年开始以双月刊发行,一年 6 期;1923 年改为月刊发行,一年 12 期。历时 45 年,共出版 288 期。首期定价为一年 2 墨银(墨西哥银元);1894 年涨为一年 3 墨银;1907 年 5 月再次涨价为一年 4 墨银;1923 年涨价至一年 5 墨银。

在首期《博医会报》中,时任博医会副会长的文恒理(Henry W. Boone)对《博医会报》的作用与意义这样定位:这是我们表达自己的想法、报告自己的工作、分享自己的经验和观察的平台。[①] 为确保《博医会报》的稿件数量,文恒理要求每位在中国的医学传教士每年至少提供一篇文章(中文或英文),并将

---

* 本文系上海市哲学社会科学规划一般课题目"《博医会报》(1887—1931)之中国医史资料的整理与研究"(2021BLS004)阶段性成果之一。

① H. W. Boone. *The Medical Missionary Association Of China: Its Future Work* , The China Medical Missionary Journal(以下简称 CMMJ) , Vol.1, No.1(Mar.1887), pp.1‐2.

其看作是一种责任和在华工作的一部分。① 这为《博医会报》奠定了以在华医学传教士为主体的广泛作者群体,发行的中后期,大量的中国医生、医学院教师、卫生官员等也纷纷向《博医会报》投稿,成为其作者群体的一部分。每期《博医会报》大致包含关于医务治疗、药品成效与使用、中国医疗事务的专题文章,医院报告、社论、医学进展、传教士来华离华信息等几个重要板块。此外,作为博医会的会刊,《博医会报》还对博医会历次的开会情况、会员变更、行政事务与章程进行及时刊载,使读者可以及时掌握中国的医学状况和博医会在中国的发展情况。过往学界对于《博医会报》的研究多集中于其创办及发展历程。② 除此以外,国内部分学者对《博医会报》的发展转向及文本内容的具体面向作过探究。③ 而关于《博医会报》与中国医学界的发展以及与中西医学界关系目前讨论较少。

《博医会报》既是中国了解西医的窗口,也是中国医学走向世界的大门。④ 作为在中国出版发行的医学刊物,其内容既涉及向中国介绍与传播西方医学知识的方面,同时也有西方医学界关于中国医学界认识的不断更新,直观展现出清末民初中西医双向的互动过程。

二、《博医会报》与西医知识的交流

在 1887 至 1931 年《博医会报》独立出版的同一时期,国内一共出现过 145 种医药类刊物,除 1915 年发行的《中华医学杂志》于 1932 年与《博医会报》合并出版至今以外,其余大多昙花一现。持续出版 100 期以上的医药类刊物只

---

① H. W. Boone. *The Medical Missionary Association Of China: Its Future Work*, CMMJ, Vol.1, No.1 (Mar. 1887), p.2.

② 学界关于这方面的研究主要有:钱寿初:《〈中华医学杂志英文版〉百年史略》,《中国科技期刊研究》1990 年第 2 期;袁桂清、燕鸣等:《〈中华医学杂志〉编辑出版史》,《中国科技期刊研究》2003 年第 5 期;刘远明:《中国近代医学社团——博医会》,《中华医史杂志》2011 年第 4 期;高晞:《〈博医会报〉与中国医学现代化的进程》,中国博医会编:《博医会报》,国家图书馆出版社 2013 年版,"重印版序";陶飞亚、王皓:《近代医学共同体的嬗变:从博医会到中华医学会》,《历史研究》2014 年第 5 期。

③ 关于讨论《博医会报》发展变迁与转向的研究主要有:高晞:《未竟之业:〈博医会报〉中文版的梦想与现实——清末民初传教士西医知识中文传播的探索与局限》,《四川大学学报(哲学社会科学版)》2018 年第 1 期。关于其文本内容的研究主要有:张大庆:《高似兰:医学名词标准化的推动者》,《中国科技史料》2001 年第 4 期;崔军锋:《中国博医会与中国地方疾病研究(1886—1911)——以〈中国疾病〉一书为中心的考察》,《自然辩证法通讯》2010 年第 5 期;胡悦、张大庆:《近代西医传播中的商业动因——以清末〈博医会报〉中的广告为例》,《医学与哲学(A)》2014 年第 7 期。

④ 高晞:《〈博医会报〉与中国医学现代化的进程》,《博医会报》,"重印版序"。

有《广济医刊》(1924 年出版,144 期停刊)、《社会医报》(1929 年出版,208 期停刊)、《卫生周报》(1929 年出版,208 期停刊)等三种刊物,连续出版 50 期以上的也屈指可数。① 均与《博医会报》在数量与时间层面存在很大差距。从出版时间方面来看,《博医会报》可被看作是出版时间唯一横跨晚清与民国两个时代的医学科学刊物;从时代局限性方面来看,前文提及的医药类刊物大多聚焦于药品广告、卫生知识、传统中医认识的介绍,期刊同医学刊物的专业特点方面,都与《博医会报》存在相当大的差距,更不必说这些刊物无法与当时国际医学界形成有效的对话。反观《博医会报》,因其办刊团队和作者的欧美医学背景,相较于国内刊物具有一定的错位优势,能够获得欧美医学界的第一手资讯并将其迅速传入中国。

(一) 对西医学界理论成果细菌学说的及时引介

《博医会报》创刊的 19 世纪后期,大洋彼岸的欧美医学界最重要的进展之一就是"细菌学说(Bacteriology)"的建立。17 世纪荷兰微生物学家列文虎克(Antony van Leeuwenhoek)在显微镜下观察到了细菌、螺旋体、滴虫等微小生物。② 这是细菌首次被发现,但医学从业者并未关注其与人体之间的关系。1854 年,英国麻醉师约翰·斯诺(John Snow)提出霍乱的致病因素在于水源而非"瘴气"。同一年,意大利解剖学家菲利波·帕西尼(Filippo Pacini)通过显微镜观察佛罗伦萨霍乱患者粪便,得出"细菌是一种有机的、有生命的物质,具有寄生性质,可以传播、繁殖,引起特殊的疾病"的结论。并将细菌命名为"弧菌"。1883 年,德国细菌学家罗伯特·科赫(Robert Koch)成功分离出霍乱细菌,并由此证明存在于水源中的细菌是霍乱病因。③ 同一时期,法国微生物学家和化学家路易斯·巴斯德(Louis Pasteur)提出传染病是由"微生物"(Germs)即细菌引起和传播的。④ 由此,在巴斯德、科赫等一批医学、生物学及化学科研工作者的努力之下,细菌学说逐渐取代"瘴气"成为欧美医学界

① 参见邓铁涛、程之范主编:《中国医学通史》(近代卷),人民卫生出版社 1999 年版,第 510—522 页。
② 张大庆主编:《医学史》,北京大学医学出版社 2019 年版,第 113 页。
③ 参见〔美〕约书亚·S·卢米斯(Joshua S. Loomis)著,李珂等译:《传染病与人类历史:从文明起源到 21 世纪》,社会科学文献出版社 2021 年版,第 261—270 页。
④ 张大庆:《医学史十五讲》,北京大学出版社 2007 年版,第 100 页。

解释传染病的主流理论并彻底改变了传染病的概念。①

细菌学说自 1883 年提出以后,它便作为一种进步医学理论逐渐引起欧美医学界的重视。《博医会报》紧跟步伐,第一期已经有作者提到医学传教士与细菌学的关系,"我们(医学传教士)不缺乏成为细菌学和生理学权威的能力"②。同年 9 月刊甚至直接指出了"中国的饮用水源可能存在造成伤寒的细菌"③。之后《博医会报》经常撰文对细菌的相关问题进行介绍,比如用于杀灭细菌的外科消毒设备④和中国建立细菌研究实验室的情况⑤等。随着欧美医学界认识深化,细菌学说在医学临床和科研方面的作用也愈发凸显。受此影响,在广东地区工作的医学传教士高似兰(Philip B. Cousland)撰文呼吁"我们的迫切需要是在材料医学、外科、妇科、物理诊断、病理学和细菌学方面的修订或新的工作"⑥。于是 1905 年 7 月刊开始,《博医会报》开设"病理学与细菌学"(Pathology And Bacteriology)专栏⑦,向读者分享欧美医学界关于细菌研究与临床的最新消息。此外,《博医会报》还多次刊文介绍欧美医学界对于细菌与麻风、痢疾等传染病之间关系的认识,以及欧美针对不同细菌研制各类疫苗的最新进展。

相比较《博医会报》,中国医学界对于"细菌学说"的反应相对迟滞。"细菌"在国内刊物首次出现是 1903 年,"(日本)输来蜜柑,其外皮附着介虫细菌"⑧。根据材料来源"译通商汇纂"可知,该材料也仅仅是对日本外务省通商局编写的《通商汇纂》的翻译,并未对"细菌"的其他特点和内容进行讨论。直到 1908 年,西医刘庆绶、汪惕予等人才将科赫的细菌学说理论正式翻译并在国内的医学专业刊物上发表,用中文向国内医学界介绍细菌学说。⑨

---

① Arturo Castiglioni, *A History of Medicine*, New York: Alfred. A. Knopf, 1947, p.669.

② B. C. Atterbury, *A Line From Pekin*, CMMJ, Vol.1, No.1(Mar. 1887), p.25.

③ *Customs' Medical Publications*, CMMJ, Vol.1, No.3(Sep.1887), p.132.

④ Medical Progress, *A Practical Sterilization Apparatus For Surgical And Bacteriological Uses*, CMMJ, Vol.7, No.1(Mar. 1893), p.55.

⑤ *Shanghai Bacteriological Methods*, CMMJ, Vol.17, No.2(Apr.1903), pp.79-80.

⑥ Philip B Cousland, *Need of A Committee on Medical Publications in Chinese*, CMMJ, Vol. 19, No.4(Jul. 1905), p.143.

⑦ *Pathology And Bacteriology*, CMMJ, Vol.19, No.4(Jul.1905), p.150.

⑧ "外国商情:桑港进口蜜柑橘子附着细菌注意:译通商汇纂(东二月)",《湖北商务报》1903 年总第 137 期。

⑨ 刘庆绶(1887—1931),毕业于日本千叶医科大学,曾任弘仁医院院长,于 1908 年在《医药学报》第 10—12 期连续发表《细菌学:细菌培养法》。汪惕予(1869—1941),毕业于日本筱崎医校,回国后创办中国女子看护学校、中华女子产科学校,于 1909 年在《医学世界》第 12 期发表《细菌学:病的细菌略说》。

细菌学说之后,"血压""血液循环"等欧美医学界先进的概念认识开始纷纷刊登于《博医会报》(参见表1),在医学专业层面不断地更新着国内医学界对各类医学理论成果的认识,在社会知识层面也使部分《博医会报》的读者更新了对身体的认识。这是《博医会报》作为医学期刊专业性和科学性的重要体现,对中国医学界产生了重要的影响。

表1 部分西医理论与概念在早期《博医会报》的出现情况

名　称	文　章　名　称	首次出现的期数
Lymph 淋巴腺	*Cancer of The Pancreas , Not Diagnosed During Life*	1887 年 3 月
Blood Pressure 血压	*Transfusion and Infusion*	1888 年 3 月
Blood Circulation 血液循环	*Transfusion and Infusion*	1888 年 3 月
Thyroid 甲状腺	*Arsenic in Cystic Goitre.*	1888 年 3 月
Rejection 身体排异反应	*Annual of The Universal Medical Sciences: A Review*	1888 年 9 月
Immunity 免疫系统	*Abstract of An Address on Cholera Nurseries and Their Suppression*	1893 年 12 月

(二)对西医学界最新技术成果 X 光射线的引介

19 世纪是欧洲医学蓬勃发展进入近代的革命性阶段,特征便是由"科学"方法和体系取代传统医学。① 这一时期的西医学界,新理论、新技术层出不穷,共同构建了新的"科学"医学体系。《博医会报》也紧跟时代潮流,及时将最新科研与临床进展向读者引介。

X 光射线的发现及医学应用无疑是 19 世纪西医学界最引人注目的成果之一。1895 年,德国物理学家伦琴(Wilhelm Conrad Röntgen)发现 X 光射线,

---

① 高晞:《德贞传:一个英国传教士与晚清医学近代化》,复旦大学出版社 2009 年版,第 18 页。

不久便用于西医临床领域。1896 年，美国传教士林乐知（Young John Allen）在《万国公报》撰文："今有专究光学之博士曰朗得根，能使光透过木质及人畜之皮肉，略如玻璃透光之类（透光者不止玻璃，故加类字以括之）……木及皮肉亦然，其骨影直达于纸（以木为棺亦可照见死人之骨，故但曰骨）。盖骨类之物不能透光也，金类之物亦不能透。博士以一木匣闭置铜模于内，照以摄影镜，模形毕露。又照人手足，只见骨而不见肉。"介绍 X 光射线的特点、原理之余，又叙述 X 光射线与医学的关系："经诸博士博验之下，以为与医理大有关系。假如人身染有暗疾或金刃入肉，皆可昭晰无遗。惟今尚未能详究且亦不知其光之何自来也。"①这是 X 光射线第一次为中国大众所知。

1897 年，《博医会报》刊文展示了 X 光射线的医学效果，"你的左肺有点问题，肝脏增大，心脏的脂肪变性"②。这是国内第一次在医学专业层面对 X 光射线的讨论。③ 据学者考证，中国第一台 X 光机是苏州博习医院于 1897 年引入的④。1900 年，在南京从事医学传教工作的博医会主席毕比（Robert Beebe）表示"结束休假以后，计划携带一台 X 光设备返回中国"⑤。毕比带回的这台 X 光设备在当时的中国依然属于十分珍贵的医疗设备。

1900 年以后，《博医会报》对 X 光射线的讨论大多聚焦于专业层面。首先，《博医会报》尤其关注 X 光射线在医学诊断过程中发挥的作用："伦琴射线的应用具有很大的实用价值。在接受治疗的枪击病例中，至少有四例没有使用 X 光射线就无法确定子弹的位置。"⑥说明 X 光射线在定位体内子弹方面的重要医学价值。此外，还列举一位梁先生（Mr. Leung）的病例，"医生在处理完毕因爆炸而嵌入身体表面的玻璃碎片以后，通过 X 光射线显示靠近股动脉和下方有一块近一英寸长的尖角玻璃"，在去除这块玻璃以后提到"如果不能发现和移除它，可能很容易使这个人（梁先生）失去生命"，⑦体现出 X 光在医学

---

① 〔美〕林乐知：《泰西近政备考：光学新奇》，《万国公报》1896 年第 86 期。
② *A Halcyon Time For Doctors*，CMMJ，Vol.11，No.2（Jun.1897），p.200.
③ 国内学者关立深认为此时 X 光射线的技术并未达到此种水平。（参见关立深：《X 线诊断技术在中国的传播》，载于张大庆、陈琦等：《近代西医技术的引入与传播》，广东人民出版社 2019 年版，第 58—95 页）但该问题不在本文讨论的范围内。
④ 邓绍根：《中国第一台 X 光诊断机的引进》，《中华医史杂志》2002 年第 2 期。
⑤ *Personal Notes*，CMMJ，Vol.14，No.4（Oct.1900），p.308.
⑥ *Hospital Report: Annual Report of The Canton Hospital*，CMMJ，Vol.16，No.2（Apr.1902），p.90.
⑦ *Hospital Report: Annual Report of The Canton Hospital*，CMMJ，Vol.16，No.2（Apr.1902），p.91.

诊断过程发挥的巨大作用。

其次,《博医会报》多次讨论 X 光射线对皮肤疾病的治疗效用,还具有治疗"溃疡性狼疮"的治疗功能。① 1902 年 7 月刊便提到诺丁汉的哈珀医生(Dr. H. Harper)用尿素配合 X 光射线治疗狼疮的病例,详细地列出了疗法(包括疗程与每次的时长)。② 并且就 X 光可以治疗狼疮的原因与其所包含的化学元素"镭"有关,以及 X 光射线对皮肤毛囊的萎缩作用和脓液的抑制作用进行讨论。③ 之后的《博医会报》甚至还提到利用 X 光治疗斑秃④,因笔者所知有限,故对其科学性不作讨论。从《博医会报》对于 X 光治疗效用及其治疗原理的介绍,可以看出医学传教士对新型医学技术的输入所保持的严谨态度。

第三,随着认识的逐步提高,X 光的危害也成为《博医会报》作者们无法忽略的事实。1904 年,《博医会报》提出 X 光可能会造成皮炎。⑤ 不久,便得出原因:射线产生的效果类似于老式的砷膏,它可以破坏所有的组织,无论是病态的还是健康的。⑥ 最终,在福建泉州地区工作的医学传教士马士敦(John P Maxwell),系统总结了 X 光的危害:"经常照射 X 光(及 X 光从业者)极易患上慢性手部皮炎,指甲会变得很脆,指关节和手背的皮肤也会增厚、疼痛和开裂,另外 X 光射线还会损害男性生殖系统。"最后,马士敦还呼吁"医生和病人都需要谨慎的对待 X 光射线"。⑦ 虽然直到 20 世纪 20 年代,西医学界才确认 X 光射线的危害⑧,但是上文可证,早期《博医会报》的作者已经对 X 光射线的危害进行过关注。

《博医会报》还对医学 X 光室的位置选择、室内设置及注意事项等进行过说明。这些文章无疑是医学传教士对这项新医疗技术的探索成果,其不仅为

---

① *Hospital Report: Annual Report of The Canton Hospital*, CMMJ, Vol.16, No.2(Apr.1902), p.91.
② Kate C. Woobhull, *Skin Diseases*, CMMJ, Vol.16, No.3(Jul.1902), p.141.
③ Kate C. Woobhull, *Skin Diseases: Treatment of Lupus By Radium*, CMMJ, Vol.17, No.1(Jan.1903), p.30
④ Dr. Wm. Allen, *X-ray Treatment in Acne and Sycosis*, CMMJ, Vol.17, No.3(Jul.1903), p.107.
⑤ *Skin Diseases: X-Ray Dermatitis As Influenced By Idiosyncrasy*, CMMJ, Vol.18, No.2(Apr.1904), pp.77-79.
⑥ *Some Facts Regarding Radium*, CMMJ, Vol.19, No.1(Jan.1905), p.23.
⑦ John. P. Maxwell, *On X-ray Burns*, CMMJ, Vol.20, No.1(Jan.1906), pp.34-35.
⑧ 关立深:《X线诊断技术在中国的传播》,载于张大庆、陈琦等:《近代西医技术的引入与传播》,第63页。

X 光射线技术在中国医学界的发展和日后中国放射学科的建立奠定了基础，也为国际医学界对这项技术的认知提供了重要的参考。相比较同时期国内部分小报对于 X 光技术的猎奇态度①，《博医会报》足以显示其自身的科学性与专业性。

19 世纪是欧美医学界技术成果迸发的时代，X 光射线的发明只是 19 世纪欧美医学界众多技术成果之一，注射器、听诊器、柳叶刀等医疗器械都产生于这个时期，它们当中的部分器械在《博医会报》发行前已进入中国并被应用于医疗实践②（参见表 2），但《博医会报》依旧对该时期进入中国的各类医疗器械进行了起源的探究、原理的说明和使用方法的介绍，使以在华西医可以深入地了解其效用，更为熟练和安全地将其应用于医学实践当中，也为中国后来的西医学习者与从业者提供了珍贵的早期学习资料。

表 2　《博医会报》对部分医疗器械的介绍情况

名　　称	文　章　名　称	首次出现的期数
Thermometer 体温计	*Items and Notes* 专栏	1887 年 6 月
Syringe 注射器	*A Case of Resection of More Than One-Half of The Lower Jaw-Bone for An Old Necrosis*	1887 年 6 月
Sphygmomanometer 血压计	*Experimental Inquiries Respecting The Physiological Effects of Alcohol*	1895 年 3 月
X-Ray X 光射线	*A Halcyon Time For Doctors*	1897 年 6 月
Stethoscope 听诊器	*Impressions made by home trip*	1902 年 4 月
Electrocardiogram 心电图	*Modern Conceptions of Heart Disease*	1920 年 9 月

① 参见于静静：《医学内外：X 光在民国社会的应用及其影响研究（1912—1949）》（第三章），华中师范大学 2021 年硕士学位论文。
② 关于听诊器在中国的应用可参见李恒俊：《听诊器与西医医疗技术在近代中国的传播与接受（1844—1910）》，《自然辩证法研究》2016 年第 4 期；关于柳叶刀在中国的应用可参见谭树林：《美国传教士伯驾在华活动研究（1834—1857）》（第三章），群言出版社 2010 年版。

（三）对化学药物的引介

明末清初来华的耶稣会士虽然带来种类繁多的"西药",但大部分都是来源于自然的草药类,比如法国天主教传教士洪若翰(P. Joames Fontaney)治愈康熙皇帝疟疾所使用的就是从印度寄来的"金鸡纳树皮"。① 范行准把该时期引入中国的药物按来源分为"石、水、木、草、兽、虫"②六类,由此说明这一时期的西药与中医一样都取之于自然界,在性质上并没有太大差别。直到 18 世纪西方现代化学的兴起促使化学的方法更为直接地应用在药物的提纯及有效成分的鉴定方面,19 世纪上半叶法国生理学家马根迪(Francois Magendie)与药剂师培尔蒂埃(P. J. Pelletier)合作,分别从不同的植物中分离出士的宁、吐根碱、吗啡、奎宁等。③ 随着化学方法的不断应用,药物来源中的无用成分被剔除,针对具体疾病的元素被保留,西药不再只是来源于自然界的草药,更是通过化学技术分离合成而产生的效果更好的"纯的药物"。

《博医会报》发行以前,已经有医学传教士将化学药物作为治疗方法的一种。④《博医会报》发行以后,化学药物也是该刊重点关注的一个领域。《博医会报》第二期(1887 年 6 月出版)就记载了医生让病人服用水合氯醛(镇定药物)来克服术后疼痛的症状⑤,这是《博医会报》第一次对化学药物进行记载。

每期《博医会报》几乎都会提及数十种不同的化学药物,从制作方法到不良反应,涉及化学药物的各个方面。关于药物制备,1887 年 9 月刊就有文章详细说明了如何使用蒸馏的方法萃取东莨菪碱镇定剂。⑥ 有关用药安全,1887 年 12 月刊讨论"山道年(Santonine)虽然对治疗蛔虫十分有效,但是它对肠胃的伤害不容忽视"⑦。有关药效、用药方式和不良反应,1901 年 1 月刊对服用药物奎宁的患者进行追踪来探究其对疟疾的预防效果,并根据上海、印度和西非患者的疗效得出了"直肠注射该药物效果优于肌肉注射"

---

① 马伯英等:《中外医学文化交流史——中外医学跨文化传通》,文汇出版社 1993 年版,第 315 页。
② 参见范行准著,牛亚华校注:《明季西洋传入之医学》卷五,上海人民出版社 2012 年版。
③ 〔英〕罗伊·波特主编,张大庆主译:《剑桥插图医学史(修订版)》,山东画报出版社 2007 年版,第 165 页。
④ 医学传教士伯驾(Peter Parker)于 1847 年在广州使用首次使用乙醚为进行双臂脂肪瘤的病人麻醉。(马伯英等:《中外医学文化交流史》,第 338 页。)这是化学药物首次在国内的应用。
⑤ R. A. Jamison, *A Case of Cryptorchidism*, *With Malignant Disease of One Testicle*, CMMJ, Vol.1, No.2(Jun.1887), p.62.
⑥ *Hyoscine*, *The Cerebral Sedative*, CMMJ, Vol.1, No.3(Sep.1887), p.124.
⑦ *How to Prescribe Santonine*, CMMJ, Vol.1, No,4(Dec.1887), p.162.

的结论,还提出长期服用奎宁可能有影响视力的不良反应,仍需要更多临床病例进行观察的问题。[1] 除此之外,《博医会报》对于化学药物引介内容还涉及药物的剂量使用、保存方法、储藏时限、禁忌及不同药物药效之间的反应等各个方面。

《博医会报》对于化学药物的引介具有种类覆盖面广、内容详细、临床试验数据可靠、药物研究时效及时的特点,不仅有利于国内西医从业者及时掌握国际最新的药物研究信息,同时可以使各类药物更为安全和准确地应用在临床救治中,同时为他们深入了解与认识化学药物提供了丰富资料,促进了药理学和医学化学在中国的起步与发展。

(四) 对国际医学刊物的引用与借鉴

19 世纪开始,国际医学界开始关注各类科研进程的交流与科研成果的展示,医学期刊应运而生。其中最为著名的当属 1823 年创办的《柳叶刀》(*The Lancet*)和 60 年代英国医学会创办的《英国医学期刊》(*British Medical Journal*),以这两者为代表的医学刊物为医学科学的交流与进步发挥了推动作用,并且为西医在全球的传播作出了巨大的贡献。

《博医会报》就是国际医学期刊交流的受益者之一。它的一大特点在于编者通过对各国医学期刊不遗余力地引用和借鉴,始终保持其在国内医学领域的前瞻性与时效性,使国内的医学传教士和西医从业者可以及时获知国际西医学界最新的临床与科研进展和成果。这种方法在无形之中也保证了《博医会报》作为医学专业期刊的科学性和权威性,构建了国内医学传教士和西医从业者与国际西医学界交流临床科研资讯的桥梁。

首期《博医会报》中就曾引用《英国医学期刊》讨论关于"肩关节错位"的病例。[2] 在同期的另一篇文章中,作者讨论"腹膜外积液手术的康复"问题时,引用了麦考马克爵士(Sir W. MacCormack)1886 年 12 月发表于《柳叶刀》的关于该手术术后康复的建议。[3] 这是《博医会报》与《英国医学期刊》《柳叶刀》两

---

[1] Medical and Surgical Progress, *Quinine in Malaria*, CMMJ, Vol.9, No.1(Jan.1901), p.31.

[2] Neil Macleod, *Dislocation of the Shoulder*, CMMJ, Vol.1, No.1(Mar.1887), pp.11-17.

[3] H. W. Boone, *A Case of Rupture of Bladder Wall*, *From Injury*: *Extra-Peritoneal Effusion-Operation-Recovery*, CMMJ, Vol.1, No.1(Mar.1887), pp.18-23.

大国际知名医学刊物的初次相遇。由此可以看出,《博医会报》自创刊开始就重视与国际权威医学期刊的交流与借鉴。1887 年 9 月刊在 "Therapeutic Notes"(治疗笔记)专栏引用了多篇国外医学期刊文章,其中一篇文章直接摘录了《纽约医学记录》关于退烧药安替比林药效功能的讨论,及时让国内的西医从业者了解国外对于该药的临床使用情况。① 1888 年 3 月刊分别对"樟脑与木炭的除味"②和"石灰碳酸盐对癌症的作用"③进行研讨,引用和参考了《英国医学期刊》和《柳叶刀》的成果。在之后的各期《博医会报》中,《英国医学期刊》和《柳叶刀》也是被引用次数最多的两种刊物。

1887 年 9 月刊开始,《博医会报》每期的"治疗笔记"专栏都会引用与摘录十余篇欧美医学界刊物的最新成果,成为向中国医学界介绍国际医学前沿成果的重要窗口。虽然 1889 年 3 月刊开始,《博医会报》取消了"治疗笔记"专栏,但是它对国外医学刊物最新成果的引用却方兴未艾,这些内容仍然经常性地见诸专题文章、医学进步、社论等版块。并且引用的范围更加广泛,不仅限于国外的医学刊物,更囊括各医学学会的年鉴、医院年度报告等。《博医会报》后期甚至专门开设了"书评"专栏,向读者介绍当时医学界关于医学科研最新著作成果的具体书目信息和内容④,进一步促进国内西医学界与国际西医学界的接触与交流,成为了解国际西医学界变化与动态的可靠渠道。

总的来说,《博医会报》对国际西医刊物的引用具有时效性与丰富性两大特点。时效性方面,引用时一般都会标明文章的刊载期数与时间,据笔者统计,《博医会报》引用文章与原文的出版时间间隔最长不超过六个月。丰富性方面,由于国际西医刊物大多是周刊或半月刊,具有出刊周期短、内容丰富的特点,所以为《博医会报》提供的引用素材也极为丰富。《博医会报》的引用内容涉及手术操作、消毒方法、药效禁忌、卫生常识、治疗方法等各个方面,侧重于新药物药效和新的治疗手段。这两大特点不仅显示出《博医会报》编者及作者对于当时国际医学界各项进步成果的关注,也体现出他们正视处于起步阶

① *Therapeutic Notes: Antipyrine in Headache*, CMMJ, Vol.1, No.3(Sep.1887), p.125.
② *Therapeutic Notes: Charcoal and Camphor*, CMMJ, Vol.2, No.1(Mae.1888), p.22.
③ *Therapeutic Notes: The Lime Treatment of Cancer*, CMMJ, Vol.2, No.1(Mae.1888), p.22.
④ *Book Reviews*, The China Medical Journal(《博医会报》于 1907 年 5 月刊正式将其英文名改为 The China Medical Journal.以下简称 CMJ), Vol.27, No.3, p.190.

段的中国西医与国际医学科学之间的巨大差距以及为弥补这种差距所做出的最初努力。

《博医会报》与以《英国医学期刊》《柳叶刀》为代表的一系列国际医学刊物的交流，使"麻醉""消毒"等19世纪推陈出新的西医观念和最新科研成果迅速进入在华医学传教士的视野并加以应用。而《博医会报》对应用医学科研成果以后疗效、临床反应的记载，也为国际医学界对科研成果的考察提供了可资比较的参考样本，由此通过信息交流的方式形成了中国西医界与国际西医界的双向互动。

三、《博医会报》与中医知识的交流

《博医会报》作为医学传教士主办的在中国发行的刊物，根植于中国本土，势必与中国医学界产生千丝万缕的联系。笔者这里提及的中国医学界既包括传统中医，也包括在中国从事西医救治与研究工作的中国籍西医。

无论是明末清初来华的耶稣会士还是19世纪的医学传教士，都对中国本土的医学充满着好奇与探索。明末清初来华的耶稣会士杜赫德(Jean Baptiste Du Halde)主编的《中华帝国全志》第三册，卷首即为中医诊脉图，同册还有《中国医术》一文。① 19世纪新教医学传教士入华以后，在行医的过程中也对中医的方法、中药等进行参考与研究。

(一)《博医会报》对中药的引介

医学传教士自来华开始，就十分重视对中药的发掘与探索。湖北普爱医院创始人施维善(Frederick Porter Smith)于19世纪50年代完成的著作《为医疗传教士和当地医学生书写的中国药学与博物学》(*Contribution towards the Materia Medica and Natural History of China for the use of Medical Missionaries and Native Medical Students*)堪称当时以英文介绍中国药材的最完备之作。②《博医会报》发行以后，医学传教士对中药的研究更是为这份

---

① 方豪：《中西交通史》下册，上海人民出版社2008年版，第570页。
② 刘菲雯：《晚清湖北的西医先行者——施维善》，《中华医史杂志》2017年第4期。

刊物提供了丰富的文章来源。时任博医会主席的嘉约翰就在《博医会报》发表了他对于中药研究的愿景，他认为医学传教士对中药的研究工作主要分为三类：

> 第一类，了解中西医治疗常见的（药物），如：大黄、樟脑、鸦片、甘草、茴香籽、肉桂、麝香、茴香等；
>
> 第二类，了解中药中具有惰性特点的药物，如：石灰硫酸盐，珍珠，鹿角、人参等；
>
> 第三类，了解哪些是中医所特有，但西医却一无所知的药物。
>
> （第三步是需要我们去调查的）①

他要求医疗从业者将调查的成果"不时地发表在《博医会报》上"，认为这项工作的意义在于让医学传教士了解他们的病人习惯服用的药物，知道本地医生使用药物的优点，以及有效对抗疾病的药物的化学成分和生理作用。②

嘉约翰发出呼吁以后，一方面，以聂惠东（Jas. B. Neal）、道思韦德（A. W. Douthwaite）、伊博恩（B. E. Read）为代表的西医从业者开始着手通过化学手段对中药进行分析。聂惠东对官粉、石膏、银珠等十六种药物的化学元素进行分析。③ 道思韦德又通过对砒霜、雌黄、信石等药物进行研究，得出此类药物之所以具有毒性是因为含有"砷"元素的结论。④ 随着科学的进步，《博医会报》对中药的研究与探索也借鉴更为科学的方法。1925 年，北京协和医学院的陈克恢与施密特（Carl. F. Schmidt）通过在猫、狗和兔子身上的实验和分子式研究，得出麻黄碱的化学结构与肾上腺素相似，可以刺激神经节与神经末梢，在临床医学上能够作为治疗休克的兴奋剂使用。⑤

另一方面，从西医的实际诊疗入手，探索中药的价值。道思韦德 1888 年就已经认识到"随着药品数量需求的增加，以及医院这个庞大帝国的各个地区

---

① John. G. Kerr, *Chinese Materia Medica*, CMMJ, Vol.1, No.2(Jun.1887), p.79.
② John. G. Kerr, *Chinese Materia Medica*, CMMJ, Vol.1, No.2(Jun.1887), p.80.
③ Jas. B. Neal, *Sixteen Native Inorganic Drugs*, CMMJ, Vol.2, No.3(Sep.1888), pp.116 – 119.
④ A. W. DouthWaite, *Notes on Chinese Materia Medica (Continued)*, CMMJ, Vol.3, No.2(Jun.1889), pp.53 – 54.
⑤ K. K. Chen And Carl F. Schmidt, *Chinese Materia Medica: Ma Huang*, CMJ, Vol. 39, No. 11 (Nov.1925), pp.982 – 985.

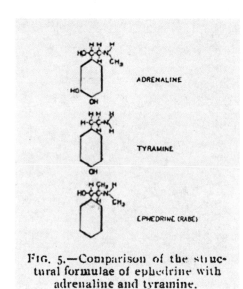

FIG. 5.—Comparison of the structural formulae of ephedrine with adrenaline and tyramine.

图1　陈克恢与施密特研究的"麻黄碱与肾上腺素和酪胺的结构式比较"①

开业,我们(指国内西医从业者)将越来越需要关于本土药品价值的可靠信息"②。1890年博医会大会上,道思韦德从更加实际的角度对西医从业者发出倡议:"在内陆进行医学传教的一大障碍就是将所需的药物和器械运送到制定的地点,这有时甚至是不可能的,因此有必要找到并利用可以在本地获得的药物。"③结合现实困难的考量,越来越多的西医从业者在行医过程中开始选择把中药作为治疗手段之一,此过程也深化了他们对中药的认识与了解,比如通过诊疗经验,西医从业者发现"使君子在临床上确实作为桑托宁的替代品可以有效治疗儿童疾病""当归在治疗女性治病中发挥了重要的作用""大风子油可以有效治疗梅毒和麻风病带来的皮肤损伤"④。甚至,一些西医从业者到访本地中药铺对熊胆、犀牛角等珍贵中药材的效用进行观察。⑤ 通过不断深化地认识,中药逐渐成为西医日常诊疗所用药物的一种,可以说,中药成为了西医诊疗救治的组成部分。

受医学传教士的影响,中国的西医从业者也开始用科学的方法对中药进行研究。1930年,在南京国民政府卫生部长刘瑞恒的推动下,归国的伦敦大学化学博士孟目的编纂的《中华药典》在国内出版,对中药发展来说无疑是一次巨大的推动。伊博恩在《博医会报》发文总结这部药典的亮点,首先在于将中药的名称进行统一;其次按国际化命名的标准将中药排序,每种中药使用的

① K. K. Chen And Carl F. Schmidt, *Chinese Materia Medica: Ma Huang*, CMJ, Vol.39, No.11, p.986.
② A. W. DouthWaite, *Notes on Chinese Materia Medica*, CMMJ, Vol.2, No.3(Sep.1888), pp.119 - 120.
③ A. W. Douthwaite, *The Use Of Native Drugs By Medical Missionaries*, CMMJ. Vol. 4, No. 3 (Sep.1890), pp.100 - 105.
④ Peter C. Kiang, *Chinese Drugs Of Therapeutic Value To Western Physicians*, CMJ, Vol. 37, No.9(Sep.1923), pp.742 - 744.
⑤ Gerald King, *A Chinese Chemist's Shop*, CMJ, Vol.33, No.2(Mar.1919), p.158.

重量、体积、温度、滴度都采用国际化标准;最后是根据 1925 年国际化学元素委员会的报告,记录每种中药的化学名称或公认的学术术语。①

作为一份医学出版物,《博医会报》向读者展示了以医学传教士为代表的中国西医从业者对中药从无知到熟知的过程,其刊登的数篇关于中药研究与使用的文章真切地展示了医学传教士对本土药物的认识历程。同时,在他们的努力下,先进的化学、药理学方法的应用,促进了中药物质向全球的流动。

(二)《博医会报》对中医理论与实践的研究

中国本土医疗理论与实践的研究一直是《博医会报》热衷的话题,作者中不乏非医学的专业人士。英国著名传教士、汉学家艾约瑟(Joseph Edkins)在中国生活传教五十余年,他曾向《博医会报》投稿介绍传统中医经典《素问》的基本内容。② 后来他基于对《素问》的认识和对中医的观察,撰文记录了中医用"针灸"治疗伤寒的过程。③

不同于非专业人士,医疗从业者从实际出发,聚焦于中医治疗疾病的效果、中医理论及对医患相处模式和中医发展的反思。加拿大牧师马偕(George. L. Mackay)就曾于 1887 年在中国台湾行医时使用车前子混合陈皮和甘草根治愈了疟疾病人,以证明中医传统调节冷热的理论在当时的医治过程中仍具有重要的参考意义。④ 澳门的汤姆森医生(Jos. C. Thomson)对传统中医治疗的阴阳理论进行总结,探讨其与疾病治疗之间的关系,并且提出"解剖学和生理学知识是西医医学实践的基础;然而,在这方面中国人却有令人遗憾的不足"⑤,对中西医之间的差别进行分析。在香港行医的康德馨(James Cantlie)探究针灸疗法原理的同时,通过临床观察证明中医针灸在治疗风湿、肩部消肿、腰腿部止痛,以及按摩无法改善的肌肉活动受阻和女性骨盆区域疼痛等症状中发挥的立竿见影的效果。⑥ 常年在北京行医的德贞(John

---

① Bernard E. Read, *Chinese Pharmacopoeia. I. 1930*, CMJ, Vol.44, No.6(Jun.1930), pp.519 – 526.

② Joseph Edkins, *Chinese Medical Theories 2000 Years Ago*, CMMJ, Vol.1, No.4(Dec.1887), p.167.

③ Joseph Edkins, *Chinese Treatment of Fevers*, CMMJ, Vol.4, No.4(Dec.1895), pp.228 – 231.

④ George. L. Mackay, *Chinese Medical Theories And Practice To-Day*, CMMJ, Vol.1, No.4(Dec. 1887), pp.167 – 168.

⑤ Jos. C. Thomson, *Native Practice And Practitioners*, CMMJ, Vol.4, No.3(Sep.1890), p.179.

⑥ James Cantlie, "*Needling*" *Painful Spots, As Practised By The Chinese*, CMJ, Vol.30, No.6(Nov. 1916), pp.410 – 413.

Dudgeon)则对中医的外科颇感兴趣,他为《博医会报》撰写长文介绍清代王清任的《医林改错》,他认为该书上卷介绍了身体构造以及作者对身体结构和功能的看法,指出了古人对身体的一些误解;下卷则是建立在作者观察基础上的实用医学体系。① 德贞认为《医林改错》"展示中国人拥有的医学知识的同时,作者的批评和他对人体解剖学的研究体现了一种(当时)国人罕见的探索精神"②。基于此,德贞进一步对中医治疗骨折、肌肉损伤、错位等问题的外科方式进行探究③,窥探中医在外科方面采用的方法与措施,最终在此基础上撼动了西医"西医精于外科,而华人精于内科"的固有认知。④

随着中医理论与实践认知的深化,《博医会报》也比较深入地发现了中医的问题和其所面临的危机。"古老的中国本土医学实践很可能会因衰老萎缩而死亡。这种情况在日本已经发生了,在中国也很快会发生。"⑤汤姆森认为中医医生的收入没有统一的标准,仅仅依靠病人支付"红包"会使"中国的医学实践走向颓废"⑥。兰德尔(H. A. Randle)通过中医用青蛙和鸡蛋治疗甲状腺肿大、用獾脚止吐两个病例⑦见识到中医治疗的一些荒谬之处。博济医院的嘉惠霖(William W. Cadbury)更是直接指出中医传统的"师徒模式"带来的培养隐患与执业危机。⑧

西医从业者探究中医,一方面是出于职业特性,对陌生土地的本土医学产生强大的好奇心;另一方面是因为他们在中国的医疗实践过程中发现有相当一部分中国患者"并不完全认为他们在结构和生理上与外国人完全一样,因此,他们认为本土医生比外国医生更了解他们"⑨,从而放弃西医治疗,选择中医。所以,在主动与被动两个方面,西医从业者运用科学方法对中国医学进行探究,并不断地在《博医会报》中交流与分享各自的研究进程,以及他们发现的

---

① John Dudgeon, *A Modern Chinese Anatomist*, CMMJ, Vol.7, No.4(Dec.1893), p.245.
② John Dudgeon, *A Modern Chinese Anatomist*, CMMJ, Vol.7, No.4(Dec.1893), pp.245 – 246.
③ John Dudgeon, *A Chapter In Chinese Surgery*, CMMJ, Vol.9, No.2(Jun.1895), p.59.
④ 关于这个问题,高晞教授在《德贞传:一个英国传教士与晚清医学近代化》中做了详细探究。(参见高晞:《德贞传:一个英国传教士与晚清医学近代化》第五章第三节,第234—256页。)
⑤ Editorial, *Native Methods Of Medical Practice*, CMMJ, Vol.20, No.3(May.1906), pp.139 – 140.
⑥ Jos. C. Thomson, *Native Practice And Practitioners*, CMMJ, Vol.4, No.3(Sep.1890), p.177.
⑦ H. A. Randle, *Native Treatment*, CMMJ, Vol.6, No.3(Sep.1897), p.214.
⑧ William. W. Cadbury, *Medicine As Practised By The Chinese*, CMJ, Vol. 28, No. 6 (Nov. 1914), pp.375 – 380.
⑨ Editorial, *Chinese Medicine And Surgery*, CMJ, Vol.30, No.6(Nov.1916), p.434.

传统中医存在的问题。遗憾的是，就笔者寓目的文献而言，早期的来华西医从业者对于中医存在的问题，多数扮演了"发现者"的角色，并未直接提出解决问题的方法。尽管如此，《博医会报》对中医相关内容的刊载，既是各个西医从业者对中医研究进程的分享平台，也是西方西学界认识并深入了解中医的窗口，同时也为中国医者通过"西医眼光"审视中医提供了一个多元的视角。

四、结语

19世纪新教传教士将"取得了一系列斐然成就"[1]的西方医学引入中国。鸦片战争以后，西医事业在中国全面铺开，以医学传教士为代表的西医从业者在中国开医院、办学校。与此同时，中国医学进入了19世纪医学全球化的世界体系，中国的医疗状况、疾病问题、医学传统、医患关系纷纷进入了人们的视野，正如当代医史学家程之范先生所提及的，"《博医会报》作为医学学术期刊，是我国最悠久的医刊，在国内外颇具影响，对国内外学术交流做出了一定贡献"[2]。《博医会报》也为中国当时的医疗卫生研究提供了相对前沿的参考资料，诸如《中西医学报》《上海医事周刊》《广济医刊》之类的医学刊物都对《博医会报》的内容有所引用；而《博医会报》中关于疾病、药品等内容的研究性文章也被作为当时国内医学教材内容的重要来源编入。

《博医会报》作为一份医学专业类刊物，一方面成为西医在中国传播的捷径。各类西医从业者通过《博医会报》交流与分享自己的临床见闻与交流成果，并且《博医会报》充当了将世界西医学界最先进的成果引入中国的媒介，使中国成为19至20世纪西医成果受益者，也为西医科研提供了来自"东方的实验数据"。另一方面，《博医会报》也是世界了解中国传统医学的窗口，通过作者群体和专业的角度对传统中医进行观察、体验与记录，帮助世界西医学界客观地了解中医在临床治疗中发挥的作用，消弭当时盛行的"欧洲中心"偏见。此外，《博医会报》也为日后中国本土的医学从业者和研究者留下了较为完备的西医本土记录，以及观摩中医的"域外视角"。

从1887年创刊至1931年与《中华医学杂志》合并，《博医会报》自始至终

---

① 李尚仁：《现代医学的兴起、挫折与出路》，《文化纵横》2018年第4期。
② 参见邓铁涛、程之范主编：《中国医学通史》（近代卷），第508页。

都秉着科学、务实的态度如实地展现了西方医学在中国的发展变迁,也呈现出传统中医的可取之处,搭建出中西医界双向交流的可贵平台。作为医学专业刊物,它始终努力地保持着理性的立场,公正地发出专业医者的"圈内"声音,为中国医学及中国科技期刊的发展贡献了不容忽视的力量。透过《博医会报》这一个缩影,可为 19 至 20 世纪"西学东渐"与"中学西渐"的双向流动过程提供一条可资参考的研究路径。

世界书局教科书的两次竞争与现代教科书市场的型塑

王鹏飞

（河南大学）

教科书是出版业的重要品类，也是民国大型出版机构的标配出版物。在教科书市场能否占据一席之地，决定了某一书局的出版界地位。清末新政以后，新式学堂兴盛，对新教科书的出版提出了迫切要求。主营印刷业务的商务印书馆乘势而起，继文明书局之后发力教科书出版。民国成立之前，商务印书馆一度占到教科书市场 90％的份额①，一家独大。打破这个局面的，是 1912 年成立的中华书局，借助提前准备的共和内容教科书，一战成名。沈知方曾参与是役，深知教科书对于一家书局的重要意义。世界书局改组为股份公司之后，沈知方立即将教科书出版列为书局的主要业务，在 1930 年代的民国图书市场上，沈氏的小学教科书、中学教科书高调入场，左右突围，最终形成与商务印书馆、中华书局鼎足而三的局面。

进军小学教科书市场的第一次竞争，世界书局经过艰苦卓绝的奋战，最终战胜商务与中华共同出资的国民书局，在教科书市场上站稳脚跟。进军中学教科书市场的第二次竞争，世界书局分别与中华书局、开明书店、会文堂新记书局交手，中华书局声称世界书局的《中学历史教科书》中存在图片抄袭，会文堂新记书局指责现代法学社出版、世界书局总发行的《现代法学讲座》图书，侵犯了上海法学编译社出版、会文堂新记书局发行的"法学丛书"等版权。其中最著名的，当属世界书局与开明书店的《开明英文读本》之争，其间几经反转，

---

① 汪家熔：《陆费逵：教育"减负"第一人》，《中国图书商报》2001 年 4 月。

热闹非常,以侵权抄袭开展,以舆论之争达到高潮,最终双方握手言和。所谓树大招风,正是此理。

再次回顾这段历史,不仅有助于补全历史的面貌,尽量还原当时的种种情形,而且有利于发掘出世界书局在民国教科书市场的表现对整个教科书市场的型塑所产生的深远影响。通过两次竞争崛起的世界书局,某种程度上改写和重建了教科书出版竞技场上的态势和规则。

一、新格局:国民书局与小学教科书的份额之争

1924年冬,世界书局筹划几年的第一套教科书编竣送审。1925年1月16日,《申报》报道"教育部审定世界书局初小教科书",有国语、国文、常识、算术四种读本及教学法共计六十四册,全部出齐①。有了教育部的背书,沈知方在沪上各大报纸大加宣传。1925年7月,又推出了高小的九种,包括国语、国文、公民、历史、地理、算术、自然、卫生、英语,每种另有配套教学法。除了英语和教学法是各两册外,其他都是课本与教学法各四册。

当时全国的教科书市场被两家书局垄断,即商务印书馆的新学制小学和中学教科书,以及中华书局的新小学教科书和新中学教科书。教科书出版的门槛甚高,资金要求也大,数年来少有其他书局尝试。沈知方突然编成了一套小学教科书,让商务印书馆和中华书局大为震惊。他们对沈知方这位老员工知根知底,太了解他八面玲珑的营销能力了,怎能置之不理呢!于是"两家为了梦想继续垄断教科书市场,乃合谋对付办法"。商务和中华沟通之后,决定先礼后兵。先由陆费逵代表两家书局出面与沈知方协商,"劝告世界停止出版教科书,由两家出资十万元收买世界教科书稿本"。② 一开始沈知方略有犹豫,但听到要以世界书局永远不出教科书作为条件,谈判立即破裂。招安不成,商务和中华决定重拳暴击,两大书局采用了两个策略,一是正面围剿,二是釜底抽薪。

先说正面围剿。1925年7月16日,在沈知方刊登征求中学教科书的广告四天之后,中华书局召开了一次董事会。第一个议案,就是商议抵制世界书局

---

① 《教育部审定世界书局初小教科书》,《申报》1925年1月16日。
② 刘季康:《世界书局的发行工作回忆》,《文史资料存稿选编23》,中国文史出版社2003年版,第338页。

的教科书：

议案一 为抵制某同行教科书，商务、中华联合另组一书局，股本额定廿万元，商务三分之二，中华三分之一，陆续支用。议决通过。

陆费伯鸿、吴镜渊、戴懋哉、高欣木、范静生(李默非代)、沈陵范、徐可亭、黄毅之

这个联合另组的书局，叫国民书局。中华书局董事会讨论的时候，国民书局已经运作小半年了。国民书局出现的时间节点很微妙。1924年底，世界书局教科书通过部审，1925年1月10日，《申报》刊登了一封致谢函，"世界书局范祥善等编辑之初级国语国文常识算术等四种课本及教学法，已完全出版，该书系依照新学制编辑，并经教育部审定，昨承惠赐全份，谢谢"①。3天之后，《申报》就出现了"国民书局启事"："本书局聘请海内教育家编辑中学小学教科书参考书，现在已编成初级小学国文国语常识算术四种，名曰新国民教科书，即日出版，先此预告。"②1925年3月17日，国民书局正式营业：

上海棋盘街中市国民书局开幕大廉价。七折发售，买一本，送一本。本局编印新国民教科书，欲对教育界有所贡献，特于开幕之始举行空前大廉价，以六个月为期，自十四年阳历三月二十日起，至阳历九月二十日止，除照定价七折外，每买一本加送一本，此举系为普及教育推销新书起见，不惜巨大牺牲，亏折在所不计。敬布区区，伏希鉴察是幸。③

国民书局对世界书局的教科书发行，完全是剿灭式的价格战。世界书局第一批教科书出版了四种，国民书局就同样科目也出版四种；世界书局主打廉价，国民书局就打七折，还买一送一，一出手就是半年期限，表示"不惜巨大牺牲，亏折在所不计"。开业一个月之后，国民书局感觉七折和买一送一还不够力度，决定开始赠送样本，"本局鉴于各地教育费非常困难，生活程度日高，担负教育费不易……现在教科书已出版过半，特印样本；如承索阅，即行奉赠"。

打价格战就是烧钱，需要充裕的资本才行。为了增强火力，国民书局运营四个月之后，商务和中华决议共同出资二十万元。二十万元的资本，直接让国

---

① 《致谢》，《申报》1925年1月10日。

② 《国民书局启事》，《申报》1925年1月13日。

③ 《国民书局开幕大廉价》，《申报》1925年3月17日。

民书局进入到当时上海书业的前五名，可以说是下了血本。有了巨款加持，国民书局不计成本的价格战一浪接一浪，到了九月开学季，又打出了"半送半卖"的广告词。此后在国民书局的教科书营销中，"不惜巨大牺牲""半送半卖""样本普赠不取分文"等词语，不时出现。

再说釜底抽薪。在国民书局正面价格战的同时，作为教科书龙头，商务和中华两大书局不好自贬身份打价格战，就在背后阻断世界书局教科书的销售渠道。沈知方是发行老手，"他也知道推销教科书，必须在全国范围内有自己的分支发行机构，才能与商务、中华抗衡。于是在全国大城市凡商务、中华设有分支机构的地方，也逐步设立了分局，为日后出版教科书作好竞争据点的准备"①。1925 年，初沈知方在 15 个大城市设立了分局，但相较于商务、中华遍布全国的发行机构来说，还是势单力孤。于是两大书局依仗发行渠道的压倒性优势，开始"仗势欺人"。新学制教科书发行初期，沈知方想在东北地区打开局面，由沈阳分局经理李春生游说奉天省教育厅成功，获得该厅的推广批文，上海世界书局就向沈阳发了三百多箱教科书，准备销售。谁料被商务印书馆得知，马上向奉天省教育厅运动，迫使该项批文被撤销。只因"当时的官厅，只要谁势大财多，谁就胜利。当然沈氏力不能敌，这一次就落了空，只得将原书退回上海"②。

如果说沈阳分局的图书退货近似定点清除，那么两大书局"用津贴的办法阻止同行经销世界书局教科书，由两家根据各个同业每年交易大小，给以相当数目的现金津贴"③，就是典型的地毯式轰炸。在长三角地区，商务印书馆派出批发处职员王少峰，中华书局派出负责批发业务的王竹亭，沿着沪杭、沪宁铁路线，从苏锡常到杭嘉湖，联络贩卖同行，订立口头密约，每家给予三五百不等的津贴，要求立刻停售世界书局出版物，否则两家书局与之断绝往来。在湖南市场，两家书局也分别与发行点签订"特约"或"经销合同"，约定不得销售世界书局教科书；又扬言世界书局缺少资力，搞不长久，如果想试试看搭销世界课本，则威胁同业收回"特约经销"，迫使同业不敢和世界书局往来。导致的结果，就是有些代理商拗不过世界书局的面子，答应代售一点，"可是一学期过去

---

① 刘季康：《世界书局的发行工作回忆》，《文史资料存稿选编 23》，第 337 页。
② 刘廷枚：《我所知道的沈知方和世界书局》，《文史资料存稿选编 23》，第317 页。
③ 刘季康：《世界书局的发行工作回忆》，《文史资料存稿选编 23》，第 337 页。

了,我们派员去了解经售情况,出乎意料,发去的课本原包原封不动高搁在书库里。这种恶劣手段使人哭笑不得"①。

类似的场景在其他地方层出不穷,手段虽然"恶劣",但对打压世界书局颇有效果。面对两个老东家的打压,沈知方"并未因之气馁,相反的更促使他更加努力为教科书的销售找出路"②,他采用了两手策略应对。

一是正面硬刚。两军相逢勇者胜,面对咄咄逼人的三大书局围攻,沈知方毫不畏惧。对国民书局的低价倾销策略,沈知方一方面适度跟进,另一方面则以"比较"为口号,在报纸上连续发布广告,呼吁读者明辨是非:

售价的比较:本局赠送教科书免邮优待券,凭券购书可以享受特别折扣之利益,比较他家是否便宜?

内容的比较:本局出版教科书,教材活泼,编制新颖,切合现代潮流,适应学生环境,比较他家是否优胜?

优待的比较:本局奉送教学法赠书券,凭券购教科书,赠送教学法全套,比较他家是否优待?③

二是巧施计谋。正面硬刚塑造了沈知方的勇者形象,也让世界书局同仇敌忾,上下一心。但要想真正突围,还得讲究策略。两大书局不让各地发行商代理世界书局教科书,世界书局就对发行商晓之以理,告诉他们虽然现在有两大书局的津贴可拿,但若世界书局被挤垮关闭,这项津贴会立即停掉。另外也给他们指明道路:两大书局的津贴该拿还拿,世界书局额外再给他们一笔津贴,只需他们另外搞个门面,挂上世界书局招牌,装作是世界书局设立的分店即可。加之沈知方承诺低折扣,高回佣,一时之间,真真假假的世界书局全国遍地开花。商务中华试图垄断发行商的做法,立即破功。

同时,沈知方紧抓关键少数。对于各省的教育厅,沈知方亲自出面,利用各种关系打通关节,让他们发出通令,批示全省采用世界书局的教科书。当时的报刊上,江苏省教育厅长沈彭年通令六十县采用世界书局教科书、浙江教育厅计厅长通令全省七十五县知事采用世界书局教科书、浙教厅二次通令采用世界书局教科书、山东省教育厅通令一体采用世界书局新出三民主义课本和

---

① 翁稚棠:《世界书局在湖南省的经营》,《文史资料存稿选编23》,第352页。
② 刘廷枚:《我所知道的沈知方和世界书局》,《文史资料存稿选编23》,第316页。
③ 《比较》,《申报》1925年8月15日。

教科书,以及广州、汕头、上海县等地的诸多政府通令,不时出现。但有了政令批文,只是获得了许可证,要想真正售出,关键在于拥有购书决定权的小学校长和教员。沈知方对他们施以恩惠,给男教师赠送怀表、绸缎大衣,给女教师赠送化妆品、玻璃丝袜等,或者趁他们参加全省或全国教育会代表会议时,请吃请喝请游玩,临走再送小特产。这个举动看似微小,却收效巨大,因为"过去商、中对小学教师是不大理睬的,有事只向县府教育局讲话,未注意到基层"①。

为了打造用户黏性,沈知方还遍招小学教师入股,每股五元。告之曰如有赢利,则利润均分,条件是作为股东,需极力为世界书局推销。又给每个股东一个折子,即使不是股东的小学校也赠送一张,凭此折可预领取五元以内的教科书。内地的不少小学,经费既绌,薪水亦薄,对这种名为欠账却不需归还的折子大为欢迎。一番操作之下,市场成效立即显现。1925年的冬天,一位记者即写道:"有某视学员告我曰,若某地某地,今已成鼎足势,所谓鼎足,则商务、中华、世界也。然世界进行颇猛,而各教员均啖其利,下学期不难成世界清一色也。故商务中华闻此消息,对于书业敢死队之沈知方君,不免慄慄危惧耳。"②

总之,经过一番激烈竞争,商务印书馆和中华书局扼杀世界书局教科书的图谋,以失败而告终。世界书局不但成功进入了教科书市场,而且借助先人一步的"新主义教科书",奠定了自己稳固的地位。相反,充任正面打手的国民书局,因为创局之时就师出无名,加之商、中两局同床异梦,有时三家书局还互相误伤,导致发展每况愈下。创办之后,只出过一套小学使用的"新国民教科书",后来在1927年8月,为了适应党化教育,出了修正版。但在世界书局耀眼的新主义教科书面前,这个修正版实在不堪一击。此后,国民书局的主要业务就变成了销售文教用品,举凡西洋名画、儿童玩具、仪器文具、贺年信片、信笺信封、碑帖画册、丝织风景,乃至橡皮套鞋、中山装和雨伞,都是国民书局在沪上报刊广告的销售内容。这样又维持了两三年,1930年4月底,国民书局宣布大廉价三十天。到了六月底,终于支撑不住了,在《申报》刊登了"国民书

---

① 翁稚棠:《世界书局在湖南省的经营》,《文史资料存稿选编23》,第351页。
② 天马:《书业敢死队》,《晶报》1925年12月6日。

局停止门市,存货削本贱卖"的广告。清仓了近一个月,1930 年 7 月 21 日,国民书局发布"国民书局正式停止营业启事",进入历史。

围绕小学教科书的第一次竞争之后,世界书局强势进入教科书市场,并以惊人的速度直逼商务印书馆和中华书局,形成三足鼎立之势。但在第二次竞争之后,开明书店抢占舆论高地,让世界书局遭受不小的损失。这次竞争,一方面遏制了世界书局的扩张力度,迫使世界书局在教科书经营上逐渐陷入保守境地;另一方面,也促成开明书店等新生力量的崛起。在商务、中华、世界三足鼎立的整体局势下,给了中小出版机构更多的生存可能和空间。图书市场上出版力量的丰富,共同塑造了多姿多彩的现代教科书出版格局。

二、新模式：开明书店与中学教科书的读本之战

围绕中学教科书的竞争,被世界书局称为本局教科书革命的"第二次竞争"。与第一次相比,除了竞争对象小升初之外,竞争场域也从现实的渠道战,变成了纸面的舆论战。这一次对手的主要手段,是攻击世界书局的教科书涉嫌抄袭,参与的有中华书局、开明书店和会文堂新记书局。其中影响最大的,当属世界书局和开明书店围绕《开明英文读本》的沪上激战。

《开明英文读本》由林语堂编订,开明书店 1928 年 1 月出版。林语堂是德国莱比锡大学语言学博士,曾任北京大学英文系教授,英文素养甚高。林氏的英文读本参考西式教材理念,结合中国儿童特征,内容精审。尤其是聘请著名画家丰子恺配图,图文并茂,被称为"一扫旧式英语读本谬误浅陋粗劣之弊,为中国破天荒之英文读本"[1]。上市之后,自然畅销,一版再版,几乎把商务印书馆周越然编著的《模范英文读本》给挤掉了。对于创局不久的开明书店来说,"林编《开明英文读本》几乎成了开明书店的命根"[2]。

在《开明英文读本》赚得盆满钵满的时候,1930 年 5 月底,世界书局出版了一套三本的初中《标准英语读本》,编者是林汉达。林语堂见到之后,发现《标准英语读本》的形式与自己的读本相近,而且有几篇课文内容一样,认为被

---

① 《开明英文读本》,《申报》1928 年 1 月 18 日。
② 宋云彬:《开明书店与世界书局的争讼》,《文史资料存稿续编》,第 363 页。

抄袭了,就让开明书店老板章锡琛去向世界书局交涉。《开明英文读本》是命根子,被人抄袭,这还了得。当时负责世界书局编辑所实际工作的徐蔚南与开明书店的夏丏尊和章锡琛都熟悉,章锡琛就请徐蔚南转达沈知方,要求自动停止出版。沈知方并不买账,也没当回事,置之不理。

一看未能奏效,1930 年 7 月 26 日,开明书店向世界书局发了一封律师函,要求三日内答复。彼时的沈知方一心忙于世界银行的扩张,无暇顾及,就把信函交给了林汉达,让他自己去处理。林汉达不敢怠慢,第二天就去拜访了林语堂。林语堂说如何处置,需要与开明书店商量一下。林汉达决定 28 日再去找章锡琛,这时还挂名世界书局编辑所长的范云六,曾与章锡琛在商务印书馆编译所同事,就为林汉达写了一封介绍信。

范云六的信写得很客气,"锡琛先生大鉴:久不聆教,企念何极。近来贵处营业非常发展,甚佩。兹启者,敝局出版标准英语,闻与贵处出版开明英语,有相似之嫌疑,刻由敝处原编辑人林汉达君前来声明一切,希望免除误会。特为绍介,务乞台洽。是所感祷,此致暑祺。弟范祥善顿首 七月廿八日"。林汉达见了章锡琛之后,交了范云六的介绍信,章锡琛表示愿意和平解决,但具体方法需要与书店其他人和林语堂商量以后再说,让其明日再来。

29 日上午,林汉达再次往访,恰逢章锡琛外出,林汉达就留了一张便条:"锡琛先生大鉴:昨日会晤,深知先生亦欲和平了结。然律师三日之约已到,弊公司欲知该事可否由达自行解决,或需由弊公司答复律师。倘如昨日所约,则祈转告贵律师。专此候示,此请撰安。林汉达,七.廿九。"章锡琛下午回信,说他们同意和平解决,但主要得听林语堂的意见来办。

得此意见,林汉达 29 日当天便去找林语堂,林语堂不在,林汉达留了名片,还写了一张便条,有"语堂先生:今为和平解决英语读本,讨教如何修改,以便答复之"等语。30 日一早,林汉达第三次拜访,终于见到林语堂。根据开明书店的陈述,林语堂提出了三类修改意见,"(一)文句抄袭者(二)课中雷同之数处者(三)排法形式故意模仿者"。

事情发展到这里,除了林汉达瘦小的身影陀螺式地穿梭各处让人感觉心酸之外,似乎正向和平解决的路子上进行。但没想到的是,8 月 26 日,开明书店突然在上海各大报纸的头版,以半版的篇幅刊登"世界书局承认标准英语读本抄袭开明英文读本之铁证"的广告,一下子把世界书局置于抄袭者的地步。

开明书店为何如此暴怒？根据广告所述，是因为林汉达拿着林语堂的意见回去之后，世界书局向开明书店回了一封律师函，说这是作者林汉达个人的事情，不承认曾经说过有抄袭一事。接到答复，开明书店大为光火，立即发律师函质问：林汉达是世界书局的雇员，书也是世界书局出版的，怎么能与你们书局无关？"至抄袭部分，事实具在，更非空言所能掩饰"，认为抄了就是抄了，否认是否认不掉的。世界书局再次回函，说林汉达承认第三册中有一首英诗确实是采自开明读本，已自动修改，但不承认抄袭，因为诗歌作者并非林语堂，认为"事出无意，问题极小"。

接到这封回函后，开明书店未再答复。沈知方和林汉达以为这场纠纷告一段落，其实开明书店对沈知方这种无所谓的态度已经气炸肝肺，认为纯属以大欺小，这口恶气不出实在心意难平，于是 8 月 26 日在上海各大报纸扔出了一个控诉世界书局抄袭的震撼弹。控诉广告将范云六的介绍信和林汉达的两封便条全部拍照制版，结果呈现在读者面前的画面，就是世界书局承认抄袭的黑体标题和三张手写信函的大照片，以及围绕着照片的密密麻麻的陈述文字。

从效果来说，这条广告符合有图有真相的传播特征，视觉说服力极强。更让世界书局不可接受的是，开明书店叙述完这场纠纷之后，居然另起一段，举报沈知方涉嫌欺骗，说他宣传自己的教科书通过了教育部的审定，但有的教科书上却未见审定的日期和批号，"倘确均经审定，未在书面上印明，已属显违部章。否则即为捏称审定，蒙蔽官厅，欺骗学校，地方检察官厅即应检举该局"。这实在太狠了，以诛心之论，直接把沈知方和世界书局的教科书定位成欺骗大众的骗子。

自己的绍兴老乡章锡琛如此辣手，沈知方作何感想不得而知。只是第二天的沪上各大报纸，刊登了《陆绍宗施霖律师代表世界书局警告开明书店启事》：

> 兹据当事人世界书局声称：本书局出版之标准英语读本，与开明书店出版之英文读本完全不同，绝无抄袭情事。曾由本书局委托贵律师等，详细答复该书店代表律师，来函在案。该书店理屈词穷后，即未再来函有何主张。倘该书店果有正当理由，自可根据著作权法为合法之交涉。乃竟不出此，忽登报散布文字，淆惑听闻，公然毁损本书局名誉信用，实为有意妨碍本书局营业。除请贵律师等代为

依法救济外,并请登报警告该书店等语,委任前来。为此,代为登报警告如右。

警告启事于 8 月 29 日重登了一次。8 月 30 日,开明书店的律师袁希濂和王曾宪代表开明书店又警告世界书局,依然指明世界书局抄袭,而且自己承认了。依据是世界书局编辑所长范云六的介绍信中,有"敝局出版标准英语,闻与贵处出版开明英语,有相似之嫌疑"一句。此外,林汉达的两张便条都有"和平了结"字样,如若不是抄袭,何来此语?

看到开明书店如此反应,8 月 31 日,陆绍宗、施霖两位律师再次代表世界书局警告开明书店。同日,世界书局也在当天的沪上各大报纸,刊登了控诉出版教科书以来所受迫害的《世界书局宣言书》。对于正发生的中华书局和开明书店的指控,世界书局认为纯粹是嫉妒:

> 我们世界书局的中学教科书,是十八年秋季开始出版的,现在已完全出齐了。各书的编校人,都是教育界的专家。他们多年的经验、卓越的学识,都用在我们这套教科书里了,而且大多数是符合教育部颁布的中学课程暂行标准的,在中学教科书中又是一队革命军。所以出版以后,即蒙全国中学教员不约而同的引为教授的善本,同时那种腐旧的书,当然不能立足。于是又引起了嫉妒,不惜用种种手段,欲破坏我们中学教科书的名誉信用。他们的居心,不过如此而已。①

世界书局还说,"现在出版教科书的同业中,有将我们的书抄袭了大部分去的,也有模仿我们中学书的式样的,我们对于同业一向推重,所以不愿起无谓的纠纷,连他们的店号也不宣布"。但是自己的教科书稍有差池,就被同行大肆炫耀,昭告天下,委屈之情溢于言表。接下来的事情,像走马灯一样上演。世界书局继续发布《标准英语读本》的广告,同时还刊登多位学界名人对《标准英语读本》的赞语,力争清白。开明书店则坚持控诉,指斥抄袭。在报纸上,两家书店"警告""驳复""再警告"来往十余次,热闹非凡。

沈知方何曾吃过这种亏,忍无可忍之下,开始还击。他以诽谤名誉罪,向法院起诉开明书店。侵害的名誉有二:一是无中生有,公然污蔑《标准英语读本》抄袭;二是 8 月 30 日开明书店的回复中,有"以后编辑图书,务望多聘通人,慎重行事"的语言,直接鄙视世界书局的编辑水平,引起局内公愤。

双方各自聘请律师,展开法庭论战。第一次庭审,开明书店落于下风,法

---

① 《世界书局宣言书》,《申报》1930 年 8 月 31 日。

官初判两项诽谤名誉罪全部成立。开明老人宋云彬回忆说,这是因为沈知方聘请了上海滩知名女律师郑毓琇团队,她和南京国民政府司法部长王宠惠有某种关系,只要郑律师经办的案件,基本只胜不输。眼看要崩盘,开明书店急忙寻求南京国民政府教育部的帮助。当时的教育部长蒋梦麟与林语堂曾在北大同事,也是英美留学派的代表;教育部次长刘大白与夏丏尊是密友,早年在浙江一师和白马湖畔的春晖中学都是同事。相对于司法系统,教育部才是开明书店的靠山。

这一招果然奏效。宋云彬说:"那时候,林汉达编的英语读本正由世界书局送请南京教育部审查中,南京教育部里做实际审查的一些人,多认为《标准英语读本》确实比《开明英文读本》编得好,对林语堂硬压林汉达有不少人代抱不平,甚至有一位编辑者,还写了一段称赞《标准英语读本》的话。"但收到开明书店的请求,"南京教育部部长蒋梦麟,召开了一次会,经研究,批准了开明的请求。批词断定《标准英语读本》确有抄袭冒效《开明英文读本》之处,不予审定,并禁止发行"。① 这份批文于1930年9月9日由蒋梦麟批出,序号"教育部批第458号",被开明书店刊登在9月13日上海的各大报纸广而告之。

这份批语的刊登,是一招漂亮的先手棋,让还未等到二审的世界书局陷入了极大的被动。最受伤害的还是林汉达,编著的第一本教材就被指控冒效,对这位以英语教育为业的年轻人来说宛如灭顶。忿恨之下,他在9月15日的报纸上发布了《林汉达启事》:

> 鄙人本教授英文十余年之心得经验,编著《标准英语读本》一书,托由世界书局发行。历时未久,横被开明书店及林语堂诬为冒效,冤遭不白,忿恨何极。除即日辞去世界书局职务,专心办理此事外,并(一)对于世界书局被开明书店破坏名誉一切阴谋,俟法律交涉解决后,鄙人当原原本本,公布社会,以明真相。(二)向世界书局收回该书,暂时停售,以待水落石出。(三)依据著作权法,呈请教育部重行审查,以明是非。(四)胪列本书确被诬告之实证,请求司法官厅救济。总之,鄙人一息尚存,誓当为公理而奋斗,求法律之保障。事实所在,虽只手空拳,亦决不屈服于强权之下也。②

---

① 宋云彬:《开明书店与世界书局的争讼》,《文史资料存稿续编》,第364页。
② 《林汉达启事》,《申报》1930年9月15日。

林汉达委屈满满，但开明书店并未因此放松对世界书局的攻击。针对林汉达的表态，第二天，开明书店就由"袁希濂王曾宪律师代表开明书店警告世界书局"，一方面指斥世界书局偷梁换柱，说世界书局此前一直称该书是世界书局出版，"今忽以林汉达名义在各报登载启事，改用托由世界书局发行字样，妄图诿卸责任"；另一方面则对林汉达上纲上线，"该项启事中竟敢公然指斥教育部命令为强权，教育部审查为诬陷，又指斥本店正当防卫为阴谋，尤属违抗注令，故意侮蔑官厅，毁损本店名誉，均有触犯刑法之嫌"。①

几番回合下来，世界书局一审建立的优势荡然无存，而开明书店咄咄逼人的攻击，也未能获得全部支持。一周之后，这场引人注目的出版官司于1930年9月23日下午宣判。原告世界书局沈知方的代表王锦南，自诉人林汉达，以及沈知方的律师陆绍宗，林汉达的律师郑毓秀团队的李辛阳等，被告开明书店经理杜海生以及章锡琛、律师王曾宪等，到现场聆讯。判决结果，一是《标准英语读本》与《开明英文读本》有两则小诗系属雷同，但未标明出处，所以开明书店"对于世界书局散布诽谤文字，尚非捏造事实可比"。二是开明书店虽然不是完全捏造事实，但杜海生举"《世界奇谈》艾子宿于逆旅，晨兴，亡其狐裘，得诸一旅客之箧"的故事作为类比，等于比喻对方为盗窃，尤其是"以后编辑图书，务望多聘通人，慎重行事"一句，"无异指斥对方编辑皆为不通，此种公然侵慢之词，实故意溢出其声述之必要范围，使人难堪，应构成刑法第三二四条之侮辱罪"②，判决杜海生赔款三十元。

至此，一场引人注目的官司，从法律上二审定谳。但其中对章锡琛的结论，"被告章锡琛仅为普通店员，免予置议"，却十分耐人寻味。明明是开明书店的老板，在8月26日各大报纸控诉世界书局抄袭的广告中，他也一直以当家人的身份出现，但到了法庭上，身份却变成了普通店员。与此同时，开明书店却一直抨击世界书局缺乏担当，诿过于林汉达个人。这种一边自己放火，一边控诉别人点灯的举动，显示出章锡琛这位小沈知方七岁的绍兴老乡，在竞争方面的能量绝非一般对手可比。

事实也确实如此，虽然法院二审定案了，但开明书店却丝毫没有罢休。他

---

① 《袁希濂王曾宪律师代表开明书店警告世界书局》，《申报》1930年9月16日。
② 《开明被控案判词全文》，《申报》1930年9月27日。

们把法院的判词与教育部的批文同时刊登在报纸上,制造出开明书店在法庭上弱者被欺的形象。两本书中认为相似的地方,开明书店全部放大复印,自10月11日起在四马路开明书店发行所张布一周,同时在报纸上以《开明书店揭布标准英语读本抄袭真相》为题大做广告,呼吁广大读者去现场查验。张布的次日,开明书店又在报纸做了"开明书店陈列开明英文读本标准英语读本两书比较 敬请参观"的广告。

或许是感觉对方战斗韧性实在太强,或许以为互泼脏水毫无意义,法庭判决之后,面对开明书店的举动,沈知方和世界书局没有继续跟进。如是又延续了一个月,终于在1930年11月21日,上海的各大报纸上刊登了"世界书局开明书店紧要声明":

窃世界书局与开明书店因英文读本交涉一案,兹经友人调处,双方均已谅解,恢复同业情感,特此声明。民国十九年十一月二十日

第二天,这份声明又以《开明书店世界书局紧要声明》的标题刊登了一遍。自8月26日开明书店率先报纸公告《标准英语读本》抄袭,历时三个月的《开明英文读本》官司告一段落。若从5月私下接触算起,这场现代出版史上著名的版权纠纷历时半年。出版双雄持续争斗之时,广大读者也不无看热闹的心态,如记者报道庭审之时,不忘指明"惟两造俱为智识阶级,所言殊雅驯"①,令人哭笑不得。过后来看,在这场竞争之中,开明书店作为相对弱小的一方,尽得弱者为大的舆论场之利,借助林汉达《标准英语读本》编写上的一些相似之处,大做文章,而且始终直指世界书局,让沈知方在教科书的竞争中第一次栽了跟头。经此一役,章锡琛的开明书店声誉更广,在几年之后持续发力教科书市场,奠定了"商中世大开"②的出版业称谓。

两次竞争中,如果说第一次竞争时,三大书局走的都是全套教科书的竞争思路,那么到了第二次竞争,"读本"开始成为一种模式。开明书店依靠自己的英文读本、活页文选和算学教本,打出了"开明三大教本"的名头。世界书局的读本模式,则改变了此前商务和中华凡教科书必全套推出的出版方式,世界读本的成功,也为开明英文读本、开明活页文选等提供了思路。

---

① 《世界开明两书局讼案判决》,《申报》1930年9月24日。
② 分别指商务印书馆、中华书局、世界书局、大东书局、开明书店。

此外，教育读本，成为诸多书局切入教科书市场的一种模式。这是一种教辅读物，针对中小学生使用，不过按照出版规定，教辅读物不需要像教科书那样，由北洋政府的教育部审定，内容也不需要完全按照教育大纲进行，操作起来要容易很多。沈知方进军教科书市场的前奏准备，便是出版教育读本。开始于1920年春，沈知方"请了几位新教育家，编辑言文对照和白话的书，格式最新，出版最早，到了年底，方才出全"①。1922年3月，世界书局推销出版了中学和师范学生的教科自修读本。一年之后，教育读本的品类暴增，世界书局的教育读本开始主要面对中小学生，后来向下覆盖到学龄前儿童。1923年3月，世界书局对作文书类进行了一次专门促销，学生一律对折。广告中说"本局编辑作文用书，及作文范本多种。蒙全国学校先后采用，内容丰富，体例完备，文言白话，兼善其胜，成语典故，批解详明，实为学生必备之要书"②。在获得教育部审定的教科书出版资质之后，教育读本依然是世界书局的主要品类。而放眼当时的市场，也莫不如是。

三、新市场：党义教科书与政党书局的崛起

那么，世界书局为何能取得这样的成绩呢？除了沈知方杰出的营销才能之外，更为重要的是，能够把握社会和政治的方向。出版与政权的紧密关系，早在中华书局的成名之战中就得到充分展示。中华书局凭借符合共和思想的中华教科书，以迅雷不及掩耳之势快速占领市场。世界书局在1927年某种程度上复制了这种胜利。作为第一次成功的参与者，沈知方深谙其中的门道。

世界书局新主义教科书的逆袭，让党义成为教科书的编辑主线。1926年7月国民革命军开始北伐，沈知方感知山河即将变色，立即把编制初中教科书的力量转移到用三民主义修订全套小学教科书上来。提前准备的"新主义教科书"，让世界书局第一次超越商务印书馆和中华书局，占据了主动地位。1927年3月21日，北伐军光复上海。一周之后，世界书局公告"三民主义教科书出版"③；《三民主义教科书》，是世界书局"新主义教科书"的第一种。

① 《新教育之先声　男女学生适用》，《申报》1921年2月19日。
② 《世界书局出版作文书类》广告，《申报》1923年3月10日。
③ 《三民主义教科书出版》，《申报》1927年3月27日。

四个月之后,供小学使用的全套"新主义教科书"发布①。1929 年 8 月,世界书局出版教育部及大学院最新审定的初中教科书,有党义、国文、历史、地理、自然科学等,每种六册,另有初中英语三册。到了年底,又出版了初中本国史、初中世界史、初中本国地理、初中外国地理、初中动物学、初中植物学、初中矿物学、初中物理学、初中化学、初中生理卫生学、初中算术、初中代数学、初中几何学、初中三角术。1930 年 1 月,推出新版的高中教科书,包括高中党义、高中国文、高中本国史、高中外国史、标准英语读本、实验英文文法读本等。1930年 3 月,又出版了新版的"民众课本",包括民众千字课本、民众珠算课本等。

1927 年 3 月 18 日,上海的报纸上出现了一条《各书局党化教材到杭》的新闻:

> 浙江各处党部对于推行党化教育颇为积极,各书局为供给需要编有党化教材多种,商务中华均编有活页,以便插入原有各书教授之用,世界书局则有三民主义读本。闻昨日(十三)该三书局共到二百多大箱,门市骤行拥挤云。

这条新闻的时代背景,是 1927 年 1 月上旬,蒋介石担任总司令的国民革命军决定继续北伐,进军杭州、上海,会攻南京。一个月之后的 2 月 19 日,北伐军光复杭州,孙传芳的势力在全浙被逐步扫清。新的政权需要新的教科书,国民革命军要求的三民主义教材成为春季学期的紧缺图书。沪上几大书局闻令而行,便是这条新闻的内容。

《申报》的新闻传递出两个消息:一是"各处党部对于推行党化教育颇为积极",预示着一场新的教科书革命即将展开;二是各书局为了迎接北伐胜利,准备了多种党化教材,"商务中华均编有活页,以便插入原有各书教授之用,世界书局则有三民主义读本"。也就是说,南京国民政府即将成立的时候,两大书业龙头几无准备,只能临时编了活页,世界书局却提前编好了完整的三民主义读本。

3 月 21 日,北伐军光复上海。一周之后,世界书局公告《三民主义教科书出版》:

> 国民革命军成功以后,国民政府成立以后,对于儿童的思想应积极的设法改革。贵校采用何种读本?本书迎合潮流,适应需要,是唯一完善之教科用书。

---

① 《世界书局发行新主义教科书》,《申报》1927 年 7 月 30 日。

　　本书根据国民政府教育行政委员会颁布之小学规程编辑,供前期小学第三四学年之用,全书四册,每学期适用一册。

　　本书取材,包括孙文主义的全体,就孙文学说、民权初步、实业计划、三民主义、五权宪法、建国大纲、国民党代表大会宣言、中国国民党纲各要义,撷取精华,兼收并蓄。

　　本书编制方法,间接法与直接法并用。凡讨论主义用间接法,以增加儿童研读之兴趣;凡解释主义用直接法,以免除儿童认识之错误。

　　本书为教师教授便利计,特另编教学法四册,详载各课教学方法,以供教师之参考。①

　　《三民主义教科书》是世界书局"新主义教科书"的第一种。四个月之后,供小学使用的全套"新主义教科书"发布:"我们这套书,用革命的精神,革命的方法,在儿童教育范围内,把革命的思想尽量的灌输到小学生的脑子里去。一切不合于时代潮流的材料,如封建思想国家主义思想,完全根本铲除。尽力培养适于革命的性格如平民化、团体化,俾合党化教育。"②

　　这就是沈知方的"大招"。政治正确的加持,让世界书局的教科书如虎添翼。据1930年底的《市校教科用书统计》一文调查,上海市立小学各年级所用的国语、算术、常识、自然、卫生、公民、社会、历史、地理等教科书,商务印书馆、中华书局、世界书局和国民书局四家总计2 734种:其中商务印书馆的881种,占32.2%;世界书局的874种,占32%;中华书局的546种,占20%;国民书局的433种,占15.8%。③ 另一份数据显示,1930年,商务印书馆资本额500万元,职工人数1 353人,营业总金额556万元;中华书局资本额200万元,职工人数975人,营业额367万元;世界书局资本额60万元,职工人数160人,营业额222.7万元。④ 就人均营业额来说,商务印书馆人均0.41万,中华书局人均0.376万,世界书局人均1.39万,分别是前两者的3.39倍和3.697倍。

　　对一个改制十年的书局来说,这个成绩实在优秀。尤其是1925年随着小学教科书之后,沈知方急剧扩大资本,"原定资本仅有三万元,近因学业发达,

---

① 《三民主义教科书出版》,《申报》1927年3月27日。
② 《世界书局发行新主义教科书》,《申报》1927年7月30日。
③ 《市校教科用书统计》,《上海教育》1930年第12期。
④ 《上海市书业同业公会会员录》,1930年6月。

特增加四十七万元,其为五十万元"①,暴增近二十倍。后来他又开始搞品牌建设,世界书局的教科书都印一个小地球图案,原因是"地球是包含全世界的意义。故世界书局出版教科书的封面上,统用'地球商标'"②。可见在沈知方眼里,教科书已成为世界书局的核心资产。

更为关键的是,世界书局党义教科书的成功,直接催生了此后正中书局等专营党义教科书的书局的异军突起。

---

① 《世界书局扩大资本》,《申报》1925 年 10 月 4 日。
② 《地球商标》,《申报》1925 年 8 月 16 日。

出版与新知传播

启蒙的基础建制

——印刷出版与 20 世纪 30 年代的国语运动

申　爽

（郑州大学）

近代中国的启蒙浪潮中，新式印刷技术与出版业发展为知识的大众化、普及化提供关键动力。南京国民政府成立后，将印刷出版业作为社会治理的重要工具，试图通过国家语言规划和语文普及，达成国家政权建设与规训民众的政治目的。本文以 1930 年代国语运动中的印刷出版实践为线索，探究出版媒介在近代语文普及运动中的角色与影响，并试图从国家建构与社会再造的层面，揭示印刷出版产业如何构建大众启蒙的"基础建制"。

一、问题的提出

晚清民初以来，西式机械印刷技术的传入深刻影响了近代中国思想的现代转型，及至五四新文化运动，科学、民主等新观念之所以能够抵达地方社会的边角，印刷出版媒介在其中起到了重要作用，近三十年来已得到海内外研究者的深入发掘。20 世纪六七十年代史学研究的文化转向以来，学术界以"目光向下"（history from below）的新史学研究范式为基础，对于民国大众文化空间的关注，尤其是以"印刷—出版现代性"为核心概念的研究开始聚焦 1930 年代新式印刷出版业与都市现代性的共生关系，较多讨论出版业以新都市空间（上海）为中心参与大众文化（mass culture）生产、构建"公共空间"的具体实践：20 世纪 80 年代初林培瑞（Perry E. Link）的"鸳鸯蝴蝶派"小说研究最早将文学生产作为大众文化产品进行解读，认为 20 世纪初印刷技术变革与出版业发展,对小说出版与近代报刊的推动作用促生了娱乐消闲小说为代表的商业化大众文化的流行①;随后,李欧梵在《上海摩登》中对报刊、杂志、画报构成的印刷文化与都市现代性论述最具代表性,在 20 世纪 30 年代前期,通过印刷出版传递出的新都市文化已经在上海发展至巅峰②;芮哲非(Christopher A. Reed)等人对 19 世纪中后期以来上海印刷资本主义的考察进一步揭示出都市现代性的技术与工业生产逻辑③;近年来中文世界的研究成果中,《都市化进程中的上海出版业(1843—1949)》等研究陆续将 1927 至 1937 年间印刷出版业的历史状况纳入近代中国的都市化脉络中加以考察。④ 南京国民政府成立后至抗战全面爆发前的十年,作为民国出版业的"黄金十年",其"摩登"面孔逐渐清晰,对出版业内部的研究更多关注大型出版机构作为文化产业机关的经营管理,或转而发掘小书局、小报、通俗刊物如何"俗世悲欢",较多以某一刊物、出版团体的纵向实践为中心。⑤ 某种程度上,尽管出版是关乎文化的事业,对 1930 年代印刷出版业的研究正走向被"文化化"的趋势,我们较少看到出版业在国家建构的框架内如何自处、如何运作,与"文化"联结的"大众"往往与市民的、消闲的气质联系起来,指向近代中国都市化进程中新兴中产阶层的出现,又或者尝试揭示左翼大众"阶级先锋性"背后同样的都市现代性驱动力。

实际上,1930 年代国家政权和民间知识分子同时关注到了知识启蒙问题与现实状况的紧迫关联,认为这将是救济农村、改造社会、建设国家的重要手段。从启蒙的根基——"扫盲"来看,1927 至 1937 年间,南京国民政府集中推行"识字运动",借助出版界的力量推行汉字注音符号,将国人的识字问题纳入国家建构的基础规划。相比于晚近以来新型报章杂志所构筑"言论界"的战斗檄文或驳杂新声,这些面向广大未受教育民众的扫盲运动、专为乡村民众和城

① 参见 Perry E. Link, Mandarin Ducks and Butterflies: Popular Fiction in Early 20th Century Chinese Cities, University of California Press, 1981.
② 参见〔美〕李欧梵著,毛尖译:《上海摩登:一种新都市文化在中国(1930—1945)》,北京大学出版社 2001 年版。英文版出版于 1999 年。
③ Christopher A. Reed, *Gutenberg in Shanghai: Chinese Print Capitalism(1876–1937)*, UBC Press, 2004.
④ 参见陈昌文:《都市化进程中的上海出版业(1843—1949)》,上海人民出版社 2012 年版。
⑤ 这些成果较多集中在文学史研究领域的现代文学报刊研究,如李楠:《晚清、民国时期上海小报研究——一种综合的文化、文学考察》,人民文学出版社 2005 年版;洪煜:《近代上海小报与市民文化研究》,上海书店出版社 2007 年版;连玲玲:《万象小报:近代中国城市的文化、社会与政治》,"中央研究院"近代史研究所 2013 年版等。

市劳工编写的常识丛书、巡回于乡间水上的民众图书馆和针对无力受教育者的阅读自修指导,往往成为重塑民间社会文化面貌与日常秩序的物质动因。正如王东杰指出,当下更值得关注的是"作为近代中国社会的'基础设施',报刊等媒体是怎样和其他(物质性和社会性)设施相互配合,以调度各类社会资源,从而推动历史的变化,并从最隐秘之处形塑人们的日常生活、心智和情感结构的。"①这使得今天我们对 1930 年代出版界的认识不能仅局限于新兴的都市现代性或"大众文化的泛政治化",而是应当将出版业置于国家—社会视野中,发掘其作为知识普及"基础建制"的可能性。本文即是以 1930 年代国语运动中的印刷出版实践为例而展开的尝试。

二、1930 年代语言文字普及的物质生产困境

近代启蒙的漫长历程中,"扫盲"被认为是"开启民智"最基础的工作。近代"扫盲"运动可追溯至 19 世纪中后期西方传教士在华展开的识字教育。伴随着启蒙者对"下等社会"扫盲的重视,汉字"繁难"、言文分离等问题凸显,促生了国语运动这一语言文字现代化革命。据 1930 年的官方统计,当时全国文盲率达 80%,在世界上仅次于埃及和印度。② 1928 年后,民众识字教育逐渐系统地进入国家制度层面。在政治制度规划环节,国民政府 1929 年公布"训政"时期推行地方自治"七项运动"计划,其中"识字运动"排在首位;③在教育制度层面,1928 年 2 月 13 日,教育部颁布《识字运动宣传大纲》,④将"扫盲"纳入民众教育范畴,在具体推行过程中,各地方民众教育行政系统扮演着重要的实践与监督角色。

语言文字是承载、传播意义的媒介。在印刷时代,符号系统通过印刷媒介的物质—技术形式呈现。晚近以来语文改革中的"言文一致"始终强调语言的主导地位,文字是用来摹写语言的,实质是要求"文"随"言"走,因而由此产生

① 王东杰:《作为近代中国"基础设施"的报刊》,《史林》2020 年第 5 期。
② 李文海主编:《民国时期社会调查丛编·一编·文教事业卷》,福建教育出版社 2014 年版,第 370 页。
③ "七项运动"为识字、造铁路、保甲、合作、提倡国货、造林、卫生运动。这同时也是国民党中央宣传部制定的基层下级工作运动办法。参见《训政时期的七项运动》,《七项运动》1930 年第 2 期;《下级工作运动办法》,《申报》1929 年 2 月 1 日。
④ 《识字运动宣传计划大纲》,《教育部公报》1929 年第 1 卷第 3 期。

的新文体也被称为"语体文"。① 这种"声音中心"导向以及由"言"到"文"的过程正是通过新式印刷技术来大规模完成、并不断将之标准化的。字(辞)典、普及教读本与报刊,共同构成了语文普及运动的"三位一体"。1930 年代语言文字大众化实践的参与者们更加有意识地将革新的符号系统与传播技术、物质力量联系在一起。可以说,这一时期对"大众语文"的探索依赖于印刷媒介来构建民族国家的(或阶级的)语言文字共同体,具体过程涉及象征系统的物质秩序(Material Order)建立,例如不同的新符号体系在编制、技术实践及大规模生产方面采取的工具与形式,它们被策略性地传播至大众之中时依赖的媒介平台。

拼音文字在中国滥觞于明末以来传教士在华创立的华语拼读方案。② 1895 年,江苏吴县的沈学受到人体解剖学的启发,自创切音简字十八笔字母,集成《沈氏音书》,③梁启超赞其"文与言合,而读书识字之智民可以日多矣"④。"言文一致"和"国语统一"是近代以来语言文字革新运动的两大主旨,这表明语言文字的现代化与民族国家建构之间存在紧密联系。盖尔纳(Ernest Gellner)指出,近代以识字为基础的"高层次文化"向下扩散,打破了传统社会阶级的分野,形成专业劳动技术分工,促进了民族国家观念与民族主义的生成。⑤ 霍布斯鲍姆(Eric J. Hobsbawm)同样认为,民族国家建构离不开统一的标准化民族语言(Standard national language)以及识字能力的普及,在此过程中,印刷技术、识字率与公立教育发展起到至关重要的推动作用。⑥ 晚近以来的国语运动既是为了知识与文化的全面普及,又是为了以统一的标准语凝聚民族国家意识。

和汉字反切不同,近代拼读记号是新创造的符号系统:切音字源于罗马字母的一种变形,王照的官话字母是仿日本假名再取汉字的一部分而造,章太炎设计记音字母则脱胎于古代篆文。如果使用铅活字凸版印刷,必须为每一

① 王东杰:《声入心通:国语运动与现代中国》,北京师范大学出版社 2019 年版,第 35 页。
② 倪海曙:《中国拼音文字运动简史》,时代出版社 1948 年版。
③ 王尔敏:《近代科学与民主先驱:沈学之短促生命光华(1873—1900)》,《台湾师大历史学报》2005 年第 33 期。
④ 梁启超:《沈氏音书序》,《时务报》1896 年第 4 期。
⑤ 〔英〕厄内斯特·盖尔纳著,韩红译:《民族与民族主义》,中央编译出版社 2002 年版,第 126 页。
⑥ 〔英〕埃里克·霍布斯鲍姆著,李金梅译:《民族与民族主义》,上海人民出版社 2000 年版,第 17 页。

套注音方案铸造全新的字模,且不论造价之大,方案草创成型初期,往往还需在实际投入使用后再行修改、完善。一旦有所改动,已铸字模将被淘汰,浪费尤甚。

而为了便于教识,在汉字旁添加相应注音后,势必需要重新调整汉字字符与注音字母的行间距,以免前后行的文字和注音混淆。这在写版时较易控制,而活字印刷则不同。现代印刷作业中,印版是由印刷部分和空白部分组成。根据原稿呈现的样貌,使用某种特定材料形成版面上的空白部分和印刷部分,即是印版的制作原理。铅活字凸版印刷的排版遵循"补白"原则,使用各种规格不同的"空铅"作"填空材料"(又称"衬垫材料"),一家印厂材料准备越齐全,排版效率越高,空铅的规格是以字号参数为标准、按比例制成的。① 如有改动,则需重制材料。对于"汉字+注音"这一全新的文本形式而言,选择铅印意味着要为之重新建立一整套标准化技术—生产体系。更重要的是,此时所谓"国语"的标准始终没有固定下来,这使得注音字母印行存在很大的变动性。按照安德森的说法,"固定性"正是一门印刷语言形成的物质根基。

在注音字母方案多元、变动的时期,抄本、刻本和石印是投入规模较小、且便于印行的方式。尤其是石印本更精于图像和细节的清晰呈现,注音字母的推广者往往利用这一印刷优势,以绘图的形式增加文本的通俗性和趣味性。王照等人创办的《官话注音字母报》每期编排必配以手绘插图,除静物、风景及会话场景之外,栏目标题前后均标有小一号图案,既为装饰,也是对文字的图解。正如芮哲非指出,早期传教士在华的印刷出版实践中,天主教徒与新教徒相比更倾向于使用石印,同样是因为石印传教品中的精美插图更容易吸引文盲或半文盲的皈依者。②

铅印汉字注音符号印刷品生产的核心问题在于活字与字模铸造。20世纪初,民间印刷出版业对中文活字的铸造还处于探索改良的时期。19世纪中叶来华的传教士历经数十年研究中文活字铸造法,改良排字架,增加排印效

---

① "空铅"也称"司配斯",即英文 Space 的音译。在印刷作业中,各种空铅一般按照铅字号数的分数或倍数计算,如字号二分之一的叫对开空铅、三分之一为"三开",比铅字大一倍的叫双连空铅、大两倍的叫"三连"等。此外还有一种空心空铅,用于填满页前或页尾空白。见〔苏〕巴里索夫等著,钟元昭译:《印刷作业》,中华书局1955年版,第19—20页。

② 〔美〕芮哲非著,张志强等译,郭晶校:《谷腾堡在上海:中国印刷资本业的发展(1876—1937)》,商务印书馆2014年版,第101页。

率,①直到 1914 年,商务印书馆才引进了美国自动铸排机。铸造铅活字的金属材料也大多依赖进口,没有大量财力物力的投入难以做到中文铅活字印刷的大机器生产。1920 年,图书馆学家杨昭悊主持筹办全国铁路职工教育计划,曾设想配合国语会自办铁路职工教育印刷局,承印职工普及教育印刷品。他提到当时出版界掌握注音铅字的情况:

> 本会(铁路职工教育会)印行书报,多用新格式,举其要端,即如注音一事,已非一般印刷局所能胜任,今国内印书局,稍能印新式书籍且具备注音字母铅字者,惟有上海商务印书馆及中华书局耳……若托一般印刷局或铁路印刷局代印,徒增制铅字及新式标点等件,得其允肯,然无熟练之排字工以运用之,必至难讹错乱,不可纪极。②

诚如杨昭悊所言,除了铸字的成本问题,注音活字投入排印制版后还有实际操作中的困难。

首先是人力。除编辑之外,排、校两部分工作均要求工人同时熟练掌握注音符号和国语。和普通的排校工作不同,汉字注音的排校包括了多音字及非常用字的情况,甚至许多人名、地名中的某字另有特殊读法,这就要求排字工不仅要按照拼读检出对应的注音符号,还要能够正确标出四声。而当时大多数排字工的识字量仅够日常使用,拣字、排字工作主要依靠经验和器械的使用方法熟练进行,而非工人的文化水平,因此许多学徒是一边排字一边识字的。方师铎举例说,在这些没有学习过注音符号的排字工眼里,"处理"的"处"和"办事处"的"处"并无分别,因而曾有校对将校样标注好"第三声"发还修改,退回时排字工竟将原字改为了"第三声"三个字。故前期对排校人员的培训投入是不小的原始成本。其次在物力。1960 年代,方师铎根据自己在台湾创办《国语日报》的经验指出,注音铅字要比普通铅字多一千六百多个多音字,且铅字旁边的注音符号比一般七号字还要小,这对印刷清晰度要求极高。和印刷普通报纸相比,注音印刷品在机器、胶滚、油墨和纸张的质量方面"非用最好不可",不能有半点偷工减料。③

---

① 参见苏精:《铸以代刻:传教士与中文印刷变局》,中华书局 2018 年版。
② 杨昭悊:《杨昭悊集》,武汉大学出版社 2017 年版,第 120—121 页。
③ 方师铎:《五十年来中国国语运动史》,国语日报社 1969 年版,第 210—211 页。

早在 1920 年，报人王博谦打算在上海办一份推行国语注音字母的报纸，他找到国语运动的主持者黎锦熙和《国语词典》主编之一汪怡(汪一庵)合办，报纸的资助人是五洲药房经理黄楚九。① 因当时没有注音汉字铜模，想在汉字旁边加排注音符号十分困难，故而该报的排版中，"每天只能匀出一部分地方来排有注音的语体文"；1933 年，山东省立民众教育馆也试着编过一份《农民报》，全部用注音汉字，采取从左至右横行排列，仍用石印，仅出二十几期即停刊。② 1928 年后，《国音字典》《国音常用字汇》及《注音符号本地同音常用字汇》均由国民政府教育部正式颁布，为国音和国语确立了统一标准，注音汉字教材也开始有相当数量的出版。然而要将一种新的语言文字体系融入社会日常生活，除了诉诸教育之外，普及的媒介必须能够填充多样的应用场景，将语言变为无处不在的环境。随着时代变迁，印刷媒介环境不同往昔，在凸版铅印已经成为印刷出版产业最重要的技术支撑时，石印的生产效能已经不能满足报刊等定期印刷品的出产速率。按黎锦熙等人的设想，若将各大报纸标注汉字注音符号，使之完全通行于大众的文化、教育及日常生活，则必须依靠大机器生产的机械印刷技术才能实现。

三、铸字：汉字注音铜模的曲折诞生

(一) 怎么铸、谁来铸：铸造汉字注音铜模的政策制定与实际进展

尽管国语会和注音符号推广者时常苦于没有注音铜模对出书办刊造成的种种繁难，早在 1921 年，商务印书馆已经率先自铸过一套四号汉字注音铜模，共九千五百余个铅字，注音不点声调，后交由国语会审核通过，商务因此得到嘉奖。③ 那么国语会为何还要呈文教育部、要求再铸铜模？

1921 年商务自铸铜模拥有完整的专利权，无论是铅字还是铜模概不发售，仅对外承接代印业务，在第二套铜模铸出之前，市面上汉字注音出版物的印刷就牢牢掌握在商务手里。国语会在审核商务版铜模时，曾认为其规制清楚合用，本打算借给《晨报》试着用注音汉字印行数期以观效果，当时《晨报》副刊还登载出一篇通讯稿，颇为欣喜地向大众宣称"商务印书馆新造了一种字

---

① 《浙江省长公署训令第七一号》，《浙江教育》1920 年第 3 卷第 2 期。
② 方师铎：《五十年来中国国语运动史》，第 204—206 页。
③ 黎锦熙：《注音汉字》，商务印书馆 1945 年版，第 3 页。

模,是汉字旁边注有字母的……或拟借与本刊印刷儿童世界的稿件,本刊也拟向商务印书馆另买一全份"①。但"商务馆恐其翻成纸模,没有允许"②。

"专利"的背后显现出知识普及与书商生意之间的悖论。不开放字模的商业贩售,固然能够使商务垄断注音读物印行业务,但同时也阻断了市场需求,在注音符号推行初期,这种需求是被多方制造、而非读者自发产生的。1925年,商务去函国语会,声明汉字注音铜模与铅字一律开放购用。对此黎锦熙有述:"当年商务印书馆所铸的,即有专利权,虽铅字亦不发售,以防翻制。后来该馆因注音汉字印品,社会需要无多,也就把专利权声明抛弃,以利提倡。"但此后国内政局动荡,"干戈扰攘,已经没有人注意了"。③

1930年7月,教育部颁发《各省市县推行注音符号办法》二十五条,其中第十三、十四、十五、十七条规定与注音汉字印刷有关:

> 各省市县所有各书坊及印刷业,改铸铅字模,字旁一律加国音注音符号。
>
> 各省市县各新闻业,在尽可能范围内,将重要新闻改语体文,字旁一律加注音符号;或另开专栏,用语体文刊载供农工民众阅读的文字,(如民众文学,生活常识……)字旁都加注音符号。
>
> 各省市县各机关团体学校等,编辑通俗书报、民众用丛书和补充读物,一律用语体文,加注音符号。
>
> 总理遗嘱训词,及各省市县所编辑的《民众识字课本》,和关于用语体文的党义宣传印刷品,应当一律加注音符号。

此项《办法》的颁布,表面上规定了由印刷出版业承担铸造注音汉字字模的任务,但具体实施中仍有许多悬而未决的问题,亦是继商务版字模后国语会需要考虑的:注音铜模以什么标准铸造?汉字和注音符号之大小比例如何?应如何排版?此外,教育部还试图兼顾国音和方言音:"凡加注音符号之字,应当在字右旁注国音,在可能范围内,并在左旁注方音",且"凡中央及各省所发布加国音注音符号于文字右旁的一切文告读物,各市县于翻印披露时,都得加方音注音符号于左旁"。④ 这又关系到注音符号和汉字书写以怎样的体系呈

---

① 《小杂谈四则》,《晨报副刊》1924年6月26日。
② 徐俊德主编:《北京档案史料》,新华出版社2000年版,第41页。
③ 徐俊德主编:《北京档案史料》,第42页。
④ 以上均见《各省市县推行注音符号办法》,《教育部公报》1930年第2卷第38期。

现：如单独铸注音符号字模,固然能够拼写各地方音,对排字工的操作要求也更高,排印出错率难以控制;另一种方案是将每一个汉字和其对应的注音铸为一个活字,这无疑有助于稳固汉字与读音之间的对应关系,若涵盖全国各地方音,则将为铸字增加难以计数的成本。故而 1934 年国语会要求再铸字模的目的是要打造出标准化、系统化,且能够打破"生意"垄断、普遍应用于各种语言环境的汉字注音铜模。

最初,国语会计划自办印刷机构并承担铸字模的任务。1930 年 1 月国语会通过《专设国音书报印刷所案》,计划"把各(字)体国音字母和汉字带注音的铅字铜模铸造齐全",但"迁延四五年,无力举办"。两年后,国语会诸人决定先铸字母铜模,专门注音四号汉字使用。在 1934 年 1 月国语会第 29 次委员会上,白涤洲重新提起"筹设国语印刷所案",认为:

> 现在本会和各地的国语工作,进行上有一种很大的障碍,就是印刷困难。而所谓困难,是没有注音铅字,排印不方便;没有熟练工人,刻铸不方便。欲破除这种困难,非自行筹设印刷所不可。①

然而国语会此前使用的注音铅字,均委托民间印刷出版机构完成,该会作为行政机关,平时的工作以研究为主,几无经费可投入于耗资如此之大的铸字事业上。自 1916 年国语会成立以来,"国语运动"的实质进展历经数十年的艰难推动,黎锦熙深感单靠国语会诸人围着教育部打转,终究难以将铸字一事付诸行动,至于民间出版商,则是"可与乐成,难与图始"。于是,他将国语的大众普及与"一切政制的改进"联系在一起,认为二者互为因果。② 这就将语文改革在物质生产层面落实到了国家建设上。在 1934 年 11 月国语会第三十九次常务委员会上,黎锦熙提出,应由国民政府来主导汉字注音铜模的制造。《汉字注音铜模应由国家铸造推行案》指出,只有铸造汉字注音铜模,才能够为民众识字创造上下一致的"用场"和环境。③ 1935 年 1 月,教育部通过了黎锦熙等人的铸字议案,决定拨款委托商铸,并于 3 月 5 日第 202 次行政院会议通过:

---

① 白涤洲:《民国二十三年一月七日国语统一筹备委员会第二十九次常务委员会的议决案》,《国语周刊》1934 年第 5 卷。
② 黎锦熙:《国语运动史纲》,商务印书馆 2011 年版,第 352 页。
③ 黎锦熙:《注音汉字》,商务印书馆 1945 年版,第 2 页。

拟委托上海中华书局代铸汉字注音铜模,并缮具合同草案,请准在本年度教育文化费第一预备费项下支二万元,俾资周转。①

如前所述,既已有商务铸字在先,中华书局何以能够重新承接这项盘桓数年的铸字项目?

(二) 被选中的聚珍仿宋体:中华书局与汉字注音铜模前期筹划

在 1935 年国民政府教育部公布《注音符号印刷体式》之前,注音字母/符号的印刷书写标准已有一番变化。1922 年,教育部公布了注音符号体式三种,包括印刷体一种,书写体楷体、草体两种,并对单行书写程式结构略以规定。这版印刷体特地未采取铅印件常用的宋体字,而是用了近似黑体字的等线字体。在字体和字符的内部结构上,教育部特别定明此款印刷体笔画的角度:

> ……各字母的笔画,粗细匀整,四到均齐,各笔画的转折处角度都有一定的标准,就是以 90°(如冂的第二画)60°(如阝的第一画)45°(如又的第一画)三种角度为基本;再随正方体势而伸缩。②

黑体(Gothic Style)又称"方头体"。据 1930 年代中期的考证,是从西方引进而来的一种印刷字体。最早它将建筑物的立体构造移植到字体上,笔画为方形,印刷效果立体、醒目,多用作标题和标语。实际上,英文黑体"哥特体"正是从手抄本转向早期印刷本时期被大量使用的字体之一。但黑体笔画粗重划一,并不适用于大面积印刷正文,故而在实际使用中,这一版印刷体注音字母只可单印,如果排列于汉字右侧注音,既不美观,也谈不上清晰。在此基础上,1922 年版的印刷体注音字母不仅"专作印刷或雕饰图案之用",还可用四种形体不同的若干小木板或厚纸片制成儿童玩具,用来教学和练习。③

根据黎锦熙的记录,当时市面上仅有商务版铜模符合教育部公布的书法体式,采用四号汉字,注音但未标四声。④ 实际上,当时的报纸杂志(尤其是报纸)已逐渐舍弃四号字、几乎全用五号字排印内文,出版者为了填充更多内容,

---

① 《国民政府训令第二八四号(二十四年四月二日)》,《南京国民政府公报》1935 年第 1706 期。
② 《教育部公布注音字母书法体式(图表)》,《浙江教育界》1922 年第 1 卷第 3 期。
③ 汪乃昌:《中外字体之检讨》,《艺文印刷月刊》1937 年第 1 卷第 12 期。
④ 黎锦熙:《国语运动史纲》,商务印书馆 2011 年版,第 352 页。

甚至选用字号更小的新五号、新六号字。① 因而这一套商务版四号汉字注音铜模并没有被广泛运用。

针对这一问题，1933年魏建功在国语会常务委员会上专门提出《制定注音符号印刷草体案》，认为应将原定楷体作为印刷楷体，再新定一版草体为印刷草体，原草体为书写草体，适用于横行，取"楷取直笔，草取曲笔"之意。单独印注音符号时，可用楷体，双行注音使用草体。国语会诸人经过讨论，认为楷体相差不远，更适宜专门用作汉字直行注音，决定以之代草体。国语会计划将该议案送教育部备案后，招商承办字旁注音铜模的铸造。假使这套铜模成功铸就，从此即可"令小学教科书及报纸新闻一律须用注音汉字印刷"②。

1935年初行政院关于铸造铜模的训令正式颁布前两个月，中华书局编辑所所长舒新城收到了黎锦熙的来信，信中称中华书局极有可能成为承担铸字任务的商业出版机构，最重要的原因就是中华拥有历史完备的"聚珍仿宋"字体。黎锦熙早已属意用聚珍仿宋铸汉字注音铜模，他认为聚珍仿宋和市面上普遍使用的明朝体相比更为调和，并用了"贯气"来形容这一诞生于民国初年的铅印字体。

"聚珍仿宋"由杭州丁氏兄弟所创。民国初年，正是西式机械活字印刷取代石印、广为流行的时期，丁善之在刊行先人遗稿时认为市面上所用宋体铅字过于呆板，不够雅观，于是便广征宋版书籍，精摹字体，耗费八道工序研制出适用于新式印刷的聚珍仿宋体。③ 后丁善之病逝，由长兄丁辅之接续其志，于1919年将全部聚珍仿宋活字创制完成，次年注册国民政府专利。④ 丁善之在创制聚珍仿宋活字之前已在经营印刷事业。1916年，他以股份制公司的形式发起聚珍仿宋书局，意欲为字体开发募集资金，在《聚珍仿宋印书局招股启》中，丁氏自述：

> 书籍贵古本，以其字剞劂皆精良也……年来铅字盛行，梓人一职，或几乎息顾，坊间所用铅字，多系来自日本，转制成肤廓之宋体，以云版本，殊不知不足

① 《二十年前的新闻界（六）：四号字到五号字》，《立报》1935年10月7日。
② 魏建功：《民国二十三年一月七日国语统一筹备委员会第二十九次常务委员会议决案》，《国语周刊》1933年第5期。
③ 郑逸梅：《书报话旧》，学林出版社1983年版，第50—51页。
④ 《内务部批第六三五号（中华民国九年八月二十六日）》，《政府公报》1902年第1631期。

> 登大雅之堂。因仿北宋古本书所称欧宋体字者,先刻木,次范蜡模铜,次铸铅,经
> 种种手续,制成活字,以备好古者之采择。

"聚珍"即活字,而"仿宋"则是"仿古"的现代创造。丁氏提到的"欧体宋字",指的是北宋刊本中使用的欧阳询风格的楷书,笔画整齐尖锐,易于运用雕刻的手法表现。随着雕版印刷技术的发展,印刷字体逐渐淡去手写体风格,转向方正整齐、横平竖直且横细竖粗的"高度样式化"的"宋体字"。[①] 而机械活字印刷的铸字方法以及印刷中对明体字的大面积复制使用,则将活字雕刻风格进一步推向工业化。丁善之将欧体与宋体铅字杂糅合一的再创造,固然是为"好古者"采择,而民初掌故家柴小梵则认为,大小欧体字"间架波磔秾纤得中,而又充满,无跛踦肥矬之病",但历时久远,欧体的传世也只余肤廓。近代好古之士的仿宋刻本之作,与其说是欧体的复现,毋宁是一种"反古"的效果。[②] 从技术与美学的角度审视,聚珍仿宋之"仿古"遵循了机械活字的制造范式,在现代印刷工业的逻辑中对传统审美进行"再造",无疑是以传统雕版时代的审美要素重新思考现代工业文化生产的具体尝试。

1921 年,中华书局接手聚珍仿宋。由于读书人不善经营,丁辅之将聚珍仿宋书局出售给中华。[③] 1924 年,中华书局将原来的聚珍仿宋排字课改编为部门,独立设有营业、工务两部分对外业务。聚珍仿宋之于中华无异"如虎添翼"。[④] 中华利用这套字体将《四部备要》和《二十四史》重新排印、点校、精装,与商务的《四部丛刊》和《百衲本二十四史》竞争市场,在 1930 年代初期,这是和《辞海》同等重要的出版项目。

当时商务印书馆除宋体铅字之外也制有仿古字体,商务用的楷体笔画较粗,如用于铸造汉字注音铜模,缩印时容易模糊不清。其余较有名气的印刷楷体则历史不如聚珍仿宋那么悠久,汉文正楷书局 1932 年才创立。如作汉字注音,必须将注音符号呈现清晰,较纤细的笔画较为合适。更实际的问题是,为了将来排印时节省版面空间,不至于篇幅增多、徒增书价,汉字与注音符号必须铸成一个活字字符。黎锦熙等人认为,铅字原本为正方,如将注音符号刻在

---

① 黄永年:《古籍版本学》,江苏教育出版社 2009 年版,第 135 页。
② 柴小梵:《梵天庐丛录(第二卷)》,山西古籍出版社 1999 年版,第 667—668 页。
③ 宋原放主编:《中国出版史料·近代部分·第 3 卷》,山东教育出版社 2004 年版,第 258—259 页。
④ 参见孙明远、李冰湜、黄莹:《易木为铅——聚珍仿宋体的开发及其周边》,《装饰》2015 年第 9 期。

汉字右侧,则汉字本身需要压缩、改长方形,这样加上注音符号才显得方正、协调。[1] 聚珍仿宋的细长姿态十分得宜。也即是说,通过"铸字",注音符号被嵌入汉字的主体,"注音＋汉字"并没有脱离中文活字的单位生产形式,而是成为汉字视觉传达的新的组成部分。尽管注音符号推行之初被认为是通向汉字拼音化的工具,但黎锦熙等人对铅印汉字字体及其印刷形式的设计与考量,实则仍遵循着汉字本位的逻辑。

回到 1920 年代初教育部对注音字母书法体式标准的厘定。如果说随后魏建功等国语会成员对印刷草体与楷体的重新讨论是在为汉字注音符号寻找一种介于手写体与印刷铅字之间的新体式,那么,诚如黎锦熙所言,聚珍仿宋的"调和、贯气"正满足了这一标准。并且它是由中国的书法雕刻家在机械活字铸造的技术脉络中创制而成的。

(三) 铸造汉字注音铜模的筹划与探索

黎锦熙与舒新城都是湖南人。在各自的学术建树中,推行国语注音、铸造注音铜模是两人除家乡地域之外最重要的交集之一,其中,中华书局发挥了关键的聚合作用。舒新城收到铸字消息当天即将信的原件转寄给了总经理陆费逵,并在日记中写道:"并复邵西(黎锦熙),以为无大问题,盖教部不购亦须制也。"在黎、舒二人通信之前一个月,黎锦熙与国语会成员王怡安已专程去南京见教育部长王世杰商议铸字议案,随后二人代表国语会与上海的出版界人士略有接触。当时舒新城对注音铜模一事已表示赞同,但他认为,若计划在铜模铸好之后用来排印全文注音汉字的教科书,则"不适宜耳"[2]。

国民政府的"铸字"训令颁布不久,教育界意识到汉字注音铜模即将全面进入民众和儿童的知识生活,一些反对的声音重新出现。陈鹤琴在《又谈注音汉字之利弊问题》中即指出汉字注音在识字教育中的"喧宾夺主"效果或许将远远大于黎锦熙等人赋予它的工具性。[3] 同为教育家的舒新城持相似看法。他以乐谱的简谱和正谱作类比,自近代教育改革以来,中小学校的音乐教学基

① 《在沪调查铸造铜模情况》,《申报》1935 年 2 月 12 日。
② 以上均见《舒新城日记(第六册)》,上海辞书出版社 2013 年版,第 29—43 页。
③ 陈鹤琴:《又谈注音汉字之利弊问题》,《申报》1935 年 4 月 11 日。

本全用简谱,因而"种下一种简谱之因子",等到数年后教育部欲推行正谱、明令禁止采用简谱时,已经很难改变实际的教学情况。如果初小教科书全部使用汉字注音排印,汉字教学极有可能重蹈覆辙。①

尽管如此,舒氏仍以中华书局编辑所所长的身份参与了铸字的筹划。这也促使他与黎锦熙之间的交往走向了普及教育和印刷出版事业相联结的志趣,而非仅仅是编辑与作者。1935 年 2 月 14 日,舒新城很快从黎锦熙那里得到了教育部对中华书局承担铸字任务的意见。总务司长雷震和部长王世杰"甚为赞成",并定下由舒新城通过社会教育司司长张星舫和雷震进行接洽。但教育部仅拟拨款两万元,这让舒新城有所犹豫,他没有立即决定,而是转告印刷所所长王瑾士,速去电征求总经理陆费逵的意见。

1935 年 1 月底,中华书局在试制打样时对每个字模的内部报价是:"制十划二号每个二角三分〇,三号二角二分,四号二角一分,五号二角;十划以上各减四分。"②从 1937 年商务印书馆刊登出的一则"赛铜字模"广告中可知,当时商务用珺珀代铜制造字模,二号、三号字全副售价为四百元,最常用的五号字全副售价二百八十元,广告称该价钱是市面上铜模的四分之一。③ 也即是说,单一字号的全副铜模售价应在一千至两千元,如购全部字号,则至少需要花费万元以上。这仅是对普通汉字铜模市场售价的粗略推算。如果加上汉字注音铜模的制造、人工、物料成本以及试错成本和时间投入,两万元并不能算一笔充裕的资金。

国语会对铸造铜模的具体方案是先铸造三号、四号注音汉字铜模两套,每套三千六百字。其中四号字用来排印教科书。根据国语会成员在上海印刷业实际调研的情况,铸注音汉字铜模还需要进口最新的制母模机,刻制铜版。如将三、四、五 3 号字体全部制成,需耗时三年,花费在十万元以上。此外,尽管黎锦熙赞赏聚珍仿宋体的独特、实用,有了商务的前车之鉴,国语会并不希望制成的铜模成为某一商家的获利来源,为"推广于全国出版界印刷界"计,即便拥有字体专利,国家将不会开放汉字注音铜模的专利。④

陆费逵在给舒新城的答复中认为,如果教育部能够借此将铜模在全国各

---

① 舒新城:《注音字数及限制的讨论》,《文化与教育旬刊》1935 年第 47 期。
② 《舒新城日记(第六册)》,上海辞书出版社 2013 年版,第 31 页。
③ 《商务印书馆"赛铜字模"广告》,《申报》1937 年 6 月 10 日。
④ 《国语教育促进会建设讯》,《申报》1935 年 1 月 20 日。

省推行,增加销量,前期的资金投入尚可以负担。如提出由教育部以三套铜模的价钱制模两套,再介绍各省购五套、加送一套等。对于出版印刷同业,教育部虽不能强制购买,但可多作推荐。① 如此计算,每套铜模造价可与划拨之二万元相差无几。当时,中华书局在初小教科书业务上占有很大市场,又和商务、世界、开明等联合承担教育部短期义务教育课本,制造注音汉字铜模在教科书和民众通俗读物生意上将有很大帮助。至 2 月 26 日,中华书局承铸汉字注音铜模契约草案大致拟定。3 月 5 日,教育部委托铸字的文件下达;9 日,中华书局方面与教育部签订合同,铸字一事已成定局。而注音汉字将铸多少、如何统一各字字体等问题又引发了新的论争。

1. 注音字数及限制的讨论

1935 年 2 月初,中华书局和教育部商讨铸字合约草案时,舒新城给黎锦熙寄去一封短信。从自己浸淫出版、教育领域多年的经验出发,他认为应对铸造铜模的字数加以限制:

> 小学用字,不过三千,常用字千余;中学用字亦只四千,常用字两千余。即就著作界言,除去特殊科学名此外,普通所用之字亦不过三四千。此项铜模,不论作何用途,弟亦以为五千字已足……现在即就平教会研究所得之基础,从事基本动作之分析,以厘定基本国语之字数,照弟之理想,若师基本英语之意,基本字不要一千;即放大言之,平教会之通用字三千四百廿字,亦尽够用。②

舒新城的信中提示了一个重要信息。通过铸字,知识者能够对民众"常用字"数量与内容进行规划和整理,以此为基础展开的读写教育塑造了不识字者的知识边界。从舒的叙述中可知,这是受到 1920 年代晏阳初在平民识字运动中推行《平民千字课》的影响。

标定"基本汉字"是平民识字运动的主要思路。③ "五四"前后,晏阳初在法国开展旅法华工识字教育时,曾自编过一种六百字课通俗读本。他从每一课中各选取十个生字,连缀成生熟字,再造短句加以运用、解释。但这种选字

---

① 《舒新城日记(第六册)》,第 46 页。
② 舒新城:《注音字数及限制的讨论》,《文化与教育旬刊》1935 年第 47 期。
③ 晏阳初在《平民教育三问题解答》中提出扫盲的三个作用:(1) 使学生认识千余基本汉字;(2) 输入千余汉字所能代表的基本常识;(3) 引起学生读书兴趣,进而继续求学。参见宋恩荣主编:《晏阳初全集·第 1 卷(1919—1936)》,天津教育出版社 2013 年版,第 44—50 页。

方法和日常读写使用频率之间无太大联系,晏阳初认为这是一次失败的实验。之后他找到专治乡村教育的傅葆琛重编识字教材,挑选出六百个笔画简略的汉字,编成押韵歌诀。晏阳初回国后,又将基本汉字的范围扩大,从字典、书信、尺牍等材料中择出平民日常应用必需的文字共千余个,编成千字课。1930年代,"扫盲"运动中的汉字"基本字"问题亦吸引了众多民众教育工作者的关注。傅葆琛将"基本字"定义为"人人必须识的最低限度的汉字",在基本字范围之外的汉字可以不作要求,但基本字"无论什么人都必须识"。通俗读物、民众教育读本的编写应以基本字为字库,再根据大众的阅读需求和识字程度,酌情添加"补充字"。①

从城市到农村,晏阳初开展的区域识字教育试验证实了基本汉字在普及工作中的良好成效。② 同为教育工作者,舒新城对此十分认可,他拿自己做例子,认为自己"只认得四千字,写文章用不到三千字",因此信中虽说"铸五千足矣",实则五千字作为铸字上限已是浪费之举。这表明,舒氏对基本汉字的看法与傅葆琛不同,他并非将基本字作为大众识字教育的最低限度,而是:

> 倘先生等于此时以注音汉字为限制用字数目之方法,事至便而功至伟。倘即照平教会之通用字铸铜模,则所费减去一半,教部负担减轻,工作可快,而其他商家亦可省去睡在铅板架上之闲钱,于推行上,便利甚多。③

丁善之在造第一批聚珍仿宋活字时,每副铅字铸有 7 000 个,其中常用字约 1 000 个,每字浇铸 40 个,非常用字铸 6 000 个,每字浇铸 6 个。每副共计活字 7.6 万个。④ 就印刷而言,字有上限是常识性的认识。舒新城希望通过汉字注音铜模的铸造来限制用字数目,在此基础上,编写注音通俗读本时可供使用的汉字总数即有所限制,这就从文本的编码环节解决了面向大众的问题。这些基本字,如遵照晏阳初等人的方式,大致是根据平民日常生活需要选定的,⑤因而用基本字编印民众读物,用词和行文必将向口语、日常用语倾斜,通

---

① 傅葆琛:《汉字基本字研究的初步》,《教育与民众》1930 年第 2 卷第 2 期。
② 根据平教会在定县扫盲成果统计,1927 至 1929 年间全县文盲率下降了 16%,女子识字率也有迅速提升。见汤茂如编:《定县农民教育》,中华平民教育促进会学校式教育部 1932 年版,第 27、447 页。
③ 舒新城:《注音字数及限制的讨论》,《文化与教育旬刊》1935 年第 47 期。
④ 这项工程持续在 1916 至 1918 年完成,耗时 30 个月。见宋原放主编:《中国出版史料·近代部分·第 3 卷》,第 258 页。
⑤ 洪深:《一千一百个基本汉字使用法》,《东方杂志》1935 年第 32 卷第 14 期。

俗文本构成的基本语言要素和句法结构便得到了固定。且舒新城还希望这套由基本字构成的注音汉字铜模日后能够成为经典通俗化的有力工具。①

黎锦熙对此并不完全赞同。在回信中,他反而提出注音汉字铜模字数应当务求其多。确如舒氏所言,从铸字的实际进度出发,先挑选四五千字铸铜模用于小学及民众教育书报排印是具有可行性的先期工作,但黎锦熙指出,四五千字之外的汉字将来应当继续铸造。首先是为正音。譬如古典名篇《两京赋》《三都赋》,黎锦熙认为,"我辈当年亦有许多字读不出正音来",不限制注音汉字数量有助于标定统一读音。其次是为阅读。注音、识字仅仅是知识启蒙的第一步,普及与提高之间往往一线之隔,倘若大众读者学会注音符号可以任意阅读书报,"他们要自由阅读《三都》《两京》,以何理由而限制之?"再次是为应用。对于初学识字者而言,基础汉字固然较易掌握使用,注音汉字普及之后,却不应该以基础字限制大众识字的上限,即便不求熟练书写,已掌握注音符号的读者亦可认字拼读。因此铸造基础字之外的注音汉字是十分必要的,届时大众"单用而注出口中之语亦可"。②

黎与舒二人在铜模字数上的不同观点展现了知识的"普及与提高"问题在语文教育领域的两种思路。回到铸字,舒新城对铸造铜模与汉字数量关系的重视,使我们不得不思考印刷出版中的制造环节能够对大众的知识结构及意义世界产生怎样的影响——当我们讨论面向大众的通俗文本时,构成它的最基本的要素已经过了设计者与铸造者的精心筛选,并且,制造文字的经费、材料、技术等因素常常起到决定性作用。进入 1935 年 3 月,教育部对舒新城关于铸造 3 320 个通用字注音铜模的提议十分赞成,雷震希望能在 1935 年底将铜模制成,以便赶上次年夏天用这套注音铜模为全国的小学印制教科书。③

2. 选字与印刷标准的确定

a. 选字与字汇

1935 年 4 月,中华书局已通过《申报》告知读者,原本已编就一半内容的"民众文库"丛书本拟付印,但因教育部规定将来民众读物要一律加注音符号,现在汉字注音铜模正在本局积极进行,届时将用汉字注音铜模重新排印"民众

---

① 舒新城:《注音字数及限制的讨论》,《文化与教育旬刊》1935 年第 47 期。
② 《黎锦熙复信》,《文化与教育旬刊》1935 年第 47 期。
③ 《舒新城日记(第六册)》,第 61、86 页。

文库",特向读者预告。① 这则广告显示了中华对注音汉字铜模的信心。但实质上,国语会直到当年 10 月才全部完成铸造字模的选字工作。

有黎舒二人讨论在先,教育界对选字方案的意见也大致集中在二者之间:第一种,主张将注音汉字用作限制字数的方法,划定 1 100 字左右的基本汉字范围;第二种,以实际使用情况为标准,先铸儿童、民众常用字三四千,再合计普通用字六七千左右,依次铸就;第三种则主张给所有汉字注音,并且越是不常用字越应确定读音并注音,以后校印古籍皆用注音汉字,可使人人能诵读。②

出于实际操作和经费的考虑,国语会通过了第二种方案,并整理汇总出 12 种字汇,和前次教育部公布的《国音常用字汇》一同交给国语会委员 13 人及中国大辞典编纂处的编纂员 6 人。各人依自己的主观经验从中圈选,最后先计总票数,再分字合计,10 票以上者定为最常用字,5 票以上者为次常用字,5 票以下者为备用字,无票之字不选。将票数逐字核对后,国语会再斟酌议定。这十二种字汇包括:

表 1　国语会整理汇总出的 12 种字汇

	字 汇 名 称	作者/出处	年份	附　　注
1	语体文应用字汇	陈鹤琴	1928	从 554 498 汉字中统计,并记出各自所用次数。
2	语体文应用字汇研究的报告	敖弘德	1929	4 339 字。(从 46 847 字之材料重作统计,结果较原字汇多 78 字)
3	小学分级字汇研究	王文新	1930	作文用: 2 954 字 (从儿童作文卷本等共 2 007 246 字中统计) 教科书: 4 279(从 303 941 字中统计)
4	基本字汇	庄泽宣	1930	5 269 字。(从六种字汇中统计得常用字 2 827字,备用字 1 241 字,罕用字 1 191 字)

---

① 《中华书局民众文库出版预告》,《申报》1935 年 4 月 6 日。
② 黎锦熙:《注音汉字之选字工作》,《国语周刊》1935 年第 210 期。

	字 汇 名 称	作者/出处	年份	附　　注
5	民众实用字汇的研究	陈人哲	1933	2 304 字。(从民众日常信件 70 061 字中统计)
6	儿童及成人常用字汇研究	杜佐周，蒋成垄	1933	民众用：2 774 字(从 70 968 字中统计)；商人用：2 358 字(从 31 528 字中统计)；儿童用：3 654 字(从 118 840 字中统计)；合计：4 117 字。(不重复字)
7	通用字表	中华平民教育促进会	1934	3 420 字。(从平民新旧书报 103 种、应用文件 25 种共 504 609 字中统计得 8 691 字，再将所用次数较多字定出所得)
8	小学初级分级暂用字汇	教育部编印	1935	2 711 字。(根据最近出版之小学初级教科书二十部所用生字选排)
9	华文常用四千字录	〔德〕克莱姆·R·Knamz	不详	4 000 字。
10	华文打字机字位表	商务印书馆	不详	5 372 字。(常用字盘 2 401 字，备用字盘 2 971 字)
11	华文打字机字类排列表	天津美国打字学校	不详	2 252 字。(常用字类 786 字，闲用字类 1 347 字，特用字类 119 字)
12	新式字盘标准本	上海华丰印刷铸字所	1935	6 857 字。(印刷业所用字盘，常用字 24 盘、704 字；备用字 64 盘、6 153字，合计 88 盘)

注：根据黎锦熙《汉字注音之选字工作》制作，《国语周刊》1935 年第 210 期。

　　基于教育统计学视野，选字的来源包括了通俗读物、儿童读物、教科书与民众日用文牍，这可以算是文本(Texts)提供的经验材料。为了尽量做到科学统计与语言文字"工具必求其合理化"兼顾，国语会同人将文字的实际操作应用纳入选择范围，在这种情况下，印刷用排字盘和中文打印机字位表代表了常用汉字文本最主要的生产方式，也即印刷媒介与文本之间不仅仅是工具与呈现的关系，二者之间既有重合，也存在一定差距。机械印刷逻辑始终贯穿于语言文字大众化方案之中,这是排字盘和字位表被纳入常用字汇考量的原因。

经过圈选计票的方式,国语会最终从12种字汇中选定6788个字,决定分三批开始注音汉字铜模铸造:

表 2　注音汉字铸造分类表

	本　字	同字异体	同字异音	总　计	附　注
最常用	3 516	473	87	4 076	注音汉字第一批(共两项,共计5 327字)先铸三号字及二号字。
次常用	1 095	58	96	1 249	
备用	1 176	102	185	1 463	注音汉字第二批,续铸三号、二号字。
总计	5 787	633	368	6 788	四号、五号字,与第一、二批同时铸成。
附注	异体及异音者不计入,为之"本字"。				

注:根据黎锦熙《注音汉字》制作,1945年,第21—22页。

b. 公布注音汉字印刷体式

教育部重新修订并公布汉字注音符号印刷体式的时间略早于选字工作完成。1935年6月,先有黎锦熙、汪怡、赵元任代表教育部和中华书局签订了注音汉字样张合约,不久后,印刷体式正式公布,包括汉字旁注注音符号印刷规范和独立使用注音符号印刷规范两部分内容。尤其从前者中,我们大致能够看到铅活字排印技术与注音符号体式标准化互构的结果。

首先,印刷体式正式规定,汉字旁注法以一个正方形铅活字面积为最基本的表现单位,即"汉字＋注音＝标准铅活字面积",因此凡汉字旁注(横行则上注)的注音符号,至多只得占所注汉字行间三分之一。这就使得注音符号不能像照相石印时仅按单个汉字等比例缩小的样式夹注、书写即可,而必须"略成正方形,亦得稍作狭长形(横行用者得稍作扁方形),面积约相当于所注汉字九分之一"。

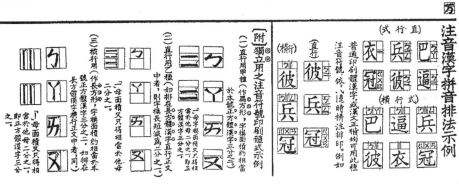

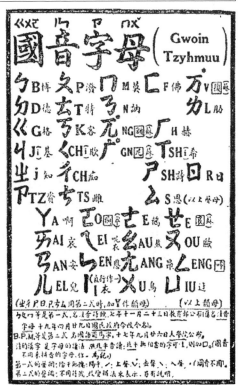

图1　汉字注音符号印刷标准

其次,双拼的汉字在排印时须将两个铅字字母紧挨排列,并须于汉字字旁居中,上下塞空白铅条。"一"母较为特殊,因为它原本占面积小且扁平,但在印刷中必须占一个字母位,因此"一"母出现时,为使版面协调,也要塞空白铅条处理。

再次,四声符号须在注音符号右上角空白处标定,铸字时合铸为一体,不得临时增排或另占行间距。[①]

以金属活字为单位、模具化的构型为注音汉字奠定了基础,使得这一方案在日后的实际普及应用中以完全不同于日语假名和中文汉语拼音注音的视觉形式出现。至此,"注音 + 汉字"被铸造为全新的标准化汉字普及单位。尽管"国语运动"的主要参与者最初制定注音方案时,秉持的是废除汉字、发展拼写文字的愿景。对黎锦熙等人来说,注音符号仅仅是一项废除汉字的过渡方案。然而,通过铸字,注音符号被熔铸进汉字书写体系,巩固了汉字的主体地位,最终达到"1 + 1 = 1"的效果。

值得注意的是,各省转载印刷标准体式公文时采用的不同印刷形式,透露出铸造注音汉字铜模所面临的中央—地方之间的现实落差。上海市执行委员会机关刊物上转载的《注音符号印刷体式》,全文为铅字排印,版式一致;而这份公文到达河北滦县教育局时,因为当地没有注音符号活字,文中逐条解释各字母印刷样式的部分只能再用手写、石印,和铅印部分夹杂在一起。[②] 故而,当注音铜模在上海铸造完毕,它的使用效力是否如黎锦熙等人所望,能够深入内地和广大农村、真正触及被启蒙的对象?

四、政治与生意:注音铜模投入应用

1935 年 9 月第七卷《教育部公报》印行时,封面标题使用了正楷汉字注音。当月,教育部颁布了两项与注音汉字铜模有关的法案。9 月 26 日,《订购注音汉字铜模须知》六条正式公开,对于铜模定价、订购方式等作详细规定。在这份定价单中,教育部称全套铜模将不会分开销售,除此之外,以每号每字价格乘总字数所得为该号铜模之实价,并且概不折扣:二号字每个二角三分

---

① 《注音符号印刷体式》,《上海党声》1935 年第 1 卷第 27 期。
② 《注音符号印刷体式》,《河北省滦县教育公报》1935 年第 20 期。

五厘,三号字每个二角二分,四号字每个二角一分,五号字每个二角。这和中华书局打样时的内部报价几乎保持一致。而且,按照国语会不授予专利的意见,任何一家机构购满五套铜模后就可以自铸并销售铅字,但仿铸品必须经教育部审查备案。①

同时,教育部对使用标准铜模印制注音汉字印刷品再下新规定,这一政策信号促使各书局不得不早日订购字模。《促进注音汉字推行办法》中指出:

一、民众学校课本及短期小学课本所有文字完全用注音汉字。

二、初级小学国语课本生字表完全用注音汉字。

三、初级小学之社会、自然(或常识)、高级小学之国语、社会(或地理历史)、自然、卫生课本应完全用注音汉字。

……

五、自民国二十五年(1936)七月起凡新编之小学及民众教科图书须一律遵照本办法办理。

……

八、自民国二十五年(1936)一月起,凡编辑儿童及民众读物者,一律须用注音汉字印刷。

九、由本部及各省市教育行政机关劝令各新闻纸在可能范围内,尽量用注音汉字印刷。②

这份政令的颁布将直接影响 1936 年民众与儿童读物以及教科书市场的走向。当时教育部在已经和商务、中华、世界、正中、开明、北新等几家签定民众教育课本合同的前提下规定,如不购买铜模,民众课本合同将被取消。在这种情况下,北新、开明、大东都没有铜模,能否取得印行权尚是问题。③ 铜模只能向中华或教育部购买,不买铜模就没有生意。至此,"铸字"似乎已经超出了一般"官督商办"的范畴。作为最关键的生产工具,注音铜模在确保国语注音以制度化形式普及全国的过程中,转化为由政治因素参与的强制性市场调节。

根据教育部的订购条例,购买铜模须先支付六百元定金,等每号字完成时再付完全款。简单算一笔账,每个商家购入一套铜模的价钱约为 5 871.62 元,

---

① 《教育部办法订购注音汉字铜模须知》,《教育与民众》1935 年第 7 卷第 3 期。
② 《促进注音汉字推行办法》,《教育部公报》1935 年第 7 卷第 37—38 期。
③ 《舒新城日记(第七册)》,第 365 页。

如要取得仿制资格,则要花将近三万元,这还不包括花在浇铸铅字上的成本。从一个月后教育部再次出台的规定中,我们可以推测,在此之前市面上已经多少出现了自行仿制或私售的注音铜模,因为该文件申令各印刷公司、书局等务必遵照订购注音汉字铜模须知办理,违者将予查禁:

> 查各界需用注音铜模,须按照订购注音汉字铜模须知内各条规定,备价来部或向上海中华书局订购,业经令饬该局转行知照在案。按照须知第六条,该项铜模,在未售满五套以前,凡有依式仿铸,或铸售铅字,以及未将字模呈部审定,径行铸者,皆在禁止之列,意义本极明显,诚恐各印刷公司商店等,未能明白体会,违反规定,致于查禁,仰转饬该市各印刷公司书局一体知照,是为至要,此令,等因奉此,合亟通告,仰本市各印刷公司书局一体知照。①

查《申报》可知,上文通告发出的时间是 1935 年 10 月底,《推行办法》规定 1936 年 1 月起民众、儿童读物必须用注音汉字印刷。然而,就在教育部为此做了如此细致严密的规定时,中华书局的二至五号铜模根本没有铸好。1937 年 3 月,《大公报》的记者专程为注音铜模铸造进度采访了舒新城,得到的消息是三号、二号字模分别在 1936 年的 2 月和 6 月完工,至于四号和五号铜模预计于 1937 年暑期中交货。② 按规定,1936 年起汉字注音铜模应当正式进入出版物市场,但直到当年 6 月二号、三号字铜模才完工,因此除了按规定印制教科书和注音教学材料之外,这套铜模实际上无法如预期地广泛使用。教育部提前近半年的时间开放预售并以此改变教科书出版规则,的确能够迅速收回前期投入的成本,市面上出现仿制品的现象也就不足为奇。

而原本定好的民众教本项目交由商、中、世、大东、正中、开明等联合印行后,因为各家分成比例及定价问题争执不定导致迟迟未开始,又碰上订购铜模的困难,直到 1936 年 10 月中旬才将草约议定。③ 现在所见汉字注音版四册无图《实验民众读本》是 1937 年 1 月由江苏省立教育学院编撰、商务印书馆出版的(见图 2)。

显然,尽管 1937 年前可用来排印教科读本的三号聚珍仿宋注音汉字铜模已经制成,商务并没有用这套铜模排印《实验民众读本》。1936 年国立编译馆

---

① 《上海市教育局通告第 37533 号》,《申报》1935 年 10 月 27 日。
② 《中华书局制注音符号铜模经过两年大半告成》,《大公报》1937 年 3 月 7 日。
③ 《舒新城日记(第八册)》,上海辞书出版社 2013 年版,第 34—35 页。

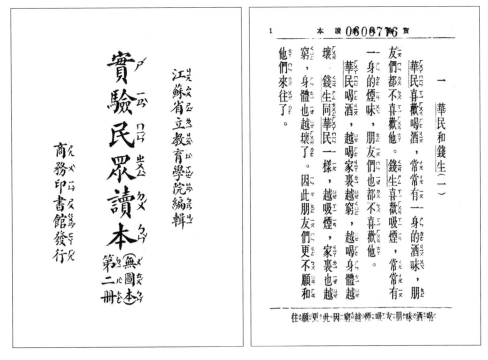

图 2　实验民众读本(第二册)扉页、内页,1937 年 1 月,商务印书馆出版。

编订的初级小学教科书中,旁注注音符号的汉字还是正楷。

　　事实上,连舒新城和陆费逵亦对聚珍仿宋注音汉字的实际排印效果不太满意,认为最大的问题在于仿宋"笔画太细",三号字用来排印高级小学教科书"已不能看"。在 1930 年代竞争激烈的教科书市场中,"不便阅读"是最致命之处,尽管聚珍仿宋是被教育部选定的注音汉字标准体,中华书局也因此而获得承铸铜模的机会,但此时他们不得不准备选其他字体另造三号注音铜模,专门排印教科书。其他注音读本的出版也并不多见。1935 年 8 月,黎锦熙曾写信来与舒新城商议出版民众文艺小说类读物二百册,届时全用注音汉字排印,但因其中有部分汉字无法注音,此事便没有下文。直到 1937 年抗战全面爆发后,五号字仍没有正式推出。当时舒新城和陆费逵都认为五号字加注音过小,有损儿童视力,几次写信给张星舫说明最好不再制作。①

----

①　参见《舒新城日记(第六一十册)》。

至于 1935 年 4 月中华书局登报预告的汉字注音版《民众文库》，直到 1937 年上海沦陷之前仍没有新的动向。

五、余论

1958 年，《文字改革》杂志正式介绍了试制成功的"注音汉字铜模"。文章写道，在文字改革出版社实验排铸工场和新华字模制造所的合作下，注音汉字铜模的铸造成功克服了以往汉字和拼音字母对照排版时的手续繁杂问题，做到每个汉字上都有现成的拼音，都标有声调，汉字跟拼音固定在一起，不必在汉字上另排拼音字母。遇到一个汉字有几种读音或几种声调的，就做几个不同的铜模。①

这提示了 1949 年前后两次国家语言规划中技术与物质生产发挥作用的相似性，以及统一的语言文字普及在现代国家建构过程中的重要位置。从方案设计到铸字，"启蒙"被纳入一条标准化、制度化的生产线，在这个意义上，它摆脱了自身的"无序"状态，遵循着机器印刷的现代性逻辑。1930 年代语言文字的大众化进程对晚近以来的"言文一致"改革进行了更加"科学化""合理化"的现代规划。由国家主导的汉字注音铜模铸造过程体现出印刷现代性在国家—社会维度上进一步展开的复杂样态，这是行政职权、民间技术资本与知识分子的普及教育价值观之间相互作用的结果。

王尔敏将近代以来的知识普及化趋势归因于大时代的"自觉"，近代中国在西方入侵后对传统思想观念与社会结构产生的冲击与自我怀疑，导致了民族自信心的崩溃，知识普及化从近代知识分子对本国文化、制度及思想进行自救的冲动中产生，②民众普遍的知识提升被置于关乎民族与国家存亡的中心位置。晚清最后十年的下层启蒙运动在某种程度上开启了 20 世纪种种"走向大众"运动的先河。李孝悌指出，"这个运动并非及身而止，在十年内就倏然消亡，而是整个二十世纪中国'走向民众'运动的起点和第一波"，在这一阶段，来自社会和民间的自发性努力是推动这场"如火如荼的社会运动"在民众间蔓延的主要力量。在媒介形式和社会组织层面，白话与启蒙观念的传播为之后的

---

① 《介绍最近试制成功的注音汉字铜模》，《文字改革》1958 年第 13 期。
② 王尔敏：《近代文化生态及其变迁》，百花洲文艺出版社 2002 年版，第 291 页。

五四新文化运动奠定了部分基础。① 从清末到"五四","走向大众"反映出国家与社会势力的此消彼长,"中间阶层""民间社会"发展与"国家再造"的努力先后施与民众日常生活,并在 1928 年后逐步刷新启蒙的面貌。

因此,从"铸字"起,我们能够看到 1930 年代的国家政权、普及教育者和出版人共同将注意力放在挑选字体,改良排印方案,印刷识字读本、字词典,创办语文报刊等环节上。根据方师铎后来的补述,由中华书局用聚珍仿宋铸就的铜模在上海沦陷后没能抵达重庆大后方,之后便极少见于扫盲读物之中。1935 年教育部委托中华铸造铜模后,商务也自行铸造了二号和三号赛铜注音字模各一套。抗战爆发后,定县平教会把这两套字模带去长沙,又辗转带至重庆,在大后方,军事委员会后方勤务部政治部所编的注音读物全是用这副赛铜字模铸字印刷的。抗战胜利后,这两套铜模被借调去台湾省国语推行委员会作推行国语之用,直到 20 世纪 60 年代仍在对岸的"国语运动"中发挥着作用。②

减少文盲、普及教育是现代性在社会结构中发挥的主要功能。在这个意义上,印刷出版致力于在国家与社会之间为知识的大众普及构造"下层建筑",为民族国家政权建构铸造起知识生产与传播的"基础工程",使得国家的基层社会治理通过对出版商业的规划与强制性调节逐渐向民间渗透,知识分子在社会改造实践中对普通民众的启蒙教育,通过"以出版为志业"的方式曲折展开。无数像舒新城和黎锦熙这样的出版人、教育家投身于面向大众的文化事业,他们深信印刷机、油墨与纸张的转动与"唤醒"的事业息息相关。当我们把 1930 年代印刷出版与知识普及议题还原到国家—社会框架中进行考察,媒介发挥的建构功能及其在"启蒙"议题上对现代化远景的回应便更加清晰。

---

① 李孝悌:《清末的下层社会启蒙运动(1901—1911)》,河北教育出版社 2001 年版,第 243 页。
② 方师铎:《五十年来中国国语运动史》,第 94—95 页。

上海伊文思书店考略

邵文菁

（上海市历史博物馆/上海革命历史博物馆）

　　近代上海的西书业位居全国领先地位，国内很多地区的西书都来源于上海。西书的引进和流通对各地开展新式教育、传播现代化知识起到了很大的作用。伊文思书店①是近代上海书市中极为重要的一家西文书店。自成立以来先后叫作"伊文思书馆""伊文思图书公司""伊文思书局"。伊文思书店以经销西文原版书为主要业务，也自行编辑出版图书，同时还经营文化用具及其他西洋百货。书店分销点遍布全国众多省市，也是国内多家学校的教材供应商。民国成立前后，尤其在新文化运动的影响下，伊文思书店引进有关现代社会科学理论、自然科学知识的西文书籍，受到中国知识分子推崇，影响力覆盖学界、商界、政界、教会等众多领域。在鲁迅、陈独秀、郑振铎、周作人、郁达夫等近代文化名人的日记、信札或回忆录中，都可以看到他们与伊文思书店的交集。因此研究伊文思书店，是了解近代上海西书业、出版业的重要环节。

　　本文试图考证伊文思书店的历史沿革，分析其经营理念、销售模式、产品特色，以此研究伊文思书店对近代中国图书市场的影响，以及对中国近代新文化、新思潮传播起到的客观作用，并对目前学界中有关伊文思书店的一些相关观点进行再探讨。

---

① 书店自成立以来先后叫做"伊文思书馆""伊文思图书公司""伊文思书局"。本文为行文方便，以"伊文思书店"代称之。

一、伊文思书店的发展沿革

1. 爱德华·伊文思与伊文思书馆的创办

英国人爱德华·伊文思(Edward Evans, 1841—1923,以下简称"伊文思")是伊文思书店的创办人,但他最主要的身份,应该说是一名牧师。1889年9月,伊文思夫妇从纽约到上海从事传教工作,最初为了传教而经营图书。他们在10月左右接手了达尔齐尔夫妇(James Dalziel & Mrs. Dalziel)主持的教士公所(Missionary Home)。① 当时的教士公所位于西华德路(今长治路)8号,之后,先后搬迁至昆山路34号、38号,以及昆山花园路1号。

《近代伊文思图书公司创办时间述考》一文认为伊文思图书公司创建于1903年1月至2月间。② 而从1901年初出版的《字林西报行名录》可以看出,当时伊文思已经开始卖书,地址位于西华德路1号,③并在昆山花园路1号设有"教士公所书馆"(The Missionary Home Book Room)。④ 教士公所书馆除了经营图书外,还代理一些外国商品。所以,伊文思的图书经营活动最晚在1900年末就已经开始了。

1907年底前,教士公所与书馆的功能有了明确的交割。教士公所在昆山路38号,书馆则搬迁至北四川路30号(海宁路口),称"伊文思书馆"⑤,以代销英美原版教科书为主业,兼营进口文化用品。1913年9月至1914年1月间,伊文思书馆先后在北京广学会和天津大公报馆设立分售处。

1914年3月15日,伊文思登报告白:"上海伊文思书馆第三次扩充改名伊文思图书有限公司。"公司总经理仍为伊文思。店面进行了扩充,原北四川路30号店面专售学校用品以及显微镜等仪器也是医学书籍发行所。隔壁新开的北四川路29号,为学校书籍发行所。⑥ 扩张后,伊文思图书公司所代理的英美图书公司数量,从原先的9家增至11家;⑦1915年9月左右,又新增13

---

① *Edward Evans*, Chinese Recorder and Missonary Journal, Vol.54, No.11, 1923, pp.682 - 683; *The North-China Daily News*(1864 - 1951), Oct.31, 1890, p.3.
② 丁伟、马楠、李天赐:《近代伊文思图书公司创办时间述考》,《文物鉴定与鉴赏》2020年第24期。
③ *The North China Desk Hong List 1901*, Shanghai: North China Herald, Jan. 1901, p.20.
④ *The North China Desk Hong List 1901*, Shanghai: North China Herald, Jan. 1901, p.40.
⑤ *The North China Desk Hong List 1908*, Shanghai: North China Herald, Mar. 1908, p.63;《代登告白》,《申报》1908年9月29日。
⑥ 《上海伊文思书馆第三次扩充改名伊文思图书有限公司》,《申报》1914年3月15日。
⑦ 《购办西文书籍诸君鉴》,《申报》1914年3月10日;《教员学员注意》,《申报》1914年6月26日。

家,共代理 24 家图书公司。所售西文图书由 3 000 种扩充到 4 000 种。①
至 1921 年,伊文思图书公司至少代理了 45 家英美公司,其中 24 家为教育类
图书公司,21 家为实业类、医药类书籍和仪器设备公司,②出售各类书籍 7 000
余种。③

彼时的伊文思图书公司进一步开拓外埠市场,至 1914 年底,就已在北京、
天津、香港、广州、长沙、太原六地设立分售处,1920 年时已有外埠 22 个城市
共 25 个分售处。④ 1921 年左右,伊文思图书公司在天津英租界中街(今解放
北路)开设分公司。也正是在这年的 2 月,伊文思图书公司与湖南长沙的文化
书社订约销书。成立于 1920 年 7 月的文化书社,是毛泽东从上海回湖南后与
学界、工商界、新闻界人士共同创办的新文化团体,旨在介绍中外新书刊杂志,
供青年及进步的湖南人研究学习。伊文思图书公司是文化书社签约的唯一一
家西文书店,但当时湖南省内西文书读者少,故不能多销。

伊文思书店很早就为中国的避暑地提供图书。每年暑期,都有店员前往
避暑地设立临时书摊。避暑地是近代西方资本主义国家在亚洲各国殖民的产
物。随着来居住度假的西人增多,避暑地也建立起邮局、商店、教堂等相应公
用设施。而伊文思本人也是早年中国避暑地的开发者之一。1898 年,他初访
莫干山,成为最早在此购地的西人之一,且晚年有一半时间都住在莫干山,⑤
最后也是在此地与世长辞。莫干山的"伊文思书店分销处"约建在 20 世纪 20
年代初。伊文思在庐山以及北戴河两处避暑地,也都有活动和产业,1924 年,
伊文思图书公司在庐山牯岭购置房产,并开设分店,图书价格与上海总店
相同。⑥

2. 伊约瑟主持下的伊文思图书公司

伊文思去世后,他的儿子伊约瑟(Joseph J. Evans)继任伊文思图书公司
主事人。伊文思夫妇育有三子一女,伊约瑟与小爱德华·伊文思(Edward

---

① 广告,《申报》1915 年 6 月 23 日。
② 广告,《申报》1921 年 9 月 18 日。
③ 《伊文思公司》,《申报》1921 年 6 月 20 日。
④ 汪耀华:《新青年广告研究》,上海书店出版社 2016 年版,第 185—186 页。
⑤ *Mocanshan*,The North-China Daily News,Mar.23,1923,p.4.
⑥ 《伊文思图书公司设立牯岭分店》,《申报》1924 年 6 月 9 日。

Evans. Jr.)在上海,起初也都在伊文思书店任职。伊文思一直到去世前夕依然思维敏捷,虽然书店的很多业务已经交由书店总经理来操办,但他一直没有退出书店的管理和决策。最后,小爱德华·伊文思离开商界到杭州做大学物理老师;伊约瑟继承家业,同时继续为教会服务。他曾在工部局任职,上海话说得好,在租界西人社区也非常活跃。他担任过上海划船会(Shanghai Rowing Club)会长、上海业余游泳协会(Shanghai Amateur Swimming Association)委员,加拿大总会(Canadian Club of Shanghai)主席,皇家亚洲文会北中国支会会员,还参加西人组织的高尔夫球赛,有不俗的成绩。

1925年初,伊文思图书公司再次营业扩充,兼并了上海协和书局(Mission Book Company)的教育书籍部,还在南京新设了分售处。协和书局同样位于北四川路,也代理欧美原版教材,一直是伊文思的有力竞争对手。此次兼并更加巩固了伊文思在西文教材代理方面的地位。原协和书局所有的西文教育书籍营业都归伊文思办理,外埠的各个分店和代售处也归伊文思所有,原有图书订单合同依然有效。①

1925年五卅运动爆发,伊文思图书公司全体华人员工因感伤国事,决心与学界保持一致,请求罢工。于是伊文思图书公司6月10日起停业。② 公司的36名华人职员参加罢工,17人公开登报声明脱离公司。③ 五卅运动后的人事动荡,对伊文思图书公司内部造成不小的影响。再加上民众的民族意识大增,提倡在经济上抵制英、日,伊文思图书公司作为英商自然也受到了国人的抵制。如清华大学的伊文思图书公司支店,1924年4月16日成功取代京华教育用品公司,开始营业。④ 起初生意繁忙,但到1926年时,学生们排斥英货,分店生意萧条,门可罗雀。⑤ 另外,伊文思图书公司最主要的客户——各大教会学校,在此期间遭到了巨大的冲击。五卅运动也使"五四"以来一度沉寂的收回教育权运动再度勃兴,如上海的圣约翰大学,爆发了"国旗事件",大批爱国师生离校,创建光华大学。1927年3月28日,北伐军势力波及上海,圣约翰

---

① 《扩充营业》,《申报》1925年2月15日。
② 《时报》1925年6月10日,转引自上海社会科学院历史研究所编:《五四运动在上海史料选辑》,上海人民出版社1980年版,第348页。
③ 《脱离英商伊文思图书公司声明》,《申报》1925年8月1日。
④ 《伊文思图书公司》,《清华周刊》1924年4月25日,第310期。
⑤ 勺一:《伊文思公司》,《清华周刊》1926年第25卷第3期。

大学以此为由宣布停办,直到一年后时局稳定才复学。

在一系列反帝运动的影响下,伊文思图书公司的生计受到重创。1926 年的 1 月和 6 月,公司进行大减价,这在公司此前 20 多年的历史上并不多见。1926 年秋至 1927 年春,为迎接北伐军进入上海,中共中央和上海区委发动组织上海工人连续举行了三次武装起义。公共租界当局在边界装上铁门,保全靶子路(今武进路)以南的租界区域。伊文思图书公司邻近北四川路靶子路口,亦是租界铁门附近。交通受阻,商业也受影响。1927 年 4 月,伊文思图书公司迁移至位于公共租界中心地带的九江路 17 号,圣三一大教堂对面,邻近工部局。同时,在原址对面的海宁路 25 号开设虹口分公司。① 搬迁期间,伊文思图书公司分别在原址和虹口分公司进行廉价甩卖,其中虹口分店开业不足半年,因营业不振,公开招盘。有人认为这也是西书业每况愈下的实证。②

值得注意的是,众多中国广告史、设计史研究的著述中都提及,中国最早的霓虹灯广告出现在 1926 年的上海南京路(今南京东路)上伊文思图书公司,为"皇家"牌打字机的橱窗广告。③ 显然,此时的伊文思图书公司还在北四川路,尚未搬迁至南京路。这一说法值得商榷。20 世纪 30 年代上海大街上普遍采用的霓虹灯,是法国发明家乔治斯·克劳德(Georges Claude)的专利。1929 年初,拥有此项专利的美商丽安电器有限公司(Claude Neon Lights)进入上海,该公司定做的第一个户外霓虹灯,是静安寺路(今南京西路)上的 Little Club 的店招,于 1929 年 3 月,出现在上海街头。④ 而一篇发表于 1938 年的文章指出,沪上霓虹灯制造业发端于 1928 年犹太人创设的公司。⑤ 因此,即便伊文思图书公司是最早一批采用霓虹灯广告的商家,也至少是在 1928 年后,地点也应该是在九江路上。

九江路时期的伊文思图书公司虽然依旧是上海首屈一指的西文书店,但是气数已大不如前。1932 年,"一·二八"淞沪抗战爆发,伊文思图书公司

① 《北四川路海宁路口伊文思图书公司最后大廉价》,《申报》1937 年 5 月 18 日。
② 心琴:《伊文思分店之出盘》,《小日报》1927 年 11 月 10 日。
③ 黄展:《民国时期的"霓虹灯"与"年红灯"之析》,上海市档案馆编:《上海档案史料研究(第 21 辑)》,上海三联书店 2016 年版,第 46—57 页。文中对霓虹灯首次在上海出现的探讨,主要参考了《上海日用工业品商业志》(上海社科院出版社 1999 年版)和《实用广告手册》(上海翻译出版公司 1986 年版)。
④ *First Claude Neon Light in Shanghai is at Little Club*, The China Press, Mar.29, 1929, p.7.
⑤ 《霓虹灯业畸形繁荣》,《申报》1938 年 10 月 20 日。

最大的竞争对手——商务印书馆一开始就是日军轰炸的重点对象,46 万余册中外藏书毁于战火,损失惨重。战时人心惶惶,交通受阻,此时位于租界商业中心的伊文思图书公司尚可照常营业。1932 年 2 月,正值淞沪抗战鏖战之时,伊文思图书公司连续打折促销,试图缓解战争带来的损失,但这并不能改变公司的营业走向。此后,伊文思图书公司的打折活动一年比一年频繁。1934 年上半年,公司地址搬迁至九江路 200 号。1935 年下半年,公司一连数月"出清大贱卖"西文原版书和文具商品。11 月,竟有西人职员韦氏因公司即将倒闭被辞退而感到无益于世,在家中饮弹自尽。① 伊文思图书公司面临清理关闭。

3. 华商伊文思书局时代

然而,这家历史悠久的西文书店并没有就此倒闭。1935 年 12 月,沈芝泉等华人召集股本十万元,从伊约瑟手中接盘公司,创设伊文思书局股份有限公司(Evans Book Company Ltd.),地址仍在九江路 200 号。从此,这家公司虽然沿用了"伊文思"的名字,但已成为完全的华商组织。

新公司总经理孙祚型在伊文思图书公司有 26 年的销售经验,10 年以上工作经验的老员工也都继续在新公司工作。新的伊文思书局延续了原有的营业方式和品牌特色,实现了平稳过渡。1937 年 1 月,伊文思书局依规完成备案,并在 3 月 7 日召开创立会议。会议选举了董事会成员,沈芝泉任董事长,孙祚型为总经理,石杏荪为协理。② 4 月 1 日起,伊文思书局开始乔迁至南京路 220 号的三层楼洋房,在此之前进行全天营业,廉价出售书籍文具,直至迁入新址。③ 不久后,抗战全面爆发。

太平洋战争爆发之前,书局还有些新书到货,暑假期间也会促销酬宾。日军进入租界后,伊文思书局与其他商家一样,难免凋敝。1945 年末,战后商业尚未恢复元气,赵景深在南京路上的伊文思书局、中美图书公司、大华杂志公司等处"兜了一转",发现所卖的全是旧书、旧杂志。④ 1946 年初,伊

---

① 《英人职员自杀》,《申报》1935 年 11 月 14 日。
② 《伊文思书局创立会盛况》,《申报》1937 年 3 月 8 日。
③ 《伊文思书局迁移大廉价》,《申报》1937 年 4 月 2 日。
④ 赵景深:《美国文艺的介绍》,《申报》1945 年 12 月 19 日。

文思书局有售一些与时事相关的书籍杂志,如英文月刊《胜利文摘》(*Victory Digest*)①、《第二次世界大战画史》等。虽然此时上海的租界已经收回,抗战也取得了胜利,但伊文思书局还是继续实行英商时期的管理模式,包括继续使用英商伊文思图书有限公司注册的商标"OLD CHOP",图案是一本书摊放在一个不完全的中国地图上,边陲诸省及东三省均不在地图上。此商标自 20 世纪 20 年代已经开始使用,彼时东三省还未被日本占领,这或许是表示伊文思图书公司在图中省份均有网点,但在抗战胜利后,这样的图案冒犯了国人强烈的主权意识,让人觉得"毛骨悚然",觉得"荒谬"。②

基于长期印象,很多市民仍把伊文思书局当作外商企业。实际上,借着"外商"的外壳,伊文思书局为上海解放做了许多有价值的事。上海解放前夕,许多地下党员都开始为迎接解放军入城做准备。孙祚型的女儿孙廷政和儿子孙廷圭(当时正在伊文思书局工作)里应外合,把党的秘密文件和宣传资料保存在书局的贵重商品仓库里。孙祚型知情,却不加干涉。③ 1949 年新年,解放军已在国共战场上取得节节胜利,邵克萍、赵延年、李桦、余白墅等左翼木刻工作者以新年为主题,创作了《病树前头万木春》《东方日出》《老鼠搬家》《爆竹一声除旧》《迎接好日子》等木刻贺年片,预示着革命的胜利。他们策略性地选在专售西洋产品的伊文思书店寄售,还制作了一张广告放在店门口招徕客户,50 套作品很快就卖光了。④

新中国成立后,各类学校的外语课统一改为学俄语,伊文思书店原销售英文书籍和教材的私营书店业务萎缩。1953 年 3 月,书店申请加入上海市仪器文具商业同业公会,在会员登记表的"现在及最近营业计划概要"中写道:"本公司一向经营原版西文及进口文具业务,但自解放以来,进口业务停顿,因此今后对于西书方面之发展可能性较少,而把主要业务逐步趋向文具,一方面逐

---

① 该杂志在 1946 年 6 月已停刊。见《伊文思书局股份有限公司有关英文胜利文摘停刊事致上海市社会局呈》,上海档案馆档案:Q6-12-61-38,1946 年 6 月。

② 《地图》,《申报》1946 年 10 月 13 日。

③ 孙廷芳:《父亲与伊文思书局》,《世纪》2003 年第 3 期。

④ 刘颖:《战士:邵克萍先生忆述》,上海图书馆中国文化名人手稿馆编:《2015 上海版画》,上海书画出版社 2015 年版,第 164 页;《申报》1948 年 12 月 27 日;庄月江整理:《杨可扬书简》,上海鲁迅纪念馆编:《上海鲁迅研究·新文化 100 周年(总第 83 辑)》,上海社会科学院出版社 2019 年版,第 188 页。

步转变营业方针,做到面向广大劳动人民,以期达到保本自给之地步。"①1959年,伊文思书局改名"万国仪器用品商店"。伊文思书局时代从此告终。

二、伊文思书店的产品特色

1. 教科书与学术专著

西学教科书一直以来都是伊文思书店的主打产品,覆盖文法、地理、格致、化学、生物、数学等各类科目。近代上海英文教学并不局限于教会学校和工部局开办的学校,很多公立和私立的学堂也颇认同英文教学,因此原版英文教材的需求量很大。伊文思书店代售、发行的各类教科书,常常受国内教育家推崇,南开大学、清华大学、北京大学等外省市名校也都是伊文思书店的大客户。

伊文思书店自行出版发行的诸多教材中,针对华人英语教育的教材教辅种类丰富齐全,课本、习题、试卷、参考书、字典,都不乏善本。初版于 1919 年的英语教科书《英文津逮》(*Mastery of English*),是畅销不衰的拳头产品,作者是久居中国的美籍教育家葛理佩(Henry Blair Graybill, 1880—1951)。这套英文教科书"专备为中国人民之用",第一至四册先行出版,分别针对小学至初中不同学龄和基础的学生。1924 年又出版适用于高中生的第五、六册,以及教材配套辅导书《英文作文》(*Writing English*)。《英文津逮》最大的特色是采用直接教学法,重视听、说、读、写的全面训练。② 直接教学法是"一战"以后盛行于欧洲的外语教学方式,主要目的在于培养有交际能力的外语人才,可以迅速满足通商贸易的实际需要。这种教学方式也同样适用于当时的中国。即使在"五卅"以后,公司业绩下滑的低谷期,《英文津逮》依然能够挣钱。③ 所以 1935 年伊约瑟离开伊文思图书公司时也带走了《英文津逮》的版权。此后该书由伊约瑟新成立的伊文思有限公司(Evans & Co., Ld., J. J.)出版发行。20 世纪 20 年代后,国人自编的英文教材种类多达 30 多种。民国时期全国各种类型的学校没有统一的教材,每个学校都可自主选择。1936 年,华北

---

① 《上海市仪器文具商业同业公会会员入会登记表(伊文思书局股份有限公司)》,上海档案馆档案:S289-4-6-4,1953 年 3 月 20 日。
② 陈自鹏:《中国中小学英语课程教材教法百年变革研究》,中国书籍出版社 2018 年版,第 133 页。
③ 书侦:《伊文思概述》,《小日报》1927 年 11 月 14 日。

基督教教育协会做的教材调查显示,在华北地区的 40 所教会中学中,《英文津逮》依然是最受欢迎的两种教材之一。[①]

19 世纪末 20 世纪初,实业救国思想盛行,伊文思书店开始引进更多关于工业、商业、医学、法学类的专业书籍。当时,无论是自然科学还是社会科学,国内的专业教育和理论前沿都与欧美有很大差距。通过研读原版的专业书籍来学习,是好学之人的成才途径。比如民族工业家杨济川,从未留学,却设计制造出中国第一台三相交流变压器和直流发电机,以及家喻户晓的国产华生电风扇。他 23 岁时才开始自学电气学,所用的英文原版参考书便是从伊文思书店购买的。[②]

时任《民立报》主笔的章士钊,在答读者来稿的时候,经常会引用国外政治经济学专著中的论述,其中一些书在伊文思书店就有售。如 1912 年 4 月 4 日,章士钊反驳"戴氏之所谓中央集权地方分权"的说法时,引用的是李科克(Stephen Leacock)的 *Elements of Political Science*(《政治科学的元素》);6 月 17 日,反驳"利用银价低落以图推广出口货"策略时,着重推介的济德(Charles Gide)的 *Principle of Political Economy*(《政治经济学原理》)英译本。

1924 年 1 月,竺可桢建议门生张其昀参考美国亨利霍特出版社(Henry Holt)1912 年出版的地理学专著 *Elements of Geography*(《地理的元素》)。竺可桢就曾在伊文思图书公司为东南大学购得一本,并建议张其昀向上海的书店询问。[③]

这些著作未必都是时新的理论,有些在国外已是常用的大学教科书,但在国内尚属新学。知之者甚少,更不要说中文译本了。这些外国书籍中的知识很长一段时间内,都是国人亟须的。

2. 新思潮

五四运动前后,中国学界的潮流从思想启蒙转向学人论政,以报纸杂志为

---

① 另一套最受欢迎的英语教科书为林语堂编写的《开明英文读本》《开明英文文法》。参见栗高燕:《世界性与民族性的双重变奏》,光明日报出版社 2009 年版,第 295 页。
② 落霞:《创制中国电风扇的杨济川君》,魏福惠、闻琨等选编:《生活选粹》,辽宁大学出版社 2001 年版,第 293—298 页。
③ 《致张其昀函(著述〈世界地理〉与〈中国自然地理〉)》(1924 年 1 月 14 日),《竺可桢全集》第 22 卷,上海科技教育出版社 2012 年版,第 58 页。

平台,鼓吹各种不同的西方思潮。有人提倡资本主义上升时期的民主主义思想,有人推广帝国主义时期的各种社会政治学说和哲学流派,有人信奉资产阶级的"社会主义"①,也有人宣传科学社会主义即马克思主义思想。这些西方思潮的输入离不开书籍引介。

然而在五四前后,即便在全国的出版中心——上海,关于新思潮理论的书籍也并不丰富。1917 年,胡适回到阔别 7 年的中国,在上海考察了中国的出版业和西文书市场后,不禁大失所望——"都是和现在欧美的新思潮毫无关系的"②。1920 年,《改造》发表了寓公的《新思潮研究》:"我今年到了上海,把各西书店都走到了,还没买得一本合意的书。因为上海的西书店,除了伊文思商务印书馆之外,大概都只贩卖小说及宗教书籍。"③

其实,伊文思图书公司对中国学界的需求有比较敏锐的察觉。1914 年经售的《中国留美学生月报》,是赴美留学生中很有影响力的期刊,其中就有学界新秀马寅初及胡适的文章。1919 年 11 月,伊文思图书公司引进杜威博士著作,打出广告"本公司新近运到新思潮新书十余种,业已到沪,备有目录单,函索即寄"④。之后,又陆续引进了门罗博士、克鲁泡特金等学说的英译本。从《新青年》《新潮》这些新文化时期的杂志期刊上的读者来信可得知,伊文思图书公司是进步青年们购买国外最新社会学、哲学方面著述的主要书店。

约在 1920 至 1922 年间,伊文思图书公司与群益书社开展合作。群益书社由陈子沛、陈子寿兄弟在 1902 年创设于湖南长沙。1912 年,总社迁往上海棋盘街(今河南中路)。群益书社主要出版针对青年市场的教材、外国文学,也是新文化运动的推手之一。1920 年 9 月,伊文思图书公司与群益书社共同出版发行了王云五主持的"岫庐公民丛书"第一期,包括《国际联盟讲评》《社会改造原理》《波斯问题》《科学的社会主义》《欧美各国改造问题》五种。11 月出版第二期,含《科学泛论》《自然道德》《欧战地理志》三种。王云五认为,自清末以来的每个历史阶段,国人渴求西方的"新知识"都有所偏颇,应着眼于国际、社会、政治、哲学、科学、经济、教育这七个方面。于是他组织了几位同道中人襄

① 五四后,社会主义思潮成为主流。无政府主义、泛劳动主义、工读互助主义、新村主义、合作主义等派别都自称为"社会主义"。
② 胡适:《归国杂感》,《南游杂忆》,吉林出版集团股份有限公司 2018 年版,第 49 页。
③ 寓公:《新思潮研究》,《改造》1920 年第 3 卷第 1 期。
④ 广告,《申报》1919 年 11 月 1 日。

助,共同编译丛书。① 其中恩格尔(即恩格斯)著、郑次川译的《科学的社会主义》,正是恩格斯经典著作《社会主义从空想到科学的发展》的第三章节,也是我国首次以单行本形式出版的恩格斯著作。②

1920 年 11 月至 1922 年 4 月,伊文思书店为《科学》杂志代销。1915 年 1 月,中国科学社在上海创办的《科学》在一定程度上填补了鸦片战争以来中国引进西方科学技术的空白,为新文化运动呼吁的"民主"和"科学"奠定了基础。1919 年,群益书社开始成为《科学》杂志的分销处,伊文思书店与群益书社合作后,二者联名在书刊上发布订阅广告。

群益书社出版的书刊中,更为人熟知的是《新青年》。直至 1920 年 9 月,《新青年》不再由群益书社出版,改由上海新青年社独立发行,伊文思书店仍是《新青年》的合作伙伴。1920 年 11 月开始,伊文思书店通过自身强大的网点分布,为《新青年》在全国各大城市分销。1921 年 5 月,新青年社移至广州。在全国共计 98 家《新青年》代派处中,伊文思书店的分销处就占 25 家。1922 年第九卷第六号的《新青年》封二上登出"启事"称:"本社出版的:新青年和各种丛书,上海方面,已托商务印书馆、伊文思图书公司代售了,诸君如欲购买请就近接洽吧!"

3. 文学艺术

近代上海的社会之所以能形成突破传统、领风气之先的海派文化,一部分原因,就是有像伊文思书店这样的大型西洋书店的存在。民国初年,上海能够看到的西洋文艺很少。比如西洋美术方面,据汪亚尘回忆,"那时候上海的洋画简直没有,幼稚得可怜。一般想学洋画者,专在北京路旧书摊上觅杂志上的颜色画,不管是图案事或广告画,只要看见,就买回来照了模仿。因为没有真正的洋画,也找不着学习的场所。我们几个朋友,就杜造范本,还去骗人"③。除汪亚尘,还有刘海粟、朱屺瞻这些美术家在学生时代,都是靠临摹西洋画印

---

① 《编辑岫庐公民丛书(旨趣)代序》,王云五编:《王云五全集 19 序跋集编》,九州出版社 2013 年版,第 6—7 页。

② 高明:《"公民丛书"与 20 世纪 20 年代初马克思主义的翻译与传播》,《中国出版史研究》2021 年第 4 期。

③ 汪亚尘:《四十自述》,赵力、余丁编:《中国油画五百年 2》,湖南美术出版社 2014 年版,第 714 页。(原载于《文艺茶话》1933 年第 2 卷第 3 期)

刷品练习画画的。他们那时常去的书店就有伊文思和普鲁华等,在那里不仅可以买到画册,还可以买到画笔、颜料、画板、画纸等美术用具。

文学方面也是如此。尤其在新文化运动的影响下,许多文学青年通过购买西文书籍,自己学习翻译、写作,一步步成长起来。中国人学英文的比较多,因此靠读英译本来学习其他语种文学的青年也比较多。"万人丛书"(*Everyone's Library*)和"近代丛书"(*Modern Library*)是当时比较流行的两套英文西方文学丛书。茅盾在商务印书馆编译所时,受到"五四"影响,开始注意俄国文学。当时,他主要从编译所的"万人丛书"中找一些俄国文学的英译本。找不到的,便去伊文思书店或丸善书店代购。[①] 赵景深走上文学编辑道路时,常常去天津的伊文思书店购买"近代丛书"里的图书。[②] 恽代英大学毕业前后也曾热爱文学和写作,经常翻译西方书刊,当时他购买外文书刊的方式不是托上海的伊文思书店代购,就是直接写信给外国的公司购买。[③] 1929 年,何其芳刚来上海求学时,就先到伊文思图书公司买了一本剑桥大学出版的莎士比亚作品《暴风雨》。他在中学时就想学习英语文学,通过听课、查字典、做笔记,攻读下这本书,为大学学习生涯起了好头。[④]

在伊文思书店,可以购买到泰戈尔的诗集、《野人泰山》系列小说和文艺复兴时期油画的印刷画片。在与西文书店的购读互动中,中国青年在本土摸索学习西洋文艺,跟上了世界潮流的步伐,促成了海派文化的融合与趋新。

4. 仪器百货

除了图书以外,伊文思图书公司也发售其他商品,含文具、教具、风琴、医学仪器、美术用品、玩具等。伊文思在经营教士公所书馆时就销售过新旧三轮钢丝脚踏车,还代理"太阳牌打字机"(Sun Typewriter)等文化用品。在各个时期,伊文思书店长期代理的商品有美国爱斯的风琴(Estey Organ Co.,今称"埃斯蒂风琴")、美国普兴隆公司显微镜,以及自来墨水笔、挂袋新式笔、新式旋动铅笔、富丽之喜福笔座、教学幻灯片、学生携书带、美国老鹰牌十寸新弹轧棉机等。另外,还有些纺织产品。1927 年,公司刚搬入九江路 17 号,新设布

① 茅盾:《商务印书馆编译所的生活》,《我走过的道路》,人民文学出版社 1997 年版,第 146—147 页。
② 赵景深:《暗中摸索》,《读书月刊 我的读书经验专号》1931 年第 2 卷第 1 期。
③ 罗智国:《近代中国书业的非凡时代(1905—1937)》,黄山书社 2017 年版,第 254 页。
④ 方敬:《早年读诗写诗》,方敬、何频伽编:《何其芳散记》,四川教育出版社 1990 年版,第 30—31 页。

匹部,长期代理进口高丽布。1946 年秋季,伊文思书局还推出同济印染厂的最新产品——富乐色衬衫和爱乐领衬衫。

在中西文化交汇的上海,圣诞节早已是众多商家促销百货商品的好时机,中西消费者都会来凑个热闹。每年圣诞季,伊文思书店都会向顾客推出体面的圣诞礼品,例如给商务人士的圣诞卡片、笺纸、信匣、钥匙包;给孩子的绘本、童话故事、儿童玩具;为女士准备的女式文具、皮制手包、钱包等。桌布、花瓶、礼盒这些圣诞节装饰品也是此时的热销商品。伊文思图书公司长期代理的但尼生(Dennison)花纸,一直是圣诞季的主推商品。1927 年,伊文思图书公司特地请了一位做纸花的女技师,在店里免费教授中西女士做纸花,同时也拉动了花纸的销售。① 这一活动也成了后面几年的保留节目。

三、伊文思书店的营销特征

1. 成熟完善的销售模式

教材是伊文思书店最大宗的商品,客户欲向伊文思书店批量购书,可以到书店门市接洽业务,外埠也可来函沟通。早在伊文思书馆时期,书店就会根据市场需求,进口合适的西文教材,做成新书目录。有需要采购新教材的客户可以向书店索取书目,择选教材。这种赠阅书目的推销方式很有效,不仅有学校或者其他书店会根据目录来批发图书,很多零售客户也喜欢查阅。到 1913 年暑假,已出的三册书目都已赠完了。应社会各界要求,伊文思书店将三册书目与新到图书合编成"完全学校用书目录",并附"购书汇款章程"。客户只需来函索取,书店就会不取分文寄阅。② 后来书店继续推出其他领域的新书目录供各界人士选购,如"法政目录""医书目录""实业书籍目录""商业目录"等。这种不惜成本寄赠书目的方式为伊文思书店做了很好的广告,不仅便于定向推销产品,也为客户降低了采购成本,可以巩固和开拓客户群。

每年暑期是伊文思书店推广教材、教具的最好时机。除了在报纸上打广告外,伊文思书店对教材市场会进行系统而有针对性的调查。每学年末,

---

① 《免费教授学做纸花》,《申报》1927 年 12 月 18 日。
② 《上海伊文思书馆启示》,《申报》1913 年 8 月 8 日;《奉赠最新完全学校用书目录》,《申报》1913 年 8 月 19 日。

伊文思书店会给各校发放教授用书调查表,然后根据调查结果统计用书的总量和学校选用教材的趋势,书店接下来的采购、推销、营业就有了参考。[①]对老客户,伊文思书店会在学期末就立即去信争取下一学期的订单,抢占市场先机;学校若其所需的教材没有存量,便向外洋订购,往返需时日,因此要尽早答复。[②]

个人去伊文思书店,如果没有挑选到中意的书,可以托书店去海外代购。也可以给伊文思书店去信写明图书的作者、署名、定价、出版社等信息,再附加自己的要求,可以书到后再付款。书店还可以代理订购国外的杂志,但需手续费。

伊文思书店凭借与教会和工部局的关系,积极参与教育界、文化界以及工部局组织的重要活动,以此在业界保持声誉和影响力。比如充当远东商业学会开办的学校、英华书馆的报名处,赞助全国童子军协会上海支会春季会操、盲童学校游艺会、工部局各公学运动会,在各省教育联合会、华东基督教教会年会、基督教书籍展览会上陈列展览最新出版的欧美职业教育书籍,为圣约翰义务学校游艺会、远东运动会出售门券,作为万国机器脚踏车联合会入会、比赛报名处,给杭州浙江英文专修学校图书馆捐赠书籍,为工部局代收伦敦七家出版社赠送的教育书籍等。

伊文思书店采取的这套营业模式和服务理念,在 21 世纪电子商务蔚然成风之前,都是比较理想和完善的模式,可见其在商业运作上的成熟。

2. 主攻华人市场

伊文思初到上海时,就认识到与中国人打交道的必要性。他从创立伊文思书店伊始,就很注重华人市场。在上海林立的西文书店中,顾及华人生意的书店并不多。像别发洋行,算沪上资格最老的西文书店,却不愿做中国人的生意,甚至连外滩前门都只让外国人进,中国人要绕到后门上小楼购书;成立于 1915 年的协和书局,是美华书馆和华美书局的联合经销部,主要业务为出版行销宗教、医学类书籍,其顾客也大多为教会里的西人。伊文思书店对华人顾客足够重视,如上文所述,他们的图书产品紧追中国人在各个时期的思潮,

---

① 王仲武:《统计学原理及应用》,商务印书馆 1927 年版,第 48 页。
② 《伊文思书籍须预定》,《锡报》1921 年 6 月 26 日。

因此一段时期内,成为中国学界依赖的书商。

为了更好地服务华人,伊文思书店很早就开始聘用华人员工。虽然书店常常发生华人员工贪墨案件,但还是有不少华人通过工作和学习,与客户建立了良好的关系,他们不仅为伊文思书店的业务发展起到了积极作用,自己也成长为优秀商业人才。如陈锡余(又名陈辛恒)自 1907 左右就进入伊文思书店工作,任华总经理。他很为顾客着想,对伊文思书店的发展作出了很大的贡献。1917 年 8 月 11 日晚,伊文思图书公司董事"因今年营业日臻发达多籍华总理陈锡余君之力",特地邀请员工 30 多人设宴庆祝陈锡余入职十周年。①不幸的是,1919 年,传陈锡余患精神疾病投海自尽。② 继陈锡余后,唐琼相(又名唐通卿)任华总经理。1926 年 2 月,他受新新公司之聘,担任银业储蓄部部长,鉴于他在伊文思书店服务了 16 年之久,公司为他饯行。③ 再如伊文思图书公司协理蔡日南,1922 年离职成立微微公司。原协和书局教育书籍部的职员应书贵,1925 年转而效力于伊文思图书公司,两年后任大华杂志公司总经理;还有后来顺利接盘书店的孙祚型、石杏荪等,都是在伊文思书店锻炼出的优秀华人员工。

当时社会上有些人把服务于洋商的中国人称作"西崽",多有不敬之意。但公司对有业绩的管理层华人给予了极大的尊重。这些出自伊文思书店的管理人才,在社会上也很有知名度,而伊文思书店也成为他们身份的背书。

3. 高价位与"翻印"风气

伊文思书店拥有多家外国出版社的独家代理权,因而在价格上占尽优势。1919 年以前,书店几乎从来没有打折的必要,尤其是自行出版的教科书,即便是在促销季,也不在打折之列。别发洋行虽然标价奇昂,但毕竟没有多少高深的学术著作或文艺读物。④ 伊文思书店是做华人生意的,又针对学生市场,但青年人囊中羞涩,高价常常让青年学生陷入窘境,郭沫若第一次来到伊文思书店,竟起了"偷盗的心肠",因"书是好,但是价钱太贵……"⑤1935 年,作

---

① 《伊文思图书公司之纪念》,《申报》1917 年 8 月 13 日。
② 《伊文思书馆华经理失踪》,《新闻报》1919 年 12 月 31 日。
③ 《伊文思图书公司欢送前华经理唐琼相》,《申报》1926 年 2 月 23 日。
④ 袁一丹:《"书房一角":周作人阅读史初探》,《此时怀抱向谁开》,上海文艺出版社 2020 年版,第 51 页。
⑤ 郭沫若:《百合与番茄》,《创造周报》1923 年第 31 期。

家贺玉波在经济困难时,看到伊文思书店有一本《野兽世界》,想买来翻译,但没钱买不起,还是借钱才买下的。①

曾有留日经历的读书人会选择东京的丸善书社代购西书。丸善书社品种全,而且价廉,因此受到越来越多读书人的青睐。1920 年,商务印书馆得知《时事新报》上有人议论伊文思书价比丸善贵,于是计划减价出售西书,以取得价格优势。② 很长一段时间内,同样的西文书,商务印书馆的价格约是伊文思书店的九五折。

伊文思书店的西文教材价格居高不下,"翻印"就成了很多国人不得已的选择。早年,商务印书馆为与伊文思竞争,翻印西书教材,加注华文,再廉价出售,引起了国外出版商的不悦。1911 年美国金恩出版社与商务印书馆打版权官司,就是委托在沪的伊文思书店办理的。许多买不起洋书店里原版书的穷学生,会选择去旧书店买影印的西书,这些影印本"封面印得不坏,字迹稍嫌模糊,价格便宜"③,实际上也就是盗版书。1933 年 10 月 13 日的《申报》上登出了一则题为《翻印》的小剧本,取材于现实,反映了学生面临高价教材和不道德行为的两难处境。"不用西书,本国货又没能力制造出来,没有办法只好利用这不道德的翻印方法,以省一般学生的担负。"④

伊文思书店在价格上的傲慢,尤其在"五卅"以后全国上下反帝意识普遍提升的时期,更是加剧了民众的抵制情绪。

四、结语

近代中国处于一个"科学幼稚的年代"。从洋务运动到甲午战争再到庚子赔款,每经巨变,"咸以求新知识为亡羊补牢之计,于是出版界顿成饥渴之观"⑤。上海开埠之初开设的西书店都是服务于租界内外侨的,而"今则各种科学,皆须问津于原版西书,而其主顾,华人反多于外人"⑥。在这样的文化背

---

① 贺玉波口述,贺修平笔录:《良师益友》,贺玉波:《现代文学评论集下 现代中国作家论》,湖南文艺出版社 2017 年版,第 313 页。
② 《张元济日记》(下),商务印书馆 2018 年版,第 690 页。
③ 辛丰年:《钢琴文化片影——说说〈钢琴名曲二百七十首〉》,《音乐笔记》,上海音乐出版社 2018 年版,第 253 页。
④ 《翻印》,《申报》1933 年 10 月 13 日。
⑤ 《编辑岫庐公民丛书(旨趣)代序》,王云五编:《王云五全集 19 序跋集编》,第 6—7 页。
⑥ 《上海之西书铺》,《申报》1925 年 5 月 31 日。

景下,伊文思书店选择将目标市场锁在求知若渴的中国青年。20 世纪 20 年代中期,鲁迅不止一次在公开场合和报纸上提出"少读中国书,多读外国书"的"极端"观点。他认为在当时的社会条件下,青年人读书的目的应该关注当下,落实行动。中国学堂普遍开设英文课,让学生具备了阅读英文著作的能力。这为中国青年的思想和见识跟上世界发展的进程打下了语言基础,也使英文书籍比其他语种的著作更受欢迎。伊文思书店所售英文学术专著及教科书量大且完备,已成为学人读者购买西学书籍首选的渠道品牌。凡举西学著作,总要先问问伊文思书店是否有售。

作为一家在华外商企业,不论是怀着传教目的,还是受商业利益驱动,伊文思书店紧跟中国学界思潮的动向,依靠娴熟的商业运作实现了稳定的发展。牧师出身的伊文思有着卓越的经商才华。伊文思书店剥离教会属性后,确立了目标市场和产品特色,并一以贯之,在 20 多年里逐步实现扩张营业,成为上海西书业当之无愧的"巨擘"。伊文思书店的继任者始终遵循着伊文思的经营理念发展前行,使书店在上海西书市场的鲜明定位一如既往。但书店最终的命运却更多地取决于中国的时局和民众思潮的走向。从伊约瑟正式接手伊文思图书公司到华商伊文思书局,中国的形势不断变化。在社会大势的裹挟下,伊文思书店也经历了跌宕。此外,像商务印书馆这样崛起的民族企业,也占据了很大的市场份额。尽管外部环境给公司的经营带来挑战,但伊文思书店还是凭借自身的定力实现了在各个关键节点的平稳过渡,直至上海解放以后。

上海伊文思书店因其独特的市场地位,客观上起到了向国人输送西方科学文艺知识的积极作用。而中国的进步青年则充分利用了有限的资源,构建起知识体系,开拓了自己的事业,为推动近代中国的文化转型和社会发展作出了贡献。

近代科技类译著的相关研究

——以陈遵妫译《宇宙壮观》为中心

朱明贤　　李炯里

（贵州大学）

　　《宇宙壮观》作为具有代表性的近代科技译著之一，对彼时中国天文学的普及和后世天文学的发展都产生了深远的影响。译者陈遵妫在翻译这部以普及天文知识为首要目标的科技译著时，并未依照原著逐字逐句进行翻译，而是基于时代背景和读者的天文知识水平，充分发挥了自身的主观能动性，对该书的结构、用例、专有名词等进行了大量的调整和删改，以满足彼时中国天文学普及之需要。有鉴于此，本文将《宇宙壮观》与原著进行比较研究，探究译者为促进近代中国天文科普所作出的努力，解析近代科技类译著的共性，以期明晰近代科技译著如何实现科学传播与文化传承之目的。

　　中国的天文学研究虽然有着数千年的历史，但究其根本，古代天文学是一种天人感应的天命学理论，因与皇权密切相关而成为一种官方保密学说，并且被垄断数千年。① 中国天文学先进性集中体现于历法的发达，及所包含的大量的天体计算和测定，但其同时具备的占星卜算性质却成为从传统天文学向近代天文学发展的阻碍，以致虽然明朝末年便已有西方天文学传入，但直至鸦片战争以后开始大规模译介包括天文学在内的西方科技典籍时，中国天文学才真正意义上开始了由传统向近代的转型。其间，涉及西方天文学的译著卷帙浩繁，对后世影响最为深远的当属李善兰与英国传教士伟烈亚力合译《谈天》和陈遵妫所译《宇宙壮观》。前者通过翻译西方天文学著作带来了更加理

---

① 江晓原：《天学真原》，辽宁教育出版社 2007 年版，第 56—57 页。

论化和系统化的天文知识,为中国传统天文学的西化作了铺垫;①后者以普及天文学知识为目标,通过对译著结构、内容的调整,成为天文爱好者的入门书籍、专业学者的必读书目。

纵观两者的相关研究,多以《谈天》为主,涉及其对清末科学教育的影响研究、翻译策略研究、译介影响研究等,成果多、视角广泛。相较之下,《宇宙壮观》的研究鲜有踪迹,仅在对陈遵妫的生平研究、晚清天文学译著书目研究有寥寥数语。实际上,中文译本和日文原本无论是在结构上还是内容上都存在诸多差异,而这些差异很大程度上展现了译者为促进近代天文知识在中国传播所作出的努力,一定程度上折射出清末民初科技类译著鲜明的时代特征。

一、《宇宙壮观》的底本、译本和译者

《万有科学大系》是近代日本最具代表性的科普系列丛书,于1926年开始陆续出版。全书共计十六卷,其中正篇六卷,续篇十卷。而作为一本旨在向彼时日本普通民众传播近代天文学知识的普及性读物,山本一清所著《天体和宇宙》便是该丛书的第一卷,即开篇之作,影响力和重要性不言而喻。本文研究所采用的底本便是由万有科学大系刊行会1926年7月出版发行的《万有科学大系第一卷 天体和宇宙》(以下简称《天体和宇宙》)。

陈遵妫以普及天文知识为目标,将《天体和宇宙》一书译成中文,并将原书名改为《宇宙壮观》,于1935年3月最先由上海商务印书馆以文库本形式出版,共计五册;同年7月,又以自然科学小丛书版本(五册版)的形式出版;同年12月以精装一册版本再次出版。该书成为继《谈天》后又一本系统性介绍近代西方天文学知识的科普读物。本文研究所选译本为1935年12月出版的精装一册本。

陈遵妫出生于福建一个书香世家。1914年,年仅13岁的陈遵妫前往北京开始求学之路,先后就读于私立畿辅中学、国立北京高等师范学校附属中学。1922年,高中毕业的陈遵妫在父亲的安排下东渡日本留学,就读于日本东京高等师范学校(现筑波大学)数学系,成为福建省全额官费留学生。留学

---

① 张必胜:《〈谈天〉对清末科学教育的影响》,《贵州大学学报(自然科学版)》2020年第2期。

图1 《万有科学大系 第一卷》扉页、目录、版权页

图2 《宇宙壮观》扉页、目录、版权页

期间,陈遵妫和其他留日学生组织了"合一社",负责油印、出版刊物的工作,这为他以后从事编辑和天文科普翻译工作打下基础。[①] 1926年,陈遵妫大学毕业回国,就职于中央气象台,负责编撰历书,正式开启天文学研究之路。随后的时间里,他先后担任国立中央研究院天文研究所专任研究员(1928年)、南京紫金山天文台变星仪室技术员(1934年)、中国天文学会唯一普及期刊《宇

---

① 赵文君:《陈遵妫的天文科普工作》,首都师范大学2013年硕士学位论文。

宙》总编辑(1938 年)、凤凰山天文台造父变星研究员(1940 年)、北京天文学展览馆馆长(1957 年)。其天文学研究历经了晚清、民国、新中国三个时期,献身天文学的 65 年间,发表了上百篇天文科普文章,编译了近 30 部著作,是当之无愧的中国近现代天文学事业的重要奠基人之一。

二、《宇宙壮观》的编译

从内容上看,原著《天体和宇宙》具有语气正式、陈述客观准确、语言规范、文体质朴、逻辑性强、专业术语性强①等科技文本的显著特征,属于以准确传达科学信息为首要目标的典型的科技类文本。一般而言,在对这类文本进行翻译的时候,必然强调对源语语义的忠实,不折不扣地把它传达出来便是最高标准。② 而为了满足这一最高标准,科技翻译时常依照原文逐字逐句进行,除非原文内容有误,否则一般不会对原文结构和内容进行调整和改动。然而,通过对底本《天体和宇宙》和译本《宇宙壮观》的比较研究不难发现,与底本相比,译本无论是在篇章结构还是文本内容上都存在大量的改动,集中体现在对篇章结构和文本内容的加译、减译和改译三个方面。

(一)《宇宙壮观》中的加译现象

1. 篇章结构的加译

原著《天体与宇宙》共计 4 章 20 节 358 页(不含封面、扉页、目录页),译著《宇宙壮观》共计 5 篇 28 章 93 节 974 页(不含封面、扉页、目录页),两者相较之下差异甚大,其中的加译现象尤为明显。如表 1 所示,从篇章结构上来看,译者自行加译的主要章节集中于第 1 篇和第 5 篇,共计 3 章 1 节。从篇章涉及内容上来看,主要分为三类:

第一类是对最新天文知识的加译,即对最新发现的行星冥王星相关内容的加译。究其原因,原著成书于 1926 年,后虽于 1931 年有普及版发行,但具体内容并未修改,只是对章节进行了选择性删减。而译著成书于 1935 年,二者相隔近 10 年。其间,世界天文学研究涌现出了许多新发现、新成果,最为重

---

① 沈玉芳:《航空科技翻译中的译者主体性》,《中国科技翻译》2019 年第 3 期。
② 黄振定:《科技翻译的艺术性及其艺术论》,《外国语(上海外国语大学学报)》2001 年第 1 期。

要的便是 1930 年太阳系第九大行星冥王星的发现。由于原著的成书时间在冥王星发现之前,因此原著在对太阳系行星进行介绍时并未涉及冥王星。对于这一点,译者在太阳系行星介绍的内容中单独增加一节,并按照原著的行星介绍方式对冥王星的历史、星体等相关内容进行了详细论述。通过这样的加译,译者不仅将原著的内容准确、客观地再现出来,还将原著所没有的新发现、新成果进行了呈现,与时俱进,极大地完善了近代天文学信息,使得译著的内容更具科学性、完整性和时效性。

第二类是对中国制作的天文仪器内容的加译。包括天文学教育仪器天球仪、假天仪和中国古代天文仪器浑仪、简仪、天体仪、赤道经纬仪、黄道经纬仪、地平经仪、象限仪、纪限仪、地平经纬仪、玑衡抚辰仪、圭表、漏壶等 14 种仪器。原著是以日本读者为受众、以传播和普及近代天文学知识为目标,加之近代天文学之研究几乎都是使用西方天文仪器,中国古代的天文仪器已经很难满足近代天文研究之需要,因而原作者在介绍天文仪器时以西方制作的近代天文仪器为主,不涉及中国天文仪器。但是,中国的天文仪器制作有着数千年的悠久历史,这些天文仪器是中国古代哲学与天文学结合的产物,代表了彼时中国人对于世界的认知,一些天文仪器的出现比西方早了数百年的时间,对于世界天文学有着深远而重大的影响和意义。以日本为例,日本古代的天文仪器和天文机构就受到了中国影响,制造的漏刻、浑仪、天体仪都是仿制中国的,直至 1669 年,日本人进行天文观测的仪器依旧是仿制中国的浑仪和天体仪器。① 诚然,在近代化的历史潮流中,这些天文仪器的局限性越发明显,甚至已然落后于近代的天文仪器,但是其历史成就与其所发挥的作用仍旧是不可磨灭的,是中国历史的重要组成部分。特别是译著的受众转变为中国人后,我们理应了解彼时世界的先进知识技术,更应谨记本国的历史。也基于这一点,译者在抗日战争期间果断拒绝了恩师山本一清要求帮助收集中国古代天文学史料的要求,并于 19 世纪 30 年代末开始致力于中国古代天文学史料的收集整理,最终于 1955 年出版《中国天文学史》一书,影响深远。② 此外,天文学在中国数千年的历史长河中一直是严禁民间私习的,也正因如此,中国天文学的

---

① 姚传森:《中国古代历法、天文仪器、天文机构对日本的影响》,《中国科技史料》1998 年第 2 期。
② 陈倩、冯蕾、杨凯:《山本一清的天文科普工作及其对中国的影响》,《中国科技史杂志》2019 年第 3 期。

传承延续到近代已近中断,译者将古代天文仪器的内容加入此书,用最少、最为简洁的语言对这些仪器的结构、历史形成、作用进行叙述,不仅一定程度上打破了天文学长久以来严禁私习的壁垒,而且以向大众普及的方式使得古代天文学的方式能够继续传承发展。

第三类是对中国天文台知识的加译。说起天文学研究,天象观测和天文学研究专门机构的天文台必然是绕不开的话题。中国的天文学研究虽有数千年的历史,但真正意义上的现代天文台建设和研究在近代才开始。从接管由外国人建造的青岛市观象台、佘山天文台并与外国人一起进行天文研究,到中国人自主建设足以媲美欧洲现代天文台的紫金山天文台、国立中山大学天文

表1 《宇宙壮观》主要加译章节一览表

篇	章	节
第1篇:太阳系上	第2章:行星——各成世界之星体	第5节:新发现行星——冥王星
第5篇:天文台及仪器	第5章:教育的仪器	第1节:天球仪 第2节:假天仪
	第6章:中国古代天文仪器	第1节:浑仪 第2节:简仪 第3节:天体仪 第4节:赤道经纬仪 第5节:黄道经纬仪 第6节:地平经仪 第7节:象限仪 第8节:纪限仪 第9节:地平经纬仪 第10节:玑衡抚辰仪 第11节:圭表 第12节:漏壶
	第8章:中国天文台	第1节:紫金山天文台——中国唯一研究的天文台 第2节:青岛市观象台 第3节:国立中山大学天文台——中国唯一教育的天文台 第4节:佘山天文台 第5节:中国天文学会

台,独立开展天文研究,虽然中国的现代天文台建设起步晚,且彼时之中国处于内忧外患之中,但中国的天文台事业却也卓有成效,有着"哈雷彗星 1910 年回归时的照相观测""太阳黑子和日珥研究""1122 对赫歇耳双星的重测"等重要研究成果。① 译者以一章的内容来对中国天文台进行介绍,不仅是为了展现中国学者对于天文学研究的热情和决心,向世人证明中国有着独立自主进行天文台建设和天文学研究的能力,更是为了激起读者对天文学研究的兴趣,让更多的人参与到天文学研究的行列,继承中国古代天文学的辉煌历史,开创中国近代天文学研究的新篇章。

2. 图表的加译

除上述对篇章结构的加译之外,图表的加译也是《宇宙壮观》的一大特点。全书 360 余幅图表,较之原著增加了 61 幅,数量不可谓不大。从增加图表的内容来看,既有"月食图像""因格彗星""几百年内东亚日全食路径略图"等天文现象图,也有"陨石于显微镜下之状态""民国二十二年十月二十三日安徽当涂县之陨石"等陨石分析观测图,还有与译者加译篇章内容相对应的"假天仪之图案""浑仪""天体仪""赤道经纬仪""青岛市观象台""国立中山天文台"等,以及"叶凯士四十时折光镜""二百公厘折光赤道仪""远东最大之屈光镜""六分仪"等近代天文观测仪器图,种类极为丰富。毫无疑问,当时的时代背景下,中日两国民众的天文知识水平是不对等的,换而言之,一些日本民众熟知的天文现象、仪器等对中国民众来说可能是陌生的存在,既然《宇宙壮观》旨在普及天文知识,那么就必须以最为简练易懂的方式对相关的内容进行阐释,文字解说加图表说明的方式无疑是最为直观有效的方式。此外,其中的星图、行星运行轨迹图等图表十分清晰,对于读者而言,他们可以直接利用这些星图来对照观测行星的分布及运行,这也能从侧面激发读者对探索星空奥秘的兴趣,推动天文学知识的普及。

3. 专有名词的加译

专有名词的翻译一直是翻译活动中的一大难点,科技文献中的专业名词不仅数量多,且具有极强的专业性,翻译时稍有不慎,便会失之毫厘差之千里。

---

① 林清:《中国现代天文台述源》,《自然杂志》2010 年第 2 期。

此外,日语科技文献中的外来语尤其多,大部分来自英语,书写时一律采用片假名音译表记,以便与日本固有的和语相区别。[①] 由于日语发音的特殊性,一些欧美语言的语音语调在日语中无法准确表示,日本人只能在现有日语发音中寻找与之发音相近的语音语调进行表记,加之彼时并没有科技专有名词的中日对照辞典,因此,彼时对于日本科技文献中专有词汇的翻译远比一般专有词汇难得多。基于上述种种难点,一些学者常采用同样的音译方法,即在中文中寻找与片假名发音相同的字词进行组合表记,也就出现了诸如"西哇诸西尔特""斯克亚巴列里""页母荷支"等令人费解的名词。除此之外,"名目表"也是学者翻译日语专有名词时经常使用的翻译方法,即在文内同样使用音译的方式进行表记,在文末增加附录,将文中专有名词的所指内涵用表格的形式进行解释说明,这种翻译方式在单纯音译的基础上更进一步。

《宇宙壮观》中对原著专有名词的翻译则另辟蹊径,采用了"音译/意译 +英文原文"的方式,在中文译文后添加英文原文表记。例如:

ボロメーター——热波辐射计(Bolometer)

アンブラ——核影(Umbra)

ウラニウム——铀(Uranium)

ガリレオ——加里尼(Galileo)

ハーシェル——侯失勒(Herschel)

这样的翻译方式不仅避免了由英语到日语再到中文过程中信息传递失真,还能够通过英语原文查阅辞典,更利于读者对该书内容的理解。1930 年中国天文学会下设编辑委员会,组建了天文学名词编译委员会,与编译馆通力合作,审定并刊行了天体文学名词 1 400 多个,1934 年出版了《天文学名词》一书,[②]以书籍和辞典的方式对专有名词的内涵进行了统一,有利于形成对同一天文学知识的同一认识。换而言之,使用"音译 + 英语原文"的翻译方法是具有前期基础的。译者在对专有名词进行翻译处理时,并未延续以往的方法,而是根据现实需求和现有基础开辟了新的翻译道路,以更好、更准确地传达专有名词之内涵。

---

① 曾绍琼:《日语科技文献翻译的"汉字词"与"外来语"》,《中国科技翻译》2006 年第 1 期。
② 黎难秋:《中国科学翻译史》,中国科学技术大学出版社 2006 年版,第 540 页。

（二）《宇宙壮观》中的减译现象

1. 对涉及日本文化信息的减译

如前所述，原著《天体和宇宙》旨在为日本民众普及近代天文学知识，开启民智。为使其能够更好地理解该书所表达的内容，书中诸多用例、语言具有明显的日本文化色彩。例如：

日本里数で言へば三十五万四千里となり（《天体和宇宙》第 2 页）

日本の富士山が三七七八公尺（《天体和宇宙》第 69 页）

一八七四年（明治七年）の末の時には我が国にまで佛国の天文家が来た。今日の神戸の"金星台"は其の跡である（《天体和宇宙》第 82 页）

《宇宙壮观》作为一本以中国民众为读者群的译书，若将上述句子原封不动翻译过来，难免让中国读者费解。首先，"三十五万四千里"中的"里"是日本的距离计量单位，与中国所用之距离计量单位"里"虽然表记完全相同，但是中国的一里合 500 米，而日本的一里约合 3 927 米，二者相差甚大。其次，"富士山""神户"和"金星台"均为日本的地名，特别是"金星台"，即便是日本民众也知之甚少。若是将上述内容直接翻译，对于中国读者而言，难免造成理解上的困难，甚至产生误解，影响内容的准确传达。再次，彼时中日民族矛盾激化，若是书中大量出现涉及日本文化且让中国民众费解的内容，有可能会引起民众对译著的抵触情绪，长此以往必然影响天文知识的普及，与译著初衷相去甚远。综合考量之下，译者对原著中一些涉及日本文化且容易对中国民众造成困扰的内容进行减译。除上述内容，译著中对日本天皇年号的减译也尤为明显。

原著中对年代的表记方式为"公元纪年 + 日本天皇年号纪年"，这既满足了近代日本公元纪年法推广的需要，同时凸显了天皇在日本民众心中的地位和重要性。反观译著，译者在对年代进行翻译时，只保留了公元纪年的表记，完全删除了日本天皇年号。究其原因，日本天皇年号是日本文化的一部分，对于中国民众理解该书内容并无实际意义。并且，对于破除封建统治的中国而言，公元纪年法更符合中国启民智、追求近代化发展的需要。

2. 对缺乏科学性内容的减译

虽然原著属于科技文本，但在一些内容的表述上仍旧缺乏科学性，如下例：

> 即ち、これを一般の化学元素中、既に知られている八十七種の表と照らし合せて
> みると、大体から言って、太陽中にはネオンとか、アルゴンとか、クリプトンとかの稀有元
> 素と、ラデウム、トリウム、ウラニウム等の放射能的な重量元素とが認められず、又、弗
> 素、塩素、臭素、沃素の如き所謂ハロゲン類が見当たらない。けれど、其の他、普通の
> 場合、地球上で見られる殆ど総ての元素は太陽にも存在しているのだある。(《天体
> 和宇宙》第 8 頁)

这段话的大意是"将目前利用分光研究探明的太阳所含有的化学元素与
地球上已知的 87 种化学元素相比较,除氖、氩、氪等稀有元素,镭、钍、铀等放
射性元素和氟、氯、溴等卤族元素外,一般情况下,地球上含有的化学元素在太
阳上几乎都有存在"。这样的说法明显不够严谨且缺乏科学性,分光研究太阳
所含有的化学元素是存在一定局限性的,因而并不能说目前通过分光研究没
有发现的氖、镭、氟等化学元素就不存在于太阳之中,可能只是由于技术手段
限制,未来尚有发现之可能。原著中的说法明显不够严谨、缺乏科学性,容易
对读者造成误导。对此,译者并未盲目信任,而是秉承科学严谨的态度,对其
中的内容进行考察,并与最新的研究成果进行比对,对缺乏科学性的内容一律
删除,确保译著内容的严谨性、科学性及科学普及的成效。

(三)《宇宙壮观》中的改译现象

改译现象在《宇宙壮观》一书中也是较普遍的存在,综合改译的内容来看,
所改之处主要为一些用例和表述。如下例:

> しかし此の例へば奈良の人は奈良時刻、京都の人は京都時刻、広島の人は広島
> 時刻を用ふるとうふ風になって、交通上に非常な混乱を来すこととなる。(《天体和宇
> 宙》第 214 頁)

> 如斯事实,若用之于社会上,则南京用南京时刻,上海用上海时刻,汉口用汉
> 口时刻,而交通上遂大混乱。(《宇宙壮观》第 444 頁)

原著中为说明各地方均有其子午线,因而由某一地方子午线所测得的时
刻并不能通用于全国的原理,以日本奈良、京都、广岛为例进行解释。反观译
著,并未沿用原著说明之用例,而是将日本的奈良、京都、广岛换为中国的南

京、上海、汉口进行说明。诚然,彼时之中国有着大量留日归来的学者,加之中日民族矛盾之因素,知识分子阶层对日本是具有一定认知的,奈良、京都、广岛这样的地名对这一部分人的阅读理解是不会造成困扰的,但译者最终还是进行了改译,究其原因,乃是因为《宇宙壮观》作为一部以普及天文知识为目标的著作,不仅面向知识分子阶层,更面向广大的普通民众阶层,用中国的地名进行阐释,更易于理解和接受,同时也一定程度上使得读者对经纬度和子午线的概念有更加直观和深入的了解,符合普及之需求。

再如下例:

> 古い時代の記録の調査などもハインド、ブルクハルト、コーユル、コロンメリン、平山(清次)諸氏等によって行われた結果、実に、西暦前四百六十七年まで出現の記録を遡ることが出来た。勿論之れには東洋と西洋との記録が共に研究されたのであって殊に支那の観測は最も古くまで達している。それに此の星は大きな形と光輝とを毎回現はすものだから、出れば必らず人々を驚かせたものらしい。(《天体和宇宙》第89—90页)

> 其中以我国之记录最早,且最多,现今泰西各国推求哈雷彗星之出现年代,多取材于吾国记录。如威廉氏中国彗星考(Williams Book on Chinese Comets)以春秋鲁文公十四年(公元纪元前六一一年)秋七月有星孛入于北斗,谓为哈雷彗星之最古之记录,但依卡惠尔及克劳密林二氏之推算,上至公元纪元前二四〇年,极为精确。(《宇宙壮观》第213—214页)

原著在此处对哈雷彗星的研究历史进行阐述,说明由欧美和日本天文学家基于对古代相关记录的调查,追溯到哈雷彗星最早出现的时间为公元前467年,随后又表明在东西方的记录中尤属中国对哈雷彗星的观测记录最为久远,但是原作者却并未说明中国最早观测哈雷彗星的具体时间。从上述内容来看,原作者对哈雷彗星历史追溯的研究着重强调了欧美和日本的记录,虽然对中国的记录有所提及,但是明显存在模糊化的嫌疑。对此种表述,译者在译著中首先指出对于哈雷彗星的记录中国是最早且最多的,并说明了国外许多的哈雷彗星研究均取材于中国,以第三视角威廉氏的《中国彗星考》为例,指出哈雷彗星最早的记录出现于公元前611年的中国,而非原著所述公元前467年。译者对该表述的改译,不仅保证了关于哈雷彗星历史研究的科学性，且以国外研究学者的第三视角进行阐释，更具说服力，避免主观色彩的表达，极大地反映了中国在哈雷彗星历史研究中所作出的历史贡献及主体地位。

三、《宇宙壮观》的传播与影响

陈遵妫在《宇宙壮观》的卷首中如此叙述到：

他如星光之辉煌，足以引起吾人之审美意识；天体之齐整运行，足以开拓理智之世界；又宇宙之广大，欲探究其源者，足以促人类之思考力。是以吾人与自然之接触，可谓为始于天体与宇宙也。(《宇宙壮观》第 1 页)

为何人类需要了解宇宙和天体？宇宙和天体带给人类何种影响？我们或许可以从这段论述中找到答案。译者陈遵妫在编译《宇宙壮观》一书时带有明确且强烈的目的，即通过先进科学知识的普及开启民智，同时宣扬我国优秀的科学文化，增强民众的文化自信。为此，陈遵妫在翻译时使用了半白话文文体，既保留了白话文易于理解的优势，也保留了文言文词句押韵、朗朗上口的优势。他摒弃了既往描述天文知识和天文现象时采用的比喻法，而是就客观事实和现象进行逻辑严谨、术语准确的表述，以保证科普内容的专业性和科学性。篇章结构和文本内容的大量加译、减译和改译无不体现译者期望而推动社会变革、改变中国当下之局面的家国情怀。也正因如此，《宇宙壮观》一经出版便引起国内天文学界的极大轰动。

《宇宙壮观》出版后先后入选"自然科学文库目录"和"万有文库目录"，并被商务印书馆评定为"星期标准书"。著名学者金克木对《宇宙壮观》的评价极高，直言"此书在质和量上两方面都可以遥接李善兰译的《谈天》"[①]，一时成为继《谈天》之后又一天文学研究者不可不读之书。我国著名天文学家、天文科普专家、中国天文馆事业的奠基人李元表示，自己在高中时通过《宇宙壮观》认识了星空，由此和天文科普工作结下了不解之缘，其中关于天文馆和天象仪的丰富知识，促成了北京天文馆的诞生。[②] 卞德培在其自传中表示《宇宙壮观》中所描绘出的壮观宇宙景象启迪心灵，让自己萌生了探索伟大而神秘的宇宙的想法。[③] 可以说，《宇宙壮观》通过影响一代代人，推动了中国近代天文学的

---

① 《金克木集》，生活·读书·新知三联书店 2011 年版，第 2451 页。
② 李元：《到宇宙去旅行》，辽宁少年儿童出版社 2002 年版，第 627 页。
③ 卞德培：《第十大行星之谜》，湖南教育出版社 1999 年版，第 146—147 页。

建设发展和中国天文科普事业的发展。

实际上,《宇宙壮观》一书对译者本人也产生了重要影响。陈遵妫在翻译《宇宙壮观》的过程中敏锐地关注到中国古代天文学的继承和发展问题,并以此为契机开始收集整理中国古籍中关于天文学的史料,于 1955 年出版《中国古代天文学简史》一书,以丰富且翔实的史料全面呈现了中国古代天文学的成果。其中的史料和论述被中国天文学界、史学界广泛运用。此外,《宇宙壮观》中加译的大量关于天文台和天文馆的内容激发了陈遵妫在中国建设天文台和天文馆的想法,他先后参加了南京紫金山天文台、昆明凤凰山天文台、北京天文馆的选址和建设,为中国的天体观测和天文学普及作出了不可磨灭的历史贡献。

四、结语

《宇宙壮观》作为近代科技文献翻译的一个缩影,将其与原著对比解析,可以发现晚清民初科技类译著及其译者存在一定的共性。

(1) 清末民初的科技类译著在翻译时大多并未完全遵从原文。为了能够实现科学知识在近代中国的传播和普及,译者在翻译过程中并不只是单纯的翻译者,还担任了"二次创作者"的角色,体现出十分强烈的"译者主体性"色彩。译者大多数时候身兼专业学者、译者、科学传播者等多重角色。

(2)《宇宙壮观》中增添了大量中国古代天文学、近代天文学研究成就的相关内容,并对原著中模糊化中国古代天文学重要贡献的内容进行了改译。这一现象广泛存在于晚清民初的科技译著中,反映出清末民初的知识分子在引入外国科学技术时对本国文化的尊重以及对文化传承的重视。译者们尊重中国传统科学文化,在引进国外先进科学技术的同时,自觉充当文化传播者的角色,不遗余力向大众普及本国的科学成就,一定程度上起到了提升文化自信的作用。

(3) 尽管在近百年之前,跨文化交际理论还未成形,但彼时的科技文献译者们的翻译工作事实上实现了将异质文化向自文化、科学文化向大众文化的转变,达到了文化交流与传播的目的。

(4) 近代以来的中国长期处于内忧外患的困境中,广大知识分子希望通过引进西方先进知识和技术以开启民智、推动社会改革,最终达到挽救中国和中华民族的宏伟目标,因而在进行翻译活动时,译者这种救国救民的主体意识总会有意无意地表现在翻译作品中,这也是近代中国科技类译著的一个共同特征。

时至今日,科技发展日新月异,科技文献层出不穷,新一轮的科技翻译和科学普及活动方兴未艾,在当今的社会背景之下,如何翻译出优秀的科技作品,如何更好地开展科学普及活动,需要我们结合当今时代之现实需要,助推中国科技文献翻译和科学普及活动的顺利开展。

出版与文化交流

区域文化保育与知识全球传播

——香港纳匝肋之家的出版特色（1894—1954）*

郭丽娜

（中山大学）

　　印刷术的革新和出版业的发展与思想变革、政治运动、社会变迁之间的关系非常密切。晚清民初，基督教新教和天主教团体均对中国出版业和思想变革产生过巨大的影响。就天主教方面，著名的上海徐家汇耶稣会中心无疑功不可没，此外北京遣使会的北堂印刷厂和巴黎外方传教会香港纳匝肋之家（la Maison de Nazareth）也曾作出过贡献。遣使会印刷厂的北堂藏书是中外文化交往研究的基础文献之一，早为学术界所知①；相反，有关香港纳匝肋之家的论著不多②。基于此，本文使用巴黎外方传教会档案目录和当代法国学者的

---

* 本文为国家社科基金重大项目"法国收藏中国西南文献的整理与研究（1840—1949）"（编号：19ZDA221）的阶段性成果。文章在修改过程中，得到澳门理工大学陈志雄先生的帮助，特此致谢。

① 国内外对中国 19 世纪印刷术、新媒介和思想的互动关系多有探讨，苏精先生的《铸以代刻——19 世纪中文印刷变局》和李仁渊先生的《晚清的新式传播媒体与知识分子》两部专著尤为精彩，相当生动地论述了晚清民初新教修会在新式传播工具引入方面的贡献，以及以江南知识分子阶层为代表的中国知识界的思想转型状况。近年与北京教堂藏书相关的研究侧重于文献梳理和考证，主要有赵大莹：《清中前期的东堂藏书》，《文献》2020 年第 2 期；柳若梅：《俄罗斯档案馆藏北堂西文书目考》，《文献》2020 年第 2 期；王廉明：《北京耶稣会北堂和中国植物图像：十八世纪中西园艺学交流的一则轶事》，《紫禁城》2018 年第 10 期；惠泽霖著、全慧译：《北堂藏书简史》（节译），《法国国家与地区研究》2018 年第 2 期；蒋硕：《北堂藏 16—18 世纪西文游记初探》，《国际汉学》2018 年第 3 期；赵大莹：《明末入华耶稣会士与南堂书——北堂书渊源研究之一》，《明史研究》2017 年第 2 期；朱国平：《北堂旧藏易新主，石迹出尘耿千秋》，《中国美术研究》2017 年第 2 期；蒋硕：《北堂西文文学类藏书调查报告》，《比较文学与世界文学》2016 年第 4 期；雷强：《北堂善本书目的编撰过程》，《文汇报》2016 年 7 月 15 日。

② 目前学术界的主要参考书籍是英国学者乐艾伦所著的《伯大尼与纳匝肋：英国殖民地上的法国遗珍》（香港大学出版社，2006），以及夏其龙编《内外纵横太古楼——太古楼与薄扶林区历史发展》（香港中文大学天主教研究中心，2012）两份著述。

教会出版史研究成果,尝试对香港纳匝肋之家及其出版特色做一略为深入的探究,指出巴黎外方传教会出版物的区域特色及其对于全球知识形成和中西文化交流的意义。

一、一家定位为印书馆的灵修院——从澳门纳匝肋之家到香港纳匝肋之家(la Maison de Nazareth)

1883 年巴黎外方传教会《年度通报》记载:

> 好几位德高望重的传教会负责人一直希望筹建一处灵修院,便于信众或身体有缺陷、行动不便的修士定期灵修,退休修士在此度过余生。我们委托前长上罗若望先生(M. Rousseille)执行这一计划。[1]

在此之前,巴黎外方传教会已在香港修建了首家疗养院——伯大尼疗养院[2],满足远东传教士定期休养(尤其是治疗肺结核)之需,提供物理治疗;纳匝肋之家的基本定位与前者不同,专事灵修和精神救赎,为一文化机构。

执行该计划的罗若望神父,在传教会《会士录》中,有他的生平记述:

> 让·鲁塞耶 1832 年 8 月 1 日生于波尔多,1854 年 12 月 30 日进入外方神学院,1855 年 12 月 22 日晋铎,1856 年被派往香港。1860 年,他被召回巴黎神学院,1867 年被任命为修生导师并兼档案管理员一职。1872、1874 和 1877 年,他先后三次出任传教会驻罗马总账房。1880 年 7 月 4 日,他当选外方神学院院长,接替德勒佩克先生(M. Delpech)的工作。1885 年,他赴香港创办纳匝肋之家。1899 年,他被重新召回法国,指导布里耶弗尔神学院。他不久患病,1900 年 1 月 22 日在布里耶弗尔逝世。[3]

据此,罗若望神父是巴黎外方传教会资深会士,曾参与修会管理层的工

---

[1] Archives MEP,*Bulletin de la Société des Missions étrangères*,1883,p.711,cité dans le Bulletin de la Société pour l'année 1925.

[2] 伯大尼(Béthanie)结核病疗养院位于香港薄扶林道 139 号,是巴黎外方传教会 1873 年 7 月在香港筹建的首座疗养院,为在远东因水土不服而患上肺结核病的传教士提供疗养服务。伯大尼 1875 年开业,至 1975 年结业,产权被售与香港置地。参见:A. Le Pichon, *Béthanie & Nazareth*,*les pères des Missions étrangères à Hongkong*,Hongkong,Welly Printing & Production Ltd.,2008,pp.39-57.

[3] G. Moussay et B. Appavou,*Répertoire des membres de la société des missions étrangères 1659-2004*,Paris,Archives des missions étrangères,2004,p.142.

作。波尔多是法国传统商业城市,罗若望神父显然比其他传教士更早地具备商业意识。在罗马总账房任职的经历,既发挥了他的先天优势,也为他进一步积累财务经验和扩大人脉圈子提供了机会。香港的生活经验让神父了解远东传教士的需求,也熟悉了地方风土人情。执行纳匝肋之家筹建计划的人选,非他莫属。

1884 年,罗若望神父接到任务,打算效仿沙勿略,在上川岛筹建灵修院,无果之后转到澳门。据英国学者乐艾伦所述:

> 纳匝肋印书馆最先成立于澳门,1884 年,罗若望神父、满方济神父、河神父与比神父四人在澳门兴建了圣珊泽宫作为纳匝肋修院的院舍。他们后来为了给传教士安排数小时工作,于是在圣珊泽宫附件设立一印书馆,让印制的书籍可以支持传教士在各地方的牧灵工作。然而,随着葡萄牙政府对非葡裔天主教教士的政策改变,罗若望神父等明白在澳门继续发展纳匝肋修院及印书馆有一定的限制,于是决定将发展资源从澳门转移到香港。①

乐艾伦显然并未抓住巴黎外方传教会筹建纳匝肋之家的基本要旨,不了解法国人对于文化的热衷和虔诚,小觑其筹建者的文化雄心,认为纳匝肋之家仅为一座修院,印书馆的存在仅是“给传教士安排数小时工作”。

2004 年,法国学者勒·毕盛受香港演艺学院之托,对伯大尼和纳匝肋两处法国在港遗珍的历史进行清理。他查阅巴黎外方传教会档案,阅读罗若望书信,指出主要是因为巴黎外方传教会为纳匝肋量身定制的“印刷和出版”功能难以在澳门实现,罗若望才下定决心,在 1894 年购买伯大尼结核病疗养院对面的德格拉斯堡,将澳门纳匝肋之家迁至香港。②

1896 年,香港纳匝肋之家工程竣工。从澳门到香港,印书馆定型前后历时 11 年,罗若望可谓呕心沥血,居功至伟。勒·毕盛对其执行能力和协调能力予以高度肯定:

> 有一点是可以确定的,纳匝肋计划的实现,应归功于罗若望神父的人格魅力

---

① 乐艾伦:《伯大尼与纳匝肋:英国殖民地上的法国遗珍》,第 63 页,转引自丁新豹:《薄扶林区与太古楼历史发展概览》,载于夏其龙编:《内外纵横太古楼——太古楼与薄扶林区历史发展》。

② Cf. A. Le Pichon, *Béthanie & Nazareth, les pères des Missions étrangères à Hongkong*, Hongkong, Welly Printing & Production Ltd., 2008, pp.39 - 57、77 - 94.

和过人的毅力。如果没有他，这一计划是不可能实现的。①

协助罗若望神父实现纳匝肋文化功能的是年仅 31 岁、有 7 年印度传教经验的满方济（François Monnier，1854—1939）②。

对于他而言，目标非常明确：出版书籍必须对读者有用，书籍必须服务于宗教、道德和灵修之需，同时考虑到大众教育之需。③

文化功能的规划，考虑到一是鼓励身残志坚的神父参与其中，实现人生价值；二是间接落实天主教本土化政策，并推动大众教育。

纳匝肋印刷厂的创办，迈出了扫盲的一大步。在那时，亚洲懂得读书和写字的人极少，巴黎外方传教会的神父们坚信，向信众传播知识，教导读写，是再简单不过的人道主义义务。用地方语言写书，印刷书籍，促成书籍流通，是符合人道主义逻辑的结果。④

图 1　香港伯大尼修院

① Cf. A. Le Pichon, *Béthanie & Nazareth*, *les pères des Missions étrangères à Hongkong*, p.78.
② 据《会士录》，莫尼埃神父 1924 年重返印度传教，1939 年再度回到香港，并于 1939 年 7 月 15 日在纳匝肋之家去世。参见：G. Moussay et B. Appavou, *Répertoire des membres de la société des missions étrangères 1659 - 2004*, Paris, Archives des missions étrangères, 2004, p.225.
③ A. Le Pichon, *Béthanie & Nazareth*, *les pères des Missions étrangères à Hongkong*, Hongkong, Welly Printing & Production Ltd., 2008, p.97.
④ A. Le Pichon, *Béthanie & Nazareth*, *les pères des Missions étrangères à Hongkong*, Hongkong, pp.98 - 99.

图 2　纳匝肋印刷团队

图 3　纳匝肋印刷车间

纳匝肋之家依托香港远东商贸大港口的优势,在 20 世纪上半叶将巴黎外方传教会的出版事业推向巅峰。当然,巴黎外方传教会出版业的发达,还受益于 19 世纪下半叶国际和区域环境的改善,也得益于印刷技术之进步。

图 4　纳匝肋印刷车间

二、香港纳匝肋之家实现印刷和出版功能的前提——罗马出版审核制度松弛和印刷术改良

1. 罗马出版审查制度的松弛和定型

印刷和出版福音书是基督教传播的手段之一。天主教远东传教的出版活动一直受到罗马出版审查制的严格监控。相较于新教，天主教的印刷和出版自由度较弱。罗马教会对出版物进行审查，旨在保证教义的正统性和纯洁性、信仰的一致性。① 不过中国礼仪之争和后期频频出现的教案，也令罗马教廷不断反省。1655 年、1673 年和 1770 年，罗马先后三次颁布法令，调整审查制度，修改教义和信条，逐步与地方文化和解。

传信部成立不久之后，罗马教廷在 1655 年 12 月 9 日颁布法令："在未获得圣座本人批准的情况下，任何传教士不得私自出版或请人出版自己或他人

---

① 参见意大利教会法教授弗兰切斯科·英戈利(Fransceso Ingoli)在 1638 年 10 月 9 日的讲话。Willi Henkel，*Francesco Ingolimerster Sekretär der Progapande Fidem*，über Drucker presse und mission，dans Communicatio socialis，t.3，1970，pp.167 – 168.

的作品。"①"圣座亲自审批"这一规定构成了罗马最早审查制度的基本准则。1673 年,教宗克莱蒙十世(Clément X)认为 1655 年规定未得到贯彻,再度发布 Creditae nobis 敕令,重申教宗审批权,限制教会(包括耶稣会)出版。②

尽管如此,由于这一规定过于严苛,不利于福音工作,在实际工作中未必会得到认真贯彻。首先因为文化差异的存在,不同修会采取不同的传教策略开展工作。耶稣会走上层路线,适用科学传教策略,在福音书翻译过程中难免夹带私货,抱有不愿报审的心态。相反,巴黎外方传教会、遣使会和方济各等团体在基层活动,面向底层群众,创办私塾,修建医院和孤儿院,吸引信众,需要的多是基础性的教理书籍,以白话或土话方式传授,教材报审往往难以通过。再则,修会之间存在竞争,凡出版物均需报罗马审批,肯定影响工作效率。各修会为了广收教众,早已罔顾禁令,私自出版。部分被罗马界定为"不健康"或"不正确"的出版物,在禁令发布之前已广为流传,误读误解已积重难返。即使推行禁令,也难以立刻回收之前的出版物,在短期内修正观念。因此罗马教廷经过一番挣扎,面对现实,在 1770 年修正禁令,体现弹性,使其具有可操作性,以期逐步根除沉疴。

> 圣座决定:未经教廷审查和批准,不得在中华帝国和东京王国出版任何与宗教有直接或间接关系的文字或书籍,或议论教会事务;也宣布如下内容获得豁免,不受此法的约束:信众日常所用的教义手册、教理问答课本、祷告指示和经文,如获当地主教或代牧主教审查,可以出版使用。③

根据新令,神学和哲学等严肃出版物的审核权仍然由罗马掌握,而日常教理读物的审查权则下放给传信部任命的主教或代牧。这相当于开了一个口,承认既成事实,也划出一个可以根据实际情况进行操作的灰色地带。部分审核权下放,既体现罗马对传信部主教的信任,也有利于修复上下级之间的关

---

① ACPF, Acta S. C., vol. 24, fol. 89; Congrégation générale du 6 décembre 1655; *Collectanea constitutionum, decretuorum*, indultorum et instructionum Sanctae Sedis ad usum operariorum apostolicorum Societatis Missionum ad exteros, Rome, t. I, p.36b, n.124; id.

② ACPF, Acta S. C., fol. 28v; Congrégation générale du 28 février 1673; *Collectanea constitutionum, decretuorum*, indultorum et instructionum Sanctae Sedis ad usum operariorum apostolicorum Societatis Missionum ad exteros, n.1858; décret du 6 avril 1673.

③ ACPF, Acta S. C., fol. 28v; Congrégation générale du 28 février 1673; *Collectanea constitutionum, decretuorum*, indultorum et instructionum Sanctae Sedis ad usum operariorum apostolicorum Societatis Missionum ad exteros, Hongkong, 1897, n.1859; décret du 28 décembre 1770.

系。法令颁布之后，在远东执行，一直延续到 19 世纪，未做任何修改，成为近现代天主教团体在远东从事印刷和出版的基本准则。而日常教理书的审核过程分成三步：代牧预审书籍；代牧和出版人同时在拟出版的样书上签名；向罗马传信部寄送样书一册和译文一份。①

1777 年，巴黎外方传教会四川宗座代牧梅若翰(Mgr. Pottier)去信罗马，咨询可否在四川出版 1770 年法令中罗列的教理书籍中译本。由于巴黎外方传教会与罗马传信部之间的互信程度较其他修会高，罗马教廷对梅若翰本人也极为信任，传信部回复梅若翰，授予他无需事前报备、可在四川教区出版罗马教团审核通过的欧洲神学书籍中译本。② 档案显示，在天主教出版史上，这一特权仅授予过梅若翰一人，四川代牧区也成为唯一获此特权的远东传教区域，直至 1792 年梅若翰去世。③ 四川教区得此先机，出版了大量福音书籍中译本。在中国西南活动的巴黎外方传教会士大多选择在香港疗养、休假，四川教区的出版工作为后来纳匝肋之家出版功能的实现打下了人员储备和书籍储备的基础。

"中国礼仪之争"结束之后，教廷曾一度疑惧中国基督徒信念动摇，重申在远东严格执行出版审查制度的重要性。1836 年 3 月 31 日，传信部向交趾支那代牧塔贝尔主教发出指示："新信徒需用牛奶哺育，但需是无污染的纯洁奶水，这是在华出版的基本原则。"④不过在实践中，仍然上有政策，下有对策。

总体而言，1770 年审查令始终较 1655 年和 1673 年法令宽松，更具弹性，可操作性更强。这一法令为近现代天主教团体在远东从事出版提供了指导方针，营造了一个相对宽松的天主教教理书出版环境。法国教会史专家拉戈-德尔古指出：

---

① ACPF, Acta C. P., vol. 21, fol. 700v – 701; réponse de la S. C. A Mgr Fontana, congrégation particulière du 4 juillet 1831.

② V. Ragot-Delcourt, Un révélateur des rapports entre Rome et les missions au XIXe siècle: le contrôle des livres publiés en extrême-orient, *Bibliothèque de l'Ecole des chartes*, juillet-décembre 2005, Vol.163, No.2, pp.505 – 524.

③ G. Moussay et B. Appavou, *Répertoire des membres de la société des missions étrangères 1659 – 2004*, Paris, Archives des missions étrangères, 2004, p.77.

④ *La Sacrée Congrégation de la Propagande au vicaire apostolique de Cochinchine (Mgr. Taberd)*, Rome, 31 maris 1836, in Collectanea constitutionum, decretuorum, indultorum et instructionum Sanctae Sedis ad usum operariorum apostolicorum Societatis Missionum ad exteros, Hongkong, 1897, 2e éd., n.1863.

传信部制定严格的标准,控制书籍出版,以确保教会的正统性,但是现实并非如此。首先是在理论和实践之间,罗马本身存在自相矛盾的做法。圣座本人将特许权授予某些教区,从而削弱了自身的立法权威,特别是在 1777 年恩准四川代牧翻译西方专著,导致审查令的推行在 19 世纪出现弹性空间,尽管其严格审查的精神内核不曾出现变化。其次,罗马对审查令的实施期待与传教士的实际执行情况之间也存在差距。罗马当然希望拥有审查的特权,但是,即使传信部意识到在远东流传的某些西方文本错漏百出,除了判定这些文本是危险的之外,也别无他法。①

一言以蔽之,在天主教东传的两个多世纪中,东西之间的相互了解随着文化冲突的升级而深入,信任感在矛盾交织之中随着交流意愿的增加而提升。罗马出版审查制度不断松弛,到 19 世纪末弛禁已渐成定局。香港纳匝肋之家跟随大势,开机印刷,也是必然。

2. 时代变化与巴黎外方传教会对传教士的新技术培训

巴黎外方传教会在海外传教早期,相对于耶稣会而言,较为坚持教旨,作风相对低调。不少传教士态度坚定,拒绝"人文方式",即"模仿耶稣会的科学传教"②,以维护教义纯洁。四川著名本地神父李安德坚持认为,本土修士必须学习拉丁文,"一位对拉丁文一无所知的华籍司铎怎能探求基督真理的源泉?《圣经》、使徒书信、长上的信函和教会的决议,无不使用拉丁文"③,并批评各种向习俗妥协的福音传播做法。

19 世纪下半叶,科技发展,社会出现重大变革,欧陆世俗化进程加速。教会不得不因应形势,调整策略。托马斯主义者开始在欧洲教会内部占有优势,主张调和宗教和科学。1890 年,在远东召开的日韩主教会议上,主教们区分了主次两种福音传播手段:

---

① V. Ragot-Delcourt, *Livre et mission: l'apostolat par le livre dans l'Extrême-Orient des missions étrangères au XIXe siècle*, thèse de l'Ecole des chartes, 2003, t.II, pp.291 – 295.

② 巴黎外方传教会网上档案 Monita ad missionarios 第三章第一条款明确反对间接传播福音的方式,指出"使用这些方法无法传播真正的宗教,而是传播宗教的影子或幽灵"。参见 Monita ad missionarios, chap.3, art.1. (http://archivesmep. mepasie. net/recherche/livre_chapitre. php? code = MEP％ 201665&nu_chapitre = 3&article = 1&nom = monita [en ligne: 19.03.08]).

③ J.-M. Sédès, *Une grande âme sacerdotale: le prêtre chinois André Ly*, Paris: Declée de Brouwer et Cie, 1942, pp.146 – 147.

主要方式是传教士的祈祷和言传身教。辅助方式很多：（1）传教士的耐心程度；（2）与精英阶层合作的紧密度；（3）对教理初学者的培训工作是否充足；（4）信众在社会生活中扮演的角色；（5）神父是否经常造访信众；（6）办校情况；（7）医院经营状况；（8）公开布道情况；（9）书籍出版状况；（10）传教团体的发展情况。[①]

这说明，远东天主教会内部已达成基本共识，承认慈善与出版等辅助手段的重要性和必要性。罗马教廷的态度也发生变化，意识到本土化是一个双向的文化认识过程，先是文化适应，后是文化植入，而不论哪个向度，都需要书籍流通。

罗马主动要求传教士学习异教徒的经典文化。1833 年教宗的训令要求最具语言天赋的传教士研究土语，以便向本地人解释信仰的真谛，纠正谬误。此外他们必须找到"有效的方式，向精英阶层靠近"，其中包括对东方的文字和哲学进行研究，尽可能地摧毁错误的教派及其教义。

智力培训是获取必需知识的一个维度，而技术技能则是另一个维度。尤其是在出版业方面，随着福音工作在远东的发展，印刷难度增大，对印刷技能的掌握变得非常必要。[②]

就巴黎外方传教会本身而言，到了 19 世纪下半叶，教育和慈善事业均出现量的飞跃。根据南志恒统计：

表 1　19 世纪末巴黎外方传教会的教育和慈善事业状况[③]

教　育　方　面	机构数量	接纳人数
Établissements d'instruction publique（公共教育机构）	2 165	59 386 名学生
Séminaires dans les missions（神修院）	39	1 715 名学生
Ateliers, ouvroirs, etc.（工场或工厂等职业教育）	81	1 849 名学生
Imprimeries（印刷厂）	20	

① Synode de Japon-Corée, 1890, titre 8. Cité de Véronique Ragot-Delcourt, *Evolution des relais et des moyens d'évangélisation des missions étrangères de Paris du XVIIe siècle*, Histoire et missions chrétiennes, 2008/3, n.7, pp.37 - 57.

② V. Ragot-Delcourt, *Se préparer au métier de missionnaire: la formation dispensée aux missions étrangères au XIXe siècle*, RHEF, t.92, 2006, pp.147 - 163.

③ A. Launay, *Histoire générale de la société des Missions étrangères*, Paris, Téqui, 1894, t.3, pp.592 - 594.

慈　善　方　面	机构数量	接纳人数
Orphelinats, établissements agricoles（孤儿院、农事组织）	243	12 484 名儿童
Hôpitaux, hospices, asiles, refuges（医院、麻风病院、救济所）	58	
Pharmacies, dispensaires（施药处、门诊所）	324	

如上表所示，教育和印刷出版两者互为依托，共同发展。教徒受教育程度提高，出现专业化人士，如医护和医生。推动慈善，也有助于吸引更多信众。

此外，巴黎外方传教会内部虽然时有批评声音，反对"人文方式"传教，可实际上，传教士也有"超出教规"的个人业余爱好。如拉戈-德尔古指出，反对间接传教手段的禁令"仅停留于理论层面。巴黎外方传教档案显示，某些传教士也使用科学传教方式，比如 18 世纪的档案证明，传教士向巴黎提出过寄送钟表、数学测绘工具的要求，甚至要求向北京宫廷派送数学家传教士"①。19世纪末，传教人手增加，据南志恒统计，在华有 837 名传教士，其中 487 名国籍神父，另有 6 652 名辅助人员，包括教理初学者、本地修女和欧洲修士。② 人力物力增加，资源充足，传教士因而有更多时间和精力投入"业余爱好"。以中国西南为例，贵州教务长童文献在传教之余撰写汉学专著，并试图将柞蚕和其他动植物物种引入欧洲，四川传教士禄方济业余则从事天文地理研究和制图。③

就印刷出版方面，巴黎外方传教会同样感受到掌握新技术的必要性，曾请求总会派遣专业人员。1853 年，西东京主教罗奈(Mgr. Retord)给巴黎总会会长去信，提及不懂使用手稿复制技术；另有传教士去信希望得到石印术、锌板术和电铸术的相关指南；Sorel 神父请求寄送一本"印刷工指南"，讲解最新的印刷技术；四川古尔东神父希望有一本"讲解印模法的书籍，以便用铸版铸造字模，最好是讲解细致，有图解那种"。④

---

① V. Ragot-Delcourt, *Evolution des relais et des moyens d'évangélisation des Missions Etrangères de Paris*, Histoire et missions chrétiennes, 2008, n.7, pp.37 – 57.
② A. Launay, *Histoire générale de la société des Missions étrangères*, Paris, Téqui, 1894, t.3, pp.592 – 594.
③ 参见郭丽娜：《近代法国人之中国西南叙述》，学苑出版社 2019 年版。
④ AMEP, vol.527, le P. Dagobert au P. Tesson, Se-tcheon, 20. Sept. 1848; AMEP, vol.536 B.1, p.25; le P. Gourdon au P. Cottin, Pe-ko-chou, 10. oct. 1880.

为了适应时代需要,巴黎外方传教会神学院自 19 世纪下半叶起加强对传教士的语言和技术训练。在语言方面,主要与巴黎语言学校的东方学家合作,为未来赴远东的传教士提供语言文化课程,进行东方语言文化启蒙;在医药方面,与巴黎内克医院合作,派遣传教士到医院实习,学习西医外科术;在印刷术方面,也提供更多实习机会。拉戈-德尔古对巴黎外方传教会档案卷 43、570 和 755 进行梳理之后,指出 19 世纪下半叶之后:

> 医学和出版等实用教学是某些接受长上派遣、未来将从事特殊岗位的巴外方传教士的培训内容之一。1850 年代,丁盛荣(Desgodins)被长上派到内克医院,在一名主治医生指导下学习外科术;毕天祥(A. Biet)假期也到内克医院实习,在外科医生指导下学习包扎伤口。有些传教士则学习印刷术,范世衡主教(Imbert)、Jaccard 神父、Sorel 神父、Rotz 神父、Midon 神父学习石印术①;也有学习铸字的,比如 Pallegoix 主教、Theurel 主教、Dallet 神父。古洛东(Gourdon)神父学习锌版印刷法,Serre 神父学习电铸法。……
>
> 到了 19 世纪末,随着西式印刷厂在亚洲的出现,没能在欧洲接受培训的传教士,也能就地接受培训。②

这种附加培训成为远东传教工作的重要补充内容,不少具有特殊技能的传教士到达传教点之后,成为技术骨干,指导工作,并培训新人手,形成团队。"1870 年代之后,传教环境相对稳定,传教士印刷术实现现代化。新教传教士姜别利在 1859 年采用电铸活字,革新印刷术。金属汉字此后变得容易铸造,而且价格合理。"③

---

① 巴黎外方传教会是最先在远东采用活字术和石印术印刷远东文字书写的教理书,比新教传教士还早。古登堡印刷术难以直接应用于汉字印刷,天主教传教士为了出版绞尽脑汁。1802 年,交趾支那的 Jourdain 神父采用活字方式,制作了一幅石字字模,印刷欧洲和柬埔寨文字。同年 Longer 主教采用活动的木字模印刷东京文字的教理书。石印术发明于 1771 年,发明者是施内菲尔德(Aloys Senefelder,1771—1834)。范世衡主教在欧洲学习了这一技术,不过将这一技术引进到远东的是 Jaccard 神父。后者在 1823 年往交趾支那寄送了一台石印刷机,并说服南越明命帝购买。1826 年,新教传教士麦都思才在巴达维亚采用石印术出版书籍。当然,出版业转型的关键技术是新教姜别利发明电铸活字,其推广使远东的印刷和出版出现质的飞跃,巴黎外方传教会的出版业也从中直接受益。
② V. Ragot, *L'apostolat par la presse dans les missions*, in Les Missions étrangères: Trois siècles et demi d'histoire et d'aventure en Asie, Paris, Perrin, 2008, pp.147 – 163.
③ V. Ragot, *L'apostolat par la presse dans les missions*, in Les Missions étrangères: Trois siècles et demi d'histoire et d'aventure en Asie, Paris, Perrin, 2008, p.206.

三、香港纳匝肋出版物的特色——反映粤港澳大湾区区域文化

香港纳匝肋之家印刷车间启用之后,巴黎外方传教会在东南亚语言和文化研究的影响力逐步达到巅峰。对于这所现代化工厂,罗若望神父是这样设想的:

> 希望印刷厂未来能出版大量书籍:中英书籍,甚至马来语书籍,传播福音……我们将逐步筹建一个福音图书馆。①

换言之,纳匝肋将成为巴黎外方传教会在远东的另一重要印刷和出版基地。20 世纪 90 年代之后,法国学术界陆续对巴黎外方传教会的远东出版物进行统计。他们指出从语言文字方面看,纳匝肋出版物确实是多语种和多文字的。尤其是香港开埠,在英国人的经营下逐步成为华南重要的国际港口,商贾云集,信息众多,出版业发展,出版量剧增。据统计:

> 纳匝肋确实发挥了多语言功能,1934 年 50 周年庆典,其主要出版物,按语种分类,比例如下:中文占 28%,安南文占 17.4%,拉丁文占 17.4%,法文占 11.9%。其余的语种有英文、chamorro、藏文、老挝文、马来文……②

巴黎外方传教会档案馆前馆长穆塞(Gérard Moussay,1932—2012)在 1997 年巴黎国立东方语言与文明研究院举办建校两百周年纪念活动之际,对巴黎外方传教会的远东语言与文化档案进行整理,出版了《外方传教与东方语言:外方传教会对亚洲 60 种语言的贡献》(*Missions Etrangères et Langues orientales: Contribution de la Société des Missions Etrangères à la connaissance de 60 langues d'Asie*,Paris:L'Harmattan)一书,提供了大量出版信息。2008 年,该书的增补版在学术印度出版社出版,新书名为《外方书目:亚洲文明、宗教和语言》(*Bibliographie des Missions Etrangères: Civilisations, Religion et Langues de l'Asie*,Paris:Les Indes savantes),录入 400 名传教士的远东语言文字研究手稿、译著、专著和文章,并按"历史传说与信仰""语文文学"和"地图"三个类别进行分类。他在序言中指出,"大量涉及植物科学和地球科学的研究,还有大量纯宗教研究,如教理书、

---

① V. Ragot, *L'apostolat par la presse dans les missions*, in Les Missions étrangères:Trois siècles et demi d'histoire et d'aventure en Asie, Paris, Perrin, 2008, p.204.

② V. Ragot, *L'apostolat par la presse dans les missions*, in Les Missions étrangères:Trois siècles et demi d'histoire et d'aventure en Asie, p.208.

基督经典翻译和福音著作,并未收录在内。这些专业性研究,将在以后单独建立目录。"①换言之,穆塞新目录所提供的内容,主要是外方传教会的通识研究。

据穆塞的最新统计,在 350 年的远东传教历史中,外方传教群体为东亚 13 个国家 53 种语言文字作过贡献,其中涉及方言以中国的最多,有 18 种;排在第二位的是越南,有 15 种。在传教会关于中国研究的 487 种著述中("历史传说与信仰"类 321 种,"语文文学"类 166 种),在香港出版的有 140 种(其中"历史与信仰"类占 65 种,"语文文学"类占 75 种),从比例上看,分别占巴黎外方传教出版物总数的 20.2% 和 45.2%。语文文学类主要有"字典、语法、词汇、区域用语、语言分析、圣经译本和亚洲文学作品的欧洲语言译本等等"②。

与粤港澳大湾区相关的出版物大致如下:

1. 历史传说与信仰类

"很多传教士都通过写作为未来的远行者提供或准确转述他们的发现。他们的作品通过各种途径出版,如书籍、专业杂志上的文章,或者以手稿形式保存在外方档案馆内。"③也即,"历史传说与信仰类"出版物主要是指传教士的各种人类学考察报告和心得。此类文献主要发表在《巴黎外方传教会会刊》上。

据穆塞所列名单,在粤港澳大湾区活动的主要传教士有广西陈嘉言(Georges Caysac, 1886—1946)、唐定球(Auguste Dalle, 1875—1965)、周怀仁(Camille Héraud, 1867—1937,部分在罗马出版)、雷诺(Paulin Renault, 1846—1913)、陆文思(François Labully, 1866—1941)、罗惠良(Joseph Lavest, 1850—1941);汕头和梅州传教士赖嘉禄(Charles Rey, 1866—1943);广州传教士法布尔(Alfred Fabre, 1878—1967);香港传教士沙百里(Jean Charbonnier, 1932—2023)和庞乐培(Bruno Lepeu, 1966—,在巴黎出版)。他们的著述丰富,无法在此一一列举。其著作除了在香港纳匝肋之

---

① MEP, *Bibiographie des Missions étrangères: Civilisations, Religions et Langues d'Asie*, Paris: Les Indes savantes, 2008, introduction p.7.

② MEP, *Bibiographie des Missions étrangères: Civilisations, Religions et Langues d'Asie*, introduction p.6.

③ MEP, *Bibiographie des Missions étrangères: Civilisations, Religions et Langues d'Asie*, introduction p.6.

家出版之外,也在河内、巴黎、里尔和里昂等地出版。

2. 语文文学类

粤港澳地区有粤语、客家语和潮汕语三大方言,主要出版物分布如下:

表2　传教士在粤港澳地区主要出版物

作　者	名　　称	出版机构	年　份
Louis Aubazac 何神父	粤法字典	香港巴外方	1902/1909
Louis Aubazac 何神父	粤语常用词表	香港巴外方	1909
Louis Aubazac 何神父	粤法字典:附偏旁部首和汉字表	香港巴外方	1912
Louis Aubazac 何神父	新传教士粤—法语言考试测试指南	香港纳匝肋	1918
Louis Aubazac 何神父	粤法宗教词汇	香港纳匝肋	1918
Louis Aubazac 何神父	粤语俗语	香港纳匝肋	1918
Louis Aubazac 何神父	粤语言最常用汉字表	香港纳匝肋	1949
Georges Caysac 陈嘉言	粤方言入门	香港纳匝肋	1926
Georges Caysac 陈嘉言	粤方言入门:增补版	香港纳匝肋	1952
Gustave Deswazières 祝福	粤方言现代表达法	香港天主教真理会	19?
Gustave Deswazières 祝福	粤方言现代表达法	香港纳匝肋	1934
Isidore Le Tallandier	法粤会话手册	香港巴外方	1907/1927
Charles Rey 赖嘉禄	客—法词典,附发音方式和练习	香港巴外方	1901
Charles Rey 赖嘉禄	汉法字典:客家方言,附句法解释	香港巴外方	1926/1988
Charles Rey 赖嘉禄	客家方言会话,附语法解释	香港纳匝肋	1937
Charles Rey 赖嘉禄	汉语会话增补:宗教词汇(客家方言)	香港纳匝肋	1937

从表面上看,这些出版物似乎只是语言文字和语法著作。实际上,巴黎外方传教士并非专业学者,编写字典和文法书主要是为同会会士提供地方语言文化信息,便于后者尽快地适应地方风俗习惯。因此此类字典并非严格现代意义的字典,而更像百科全书,无所不包。当然根据作者的编写意图,主题有所选择,内容有所侧重。不过编写范式和词条收录都有一套基本规范,大致包括"序言""正文"和"附录"三个部分。"序言"介绍语音和文化背景,有时也介绍句法和语法规则;"附录"一般是历史文化知识点,也收录一些严格意义上的文学作品。

法汉两种语言属于不同语族,法语表音,汉字表意,汉语文言不同。这点早期来华传教士已有所认识。汉外字典的编写一般是以文带言,而外汉字典的编写则以言带文为多。记音虽适用法语正字法,但仍然体现出中国语言文字的特殊性。传教士甚至帮助没有文字的中国少数民族创造文字。

在粤港澳地区三种方言中,粤语是唯一有文字的语言,因此《粤法字典》的编写最成熟,影响也最大。祝福(Gustave Deswazières, 1882—1959)[①]出任香港纳匝肋之家负责人期间,粤方言的出版物尤多。

除了上述文献之外,巴黎外方传教会档案库房还保存有大量地图,至今尚未整理。法国不同文献部门也保存有大量巴黎外方传教士的博物学著述。这些资料均对目前研究粤港澳大湾区近现代语言文学状况具着非常重要的参考价值。

四、香港纳匝肋之家在出版史上的地位——全球出版体系和知识传播网络中的一环

香港纳匝肋之家自 1896 年竣工至 1954 年退出香港,维持前后大致 60 年。从该机构的员工、作者、出版内容和流通情况,可评估其在全球出版史上的贡献。

1. 全球出版体系中的一环

香港纳匝肋之家是巴黎外方传教会在东亚诸多出版机构中的一个,选址

[①] 祝福主要在广东传教,1913 年负责过石龙麻风院的工作,1928 年任北海教区代牧主教,1929 年出任纳匝肋之家负责人。参见 G. Moussay et B. Appavou, *Répertoire des membres de la société des missions étrangères 1659‐2004*, Paris, Archives des missions étrangères, 2004, p.405.

香港,得益于天时地利,无疑是近现代全球出版体系中的重要一环。首先,管理层传教士是欧洲知识分子阶层的一部分,他们与全球其他地区的出版机构有学术联系,由此搭建起纳匝肋之家与巴黎印刷厂、欧洲其他出版机构(如巴黎、里昂、里尔、罗马)的关系。在东亚,纳匝肋之家与上海耶稣会徐家汇土家湾印书馆、北京遣使会北堂印刷厂、东南亚(如中国台北、河内、孟加拉、本地治理、新加坡)诸多印刷厂或出版社也有业务往来。

香港纳匝肋之家正常运作期间,巴黎外方传教会的基本出版布局如下:在香港出版会刊;在里昂出版《传信年鉴》(APF);在巴黎出版大量其他刊物,如《远行者事业》(*Bulletin de l'Oeuvre des partants*)和《亚洲传教士》(*Missionnaires d'Asie*)等。

此外,私人交往也形成了另一种出版形态。在华巴黎外方传教会士,尤其是在中国西南的传教士,偏爱到香港疗养休假。在港期间,他们常访友会亲,交流信息,并利用闲暇协助印刷和出版。以著名的彝学家邓明德为例,他在伯大尼修院疗养期间,就曾留下一套相册,现保存在云南教友手中。产出多的传教士除了在香港出版著述,也会在其他出版社出版著作,比如四川的禄方济在上海土山湾印书馆出版过四川地图。

香港纳匝肋之家的对外联系不仅体现在出版业务上,还体现在印刷技术的交流上。远东传教士将东方活字模具带回巴黎,提升了巴黎印刷厂的出版能力,如论者所述:"巴黎外方传教会的印刷技术专业化,极大地丰富了法国国家印刷厂的印刷工具和模具。后者在传教士的指导下,铸造了好几种东方字模冲头,比如暹罗文、泰米尔文、坎纳拉文,而有的字模是直接来自亚洲,比如汉字字模。"①

2. 全球知识流通网络的一环

香港纳匝肋之家出版的区域语言文化出版物,最早的有一百多年的历史,最近的也有几十年历史。这些出版物产生于国际关系现代化初期,即使存有宗教印记,也见证和记录了当时的人和事,反映出时代风貌、社会文化和某个群体的认知状况,不论在内容还是形式上,都有明显的地方色彩。这些出版物

---

① V. Ragot-Delcourt, *L'Apostolat par la presse dans les missions*, in Les Missions étrangères: trois siècles et demi d'histoire et d'aventure en Asie, Paris, Perrin, 2008, p.207.

在全球出版网络中流通,推动了区域知识在全球传播。

　　作为区域语言文化的载体,香港纳匝肋出版物是新传教士学习地方语言文化的教材,也是域外东方学家研究远东语言文化的重要文献,曾极大地推动法国东方学的发展。拉戈-德尔古指出:"传教士对于法国人了解东方语言文字知识发挥了极大的贡献。"①目前这些出版物也是我们研究区域语言文化的珍贵历史资料。

五、结语

　　概言之,香港纳匝肋之家作为一个出版机构,是近现代全球出版体系中的一环,其基本文化功能在迁址香港之后彻底发挥出来,使巴黎外方传教会在南中国的出版业于 20 世纪上半叶达到巅峰。纳匝肋出版物多体现地方特色,涵盖历史传说与信仰、语文文学和制图等内容,作为域外汉学文献的一部分,是研究中外关系和粤港澳大湾区文化的重要历史资料。香港纳匝肋之家的出版历史,见证了区域知识融入全球知识体系的过程,同时推动了观念的变化和更新,促进了中西文化的交流与融合。

---

① V. Ragot-Delcourt, *L'Apostolat par la presse dans les missions*, in Les Missions étrangères: trois siècles et demi d'histoire et d'aventure en Asie, p.216.

中国近代东西学书目中
科技类译著分类法探究

——以《西学书目表》《东西学书录》
《中译德文书籍目录》为中心

刘　洁

（国家图书馆、国家典籍博物馆）

一、中国近代科技图书分类法的形成

　　分类法这个概念起源于拉丁文的"Classic"，本意是指根据财富来划分等级的罗马公民。分类是指按照一定的逻辑，将一个整体划分为多个类别的过程，形成一类的事物应具有一定的共性，分类所依据的逻辑就是分类法。中国古代书籍从宋齐梁陈开始直到唐朝形成了主要以《七略》为代表，以四部分类法为补充的分类体系，到五代后晋修《旧唐志》时，四部分类法成为长期以来中国书籍分类的正统。随着中国近代西学的引进和世界格局的变化，中国传统的书籍分类法已无法适应科技类图书尤其是大量翻译引进的西方科技图书的编目需要，于是在图书分类领域中发生了一场重要的文化变革。

　　《书目问答》是张之洞于1875年为了答复初学者应读何种书，以何本为善的问题而编写的导读性质的书目。其中出现了从书从子部中分离出来，将四部变为五部的变革，由此也可看出固有的四部分类法已无法包含所有类型的书籍。然而，张之洞的这部书目依然以收录中国古籍为主，并没有设置与"西学"相关的类别。直到康有为、梁启超主张维新变法之时，二者编纂的翻译书目，才可以说真正打破了中国既有的书籍分类方式。作为维新派的代表人物，为了宣传资产阶级改良主义政治思想，康有为于1895年编写了翻译图书目录

《日本书目志》十五卷,这份书目将日本明治维新时期的科学书籍以译介的方式传播到中国,其中采用了日本图书分类的方法,根据新学科的内容,创建了共有 15 类 246 个子目的分类法。其中也有许多与今天的图书分类不同的地方,例如小说并不归于文学,社会经济家政等学科归于政治,物理、理化、天文、气象、地质、矿山、地震、博物、生物、人类、动物、植物、哲学、伦理、心理等则都归为一类,称为"理学",可见自然科学与社会科学的分界依然模糊。

1896 年 9 月,梁启超在《时务报》上发表西学翻译书目《西学书目表》,除去宗教类图书不予收录外,其他种类书籍分为三卷。上卷为西学书目,中卷为西政诸书,下卷为西杂类之书,在学、政、杂三个大类下又分出二十八个小类。在提及自然科学类书籍分类时,梁启超说:"门类之先后,西学之属,先虚而后实;盖有形有质之学,皆从无形无质而生也。故算学、重学为首;电、化、生、光、汽等次之,天、地、人(谓全体学)、物(谓动植物学)等次之。医学、图学全属人事,故居末焉。西政之属,以通四国为第一义,故史志居首;……能富而后能强,故农、矿、工、商次之;而兵居末焉。农者地面之产,矿者地中之产,工以作之,作此二者也;……船政与海军相关,故附其后。"①梁启超对大小类目顺序的安排是按各学科间的内在联系,亦即先虚后实,先理论后应用的原则。《西学书目表》与现代图书分类法中的大类基本相似,即由自然科学、社会科学、综合性图书(总类)三大部分组成,从根本上有别于四部分类法,从而推动了中国近代图书分类方法的转变,并且将自然科学类书籍作为一大类单独分出,既为西方图书分类法的传入打开了路径,也为中国近代西方图书分类方法的引入以及与本土方式结合奠定了基础。

1909—1910 年商务印书馆的编辑孙毓修撰文《图书馆》(《教育杂志》第一、二卷)介绍了美国《杜威十进分类法》,继而顾实在翻译的日文书《图书馆小识》中也对该方法进行了介绍。杜威分类法将图书分为十大类,而后每部分分为十类,每类可分为十小类,逐级细分,依次类推,使用国际通行的阿拉伯数字为各级类目进行标记编号。在西方图书分类方式引入的背景下,中国古籍的四部分类法也发生了变化。傅振伦在《中文书目之管见》(《北大图书月刊》二卷一期)一文中主张,在编制中国古籍目录时依然要酌情使用四部之类目,编

---

① 梁启超编撰:《西学书目表》,清光绪二十三年刊本,第 3 页。

制新体制的书籍目录则要依照杜威十进分类法。因此,在傅振伦提倡的中文书目分类中融合了这两种分类法,而形成了以总部、经部、小学部、史部、地理部、考古部为代表的 22 大类。此时,具有代表性的还有沈祖荣、胡庆生合编的《仿杜威书目十类法》,1918 年 1 月由武昌公书林印行,哲学与宗教为其中大类,医学位于科学前单独列出。该分类法于 1923 年进行修订后仍将新图书分为十类,从此也可见在中国近代书目编制中存在着新旧并行的情况。为了解决新旧图书的编目问题,便出现了新旧制融合的编目理念,在杜威十进分类法中,"500"字段为自然科学类,"600"字段为技艺类,包含有科技类书籍的近代新学书目也逐渐在分类中出现并进一步形成且细化。

二、西学书目编制与西方科技哲学的译介与传播

编制西学书目当先有西学书籍,随后有目,这一现象与西方科技的引入以及西学书籍的译介相关,也提供了反观置于当时国际形势之下的清廷统治的一个视角。在《东西学书提要总叙》(会稽沈桐生述,山阴缪绍瑜、张之梁校,以下简称《总叙》)中对中国近代东西学书录编制的背景有详细交代,这一活动的兴起与西学引入获得朝廷支持密不可分。清世祖顺治帝委任南怀仁、汤若望等制作浑天星球、地平日晷仪,引用西方科技方法来重新确定历法。清高宗乾隆帝开四库全书馆,译介西书四十一家,均予以著录。清宣宗嘉庆帝时期,从俄罗斯使臣进献的三百五十余部书籍中,选择了重要篇目进行著录庋藏。清文宗道光帝又应恭亲王的提议设立总理事务衙门,负责外国事务。清穆宗咸丰帝时设立京师同文馆,又招募和资助一批年轻人出国留学学习西方的技艺。这一系列引入西学的事件,在《总叙》中都归为:"皇上发愤为雄,开经济之科,广学校之设,合万类以甄。"[1]其中首先被提及的是与军事相关的测绘、冶金、弹药制作工艺等技术门类,虽将皇帝之政策支持录于书前,但更加凸显出洋务派的施政理念,亦即引进西学的主要目的是来增强军事实力,抵御外来者的入侵,西学书提要的编制从侧面反映出清廷逐渐意识到其统治所受到的威胁。

蔡元培在《东西学书录》的序言中谈到他对编制书目的类别和近代编制西学书目的看法,"自汉以来,书目存者虑有四家:一曰藏书之目,如《汉书·艺

---

① (清)沈桐生撰:《东西学书录总叙》,清光绪间(1875—1908)读有用书斋刻本,第 2 页。

文志》之属为官书,《遂初堂书目》之属为家书是也;一曰著书之目如《通志·艺文略》,焦氏《国史经籍志》,通历代著书之人,《明史志艺文》以明为断,方志,志艺文以乡人为断是也;一曰译书之目,如《隋众经目录》,《开元释教录》是也;一曰买书之目,如《书目答问》是也。海禁既开,西儒踵至,官私译本,书及数百,英傅兰雅氏所作《译书事略》,尝著其目,盖《释教录》之派,而参以答问之旨者也。其后或本之以为表,别部居,补遗逸,揭精沽,系读法,骎骎乎蓝胜而冰寒矣。吾友徐子以为未备自删札记之要,旁采专家之说。"①其中将译介书目与购买书目进行了区分,提及张之洞的《书目问答》等书目的编制是因为西方国家打破了清朝闭关锁国的状态,随着西人武力的涌入,也带来了文化上的入侵,这其中有以傅兰雅为代表的西人翻译的汉文书,也有以洋务派所开办的译书馆为代表的官方译书,之所以编制目录也是因为此类书籍的大量涌现。

在翻译者选择和译法方面,蔡元培在提到译者与译介书目之间的关系时,有这样一段描述:"不精其学,不明其义,虽善译者,理终隔阂,则有书如无书也。"②即对西学著作进行翻译的译者最好也通晓所译书籍相关学科的内容。关于相似或相同词汇和内容的翻译差异问题也影响到书目编制的一致性,"西国专门之学必有专字条例极繁,东人译西文亦必先有定名,中国所译如制局之化学书与广州及同文馆同出一书,而译文异所定之名亦异,骤涉其藩,易滋迷误。宜由制局先撰各学各目表,中西东文并列,嗣后官译私著悉依定称,度量权衡亦宜详定一书以为准。"③

如果仅仅将西学书籍的传播简单看作是具体某个门类的技术译介,并不合适。因为在编制分类的过程中,以及书目类别顺序中,存在着梁启超所说的按照先虚后实的顺序,从"无形无质"到"有形有质",也就是说诸如哲学、伦理学之流往往排在物理学范畴的重学、电学、光学、气学等之前,因此西方科学哲学思想的引入无论从书目编制的顺序,还是从具体书目中都可见一斑。下文还将对具体书目中所收书籍进行详细阐述。由此看来,有学者在著作中阐述西方科学哲学在中国的传播问题时,把第一个阶段规定在 20 世纪 20 年代至中华人民共和国成立,其开端以 1920 年 10 月罗素应中国学术界的邀请来华

---

① (清) 徐维则编:《东西学书录》(二卷附录一卷),清光绪二十五年(1899)石印本。
② 同上。
③ 同上。

讲学为标志,即著名的五大演讲(《哲学问题》《心的分析》《物的分析》《数学逻辑》和《社会结构学》)的开始进行,主要阐述以数学或分析方法来解决哲学问题的基本理念。[1] 这种推演方式或许是从明确且公开的角度来考虑西方科学哲学思想的传播问题,但从西学目录编制过程和西学译介著作传播的角度来看,这种时间阶段的划分无论从时间上看,还是从思想传播的角度来看都未将中国近代科技书籍传播中的现象与思想内涵考虑在内。

在西方的图书分类中主要有知识分类法和图书分类法两大类。知识分类是在分类中将知识的因素考虑进去,并融入不同的领域中,将不同领域之间的相互关系进行组织关联,因此与哲学精神有关。在古希腊时期,柏拉图提出了逻辑学、物理学和伦理学的划分。亚里士多德把知识分为理论哲学、实践哲学与生产艺术,其中理论哲学包括逻辑学、形而上学、数学和物理等,实践哲学包括伦理学、政治学和经济学等,生产艺术包括应用科学技术和实用艺术。中世纪的欧洲,在古希腊知识分类体系的基础上又出现了经院知识分类,分为三科,其中主要是文法、逻辑、修辞,四道中则包括算数、几何、天文、音乐;另外,神学、形而上学和伦理学被分在第三部分。黑格尔在《逻辑学》中阐述了他的分类思想:知识分为逻辑学、自然科学和精神科学三大类。逻辑学又分为本体论、神学和科学知识。自然科学分为力学、物理学和生物科学。精神科学同样可以划分为人类学、哲学、伦理、法律、艺术、宗教。奥古斯特·孔德则将知识分为数学、天文学、物理学、化学、生物学和社会学。

从明末至清末,中国近代社会经历了两次先进科学技术的翻译高潮。明末清初时,以利玛窦为代表的传教士来到中国,带来西学思想、先进的科学技术和科学著作,向清廷介绍他们的文明成果。当时的统治者闭关锁国,思想狭隘,无法看到西方社会中具有先进性的一面,也看不到当时的西方世界无论从社会思想层面,还是科学技术层面都在经历着一场步入现代社会的变革。由于统治者的漠视,明末清初的第一次科技翻译高潮渐趋终止。

第二次鸦片战争后,中国受到严重挫伤,被迫打开国门通商,在统治阶级内部出现了希望通过西方先进科学技术的译介来维护自己政治主张的势力。

---

[1] 安维复:《西方科学思想传播史——基于科学哲学的史与思》,中国科学技术出版社 2020 年版,第 227—228 页。

在大兴洋务的背景下,西方传教士和清廷士大夫掀起了西方科技著作的第二次译介高潮,设立江南制造局翻译馆。不过,由于国内缺乏外语人才,传教士在翻译活动中依然占据主要位置,其中也有王韬、李善兰等中国学者,利用空余时间译介了天文学著作《西国天学源流》,介绍英国东印度公司历史的《华英通商事略》,以及介绍力学知识的《重学》。伟烈亚力与李善兰合作,将利玛窦和徐光启在二百多年前翻译了一半的欧几里得《几何原本》,继续翻译出来,称为《续几何原本》。伟烈亚力与李善兰合译的书籍还包括《数学启蒙》《代数学》,以及根据美国纽约州立大学数学教授伊莱亚斯·罗密士原著翻译的《代微积拾级》《代数学》和《代微积拾级》,第一次将解析数学引入中国,不但在中国影响很大,而且还经日本数学家翻译成日文,在日本出版。

三、书目编制对"科技"范畴的认知

尽管在中国近代有诸多科技书目分类的方法存在,随着科技类著作译介数量的不断增多,编制书目也不在少数,但这些书目的分类方法依然五花八门,并无统一的标准,且在学科的认识上存在明显的差异。而东西学书目编制在一起,有明显的时代痕迹,折射出东西方在科技思想和理念上的差异。

《东西学书录》(二卷附录一卷,共三册)副标题为"附中国人辑著书东西国人旧译著书",由蔡元培作序,阐释编制此目的思想依据及缘起。对所收录东西学书目的卷次标注差异进行了明确说明:"东西人著书多分章节,不分卷数,中译之后乃析为卷,今从译刻文本析卷者注明卷数或标册数。"①在科技类图书的分类上因传入和译介渠道的不同也存在差别,其中"教会之书多医家言,局译之书多兵家言,自余局刻言学诸书,皆彼土二十年前旧学者骤涉诸书,不揭门径,不别先后,不审缓急,不派源流,每苦繁琐辄难下手,不揣梼昧于书目下,间附识语,聊辟途径,不足云提要也。"由此可见该书录并没有明确的学科分类先后顺序,主要是根据内容类型来进行划分,顺序为:史志第一,政治、法律第二,学校第三,交涉第四,兵制第五,农政第六,矿务第七,工艺第八,商务第九,船政第十,格致总第十一,算学第十二,重学第十三,电学第十四,化学第十五,声学第十六,光学第十七,气学第十七,气学第十八,天学第十九,地学第

---

① (清)徐维则编:《东西学书录》(二卷附录一卷)。

二十,全体学第二十一,动植物学第二十二,医学第二十三,图学第二十四,理学第二十五,幼学第二十六,宗教第二十七,游记第二十八,报章第二十九,议论第三十,杂著第三十一。最为模糊的分类是"格致总第十一"和其他门类之间的关系处理,显然"格致"中亦包含有其他科技类书籍,比如包含有算学和形学内容的《格物算学入门》一卷,而目中又列算学目。这部目录对科技门类认识更为杂糅的还体现在"矿务第七"目中又再次出现了格致之书,如由英傅兰雅译《格物须知》三集本中的一集《矿学须知》;梁启超编撰的《西学书目表》也存在相似的问题,重学目中傅兰雅译《重学器》本属于格致汇编本中的"格致释器"。同时,又出现了具体科学门类中融入格物学书目的情况,如《西学书目表》算学目中编有丁韪良译《格物测算》同文馆本。从另一个侧面也说明书目对丛书和其中所含单本书并没有做妥善分类,而是将多集书目中的单本抽出来单独编目。在众类别中我们无法找到属于化工和化学门类的明确目次,因此加入正编凡八种和续编凡七种作为续目,收入相关书目,如列入富强丛书的英士密德撰《造硫强水法》一卷,由傅兰雅译,徐寿述。林乐知译《制肥皂法》二卷,傅兰雅译《制玻璃法》二卷等。十分有趣的是,在《制玻璃法》中还加入了西方制瓷的介绍,汇编有《论韧性玻璃》一篇、《西国瓷器源流》一篇、《造玻璃法》一篇、《西国造瓷机器》一篇、《中西闻见录》论玻璃二篇。

《总叙》实际上是对东西学书录分类中的每一类在东西方发展状况的阐述,其中存在差异和比较。卷上书目顺序为:天学、地学、地志学、学制、兵学、农学、工学、商学、法律学、交涉学(即外交学)。卷下书目顺序为:史学、算学、图学、矿学、化学、电学、光学、声学、重学、汽学、医学、全体学(即医学解剖学书目,由"body"译来)、动物学、植物学。分类之间没有必然的逻辑关系,自然科学类和社会科学类混杂在一起,可以推测的是书目的编制可能存在时间的先后顺序,即先编制卷上,依照编者认为的重要性来排序。但从小类顺序来看,医学、全体学、动物学、植物学按生物学范畴做相邻顺序处理,并没有依照从低等生物到高等生物的一般顺序。

《总叙》的特殊之处还在于东西学在相似门类中思想的交会。以"天学"为例,从概念内涵和起源上来看,该目先略述中国传统占星术中所言之"象纬之学",天学始于稽古帝尧,后引入《周髀算经》中相关计算方法,设定历法,又有天官设置,统领天文历法之测算,也提及数学家郭守敬的成就和天文仪器的使用。随着西方利玛窦、汤若望、罗雅谷等传教士跨海来到中国,中国的天文历法渐渐开始参照西方的测算方法。但其中认为天文之学并非西方人首创,而最早见于中国的古书之中,确实也言之有据,《春秋》中早有关于彗星的记载,《甘石星经》可认为是最早的天文学著作。在天文理论上,《中庸》讲:"日月星辰系焉。"《楚辞·天问》讲:"云圜则九重。"是古人关于"天"的模糊认识。日月星辰形成一个系统,它们之间究竟是怎样的位置关系并不明确;天为圆,有九重,古人有感知天之深邃博大,但对其构成系统也没有精确的认识。而在此,西方"日心说"的引入则将人类对太阳系的认识进一步细化,并将太阳系各行星之间的关系及其特点进行概括说明:"大约诸行星可分为三类,内类,水、金、地、火四星,体在大小之间,质重形扁,中类十四小行星,质轻体小,其轨道互相交错。外类,木、土、天王、海王四星,质庞体大形扁,俱有多月绕之,其本体之赤道与各月之轨道平行,复有光带形迹,此所谓天文之体学也。"[①]归入"天学"一目的并不只有天文学,气象学也归于此目。"一曰天气学,以明测候天气变迁之理也。"按曾子天图篇云:"偏则风,俱则雷,交则电,乱则雾,和则雨,阳气胜则散为雨露……"

《中译德文书籍目录》由 Othmer 教授与魏以新合编,作为《同济工学会季刊》第三期的附录存在。这部书目原为德文,最早是受欧特曼教授之托而作,曾经在德国书业新闻发表,因国人尚少注意到这部分书目,故在此进行重印并得以在国内刊行。其中所收书目原文并非全为德文,也收有少量英文书,比如郑振铎译《莱森寓言》(1925,上海商务印书馆)。该季刊创刊于 1930 年,属于上海近代工业技术类期刊中最早创刊的一批期刊之一。该书目分类顺序为:哲学与教育、经济与社会学、数学与自然科学、医学、历史与政治、文学与其他。其中,心理学并没有单独成为一类,而是被归于教育,例如:《儿童心理学新论》《审判心理学大全》等与《伦理学原理》(蔡元培由日文译介)、《康德传》(商承祖、罗璈阶由德文译介)等哲学类著作列为一目。在科技书籍方面数学与自然科学为一类,医学单独列出。医学书目部分主要侧重于西医外科学中解剖学书目的译介,如汤尔和《解剖学提纲》(Gegenbaner, *Kurzes Pepetitprium der Anatomie*)、洪伯容《病理解剖各论》。

---

① (清)沈桐生撰:《东西学书录总叙》卷上,"天学"第 1 页。

四、结语

　　编制东西学书目既是西学东渐过程中出现的必然现象,也是中国知识阶层开眼看世界的一种实践行为,不论是教会译书还是同文馆等官设机构的译介活动都成为编制书目的基础。书目的编制不仅为传播西学思想和西方科技提供了便捷的途径,在此过程中东西学所产生的碰撞,也促成中国近代思想界产生的一次变革。《西学书目表》所形成的学、政、教的三分方式,也折射出书目经世致用的意图。正如其序例所讲:"夫五洲万国之名,太阳地球之位,西人五尺童子皆能言之,若两公固近今之通人也,而其智反出西人学童之下,何也?则书之备与不备也。……故国家欲自强,以多译西书为本,学习欲自立,以多读西书为功。"①择西学中的精要来编制书目,尤其是科技类书目的翻译与编制,可方便国人通过教育和学习来了解西方,做到知己知彼,从而实现国家的自强。从东西学的碰撞中也可看出在科技领域,西学的繁复精细与中国的考据辞章之法有着本质的差别,这一差别的存在也成为编制书目的驱动力所在。开眼界、学先进、强民智的自强理念赋予东西学书目编制这一中国近代史中的特殊文化现象以丰富的价值。

---

① 梁启超编撰:《西学书目表》,第2页。

重审殖民媒介

——北平日文报刊史料钩沉与
近代日人在华新闻事业 *

彭雨新

（北京第二外国语学院）

一、引言

　　近代来华外国人在华创办的"外报"是立足于世界性视野探讨近代中国发展变革的重要线索,同时也是了解外国人在华活动、外国对华政策演变的一条重要路径。1931 年日本侵华战争爆发以来,日本在华创立或接管的"日系报刊"数量虽巨,却因大多沦为侵略战争的工具而较少受到关注。战时在华日系报刊的地域分布以东北、华北地区为主①。其中,除主要面向中国读者的日系中文报刊和少量双语报刊外,日文报刊的创设主要为日本在华机构、国策公司、军队,以及殖民地、沦陷区的大量日本侨民服务②,包括提供殖民地"本埠新闻",传递日本本土资讯、构建日本在整个"大东亚共荣圈"内的文化侵略与情报宣传网络。另一方面,日文报刊充实的文化、文艺版面亦面向"知日派"中国知识阶层和少数接受过日语教育的中国民众。文化版面在奉行"中日文化亲善"之国策、制造所谓和平地区的虚假"文艺复兴"等方面深刻地介入了中国文坛。然而,这样建构在侵略战争与文化殖民话语框架下的"中日文化交流",却因沦陷区特殊的政治文化语境而在日文报刊的出版检阅、言论管控等方面产生出一些真空

---

* 本文为北京市社会科学基金青年项目"近代在华日侨文人的北京书写与文化认同研究"（编号:21WXC012）的阶段性成果。

① 周佳荣:《近代日人在华报业活动》,岳麓书社 2012 年版,第 108 页。
② 据菊地俊介《日本占领下華北における在留邦人の对中国認識》(2014),华北沦陷时期居住在北京等华北地区都市部的日本侨民达 40 万人。

地带,为两国具有抵抗精神和人性良知的左翼知识分子提供了国际主义文化生产的空间与跨域流动的通道,甚至不乏隐微言说中的战争批判。

近年,对于战时日伪在华发行报刊史料的发掘与考据,已成为新闻出版史研究介入殖民地、沦陷区研究的重要路径。以北平沦陷时期的日文报刊《东亚新报》《燕京文学》为例,《东亚新报》是日伪在华北沦陷区整合各类地方日文小报而统一发行的综合性"官方"媒体,构成沦陷时期北平日伪新闻界的核心。而《燕京文学》是同一时期,由北平日侨文学青年创办的日语文艺同人杂志,具有鲜明的在地性、文学性和反战性。然而,这样两份性格迥异的日文报刊在编辑、执笔人员构成上却意外地多有交集,分别从官方、民间两条路径上反映出日伪在北平新闻界的人际关系脉络与文化生产体制。另一方面,两份日文报刊为相关报人、作家、文化人的国际主义跨域流动、复合型战争体验提供了稀见史料,为重新审视殖民地、沦陷区的政治文化生活提供了重要的他者视角。

二、华北沦陷区的日伪"官方媒体"——《东亚新报》(1937—1945)

《东亚新报》是 1939 年 7 月至 1945 年 5 月在华北沦陷区发行的"官方日文报纸",该报整合了此前日伪公私文化机构在北京、天津、济南、青岛等地发行的日文小报,与长江以南的《大陆新报》一起构成侵华战争时期日本在中国华北、华中占领区发行的两大官报。《东亚新报》以北京本社发行的北京版为主体,此外还陆续在徐州、石门、天津、济南、太原、开封开设过分社,发行地方版《东亚新报》。

1943 年《日本新闻报》对于《东亚新报》在华发刊的情况有如下介绍:

北支报道部认为有必要发行统合全华北的正统国策日文报纸,通过军队及兴亚院的出资(35 万元)创设股份公司,于昭和十四年收购既往在北京发行报刊的北京新闻社、新支那日日新闻社,创建国策报纸东亚新报社。[1]

因此,《东亚新报》作为"统合全华北的正统国策日文报纸",被视为 1939 年至日本战败期间日伪当局在华北的官方媒体。北京东亚新报社的社址位于东城区钱粮胡同 11 号。因编辑、出版、售卖均在华北当地,所以现在日本所保存的报纸原刊极少。日本国立国会图书馆所藏《东亚新报》北京版原件仅

---

[1] 《大陆新闻の现势 3　东亚新报》,《日本新闻报》1943 年 8 月 5 日。

有 1943 年 8 月 4 日一天份,及 1945 年数月份;中国方面的馆藏集中在上海图书馆徐家汇藏书楼,存有 1939 年 7—12 月、1940 年 1—12 月、1941 年 1—12 月、1942 年 1—5 月及 7—12 月、1943 年 2—3 月及 5—12 月、1944 年 1—6 月、1945 年 1—5 月号的原版装订本(按月装订)一套。此外,该报的相关资料还散落在如下作品中:(1) 战时报社同人于战后编写的《东亚新报备忘录:战中·华北的新闻记者的记录》(东亚会编,1984)①;(2) 报社主编、主笔等重要人物的相关传记和回忆录,如《新闻人·德光衣城》(东亚会有志,1969)②;(3) 时任《东亚新报》记者的日本作家中薗英助于战后创作的北京作品群。近年,日本学界研究《东亚新报》的成果主要有户塚麻子和神谷昌史两位学者的相关论著。其中,神谷昌史以《东亚新报》创刊期为中心,整理了日方可见的本报基本信息③。户塚麻子以《东亚新报》文艺版面为中心,探讨了在华日侨作家的文学创作及报社主笔的北京文化专栏等④。

据上述《东亚新报备忘录》所载,《东亚新报》时任董事长、社长为德光衣城,常务董事、业务局长为西池末彦。大矢信彦(兼任天津庸报社社长)、黑根祥作、安藤万吉任董事,佐佐木健儿、葭村外雄任监察。而编辑局方面,由佐佐木金之助、高木健夫、石川辉三人任编辑总务。1940 年起,佐佐木金之助升任编辑局局长,后再升任报社董事。高木健夫升任编辑局主笔。然而,《东亚新报》编辑部局及撰稿群体在该报发行的六年期间内实则多有变动⑤。除上述三位编辑部核心成员外,其他主要撰稿人还有高木富五郎(编辑局社论委员)、长谷川光太郎(编辑局社论委员)、长谷川宏(编辑局整理部调查室、美术及文化类主笔)、中薗英助(北京本社外交部记者)等。

值得注意的是,《东亚新报》除在主版面刊发政治、军事、经济方面新闻,配合战时国策宣传外,在文艺、文化版面多有关注华北沦陷区的文学、艺术和社

---

① 日语原题《東亞新報おぼえがき:戰中・華北の新聞記者の記録》,東亞会 1984 年版。
② 東亞会有志(1969)《新聞人・德光衣城》,出版地不明。
③ 参见神谷昌史(2016)《〈東亜新報〉研究のためのおぼえがき:創刊期を中心に》《滋賀文教短期大学紀要》18,滋賀文教短期大学,第 17—24 頁。
④ 参见戸塚麻子(2016)《日本占領下北京の友情と青春:長野賢(野中修・朝倉康)の〈燕京文学〉掲載小説をめぐって》,《滋賀文教短期大学紀要》18,滋賀文教短期大学,第 25—37 頁。戸塚麻子・神谷昌史(2017)《高木健夫〈北京百景〉—〈東亜新報〉掲載時における題目一覧》,《滋賀文教短期大学紀要》19,滋賀文教短期大学,第 1—11 頁。
⑤ 参见戸塚麻子,神谷昌史:《〈東亜新報〉の編集局・論説委員について:〈東亜新報〉研究のためのおぼえがき》,《常葉大学教育学部紀要》2019 年第 39 期。

会生活状况。如主笔高木健夫的专栏"北京横丁""北京百景"记录了一位在华日本记者眼中的北京风情，虽然无法规避殖民者视角下的东方主义（Orientalism）与异国情调（Exoticism），但弱化殖民色彩的文风依然在客观上向读者传递出强烈的北京文化生活气息①。在探讨外国媒体视角下的北京文化生活、社会状况和风俗习惯方面，切近于文化人类学意义上的地方性知识，具有特殊的史料价值。

另一方面，作为"统合全华北的正统国策日文报纸"，《东亚新报》在华北报界及文坛②具有很大影响。沦陷时期的华北文坛不可忽视如林房雄、小林秀雄、河上彻太郎、久米正雄、燕京文学社、志智嘉九郎等大量日本作家、文人、文化官僚的存在。而如《东亚新报》这样官方性质的日文媒体则是这些汉语水平有限的在京日本知识人的重要言说空间。此外，该报的文艺版面在辅助日伪在华文化殖民，拉拢、介入"知日派"中国知识分子的过程中，对华北文化界的报道丰富翔实且具有极强的时效性。例如，周作人曾几度去信要求《东亚新报》澄清关于自身报道的相关细节，并由报社董事黑根祥作亲自撰文连载③。同时，《东亚新报》也是最早报道 1943 年作家袁犀获大东亚文学赏④，1944 年周作人、沈启无破门事件的在华日文媒体，是日本方面了解华北文坛最新动向的重要窗口⑤。

三、"北京唯一的日语文艺杂志"——《燕京文学》(1939—1944)

1.《燕京文学》的出版印刷与新民印书馆

《燕京文学》是 1939 至 1944 年在北京创办的日语文艺杂志，共发行 19 期，现主要收藏于日本神奈川近代文学馆和中国国家图书馆。虽然现存的《燕京文学》第十八号上刊有"第十九号预告"，但现阶段尚未发现第十九号原刊。

① 参见神谷昌史（2016）《〈東亜新報〉研究のためのおぼえがき：創刊期を中心に》，《滋賀文教短期大学紀要》(18)，滋賀文教短期大学，第 24 頁。
② 本文中的华北文坛意指包含侨华日本作家、知识分子、文化官僚的广义的华北文坛。
③ 黑根祥作：《華北文壇に一投石（上、下）　周作人氏の沈啓无氏破門》，《東亜新報》1944 年 5 月 2 日、5 月 4 日。
④ 《初の大東亜文学賞　北京の袁犀氏も誉れの受賞》，《東亜新報》1943 年 8 月 28 日。
⑤ 关于周作人致信《東亜新報》及《東亜新報》报道破门事件的情况，参见彭雨新：《日本占領期の周作人に関する新史料発見：1942—45 年の〈東亜新報〉を中心に》，《日本語・日本文化研究》27，2017 年，第 67—78 頁。

据日本学者立石伯考证,《燕京文学》同人中薗英助当时负责编辑了杂志第十九号,并推测该号发行于"1944 年底或第二年年初"①。《燕京文学》杂志同人基本为在华日侨作家,称作"燕京文学社"。《东亚新报》介绍其为"北京唯一的文艺杂志"②。据 1945 年兴亚总本部调查部所编《大东亚地域新闻杂志总揽》记载,《燕京文学》当时的发行量为 1 000 册,每册售价三十钱。《燕京文学》初期的编辑兼发行人为引田春海③、印刷所为北京新闻社印刷部、印刷人为风间阜。发行处为燕京文学社,社址位于北京米市大街青年会三楼四号。引田春海为《燕京文学》前期④编辑发行的核心人物。印刷人风间阜原为北平日文报纸《北京新闻》的社长。《北京新闻》因《东亚新报》的创办而与《新支那日日新闻》一起遭到整合停刊,因此从《燕京文学》第三号起,印刷所由北京新闻社印刷部变更为燕尘社,印刷人继续由风间阜担任,直至杂志第七号。

从第八号起至终刊,《燕京文学》的印刷所变更为新民印书馆。新民印书馆是由日本著名出版社平凡社的创始人下中弥三郎于 1938 年 5 月在北京创办的中日合办公司,具有日本政府、军部背景,是华北沦陷区最大的印刷公司,构成华北地区印刷出版业务的核心。⑤ 张树栋等合著的《中华印刷通史》中对以新民印书馆为首的北平日系出版印刷业有以下论考:

> 1939 年(应为 1938 年 5 月——引用者注),日本人在北平建立了一个华北沦陷后华北最大的出版印刷机构——北平"新民印书馆"。该馆由大汉奸曹汝霖任社长(董事长——引用者注),在日本侵略军中选调懂印刷者充任厂内各部门的负责人,并从日本直接购运全张和对开米利机、全张和对开平台印刷机、全张和对开平印机、对开彩色平印机、全开自动凹印机、照相机、万能铸字机,以及绘制石版、珂罗版和照相分色的机械等在当时比较先进的印刷设备。用以承担以教科书为主、兼及书刊和伪钞的印刷任务。职工多达两千多人。同时还有一些报社,譬如

---

① 立石伯(1998)《北京の光芒・中薗英助の世界》,オリジン出版センター,第 65 頁。
② 《新刊介紹 燕京文學 第六號》,《東亜新報》第 198 号,1941 年 1 月 16 日晨刊第六版。括号内为笔者根据上下文所注。
③ 引田春海(1914—?),本名木田春夫。于小学二年级时随家人前往旅顺,1933 年毕业于旅顺第一中学校,1935 年毕业于该学会语言学校,之后作为日本外务省文化事业部的"在支第二种文化补给生"国费升入北平中国大学国文科。1939 年北平中国大学毕业后,供职于兴亚院。
④ 本文沿用户塚麻子在《〈燕京文学〉解题》(《战前期中国关系杂誌细目集览》,三人社,2018 年)中的时期划分方式,将《燕京文学》创刊号至第七号视为前期,第八号至第十八号视为后期。
⑤ 参照黄汉青(2009)《新民印書館について》,《慶應義塾大学日吉紀要 言語・文化・コミュニケーション》41,第 135—153 頁。

《新民报》、《时言报》、《东亚新报》、《新北京报》、《民众报》、《武德报》和《实报》等，也都设有印刷机构。其中由日伪主持的《新民报》、《武德报》和《东亚新报》，都从日本购买机器设备。①

新民印书馆不仅在教科书、各类官方民间书报杂志的出版印刷方面占据垄断地位，还于 1942 年成立了其外郭文化团体——中国文化振兴会。中国文化振兴会聚集了周作人、钱稻孙、俞平伯、尤炳圻等北大派知识分子，同时发行机关杂志《艺文》，对 20 世纪 40 年代的华北文坛产生了极大影响。1945 年日本战败，新民印书馆由国民党政府接收，更名正中书局北平印刷厂。1949 年改为北京新华印刷厂，成为新中国成立后国家投资在北京建立的第一个国营企业，亦为当时国内最大的书刊印刷厂。足见沦陷时期北平日伪新闻出版业对于近现代中国政治文化生活，乃至生产技术传播方面的深远影响。

2. 燕京文学社的同人构成与杂志的文学性

《燕京文学》创刊号发行于 1939 年 4 月，从创刊期就开始参与的主要同人有编辑发行人引田春海、中国文学研究会成员饭塚朗②、供职于北京特别市公署财政局的长野贤、《北京新闻》(后为《东亚新报》)记者江崎磐太郎等。其中长野贤、江崎磐太郎在中国英年早逝，饭塚朗作为中国文学研究者在战后任教于日本北海道大学。后期加入燕京文学社的同人还有中薗英助、清水信、冈崎俊夫、柳泽三郎等，他们中的大多数在战后继续从事文学活动。《燕京文学》从第四号起开始刊载"同人录"，此后基本每期更新。根据第四号"同人录"记载，当时的同人有江崎磐太郎、加藤正之助、饭塚朗、白鸟治夫、木田春夫、宫古田龙、木谷住雄、北川正明、深濑龙、胜野萍太郎、今泽亮、朝仓康(长野贤笔名)、上城加津子、岛津庸子、诸桥龙泉，共 15 人。《燕京文学》从创刊初期开始积极招募同人，其中重要的条件有"居住在北支那的日本人""希望尽可能以大陆当地为题材"创作作品等③。至第八号(1941 年 5 月)，同人已增至 22 人，第十号(1942 年 12 月)更增加到 31 人。而目前可见的最终号第十八号(1944 年 9 月)中，伴随着战争的进行，因出征、迁居、病逝等原因，不少同人离开《燕京文

---

① 张树栋、庞多益、郑如斯等：《中华印刷通史》，印刷工业出版社 1999 年版，第 606 页。
② 饭塚朗(1907—1989)，日本横滨人，1936 年毕业于东京帝国大学文学部支那哲学文学科。作家、中国文学研究者。1938 年前往北京，1943 年返回日本。战后任北海道大学教授。
③ 《燕京文学》第四号(1939 年 8 月 25 日发行)招募同人的广告。

学》，人数回落至 22 人。但出现小滨千代子、吉田恍等女性同人。两位女性同人的作品经燕京文学社与华北作家协会的斡旋，曾由中国作家梅娘、王真夫译成中文刊登于《华北作家月报》（1943 年 8 月号）"华北日本作家短篇创作介绍特辑"上。

在杂志的文学性方面，《燕京文学》的内容涵盖了小说、散文、诗歌、戏曲、评论、翻译等各类文艺体裁。依托于沦陷区相对宽松的言论管控与检阅制度①，《燕京文学》没有沦为席卷日本本土的国策文学，而始终与时局保持距离，在一定程度上坚持了艺术至上主义②。日本学者立石伯在《北京的光芒·中薗英助的世界》中指出："读了刊登在《燕京文学》上的各个作品之后，觉得这些作品非常洗练，并且作为文学作品来说，有很多品质很高的作品。中薗英助、饭塚朗、野中修、江崎磐太郎、长谷川宏、引田春海、清水信等人的作品是文学作品范围中还不错的小说和评论集。"③此外，中国学者郭伟在《〈燕京文学〉时代的中薗英助》中论及"（《燕京文学》）与军队文化宣传工作划清了界限，并且和所谓的'大东亚文学者大会'保持有一定的距离、（《燕京文学》）处在无法避免的'时代大风气'下，依然通过坚持'纯文学'的理想，奇迹般地尝试探寻了与被压抑下的中国文学家的接点"④。另外，日本学者田中益三在关于燕京文学社同人画家小野泽亘的论著中指出"从杂志版面是单纯的创作之所就可以看出（《燕京文学》）完全没有对军队的阿谀奉承。有骨气的人也有很多"⑤。由此可见，《燕京文学》作为华北沦陷时期日本人创办的杂志，在"坚持纯文学的理想"、与政治宣传划清界限的立场方面已与日本学界达成共识。然而与此同时，如同人中薗英助在战后回忆的，"可以从中多少窥见，在地日本作家虽无法逃脱侵略者的框架，却拼命企盼重生的艰难立场"⑥。因此，《燕京文学》在华北沦陷区的文学尝试，在力图摆脱战争话语、政治束缚、坚持文学理想的同

---

① 关于沦陷区日文书报杂志的检阅相对宽松的问题可参见张泉《沦陷时期北京文学八年》（中国和平出版社，1994）、石川巧《幻の雑誌が語る戦争》（青土社，2017）等论著。
② 关于燕京文学社抵抗日伪当局文学政策的问题可参见彭雨新《日本占領期の北京文壇における〈色情文学〉論争：飯塚朗の立場を中心に》，《間谷論集》12，日本語日本文化教育研究会編集委員会，2022年，第 103—130 頁。
③ 立石伯（1998）《北京の光芒·中薗英助の世界》，オリジン出版センター，第 64 頁。
④ 郭伟：《〈燕京文学〉时代的中薗英助》，杉野要吉编：《交争する中国文学と日本文学》，三元社 2000 年版，第 463 頁。
⑤ 田中益三（2011）《絵筆とペンと明日—小野泽亘と仲間たちの日本/中国》，せらび書房，第 54 頁。
⑥ 中薗英助：《わが北京留恋の記》，岩波書店，1994 年，第 243 頁。

时,有着无法与时代抗衡的局限性。

四、两份日文报刊与沦陷北平日伪新闻界的关系脉络

从以上对于华北沦陷区两份重要日文报刊《东亚新报》《燕京文学》的梳理中可以看出,在人员关系方面,两刊的编辑撰稿群体多有交集。这些身兼多职的日本文化人,构成了日本人在华北沦陷区报业、文化界的重要人际脉络。另一方面,从华北沦陷区日文媒体发展演变的历时性轨迹上看,《东亚新报》《燕京文学》可以牵涉出《北京新闻》《新支那日日新闻》等前身报刊,以及《北支那》《居留地》等周缘报刊的存在。

(一)北平日伪新闻界的人际脉络:《东亚新报》与《燕京文学》的人员交涉

《燕京文学》与《东亚新报》之间的人员交涉颇为频繁。首先是燕京文学社核心成员之一,原《北京新闻》记者,后为《东亚新报》记者江崎磐太郎。江崎磐太郎(1915—1943),原名志垣忠,北海道人。1933 年毕业于锦城中学,进入东京发生映画脚本部。1938 年作为报知新闻社联络员来到中国,同年 8 月加入北京新闻社。北京新闻社因《东亚新报》的创刊而废刊后,江崎成为了《东亚新报》文化学艺部记者。江崎磐太郎从《燕京文学》创刊期开始即为主要同人,在创刊号上以志垣署名发表了杂志创刊词《创刊之辩》,足见其重要地位。江崎发表于《燕京文学》第二号的小说《水土不服的家》获 1939 年第 9 次芥川奖预选候补。① 他后因肋膜疾病,于 1943 年 10 月病逝于北京,享年 29 岁。同人为纪念英年早逝的江崎,将《燕京文学》第 17 号(1944 年 8 月)设为"江崎磐太郎追悼特辑",再次收录《水土不服的家》、江崎的其他遗稿及同人的悼念文章。

第二位是《燕京文学》中后期的核心成员,《东亚新报》编辑局整理部调查室职员长谷川宏。长谷川宏(生卒年不详),笔名行田茂一,埼玉县人。美术专业出身,为《东亚新报》美术、文化类主笔。据《东亚新报备忘录》,当时东亚新报社调查室并未设室长一职,几乎所有事情均由长谷川宏一人负责。他仅有一位中国人助手,兢兢业业地做着资料的收集、整理工作。户塚麻子称其在

---

① 《芥川赏全集　第二卷》,昭和 57 年(1982 年 3 月),文藝春秋。

《东亚新报》外交部也兼任职务①。而作为《燕京文学》同人,长谷川宏至第8号(1941年5月1日)才出现在同人录中,却在加入之后迅速成为《燕京文学》中后期编辑、执笔的中心人物。长谷川发挥自身专长,在《燕京文学》杂志撰写"美术时评"专栏,发表过关于蒋兆和、杨凝等当时活跃于北京画坛的中国画家的相关评论,翻译过上官筝(关永吉)《民国卅一年的华北文艺界》,为陈绵的《候光》撰写书评,最多时曾在同一期杂志中一人撰写了7篇文章②。《燕京文学》第16号(1944年4月30日)起公布的"各种业务咨询及杂志寄赠"联络方式为"南池子飞龙桥十三号 燕京文学编辑事务局",即长谷川宏本人的住址,亦可看出其核心地位。

另外一位是与长谷川宏同期加入《燕京文学》,并前后担任《东亚新报》北京本社学艺部、外交部记者的中薗英助。中薗英助(1920—2002),福冈县人。中学毕业后前往伪满洲国。1938年,以18岁的"放浪语学生"的身份从伪满洲国来到日本占领下的北京。一边在《东亚新报》做学艺记者,一边也加入了杂志《燕京文学》,并与燕京文学同人一起开展了一系列文学活动。1946年,26岁的中薗遣返回国,他在沦陷时期的北京度过了8年的青春岁月。中薗英助的8年北京生活,特别是他所结交的中日作家友人,以及他所见证、参与的沦陷期华北文坛,成为其战后写作的最大主题之一。中薗英助以北京时代为题材的代表作有《在北京饭店旧馆》(筑摩书房,1992)、《我的北京留恋记》(岩波书店,1994)、《北京的贝壳》(筑摩书房,1995)等。由于中薗在北京时期新闻记者、青年作家的双重身份,及他对北京时代交往过的中国作家抱有的深刻友情,这些要素使中薗战后的北京作品群对沦陷期文坛史实具有较高的还原度,作品中极其丰富的细节描写甚至成为沦陷期北京文学研究的一种间接资料。例如,中日两国关于袁犀、陆柏年、刘雪庵等战时作家文人的研究,甚至日本学者木山英雄关于周作人的研究中,都曾引用中薗英助的北京书写作为重要证言。

除了以上三位正式供职于《东亚新报》的燕京文学社成员之外,燕京文学社的饭塚朗、引田春海、清水信等成员也经常在《东亚新报》上刊载文章。其

---

① 戸塚麻子:《〈燕京文学〉解题》,《戦前期中国関係雑誌細目集覧》,第195页。
② 《燕京文学》第12号"创作/谷本知平氏悼念"特辑中共计28篇文章,其中7篇由长谷川宏执笔。

中,饭塚朗在《东亚新报》《燕京文学》上均发表过不少介绍、翻译华北新进作家作品的文章。此外,饭塚朗、引田春海、清水信还与长谷川宏、北京日本大使馆文化局调查官志智嘉九郎在《东亚新报》上,就袁犀《贝壳》获得大东亚文学赏的事件展开过论争。①

另外,不仅《燕京文学》同人活跃于《东亚新报》上,《东亚新报》编辑局核心成员佐佐木金之助、高木健夫、坂井德三也在《燕京文学》上发表文章。其中佐佐木金之助在第 17 号"江崎磐太郎追悼特辑"上发表了追悼文。从《燕京文学》第 18 号上关于第 19 号的预告目录中可以看出,高木健夫、坂井德三在第 19 号"燕京文学五周年寄语"专栏中发表了文章。可见两刊人员往来十分紧密。

此外,以长谷川宏为人际脉络中心,还可以牵涉出久米宏一、小野泽亘(中文名:萧野)等一批在京日本左翼美术家。久米宏一、小野泽亘虽不是文学界人士,却也同为燕京文学成员,同时并活跃于《东亚新报》等多个日系媒体平台上。久米宏一(1915—1991),原为日本无产阶级美术家同盟成员,《燕京文学》第 8 号中加入同人名录。在日文报刊《燕京文学》《东亚新报》,及华北作家协会机关志《华北作家月报》等中文报纸杂志上都能看到其绘制的封面、插图绘画。另一位美术界同人小野泽亘是日本著名左翼漫画家,1938 至 1941 年,曾与久米一起于东京创办漫画研究所并发行左翼漫画杂志《Caricare》。1941 年杂志遭检举废刊后,小野泽亘与久米宏一一起来到北京。主要经大田耕士、柳濑正梦、坂井德三等在日从事左翼美术文化运动时期的旧交介绍,他先后供职于《月刊满洲》、《兴亚》、《燕京文学》、《北京漫画》、《庸报》、《新轮》、华北电影公司等日系媒体。由于小野泽亘在战前、战时一直坚持左翼立场,并于日本战败后直接从北京奔赴中国共产党解放区,甚至在战后参与了《白毛女》的舞台设计、新中国开国大典上天安门城楼的美术设计等重要工作,其国际主义艺术活动与复合型战争体验值得进一步深入考察。

如久米宏一、小野泽亘这样的原左翼文化运动的成员,在日本本土的左翼运动遭受全面打压之后,通过旧有人际关系网来到华北沦陷区,继续从事隐秘

---

① 关于该论争详情可参见彭雨新《大東亜文学賞受賞作〈貝殻〉の再検討:1940 年代の〈華北文学〉をめぐる日本人文学者の認識と論争》,《間谷論集》16,日本語日本文化教育研究会編集委員会,2022 年,第 1—17 頁。

的文化抵抗活动,甚至最终通过沦陷区前往中国共产党所在的解放区,加入反法西斯革命的前线。他们的这条跨域移动路径,实则可以看作是东亚左翼文化走廊(left-wing corridor)①的一条重要分支。以往关于东亚左翼文化走廊的讨论,侧重于以东京和上海为两轴的知识分子的跨域流动和域外书写。但如久米宏一、小野泽亘这样"东京·北京"之间的移动路径,同样形成了一条借重国际都市文化空间,带有政治流亡或国际结盟意味的左翼文艺通道。同时,这一路径提示出华北沦陷区日文报刊场域背后隐藏着一部复杂的国际主义抗战文化史。

(二)北平日伪新闻传播网络瞥见:《东亚新报》《燕京文学》的前身与周缘

1939 年为创设《东亚新报》而整合的日文报刊中包括《北京新闻》和《新支那日日新闻》。其中,北京新闻社承担过《燕京文学》创刊初期的印刷业务,而燕文社同人江崎磐太郎也由《北京新闻》记者转职成为了《东亚新报》记者。可见《北京新闻》《新支那日日新闻》等横跨七七事变前后的"过渡期"日文媒体,在新闻从业人员、出版印刷技术、流通贩卖途径等文化生产制度方面与《东亚新报》《燕京文学》时期的日文报刊有显著的传承关系,对沦陷后北平日伪新闻传播网络的建构起到重要作用。

另一方面,《燕京文学》在创刊初期与天津的日侨诗人团体及其机关杂志《居留地》也有紧密的关系:

> 在(燕京文学——引用者注)创刊号上刊登有月山雪夫(山县隆、山县鹰四)的随想《分裂的话》、北川正明和池田显的诗、"萍太郎"(胜野萍太郎、藤井元)的电影评论。月山雪夫和池田显、北川正明是天津诗人团体(机关杂志《居留地》)的主要同人。池田显的《大陆诗运动的回顾(二)》②中记录池田是在北川的劝说下往《燕

---

① 左翼文化走廊(left-wing corridor)的概念由台湾清华大学台湾文学研究所柳书琴教授提出,意指 1920 年代末至 1930 年代中日战争全面爆发前,东亚各国左翼运动随着法西斯主义及殖民主义体制的围剿与肃清而陷入低潮,在此背景下产生了更为少数的异议群体,通过中、日、韩的跨国网络进行流徙,借由左翼意识形态的同一性,跨越民族主义进行连结,通过操作东亚一到两种强势语言,发展出国际连环性的行动与对话,进而形成左翼文化走廊。参见柳书琴:《荆棘之道——旅日青年的文学活动与文化抗争》第五章《左翼文化走廊与不转向叙事:台湾日语作家吴坤煌的诗歌与戏剧游击》,新北联经出版公司 2009 年版,第 162—198 页。

② 《北支那》第 10 卷第 4 号,1943 年 4 月。

京文学》投稿寄诗的;另外,引田春海在《燕京文学》创刊以前就向《居留地》投稿了两篇宋诗的翻译;此外,宫古田龙也是《居留地》同人。《大陆诗运动的回顾》在时间序列上虽有不明,但这份资料可以窥见天津的诗人团体与《燕京文学》的创刊有着很深的关联性。另外,月山雪夫用山县鹰四这一笔名在《北支那》发表了多部作品。①

这里除探讨了《燕京文学》与《居留地》两份日侨文艺杂志间的周缘关系外,还提及了天津日侨诗人池田显、月山雪夫在杂志《北支那》上发表文章的情况。《北支那》为 1934 至 1944 年于天津发行的日文综合杂志。《东亚新报》社长德光衣城、主笔高木健夫,《东亚新报》记者兼《燕京文学》同人江崎磐太郎、中薗英助都曾在《北支那》上发表文章②。此外,1944 年中薗英助以北京本地生活体验为题材创作的小说《第一回公演》获得了《北支那》杂志主办的第一回"北支那文化赏",并在《北支那》第 11 卷第 1、2 号(1944 年 1 月、2 月)上分两回连载。中薗英助在该作品中塑造的日本记者早坂顺三的原型就是当时在《东亚新报》任记者的作者自己,而小说主人公杨孝年的原型则是当时供职于中国剧艺社的北京青年戏剧家陆柏年。③ 因此,除《北京新闻》等前身报刊外,《居留地》《北支那》等天津发行的周缘报刊亦为补全沦陷时期华北日伪新闻传播网络提供了重要线索与视角。

五、结语

《东亚新报》《燕京文学》作为同时期在北平创办的日文报刊,其生成与发展的文化语境与北平日伪新闻界的文化土壤存在密不可分的关系。两份日文报刊分别作为"统合全华北的正统国策报纸"与"日侨作家的民间文艺同人杂志",在媒体性质和内容呈现上存在巨大差异的同时,其编辑撰稿群体却多有交集,与前身、周缘刊物亦均存在广泛的继承与互涉关系,呈现出侵华战争时期日伪在华新闻出版网络的一个重要侧面。与此同时,《燕京文学》中后期的主要印刷厂——新民印书馆与《东亚新报》等日系大报的印刷机构在战时华北

① 戸塚麻子:《〈燕京文学〉解题》,《戦前期中国関係雑誌細目集覧》,第 191—192 页。
② 戸塚麻子:《〈北支那〉解题》,《戦前期中国関係雑誌細目集覧》,第 239 页。
③ 杉野元子:《中薗英助与陆柏年》,张泉主编:《抗日战争时期沦陷区史料与研究 第 1 辑》,百花洲文艺出版社 2007 年版,第 88 页。

处于垄断地位,其先进的设备、技术在深刻影响了近现代华北出版印刷业的发展,客观上形成了新技术、新知识的传播与渗透。

在侵略战争与文化殖民话语下创设的日文报刊,却因沦陷区的出版检阅、言论管控主要针对中国民众和中文媒体,日本本土的新闻检阅法在沦陷区又无法完全适用,而产生了一种言论的真空地带。为中日两国具有抵抗精神和人性良知的左翼知识分子提供了国际主义文化生产的空间与跨域交往流动的通道,形成了以东京、北京为轴,延伸至晋察冀解放区的东亚左翼文化走廊。为重新审视战时知识分子的言论、活动与伦理困境,观察殖民地整体的政治文化生活提供了不可或缺的他者视角。

晚清外国兵制知识在中国的传播

朱梦中

（云南师范大学）

在晚清军事近代化进程中，"采西法以改兵制"是重要的一环。无论是李鸿章的北洋海军建设，还是张之洞、袁世凯等人的新军编练，均在不同程度上参考仿效了当时的西方军制。[①] 对此，学界已多有强调。[②] 然而，关于这一作为他山之石的"西法"——即晚清时期的西方各国兵制知识资源——本身，现有研究尚存在诸多未尽之处。一方面，论者普遍聚焦于洋务运动和甲午战后两个历史时期，而忽视了更早期的外国兵制知识传华史；另一方面，相关的文本分析主要围绕李、张、袁等枢臣大吏论及西方兵制的文字或其主持制定的军事章程而展开，对于其他涉及外国兵制知识的材料缺乏足够关注。[③] 为此，本文拟对晚清外国兵制知识在中国传播的历程略作梳理回顾，以补既有研究之阙。

[①] 在中国古代典籍中，"兵制""军制"两词叠见互用，其义相通，与当今的"军事制度"概念近似，主要指"军事力量的组织形式以及领导方法和管理手段的总和"。参见兰书臣：《兵制志》（中华文化通志·制度文化），上海人民出版社 1998 年版，第 1—4 页。在晚清的语境中，"兵制"与"军制"也常混用不分，唯前者更为通行，故本文所称亦以"兵制"为主。

[②] 如姜鸣指出，北洋海军为晚清军制改革之嚆矢，其军队编制、管理、纪律、训练和兵役制度等方面，均带有鲜明的西方近代海军制度的色彩，见氏著：《龙旗飘扬的舰队：中国近代海军兴衰史（甲午增补本）》，生活·读书·新知三联书店 2014 年版，第 268—275 页；张华腾则指出，"清末新军编练是以西方陆军为参照的，是军事方面向西方学习的产物"，见氏著：《清末新军》，人民文学出版社 2019 年版，第 8 页。

[③] 除上引姜鸣、张华腾的著作外，有关晚清兵制改革及其"外国因素"的研究，还可参见王家俭：《李鸿章与北洋舰队：近代中国创建海军的失败与教训》，生活·读书·新知三联书店 2008 年版，第 293—341 页；张畅、刘悦：《李鸿章的洋顾问：德璀琳与汉纳根》，台北传记文学出版社 2012 年版，第 111—183 页；李细珠：《张之洞与清末新政研究》，上海书店出版社 2003 年版，第 216—258 页；李廷江：《戊戌维新前后的中日关系——日本军事顾问与清末军事改革》，《历史研究》1999 年第 2 期等。有关晚清外国兵制文献，闫俊侠的博士学位论文《晚清西方兵学译著在中国的传播（1860—1895）》（复旦大学历史学系，2007 年）附录一《晚清西方兵学译著知见录》稍有述及，惜仅收录译著类文献。

一、来华西人及其书籍报刊有关外国兵制的介绍

(一)汉文西书

中国有悠久的兵制研究传统,[①]但有关外国兵制的知识则最早见于 19 世纪上半叶来华西人所编译的汉文西书及其所办的新式报刊。[②]

如同明清之际的利玛窦(Mathew Ricci, 1552—1610)、艾儒略(Jules Aleni, 1582—1649)等人,晚清来华的新教传教士也把印刷出版作为传教的重要手段,在他们的著述中,偶有涉及西方军事的内容。如郭实腊(Karl Friedrich August Gützlaff, 1803—1851)于 1834 年出版的《大英国统志》,即较详细地介绍了英国的水陆兵制、军法、兵额与战舰等事:

> 驻防国戎,守护城壕,闲兼攻国敌,是军之本分所当为。英武官与本国,庶乎差不上下。都统、将军、提督、副都统、总兵、副将、参将、游击、都司、守备、千总、把总、外委等,止无顶戴,其绣衿绮衣出类拔萃之。凡武官操练军士,如有不知技勇,老迈残弱之军士,容回家,俸一半钱粮。其用器仗,必整齐坚利,常时放鸟枪,舞刀演枪跑马。凡出征官员兵丁,除有不遵兵律,欺压良民,乘机抢夺人财,掳掠子女,杀伤人命,论死罪……英吉利之镇守兵马,六万有余,另有其藩属国之军士,其数不定,当战际国家召壮民及其军士,算共总八十万。

> 夫大英国为洲,故其国之卫,是战船也。其师船论其所载之炮,其有六等。第一等,载大火炮,或一百二十门、或九十六门,水手军士八百五十丁……第六等,大火炮二十门有余,水手军士一百五十丁有余。另有小只,载大火炮八门有余。嘉庆九年,大英国之师舟,共第一二等,二百一十六只;第三等,三十四只;第四等,二百二十三只;第五等,二百一十七只;第六等,二百七十八只,共九百六十八只。[③]

当时郭实腊尚未能进入中国传教,该书应是他在新加坡向华人布道时所作。以笔者管见,这是晚清最早的全面论述英国兵制的中文文献。郭氏将英国武官军衔与"本国"(清朝)比附,并认为两国"差不上下",反映出他为迎合华人受众所作的努力。

[①] 有关中国古代兵制史志的研究编纂,参见兰书臣:《兵制志》,第 17—23 页。

[②] 明清之际传华的西方兵学,主要集中在军事技术方面,而未涉及外国兵制。相关史料及研究成果,参见何良焘等撰,郑诚整理:《明清之际西法军事技术文献选辑》,湖南科学技术出版社 2019 年版;郑诚:《明清火器史丛考》,上海三联书店 2022 年版。

[③] 郭实腊:《大英国统志》卷二"文武民人",道光甲午年(1834)新镌本,句读较原书有所调整。

图 1　郭实腊《大英国统志》,道光甲午年(1834)新镌本书影

　　除郭实腊的《大英国统志》外,在其他来华传教士的汉文西书中也不乏外国兵制的内容。如慕维廉(William Muirhead, 1822—1900)于 1856 年出版的《大英国志》,特意仿照中国正史的志书体例,辟有职政、刑法、教会、财赋、学校、农商、兵、地利等"志略",其中"兵志略"一项,专门论述英国的兵制沿革、陆兵及马匹数目、兵船种类及军士水手、军费等情形。① 花之安(Ernst Faber, 1839—1899)于 1873 出版的《德国学校论略》,则介绍了德国的"船政院""武学院"等军事教育机构,并将其与中国的情况进行比较说明。如他指出:"中国任将之法大抵有二,一由营伍有战绩者,谓之军功;二由武举铨选者,

① 慕维廉:《大英国志》卷八"兵志略",上海墨海书院,咸丰六年(1856)刻本。

谓之科甲。德国进伍,虽历有年,所立有战绩纵备极功勋,位至千总而止,若通显武职,绝非营兵可望,必由书院考验给凭,庶克升转。"①

(二) 新式报刊

在撰述西书的同时,传教士与在华商人携手创办报刊,传播西教西学新知。这些新式报刊的相关报道,成为国人了解西方军事的另一重要渠道。以最早在中国境内出版的英文报刊《广州纪事报》(*The Canton Register*,又称《广州记录报》)为例,该刊由英国马地臣(James Matheson, 1796—1878)出资创办,于 1827 年 11 月 8 日起在广州发行,刊载内容包括商情、时事报道、政论等多方面。《广州纪事报》因其重要的参考价值,成为日后林则徐(1785—1850)"探访夷情"、翻译《澳门新闻纸》最主要的知识来源之一。1839 年 7 月 23 日,《广州纪事报》登载了《欧洲主要大国的军事统计》(*Military Statistics of the Principal Powers of Europe*)一文,《澳门新闻纸》当日即将其译成中文:

> 本年欧罗巴各大国兵丁战船之多寡,当以俄罗斯为最多。俄罗斯户口五千万,战船一百三十只,兵一百余万,内有一半在各处防守边疆以及在属国。其次即算欧色特厘阿,户口三千三百万,兵四十万,另有兰威阿兵在外。弗兰西户口三千二百万,战船共二百二十只,兵三十五万,另有国家各处防守兵在外。英吉利连爱伦户口二千四百万,战船五百三十只,兵十万,另印度各属国之兵在外,所有战船共载大炮二万三千门。普鲁社户口比以上各国更少,兵只有二十五万,连兰威阿兵共有三十五万,乃耕种之国,并无战船。②

彼时的林则徐等人因对西方军制尚比较陌生,对其军衔名称往往只能采取音译法。如此处"兰阿威兵",即为后备军队(Landwehr)的音译。除此之外,《澳门新闻纸》中反复出现"吗哟仁呢啦尔""没哩咭打""立地难哥啰呢尔"等晦涩难懂的字词,实为陆军少将(major general)、准将(brigadier)、中校(lieutenant colonel)等词的音译。③ 这些根据英文书报翻译过来的西方军事

---

① 花之安:《德国学校论略》"武学院第九",光绪二十三年(1897)"质学丛书"本。
② 苏精辑著:《林则徐看见的世界:〈澳门新闻纸〉的原文与译文》,第 53 页。
③ 苏精:《〈澳门新闻纸〉的版本、底本、译者与翻译》,载氏辑著:《林则徐看见的世界:〈澳门新闻纸〉的原文与译文》,第 11 页。

知识,随后经魏源(1794—1857)的整理与进一步拓展,收入《海国图志》,逐渐广为人知。如《海国图志》收录的由"欧罗巴人原撰、侯官林则徐译、邵阳魏源重辑"的《英吉利国总记》,即有关于英国军伍的介绍:

> 额设水师战舰百有五十,甘弥孙百六十,(人管驾水师战舰)水师兵九万人,水手二万二千。英吉利陆路兵八万一千二百七十一名,阿悉亚洲内属国兵丁万有九千七百二十名。(此所述军伍之数,毫无夸张,最可信。盖此书本夷字,非翻成汉字者比也。惟无养兵饷数,是为疏漏之大者。)①

以上引文括号内文字为魏源原注,他特意强调这些直接由"夷字"翻译过来的兵额数字"毫无夸张,最可信",美中不足的是缺乏"养兵饷数"。魏源的《海国图志》主要据林则徐的《四洲志》编成,后者编译自英人慕瑞(Hugh Murray,1779—1846)所编著的《世界地理百科全书》(*An Encyclopaedia of Geography*),②原著有养兵饷数 5 784 808 英镑,译者未译,③未详系《四洲志》译者之"疏漏"抑或由林则徐所删汰。无论如何,上述林则徐和魏源的例子足以表明,当时来华西人的书籍报刊(包括西文原书)已成为国人认识西方军情、兵制的重要知识资源。

鸦片战争后,新式报刊如雨后春笋般涌现,有关西方各国军事的报道也日渐增多,如上海《万国公报》的《欧洲各国大炮船数》(1874 年 1 月 17 日)、《美国兵丁炮船数单》(1874 年 3 月 7 日)、《日本国兵炮船数》(1874 年 7 月 25 日);北京《中西闻见录》的《论德俄澳法四国武备》(1873 年 1 月)、《欧洲各国兵额》(1874 年 11 月)等。④ 这些持续更新的信息与汉文西书的相关记载相比,更具时效性,涉及国别也更多。但总体而言,二者所传达的西方兵制知识主要集中于兵额、炮船数目方面,对于制度的论述仍属粗浅。

出于"师夷长技以制夷"的需要,林则徐和魏源等人开始留意西人有关外国兵制的介绍,并择要翻译、收录在自己的著述之中。不过,除此之外,晚清早期汉文西书和新式报刊中有关外国兵制的新知似未引起时人更多的瞩目,查阅这一时期中国士人的日记书信材料,相关讨论十分罕见。

---

① 魏源:《海国图志》卷五十,岳麓书社 2021 年版,第 1403 页。
② 邹振环认为,《四洲志》系据 1837 年或 1838 年的美国费城版《世界地理百科全书》所节译、改编,参见邹振环:《舆地智环:近代中国最早编译的百科全书〈四洲志〉》,《中国出版史研究》2020 年第 1 期。
③ 魏源:《海国图志》卷五十,第 1403 页,脚注 14。但该书点校者未说明"原著"为何种版本。
④ 报刊目录参见上海图书馆编:《中国近代期刊篇目汇录》第一卷,上海人民出版社 1965 年版。

二、晚清出洋人员的观察和军事考察报告

晚清出洋人员的观察和军事考察报告,构成了外国兵制知识在华传播的第二个重要渠道。首开风气者,是王韬(1828—1897)和他的《普法战纪》。

1867 年,王韬应理雅各(James Legge,1815—1897)之邀,前往泰西"佐译经籍,遂得遍游域外诸国,览其山川之诡异,察其民俗之醇漓,识其国势之盛衰,稔其兵力之强弱"①。此次西行,欧洲国家的富强给王韬留下了深刻印象。适逢其返国前后,普法战争爆发。看似更落后的普鲁士战胜了法国,这令王韬"既困惑又着迷",故他在分析法国的崩溃时,很自然地注意到军事方面的问题。② 在他看来,此次战争是"欧洲全局之枢机",为此他与张宗良、陈蔼廷等人联手,辑译成《普法战纪》一书,于 1873 年由香港中华印务总局出版。③ 该书的资料来源以西书、报刊为主,包括英国邮报电报、《华字日报》、《法国图志》、日耳曼国史、美国人麦吉雅各所撰普法战争专书等。④ 职是之故,该书对于西方兵制的介绍十分精详,如书中有关法国陆军兵制的记载称:

> 按普法军制约略相同,其隶兵籍者,平时无不遴选材武、练习行阵,以期缓急可恃,从无虚数冒粮、赢老充额诸弊,故其兵多而精。法国军籍区为三等,第一等常居行伍,谓之营兵。一千八百六十九年正月,清单统计兵丁三十三万四千二百八十人,战马八万五千七百四匹;第二等策名军籍,有警始用,谓之备兵(又名余勇,谓之余勇者,即以补额兵之不足,如某旗兵于某地战没若干,即拨余勇入其营,以充其数),统核十九万八千五百四十六人。第三等居家习武,按时操演,国有警始出从事,谓之团兵(又名壮丁,职在守御地方,事急亦调出征,凡余勇、壮丁,皆有警始用),统核三十八万一千七百二十三人……按法国一千八百六十八年《兵部则例》,每岁遴选新军十六万以备不足,有时见有勇猛材技,可以拔置、不忍遗弃者,即稍微溢额亦可。
>
> 法国人民限至二十一岁即归军籍,其有不顾从戎者,则雇取期满旧军以自代。

① 王韬:《弢园老民自传》,江苏人民出版社 1999 年版,第 4 页。
② 〔美〕柯文著,雷颐、罗检秋译:《在传统与现代性之间:王韬与晚清改革》,江苏人民出版社 2003 年版,第 76 页。
③ 王韬:《普法战纪前序》,王韬辑译:《普法战纪》,同治十二年(1873)香港中华印务总局铅印本。
④ 王韬辑译:《普法战纪》,"凡例"。

法国承平时步兵共一百二十四旗,计二十五万二千六百五十二人;骑兵六十六旗,计六万二千七百九十八人;马四万八千一百四十三匹;炮手二十九旗,计三万九千八百八十二人;马一万六千六百四十六匹;大炮一千三百六十二尊,总核承平时马步各军四十万四千一百九十二人;马八万六千三百六十八匹,守御疆圉,屯扎要害者亦在内。用兵攻战时,马步各军工集至七十五万七千七百二十七人,马十四万三千二百三十八匹。此法国陆军数之大略也。[①]

王韬对法、普两国陆军的组织形式、兵力来源、兵役制度、战时与平时各兵种数目等各个方面均进行了详尽的分析说明,同时兼及两国的战舰、水师等情形,较之林则徐、魏源的粗略介绍有了极大的进展。

不过,王韬的游历和译述仍属个人行为,其《普法战纪》亦并非有关普、法兵制的专著。自清廷遣使出国后,国人对西方兵制始有更多且更系统的关注和论述。

---

① 王韬辑译:《普法战纪》卷一,第35—37页。

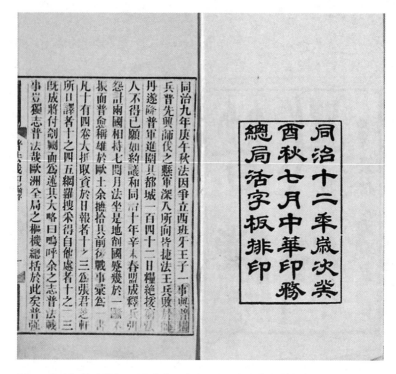

图 2　王韬《普法战纪》，同治十二年（1873）香港中华印务总局铅印本书影

晚清首位驻外使节郭嵩焘（1818—1891），在其日记中留下了不少关于各国兵制的观察和学习记录。据其记载，他曾聆听英国世爵豺木登"言英国兵法"、听提督戈得林敦及水师提督海"言水陆军政大略"；又通过日本公使上野景范，了解到日本兵制改革的情况。① 在长期的观察学习后，郭嵩焘逐渐意识到西方兵制的优越性，在与威妥玛（Thomas Francis Wade，1818—1895）的一次交谈中，他如此评价中国与土耳其两国的优劣：

吾谓中国有胜于土耳其者，亦尚有不及土耳其者。如仿行西洋兵制，设立议政院，此所不能及也；以礼自处，无胜人之心，亦不至遽撄强敌，此为胜之。

不久后，郭嵩焘再次感叹说："中国土地人民大于土耳其四倍，而政教兵制尚远不逮土耳其。"②遗憾的是，郭氏对西洋政事制度的溢美推崇引起了国内保守人士的不满，旋即被撤职回国。

---

① 《郭嵩焘全集》第 10 册·史部四·日记三，岳麓书社 2018 年版，第 193、306—308 页。
② 《郭嵩焘全集》第 10 册·史部四·日记三，第 322、463 页。

继郭嵩焘之后,清廷陆续向国外派出使节。这些被选派的驻外公使,根据所驻国的不同,从一开始就有着不同的目标和因应,各项差使也因此呈现出各不相同的特点。[①] 但从他们留下的著述来看,大多数公使都对外国军事保持了密切关注,其中尤以驻德公使最为显著。如首任驻德公使刘锡鸿(1877—1878 年在任),在出洋前曾大谈"养兵无益,及洋炮、轮船不足学"[②],但在目睹西洋军事情形后,很快就转变态度,不仅在日记中详细记载了德国陆军的平时之制、临敌之制、接应之制、留守之制以及水师战舰等内容,[③]更上奏倡言兵制改革:

> 武备为治标之急务矣。夫数年以来,各省练兵、造船、制器多已改用洋法,然而洋人论及,辄笑为浪费而无益,何者?事有精有不精,有实有不实,状其貌而遗其神,不可谓之善绘也……臣愚以为,当令内外臣工妥议裁撤旧兵,别定为为新兵画一之制,教练不易之法,俾各有遵行之,而尤申严军令,督课将弁,激厉廉耻,使所知所以训迪爱恤其兵,庶众力齐众心固,将才亦因之日绌,非徒操演之虚夸矣。[④]

1878 年,李凤苞(1878—1884 年在任)继任驻德使臣。在驻德六年期间,李凤苞除了为北洋水师订购军舰、武器,还译撰了大量有关欧洲各国的军事考察报告寄回天津以供参考,[⑤]甚至在被撤职归国后仍孜孜不倦地整理军事译著。[⑥] 接替李凤苞的许景澄(1881—1887,1890—1897 年在任),在翻译金楷理(Carl Traugott Kreyer, 1839—1914)的协助下,将所见所闻之各国兵舰情形编译成《外国师船图表》一书,详细介绍了东西洋十九国的战舰规制及图形。因有感于"德意志陆军之强冠绝欧洲",他又编译了《德国陆军纪略》,对德国兵制加以总结,"首军伍之制,次衣粮、器械之备及出征之事,又撮西人陆战新论以明训练之法",并列举其制度的五大优点:

> 胜兵之数多之百万,而仰食于官者不及半,衣粮之费得以撙节,其善一;出征而外不给他役,常川入伍不过三岁,民力有所休息,其善二;在伍数十万之额,常日儆备如临敌,虎符一下,仓卒可行,其善三;队长以上皆选自学塾,干城之材,谋勇并娴,其善四;

① 李文杰:《中国近代外交官群体的形成(1861—1911)》,生活·读书·新知三联书店 2017 年版,第 254 页。
② 王闿运:《湘绮楼日记》,转引自钟叔河:《"用夷变夏"的一次失败》,刘锡鸿著,朱纯、杨坚校点:《英轺私记》,岳麓书社 1986 年版,第 13 页。
③ 刘锡鸿著,朱纯、杨坚校点:《英轺私记》,第 220—222 页。
④ 陆德富、童林钰整理:《驻德使馆档案钞》,上海古籍出版社 2020 年版,第 10—13 页。
⑤ 详见张文苑整理:《李凤苞往来书信》,中华书局 2018 年版。
⑥ 姜鸣:《龙旗飘扬的舰队:中国近代海军兴衰史(甲午增补本)》,第 318 页。

君上右武，小校之列，得预曲宴，鼓舞发奋，人人有小戎驷铁之风，其善五。①

除驻外公使之外，其他驻外外交人员如参赞、翻译、随员以及留学生等也留下了大量关于各国兵制的论述。这一风气的兴起，实与清政府的规定密切相关。早在 1876 年，清廷派出首批军事留学生赴德国武学院学习时即已规定：学生在学业粗通后，应"分派至制造大炮厂、火药厂、子弹厂、枪厂、军械杂器等厂各处专住一月，用心学习，以便考究制造之源，将来自知分晰器械优劣"，并"学习整饬水陆营制、营规及平时布置、临阵调度"。② 1887 年，光绪帝批准总理衙门奏定的《出洋游历人员章程》有如下规定：由总理衙门试选长于记载叙事有条理者十员或十二员出洋游历，将各处地形要隘、防守大势、远近里数、风俗、政治、水师炮台、制造厂局、火轮、舟车、水雷、炮弹等详细记载，以备考查。③ 这些章程虽未明确将各国兵制列入考察范围，但其对于军事记录的特别强调，无疑助长了出洋人员对各国兵制的观察风潮。兹仅以表格形式列举若干相关著述，并略作说明。

表 1　晚清出洋人员有关西方兵制的著述举隅

书　　名	出版时间	作者/编译者	作者身份	备　　注
《日本地理兵要》	1884	姚文栋	随员	该书译自中根淑《兵要日本地理小志》，并旁搜近人航海书籍附之，汇集了多种日本地理著作之精华，卷一有关于日本兵制的介绍。
《德国海部述略》	1882	徐建寅	参赞	李鸿章称，该书是由徐建寅使德时译呈，内容是关于德国海军部的介绍。
《日本海军说略》	1884以前	不详	不详	
《日本国志》	1887	黄遵宪	参赞	该书"兵志"部分详细介绍了明治日本的海陆兵制。

① 许景澄：《德国陆军纪略序》，许景澄著、朱家英整理：《许景澄全集》第 3 册，浙江古籍出版社 2015 年版，第 600—601 页。
② 《附德国都司李劢协拟带中国武弁出洋赴德国武学院学习章程》，原稿无时间，顾廷龙、戴逸主编：《李鸿章全集》第 31 册·信函三，安徽教育出版社 2008 年版，第 368—369 页。
③ 《谨拟〈出洋游历章程〉条款》，吴宗濂著，许尚、穆易校点：《随轺笔记》，岳麓书社 2016 年版，第 253—255 页。

书　　名	出版时间	作者/编译者	作者身份	备　　注
《德国海军条议》	1887	徐建寅	参赞	该书原为德国海军部 1872 年致国会的条陈，包括《德国扩充海军条议》和《德国创设海军条议》两部分。
《德国陆军纪略》	1888	许景澄	驻德公使	该书是许景澄驻德期间，在实地考察的基础上，"复参译洋籍"，整理而成。
《美国地理兵要》	1889	顾厚焜	出国游历使	该书卷四有"陆军志略""水师志略"。
《巴西地理兵要》	1889	顾厚焜/郑之骥		该书有"陆军兵制考""陆军兵数考""陆军学堂考""海军兵制考""师船考"等多个条目。
《法国海军职要》	1891	马建忠	随员/留学生	该书为马建忠留法期间根据法文文本翻译。
《德国水师事宜》	1897	卞长胜	留洋武弁	卞长胜为清朝最早派往德国学习军事的武官之一。
《东瀛阅操日记》	1899	丁鸿臣	四川武官	1889 年日本陆军来华，请川省委派官员往观军事大演习，并考察其兵制、学制，丁鸿臣即为川省委派武官。该书稿本题为《游历日本视察兵制学制日记》，又名《四川派赴东瀛游历阅操日记》。
《东游日记》	1899	沈翊清	四川文官	1899 年，川省委派文武二员前往日本考察军事，时为福建船政学堂提调的沈翊清充任文官，《东游日记》即为其在日期间的见闻录，内有大量关于日本军事情况的记载。
《重游东瀛阅操记》	1901	钱德培		1901 年日本在仙台举行军事大演习，钱德培前往考察，撰成是书。
《四国游记》	1902	凤凌	海军游历章京	该书原本于 1897 年提交给总理衙门，1902 年石印出版，是对法、英、比、意四国的军事考察报告，附有《法国海部官制》。
《随轺笔记》	1902	吴宗濂	翻译	吴宗濂为凤凌的随行翻译，该书内容与《四国游记》有较多相同之处。
《近世陆军》	1902	出洋学生编辑所	留日学生	该书译自日本新桥荣次郎编的《近世陆军》，分日本陆军、各国陆军两编，共计介绍 32 各国家和地区的陆军。

书　　名	出版时间	作者/编译者	作者身份	备　　注
《楼船日记》	1904	余思诒	随员	该书为作者护送北洋海军所购军舰回国的日记,书中有大量关于欧洲各国海军情况的记载。

资料来源:钟叔河等主编:《走向世界丛书》《走向世界丛书》(续编),岳麓书社 1980—1983、2016—2017 年版;张侠等编:《清末海军史料》,海洋出版社 1982 年版;邹振环:《晚清西方地理学在中国:以 1815 至 1911 年西方地理学译著的传播与影响为中心》,上海古籍出版社 2000 年版;王宝平主编:《晚清东游日记汇编》2《日本军事考察记》,上海古籍出版社 2004 年版;闫俊侠:《晚清西方兵学译著在中国的传播(1860—1895)》,复旦大学历史学系 2007 年博士学位论文;吉辰译注:《龙的航程:北洋海军航海日记四种》,山东画报出版社 2013 年版;姜鸣:《李鸿章张佩纶往来信札》,上海人民出版社 2018 年版;凤凌撰,赵中亚整理:《四国游记》,上海古籍出版社 2020 年版;等等。

　　以上所列举者仅为出洋人员记录外国兵制内容较多的著述,其他游记、日记涉及外国兵制者不可胜数。通过上表可以看出,这一出洋人员群体成分多元;他们对英、美、法、德、日、比利时、意大利、巴西等多个国家的兵制情况均有介绍,其中有专门讲述某国兵制者(如《德国陆军纪略》),也有综论世界各国陆军兵制者(如《近世陆军》)。这些记录多来自亲身见闻,或据当地书报等文字材料进行编译整理(如《日本地理兵要》),或直接根据外文原书进行翻译(如《法国海军职要》《近世陆军》)。其成书时间约在 19 世纪 80 年代至 20 世纪初期之间。从写作风格来看,既有客观的记录和描述,也有希望借他山之石推动清朝兵制改革的"致用之作"。兹以黄遵宪《日本国志·兵志》为例,试窥晚清出洋人员对外国兵制的论述。

　　黄遵宪(1848—1905)在使日期间曾广泛游历,对日本军事有细致的观察。其传世之作《日本国志》共有 40 卷,其中《兵志》即有 6 卷,与《食货志》并列为全书卷数最多的项目。黄氏明言,他撰写该书的宗旨,在于"详今略古,详近略远。凡牵涉西法,尤加详备,期适用也"①,以"副朝廷咨诹询谋"②。这一思路贯穿了他对日本兵志的书写,其《兵制》篇即开门见山地指出:

　　　　开创多尚武,而守成则尚文;乱世多尚武,而治平则尚文;列国多尚武,而一统则尚文,自昔然矣……今日之事,苟欲禁暴戢兵,保大定功,安民和众丰财,非讲武不可矣,非讲武不可矣!

① 黄遵宪:《日本国志·凡例》,陈铮编:《黄遵宪全集》,中华书局 2005 年版,第 821—822 页。
② 黄遵宪:《日本国志·叙》,陈铮编:《黄遵宪全集》,第 819 页。

日本维新以来,颇汲汲于武事,而其兵制多取法于德,陆军则取法于佛,海军则取法于英,故详著之,观此亦可知欧洲用兵之大凡。作《兵志》,为目三:曰兵制,曰陆军,曰海军。[①]

综观《日本国志·兵志》的内容,可谓条理分明、事无巨细。其中《陆军》篇包括官职、陆军省、参谋本部、近卫局、六管镇台、宪兵、编队、教习、检阅、预备、经费、军律、军医、马政等项;《海军》篇包括官职、船舰、兵卒、经费、海军省、海军裁判所、海军兵学校、海军水路局、海军造船所等项。黄遵宪对日本仿照欧洲实行新的兵制、由募兵改为征兵给予了充分肯定,认为"日本仿此法,行之八年,虽未尝争战于邻国,而削平内乱,屡奏其功,数年之后,必更可观"。相比之下,清朝仍沿袭唐宋以来的募兵制,似非长久之计。[②] 在他看来,英国海军"天下莫强",其所以致胜之由,在于"兵权统于将""将材出于学""器用储于国"。日本在经费局促的情况下,仍"竭蹶经营",步武英国,创建海军,"可谓知所先务矣"。他引用 1707 年英国国会上院上国王书称:"海军一事为莫急之务,至要之图"[③],实际上也是对清朝发出呼吁。戊戌变法期间,《日本国志》曾引起光绪皇帝的高度重视,其所颁发的《戊戌变法上谕》,在经济、官制、文化教育和军事改革等方面,均参考了黄遵宪此书。[④]

概言之,由出洋人员撰写、编译的有关外国兵制的著述,数量占了晚清外国兵制文献的大部分,它们较之早期汉文西书、新式报刊的相关介绍,有其独特的学术价值:一方面,它们主要由中国本土知识人独立完成,其有关外国兵制的知识往往结合了作者的亲身经历与细致观察,深化了国人对于西方各国兵制的具体理解;另一方面,它们大都带有官方色彩,是清政府"自改革"的产物,对晚清军事近代化的进程发挥了相对直接的推动和镜鉴作用。

三、晚清兵学翻译出版机构及其外国兵制译著

在晚清出洋人员留心各国军事、兵制的同时,国内的江南制造局、江宁自强军、南洋公学译书院等兵学出版机构也着手编译外国兵制著作,它们构成了

---

① 黄遵宪:《日本国志》卷二十一"兵志一·兵制",陈铮编:《黄遵宪全集》,第 1236—1237 页。
② 同上,第 1252—1253 页。
③ 黄遵宪:《日本国志》卷二十六"兵志六·海军",陈铮编:《黄遵宪全集》,第 1320—1321 页。
④ 详见黄升任:《黄遵宪评传》,南京大学出版社 2006 年版,第 329—365 页。

晚清外国兵制知识在华传播的第三个重要渠道。这其中，又以江南制造局翻译馆的一系列海军规章条例、各国水陆兵制译著最具代表性。

（一）江南制造局翻译馆

作为晚清"历时最久、出书最多、影响最大"的译书机构，[1]江南制造局翻译馆在其开办的 45 年间（1868—1913）翻译出版了西方兵学译著约 50 种，其中兵制类译著有《水师章程》《英国水师律例》《英国水师考》《美国水师考》《法国水师考》《俄国水师考》《列国陆军制》《西国陆军制考略》《德国陆军考》等 9 种，全面、系统地介绍了世界各国的兵制情况，堪称晚清外国兵制文献之翘楚。为便于论述，兹先以表格形式列出江南制造局各兵制译著的信息，再展开具体分析。

表 2　江南制造局外国兵制译著一览[2]

类别	书名	卷数	作者	译述者	出版时间（年）	内容	底本来源
章程律例	水师章程	14卷，续编6卷	英国水师兵部	美国林乐知口译、海盐郑昌棪笔述	1879	关于英国海军制度的专门介绍	*The Queen's Regulations and Admiralty Instructions for the Government of Her Majesty's Naval Service*（1862）
	英国水师律例	4卷	英国律师德麟、英国水师支应官极福德	慈溪舒高第、海盐郑昌棪同译	1880—1896间	关于英国海军纪律和法律条令的专门介绍	*Thring's Criminal Law of the Navy*（1877）
海军兵制	英国水师考	1卷	英国管理制造兵船事务巴那比、美国兵船千总克理	英国傅兰雅口译，华亭钟天纬笔述	1886	关于英国海军的全面介绍	"Navy" in *The Encyclopædia Britannica*（9th ed., 1884）

① 熊月之：《西学东渐与晚清社会（修订版）》，中国人民大学出版社 2011 年版，第 392 页。
② 学界关于江南制造局外国兵制译著的底本问题所知不多，此表所列各书，除《列国陆军制》《西国陆军制考略》的底本已有研究涉及外，其余均为笔者初次考证。关于《列国陆军制》和《西国陆军制考略》的底本，参见邓亮：《江南制造局科技译著底本新考证》，《自然科学史研究》2016 年第 3 期；戴吉礼主编：《傅兰雅档案》第 2 卷，弘侠中文提示，广西师范大学出版社 2010 年版，第 644、652 页。

类别	书名	卷数	作　者	译述者	出版时间（年）	内　容	底本来源
海军兵制	美国水师考	1卷	英国管理制造兵船事务巴那比、美国兵船千总克理	英国傅兰雅口译，华亭钟天纬笔述	1886	关于美国海军的全面介绍	*Annual Report of the Secretary of the Navy for the Year 1885*（1885）
	法国水师考	1卷	美国副将杜默能	美国罗亨利、宝山瞿昂来同译，华亭钟天纬校	1886	关于法国海军的全面介绍	*The War-ships and Navies of the World*（1881）
	俄国水师考	1卷	英国伯爵百拉西	英国傅绍兰、湘乡李岳蘅同译	1896	关于俄国在1885—1896年间的军舰建造事宜	*Brassey's Annual: The Armed Forces Year-Book*（1896）
陆军兵制	列国陆军制	3卷	美国欧泼登	美国林乐知口译、宝山瞿昂来笔述	1896	介绍日本、印度、波斯、意大利、俄国、奥国、德国、法国、英国等国家的军制	*The Armies of Asia and Europe*（1878）
	西国陆军制考略	8卷	英国柯里	英国傅兰雅口译、上海范本礼笔述	1902	介绍西方兵制的历史沿革，体例上详今略古	"Army" in *The Encyclopædia Britannica*（9th ed., 1875）
	德国陆军考	4卷	法国欧盟	嘉定吴宗濂译文，嘉定潘元善执笔	1902	关于德国陆军的全面介绍	*L'Armée allemande son histoire, son organisation actuelle*（6th ed., 1894）

从上表可见：

（1）江南制造局的外国兵制译著包括海军章程律例、各国海军兵制和各国陆军兵制三大类，涉及英、美、法、俄、德等众多国家。其译书倾向，可以 1896 年为界,分为前后两个阶段:在此之前以海军兵制为主,在此之后则侧重陆军兵制。这一转变,当与晚清的军事近代化进程息息相关:自洋务运动至甲午战争期间,清朝军事改革的重心在于建立现代化海军;而编练新式陆军,则要到甲午战败以后才渐次拉开帷幕。

(2) 这些兵制译著主要采用西人口译、中国士人笔述的翻译方法,同时也存在中国士人自主翻译的情况。其中,西方译者包括林乐知(Young John Allen, 1836—1907)、傅兰雅(John Fryer, 1839—1928)、罗亨利(Henry Brougham Loch, 1827—1900)、傅绍兰(John Rogers Fryer, 1872—1896)等,中国译者包括郑昌棪(生卒不详)、舒高第(1844—1919)、钟天纬(1840—1900)、瞿昂来(生卒不详)、范本礼(1854—1894)、吴宗濂(1856—1933)等。

(3) 从知识来源上看,这些兵制译著的底本主要来自英、美、法三个国家,其中译自英国者最多。个中原因,大概有三:其一,译者林乐知、傅兰雅、罗亨利和傅绍兰等人均来自英、美两国,英语为其母语,英文翻译较为容易;其二,江南制造局译著的底本,大多由傅兰雅通过英国书商购买,以英文书籍为最多;其三,英国作为当时世界上海军最强的国家,其海军制度、章程等备受国人重视。

另一方面,江南制造局兵制译著的底本大多是当时西方军事学界的重要著述,如《水师章程》的底本为 1862 年出版的《英国皇家海军章程》(*The Queen's Regulations and Admiralty Instructions for the Government of Her Majesty's Naval Service*, London: HM Stationery Office, 1862);《英国水师考》《美国水师考》《西国陆军考略》等,出自以学术性强而著称的第 9 版《大英百科全书》[①];而《俄国水师考》则译自著名的《百拉西海军年鉴》(*Brassey's Annual: The Armed Forces Year-Book*, Portsmouth: J. Griffin and Co., 1896),该刊由英国人托马斯·百拉西第一伯爵(Thomas Brassey, 1st Earl Brassey, 1836—1918)创办,主要登载关于世界各国海军发展的重要信息,迄今仍被视为海军学术与海军史研究领域最权威的材料之一。[②]

---

① 第 9 版《不列颠百科全书》由英、美合作完成,于 1875 至 1889 年间出版,因其内容广博、深奥,被称为“学者版”百科全书,参见金常政:《百科全书编纂学》,中国大百科全书出版社 2019 年版,第 44 页。

② Brassey 又译布拉西、布拉塞或布雷塞,此从江南制造局之译名。*Brassey's Annual* 作为连续出版物,后曾多次改名,最广为人知的书名是 *Naval Annual*。海军史专家马幼垣认为,“十九世纪最后十多年(并下延至第一次世界大战前夕)最有用的海军年鉴为创刊于 1886 年的英国 *Naval Annual*”。参见氏著《靖海澄疆:中国近代海军史事新诠》,中华书局 2013 年版,第 198 页。

　　江南制造局兵学译著底本的权威性，还直观地体现在作者的身份方面。如《英国水师考》《美国水师考》二书的作者巴那比（Nathaniel Barnaby，1829—1915）和克理（J. D. Jerrold Kelley，1847—1922），前者曾任英国皇家海军首席建造师（Chief Constructor of the Royal Navy，即译本所称"英国管理制造兵船事务"），参与设计了英国第一艘铁甲舰"勇士号"（HMS Warrior），并参与创建英国造船协会（Naval Architects Institution），与此同时发表了大量关于舰船设计与建造的著述；后者为美国海军少校（Lieutenant Commander，即译本所称"美国兵船千总"），对于海军、船舰事务亦极精通。又如《列国陆军制》的作者欧泼登（Emory Upton，1839—1881，晚清又译额伯敦，今译埃默里·厄普顿），为美国著名陆军将军、军事战略家。他早年毕业于美国西点军校（Military Academy at West Point），曾任美国军事学院的学员指挥官（Commandant of Cadets），后受美国陆军上将谢尔曼（William Tecumseh Sherman，1820—1891）和陆军部长贝尔纳普（William W. Belknap，1829—1890）委派，考察亚欧各国军队，撰有军事著作多种，对19世纪末20世纪初的美国军事教育、军制改革以及军事政策等方面均有重要影响。[①] 由此可见，江南制造局在对所译书籍的选择上表现出了相当不俗的眼光。

　　从具体的文本翻译来看，江南制造局的兵制译著也有许多值得称道之处，具体表现在以下两个方面：

　　（1）翻译较系统全面。以其最早刊行的《水师章程》为例，该书篇幅接近一千页，"分正续二编，析为五十五款，所列各格式尤为明晰；续编分添补、增附、改正、指点四端，详细惯综，一览无遗"[②]。对照底本可知，中译本不仅将原书正文的55章全部译出，甚至连附录的各种表格、清单也全部收入（如《出洋炮船额数人员品级班次表》《查验预备攻战格式》《查勘汽机格式》等），并另附

①　有关欧泼登的生平，参见 Peter Smith Michie, James Harrison Wilson, *The Life and Letters of Emory Upton*, New York：D. Appleton and Company, 1885。值得一提的是，欧泼登在考察亚欧各国军队期间，曾于1875年10月来间来华，与恭亲王奕䜣（1833—1898）和李鸿章等人进行了会晤，并参观了天津机器局等机构。相关材料，参见"Letter of China," Emory Upton, *The Armies of Asia and Europe：Embracing Official Reports on the Armies of Japan, China, India, Persia, Italy, Russia, Austria, Germany, France, and England*, New York：D. Appleton and Company, 1878, p.390.（该书即《列国陆军制》之底本）；《李鸿章全集》第31册·信函三，第366—367页。

②　陈洙：《江南制造局译书提要》卷一，宣统元年（1909）江南制造局石印本，第23—24页。

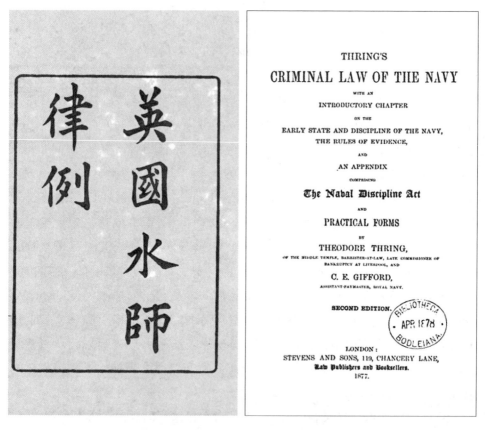

图3　江南制造局译《英国水师律例》及其底本书影

《续编》六卷,对《水师章程》的内容和错漏之处进行了详尽的说明、勘误和补充,仅索引部分未译。

　　除《水师章程》之外,江南制造局的其他兵制译著也基本上对原书作了全面的翻译,甚至有"合数种材料为一"之举。如《美国水师考》即由两部分内容组成:其总论部分译自第9版《大英百科全书》的"海军"(Navy)词条下的"美国海军"(*Navy of The United States*)一节(*The Encyclopædia Britannica: A Dictionary of Arts*, Sciences and General Literature, 9th edition, Volume 17, New York: The Werner Company, 1884, pp.300－301);附录部分则为美国海部大臣辉德尼(William C. Whitney)于1885年所奏《美国海部年终奏案》,底本来自 *Annual Report of the Secretary of the Navy for the Year*

1885（Washington: Government Printing Office, 1885, pp.Ⅰ-ⅩⅬⅠ）。

当然,江南制造局的兵制译著也存在一定的删减情况,这集中表现在《列国陆军制》一书。对照原书可知,中译本删去了"书信往来"（*Letter of Transmittal*）、"中国全军"（*Army of China*）、"欧洲军事组织"（*Military Organization of Europe*）、"步兵战术"（*Infantry Tactics*）与"结论"（*Conclusions*）等部分;此外,原书在各章的具体论述中,间有对中国军队的批评内容,也为译者删去。尽管如此,该书所介绍外国陆军军制知识之系统、涉及国别之广泛（包括日、俄、英、法、德、澳、意、印度、波斯等国）,在当时的中国社会亦属绝无仅有。

（2）内容较翔实可靠。以《英国水师考》为例,该书目录依次为:英国兵船源流、论英国船炮源流、造船材料、船炮、英国兵船开销（附英国岁计政要）、各国兵船相比、水师官弁人员总说、水手及杂色人等、备调之水手水兵、管理兵船之权与章程、操练之法、兵船免病治病法、兵官俸禄、拿获敌船充赏章程、别项零星赏赐、补水兵源流考、各国水师官与人相比,并附1883年各国兵船、炮数、人数相比表,详细介绍了英国海军的方方面面。

由于《英国水师考》的作者巴那比、克里均为西方海军、船舰专家,由他们撰写的这部英国海军专著无疑具有较高的知识权威性。如"论英国船炮源流"一节,详尽介绍了英国军舰的发展史,至今仍具有极高的史料价值。历史学者茅海建在其著名的《天朝的崩溃:鸦片战争再研究》一书中,即曾根据该书内容探讨第一次鸦片战争时期英国来华战舰的情况。①

江南制造局的兵制译著对晚清社会产生了很大影响,它极大地拓展了时人关于世界各国兵制的知识,促进了国人对于兵制改革与国家强盛关系的认知,②被目为"经世文编"。③ 不过,需要进一步探讨的是,这些兵制译著对晚清

---

① 茅海建:《天朝的崩溃:鸦片战争再研究（修订本）》,生活·读书·新知三联书店2017年版,第39页。

② 此处仅举一例说明,徐维则曾评论《列国陆军制》说,该书"所载自日本、俄、英、法、德、澳、意、印度、波斯九国一千八百六十年后所设之兵额,作者美人,故美国兵制从缺。日本自国变后借材法国,更定军制新章,卒成强国,印度、波斯兵事颓废,遂起各国干之之渐,其后印度卒灭于英,波斯屈于英、俄,未能自振,其亡亦可立而待。作者首日本、终波斯,殆所以讽中国也"。见徐维则辑、顾燮光补:《增版东西学书录》,熊月之主编:《晚清新学目提要》,上海书店出版社2007年版,第46页。

③ 1903年,上海官书局出版了由于宝轩（1875—?）所辑的《皇朝蓄艾文编》。该书"军政"类收录的《日本全军制》《德国全军制》两篇,即出自《列国陆军制》的"日本全军""德国全军"两节。参见于宝轩辑:《皇朝蓄艾文编》卷三十九、四十,清光绪二十九年（1903）上海官书局排印本。此外,在当时的西学汇编材料中,江南制造局的兵制译著也广被收录。

军事近代化是否产生了实质性的影响？《水师章程》和《英国水师律例》的例子，或许可以给我们提供一些参考。

《水师章程》出版于1879年，但其翻译工作很早即已展开。1869年6月，傅兰雅致信伦敦书商，为江南制造局采购一批书籍，其一即为此书（其采购清单记作 *Queen's Regulations & Admiralty Instruction*）。① 1871年12月22日，薛福成（1838—1894）在日记中记载了"沪局译书未刻竣者"及"未发刻者"若干种，内有《英国水师章程》一种，②可推知《水师章程》的译稿在该年已基本完成。薛福成是李鸿章的幕僚，其时正协助李氏筹建近代海军，《水师章程》的翻译出版，为他提供了一个现成的参考范本。1881年，薛福成拟成《北洋海防水师章程》，其条款有主张采用西式船制、设立水师学堂等内容，颇可见英国海军章程之影响。③

作为北洋海军创建人的李鸿章，对于西方各国的海军章程也多有关注。1882年，李鸿章通过徐建寅译呈的《德国海部述略》，认识到"西国治兵本末俱备，以中土视之，迥如霄壤"④；1884年，他将《德国海部述略》和《日本海军说略》呈至总理衙门，以备采择；1887年，他又以"西国水师章程"的相关规定为据，反对清廷裁撤停驶不能海战之船、以减少经费支出的计划；⑤1888年，清政府购买的"致远""靖远""经远""来远"四舰来华，李鸿章遂"面饬丁汝昌、琅维里（William Metcalfe Lang，1843—1906，又作琅威理）加紧训练，参酌英水师定章办法"，拟定水师章程。⑥ 1888年，《北洋海军章程》正式颁布，计分船制、官制、升擢、考校、俸饷、恤赏、仪制、铃制、军规、简阅、武备、水师后路各局、事故、工需杂费等14项。⑦ 据李鸿章自称，"此次所拟章程，大半采用英章，其力量未到之处，或参仿德国初式，或仍遵中国旧例"⑧。查《北洋海军章程》全文，多有"查英国海军官制""参照英国章程""水师事宜英为最精"等语；其章程

---

① 戴吉礼主编：《傅兰雅档案》第1卷，弘侠中文提示，第392—393页。
② 薛福成著，蔡少卿整理：《薛福成日记》，吉林文史出版社2004年版，第88页。
③ 《酌议北洋海防水师章程》，张侠等编：《清末海军史料》，海洋出版社1982年版，第26—30页。
④ 姜鸣整理：《李鸿章张佩纶往来信札》，上海人民出版社2018年版，第209页。
⑤ 《筹办转运轮船片》，光绪十三年二月初五日，《李鸿章全集》第12册·奏议十二，第35页。
⑥ 《出洋查勘海防布置验驶新到快船折》，光绪十四年四月初七日，《李鸿章全集》第12册·奏议十二，第383—384页。
⑦ 《北洋海军章程》，陈悦：《北洋海军舰船志（修订版）》，山东画报出版社2015年版，第294—338页。
⑧ 《复醇邸议拟海军章程奏底》，光绪十四年六月初七日，《李鸿章全集》第3册·信函六，第386页。

结构与船制、官制、俸饷、仪制、简阅等项的部分细则,也与英国海军章程有相似之处。《水师章程》作为当时唯一的英国海军章程中译本,不难想象李鸿章等人在草拟《北洋海军章程》时曾经参考该书。

不过,尽管《北洋海军章程》已明显具有近代西方海军制度的色彩,但在很大程度上也保留了传统的水师旧制,"依然不具备近代海军所必需的系统性和完整性,特别是缺乏战时规定,存在着难以在短时期内克服的致命缺陷"①。以至于在甲午黄海海战后,仍有人评论说:"海军章程,须仿照英国水师定章行办,稍为破除忌讳。盖英国水师已立多年,其中利弊业经考究,故章程无微不至,诚足采用也。"②由此可见北洋海军章程所采用"英章"之不足。

一个明显的证据是,李鸿章等人在制定《北洋海军章程》时,并未吸收利用英国海军法律条文,其对于海战中的统一指挥、作战舰船退出战斗以及赏罚情节等问题均没有明确规定。③ 而这些内容在《英国水师律例》中本有详尽说明,如《英国水师律例》卷二第十章"水师罪名并军律",介绍了临阵行为不合、与敌私通、违命、恣意梗令、殴辱上官、倔强、两人私斗、逃亡、护送商船船主行为不合、兵船取私货水脚、浪费亏蚀、放火、捏报、滋闹、掠敌作弊、犯兵船整饬规矩、审问失事船众等各种罪名及相关法律。遗憾的是,这些堪称完备的海军法制并未被《北洋海军章程》充分吸收。

简言之,从学术史的角度来说,江南制造局的兵制译著无论在译书选择还是翻译质量上都值得高度肯定,不仅开创了中国近代军事学术史上许多"第一"和"之最"(如《水师章程》《英国水师律例》分别是中国翻译出版的第一部外国海军章程、第一部海军纪律和法律条令专著;《英国水师考》《美国水师考》则是当时介绍英国海军、美国海军最权威且最全面的著作),对晚清的知识社会也产生了不俗的反响,但其对于晚清军队近代化的作用,则需要结合实际情况作具体讨论。

(二)其他兵学翻译出版机构

在江南制造局翻译馆创办后不久,各类机器局、军事学堂和武备研究所等

---

① 马骏杰:《重读北洋海军》,山东画报出版社 2017 年版,第 219 页。
② 陈旭麓等主编:《盛宣怀档案资料》第 1 卷·甲午中日战争(下册),上海人民出版社 1982 年版,第404 页。
③ 马骏杰:《重读北洋海军》,第 219—225 页。

机构也开始有组织地翻译西方兵书。尤其在甲午战争后,随着练兵自强的呼声日益高涨,各兵学翻译出版机构也刊行了一部分外国兵制译著,如江宁自强军的《德国军制述要》、南洋公学译书院的《美国陆军制》《日本军政要略》等。

先来看江南自强军的《德国军制述要》。1895 年,两江总督张之洞(1837—1909)在南京编练自强军,延请德国退役军官来春石泰(Albin Freiherr von Reitzenstein)为统带,负责创建、训练和统领自强军。[①] 在此期间,来春石泰撰写了《借箸筹防论略》(附《炮概浅说》)和《德国军制述要》等书,以资参考。其中《德国军制述要》由沈敦和与德人锡乐巴同译。该书书前有“德国马步炮工运等兵全军之图”,以图说形式简要说明德国陆军军制;全书共分羽林军、枢密院、兵部、陆路总参谋军务处、将领兵额、军营官制、专操巡阅稽查各大员、武备院及各教练学堂、制造局厂、营造事务、治兵款目、将士俸饷、将士衣食、将士房舍、充兵条例、编兵责成、甄拔末弁、军兴增兵、调度备战、海军大略等 20 项,介绍了德国军制的方方面面。来春石泰曾任德国炮兵上校,对德国陆军兵制较为熟悉,但对于“军制学中十分重要的兵役和动员等项目,该书所论极其简单,甚至有错误之处”,而为了“因地制宜”,《德国军制述要》又完全以清朝的政制、兵制概念对应德国军队的情况,难免与事实有所出入。[②]

再来看南洋公学译书院的《美国陆军制》和《日本军政要略》。为配合晚清军事、政治变革及公学人才培养的需要,盛宣怀(1844—1916)于 1898 年设立南洋公学译书院,计划“以东文遍译西书”[③]。因“以练兵为急务”,译书院所译书籍又以兵学居多。[④] 其中,《美国陆军制》为美籍法人原著,由葛胜芳译述、李维格校订、郑孝柽覆校,南洋公学译书院 1902 年铅印,全书共分 8 篇,介绍了“选将、征兵、建官、设戎之道与夫一切营制、马政、军械、饷需、卫生、惩罚等

---

① 有关来春石泰及相关史事,参见邱涛、陈肖寒:《来春石泰来华与近代中德军政互动关系考》,《世界历史》2012 年第 5 期。

② 陈肖寒:《来春石泰聘华前后诸史事》,《第八届北京大学史学论坛论文集》,2012 年,第 8 页。

③ 《盛宣怀呈进南洋公学新译各书并拟推广翻辑折》,光绪二十七年六月,朱有瓛主编:《中国近代学制史料》第一辑下册,华东师范大学出版社 1986 年版,第 517—519 页。

④ 张元济:《南洋公学所译东西洋各书请每种各检二部咨送政务处等》,转引自霍有光、顾利民编著:《南洋公学:交通大学年谱》,陕西人民出版社 2002 年版,第 16 页。有关南洋公学译书院的翻译活动,另见唐欣玉:《“得尺得寸,为早年一溉之计”——南洋公学译书院的翻译出版活动》,《重庆工商大学学报(社会科学版)》2012 年第 4 期。

事"①;《日本军政要略》,译自日本陆军经理学校原本,徐维则曾为该书撰写提要,称:"日本陆军学校教为陆军监督、补军吏者曰经理学校,其教科书有《经理教程摘要》者,载军制条目颇备,译者复取陆海军省官籍删冗补遗,以成此书。凡三卷,分九篇,一切兵卒征募、编列更代、教育廪给之法,与夫官秩、营制、军用、马政胪列详备,其所增益十倍原书云。"②

整体来看,江宁自强军和南洋公学译书院的兵制译著均出现于清朝开展陆军改革之后,其内容也仅限于德、日、美三国。无论在译书的数量、内容的全面性乃至知识的客观性等方面,它们都比不上江南制造局。但由于这些书籍在很大程度上结合了晚清军事改革的实际需要,展现了更多的"知识本土化"特色,其对于晚清军事实践所产生的影响却可能在江南制造局的兵制译著之上。

四、结语

综而论之,晚清外国兵制知识在中国的传播大体上经历了这样几个阶段:自 19 世纪 30 年代起,来华西人在其汉文西书和所办报刊中,较早向中国读者介绍了外国军事的情况,成为了林则徐、魏源等人了解西方兵制的重要凭借;六七十年代以降,先进国人开始陆续走出国门,对西方兵制、军备等有了更直观的认知,尤其在清廷遣使出洋后,对各国军事进行考察记录渐成通例,因此涌现了大量有关各国兵制的著述。约在同一时期,因应于自强运动和军事改革的需要,江南制造局、江宁自强军、南洋公学译书院等兵学翻译出版机构也译刊了一批专门论述各国兵制的著作。这几个阶段彼此之间互有重合、联系,其翻译文本各有特点,对晚清社会和军事实践的影响也有所不同。因此,对于各类兵制文献的评价不可一概而论,须结合实际情况逐一辨析。

1904 年 1 月,清廷颁布《学务纲要》,规定"各学堂兼习兵学","并于文高等学堂中讲授军制、战史、战术等要义";同时在《奏定高等学堂章程》中设置"外国军制学""战术学大意"和"各国战史大要"三门兵学课程,正式将"外国军

---

① 闫俊侠:《晚清西方兵学译著在中国的传播(1860—1895)》,复旦大学 2007 年博士学位论文,第177—178 页。

② 徐维则辑、顾燮光补:《增版东西学书录》,熊月之主编:《晚清新学书目提要》,第 47 页。

制学"引入国家教育并列为专门课程。[1] 外国兵制作为一门知识门类,至此完成了"学科化"和"制度化"的转变。时至今日,外国兵制研究仍为军事学的重要分支学科之一,旨在"探讨外国军事制度的性质、特点、现状、历史发展及发展趋势等"[2]。一门学科的突破和发展,离不开对学科自身发展史的了解和反思,在这个意义上,本文对晚清外国兵制知识传华的学术史梳理应不无意义。

---

[1]　朱有瓛主编:《中国近代学制史料》第二辑上册,华东师范大学出版社 1989 年版,第 92、570—578 页。

[2]　马天保主编:《20 世纪中国学术大典·军事科学》,福建教育出版社 2002 年版,第 294 页。

从理想走入现实的知识生产

——童书译介出版的语境、主体与模式（1919—1949）

万滢安

（华中师范大学）

20 世纪初,基于"救亡启蒙""强国新民"的社会变革理想,中国先进的知识分子积极拓展实现理想的现实路径。儿童是"未来之国民"的重要启蒙对象,译介引进之"新知"是解放、改造国民的有利工具,译介出版之书籍是被社会广泛接受的新媒介,于是,译介出版适合儿童阅读的"新"读物成为了特殊时代语境下社会行动者们的重要生产实践内容。1919—1949 年,内外交困之下中国社会对外来新知识和新思想的急切渴求,秉持启蒙理想也努力积累符号资本的知识生产主体,不断调试而最终迎合本土出版语境的适应性知识生产模式,合力促成了童书译介出版从理想走向现实。最终,童书译介出版这一知识生产实践活动为中国本土现代儿童文学的发展奠定了基石,搭建了"为儿童"发声的话语阵地,促使社会积极营造一种"为儿童"的整体氛围,将曾经处于社会场域边缘的儿童群体拉入社会视野之中,参与形塑了全新的中国现代儿童群像。

一、现代童书译介出版的知识生产语境

童书译介出版实践并非处于生产真空之中,众多外部力量或因素用隐性的方式影响和规约着在场的各类生产者或各种生产要素。这些影响生产者生产动机和生产表现的,与各种生产要素关联的社会力量或个体因素,参与到生

产过程中的一切关系的集合,共构了童书译介出版的知识生产语境。

1. 文人心态的调整:知识生产者的自省与自觉

中华民族创造了历史悠久、博大精深、特色鲜明的传统文化,为世界文明贡献了灿烂辉煌的中华之光,因此中国人历来对本土文化都表现出一种强烈的文化自信。晚清,外来的坚船利炮惊醒了夜郎自大的国人,殊不知长久闭关锁国的外交政策和腐朽落后的封建制度已经逐渐置中国文化于弱势之境地。

就晚清民初的"西学东渐"表现来看,洋务派、维新派到新兴知识分子,他们作出了多种文化救亡的努力和尝试——从译介地理学知识到译介实学,再到译介政学,最后转向译介文学。这其中反映的其实是中国文人士子的一种集体心态转变,是文化自省的外在表现,他们逐渐清晰地意识到继续采取盲目自信和对外来文化的排斥态度是无法实现救亡启蒙理想的,更无法改变中国落后挨打的可悲局面。

译介出版活动是为了"知夷"和"制夷"而来,了解他者的行为无疑是文化自信或文化自恋心态松动的表现。译介出版行动者无法预知他们的译介出版活动将逐渐肩负起变法新民的重任,客观上促进中国传统文化的全面革新和中国社会的现代转型。但是,他们在深入了解他者的过程中文化自省意识日益强烈,同时又不想完全否定中国优秀的文化传统,因此早期童书译介出版活动中这种纠结心态表露无遗。如包天笑译介《馨儿就学记》之所以受到教育部嘉奖且风行一时,其实是译者和教育界发现和认可了西方社会对青少年儿童的重视,开始了解青少年读者的阅读需求,开始研究他们的审美兴趣,这是一种文化自省。但是回到包版译本本身,译者不仅完全改译了源本书名,而且人名地名的中国化处理又是在固守中国传统的旧道德,如"明德学校""义郎"等,这又是一种文化自恋的显现。

"五四"新文化运动以后,这种文化自恋的心态逐渐弱化,文化自省和文化自觉意识愈加强化。1919年以后,译介引进的童书相较清末民初时期迅速增多,一大批新式知识分子和民营出版机构纷纷投身到童书译介出版实践中。这种译介出版热情绝非行政施压使然,而是在救亡保种、变法启蒙和新民强国的历史发展进程中,文人志士感同身受下激发的一种文化自觉行为。这种文化自觉表现在他们对儿童的关心里,表现在为"救救儿童"而发出的疾声呼吁中,也表现在"为儿童"的翻译策略和编辑考量上,更表现在艰难困苦的战争岁月里仍然坚持为儿童提供精神食粮的努力上。

2. 社会职业的发展:知识生产者的名正与言顺

20世纪以前,新式传播业从业者在社会认知上仍被认为不入流,担任外报主笔的都是落魄文人,经营出版业的都是唯利商人。新文化运动以后,越来越多的新式知识分子投身新式传播业中,取得了非凡成就,开启了海内士子的心眼,也为他们提示了新的职业道路。

译者实现现代职业化转型是"五四"新文化运动后社会历史语境的一种必然选择:一是声势愈大的"西学东渐"和不断推进的都市化进程催生了市民阶层与休闲文化的兴起。大量新颖、可读性强且兼具娱乐性的译介作品受到热捧,如科幻小说、童话、科学文艺等。市场需求无疑是促使译者走上职业化道路的强效催化剂;二是科举制度废止之后,大量士人在寻求新的生存之路和上升通道,他们可以依赖的主要是自身积累的文化知识和琴、棋、书、画等文艺技能。在传统体制内依附无着的士人在重新自我定位的过程中愈发意识到思想自由和人格独立的重要性,这种独立工作意识是译者职业化的前提条件;三是印刷术的发展和新式报社、报馆、民营出版业的蓬勃兴盛,合力为译者和编者的现代职业化转型提供了工作条件和市场;四是译者通过翻译活动实实在在获得了不菲的经济收益,出版机构也通过出版、销售译作获得了可观的商业利润且提升了社会影响力,双赢的效果激发了译者的工作热情,也促使出版机构更重视译者及其作品。

译者获得身份认同感和职业满足感是他们愿意参与现代童书译介出版知识生产的最关键要素。参与现代童书译介出版的知识生产实践不仅能够保证他们的基本生存需求,甚至可以获得可观的酬劳,还能够由此获得社会话语权并积累个人的文化资本,如声誉、社会地位、社交平台等。鲁迅、周作人、茅盾、郑振铎等先进知识分子之所以迅速转变或成长为童书译介出版的先行者,身份认同感和职业满足感的激励无疑起到了重要作用。

3. 翻译版权的规范:知识生产积极性的保障

保障版权不仅是在维护出版商的商业利益,也在确立作者与其流通在市面上的作品之间的从属关系。严复是在中国介绍"版权"概念的第一人,也是第一位阐述现代版权意识的译者,他的译著《原富》是中国第一部既拿稿酬又拿版税的翻译作品。他主张译者的辛勤劳动要获得相应的经济权益和社会认可,他也积极呼吁应该立法禁令侵权行为,如政府实行版权立法,禁止各书坊随意翻印出售私人译著,保护著译者的专有权利。随后,更多译作者与书局深切感受到保护版权的重要性,因为销量越大、名气越大的新书、译书都是盗版商的重点目标,往往新书甫出,就有各种低投入的翻刻版出现,对专出新书、译书的书局打击尤其大。因此,翻译版权在中国的倡导和建立保护了译书从业者的生产积极性。

如果说严复的翻译版权意识在于强调译者权益的保护,作为出版机构管理者的张元济更聚焦于宏观的国际版权问题思考。在中国急需大量引进西方科学和人文知识成果,而中文著作又极少被西方译介的时候,如果清廷按照西方要求设立版权保护机制则对中国极为不利。因此,何时建立翻译版权保护机制,以怎样一种节奏在中国推进翻译版权却是需要结合中国实际慎重考虑的关键。毕竟对内,设立版权保护机制可以避免大量盗印等侵害译者和出版商的行为;对外,设立版权保护机制应该慎重,因为在国际文化交往中,版权保护机制利于文化强国而不利于处于文化弱势的引进国。

虽然处于弱势地位的清廷不得不重视西方的要求,与美国、日本签订的《续议通商行船条约》中便允诺保护西方著作成果的版权权益。1910年,《大清著作权律》延续了这一承诺,但也重视了张百熙、张元济等人的担忧,在这份承诺之前进行了限定,如为中国人备用或专为华人教育及享用上而作的书籍图案才能享有版权。这样一来,降低了生产主体的投资风险,保障了国内翻译出版行业在译介引进一些国内急需西学著作上的生产热情。与此同时,官方正式承认了译者和相关出版商的知识产权,第4章第28条规定:"从外国著作译出华文者,其著作权归译者有之;惟不得禁止他人就原文另译华文,其译文无甚异同者,不在此限。"①

如果说"五四"以前的翻译版权意识多停留在对西方版权观念的探讨和尝试性效仿上,那"五四"以后的翻译版权意识则落实到了法律法规层面,且有了

---

① 苏艳:《从文化自恋到文化自省:晚清中国翻译界的心路历程》,华中师范大学出版社2018年版,第100页。

"本土化"考量后的规范严谨,在译介出版实践层面更有约束力和施行力。首先,在译介出版物的版权署名问题上,译者署名、译者序等都有了相对固定规范的版面和格式;其次,译者版权利益得到了契约化和规范化的保障,版权收益支付方式有了多样化和普及化的发展,如有将版权一次性买断的,也有设定年限给付的,也有分期支付的;最后,译者、出版商、读者等对于侵权行为的鉴别能力逐渐提升,官方对于侵权行为的查处和惩罚也日趋高效和严格。

4. 稿酬制度的普及:知识生产持续性的物质基础

封建时期的中国是没有稿酬制度的,报社、书局实行稿酬制度经历了一个逐步发展的过程。从最开始的所谓"分文不取(广告费)"①为文人提供发表园地就属慷慨之举,到"愿出价购稿"或打消文人耻于谈钱的顾虑而采取变通方式"送书数十或百部,以申酬谢之意"②,再到出版业领军机构商务印书馆和中华书局给予编辑相应待遇和作者优厚稿酬的企业化尝试,直至20世纪上半叶稿酬版税制度的普及,一共经历了半个多世纪的演变与发展。

在译者稀缺、译著难得的童书译介出版实践早期,出版商必须抢夺优质稿源,高译酬无疑最能直接激发译者从事译介出版这样一类知识生产活动。稿酬标准分级在一定程度上促使译者格外珍视自己和译作的声誉,激励了译者在知识生产过程中对效率和质量的并重,毕竟名家名译的稿费和版税标准都是极为可观的。名家和名著可以带来丰厚的稿酬收益,因此童书译介出版知识生产者不仅有热情去从事译介工作,而且有动力去产出高质量的译作。

译介活动能为译者带来丰厚的稿酬,能够保证译者拥有一份体面的生活,这间接提升了译者的社会地位和身份认同感。早期的译者要顾及"耻商贾讳言钱"的传统道德,耻于对外宣称自己"卖文投稿"的工作性质,但是译作稿酬制普及以后,译者通过翻译活动能够获得高额回报,能够结交文化名流,能够产生社会影响力、获得话语权,翻译不再是不够光彩、令人羞耻的工作种类。稿酬是译者行为社会化的经济基础,是译者自身生发归属感和社会大众对翻译职业形成集体认同的重要前提。20世纪初期,能够从事译介活动的文人不多,能够进入这一行业的门槛相对较高。合格的译者不仅需要具备双语或多

---

① 启事,《上海新报》1862年5月7日。
② 启事,《申报》1878年3月7日。

语的扎实语言功底,还需要在实现两种文化顺利交流的前提之下找到一种平衡,更需要自觉主动地肩负起应有的社会责任感。如此一来,相匹配的稿酬制度和社会认可是保证童书译介出版的重要知识生产者之一——译者愿意并坚持从事这一生产活动的重要动力,同时这也是译者职业规范化的重要环节。

5. 译介童书的文学定位:知识生产的理想蓝图

译介出版童书的文学定位直接决定了知识生产的目的性和方向性,译介出版童书出现在文学历史舞台上的第一个历史使命就是"启蒙"。首先,"五四"新文化运动使中国文人志士区别于封建士人的最重要一点,就在于他们肩负起了启蒙的社会历史使命。先进的知识分子之所以投身于童书译介出版活动之中,驱动力在于"救救儿童"这样一个边缘群体。在童书译介出版场域的生产者们想要改变社会大众传统的儿童观念,给予儿童足够的关爱、保障儿童基本的生存权利,这体现的是真正的民主启蒙精神。其次,中国出版史的精神基础不是别的,也是启蒙。如果丢掉了启蒙传统,意味着出版失去了文化灵魂。最后,翻译与启蒙从来就是不言自明、关联紧密的两个概念,每一次的翻译高潮都是因"祛昧"和"求新"而起,又都伴随着一定程度上思想的解放和精神的自由。

译介童书的第二个文学定位落脚于科学。首先,译介内容是科学的。1919—1949 年间,大量先进知识分子都认识到传统儿童读物对儿童想象力和创造力的束缚,都在寻找更为科学的儿童读物和儿童创作理论。其次,译介对象的选择标准是科学的。从译介出版的现代童书统计来看,译介的重点和核心均为在世界儿童文学史上具有源头性意义和经受住历史、市场双重检验的海外经典童书,同时也偏重于译介中国本土缺乏的品种和门类,对中国本土传统儿童读物是一种极大的增益。最后,译介策略和标准也在追求科学性。1919 年以后的童书译介不仅普遍摆脱了文言文的束缚,努力追求语言表达的简化和童趣,激发了儿童阅读的兴趣,而且绝大多数译者改变了前一个时期在童书译介中对原著的不尊重态度,肆意改写和编译情况极大改善,这样有利于保留译介童书的异域特色。

现代性是所有启蒙思想家为未来规划的理想蓝图,现代性的精髓便是科学和民主,现代童书译介出版的知识生产定位正好落脚于这两点。知识生产者为现代童书译介出版设置的文学定位最终助力了中国儿童文学的现代化转型,催生中国现代儿童文学,并使之在现代化的轨道上繁荣壮大。

二、现代童书译介出版的知识生产主体

童书译介出版的知识生产者①包括参与到译介对象选择、具体翻译和出版实践、知识生产模式创新、知识消费引导、知识生产成果转化等中的机构、组织、群体或个人。依据他们的生产站位、掌控的生产资料与特殊的生产贡献,可将其分为赞助人或出版商、译者和评介者三类核心生产主体,每一种类型的知识生产者都有各自不同的责任和贡献,都是一个相对独立的专业空间。他们参与到童书译介出版的知识生产过程中,不仅出于有形经济资本的追求目的,而且还出于无形符号资本的积累需要,包括交际网络、社会认可、行业地位、文化身份、作品声誉,等等。

1. 权威建构型知识生产主体:发现符号资本与实现自我认同的赞助人或出版商

译介出版活动离不开赞助人或出版商的推动,赞助人或出版商会根据一定的出版目的,启动翻译和出版过程,并确定译介出版的路径。② 赞助人对翻译和出版的影响是巨大的,只有他们认可的翻译才会支持出版,他们可以充分运用其思想意识、经济因素和政治地位对译者施加影响,从而控制译介出版活动的走向、翻译文学的兴衰、译者的经济收入和社会地位,最终影响和控制各级接受者的意识形态。

选择即是一种生产。赞助人或出版商对于译介出版对象的选择不是一种单纯的选择行为或生产发起行为,更是一种权威的建构行为。第一,凸显了赞助人在译介出版活动中的权威地位;第二,打造和确立了译介出版的选择对象在译入语文化中的权威和经典形象;第三,呼应或维护了政治或教育权威的需要。童书译介出版活动不仅为童书译者提供了生存自由的保障,也提供了必要的经济基础,而且成为译者表意自由的前提。

---

① 万滢安、范军:《身份建构与社会认同:童书译介出版的知识生产者实践(1919—1949)》,《出版发行研究》2022 年第 11 期。
② Christiane Nord. *Translationg as a Purposeful Activity: Functionalist Approaches Explained*. Shanghai:Shanghai Foreign Language Education Press,1997:20.

权威建构的可能为什么会对现代童书译介出版的赞助人或出版商有如此吸引力？自然是因为权力往往天然地和资本相联结，经济资本与象征和文化之间存在着相互转换的可能性。[①] 象征资本授权予被公认可以影响公共舆论的人——社会群体权威代言人，这类人获得或积累象征资本，其实也是获得权力，积累影响力。在童书译介出版知识生产过程中，赞助人或出版商应该是符号资本最先的发现者，也是最早的挖掘者和开拓者。他们因自身贡献而获得市场的认可、得到译者和读者的信任，从而在童书译介出版行业中站稳脚跟，积累名誉和声望，最终赢得不同程度的市场号召力和社会影响力。于是，努力成为新知识的传播者和生产者成为各大权威体系和团体追求的目标和竞争的核心。

1919—1949 年，约 187 家民营出版机构参与译介出版一千多种童书（重版、再版另计），他们是这一知识生产活动的主要赞助人及出版商。商务印书馆、开明书店、北新书局、儿童书局、世界书局、中华书局、泰东图书局等是其中最为耀眼著名的核心赞助人和出版商。他们涉足童书译介出版知识生产活动时间较早、较持续，而且整体上译介出版的童书种类数较多。这些民营出版机构从事童书译介出版知识生产活动不仅可以作为教科书之外辅助阅读材料的市场开发，而且可以巩固其在社会大众心中作为儿童文化的引领者、关注儿童思想和生活前沿的社会服务者、坚持在儿童读物领域辛勤工作的耕耘者形象。由此，他们不仅积累了作为商业出版机构所必需的符号资本，如企业形象、业内地位、社会号召力等，而且通过在知识生产过程中的积极贡献实现了自身的社会价值，获得了自我认同感，即兼具启蒙使命和商业使命的生产领跑者。他们进入译介出版市场的原初动力往往源于资本的激励，但在救亡图存的特殊时代语境中他们出于对国家、民族、社会、儿童的启蒙自觉而赋予自身作为权威建构型知识生产者新的身份内涵。

2. 文化建构型知识生产主体：转化符号资本与实现职业认同的译者

19 世纪末 20 世纪初，中国社会在外来文化的强力冲击之下，社会风气日渐开化，对待西学的态度从排斥谨慎到追逐热捧，市场对汉译西书的渴求成为

[①] Pierre Bourdieu. *Language and Symbolic Power*, Trans. by Gino Raymond and Matthew Adamson. Cambridge: Polity Press, 1991: 230.

童书译介出版繁荣的重要前提。最早译介童书的大多是文化译者，他们开启译介活动大多出于机缘巧合和个人志趣，因此不像事务型译者先行被设定了一个规范条款和标准，会受到一定的品质管束。① 民营出版业发展成熟以后，早期的文化译者要么将译书手稿卖给出版机构，要么直接受雇于出版机构，他们的译介行为逐渐和民营出版机构的发展紧密结合起来，裹挟到市场经营之中，随之也就不再是纯粹的文化译者。文化译者转变为事务型译者就使"译者"成为一种正式的社会职业。

1919—1949 年间童书译介出版的知识生产过程中，译者这类生产主体呈现出以下特征：一是强强联合现象突出，童书译介精品的打造意识初现。老牌的民营出版巨头已经占有了一定的经济资本、社会资本和文化资本，他们不难吸引知名的文人译者与其合作，不仅可以给译者提供较高且稳定的稿酬，而且可以帮助译者在知识生产场域内获得巨大的影响力和权威地位，因此他们的强强联合表现为核心出版机构、著名译作者和经典童书的结合。对于新创民营出版机构而言，在引进西学的热潮之下，投资译介作品是新入出版场域、积累各类符号资本的有效途径。他们没有足够的经济资本和符号资本，所以更善于挖掘一些有实力的新秀译者，更重视译著的经典与否，倾向于译介出版海外认可度较高的作家作品或经典作品。这样不仅可以规避投资风险，而且低投入、高质量的译介作品还能快速有效地获取经济利益，得到市场认可。

二是专门的童书译者和偶然参与性译者比例相当，偶然性译者贡献了他们的专长，丰富了译介种类和译介风格。此期仅有一部译著的童书译者占了不小的比例，其中不乏其他行业专才，如《良友》画报的第三任主编、近代美术出版家梁得所，主攻教育教材研究的俞艺香，著名作家许地山，稻种专家程鹤西，著名诗人杨骚等。他们积极参与童书译介不仅源于忧国忧童的赤诚之心，而且还有着实现个人价值和社会价值的迫切愿望。他们利用所掌握的文化资本和技术资本参与到知识生产之中，力图将其转化为经济收入、社会影响力、行业地位或话语权等符号资本。这些译作颇丰的童书译者大多发展成了童书作者，如周作人、郑振铎、茅盾、赵景深、陈伯吹等都从译介童书这一知识生产起点转战到儿童文学创作的舞台上，以译促创，译创并进。他们从译介童书的

---

① 孔慧怡：《重写翻译史》，香港中文大学翻译研究中心 2005 年版，第 121—123 页。

过程中吸收养分,转化为打造新瓶之材料,毕竟在这一时期现代新见依傍翻译之名和翻译之术可以获得更为显著的符号资本。

三是女性译者群体逐渐显露峥嵘,为现代童书译介出版注入了一股温柔力量,如薛琪瑛、张近芬、许广平、张允和、钱子衿、凌山等。20 世纪初的这批女性译者大多出身于书香门第,自小受过严格的家学教育,有较好的古典文学素养和经史书画的训练,也曾走出国门开阔眼界,她们的译介作品文笔优美,能从独特的女性视角体悟儿童的心理和感受。如著名经典童话小说《杨柳风》的最早译介者薛琪瑛,其译作优雅诗意,充满了田园风格,透露了大自然蕴含的质朴理念。女性译者的成长和成熟是极具社会进步意义的现象,表达了中国女性积极争取社会话语权的诉求。

3. 建构型知识生产主体: 深化符号资本与实现群体认同的评介者

中国新式知识分子不仅是现代童书译介出版的核心赞助人、核心译者,还是这一知识生产过程重要的观察者和监督者。评介者的存在凸显了现代童书译介出版知识生产人文性、思辨性的发展路向:极大助益了评判知识价值体系的构筑;为知识生产提供了宏观指导;为当代知识传播提供了可参考的实践经验。

评介者往往针对海外儿童文学动态、本土童书翻译现状以及本土童书出版的一系列知识生产现象发表个人观点,最早将译介出版童书从生产线拉到读者空间之中。评介者是译介出版童书的特殊读者,是最重要的信息反馈者。首先,评介者的关注本身就折射了译本的接受度和影响力;其次,评介者的解读和阐释是另一种形式或是进一步的知识生产,其评论内容不仅会逆向促使译者提升翻译技巧和译作水准,而且还会促进和推动普通读者的接受行为,甚至对于创作界和出版管理部门也会产生积极影响,从而使译介出版童书的符号价值得到进一步提升。

译介出版童书的知识生产过程是复杂的,其复杂程度可能远远超过出版者原先的设想。童书要从生产者的一端走向接受者的一端,这一个过程中存在着成人与成人的沟通,也存在着成人与儿童的沟通。① 译介童书则比一般童书更复杂,要从异域走向本土,存在着源语文化与目标语文化的沟通,读者

---

① 〔英〕彼得·亨特主编,郭建玲、周惠玲、代冬梅译:《理解儿童文学》,少年儿童出版社 2010 年版,第3 页。

的层级也就比普通童书复杂。

评介者作为规范建构型知识生产者的价值和意义还在于童书译介出版活动的规范建构是有层次的,他们所生产的知识内容满足的读者层次越多越全面,评介群体所获得的认可越广泛。评介者关注或偏重哪一类接受者的市场需求直接影响现代童书译介出版的生产质量。假设评介者仅仅只关注满足生产主体本身的阅读需求和阅读体验,那他们在生产过程中要规约的内容必然少于要同时满足包含儿童在内更多大众读者需求的内容。如果生产的标准停驻于此,是否译介出版的童书会成为打着童书旗号的成人读物?童书的确值得成人去阅读、探讨和深思,成人的确也控制了童书译介和出版的生产全过程。在真正客观的现代儿童观没有普及以前,成人运用对待成人读物一样的价值标准对待译介童书或本土创作童书是不自觉的。因此,专业的童书或译介童书评介者是不可或缺的一类知识生产者,否则仅是满足成人阅读的"成人童书"成为一种显形的商业出版和文化现象则否定了"童书"或"译介童书"存在的终极意义。

现代童书译介出版的评介者很少是普通读者和纯粹的官方管理者,基本都是有着丰富实践经验的译者或兼具出版人身份的译者,如鲁迅、夏丏尊、赵景深、巴金、茅盾、周作人、郑振铎、胡愈之等,他们评介的重点并非语言转化层面的翻译技巧等问题,而是偏重异域新颖儿童文类的介绍和分析。他们的评介内容可以帮助专业读者和普通读者更有阅读目的性和鉴别力,同时也利于国内童书经典谱系意识的形成。从经典作家、作品入手展开的针对译介童书的评介内容基本都在揭示一个共同的译介选择标准,即"儿童本位"的儿童观是现代童书译介出版知识生产活动的总指导方针,譬如理性、爱、游戏、幻想在儿童成长过程中的重要性。这种不约而同的"为儿童"服务意识增强了群体聚合力,也更易获得社会大众的认可。

三、现代童书译介出版的知识生产模式

知识生产模式①是译介书籍在异域社会文化语境中被现实化和具体化的关键因素,也是译介书籍在主流文化圈被接受认可而获得合法性经典地位的

---

① 万滢安:《文学再经典化的合法性建构——民国童书译介出版的知识生产模式探究》,《出版科学》2023年第1期。

必要手段。话语动态式、书刊互文式、诗性与商业整合式和译创承续式的独特知识生产模式,糅合了现代童书译介出版知识生产的"在场"和"关联场"①,使源语国的童书在目的语国得到广泛地接受和认可,竭力将其形塑为目的语国的译介经典。译介童书跨民族、跨地域的接受、认可和再经典化过程实质上是译介出版知识生产系统化的过程,是中国本土儿童读物独立化的过程。

1. 话语动态式知识生产模式

一部童书被译介到目的语国,能否被接受和认可往往受制于两种话语,分别是权力话语和阐释话语。权力话语设定了译介童书的发展基点,为其在目的语国的再经典化扫清障碍;阐释话语建构了互相交织的复杂"意义群",形塑了接受文化,读者在阐释中重新定义自我与世界的关系。②

权力话语的运用往往是从知识精英层开始的。首先,对象的选择是知识生产精英层发挥权力话语的第一步。译介选本是一种权威认可,彰显了文化精英层知识引领的思路和方向,影响着目的语国家读者对海外童书最高水准和整体概貌的认知、本土文学的吸收和创作,以及本土文学理论的形成。其次,重要刊物的推荐或连载、知名学者或学术研究团体的关注、主流教材的收录、权威奖项的授予、发行渠道、营销方式、再版重版频次等都是掌握了更多生产要素的文化精英层发挥权力话语的手段。最后,权力话语还显见于再经典化的文化"除障"过程中,譬如文言文的废止、白话文学语体的推行,文言文不仅影响了异域作品的表现力和特色,也不符合儿童的生理和心理需求。又如对忠实翻译标准的倡导,不忠实的翻译风气会弱化原作的异域风格和民族情调,削弱原作的儿童化特色和艺术价值,影响译介作品的传播效果。

阐释话语包括跨文化、跨文明的翻译阐释,文学平行阐释与文论阐释三个

---

① "在场"和"关联场"的概念是受法国社会学家布迪厄的"场域"理论和中国学者初清华的"文学知识场"概念启发而得。在文学译介出版知识场中,"在场"主要包含作为知识载体的文学译介作品、文学译介出版评论和文学译介出版研究,参与文学译介知识生产、传播和消费的生产主体,以及译介出版机构、发行机构和教育机构等知识传播媒介三大部分。"关联场"主要指参与到文学译介知识生产和再生产中,与"在场"关联的其他文化、社会力量,包含译介出版制度,经济、社会、文化等符号资本,以及各类知识话语等。

② 田淑晶:《当代社会文学经典化中的权力话语和阐释话语》,《文艺论坛》2022 年第 4 期;卓今:《文学经典的内部构成:原创性和可阐释性》,《中国文学批评》2021 年第 3 期。

方面。① 第一种阐释话语直接反映在翻译文本中,改写便是其重要的阐释手段,如茅盾将伊索寓言《蚊子与狮子》篇目的主题从戒骄戒躁转向无畏强敌,又如包天笑将《馨儿就学记》中主人公的人名改译为充满道德色彩的"义郎"。第二种阐释话语表现为本土关联创作的文学平行阐释,如茅盾取材于《格林童话》的《蛙公主》《驴大哥》;郭沫若在《青鸟》《沉钟》等异域童书的滋养下创作的《黎明》。最后一种阐释话语集中反映在广泛的社会评介之中。经典读物往往能激发广大社会读者的阐释欲望,在与阐释者的共构中衍生出更多新意义,从而长久地保持"活性"状态。不同时代、不同类型的读者会对同一译介文本做出不同解释,从多维视角深化文本理解,如刘半农关注到安徒生童话《皇帝的新装》中的措辞诙谐,赵景深盛赞安徒生童话贴近儿童精神与追求自然美的特质,郑振铎则看重安徒生所开创的文学新式样。

2. "书""刊"互文式知识生产模式

民国时期,"书""刊"两大媒介聚集了中国最先进的知识分子,贡献了最广泛的知识力量,是最前沿的知识风向标,成为了全社会知识生产和知识获取的重要平台。"不同媒介有其不同的技术和文化'偏向',会产生不同的传播形态和方式,从而规制了其内容的组织和呈现,规定了接受和体验的方式,重组了人们之间以及与现实的关系。"②

"书"代表着经典谨严的传统知识形态,在中国人的内心一直占据着崇高的地位,是具有"神圣感"的物品。"刊"是中国晚近才出现的现代传播媒介,具备较强的时效性、周期性和广泛性,代表着通俗浅显的现代知识形态。20世纪初的中国,"书"与"刊"的知识互文生产网络建构在某种意义上象征着传统与现代知识形态的融合,显现出传统知识观念、真理认知和思维定势在新的时代语境中对新知、新思的包容吸收。"刊"这样的新媒介呈现了知识的新颖样态,与"书"对新知之正统典雅的确认在知识体系上形成一种合力。

20世纪上半叶,"书"与"刊"共构了童书译介出版的三种互文生产特征,极大促进了译介童书的社会熟知和互动进程。一是"书""刊"对相同或相似译介生产内容的重叠式强化输入。童书译介的繁荣兴盛离不开报刊界的推波助

---

① 曹顺庆、张帅东:《比较文学学科重要话语:比较文学阐释学》,《清华大学学报(哲学社会科学版)》2022年第1期。
② 黄旦:《媒介变革视野中的近代中国知识转型》,《中国社会科学》2019年第1期。

澜。大量刊物成为译介童书的平行传播阵地,如《晨报副镌》《儿童世界》《小朋友》《小说月报》《学生杂志》《东方杂志》《教育杂志》等都大量刊载、连载译介童书内容。二是"书""刊"在形式上彼此借鉴,共同致力于对知识生产内容。尤其是经典作品的交叉性涵盖和系列化推介,呈现出综合化、专门化、谱系化推介的蓬勃气象,如中华书局的《世界童话丛书》《现代文学丛刊》、商务印书馆的《文学研究会丛书》《世界儿童文学丛书》、世界书局的《世界少年文库》、北新书局和北平未名社联合出版的《未名丛刊》、开明书店的《世界少年文学丛刊》等。三是"书""刊"在促进社会熟知进程上的功能互补。"刊"在推介时效和译评互动上具有绝对性优势,能为"书"的印行进行市场预热和造势,能为译介出版评论搭建话语平台,促进知识生产者与接受者的互动——不断规范、约束知识生产过程的同时为大众阅读提供科学指导。"书"则往往是译介内容被规范典雅的正统体系接受和认可的最终形式,诸如正规教材的收录更代表着对译介经典的权威认可,如《格列佛游记》便是因其篇目《小人国》《大人国》被《新学制国语教科书》《高小国语读本》《修正初小国语教科书》等收录而获得经典身份。

3. 诗性与商业整合式知识生产模式

知识生产者参与童书译介出版,一方面出于社会责任和文化创作的诗性自觉,即文化人有文艺创作的内在驱动;另一方面出于积累经济资本和符号资本的客观需要。这些都是促进译介童书在目的语国被接受和认可的激励机制,尤其当知识生产主体将著书立说的文化理想与谋生养家的生存需求结合时,他们译介出版的知识生产实践必然要为获得文化影响力和号召力的"出圈"而努力,如此出版商和读者获取有质量保证的译作、著作的可能性就会大大增加。知识生产者希望在竞争中胜出的商业诉求强化了他们获得社会认可、行业地位、专业身份的文化理想,以及打造译介经典的生产理想,这共同催生了知识生产主体在商业竞争中品牌意识、大众意识和媒体意识的形成。

首先,品牌打造意识促进了译介童书的生产优化。如商务印书馆在童书译介出版事业上试图打造一个既有文化理想又有商业竞争力的机构形象。为此,它不仅重视选本,关注译本质量,用高额稿酬或优厚福利吸引名家合作,在书籍定价和装帧设计上迎合读者需求,而且还充分运用了市场销售策略,如以"丛书"的形式规模化推广译著、教材与教辅用书互相引荐等。如此一来,出版机构可以成套销售译书,快速提升销量,激发潜在购买力,扩大生产的范围和规模。其次,知识生产者的大众意识不断强化,迎合市场、迎合大众、满足读者需求也促进了译介童书的被接受和认可。在晚清翻译高潮袭来之时,新的都市读者群体兴起,译介作品和英文教科书都颇受市场追捧。老牌出版巨头中华书局便别出心裁地推出了一系列日文版或英文版的译介童书来迎合社会大众学习外语的热情,如《山中人》《金河王》《伊索寓言》《鲁滨逊漂流记》等。如此一来,社会大众无疑形成了一种极为深刻的印象——中华是敢为人先、勇于创新的教科书领跑者。最后,追求商业利益的最大化必须充分发挥媒体优势,这在无形中促使生产者和各生产要素积极参与到译介童书的再经典化打造中。如期刊、书业广告和文人学者的推介成为了译介出版童书重要的市场宣传手段。各类知识生产者都十分重视译介童书的推广介绍,图书广告是推介的主要手段之一。这一时期不少译介童书广告均出自名家之手,鲁迅、胡风、茅盾、施蛰存、梁实秋等都会精心为新书新译撰写广告文字,用语简练、文笔流畅、实事求是、真实贴切、风趣隽永。

4. 译创承续式知识生产模式

20世纪上半叶,国内掀起西学传播高潮,其最终目的是希望本土文化不断提升直至实现不假外求之状态,广泛译介出版经典童书也是为了促进本土儿童文学高质量的长足发展。此期全类型涵盖、多国别引进和经典化导向的童书译介为中国儿童文学界打开了广阔的创作视野,为中国本土儿童文学的发展树立了一个创作标杆,于是才有了中国现代儿童文学创作的高起点和丰硕成果。

首先,童书译介出版的知识生产实践培养了最早的本土儿童文学创作队伍,深化了他们对儿童的认知,使之成为了儿童世界的欣赏者。他们大多从译介实践中成长起来,在现代儿童文学创作和理论生成上有着敏锐的洞察能力和超强的贯通能力。孙毓修就是从译介西方儿童文学作品,编译西欧童话传说开始为中国儿童供给精神食粮的。周作人、赵景深、鲁迅、赵元任、夏丏尊、穆木天、徐志摩、梁实秋等一批文化名家也积极参与童书译介出版事业,继而从译介转向创作。其次,经典童书的译介出版为本土创作树立了典范,在主题、内容、形式和创作方法上都引导和激发中国现代儿童文学创作与世界儿童文学有了共通之处。譬如经典童书的译介出版为中国本土现代儿童文学创作提供了核心母题——自信、勇敢、智慧、友爱、自立自强等。经典童书一定是经过历史和市场检验,被普遍认可的优秀儿童读物,承载着不同国家或民族对儿童群体的普遍价值认同,比一般儿童文学文本具有更深刻更丰富的内涵,更具认知、教育和审美的意义,也更具有借鉴意义。最后,童书译介出版活动促生了中国本土现代儿童文学理论建设的萌芽,这是现代儿童文学创作繁荣成熟的基石。译介童书提供了大量典型的学习或研究对象,启发和深化了知识生产者对儿童文学底层结构的思考。从 20 世纪 20 年代起,中国儿童文学界就产出了一大批儿童文学理论专著,如《童话评论》《儿童文学研究》《中国神话研究 ABC》《儿童阅读兴趣研究》等。这些理论专著解决了诸多阻碍本土儿童文学发展的问题,如儿童文学的美学特征、"鸟言兽语"的论争、"儿童读物是否应该描写阴暗面"等问题,使得本土创作更能接近儿童精神需求的本质,更能获得长足发展。

总结

  1919—1949 年,特殊的时代语境孕育了中国现代第一个童书译介出版高潮,这一知识生产活动吸引了当时中国最先进的知识分子群体,产出了约 1 008 种译介童书,引进了童话、小说、寓言、戏剧、诗歌等 10 多个儿童读物类别。生产语境和生产者共同作用、框定了童书译介出版的知识生产边界,同时也共建了童书译介出版特有的知识生产模式。由此,中国有了大量专门"为儿童"而译、而作和而出版的现代精神食粮,儿童不仅"被发现",而且"被启蒙"。现代童书译介出版的知识生产理想蓝图最终真实地影响和改变了中国儿童的命运——儿童的思想解放和精神自由在译介启蒙的"祛昧"和"求新"中得以保障,儿童的想象力和创造力在译介内容的经典和科学中得以释放,儿童对社会关爱的渴求在追求民主的译介定位中得以满足,最终"理想"中的儿童才能逐渐成长为"现实"中的儿童。

出版与商业互动

文学与商业的互动

——赞助者视角下的《现代》杂志编译出版活动 *

刘叙一

（上海商学院）

一、引言

作为现代文化产业的核心板块,期刊杂志是我国在 20 世纪初最先产业化的门类。1932 年"淞沪抗战"后,上海的文化出版业因受到战火的打击而一蹶不振,包括《小说月报》、东方图书馆、商务印书馆等在内的几大出版业巨头轮番在战火中受挫,上海的出版界几乎处于停滞的状态。作为当时与 20 世纪世界现代文学与先锋文类沟通的门户,上海急需相关的媒介对此类作品及世界文学动态进行报道及传播。在这样的时代背景与出版环境下,由现代书局出版的大型文学月刊《现代》(*Les Contemporains*, 1932—1935)在上海创刊,成为当时上海出版业百废待兴时期的第一道"曙光"。时代、地域及媒介的特殊性使得这份"非同人"期刊承载着特殊的文化传播使命。《现代》杂志的出版方与编译团队殊途同归,实现了特殊时代语境和媒介语境下专业文学生产与商业出版活动的完美互动。

勒菲弗尔(André Lefevere)提出,社会上有两个控制元素能够确保文学系统紧贴着社会内的其他系统,不致其脱离得太远。元素之一是"专业人士";在文学系统以外的便是"赞助者"。赞助者包括任何有助于文学阅读、写作和改写的产生和传播,同时也有权利阻碍、控制销毁作品的力量。赞助者既可以

---

* 本文为 2021 年度上海商学院校级课程思政建设项目"跨文化商务交际"(编号: SBS-2021-XJKCSZ-16)研究成果。

是个人、团体、宗教、政党、出版社,也可以是报纸或者杂志等媒体,他们通常从意识形态(不局限于政治层面)、经济层面和社会地位等方面,左右着翻译活动的进行。① 对于一份杂志来说,赞助者、编者及读者等力量都决定着该杂志文学出版活动的主体方向。1930 年代初"淞沪抗战"后创刊于上海的唯一一份"非同人"大型文艺杂志《现代》的文学生产活动便是由以上两个元素进行"操控"的典型案例。"专业人士"是指以施蛰存为主导的《现代》杂志的核心编译群,文学系统之外的则是以张静庐、洪雪帆为主导的出版机构即现代书局。既然勒菲弗尔对"赞助者"在意识形态上的影响作了强调,作为商业层面的赞助方和文学方面的赞助方,杂志的出版商现代书局以及负责选稿刊载的编译群的文艺立场则是我们需要重点考察的对象。《现代》杂志整个出版过程实现了以文学价值为先,专业化与商业化相结合的出版模式,或者说,《现代》杂志通过此种模式为其文学生产活动寻求了一种合理的审美建构渠道。这在 1930 年代以大众读者为主要接受群体,综合性刊物出版占主导的上海,以及意识形态对翻译文学出版操控较为密集的年代是格外显眼的。此种出版模式能够在一定程度上代表当时在左右翼话语空间争夺之外的另一种实践,也为当下多元化的出版生态提供了某种借鉴。

二、中立平衡的编译出版立场

1930 年代,上海以其浓厚的资本主义商业化氛围逐渐取代着北京的文化中心地位。商业化的环境为文学提供了生产和消费机制,新的文化中心地位为其文学生产提供了消费空间。"20 世纪中叶,近代出版业的发展对中国社会的转型产生了巨大的影响。"②在当时的出版大环境下,商业利益下的出版运作通常表现为书局老板操控着期刊的出版与生产,这对期刊包括翻译和创作在内的文学生产活动以及编者所采用的编辑策略影响非常之大。上海期刊的出版品质在商业目的的影响下良莠混杂,文人、编者及出版家的商业和政治动机也不尽相同。

---

① André, Lefevere. *Translation*, *Rewriting*, *and the Manipulation of Literary Fame*, London & New York: Routledge, 1992: 28.

② 李建梅:《文学翻译策略的现代演变——以〈小说月报〉(1921—1931)翻译文学为例》,《北京第二外国语学院学报》2012 年第 8 期。

1. "非同人"的期刊定位

从文学出版的内容和风格来看,当时的上海文坛可以说是众声喧哗。除了较为盛行的左翼文学,还有通俗文学、新感觉派文学、城市文学等各种类型的思潮和流派。文学社团和出版公司也通常会根据自己的意识形态和审美倾向来赞助出版或文学生产活动,这便导致了1932年"淞沪抗战"前较多的期刊杂志都是"同人"性质的。与之形成鲜明对比的是,《现代》杂志的主编在"创刊宣言"中特意强调了其"非同人"的性质,即杂志没有依托相关的文学团体,只是现代书局请人编辑的;编者明确表明《现代》"不能成为政治党派的小集团式的同人帮派杂志,尤其不能是'同人杂志',只能是一本'普通的文学杂志'"①。编者对"非同人"的强调,部分还针对《现代》杂志创刊前左联刊物《拓荒者》《萌芽》《大众文艺》,国民党右翼刊物《前锋月刊》等"同人"刊物因意识形态过强而停刊的案例。他之所以突出"非同人",除了"同人"杂志的局限性,还因其完全依附于政治意识,没有自己独立趣味和立场的文学期刊在相对统一的意识形态或文学观的掣肘下,生命力也是极其短暂的。这体现了《现代》杂志在面对当时文坛"革命文学""无产阶级文学""普罗文学"等文学概念和思潮的盛行,不想与当下各类文艺思潮抗争,只是想单纯做好文艺工作的坚定立场和态度。虽然在现在看来,《现代》杂志当时的文学生产活动包罗万象,众声喧哗,其实在当时,一份综合性的、百家争鸣的万花镜式的杂志是极其难得的。《现代》杂志开创了这种包容性,编者也通过这一点来凸显杂志本身的特征和属性,为文化生产活动争取了社团及流派以外的声道及空间。

2. 商业起点与雇佣关系

如果从另一个角度来看编者对"非同人"的强调,便是编者和赞助方之间的雇佣关系。在此基础上,现代书局对杂志方针立场的确立和整体的编辑方向起到了决定性的作用。现代书局负责人的意识形态和文学观便是影响《现代》杂志文学立场和文学主张的重要源头。现代书局在投资创办《现代》杂志时首先是商业上的考量,此外,"一·二八"事变前后的政治文化氛围也影响了书局创办杂志时的定位和立场。"非同人性"在一定程度上可以体现《现代》杂志将去除此前现代书局所经营的几个刊物的政治色彩,走一条与前期完全不

---

① 施蛰存:《创刊宣言》,《现代》1932年第5期。

同的出版道路的计划和决心。根据史静对现代书局阶段性特征的考察,现代书局的发展大致分为两个时期,而这两个时期恰好以 1932 年《现代》杂志的创办为界。其中,第二时期的主要特征是:"受到国民党政府的封杀,经济和名誉严重受损,于是后期决定脱离政治意识形态,讲求中立性,以文学的文学性为主。"①1932 年初又刚好是上海出版业百废待兴之年,根据主编施蛰存的回忆,现代书局创办《现代》杂志的初衷也确实是经济上的考量为先,再借此宣传和推广书局出版的其他杂志和书籍。为了避免政治纠纷,现代书局并不希望这份杂志有任何的政治倾向和社团依附。也就是说现代书局一开始的确是从商业角度确立杂志定位的,他们希望《现代》杂志的创办与当下政治没有任何瓜葛,不愿意冒任何政治的风险是因为不想让政治的因素影响到杂志的创办和发展。书局的商业考量从某种程度上说也是一种远离现实政治的经营策略,因此他们想找一个在意识形态上没有明显倾向的人做主编。作为编者,施蛰存对之前国内期刊界的出版生态并不满意,认为它们"不是态度太过于极端就是趣味太低级,前者容易把读者作为学生,后者足以使新文学本身日趋于崩溃的命运,比如礼拜六势力的复活"②。施蛰存从年轻时代发展而来的文学观和出版观经过一段时间的创作、翻译和编辑活动的积淀,到了《现代》时期逐渐稳固定型,并开始渗透到对刊物的具体编辑和运营中。他想要办一份服务于广大文学爱好者的杂志,推介以前没有介绍过的国外作家,翻译外国现代作家的作品,向读者展示有实质内容的中外文艺动态。这份新创的杂志能够集合各类译作中文学性的因素,展现给读者真正的文学形态。在筹备《现代》时,书局老板之一张静庐主张即将创刊的《现代》杂志不能成为政治党派小集团式同人杂志的立场恰好与施蛰存多年的编辑出版理念不谋而合;双方想要偏离政治党派与纷争,同时又对当下局势不失关注的想法使得《现代》杂志成功地以新型综合性文学月刊的姿态在当时上海的出版业亮相并脱颖而出。至于编者与赞助方的关系,施蛰存在《现代》杂志创刊时就明确表示:"我和现代书局的关系,是佣雇关系。他们要办一个文艺刊物,动机完全是起于商业观点。但望有一个持久的刊物,每月出版使门市维持热闹,连带也可以多销些其他出版物。

---

① 史静:《现代书局与 30 年代中国新文学》,河南大学 2005 年硕士学位论文。
② 编者:《编辑座谈》,《现代》1932 年 5 月。

我主编的《现代》,如果不能满足他们的愿望,他们可以把我辞退,另外请人主编"①。虽然《现代》杂志创办的初衷涉及商业利益上的考虑,但只要选登的内容不完全涉及政治,现代书局还是会将最终决定权交给编者本人。在这样的前提下,施蛰存完全可以按照自己"不谈文艺的政治作用""发挥杂志文艺伴侣的作用""发挥文艺感染读者的作用"等一直以来秉承的文艺主张来进行选稿及刊用译文。在实际编刊采稿过程中,他也从来没有放弃或者降低对来稿文学水准的严格要求。他将自己在创作中的重心平行放置在对稿件的筛选中,他对创作技法的高标准使得《现代》杂志刊载的作品在文学性和艺术性上都独具特色。《现代》杂志选登的创作作品如张天翼的《蜜蜂》、穆时英的《公墓》和巴金的《海之梦》等都证明了施蛰存的文学选择始终站在中国传统文学与现代文学艺术上的高处,注重作品在主题、语言及体裁上的变革和对象征、意象、蒙太奇、意识流等现代性技巧手法的运用。在译介方面,《现代》杂志通常选译当下世界文坛的作家,即杂志编辑和读者的同代人;介绍各国文学的最新形势和文艺动态;注意选译作品的时效性;选译的作品通常覆盖社会当下主题;读者能够在选译的作品中看到时代主题下的文学性呈现。

《现代》杂志的编辑工作在施蛰存的文学生涯中占据了一个非常重要的位置,施蛰存也把它作为实现自己文学理想的重要载体,他将自己对出版和文学的认识全然贯穿于对这个刊物的编辑中。编者将《现代》杂志定位为文艺杂志,尽力宣传文艺相关的内容;至于意识形态方面,则属于既不过于激进追随,也不排斥的范畴,在文艺范围内适度地提倡。这并不是所谓的"中庸",而是具有明确文艺导向性的立场和声明。在编者的眼里,文学能够刺激人们的情感,使他们更加坚定自己的文学信仰或革命信仰,这便是文学的审美和社会功能的辩证作用。也正是在这一点上,《现代》找到了一处追求文学性同时也不回避革命与政治现实的文学生产空间。

三、兼容并包的出版实践

不同于核心编译群对杂志译介活动的直接选择及"操控",来源于出版方的"赞助"则更多地体现在对这些外国文学译介活动的宣传配合上。这些宣传

---

① 施蛰存:《沙上的脚迹》,辽宁教育出版社1995年版,第28页。

活动并不是简单地在杂志上刊登广告,而是基于出版方对 1930 年代上海甚至是全国报刊消费群体及文学爱好者实际需求的充分掌握以及对杂志目标读者群体的了解之上的。此外,1930 年代上海都市文化语境下现代传媒的兴起也为杂志系列译介活动的宣传和推动创造了有利的客观条件。

1. 出版方的共生互动

"在出版业中,出版机构倘若注重创作、发行、批评的共生互动,使之形成良性的循环机制,不仅有助于书籍的发行与销售,而且可以促成文学场的生成,扩大文学传播的路径和范围,从而反过来为出版商谋取更大的利益。"[1]借助着多年的办刊及出版经验,以张静庐为主导的现代书局早已对该年代、该地域以及通过报刊为主要媒介的出版模式形成了一套行之有效的商业策略。为了配合杂志对 20 世纪初外国文学的先锋性译介,现代书局在 1932 年,也就是《现代》杂志创刊同年推出了一系列的现代文学讲座,内容涉及对世界各国文类作品的介绍及评论,包括英国文学讲座、戏剧讲座、现代文学讲座以及文艺评论讲座等。从这些讲座的性质和内容来看,不同于书局早期的那些出版活动,现代书局在商业利益之外,开始专注于文学本身。此外,现代书局还实时地出版了世界现代文学系列译本,设立《现代出版界》专刊报道世界现代文学的最新动态,推出"现代创作丛刊",在书局下设的杂志上刊登相关图书及活动的广告。据统计,现代书局在《现代》运营的几年间,出版的书籍中外国文学译本和中国现代文学占据了相当大的比例。[2] 这些举措都可以视为《现代》外国文学翻译出版活动的互动及补充。

由于对文学本身的关注并不是现代书局的传统,作为负责人之一的张静庐,在书局推进和建构文化生产中的文学性倾向时便起到了决定性的作用。虽然现代书局有两个老板,书局的整体出版理念其实是基于张静庐的出版理念,他同时也是书局出版活动的主要策划者和决定者,上文提到的包括邀请施蛰存来编辑《现代》,也是他的主意。根据施蛰存的回忆,张静庐在当时"称得上是一位紧跟时代步伐的极富事业心的出版商"[3]。谈及对《现代》杂志文化生产活动的赞助与推动,施蛰存曾提到:"张静庐先生,商人也,亦学人也,亦尝

---

[1] 周黎燕:《论现代书局对"新人穆时英"的打造》,《学术论坛》2014 年第 11 期。
[2] 齐晓艳:《张静庐出版思想研究》,河北大学 2011 年硕士学位论文。
[3] 李欧梵:《探索"现代"——施蛰存及〈现代〉杂志的文学实践》,《文艺理论研究》1998 年第 5 期。

以寒士不能多读天下书为恨。"①之前在泰东书局当编辑时,张静庐便很早响
应新文学运动,他对施蛰存以往参与编辑的《新文艺》等杂志的文艺倾向也较
为认可。鲁迅的《为了忘却的记念》辗转多家刊物最终在《现代》上刊登便是有
力的证明。由于话题的敏感性,鲁迅的这篇文章到施蛰存手中时已被多家杂
志社拒绝,施蛰存也不敢决定是否刊发,便交由书局老板张静庐定夺。张静庐
读后认为作者在文中呈现了极具爆发力的描述与呐喊,从文学品质上来说是
一篇优秀的文学作品,最终决定刊用。后续包括编辑部组织的关于丁玲事件
的讨论也是基于文学的立场。当然,现代书局在出版过程中呈现的文学性倾
向绝不是一个简单的现象,除了上文所提到的商业利益,也包含时事政治的因
素。此外,张静庐本人的文化出版理念也贯穿于书局前后出版策略的变化与
转向中。但是无论个中情况如何复杂,在编辑和选稿方面,张静庐还是给予施
蛰存充分的自由、宽广的平台和广泛的发挥空间,使他能够在编辑中始终贯彻
自己所坚持的文学理念和编辑思想。与之形成鲜明对比的是,《现代》杂志创
刊之前,《小说月报》和《妇女杂志》主编茅盾和章锡琛都曾因为商务当局违背
了编者提出的"不干涉编辑方针"辞职②。在这一方面,《现代》杂志的出版方
现代书局和编者施蛰存之间的合作一直是比较顺利的,双方都旨在为当时大
多数的文学爱好者提供一份可以阅读的杂志,并合力将《现代》打造为一切文
艺嗜好者共有的伴侣。可以说正是因为出版方对文学生态多样性追求的这份
使命感,《现代》杂志才能够在出版编辑双方的共同赞助下努力平衡选稿倾向
与盛行的主流思潮之间的关系,此举也为杂志自身的编译活动拓宽了合理的
话语空间和叙述模式。该模式为《现代》杂志争取了来自不同阵营读者及文学
爱好者的关注,同时又凸显了报刊的品牌特色,又在上海出版业百废待兴时期
增加了市场占有率,提高了在各类读者群中的影响力,也为之后的出版业绩奠
定了基础。

2. 编者的"现代"呈现

　　由于《现代》杂志的创刊正处于五四新文化运动之后文学翻译蓬勃兴起以
及国外文艺思潮不断涌入的阶段,加上左翼思潮在全世界范围的盛行,国民党

① 《中国文学珍本丛书书目样本》,上海杂志公司1935年版,第9页。
② 茅盾:《我走过的道路(上)》,第196页。

对国内文化思想的监察力度不断加强。时代的特殊性和复杂性赋予了《现代》杂志别样的出版特征和文化使命。透过杂志所开展的文学生产尤其是翻译活动,我们可以更加全面地把握该时期国内的文学发展动态及其与社会文化之间的历史关联。

上文提到,在赞助者和杂志编者的配合下,《现代》杂志的编译群开展了众多文学生产活动。其中,尤其值得关注的是对 20 世纪初世界现代文学作品的翻译和作家介绍活动。与《文学月刊》《译文》等同期创刊的杂志对某一类型文学的专门译介不同的是,《现代》在选译意识形态特征较强的文学作品时,基本是从文学的视角进行推介,且与主流的观点保持一定的距离,这也是编者基于出版方的商业初衷,平衡自身专业性文化生产和政治立场之间关系的底线。由此,《现代》对外国文学的选译既契合了时代的潮流,又从专业的角度引导了新兴的译介风尚,实现了文学价值与商业利益的双赢。现代书局也由此完成了其从紧随主流意识到专注于出版物文学品质的成功转型。

《现代》杂志编译群以施蛰存为主导,也凝聚了一批与其志同道合、文学观念相近的朋友。哪怕在杂志运营中期杜衡被空降为编辑,杂志整体的文学立场和面貌也依旧保持不变。在此过程中,施蛰存的"赞助"与"操控"是极为关键的。在每期杂志推出之前,编者会有意识地根据每位译者的文类及语言特长提前安排,专门设定。傅雷认为翻译是一种具有充分主观性的艺术创作过程,因此"从文学的类别来说,译者要认清自己的所短所长,不善于说理的人不必勉强译理论书,不会作诗的人千万不要译诗……;从文学的派别来说得弄清楚自己最适宜于哪一派"[1]。于是,施蛰存安排擅长写诗及法语的戴望舒主要负责法国后象征主义诗歌和西班牙文学的翻译;编者自己对英美意象诗颇有研究,因此由他负责英美诗歌尤其是英美意象诗歌的翻译;长期钻研英国小说的凌昌言主要负责英国文学的翻译;被称为国内引进日本"新感觉派"第一人的刘呐鸥和译者高明负责日本新文学的翻译;擅长综述文评的赵家璧主要负责各国文学作品概述、文学理论介绍和文学批评。这些翻译活动覆盖了 20 世纪以来世界文坛的不同流派风格作品,呈现了全新的文类题材。同样,在对创

---

[1] 《傅雷全集》,辽宁教育出版社 2002 年版,第 225 页。

作作品的选择上,《现代》杂志也兼容并包,既刊载了"新感觉"创作风格作家(如刘呐鸥、施蛰存、穆时英等)的创作,也有"海派"文人(如张资平、叶灵凤等)的作品;既有"京派"作家(如周作人、沈从文、废名等)的文章,也有老舍、巴金等民主作家的作品;既有鲁迅、冯雪峰、周扬等"左联"作家的文章,也有韩侍桁等"中间派"以及胡秋原等身为"自由人"的言论;文艺批评方面,既有《马克思、恩格斯和文学上的现实主义》,也有《白璧德及其人文主义》;创作风格上,穆时英的《公墓》和《上海的狐步舞》这类颇具现代主义创作风格作品也很多,《春蚕》(茅盾)、《丰年》(张天翼)这种关注现实的作品也不少。可以说,《现代》杂志汇聚了 1930 年代中国文坛许多重要的作家,也在一定程度上代表着我国现代文学在"新文化"运动后到 20 世纪 30 年代间的发展面貌。这些作家作品在一定程度上丰富了中国现代文学的成果,推进了中国现代文学的多样化发展。比如鲁迅的《为了忘却的记念》,茅盾的《春蚕》和《故乡杂记》,郭沫若的《离沪之前》,老舍的《猫城记》,郁达夫的《迟桂花》,巴金的《海底梦》,艾青的《阳光的远处》,沙汀的《土饼》等。从以上列举的作品来看,《现代》杂志刊登的作品确实称得上是"中国现代作家作品的大集合"。这些文学作品也大都具有较高的艺术造诣,得到了文坛积极的反馈和好评。这些作品的发表不仅呼应了编者出版方对文学价值的强调,也提升了《现代》杂志整体的文学品质。现代书局也通过《现代》杂志,向读者呈现了极具现代性的出版特色。从社会层面来说,杂志兼容并包的选译倾向在特殊的语境下创造并引导了一种新的文化阅读需求,即现代主义的潮流和风尚。

从强调普通文学杂志的性质,声明不依附于任何政治团体,到设定清晰而又坚定的选稿译稿标准,《现代》呈现的是一份拥有独立、客观文学立场的杂志和一个具有相近文学理念的编译群体和出版团队。在出版方与编者趋近的文学理念双重赞助与融合下,《现代》的成功对 1930 年代上海的出版业来说,是一种另辟蹊径的文学探索,它在被政治所缠绕的文学生产之外拓展出了一处别样的空间。

四、巧妙的左右"突围"

鉴于现代书局老板张静庐在商业利益之外对文学先锋性的追求,《现代》

的文学生产相对来说还是自由且独立的,且施蛰存与张静庐在早先也达成了共识,出资方不干涉具体的编辑事物,这使得施蛰存能够放手去编辑一份自己理想中的,符合自己文艺观的刊物。由此,《现代》能准确地确立自己的定位,从盛行的左翼风潮中巧妙"突围"。这不仅为《现代》杂志塑造了特有的形象和品质,也连带契合了现代书局最初所设定的商业动机。

《现代》杂志在 1932 年 5 月的创刊号一经推出,便轰动了出版界。第一次印刷三千册在五天内售罄,随后又加印了两千册;第 2 卷 1 号发行突破一万册,按照当时文艺刊物的销量来看,一般销售两千册就已经很不容易了。之后甚至还出现了"上海门市售出四百本之多"的盛况①,这可是当时文艺刊物发行量的新纪录。要知道,1930 年代月销万份的杂志并不多见,更何况这只是一份文学杂志。之后,出版方又乘胜追击,采用了低价促销、加量不加价等现代化营销模式,阶梯性地推出各类"大号刊";并阶段性地举办各种体裁的征文比赛和文艺辩论赛,吸引读者及各类文学爱好者关注。在翻译活动和创作活动的双向开展下,《现代》杂志在提高读者的文学鉴赏能力、丰富国内文学创作的题材内容、文学形式的变革创新等方面为 1930 年代中国现代文学的发展做出了重要的贡献。作家们纷纷向杂志投稿,或是应编者之邀撰文,作家们对《现代》杂志的支持也代表着公众读者对这个高品质文学期刊的期待和信心。② 严肃的文学生产态度和丰富多元的文学翻译活动使《现代》杂志在创刊之初便拥有了大量读者。超过预期的销量也可以反映出在当时,除了左翼文学,《现代》杂志所倡导的这种以文学价值为选载标准、兼容并包的编辑模式吸引了相当一部分文学爱好者的读者群体。可以说《现代》杂志在 20 世纪 30 年代政治、商业对文学的操控之外为文学生产寻觅了一个全新的空间,这在一定程度上既能兼顾到赞助方的商业和经济利益,又能使文学和出版走向健康的生态循环。

从创刊中期获得张天翼、魏金枝、巴金、瞿秋白、沈从文等风格各异作家的稿件赞助,又有源自"水沫同人"、《新文艺》、《无轨列车》等译者群的长期支持,加上编者本人对世界文学发展的敏感度,《现代》杂志一直以来都巧妙地构建

---

① 施蛰存:《我和现代书局》,《出版史料》1985 年第 4 期。
② 刘叙一、史婷婷:《聚焦时代的"文学性"——〈现代〉译介活动评析》,《外语研究》2021 年第 6 期。

着自己的核心出版立场，即不属于任何流派，对撰稿者无任何限制，兼容各类文艺思想潮流，始终坚持求同存异，文学至上。其实早在《现代》创刊之前，杂志翻译团队的中坚力量已经形成，主要的出版方向和编辑宗旨也已拟定。需要说明的是，《现代》杂志所倡导的"以文学作品本身价值为筛选标准"的方针并不代表杂志在翻译中只注重作品的艺术性而忽略思想性。该标准的提出只是引导读者关注杂志上刊载译作的文学性元素和创造性技巧，在翻译过程中注重文学性的呈现，这也是《现代》杂志一直以来秉承的文学出版主张。值得一提的是，《现代》杂志一炮打响后，上海的出版业开始逐渐复兴，各类报纸杂志、外文书店以及其他文化出版机构都争相传播各国最新的文艺动态、文艺思潮及文学作品，于是上海再一次迎来了期刊出版的高峰时期，成为了全国文化传播的窗口城市。

从创刊时"非同人"和"普通文学杂志"形象的推出，到创刊前期不造成任何一种文学上的倾向的宣言，到运营中期如愿得到了大部分中国现代优秀作家的稿件赞助，哪怕到后期出现了《文学》《译文》等同类型文学杂志的竞争，《现代》杂志在选译作品时一直坚守和不断强化的文学立场在1930年代都可以算是与众不同的存在。在"淞沪抗战"后商务印书馆和《小说月报》等出版机构都一蹶不振的时期，《现代》杂志活跃的文艺出版活动也因此显得格外耀眼。

五、结语

《现代》杂志在1930年代逐所确立的独特的文学翻译方式从宏观上来看为当时的读者和文学创作者带来了新颖的创作手法和技巧层面的借鉴，这也是追求文学本质的体现，是对文学创作内在体验的发掘，是让文学性的追求成为一种自觉意识的积极尝试。这是一种不同于西方的，也不同于传统的，具有"《现代》特色"的文学性。它在一定程度上消解了由一种文学思潮占主导地位的"单一"的文学形态。

从翻译活动的"赞助者"视角来看，《现代》杂志在开展外国文学作品的译介活动时受到了源自出版商现代书局以及"专业人士"施蛰存为主导的杂志编译群的双重赞助。双方各自从商业性和专业性的角度出发达成一致立场，认为《现代》杂志应以注重纯粹的文学艺术为先，尽量不在社会与政治运动中站队，兼容并蓄地译介与刊载文学作品和相关讨论。由此，《现代》的出版在商业上和文学品质上获得了双向的成功，不仅在同期杂志发行中处于领先地位，并且为中国现代文学的发展提供了多种选择。

20世纪二三十年代沈知方、沈骏声与通俗文学生产

石　娟

（上海大学）

　　"出版商"这一角色伴随着印刷资本的出现而诞生。近代以来,随着印刷技术的分工日益细化,出版商在作者与读者之间的"桥梁"功能日益彰显,更多地介入文学/文化的生产与消费。法国文学社会学的知名学者埃斯卡皮这样描述出版商的功能:"……同助产医生的作用相似:并不是他赋予作品以生命,也不是他把自己的一部分血肉给作品并养育它。但是,如果没有他,被构想出来并且已经临近创造的临界点的作品就不会脱颖而出。"①准确道出了出版商对作品具有生杀予夺的权力,他们足以决定作品胎死腹中还是成为经典。在现代文学的生产与消费中,出版商的地位十分微妙——在作者或实现文学理想或养家糊口的创作目的和读者阅读之间,他们具有"主体间性"②——既是沟通作者创作意愿和读者阅读意愿的桥梁,亦推动了文学作品的诞生,决定了文学作品的价值如何实现、能否实现、在多大程度上实现,等等。在现代传播和生产机制下,文人创作只有借助书局这个文化机构,才能以文化生产的方式,传递到读者手中。在这一活动过程中,出版商为了书局的经营,不得不调查市场需求,沟通读者与作者,在出版、经营的生产与消费系统中,结合作家的自身特点,在其个人创作中予以干预,并由此影响到最终产品——文学作品及

---

① 〔法〕罗贝尔·埃斯卡皮著,于沛选编:《文学社会学》,浙江人民出版社1987年版,第37页。
② "主体间性"(Intersubjectivity)概念最早由胡塞尔提出。这个概念经历了几次流变,后被莱西在《哲学辞典》中定义为:"一个事物是主体间的,如果对于它有达于一致的途径,纵使这途径不可能独立于人类意识。……主体间性通常是与主观性而不是客观性相对比,它可以包括在客观性的范围中。"

其载体——以何种面目示人,产生多大程度的影响。从这个意义上看,尽管民国书局"出版商"这一身份更多地脱胎于传统的书商,但他们在文学机构中的身份,特别是在文学生产及消费中的功能早已悄然发生了流变,使得文学具有了鲜明的现代意味。

在中国近现代通俗文学发展史上,世界书局和大东书局的地位举足轻重。包天笑曾在《钏影楼回忆录》中回忆:"如果那时候以商务印书馆与中华书局为上海第一号书业的,那末,世界书局与大东书局便是上海第二号书业了。"①世界书局与大东书局之所以能被称为"第二号书业",中国现代通俗文学出版是其重要支撑之一。而在两个书局的中国现代通俗文学生产中,沈知方和沈骏声可谓中坚力量。中国近代以来,几乎每一部优秀作品的出现,出版人都或多或少参与其中,他们系统且富有智慧的文学生产活动,在近现代文学发展史上不可小觑。

一

就世界书局而言,沈知方任总经理时期是世界书局的初创期和发展兴盛期(1921—1933)。据不完全统计,短短 13 年内,初版书达到了 3 193 种,平均每年 240 种以上,资本亦由创立时的 2.5 万元增长至 1931 年的 68.6 万元,成为世界书局业务和效益成长最为快速的一段时期。这段时期恰恰也是世界书局通俗小说出版最为旺盛、精品最多的一段时期,将几乎所有知名的通俗文学作家,如严独鹤、向恺然、江红蕉、王西神、程小青、程瞻庐、李涵秋、姚民哀、朱瘦菊、张恨水、赵苕狂等,悉数招致麾下,他们的作品"很受当时小市民读者欢迎,畅销多年,使世界书局获得巨利"②。

沈知方,原名芝芳,出生于 1882 年 11 月 28 日(清光绪八年十月十八日),浙江绍兴人。曾先后任职于商务印书馆、中华书局,后因涉讼离开中华书局逃到苏州避难。此时正值通俗小说供不应求,沈在苏州约人编写书稿,后又偷偷回到沪上,在宝山路义品里和福州路其昌旅馆租下房间,作为出版营业的根据地,并把要出版的书委托给大东书局代为发行。内容比较正规的书,用广文书

---

① 包天笑:《钏影楼回忆录》,(香港)大华出版社 1971 年版,第 382 页。
② 王震:《记世界书局创办人沈知方》,《出版史料》1992 年第 2 期。

局的名义出版;带有投机性质的,以中国第一书局或世界书局的名义出版。结果,世界书局的书销路较好,资本逐渐积累,至 1921 年夏季,沈知方共集资本 2.5 万元,遂将书局改组为股份有限公司。当年农历七月初七,世界书局位于福州路、山东路西首怀远里的门市部开张,按沈氏意愿,店面全部漆成红色,人称"红屋"。① 沈知方头脑灵活,对通俗小说的市场需求把握得非常准。对于与作者的交往,沈知方也高人一筹,有如下几方面特点:

1. "建立契约": 提供创作保障

据王震回忆,"同业中不少人都觉得沈知方有股傲气,其实他对书局的编辑非常客气,对外面的作家也是执礼甚恭,很能联络的"②。众所周知,张恨水凭借《啼笑因缘》蜚声沪上时,曾于 1930 年 12 月来沪,此行一个重要的目的,即与世界书局签订合约。张恨水事后回忆,对于已经发表的《春明外史》和《金粉世家》,"愿意卖的话,可以出四元千字……沈君愿意一次把《春明外史》的稿费付清。条件是我把北京的纸型交给他销毁。《金粉世家》的稿费分四次付,每接到我全部四分之一的稿子,就交我一千元"③。"同时,他又约我给世界书局专写四部小说,每三月交出一部。字数约是十万以上,二十万以下。稿费是每千字八元。出书不再付版税。"谈妥之后第二天,赵苕狂就带了合同"交出四千元支票一张"。④ 这一条件非常优厚,以当时的市面价,通俗小说稿酬普遍约为每千字三元左右。张恨水已经发表的作品都要高出三元,未出版的小说稿酬更高,是当时普通标准的两倍还多。独家出版单行本作品,是沈知方与作者之间建立的一种契约关系,或者可以视为一种雇佣关系。这一契约保证了作者作品由书局独家出版,使作者受雇于书局,并在规定的条件下要履行版权协议中的义务,同时,在一定程度上也为作者的创作提供了保障。相比于蔡东藩创作《历朝通俗演义》之时"不得不将一部书稿零碎着'卖'"⑤,世界书局此举对张恨水的创作无疑有着积极的意义。张恨水说:"这笔钱对我的帮助,还是很大的。我把弟妹们婚嫁教育问题,解决了一部分,寒家连年所差的衣服家

---

① 郑逸梅:《书报话旧》,学林出版社 1983 年版,第 55,61—66 页。
② 王震:《记世界书局创办人沈知方》,《出版史料》1992 年第 2 期。
③ 《金粉世家》彼时尚未连载完。
④ 张恨水:《写作生涯回忆》,张占国、魏守忠编:《张恨水研究资料》,天津人民出版社 1986 年版,第46 页。
⑤ 张赣生:《民国通俗小说论稿》,重庆出版社 1991 年版,第 104 页。

俱(具),也都解决了。这在精神上,对我的写作是有益的……这时,我可以说是心宽体胖,可以专门写作了……我坐在一间特别的工作室里,两面全是花木扶疏的小院包围着。大概自上午九点多钟起,我开始写,直到下午六、七点钟,才放下笔去。吃过晚饭,有时看场电影,否则又继续地写,直写到晚上十二点钟。我又不能光写而不加油,因之在登床以后,我又必拥被看一两点钟书……我所以不被时代抛得太远,就是这点加油的工作不错,否则我永远落在民十以前的文艺思想圈子里……"①这不仅为张恨水写作提供了经济及生活保障,还保障了他能够"加油","不被时代抛得太远"。不仅对张恨水如此,世界书局在同业中对待其他作者也十分慷慨,其稿酬几乎是业内最高的,而且从不拖欠,在作家中的口碑很好,信誉极佳。

2. "包身工":为作家办刊

对于可以高酬罗致麾下的作家,沈知方不惜重金,但尚有一些广受读者喜爱的作家不愿为金钱"卖身",对此沈知方另有办法。程小青因霍桑而成名,《红杂志》编者约其为刊物写稿。一直到《红玫瑰》,稿酬都非常优厚。②其间,沈知方曾要求程小青将创作和翻译的侦探小说完全交给世界书局,不再在其他书局和刊物上发表。而程小青"觉得这有些像引鸟入笼,没有答应"③。时隔不久,沈知方专门创办了以侦探小说为主体的《侦探世界》(半月刊),邀请程小青任主编,并亲自撰写发刊词,以示重视。其实创刊伊始,沈知方就非常清楚《侦探世界》必不会像《红杂志》《快活》等刊物那样大卖,他在发刊词中称:"……考其侦探之作,仅十之一二而已。此固由于国人心性之和易,不尚机智。故阅侦探小说之兴味,远不若社会言情之浓郁,需要弗亟仅备一格而已。"④

明知侦探小说的读者没有社会言情者的多,以当时世界书局的资本状况,沈知方还不至于首先考虑将办刊的社会效益优于经济效益,"仅备一格",而且正是由于稿源不足才考虑"舍侦探小说之外,更丽以武侠冒险之作,以三者本

---

① 张恨水:《写作生涯回忆》,张占国、魏守忠编:《张恨水研究资料》,第48页。
② 《红杂志》于1922年8月创刊,先为周刊,第四卷起改为月刊,1924年7月出版100期后,改名《红玫瑰》,出版七年,前三年为周刊,第四年起改为旬刊,共出版350期后,于1932年停刊。
③ 程小青:《我和世界书局的关系》,《出版史料》1987年第2期。
④ 沈知方:《宣言》,《侦探世界》1924年第1期。

于一源合之,可以相为发明也"①。所以《侦探世界》的出版目的就是想将程小青罗致麾下。这一办法投其所好,《侦探世界》第一期就刊登了程小青的 4 篇文章包括 2 部小说——《古塔上》和《怨海波》(两章),2 篇侦探小说理论文章《侦探小说作法之管见》(两则)。由于是半月刊,加之侦探小说创作的客观要求,《侦探世界》的稿源常常不足。为了满足刊物容量需要,主编程小青只好亲自操觚,每半个月至少要写一部侦探小说,结果疲于应付,完全没有余力为其他刊物写稿。事后回忆起来,程小青称"我终于做了一年的'包身工'"②。

3. "生意眼":策划助产作品与刊物

在笼络作家方面,沈知方不仅有一套精明的生意经,对于作家的创作,他也以其市场眼光施加影响。一般作家进行创作,多是先有作品或创作意图,再与出版商沟通,双方谈妥,继而写作出版。当年向恺然之所以能够创作出《江湖奇侠传》,却完全是沈知方的授意:彼时向恺然居留上海,《留东外史》刚卖给民权出版部不久,协议千字一元伍角,实际上向氏仅得一半,出版后却畅销不已,出版商大赚了一笔,向氏所得却非常微薄。上海生活成本高于别处,加之向氏有烟霞癖,生活非常困窘。沈知方通过包天笑找到向恺然,请他为世界书局写小说,"稿资特别丰厚",但要求"写剑仙侠士之类的一流传奇小说"。包天笑称此举"不能不说是一种生意眼",③因为彼时上海的言情小说已泛滥成灾,各种情爱类小说对于读者味同嚼蜡。《江湖奇侠传》横空出世,一改《七剑十三侠》之类小说中侠客的为"江山"而为"江湖",顿时给武侠小说的出版注入了新的生命,在《红杂志》第 22 期开始连载后,一时洛阳纸贵。世界书局不失时机地在沪上各大报纸展开宣传,先在《红杂志》的篇末连载,后又《红杂志》《红玫瑰》的开篇连载,在连载过程中就出版单行本,有效预防盗版的同时,也为书局大赚了一笔。一系列举措,使得《江湖奇侠传》连续多年热度不减,后又经明星公司改拍成电影《火烧红莲寺》,一把火持续烧了四年,反过来又推动了《江湖奇侠传》的再次热卖。上海武侠小说滥觞,《江湖奇侠传》是始作俑者,但若没有沈知方的"生意眼"和不遗余力的推介运作,《江湖奇侠传》恐怕也难有

① 沈知方:《宣言》,《侦探世界》1924 年第 1 期。
② 程小青:《我和世界书局的关系》,《出版史料》1987 年第 2 期。
③ 包天笑:《钏影楼回忆录》,第 384 页。

日后的风光。

　　创办杂志时,沈知方还会根据掌握的市场脉动,决定刊物的形式和内容。酝酿《小说大观》时,沈氏正受聘于中华书局,包天笑起初并不同意用"大观"二字,"嫌它太庸俗,不驯雅"①,况且当时坊间所出"大观"很多而且多数质量不佳。但沈知方非常坚持:"我们一出版就要使人家轰动。我们决定以后,我就要预先登广告,如果用《小说大观》这个名字,我在推销上,大有把握,若用别的名字,我就不敢说了。"②作为资深的媒体从业者,包天笑深知发行之重要,只好依从沈知方。在封面上,包天笑坚持用朴素的封面,不要封面画——"以厚纸作封面,以朴实古雅为宜",沈知方这方面并没有怎样坚持,"也以为然",但要求每期封面上的"小说大观"四字"要请一名人书写",③同时仍要求在图画页登"许多时装仕女作为号召"④。期刊出版后果然大卖。这固然有中华书局各处的分销处和各埠的分店作为保证,但沈知方对于通俗文学的市场需求、对于刊物如何赢得市场欢迎,早在世界书局股份有限公司成立之前就了然于胸,这也决定了他日后在通俗小说出版方面的有所作为。

4. "作伪":文化生意之一种

　　除去文化层面的考虑,作为一位有头脑、有眼光、精明的文化商人,沈氏从市场需求出发的种种运作行为,更多地呈现出商人本色。只要能够赚钱,沈氏便会想尽各种办法,即使作伪也在所不惜,于是,"伪书"成为世界书局在通俗文学出版方面的一大"战绩"。对此,郑逸梅了解得比较清楚:"一是《当代名人轶事大观》……署吴趼人著。这里面的记述,都是向壁虚构,不符合实际情况的。而且时间先后,也有问题。甚至有些事情的发生,揆诸时日,吴趼人已经逝世,决不可能有所见闻……二是《石达开日记》……这四册日记,后来不知下落。世界书局却登着广告,托言'四川藩库中,觅得石氏真迹日记数卷,特托友人,借以录抄,间有残蚀不全者,则参酌各家记载,略为润色,详加第次,汇辑成书。'……实则伪作《石达开日记》的,是常州人许指严。三是《足本浮生六记》……惟世界书局于民国二十四年(一九三五年)所印行的《美化文学名著丛

---

① 包天笑:《钏影楼回忆录》,第 376 页。
② 同上。
③ 包天笑:《钏影楼回忆录》,第 377 页。
④ 包天笑:《钏影楼回忆录》,第 378 页。

刊》中收入了《足本浮生六记》，四记外增加了《中山记历》、《养生记逍》二记……究竟谁的笔墨，始终成为疑窦。……总之，这二记是伪作的，不是均卿自己撰写，便是请人捉刀。"①

据郑逸梅回忆，《石达开日记》是许指严经济拮据之时，读到金山高天梅伪作后触发的灵感，于是马上与沈知方相商，双方一拍即合。许保证两个月交稿，先领稿费两百元。而沈凭借市场经验，认定此书一定有销路，于是慨然付酬。至于郑逸梅之所以确认《足本浮生六记》为伪作，是因为时为世界书局股东的王均卿曾找到郑逸梅，让他帮助作伪，出于谨慎考虑，郑婉言谢绝。台湾学者吴幅员先生考证出，恰如当年王均卿对郑逸梅所言，《中山记历》《养生记逍》二记，分别出自"嘉庆五年赵正楷（介山）所著《使琉球记》（即《奉使日记》）中部分文字，大同小异。至于另一记《养生记逍》，与曾国藩的《曾文正公全集》中颐养方面的日记，很是相似。一经对照，可以看出《养生记逍》中的一部分文字，凡与曾国藩己未到辛未间的十余条日记，一字不差"②。今天看来，《石达开日记》从历史笔记的角度来看当然是伪作，但是，许指严本就是"'掌故野闻'创制的集大成者……在创制《石达开日记》时，许并不是漫无边际地胡编乱造，而是有所'节制'，即以清代的《石达开传》为蓝本，把'正史'中所述的简略事迹演化为日记中具体的添枝加叶的'流水账'。作者想象虚构的'历史'当然融进了'日记'中，而更多的是荟萃了作者所搜集、整理、记录的有关太平天国的'掌故野闻'"。③ 其实，这就是一部许指严通过史料融会整理并加以演绎的历史小说。读者在阅读时，是把"日记"当成历史来接受的，此时，历史真实与艺术真实的边界便模糊了，读者消费的，恰是经过作家的"兰心绣口"演绎而成的带有温度的历史想象。于是，"何为真相"似乎并不重要了。以赢利为目的的沈知方，制造的恰恰是历史事实与小说想象之间温暖的不断"生发出新气象"的"边缘地带"④，生产出一部在历史与文学之间的"间性"文本。结果这部伪作在沈氏的"生意经"指点下"一编行世，购者纷纷，曾再版数次"⑤。至于《足本

① 郑逸梅：《书报话旧》，第 55、61—66 页。
② 吴幅员：《中山记历篇为后人伪作说》，转引自郑逸梅：《文苑花絮》，《郑逸梅选集》第二卷，黑龙江人民出版社 1991 年版，第 464 页。
③ 范伯群主编：《中国近现代通俗文学史（下卷）》（新版），江苏教育出版社 2010 年版，第 51—52 页。
④ 滕守尧：《文化的边缘》，南京出版社 2006 年版，第 4 页。
⑤ 郑逸梅：《南社丛谈》，《郑逸梅选集》第一卷，第 142 页。

浮生六记》的后二记,按时间推算,应非沈氏手笔,若真要算这笔账,也应记在世界书局股东王均卿头上,后者延循的虽仍是沈氏之法,但在技巧上却是为了赢利而直接抄袭,未免太等而下之,甚至无甚留存的意义和价值。相较而言,即便是伪作,沈氏在选作者方面也是独具只眼的,虚构的一段寻访日记的过程,以今日眼光看来,类同向恺然的《江湖奇侠传》,是为读者制造的"阅读幻境"①,完全是一种商业行为。

二

相比于世界书局的沈知方,同样作为通俗文学出版重要角色的大东书局的经理沈骏声,人们似乎关注不多,这与沈骏声身后的回忆资料寥寥无几脱不了干系,也增加了研究的难度。据考证,沈骏声出生于1894年②,卒于1943年③,浙江绍兴人,是世界书局总经理沈知方的侄儿,老南社社员④。早年曾在文明书局工作,任出版部主任等职,彼时即与后来大东书局董事吕子泉共事⑤。后与沈知方合办进步书局,任出版主任一职。沈骏声在大东书局的地位,后人多有评说。孔繁梆称:在大东书局的四位创办人中,"沈骏声最年轻,精力充沛,因此他肩负的责任也最繁重,他为大东书局的逐渐发展壮大,立下了汗马功劳"⑥。中华书局员工孙莘人也评价,时任文明书局出版部主任的沈骏声"精通出版业务",自己就是在沈骏声领导下"开始学习书刊的印制工作"⑦。曾任大东书局重庆分局经理的江春声也称:沈骏声因罹患胃癌英年早

---

① 参见拙作:《民国武侠小说的副文本建构与阅读市场生成——以平江不肖生〈江湖奇侠传〉为核心》,《西南大学学报(社会科学版)》2016年第5期。
② 沈骏声出生年没有详细资料,据笔者在上海档案馆获取的大东书局加入书业同业公会档案中记载,民国十九年(1930年)六月十六日,大东书局入会,沈骏声时任大东书局经理,为大东书局法人代表,时年三十七岁。而孔繁梆《大东书局概况》一文则称,沈骏声1943年在重庆去世时,时年仅四十九岁。一般去世时所算年岁为实岁,而法人代表年龄多以虚岁记,笔者据此推测。
③ 孔繁梆:《大东书局概况》,《出版史料》1990年第4期。
④ 殷安如、刘颖白:《南社杂佩》,《陈去病诗文集(下编)》,社会科学文献出版社2009年版,第743页。在郑逸梅的《南社丛谈》(中华书局2006年版)的附录《一 南社社友姓氏录》中也有记载。此处称其"老南社社员"与文后"五新南社社录"相对,以示先后。
⑤ 吕子泉时任文明书局经理。
⑥ 孔繁梆:《大东书局概况》,《出版史料》1990年第4期。
⑦ 孙莘人:《在中华书局四十年——纪念中华书局成立七十周年》,中华书局编辑部编:《回忆中华书局(上)》,中华书局1987年版,第121页。

逝,"是大东的严重损失"①。由此不难看出沈骏声之于大东书局的分量。而大东书局的通俗文学出版,沈骏声亦功莫大焉。在出版策略方面,他与沈知方同中有异,主要表现在:

1. 情感投入:与通俗文学作家交好

中华书局的老编辑赵俊在回忆录中称,他一生在印刷界见到三位"了不起的业务人才",其中之一便是大东书局的沈骏声,尽管两家书局为竞争对手,他却不吝称赞沈骏声为"一流业务好手"。② 这里的"业务",不仅包括印刷、出版、发行,还包括与作家的关系、图书期刊的选题策划能力以及执行力。从目前看到的有限资料可知,沈骏声对各项出版业务十分精通。印刷方面,赵俊和孙牷人的回忆可证;发行方面,在进步书局期间,沈骏声就受沈知方委托,主持印行了 100 多种稀有版本的笔记小说,"颇为畅销"③。《半月》第五期由大东书局发行后起死回生,亦可为沈骏声发行能力之佐证,因为他在大东书局的职责就是"专与上海的作家接洽"④。之所以会承此重任,有几方面的原因:一是大东书局成立之前,沈骏声在文明书局、进步书局工作时就与诸多作家关系甚笃;二是作为沈知方的侄儿,沈骏声跟随沈氏在出版界打拼多年,耳濡目染沈知方强大的宣传推广智慧,当然包括通俗文学方面的宣传推广策略;三是沈骏声是南社成员,通俗文学诸多作家如包天笑、陈去病、胡寄尘、王西神、叶楚伧、刘铁冷、王钝根、朱鸳雏、许指严、赵苕狂、姚鹓雏、周瘦鹃、徐枕亚等亦为社员,沈骏声的这一身份自然使其与通俗文学作家的交往多了一条商业利益之外的情感纽带,南社数次雅集沈骏声均参与其中即是明证。这一点亦不难从沈骏声与通俗文学作家的私人交往中看出。1923 年 10 月,袁寒云准备回天津为儿子娶亲,上海友人设宴饯行,同席人有严独鹤、周瘦鹃、步林屋、毕倚虹、戈公振、余大雄、张舍我、张光宇、谢介子诸人,沈骏声也名列其中。⑤ 1926 年秋仲,百星大戏院《党人魂》试片并设宴相款,周瘦鹃应邀参加,包天笑、沈骏声为了

① 江春声:《大东书局重庆分局经历》,《重庆出版志》编纂委员会编:《重庆出版纪实·第 1 辑·出版界名人、学者、老前辈的回忆录》,重庆出版社 1988 年版,第 63—64 页。
② 赵俊:《怀念雄才大略的出版家陆费逵先生》,俞筱尧、刘彦捷编:《陆费逵与中华书局》,中华书局 2002年版,第 8 页。
③ 王震:《记世界书局创办人沈知方》,《出版史料》1992 年第 2 期。
④ 包天笑:《钏影楼回忆录》,第 382 页。
⑤ 王忠和:《袁克文传》,百花文艺出版社 2005 年版,第 217 页。

听周瘦鹃"口译片中说明,因相与骈坐"①。而且沈骏声乐于"召宴"。荀慧生就在其日记中记载过沈骏声、刘豁公(大东书局《戏剧月刊》主编)曾在杏花楼召宴他的经历②。黄炎培在日记中亦多次记载被沈骏声招待宴请的经历。③

在诸多交往中,最突出的就是沈骏声与周瘦鹃的交往。1925年中秋节的前一天,即10月1日,过度劳累的周瘦鹃突发急症,沈骏声不仅茶药伺候,还将家中的枕头、绒毯、"大红绉纱的被头"悉数搬到编辑部,为周瘦鹃搭起一个临时床铺,供他休息,周瘦鹃还将当日要致贺黄秀峰喜宴之事委托沈骏声代为办理。在其生病期间,沈骏声"几乎天天驾临一次",对周瘦鹃关心有加,让周瘦鹃感慨"朋友骨肉之爱,便是我病中所得的报酬,这是何等的值得啊"④。而大东书局从周瘦鹃个人办杂志《半月》第五期资金周转困难时"慷慨出手",到为周瘦鹃办"个人小杂志"《紫兰花片》以及后来的《紫罗兰》,赢利目的之外,也多了一份对周氏文学理想的成全。⑤

与沈知方相比,沈骏声与通俗文学作家的交往以情感为基础,少了些许金钱味道。沈骏声与通俗文学作家私交较好,沈知方与通俗文学作家的交往则多出于商业目的,这一点不难从通俗文学作家对两人的评价和回忆中看出——沈骏声多是他们出游、集会的参与者和朋友,沈知方多以老板身份出现。然而,若谈到民国时期书局之于通俗文学作品的功能及价值,不能不共同关注两人在通俗文学出版及小说创作中的贡献。从这一角度而言,作为一个出版商,沈骏声在通俗文学出版中的诸多干预,显出积极意义。

2. 市场眼光:"助产"《星期》和《半月》

在编辑《小说大观》《小说世界》之后,沈骏声看中了包天笑,请他为大东书局编一份周刊,包天笑感觉周刊似乎紧迫了些,有些犹豫。沈骏声"极力怂恿之",努力免除包的后顾之忧,印刷方面他担负全责,不用包天

---

① 周瘦鹃:《百星偿愿记》,《上海画报》1927年第282期。
② 荀慧生:《小留香馆日记》,蒋锡武主编、武汉市创作研究中心编《艺坛》第二卷,武汉出版社2002年版,第212页。
③ 黄炎培:《黄炎培日记》,华文出版社2008年版。
④ 周瘦鹃:《紫罗兰庵困病记》,《半月》1925年第4卷第23期。
⑤ 参见拙作:《"个人杂志"的"投降"——周瘦鹃与〈半月〉〈紫兰花片〉〈紫罗兰〉》,《新文学史料》2014年第2期。

笑操心,①定名《星期》。除此之外,大东书局在发行方面也大动脑筋。创刊号广告是在包氏提前编好四期之后才登报发布的,印刷也提前,在第二期印好之后,第一期才出版,以保证不脱期。版式方面的选择,也与沈骏声"出版家之理想"有很大关系——小型本易于出手,"或可销一万本,就可以赚钱了"。包天笑认为从《小说大观》《小说世界》再到《星期》,"张公养鸟,越养越小",对于编辑小说杂志已有了"厌倦"之心,其斗志与一年后出版《半月》的周瘦鹃不可同日而语。当然,这种"厌倦"由很多复杂的原因导致,但更为根本的原因或许在于他与出版人沈骏声的文学眼光不一致——包氏此时对于通俗文学期刊的境遇比较悲观,沈氏却十分乐观。② 事实证明,作为文人和主编的包天笑对通俗文学期刊悲观的判断并不准确——《星期》仍是保持了不俗的成绩,"销数在水准线以上"③,而周瘦鹃的《半月》一出场更是有一万份以上的销数。尽管《星期》一年中销数至多不过五六千,与出版家理想之"或可销一万本,就可以赚钱了"的愿望相距甚远,但也并非包所判断的"落伍"。但由于个人的文艺追求不同,包天笑借没达到"一万本"之由顺势而下,称续办下去销数必减少至三千份以下,书局亏本,不如不办。因此,《星期》一年满 50 期之后,沈骏声希望将《星期》续办,理由是此时光订户就有两千多,"续定的甚多,宜若可为"。包天笑却坚持停办,或许与包的编辑实践和阅读经验有关,如在"星期谈话会"中诸多关于新和旧的讨论,以及他对诸多新文学杂志的涉猎和亲近,都使他对通俗文学的未来产生怀疑,加之周刊的辛苦,"想休息几天也不能,又没有一个助手……实在有点倦意"④,于是借口"或者得出点新花样,如上海人所谓噱头者,而我又无此技能也"⑤,虽非常牵强,请辞却十分坚决——"倘继续办下去,请另换一人编辑",在这种情况下,沈骏声只好作罢。与彼时诸多杂志由于订户减少

---

① 以当时的普遍情况,主编除了处理稿件外,还要关心印刷诸事。周瘦鹃就曾为了"自由谈"中秋特刊的排版印刷问题整夜未眠,与印刷工人一道干到天明。

② 包天笑解释主要有两方面原因:一是意识到新文学运动对于读者的影响,不仅新文学刊物出版众多,而且老牌通俗文学刊物如《小说月报》也开始转型。但大东书局的出版人还是专注于通俗文学出版策略,无论作者、读者还是出版商,都让包有"落伍"之感;二是此时包大有"脱离那种新闻事业、文字生涯"之意,称自己的心情像"立志从良"的"名妓"。见包天笑:《我与杂志界》(下),《杂志》1945 年第 14 卷第 6 期。

③ 所谓水准线即三千份以上,低于三千份则基本亏本。

④ 包天笑:《钏影楼回忆录》,第 459 页。

⑤ 包天笑:《我与杂志界》(下),《杂志》1945 年第 14 卷第 6 期。

导致资金周转不灵被迫停刊的情况不同,《星期》的停刊是由于主编包天笑的执意为之,而非市场因素。由此便不难理解为何《半月》继起之后购者仍会蜂拥而至,并非如包所预见的"渐趋落伍"。据包自己所述,此时周瘦鹃正在为大东书局"筹备一种小说杂志"《半月》①,由于沈骏声的再三要求"编务工作尽管可以不管,但写稿支持却是绝对不能少的"②,盛情难却,包只好同意"写稿我仍担任"③,于是在《半月》上又发表了相当数量的作品。包天笑后曾以立志从良的"名妓"来形容自己当时的心绪:由于"不能忘情于从前的手帕交,花前月下,时相过从",今天给某小说杂志写一个短篇,明天给某副刊写点散文、笔记,这样"牵绊下来",虽然"立志从良",脱离文字生涯的"野心"终告失败,却也由此成就了他"通俗文学之王"④的文学地位。

3. 文化理想: 不止于通俗文学

期刊之外,沈骏声还促成了诸多文学作品的生成与流布。值得注意的是,这里的"生成"和"流布"是两个概念。"生成"是从无到有,而"流布"则是找到可能失存的作品使之保存并流传下去,这几乎是所有出版商共同的功能。沈知方在这些方面的成绩,似乎更著。但是,两者的不同在于,沈骏声的成绩不只停留于通俗小说,还与诸多新文学作家以及知识分子交好,这就使他的文学贡献大大逸出了通俗小说的范畴,并且在 1930 年代之后得以成功转型。

沈骏声在通俗文学生成与流布方面比沈知方商人的精明之外更多了朋友的慷慨。早在文明书局时期,孙玉声因《海上繁华梦》一纸风行,销数远在韩邦庆的《海上花列传》之上,颇受欢迎,故受出版商之托续写了《续海上繁华梦》。手稿完成,由文明书局排印。不巧的是,由于附近起火累及印刷所,《续海上繁华梦》只有部分原稿被抢救出来,制成纸版的五回全部化成灰烬。由于没有底本,这五回只能依靠作者重著。当时文明书局的主持者正是沈骏声,他"立奉笔资百元"。孙玉声"索回全书,审阅一过,然后下笔,融会前后意思,贯通起

---

① 包天笑此处回忆与事实有出入,或许他并不了解详情而有此说。事实上,周瘦鹃筹备《半月》非为大东书局而筹,而是自办发行。后由于不善经营,第五期时才为大东书局"收编"。
② 转引自栾梅健:《通俗文学之王包天笑》,上海书店出版社 1999 年版,第 173 页。
③ 包天笑:《钏影楼回忆录》,第 459 页。
④ 语出栾梅健《通俗文学之王包天笑》一书评价。

讫线索,很费一番周折,尽半个月之力,终于补成,尚喜没有斧凿痕"①。彼时为民国初年,以包天笑这样的名家,他的教育"三记"稿酬仅每千字三元,而即使"千字三元,在当时也很算优待了,平常不过是千字两元",按每月登载一万字算,只不过三十元左右。值得注意的是,这是原创作品的价格。据笔者粗略统计,《续海上繁华梦》的前五回不过三万五千字左右,孙玉声的补写,亦非原创。按这个价格计算,沈骏声给他的酬资约在每千字三元左右,比包天笑"平常"的原创待遇还要高出一元,不可谓不丰。所以孙玉声也异常卖力,半个月即予完成,1916 年二月刊行,五月便再版,从中不难看出沈骏声的慷慨。这一方面缘于沈骏声的眼光和气魄,缘于他对作品市场价值的准确评估,另一方面更缘于他对作家的尊重和礼遇。

如前所述,无论对于通俗文学的关注,还是对于刊物及作品的推广,乃至作家的选择,沈知方都有一个重要的前提——以经营为核心的商业之道。在此方面,同时期诸多同行少有人可与其匹敌,这也是世界书局在发展早中期可以扶摇直上的核心原因。但与一般的商业行为不同的是,商业利益不是文化事业追求的全部,若一味陷入对经济利益的追求,势必会给文化事业带来不可避免的伤害——这一点,从世界书局 1930 年代通俗文学出版业务的衰落中便不难发现。尽管此时诸多因素也在同时影响世界书局,比如股份运作、资金周转、权力介入、人事问题等,但这些都是外部因素。最为根本的原因在于,相较于沈骏声,在文学出版和文化事业方面,沈知方有其不可避免的局限——对利润的权衡和对于资本的精明,使得他忽略了对那些叫好不叫座的作家、作品的关注,失去了接触并接受优秀作品的可能与机遇,也使得他在未知领域的探索显得裹足不前,而对于既得利益如通俗文学成熟的市场运作经验不忍割舍,又显得故步自封,缺少一种使命感。这种局限,使得出版商的角色与受雇写作的作家之间成为单向的上下关系,而不是双向的交流与互动。这也决定了受雇于世界书局的作家,在被"包身"之后,丰沛的创作活力因经济压力而日渐萎缩。故而尽管 1930 年代新文学在"五四"之后成长起来的一批读者的热烈拥护以及新文学干将的积极努力下成为时代主潮,世界书局却难以像先前那样,在文学领域中预见市场需求,反而调转文学出版船头,将业务投入利润

① 郑逸梅:《〈海上繁华梦〉揭发骗局》,《郑逸梅选集》第一卷,第 834 页。

更丰厚的教科书中。

相较之下,沈骏声的选择和经营之道显露了优势。与沈知方相比,沈骏声不是专项冠军,更符合现代意义上的出版人的角色。他早年因跟随沈知方,对于市场之于书局的价值和意义了然于心,因此,在图书期刊的出版运作领域,二人有诸多相似之处,尤其是在新书的推广及发布方面,如关注广告版面大小、广告插画形式、推广手段别具一格,等等。但与沈知方的不同在于,或许是出生时代使然,沈骏声对于出版人的文化使命有相对清楚的认知,他有非常明确的文化理想和追求,尤其体现在与作家的交往及选题策划中。对于周瘦鹃和包天笑的选择与敬重,对于"紫色系列"和"彩色系列"的坚持与游说,恐怕都不仅仅是追求差异化生存那样简单。这不仅表现在大东书局选择通俗文学的类型和作家方面,还鲜明地表现在推广作家作品的广告策略和话语方式上。更为重要的是,沈骏声的作家交往范围较沈知方更为广泛,不仅有通俗作家,亦有新文学作家、知名学者等。王伯祥日记中就有关于沈骏声亲自为叶圣陶送去校点《世说新语》费用的记载。① 郭沫若的《甲骨文字研究》和《殷周青铜器铭文研究》两部书,在遭受了商务印书馆以及日本"东洋文库"的双重拒绝后,终由大东书局成全。郭在回忆文中称是李幼椿顾念同乡之情,但这仅止于猜测。② 事实上,大东不仅"肯承印这两部书,并且是同时承印",而且"在报纸上大登广告,征求预约……那广告之大在当时曾突破记录"。这令郭沫若"实在很高兴",认为那是替他在"作吼":"本国的市侩和日本帝国主义者的文化前卫们,你们请看,你们所不要的东西,依然是有人要的!"而且,两部书还各送了郭沫若二十本留存,看到书时,郭激动得"流下了眼泪",安娜还"特别煮了红豆饭来庆祝"。③ 事实上,这两本书都经历了一整套运作过程,从开始的同时承印到在报纸上"征求预约"以及"突破记录"的"大"广告,彼时作为经理的沈骏声不可能不闻不问。其实,以李幼椿当时在大东的身份和地位,恐怕很难对能否出版起到决定性的作用,根本还是要经理沈骏声认可。这完全是一部学术专著,受众范围非常小,商务印书馆和日本"东洋文库"拒绝或许即有此考量。

---

① 王伯祥在日记中写道:"沈骏声送百元来,酬圣陶校点《世说新语》之费也。"商金林:《叶圣陶年谱长编》,人民教育出版社 2004 年版,第 360 页。

② 郭沫若在文中说:"(一泯)交涉的经过情形我不知道,当时李幼椿在担任大东的总编辑,或许是他念到同乡的关系,承受了下来的吧?"

③ 郭沫若:《我是中国人》,《郭沫若选集·第 3 卷》,人民文学出版社 1997 年版,第 363—364 页。

广告将这两部书称为"考古学界的两大贡献",盛赞是"孙诒让、罗振玉、王国维之后""精湛明晰"的"系统专集"。一个只关注利润的出版者当然不会选择出版这样两部书,更不会花大价钱在大报上大肆推广——它不是畅销书,能否成为长销书,亦有待时间的检验,大东和沈骏声出版这两部书更多是出于文化责任。由此不难看出沈骏声文化出版的魄力、眼光,这也是他可以被称为"出版家"的充足理由。

据有限的资料,沈骏声与黄炎培、蔡元培、董康等当时的学界名流亦有深入交往。由于杜月笙和钱新之的关系,沈骏声与黄炎培相交甚多。黄炎培在其 1938 到 1944 年间的日记中,多次记载了与沈骏声的交往,如《黄自不死》曲谱往来诸事。此外,沈骏声与蔡元培也相交甚好,陶百川①在回忆录中曾提及,他"五十多年的著作生涯中,最得意的是大东书局出版的《初中党义教本》",原因之一便是这套党义教本的校订者是蔡元培,使该书"身价十倍,洛阳纸贵"。之所以能请到蔡元培,是因为蔡与沈是"多年老友"。② 大东书局十五周年纪念时,蔡元培不仅为其题字,还专门为大东书局做了关于《国化教科书问题》的专题演讲。董康与沈骏声更是熟稔有加,他本就是大东书局的董事,二人私交甚好,董康在日记中直接称沈为"亲友至者"③。除董事身份和法学专家之外,在近现代文化史上,董康更重要的身份是著名的访书家。他一生曾七次东渡日本访书,成就最大的一次是 1926 年,他将此行经历与访求古书特别是古本小说的情况都逐日记录在日记中,并出版了四卷本的《董康东游日记》,被胡适赞为"有重要的贡献"④。就在这部四卷本的《日记》中,董康亦多次提及与沈骏声的通信往来,比如送行、稿费以及访书等。而《董康东游日记》印行于世,也是由沈骏声多次约请才最后促成,为后世留下了珍贵的史料。

出版商的"助产士"功能,在近现代出版机构以及现代传媒研究中值得关注。若没有沈骏声,周瘦鹃的"紫兰"情结或许只会成为一段私人"情史",很难

---

① 陶百川(1901—2002),浙江绍兴人,曾任上海《国民日报》编辑,上海警备司令部军法处长。抗战时,曾任香港《国民日报》社长,重庆《中央日报》总社社长。抗战后任上海特别市临时参议会议员、国民参政会参政员及国大代表、监察委员。1977 年自动引退,被聘为总统府国策顾问。"高雄事件"后去美国。

② 陶百川:《困勉强狷八十年》,(台湾)东大图书股份有限公司 1985 年版,第 365—367 页。

③ 董康:《董康东游日记》,河北教育出版社 2000 年版,第 284 页。

④ 胡适:《四卷本胡序》,见董康:《董康东游日记》,河北教育出版社 2000 年版,第 392—393 页。

成为上海的城市想象①,《星期》可能中途夭折乃至根本不会存在。在推动作家不断创作之时,出版商亦出于利益考虑会有意识地遮蔽、限制或者彰显他们的某些特质。如同约翰·默里之于拜伦②,沈知方之于严独鹤作家身份的建构、沈骏声之于周瘦鹃"紫兰情结"的彰显,都不可或缺。由此可见,印刷资本之于文学现代性的影响并不仅仅局限于一时一地,而是席卷整个世界的现代性议题。同许多国家一样,中国近现代文学史实际是出版商/编辑、作家和读者共同建构的文学史,作家在文学史中呈现的面目,或许与他们本人的文学理想、文学追求乃至文人气质并不完全一致甚至有所偏离。从这一点说,出版商事实上参与了近现代作家文学形象的建构,亦以市场的名义对他们有所遮蔽。对于近现代文学的诸多景观,出版商是事实上的建构者和设计师,他们隐于文学生成的幕后,以他们的文化眼光和文化追求,在作者与读者之间培育、引领、推动、协调、彰显、遮蔽……在 20 世纪风起云涌的大时代,他们的身影不该被湮没。

---

① 参见拙作:《"个人杂志"的"投降"——周瘦鹃与〈半月〉〈紫兰花片〉〈紫罗兰〉》,《新文学史料》2014 年第 2 期。

② 约翰·默里是与拜伦同时代的知名出版商,当时读者喜欢拜伦的某一类作品,这些作品形成一种所谓的"拜伦主义"风格,这种风格给出版商带来了巨大的利润,那些与"拜伦主义"风格不符的文字出版时受到约翰·默里的百般阻挠,拜伦主义由此而得以确立。见〔法〕罗贝尔·埃斯卡皮著,于沛选编:《文学社会学》,浙江人民出版社 1987 年版。

《清议报》的传播网络与读者群体

——以《少年中国说》的"阅读共同体"为例

周　旻

（中国人民大学）

　　戊戌政变失败后,梁启超逃亡日本,并以《清议报》为言论阵地,试图整合保皇维新的政治立场,开展思想启蒙。1900 年 2 月,该报刊行的《少年中国说》成为晚清报刊文的代表作品,亦是梁启超《清议报》时期最具影响力的论文之一。这篇文章发表后,首先被《清议报》《知新报》等保皇派报刊的编辑群体阅读,并在"同人圈"内扩散,读者构成则主要是与康梁持有相同政治立场的知识分子,亦有政变后追随梁启超来到日本的湖南时务学堂的学生等。还原"少年中国"论述的传播路径、接受语境与"阅读共同体",是考察《清议报》传播网络与读者群体的绝佳个案。

一、《少年中国说》的最初读者

　　作为报刊文的代表性作品,《少年中国说》以情感迸发的笔墨与理性的逻辑,串联出一幅宏大的 20 世纪蓝图。而文章中遍寻"少年"而不得、期待来者的心曲,不免让人想起龚自珍在 22 岁时所写的《送钦吴君序》,特别是他对"入世少年"心境变化的描述:"十八九读古书,执笔道天下事",信世固有人,"入世五六年",则不信世尚有人;于天地间求所谓"奇虬、巨鲸、大珠、空青"而无有,"疑十而信一,则是志已忘也"。从"信"到"疑"再到忘却自己的志向、胸中留有"不平",文中充斥着少年理想落空、后世无奇才的失望情绪。在文末,龚自珍似乎又回到了十八九岁踌躇满志的时候,对自

己即将远行的少年友人吴文征寄语道："倘见有少年孤舟独行者,邮以眎予,
予请复往。"①如果说此文的情感是由凉转热,那么梁启超在《少年中国说》
的结尾所发出的感叹,便是由浓转烈地倾吐出作者的热望:"美哉我少年中
国,与天不老! 壮哉我中国少年,与国无疆。"②梁启超还对读者们宣布:自
己从此不再是扼腕时事的"哀时客",而更名为"少年中国之少年"。

在相似的心境下,两篇文章呈现出不同的情感起伏,这源自梁、龚二人在
发声场域、文本载体及对话对象上的差异。龚自珍的文章在私人范围内流传,
意在与性情相投的友人交流情绪、互相鼓励。而身处晚清的梁启超,深知"报
刊"这一发表场域对自家理念的传播所起到的作用。对此,他不仅不避讳报刊
文对古文文体的"侵害",还再三明确时政论文于特殊时代的意义。一方面,他
将文章的时效性置于首位,如《饮冰室文集》的《序》中所言:"应于时势,发其胸
中所欲言。然时势逝而不留者也,转瞬之间,悉为刍狗。"③另一方面,则将报
刊作为自己传播思想的重要阵地,视其为"传播文明三利器"④。甚至将中国
近代的历史预言为一场"哲人畸士之心血沁入报纸中"的"黑血革命"⑤。因
此,随着定期、定时的现代报刊《清议报》的发行,《少年中国说》所面对的是晚
清报刊媒介中的读者,文中由"少年""中国""二十世纪"所组成的意义链条,则
进入大众阅读的层面。

这篇文章的最初读者是《清议报》的编辑群体。他们是因与梁启超持有共
同的政治立场——保皇维新——而凝聚在日本的一群知识分子构成。这其
中,既有康、梁一派的"党内人士",如康有为、麦孟华、罗普、徐勤等,亦有戊戌
政变后,追随梁启超而来的时务学堂的学生。⑥据梁启超回忆,他与弃家从之
的十几位学生一同生活,在夏威夷之行前形成了非常紧密的关系。⑦这两个

---

① 龚自珍:《龚自珍全集》,上海人民出版社1975年版,第164页。
② 任公:《少年中国说》,《清议报》第35册,1900年2月。
③ 梁启超:《序》,《(分类精校)饮冰室文集》上册,广智书局活版部光绪三十三年(1907年)版,第3页。
④ 《传播文明三利器》,《饮冰室专集》第2册,中华书局2014年版,第4807页。
⑤ 《鄙人对于言论界之过去及将来》,《饮冰室文集》第11册,第2893页。
⑥ 丁文江、赵丰田编:《梁任公先生年谱长编》(初稿),中华书局2010年版,第86页。
⑦ "他们来了之后,我在日本小石川久坚町租了三间房子,我们几个人打地铺,晚上同在地板上睡,早上
卷起被窝,每人一张小桌念书。那时的生活,物质方面虽然苦,但是我们精神方面异常快乐,觉得比
在长沙时还好。在那个时候主要的功课是叫他们上日本学堂。我除了用以前在时务学堂教书的方法
让大家读书作札记之外,他们大部分的时间都是预备日本话同其他几种普通学——如数学。这样的生
活前后有九个月的时间。"梁启超:《蔡松坡遗事》,同上。

群体虽在理念和立场上并不完全相同,但共同组成了一个"阐释共同体"①(Interpretive Communities)。由于与作者共享了相近的知识与思想资源,这一共同体也可视作是"有知识的读者":他们既是最初的读者,也为后续的读者提供了理解范畴和解释框架,是阅读交流循环中最重要的部分。

《少年中国说》发表后最快、也是最主要的读者反馈,来自"有知识的读者"发表在"诗文辞随录"中的诗歌。文章发表后,该栏目涌现出很多"少年",包括"同是少年""铁血少年""突飞少年""濠镜少年"等作者。文章刊登一个月后,第三十九册的诗歌栏目出现了署名"同是少年"的《寄少年中国之少年》:

> 平生聊聊恩仇事,叱咤风云气不平。
>
> 肘后印谁如斗大,壁间剑跃辄宵鸣。
>
> 元龙豪气犹湖海,小范罗胸有甲兵。
>
> 鸷鸟盘空应一击,未容狐兔便纵横。②

从标题和署名看,这是针对《少年中国说》和作者梁启超的一则读后感。诗中也以"叱咤风云""元龙豪气"来表达读完文章后被激起的澎湃之情。但所用的意象,与梁文还存在一定距离,似乎除了感情的共鸣,很难找到"文以致用"的痕迹。

此后的第四十册,有丘逢甲(仓海君)的一首诗:

> 谁挟强亚策,同洲大有人。
>
> 愿呼兄弟国,同抑虎狼秦。
>
> 慷慨高山泪,纵横大海尘。
>
> 支那少年在,旦晚要维新。③

这首诗更多地在内容和用词上与《少年中国说》呼应。它的最后一联提示我

---

① 在读者反应批评的脉络中,菲什认为"所有的读者都附属于各自的阐释团体,而且不可避免地受其阐释团体种种常规和习俗的制约。阐释团体控制文本生成的意义及其观点,因此,阐释的结果既是读者个人的,又是其阐释团体的。"Stanley Fish(斯坦利·菲什), *Is There a Text in This Class? The Authority of Interpretive Communities*(《这一阶级可有文本? 阐释群体的权威》),Cambridge, MA: Harvard University Press,1980.

② 同是少年:《寄少年中国之少年》,《清议报》第 39 册,1900 年 3 月。

③ 仓海君:《与平山近藤二君即同志诸子饮香江酒楼兼寄大隈伯犬养先生》,《清议报》第 40 册,1900 年 3 月。

们,对同人圈的读者而言,"少年中国"意象最初是在"维新"和"兴亚"这样强烈而具体的政治观点上被接受的,若说视其为海外维新保皇一派的宣言书也不为过。这样的阐释,在"铁血少年"的《壮志》①、蒋同超(振素庵主)的《感怀十首即示饮冰子》②两诗中都有显现,既与其他歌颂维新的诗歌作品共享主题,又提示梁启超的"少年"与政治事业的密切关系,加深了"少年中国"的政治性。

二、从"读后感"到"行动":召唤"少年"群雄

另一种读者对"少年中国"的理解,于维新的政治色彩之外,还多了一份与生死相关的烈士气概。写少年,常常是为了谈论死去的戊戌六君子。如《读志士箴言赋此自励》:

> 茫茫天地间,岁月如流水。
>
> 旷观古今人,自悲还自喜。
>
> 甘陵南北部,党祸所从起。
>
> 范滂志澄清,李膺遭谮毁。
>
> 曹鸾槐里狱,夏馥涅阳市。
>
> 我亦一少年,高歌常附髀。
>
> 危危立山巅,深深行海里。
>
> 生者未可知,死者常已矣。
>
> 既不爱其生,如何畏其死。
>
> 伟哉真丈夫,耻独为君子。③

诗中提到的范滂、李膺、曹鸾、夏馥,都是历史中身陷党锢、不幸致死之士,作者以几人的生死选择类比于"我亦一少年"的不恋生、不畏死。诗题中所说的"志士箴言",指的可能是梁启超在《清议报》上连载的谭嗣同遗作《仁学》④。对于这位读者而言,《少年中国说》中的慷慨陈词,有对谭嗣同的追认意味。曾有研

---

① 铁血少年:《壮志》,《清议报》第 44 册,1900 年 5 月。
② 振素庵主:《感怀十首即示饮冰子》,《清议报》第 47 册,1900 年 6 月。
③ 铁胆拉伯文:《读志士箴言赋此自励》,《清议报》第 42 册,1900 年 4 月。
④ "本馆告白:本报前附印谭君嗣同所著之《仁学》,未竟而中止。阅者多以未窥全豹为憾。兹谨将其续稿分期附印,以公诸世,谅亦阅者所欲先睹为快也。"《清议报》第 44 册,1900 年 5 月。

究者指出,康梁一派流亡日本后发起的对戊戌政变中死去同志的祭奠活动,不仅是对友人的追怀,还同时是带有现实政治意图的行为。其间,"烈士"一词被反复使用,而成为某种有特定意义的符号。①《清议报》在连载《戊戌政变记》之际,系统地刊发谭嗣同的遗作,包括他的思想性著作和散佚的诗歌。谭嗣同身上的少年侠士气质和对生命的"苍然之感"②,于读者而言,也成为一种有特定意义的符号。如他在 18 岁时写作的《望海潮》:"拔剑欲高歌,有几根侠骨,禁得揉搓;忽说此人是我,睁眼细瞧科。"③又如他在《杭州赠吴季清先生诗》中所写:"悲极翻今成独笑,死前来看越中山。"④读者三馀在诗歌《海上偶歌》中写道:"叹戊戌之维新兮,忽不成而中辍。社稷将分崩兮,强邻乱夺。茫茫吾何之兮,苍生苦说。仰豪杰之出山兮,冤仇得而昭雪。誓造成二十世纪之新世界兮,谁与其先流血。"⑤可见,读者的读后感,就建立在这些意象的组合、串联、阅读与再阅读之上,对于 20 世纪的想象,也与维新流血的场景关联起来。这一特征在祖臂跋陀罗所写的《党祸》中更为明显:"廿纪英雄属少年,莫愁党祸惨弥天。横戈跃马皆飞将,腰系奸头带血鲜。"⑥

这样一系列的阅读感受,又与《清议报》的整体面貌和诉求是分不开的。作为报纸筹办人之一的冯自由,曾回忆《清议报》:"出版数月,除歌颂光绪圣德及攻击西太后、荣禄、袁世凯诸人外,几无文字。"⑦报纸出版后最吸引当时读者的,可能是连载《戊戌政变记》和谭嗣同的《仁学》。因戊戌政变后六君子的事迹颇能得到当时关心朝政的知识分子的同情,康梁以此办报,的确对阅报群体作了一次政治立场上的"提纯"。虽然读者群中不免有不关心政见而猎奇事件原委的人,但同情维新党人,无疑是当时读者群的最大公约数。严复就曾不客气地批评《清议报》的这种"反政府"取向:"至于任公,则自窜身海外以来,常以摧剥征伐政府为唯一能事。《清议》《新民》《国风》,进而弥厉,至于其极,诋

---

① 吉泽诚一郎:《梁启超追悼谭嗣同的活动与晚清烈士观念的形成》,李喜所主编:《梁启超与近代中国社会文化》,天津古籍出版社 2005 年版,第 633—647 页。

② 张灏著,崔志海、葛夫平译:《烈士精神与批判意识:谭嗣同思想的分析》,中央编译出版社 2016 年版,第 38 页。

③ 谭嗣同:《石菊影庐笔识卷下·思篇》,汤仁泽编:《近代思想家文库:谭嗣同卷》,中国人民大学出版社 2015 年版,第 189 页。

④ 谭嗣同:《杭州赠吴季清先生诗》,同上,第 260 页。

⑤ 三馀:《海上偶歌》,《清议报》第 43 册,1900 年 4 月。

⑥ 祖臂跋陀罗:《党祸》,《清议报》第 72 册,1901 年 2 月。

⑦ 冯自由:《革命逸史》初集,中华书局 1987 年版,第 63 页。

之为穷凶极恶,意若不共戴天。"①忆及《清议报》,吕思勉曾提到印象最深处,实是"词多诋孝钦,主扶德宗亲政"②。这是时局所致的选择,对于普通读者而言,仍然会觉得《清议报》即便在思想言论上是进步的,其格局和影响力因为这种政治上的强硬立场也已大打折扣。

无论是编者梁启超,还是同人读者,抑或外部的普通读者,对这份报纸的把握始终与戊戌政变、保皇维新、反对慈禧无法分割。这种办报局面,梁启超亦有所察觉,在《少年中国说》写作前后,他已有意扭转方向。1900 年 4 月,在一封写给康有为的信中,他为自己宣传"自由"、撰写《饮冰室自由书》作出申辩,认为报刊言论,"必以万钧之力,激厉奋迅,决破罗网",将国人已凉的血管烧至沸腾,将国人已伏的脑筋搅动至发狂,"经此一度之沸,一度之狂,庶几可以受新益而底中和矣"③。鼓吹保皇须让位于思想的冲决网罗。同日,在另一封给徐勤的信中,他也谈到自己曾希望报纸策略性地"不登保皇会文字",以免误事。但此动议被党人制止,"其后,先生督责备至,朋友之相责尤甚,弟之意不定"④。方汉奇认为,这是梁启超为"迎合时代潮流""以便影响更多的读者"⑤而做出的迂回之法。

与上述两类"误读"有所不同,还有一类读者的"误读",反而更贴合《少年中国说》的某些核心。比如江岛十郎所写的《友人归国赋赠》:

> 乱世青年福,联邦黄种亲。
>
> 平权标目的,尚武换精神。
>
> 蛮固倾藩阀,牺牲为国民。
>
> 亚东廿世纪,大陆好维新。⑥

所谓"贴合",主要在于打破了"维新"的政治一元思维,在对未来展开想象时,更多地关注新的可能性,例如"平权""尚武""国民"等概念。这些都是诗中所说的"换精神",也给少年形象注入了新的身体感、时间感。再如备受梁启超肯

---

① 严复:《与熊育锡书(三十)》(1916 年 4 月 4 日),汪征鲁、方宝川、马勇主编:《严复全集》卷八,福建教育出版社 2014 年版,第 311 页。

② 吕思勉:《三十年来之出版界(一八九四——一九二三)》,《吕思勉论学丛稿》,上海古籍出版社 2006 年版,第 283 页。

③ 丁文江、赵丰田编:《梁任公先生年谱长编》(初稿),第 117 页。

④ 同上,第 118 页。

⑤ 方汉奇:《中国近代报刊史(上)》,山西教育出版社 2012 年版,第 171 页。

⑥ 江岛十郎:《友人归国赋赠》,《清议报》第 46 册,1900 年 5 月。

定的诗人蒋智由所写的《送人之日本游学》：

> 大地文明运，推移到远东。
>
> 输欧迟百岁，兴亚仗群雄。
>
> 消息争存理，艰难起废功。
>
> 眼中年少在，佳气日葱茏。①

当然，并非带有"年少"二字，就是阅读《少年中国说》的体现。这首诗的回应之处，在于首联和颔联所构成的时间逻辑：中国与欧洲文明的时差，将在新的一个世纪被完成超越，而完成这一切的身份担当，则是尾联的少年"群雄"。

有意味的是，这两首诗，拥有共同的场景——与友人送别。同样的情况，还可以举出擎天道生的《送某君西行》："北阙堪横涕，苍生尽网罗。少年豪气在，持戟断鲸波。"②另有署名"毋暇"的两首：《送友人壮行》《秋日送友人壮行》③。诗人在这些送别诗中，自觉地使用诀别感和少年气，前者是因离别所带来的时间、空间分割，后者则是描述被送别的对象。在这些话别、赋别、壮行的场景中，诗人们调动新的思想资源，竟不约而同地将"少年""故国""新世纪"等词汇意象作为展开抒情的核心，这不得不说是对《少年中国说》阅读的一种"症候"。此时的读者群，还尚未出现像章士钊1903年写作的《二十世纪之青年》④这样与原文本进行直接对话的作品。但可以大胆地想象，第一批《少年中国说》的读者，其阅读症候的体现是与年轻的友人、后辈分别时自然地将"少年中国"作为寄托。与其说是文字层面的"读后感"，不如认为是行动层面的呼应。

另一种行动，就是上文提到的以"少年中国"为自己重新命名。据丁文渊的回忆，20世纪初，正在日本留学的丁文江将梁启超的《新民丛报》和其他文章寄给老家的大哥，"大哥也曾感到异常兴奋，努力于地方的新兴事业，自称为'少年中国之少年'"⑤。不仅是自己的名字，也有很多当时的青年将自己所从

---

① 因明子：《送人之日本游学》，《清议报》第65册，1900年12月。
② 擎天道生：《送某君西行》，《清议报》第44册，1900年5月。
③ 毋暇：《送友人壮行》，《清议报》第56册，1900年9月。毋暇：《秋日送友人壮行》，《清议报》第67册，1901年1月。
④ 青桐：《二十世纪之青年》，《国民日日报》1903年第1期，收入《章士钊全集》第1卷，文汇出版社2000年版，第157页。
⑤ 丁文江：《〈梁任公先生年谱长编〉前言》(节录)，夏晓虹编：《追忆梁启超》(增订本)，生活·读书·新知三联书店2009年版，第227页。

事的工作视作"少年中国"的一部分。马君武在赴日后从事翻译工作,将自己的译作命名为"少年中国新丛书",包括《斯宾塞女权篇达尔文物竞篇合刻》《俄罗斯大风潮》《达尔文天择篇》《弥勒约翰自由原理》《斯宾塞社会学原理》四种。①

三、《清议报》的传播实况:因"报禁"而风行

《清议报》虽然在《叙例》中以"维持支那之清议,激发国民之正气""学术""亚粹"②为办报宗旨,但它的创办,本身是一次政治目的和党派色彩鲜明的事件,初期大谈"斥后保皇",刊发的文章以讨伐慈禧太后和朝中官员、呼吁匡扶光绪皇帝居多。与朝廷对立的态度,加上康、梁二人被通缉的流亡身份,使得《清议报》初登历史舞台即染上较为敏感的色彩,发刊伊始便被列为"禁报"。而关于"封禁"对《清议报》传播的影响,主要有两种说法。

第一种说法认为,清政府禁止其出版,特别是针对新政、新学的"饬令查禁",使《清议报》在传播方面遭到打击。

1898 年 9 月戊戌政变失败后,清廷多次下令查禁各地报馆,国内非官方报刊的流通受到重创,特别是与康、梁等人相关的言论、报道、文章,更是政府检查的重点对象。如光绪二十四年九月十四日(1898 年 10 月 28 日)颁布的《著裕禄密查明确设法严禁报馆事上谕》和同年十月九日(11 月 22 日)颁布的《著各督抚查禁报馆严拿主笔谕》,停办官报局、《时务报》,并对天津、上海、汉口等地约 20 家报馆进行查封,上海地区仅剩 6 家外国背景的报纸尚可营业。③并以"诋毁宫禁,煽惑人心"为由,要求各大通商口岸禁止递送、贩卖康梁一系的书报,在传播途径上对《清议报》实行"围剿"。主编梁启超曾将《清议报》传播受阻视为停刊的重要原因之一:"戊戌八月出亡,十月复在横滨开一《清议报》,明目张胆,以攻击政府,彼时最烈矣。而政府相疾亦至,严禁入口,驯至内地断绝发行机关,不得已停办。"④吕思勉作为读者回忆起这份报纸时,表示禁令确有其效:"《清议报》虽出满百册,然内地罕得睹。启超所办主报,影响以此

---

① 《马君武主要著译年表》,《马君武文选》,广西师范大学出版社 2000 年版,第 371—373 页。

② "宗旨:一、维持支那之清议,激发国民之正气。二、增长支那人之学识。三、交通支那、日本两国之声气,联其情谊。四、发明东亚学术以保存亚粹。"《横滨清议报叙例》,《清议报》第 1 册,1898 年 12 月。

③ 赵增越:《戊戌政变后清政府惩处康梁党人档案(上)》,《历史档案》2018 年第 2 期。

④ 《鄙人对于言论界之过去及将来》,《饮冰室文集》第 11 册,第 2894 页。

为最微矣。"①超观也对《清议报》的销售情况有类似的回忆："时清廷严禁，不许输入内地，每期由日本邮局寄沪某洋行代收，秘密转送；然得阅者甚鲜。"②当时的《申报》对流亡海外的保皇党的报道也主要集中在查禁言论上，陆续刊有《申报禁逆书议》《申报综论清议报诬上之罪》《禁阅逆报》等报道刊出。③

随着时间的推移，"报禁"的地域范围也发生变化。维新相关人士宋恕在 1900 年前后的通信，对此曾有记录。1899 年底，他给家人的信中透露出当时清政府对康梁言论的管控："然梁卓如所著《戊戌政变记》即《光绪圣德记》及《清议报》，虽经鄂督严禁，然他省督抚皆不示禁，天津、上海等处售者甚多。"④"鄂督"指的是掌管湖北的张之洞。在对《清议报》的查禁上，他的确是力度最大的官员。1899 年 3 月初，张之洞曾将《清议报》的"悖逆"情况电奏总署，并建议将康梁等人驱逐到美国，切断其办报的海外资源；在此之前，他已向日本总领事去电，要求禁止刊行和对外销售此报。⑤ 1900 年 4 月，宋恕在另一封通信中提到："两湖于去秋后已禁阅各报，甚严，惟受贿之《申报》许阅。直隶现亦禁官民阅报，两江总督、两湖总督均派密员查上海《申报》以外诸报馆主笔姓名，以便密电下拿，现诸主笔势甚危急。"⑥还提到"现两湖禁阅各报甚严，代售及买阅者一律正法"⑦。宋恕的记载显示，清政府针对维新媒体的报禁，在地域上有一个逐步紧缩的过程。此前，除了张之洞管辖的湖北地区，其他府、州、县并没有很严格；而至 1900 年春夏之交，达到严令禁止的程度，两湖、直隶、上海均陷入办报、贩报的艰难时期。

另有一种说法认为，官方虽有禁令，《清议报》仍风行海内外。政府"报禁"适得其反地造成洛阳纸贵、奇货可居。这种情况其实在晚清并不罕见。在 1903

---

① 吕思勉：《三十年来之出版界（一八九四——一九二三）》，第 332 页。
② 超观：《记梁任公先生轶事》，夏晓虹编：《追忆梁启超》（增订本），第 45 页。
③ 最早关于报禁的报道是 1899 年 10 月 11 日的《申报禁逆书议》，其后有《申报综论清议报诬上之罪》（1899 年 11 月 20 日）、《禁阅逆报》（1900 年 3 月 16 日）等。参见佚名辑：《〈申报〉康梁事迹汇抄》，北京图书馆出版社 2008 年版。
④ 宋恕：《与孙仲恺书》（1899 年 12 月 30 日），《宋恕集》上册，中华书局 1993 年版，第 694 页。
⑤ 张之洞：《致总署（光绪二十五年正月二十一日午刻发）》，《续修四库全书·史部·诏令奏议类》，第 597 页。日本方面的文书情况，见石云艳：《梁启超与日本》，天津人民出版社 2005 年版，第 226—228 页。除此之外，1900 年 3 月 7 日，张之洞还发文给武汉汉口的海关部门，要求严禁维新党人在海外所办的报纸。张之洞：《为查禁〈天南新报〉〈清议报〉事饬江汉关道札》，倪延年选编：《中国新闻法制通史·第五卷·史料卷（上）》，南京师范大学出版社 2015 年版，第 91、92 页。
⑥ 宋恕：《致孙仲恺书》（1900 年 4 月），《宋恕集》上册，第 701 页。
⑦ 宋恕：《致孙仲恺书》（1900 年 4 月 27 日），同上，第 704 页。

年3月的《新民丛报》上,刊有《张之洞保护报馆版权》一文,作者举《湖北学生界》之例,说明政府的禁令所起到的"广告"效应——该报在被禁后声名鹊起,"内地诸人闻之,乃大相惊异,该报遂骤增千数百份"①。1907年香港发行的《中国日报》,也曾挪揄清廷的禁令反过来是报刊最好的宣传:"以予所闻,则年来之书报,初出者未尽流通,及一经彼辈示禁,而该书遂大扩销场,洛阳纸贵矣。"②

　　《清议报》的真实发行体量,可从"告白"栏中一窥究竟。在1899年4月出刊的第11册上,编者总结道,"本馆开设仅数月,承海内外有心人称许,销售已至三千余分"③;至第13册,日文版的广告中标示的报纸发售数已经到达四千册。④《清议报》在最初发行第一、二册时,为打开销路、"示求推广",曾进行过"奉送",两册共送出一万余份,如夏曾佑、孙诒让、孙宝瑄等人在1898年底收到《清议报》,便是梁启超亲自寄赠。⑤由于印量和应酬的压力,第三册起编辑部便中止了这种推销方式,足见其创刊伊始的成功。⑥在此之前,发行量最好的《时务报》年均售出才只近一万份。⑦《清议报》虽然继承了《时务报》搭建好的销售方式和读者网络,依托邮政系统的"信局售报"和设立代售地点的"同志销报"⑧,但它的内地代派处远没有达到《时务报》的规模——仅有30多处,不及《时务报》三分之一。⑨即便如此,《清议报》还是达到了每期近四千份的销

① 《张之洞保护报馆版权》,《新民丛报》1903年3月第27号。
② 《清廷之示禁书报》,《中国日报》1907年3月20日。
③ 《告白》,《清议报》第11册,1899年4月。
④ 《清议报》第13册,1899年4月。
⑤ 杨琥编:《夏曾佑集》(下),上海古籍出版社2011年版,第715页。孙延钊撰,徐和雍、周立人整理:《孙衣言孙诒让父子年谱》,上海社会科学院出版社2003年版,第288页。
⑥ "本报告曰:本报第一、二册所刊奉送字样,因开办伊始,示求推广,越今派出已万数千份,本馆不胜应酬之繁,兹拟凡订阅报章者,务请照册数赐足,阅报诸君想不惜此区区也。"《本报告白》,《清议报》第6册,1899年2月。
⑦ 张朋园:《梁启超与清季革命》,"中央研究院"近代史研究所1982年版,第267页。
⑧ 从汪立元与汪康年的书信讨论中,可以发现《时务报》存在着三种销售方式:1.利用官方已有《京报》渠道,委托提塘(掌管投递本省与京师各官署往来文书的官员)销报,优点是网络明晰快速,缺点则是各省的人情不通,"往往收费不到";2.依仗邮政系统,"信局售报",优点是通向民间,缺点则是大小衙门无法便利地取得报纸;3.扩展代售的业务,施行专人定点的"同志销报",这一方法最为优良,代售处同时也是报纸的宣传处,既可为地方官员专门送报,又可由总局直接派报,多退少补,十分经济。参见《汪立元函(五)》,上海图书馆编:《汪康年师友书札》1,上海书店出版社2017年版,第916、917页。而《清议报》的情况,第一种方式是不可能达到的,只能依托邮政和民间代售点。
⑨ 《清议报》第2册的"告白"中提到"本馆各地代派",共20处,中国内陆则只有上海、汉口、天津、北京、福州、苏州、杭州、广东、安庆9处,且基本上全为洋行、圣公会、日本机构。到第4册,代派处增为33处,内地增加了芜湖、上海商务印书馆、黑龙江,海外增加朝鲜的两处。至第5册,上海代派处再增三处:《苏报》馆、广学会、中裕大新一号。代售处中最为重要的,是当时的几家报纸,澳门《知新报》、新加坡《天南新报》、天津《国闻报》、上海《同文沪报》《苏报》《中外日报》。

量,甚至在某些代派处,《清议报》会以高于零售价的价格被贩卖,报馆人员只能连发声明,一边澄清抬价的误会,一边要求代派处停止此类行为。① 张朋园认为,《清议报》热销,部分原因来自清廷对康梁言论的封锁所起到的反作用,"群众的好奇心理反愈使《清议报》广传,读者人数当不下四、五万人"②。这样看来,第二种说法似乎更为可靠,即虽然遭到禁止,但《清议报》大体上仍能与当时的报刊读者群紧密联结。

四、《清议报》读者群体的扩展与延绵:流传渠道与阅读时差

最早向国内传递《清议报》出版消息的,是当时正在日本留学的浙江籍官派生汪有龄。他在1898年12月28日写给汪康年的信中谈到:"康梁客囊不裕,不能无呼将伯。近由彼中人士创办《东亚时论报》,登有康梁论说(梁又在横滨办《清议报》),明日亦拟往购一册,寄奉青览。"③《清议报》的创刊时间为该年12月23日,《东亚时论报》是日本东亚同文会的机关刊物,该会11月成立,据狭间直树的考证,会刊的第二号"杂录"栏中转载了《横滨〈清议报〉叙》,时间可能在12月25日。④ 汪有龄的来信可以说在第一时间将《清议报》的消息告知了汪康年。很快,他还给出阅读反馈,在1899年1月9日的信里提到:"卓如所著《清议报》内有直揭南皮隐私语,并斥李木斋公使反复无常,虽非出诸捏造,亦大不宜。"⑤虽然在当时《清议报》的论调很危险,但汪康年还是着手展开了邮寄、售卖的工作,并将自己所办的《中外日报》作为代售点之一。

在汪康年这则最初的"读后感"⑥中,《清议报》的政治立场跃然纸上。同情维新、回乡办学的蔡元培,也有类似的阅报感受。在1899年3月初的日记中,他记下了对已出卷目的意见:"阅《清议报》,凡六册,卷端数论题任公者,即梁起(启)超,其言戊戌革政本末十七,如吾所闻,惟有诽谤语。"⑦时任绍兴中西学堂校长的他,在购买书报时自然多了一份为学生择选的眼光,因此会觉得

① 《本刊告白》,《清议报》第20册,1899年12月。
② 张朋园:《梁启超与清季革命》,第282页。
③ 《汪有龄函(三十三)》(戊十一月十六),《汪康年师友书札》1,第977页。
④ 狭间直树:《梁启超〈戊戌政变记〉成书考》,《近代史研究》1997年第4期。
⑤ 《汪有龄函(三十四)》(戊十一月廿八日),《汪康年师友书札》1,第979页。
⑥ 孙宝瑄及其友人可能是最早阅读《清议报》的读者,然并未留下更多的阅读感受。童杨校订:《忘山庐日记》上册,中华书局2015年版,第324页。
⑦ 中国蔡元培研究会编:《蔡元培全集》第十五卷,浙江教育出版社1998年版,第213页。

过分强调政治的刊物,并不适合学堂少年们阅览。

潘光哲认为近代报刊"不是被动地等待读者去寻觅它们,而是主动地去逼近读者"①。即便不认同梁启超的政党立场,像蔡元培这样的学堂阅报处筹办人、汪康年这样的代售经手人,还是为这份报纸主动"逼近"读者提供了切实的推力。

随着《清议报》传播广度的扩展,还出现了一些"意外"的读者。1899 年 12 月 23 日,汪立元在信中提到:

> 恳者,在江得遇一友,极通达,属弟为代购《清议报》十分,自首册起寄三分,自现在出若干册起七分。……此公英年向学,家颇小康,断不至如他人负累,弟能力保,渠极不愿由寿卿转递也。②

这位"友人"虽无姓名,但"极通达""英年向学""家颇小康"等特征,可视作《清议报》潜在受众的一帧"速写"。即便办报、传播受到限制,该报对晚清向往新学的知识人群体,仍有强大的吸引力。与同时期的其他报刊——如《亚东时报》《同文沪报》《蒙学报》《中外日报》等——相比,《清议报》作为思想资源,亦具有较大优势。像信中"友人"这样身处边缘之地的年轻学子,视新式报刊为真正的知识源泉,为得到《清议报》颇费心力,往往需要通过在省城或沿海地区读书、工作的同乡人士才能购得。这类读者在当时并不少见③,他们既是报刊传播的"末梢神经",又代表了"报禁"时期地方趋新势力的积极态度。无论对于《清议报》的流播与传递,还是梁启超文章的风行,这些年轻读者都起到了非常重要的作用。

因报刊流转渠道各异,《清议报》的读者群并未形成一个"同时共读"的特征,反而呈现出阅读的"时差",这也让《清议报》对晚清文人读者的影响力得以延绵。

在顾颉刚的回忆中,他在 1902 年才首次接触梁启超。④ 而与《新民丛报》《少年中国说》《呵旁观者文》一起阅读的是《光绪圣德记》和《新中国未来记》,一是纪实性作品,一是预言型小说。顾颉刚在这四种不同的文类中读到时事、

---

① 潘光哲:《晚清士人的西学阅读史(1833—1898)》,"中央研究院"近代史研究所 2014 年版,第 188 页。
② 《汪立元函(三十一)》(己十二月廿三收),《汪康年师友书札》1,第 943 页。
③ 张枬撰、俞雄选编:《张枬日记》,上海社会科学院出版社 2003 年版,第 68、72 页。徐佳贵:《乡国之际:晚清温州府士人与地方知识转型》,复旦大学出版社 2018 年版,第 222 页。
④ 刘俐娜编:《顾颉刚自述》,河南人民出版社 2005 年版,第 21、22 页。

文章、当下政治和未来乌托邦等丰富的元素。他的阅读行为说明，当时的读者对梁启超的接受并不完全依照文章的发表顺序依次进行，阅读的时间点既存在与作品面世的时差，又存在与梁氏不同时间发表的其他作品交叉的情况。同样是 1902 年，孙宝瑄在日记中记录了自己同时阅读《十种德性相反相成义》(《清议报》)、《自由书》、《新史学》(《新民丛报》)、《新民说》(《新民丛报》)等文章。概因《新民丛报》发刊时，报禁已放松，梁启超的作品在内地风行不止①；与此同时，早期发行受阻的《清议报》，也被一起打包阅读。在读书人的日记中，经常出现《新民丛报》与《清议报》同时阅读的痕迹。

蒋维乔在 9 月 15 日至 21 日的日记中记录了自己在来回上海的过程中阅读书报的情况：短短一周时间内，他读完了《新民丛报》第十六、十七册，《译书汇编》第一册，以及《清议报全编》三卷②。此时，《清议报》很可能已经以编辑成书的形式，借助广智书局的发行，重新进入知识人的阅读视野中。很多此前没有机会连续追读报纸的读者，可以通过购买"全编"，集中通览 1898 至 1901 年的全部 100 册《清议报》。

事实上，《清议报》停刊不久，就有几种经过选编的单行本发行。《清议报全编》的"缘起及凡例"对此作过说明："三年之间，流传海内外者既已不少，惟是辽远之区犹多以未观为憾。又或前经购阅而随手散佚，不能具备全帙。"③这本全编不仅合众为一，还对 100 册的文章进行了精选和分类，并在经济上给读者提供了便利：售例中提到若要买全三年的《清议报》前后需付十七元左右，而全编本"重编再印，删原文十分之四，增原文十分之二，实有原文十分之八"，价格上却只要八元，十分划算。另外，《清议报》有多个栏目是以连载的形式进行，合集的出现也为读者完整连贯地阅读提供了方便。这一点也被写入"本编十大特色"之中："视前者每月三册，支支节节者，有难得易得之别。又编纂归类，视各卷散漫检读费时者，有劳逸之殊，为他书所莫能及者九。"④这种做法对读者产生了很强的吸引力，尤其是那些三年中无法一窥全豹的读者。除了全编本，另有几种论说集在读者中流传。据 1903 年《汴梁卖书记》，"开明

---

① 方汉奇：《中国近代报刊史》，第 172 页。
② 蒋维乔：《蒋维乔日记》(第一册)，中华书局 2014 年版，第 207 页。
③ 《编辑〈清议报全编〉缘起及凡例》，新民社辑：《清议报全编》，文海出版社 1986 年版，第 1 页。
④ 《本编之十大特色》，同上，第 6 页。

书店新书目录"的"文编"中与梁启超有关的便有《中国魂》(4 角)、《新民说上》(3 角)、《清议报全编》(8 元 5 角)、《饮冰室文集》(6 元 5 角)、《饮冰室自由书》(4 角)。①

其中,1902 年上海广智书局印行的《中国魂》,署名"饮冰室主人编辑",分上下两卷,收入十二篇曾经刊登过的论说文②,可视为梁启超《清议报》时期思想、文章的总结。很多读者正是通过这本精选集认识、阅读并理解《清议报》时期的梁启超。如蒋维乔就是在先购得《中国魂》并阅读后③,才接触到《清议报》。

《中国魂》畅销后,上海时中书局又于 1903 年 7 月出版《中国脑》一书,编者寅半生,即《游戏世界》上《小说闲评》的作者钟骏文。④ 无论从标题结构还是《叙》中对于脑与魂相关性的强调来看,这都很像是《中国魂》的续出之作。编者本人也不避讳二书的相关性:"则读是编者,谓为中国脑也可,谓为中国魂之续也亦无不可。"他希望借着《中国魂》畅销的东风,读者可以购买《中国脑》一并读之:"去年海上有《中国魂》之刻。不数月间遍于内地,家置一编,人购一册。魂兮魂兮,其归来兮! 然有魂不可无脑。本社同人复有是编之辑庶几哉。"⑤

虽然编辑方法相近,但《中国脑》却荟萃了以革命而非维新为政治立场的论说文。除了梁启超的五篇文章外,其余全部出自革命派的报纸,其中《大陆报》《国民报》《新世界报》还曾在 1903 年多次发表反驳梁启超的文章。不难发现,无论是革命派还是立宪保皇派,文章题目都共享着一组由梁启超在《清议报》期间提出的关键概念,诸如"二十世纪""国民""奴隶""少年"等。张仲民在分析梁启超的读者问题时,着重指出他的言论影响"种瓜得豆",对于宣传革命亦有极强的促进作用。这一论断亦可在《中国魂》与《中国脑》微妙的关系中得

---

① 王维泰:《汴梁卖书记·开明书店新书目录》,载张仲民:《出版与文化政治:晚清的"卫生"书籍研究》附录,上海书店出版社 2009 年版,第 349—356 页。
② 篇目分别是,卷上五篇:《少年中国说》《呵旁观者文》《中国积弱溯源论》《过渡时代论》《论近世国民竞争之大势及中国之前途》;卷下七篇:《论中国与欧洲国体异同》《国家思想变迁异同论》《十种德性相反相成义》《论中国今日当以竞争求和平》《排外平议》《论国家思想》《论进取冒险》。梁启超:《中国魂》,广智书局 1902 年版。
③ 七月初八条:"阅《中国魂》";七月初九条"阅《中国魂》阅毕共两册。是书名目甚新,实则《清议报》《新民报》中之论说杂凑成。"《蒋维乔日记》(第一册),第 192 页。
④ 关于寅半生的生平考述,参见朱永香:《论寅半生及其〈小说闲评〉》,《华东师范大学学报(哲学社会科学版)》2015 年第 4 期。
⑤ 寅半生:《叙》,《中国脑》,时中书局宣统三年(1911 年)第十四次重印铅版,第 1 页。

到印证。在文本层面的传递之外,读者的阅读方向和概念的传播方向也发生了转移。"少年中国"或"二十世纪"已不再为维新一派所独享,而成为维新与革命两派言说争夺的阵地。

由《清议报》到全编、选编,乃至仿作、续作的出版和风行,可见《清议报》在经由不同阅读渠道而扩展传播网络的过程中,因阅读时差而持续覆盖到多样化、差异化的读者群体,展现出一种延绵扩散、具有文本生产性的阅读影响力。

余论

对于"少年中国"这一文学性的概念,厘清它酝酿的契机、诞生之初的背景,及最初的意义内涵,是非常重要的工作;而如若要观察它对近代知识群体"感觉结构"的塑造,则必须进入到阅读和传播的领域。事实上,一旦脱离了作者,进入到读者视域,一种新概念的影响所能涉及的范围,就不再受到作者的控制。但是需要澄清一点:并不是梁启超的每一种论说、文章、观点,都能取得相似的读者反应。作者、媒介、读者,均为时代所框限,读者阅读从表面上看,是散落的个体行为,具有偶然性和特殊性,但是当"他"由读者转换为作者时,能够被其消化、调动、重新编辑的资源仍然具有一定的模式。读者与文本的关系,并不是阅读史、书籍史研究所呈现的那么简单。在晚清近代,一位读者如何阅读梁启超,不但无法独立于获取书报的方式、当时的政治气氛、梁启超身上的多重身份等要素,也不能独立于文体的问题。

《少年中国说》的"有知识的读者",除了要在传播面向上更具体而微地还原文本和其中概念的接受情况,还要努力牵引出更多关于"少年"的问题。严复曾谈到自己对维新报系的观察,并总结出梁启超文章的读者群体的特点为"趋新"和"年轻"。[1] 梁的文章对少年人的影响力也可通过很多人的回忆被证实,如胡适在《四十自述》中说过:"严先生的文字太古雅,所以少年人受他的影响没有梁启超的影响大。梁先生的文章,明白晓畅之中,带着浓挚的热情,使读的人不能不跟着他走,不能不跟着他想。"[2] 郑振铎则认为梁启超的政论文

---

[1] 严复:《与熊育锡书(三十八)》(1916 年 9 月 10 日),汪征鲁、方宝川、马勇主编:《严复全集》卷八,第 323 页。

[2] 胡适:《四十自述》,夏晓虹编:《追忆梁启超》(增订本),北京:生活·读书·新知三联书店 2009 年版,第 175 页。

在失去其时代语境的情况下,仍有阅读的意义,其原因在于它们打破了桐城古文的"无生气",并为读者进行模仿写作设置了较低的门槛:"使一般的少年们都能肆笔自如,畅所欲言,而不再受已僵死的散文套式与格调的拘束。"①同样的阅读感受,也发生在青少年时期的梁漱溟、顾颉刚、马叙伦等人的身上。

　　青年读者对梁启超的反馈,逐渐也构成了挑战。例如1902年《中国脑》一书看似模仿实则借东风、"打擂台"的现象,1903年《新民丛报》与《大陆》两家报纸所发生的关于《吾妻镜》的争论。② 从亦步亦趋的青年读者,到与梁启超叫板的"吾辈",前后只不过三年时间,令人感叹晚清报刊传播网络之复杂、多变,以及读者群体旺盛的求知欲、模仿力与创造力。也正是在如此特性的舆论氛围中,一篇文章、一个概念、一种论述才能展现出某种"魔力",引领近代思想风潮的转变。

① 郑振铎:《梁任公先生》,第69页。
② 1903年2月,《新民丛报》第25期上发表《青年之堕落》一文,作者批评《吾妻镜》为淫书,并对"恶少年某某两人"进行了比较严厉的指摘。政治立场相左的《大陆》认定此文乃梁启超所作,先后发表了四篇文章来回应,并批评梁启超对待青年的态度:"即如足下之诋恶少年,笔伐口诛,亦云至矣。"《敬告中国之新民》,《大陆》第6期,1903年5月。

书 店 之 外

——略谈晚清上海别发洋行的
经营（1876—1900）*

李子归

（中山大学）

别发洋行(Kelly and Walsh Company)是创立于晚清上海的一家书店,它开展多种经营,最为人熟知的业务莫过于经销西文书籍、出版发行外译中文经典。因其在中西交流、文化空间形成方面的影响,一直受到学者关注。① 孙轶旻和黄海涛两位学者几乎在同一时期关注到别发洋行的经营活动,并利用上海档案馆档案对该洋行早期的成立、沿革和海外发展进行了考证。研究尤其关注该洋行在西文书目引进和中国经典外译方面对中国近代西学知识和 20 世纪文学史的影响。在学者的眼中,别发洋行主要是一家书店,但它的经营范围实际上相当广泛。本文希望能够将别发洋行的经营活动放回晚清的历史情境当中,利用西文报刊上的内容,结合公司注册档案,丰富学界对别发洋行早期经营及其影响的认识。②

别发洋行在晚清的数十年间,从售卖书报香烟的摊位,成长成为东亚最大的图书进出口与出版销售巨头,除了是沪上重要的西文书店之外,还是一家贸

---

* 本文为中国博士后科学基金会项目"字林西报与晚清上海的新闻秩序"（编号：2021M703698）成果之一。蒙广东省哲学社会科学规划 2023 年度青年项目《晚清别发洋行史料整理与研究》（GD23YZL05）资助。

① 李欧梵著,毛尖译：《上海的世界主义》,《二十一世纪双月刊》1999 年 8 月号,第 54 期,第 43—52 页；Lee, Leo Ou-fan, *Shanghai Modern: the Flowering of a new urban culture in China*, 1930 - 1945, (M. A.: Harvard University Press, 1999).
② 孙轶旻：《别发印书馆与近代中西文化交流》,《学术月刊》2008 年第 7 期；黄海涛：《别发洋行考：兼论近代中国知识分子与别发洋行》,收入郑培凯、范家伟主编：《旧学新知集：香港城市大学中国文化中心十周年论文集》,广西师范大学出版社 2008 年版,第 213—255 页。黄海涛：《清末民初的西书店别发洋行》,《文史知识》2011 年 12 月。

易公司和出版机构,更是租界的重要文化场所。别发洋行主要面向在华西人顾客,以英人为主。它不仅代理演出票务,还经销室内装饰品、童书绘本、手账、贺卡等产品。在沪英侨通过光顾别发洋行,得以保留一种祖国的生活方式,并且能够跟上伦敦的文化风尚。因此别发洋行经营的内容,也折射出在华英侨日常生活的点滴。别发洋行经营和出版的产品也间接地将东亚地区的生活场景传播到海外,参与营造出有关中国的想象;其引进的新技术和新风尚,也对同一时期中文出版印刷业提出挑战。

一、早期经营:从书报摊到艺廊

上海开埠后,贸易规模增长,以英人为主的西人人口也随之增加,给服务于贸易和日常生活的行业带来无限商机,别发洋行即是其中之一。别发洋行的前身是 1862 年创办的印刷坊 F. & C. Walsh & Co.和 1868 年创办的书商 Kelly & Co,二者在 1870 年代合并后,还兼并一家报摊的业务,由于报摊业主姓 Biekfield,因此音译"别发"遂沿用为中文行名。① 由此可见,华人对该洋行业务的认知,是以报刊发行为主,亦即英文所称 Newsagents。别发洋行正式成立于 1876 年,初创时位于外滩 11 号汇丰银行隔壁,并没有独立的地址,应当只是一间小门面。其早期经营范围囊括了书报批发零售、出版印刷、文具礼品和烟草彩票等"小本儿生意"。② 到了 20 世纪以后,逐渐因出版和销售英文书蜚声海内外。③ 从书报摊到文化空间的经营及变化中,还有大量的历史细节有待填补。

彩票销售　别发洋行成立早期代理过菲律宾马尼拉彩票。1877 年底《字林西报》刊登了一条别发洋行的消息,称该行收到电报,得知自家销售的两张彩票中了菲律宾的"马尼拉乐透",奖金分别是 $4 000 和 $500。④ 次年大约同一时期,《字林西报》再次刊登经别发洋行出售的马尼拉彩票中奖消息,这次的中奖金额为 $25 000。⑤ 这一消息或曾掀起沪上一阵热议。马尼拉彩票在中文史料中又称"吕宋票",它在口岸的流行引起华人效仿,给清政府带来财政损

---

① 黄海涛:《别发洋行考》,第 218 页。黄氏指 Biekfield 被收购是在 1874 年。
② *North-China Desk Hong List*,1878,13.
③ 孙轶旻统计出 961 种别发洋行出版物,时间跨度从 1870 至 1953 年;黄海涛的统计结果则是超过 450 种。
④ *Local*,NCDN,Nov,19,1877,p.483.货币单位为墨西哥元。
⑤ *Local*,NCDN,Nov,28,1877,p.615.

失,并造成负面社会影响,故而遭到清政府反对。菲律宾在 1898 年沦为美国殖民地,停办了彩票。别发洋行或许是在这之间转变了经营方向。据说"别发"洋行早期的中译名曾经是"必发",应当是买彩票的主顾希望讨个口彩;后来以"别发"命名,可能也是对赌徒的告诫。不过,吕宋票对近代的博彩业有相当启发,而别发洋行可能是最早将"吕宋票"引入上海的代理机构之一。①

日用参考 别发洋行还有不少服务西人日常生活和租界事务的廉价出版品。例如,别发洋行至少从 1874 年已开始常年销售一种《袖珍航海手册》(*Nautical Pocket Manual*)。该手册专为船长、水手在中国和日本水域航行提供指导。手册出自一位署名"E. H."的编者,内容也逐年更新。到了 19 世纪末,这本手册不仅包含当年日历、备忘,还包括上海潮汐时刻表、吴淞港和海关号识、火警信号、里程表,以及中日韩三国水域的灯塔、航标和信号灯,各国及各洋行商号旗帜花色。手册封面覆以皮革,商家还体贴地附送一支铅笔,以便使用者贴身携带,随时翻阅和记录。②

这一类的手册是当时很受欢迎的产品。除了面向海员的航海手册之外,别发洋行至少还销售过一种《英华帝国日志及年历》(*Imperial English and Chinese Diary and Almanac*)。这种年历和航海手册一样,每年更新内容,定期发行。年历包括一些记录日程的空白页,一些在租界生活的实用信息,例如海关税率表、邮政费率,后期还加入了发送电报的费率。外观设计也以便携为卖点,主打商务人士专用,售价 1 墨元。③ 每到年底,往来汇丰银行办理业务的商人买办,不免路过附近别发洋行的商店,花上 1 元钱买一本下一年的日历,随身备忘,也可省去许多查阅资料的时间。

这一类的出版品历史悠久,几乎是伴随着西欧向东方的贸易扩张和殖民活动而产生的,绝非仅存于上海,也并非在上海独创;它通常被冠以手册、年鉴或日记之名,介于出版物和文具之间,为在口岸生活的人士提供迅速熟悉当地

---

① 有关吕宋票及晚清博彩业,可参考闵杰:《论清末彩票》,《近代史研究》2000 年第 4 期;刘力:《"为诸善举"至"迹近赌博":近代社会变迁中晚清彩票业的流变》,《中国社会经济史研究》2014 年第 1 期。

② *Local*, NCDN, Jan 4th, 1879, 11; *Local*, NCDN, Jan 29th, 1892, 95. *Local*, NCDN, Mar 2nd, 1889, 195.

③ *Local*, NCDN, Nov 13th, 1886, 467; *Local*, NCDN, Dec 5th, 1887, 539; *Local*, NCDN, Nov 5th, 1890, 439, *Local*, NCDN, Jan 6th, 1892, 15; *Local*, NCDN, Nov 23rd, 1892, 499.

情况的实用信息。① 这种信息和知识的外部化,使得在中国生活的西人不必依靠中国人或中文,即可协调历法,快速熟悉日常或专门事务。日用信息的集纂和呈现方式,再通过翻译、引用、抄袭等途径,进一步流传至中文出版品市场,一方面,或可影响中文日用类书的近代化。另一方面,这种信息的公开和易得性,进一步破坏了清政府试图通过限制信息传播而控制对外贸易的做法。

票务代理　别发洋行自 1870 年代开始,在店里代售各类演出门票。演出类型不仅包括歌剧、音乐会,还有魔术、热气球升空表演、马术表演等。② 除了在夜间进行的演出之外,另有被称为 *matinée* 的白天场演出,甚至还有 19 世纪末"前电影"时代猎奇的视觉表演"活照片"(Living Pictures)等。③ 从别发代理的演出票务,可以管窥上海租界紧张繁忙的商贸往来之外五光十色的娱乐生活。这些演出通常都是在世界各地巡回进行,因此,经别发洋行售出的门票,使租界观众得以几乎同步地欣赏到时下欧美流行的各种演出。上海租界也因此融入一个更广大的娱乐业消费市场中。

艺术品和礼品　别发洋行在出售演出门票时,同时在店内展销周边商品。例如,1881 年,店内曾举办雕刻和蚀刻版画展览,兼售版画作品;④1883 年春,魔术师及驯兽师 Louis Haselmayer 访沪表演时,别发洋行就在橱窗中展示了当时英国威尔士亲王(后爱德华七世)的儿子爱德华王子和乔治王子的两幅照片。据称这是魔术师在悉尼为两位王室成员表演时被赐予的礼物。⑤ 上海街头张挂的英国王室照片,应当是一道特殊的景观,必定会使来往行人印象深

---

① 肖文远:《西历东传与 19 世纪历书时间的自然化》,《史林》2020 年第 2 期。

② *Local*,NCDN,Nov 29th,1879;*Local*,NCDN,Dec 15th,1879,532;*Local*,NCDN,Apr 6th,1883,315;*Local*,NCDN,June 12th,1890,535;*Local*,NCDN,Oct 10th,351;*Local*,NCDN,May 26th,1894,3;*Local*,NCDN,June 15th,1894,3,etc.

③ 活照片表演时真人站在放大的画框内,画中景物也由道具模拟,并辅以动态效果,有关一段 1904 年的活照片视频资料,见美国国会图书馆:Marvin, Arthur W., Camera, American Mutoscope And Biograph Company, and Paper Print Collection. Living Pictures. United States:Biograph Co.,. United States:American Mutoscope & Biograph Co, 1903. Video. https://www. loc. gov/item/2017604950/. 2022 年 8 月 31 日。

④ *Local*,NCDN,Sept 6th,1881,321.

⑤ *Local*,NCDN,Apr 6th,1883,315.

刻。1884 年秋天,别发将铺面装修为艺廊,并从英国引进了知名画家的水彩画和油画进行展销。① 在出售歌剧门票之余,还会出售歌剧的剧目曲谱,供爱好者演唱演奏,其中甚至有舞步的步伐说明。② 1889 年,别发另设音乐部,不仅代销管风琴和立式钢琴,还配备专人提供调率服务。③ 此外,1894 年底,别发洋行推广"活照片"表演门票时,还在店内出售表演所模拟的画作,售价高达 10 000 墨元一幅。④ 这些有关艺术品展销活动的记录,使晚清上海别发洋行的形象更加丰富起来:它不仅是一家书店,更是一间艺术沙龙。

圣诞贺卡 季节性的商品也是别发洋行着力经营的领域,例如圣诞贺卡、圣诞颂歌谱、挂历等圣诞礼物。这些季节性商品为租界营造出西式传统的节日氛围。1884 年店铺改造成画廊之后,《字林西报》提到别发销售圣诞贺卡的情况。这后来成为一项别发洋行的特色业务。1884 年,别发引进了据称是上海当时最精美的贺卡,将画作印于绸缎表面,细致程度几可乱真手绘作品。贺卡的内容则是常见的西式室内装饰和风景,饰以精美的节日诗句。⑤ 19 世纪末期,别发销售的圣诞贺卡内容越来越和本土相关。到了 1890 年代,更多有上海本地特色和中国人生活的图像成为了圣诞贺卡的主题。《字林西报》列举了其中一些贺卡的主题,如"工作中的华人剃头匠""四个当地人就餐划拳""一位华人鞋匠和他的顾客""包装茶叶的场景""从浦东眺望黄浦江的景色"等。⑥ 这种呈现有赖照片印刷技术的引入和发展,下文将继续介绍。与此同时也反映出,展示与观看异域文化的潮流成为一种商机。这些即将寄回英国的贺卡不仅体现着寄信人所处租界的文化特色,也对居于英国的普通人如何想象中国社会造成一定影响。

19 世纪末期英文《字林西报》上刊登着不少关于别发洋行的告示,从这些告示内容的变化中不难发现,别发洋行日渐从一个兼售香烟、彩票、演出门票

---

① *Art Exhibits at Messrs. Kelly & Walsh's*, NCDN, Oct 30th, 1884, 419.
② *Local*, NCDN, Oct 8th, 1888, 339.
③ *Local*, NCDN, July 30th, 1889, 103. *North-China Desk Hong List*, 1889, 1890.
④ *Local*, NCDN, Dec 20th, 1894, 3.
⑤ *Art Exhibits at Messrs. Kelly & Walsh's*, NCDN, Oct 30th, 1884, 419.
⑥ No title, NCDN, Nov 10th, 1897, 2; No title, NCDN, Nov 7th, 1898, 2.

的书报摊,一跃成为沪上的重要文化标志;销售的商品也从香烟彩票日历等"小本儿生意",逐渐变成包括钢琴、管风琴、艺术品在内的奢侈品。这一变化反映出别发经营有方,逐渐向高端路线发展的趋势。发展的背后离不开资本与制度资源。这些资源为别发提供资本和法律支持,也提供技术和销售渠道,助益其成长。

图 1　位于外滩 11 号汇丰银行隔壁的别发洋行①

(摄于 1890 年 4 月 8 日,别发洋行为画面右下方白色矮建筑,此时已经过重新装修。)

二、公司注册与业务发展

　　1885 年,别发洋行依照 1865 年公司注册条例在香港注册成为有限公司,这是别发经营扩张的一个契机。在华的英资企业注册成为股份有限公司,是 19 世纪末的一项重要变化。② 英国于 1862 年颁布公司法;1865 年的香港

---

① 照片原名:The Bund, Shanghai, festooned for the Duke of Connaught's visit;照片来源:Billie Love Historical Collection;BL01 - 05, University of Bristol — Historical Photographs of China. 照片拍摄于 1890 年 4 月康诺公爵夫妇访问上海之际。https://www.hpcbristol.net/visual/bl01-05, 2022 年 8 月 31 日。
② 有关研究可参考何兰萍:《1865 年香港公司条例与早期外商在华企业的设立》,《上海经济研究》2011 年第 4 期。

公司条例则以之为蓝本,目的在于规范经营活动,保护在华英国资本。概括而言,公司注册成为法人,以政府部门登记在册的经营范畴、股东名册和股份多少为依据划分权责,并对经营和资本进行定期监管,可有效避免纠纷,是值得鼓励的海外投资行为。此外,注册成为股份有限公司,也对展开跨地区的经营提供了一定的法律保障。《字林西报》在报道此事时称,注册成为股份有限公司是当时英国本土、印度等其他英殖民地企业流行的做法,并透露,别发洋行注册后,香港和横滨分支也能够获益。[①]

别发洋行在公司注册处的档案显示,公司的原始注册资本为 135 000 元,分为 1 350 股,由 7 位股东分持,其中 5 人居于上海,2 人在香港。股东姓名及持股数量如表 1 所示:

表1 1885 年别发洋行注册股东姓名及股份数[②]

股 东 姓 名	持 有 股 份	地 点
Thomas Brown	1 114(约 83%)	上海
John West	100	上海
George Brinkworth	5	上海
John T. Smith	5	上海
John Morris	25	上海
Charles Grant	100	香港
Thomas Davidson	1	香港

这些股东都和别发洋行的经营颇有渊源。尽管洋行名为 Kelly & Walsh,但到了 1880 年代,开创企业的两家人,无论是 Kelly 氏还是 Walsh 氏,都已经和上海的别发公司没有业主关系了。前身之一的书商 Kelly & Co. 创

---

① NCDN, July 4th, 1885, 15.值得注意的是,档案保留的合同中并没有任何涉及有关横滨分支的情况,也没有任何一位股东身处日本。且日本企业在香港注册似乎也并不合理。笔者猜测比较可能的情况是横滨分支在日本注册,而后的新加坡分支在海峡殖民地注册,上海和香港公司则在香港注册,实情如何有待更多材料揭示。

② HKHRO B/25, Company File No.2222. Contract, Kelly & Walsh Ltd.

始人 J. M. Kelly 于 1877 年 10 月退出经营,①而印刷所 F. & C. Walsh & Co. 的创始者 Walsh 氏则在 1866 年移居日本。留下别发洋行给曾任 Kelly & Co. 文员的 Thomas Brown 接管。1885 年注册时,Thomas Brown 拥有 1 114 股, 占比近 83%,是企业的主要所有者。West、Smith、Brinkworth 和 Grant 则都 是跟随 Brown 工作多年的别发员工,服务时间或长或短。② 只持有 1 股的 Thomas Davidson 或许只是为了凑足注册公司所需的 7 人之数。此外沪上著 名的马立师行(Morris & Co.)业主 John Morris 持有 100 股,尽管只占比 约 7%,但其作用不容小觑。

　　John Morris 与别发洋行向出版业转型有关。③ Morris 大约在 1880 年代 来到上海。1885 年 Morris 成为股东前后,别发洋行另外成立了一处名为"别 发印字房"的印刷所,位于繁华的南京路 12 号,由 Morris 担任印刷所经理。 印刷所的经营内容包括印刷、石印、书籍装订等。④ 印刷所成立后,出版业务 变得日渐重要。1880 年代之前,出版并不是别发主营业务。别发前身之一的 印刷所 F. & C. Walsh & Co.曾在 1864 年印制《丹麦与中国条约:包括关税与 贸易》⑤,内容是清政府在 1863 年与丹麦签订的《天津条约》及《通商章程:海 关税则》,篇幅并不大。别发另一个前身 Kelly & Co.则主要从事进口书刊销 售,自身的定位是"进口书籍、音乐、杂志、报纸和廉价出版品(Cheap Publications)"。⑥ 但也协助有需要的客户出版作品。《字林西报》的广告上还 专门提到,本行特别留意有关中国的作品,愿意协助出版销售有关"远东"事务 的小册子或大部头书籍,价格合理。⑦ 别发早期委托其他印刷所印刷出版物, 其中一种 1876 年出版的介绍有关中国研究著作的清单,就是委托沪上的华洋

---

① 黄海涛:《清末民初上海的西书店别发洋行》,第 36 页。

② 见《字林行名录》1872—1886 各册。

③ Morris 于 1909 年卸职并离开上海,于 1915 年 11 月 18 日在英国伯恩茅斯去世,《字林西报》为他刊登 了一篇讣告纪念。*Obituary: John Morris*, NCDN, Nov 29th, 1915, 8.

④ 晚清期刊全文数据库(1833—1911)收录的《字林行名录》缺 1884 年和 1885 年,印字房在 1886 年出现, 故而可能于 1884 或 1885 年间成立。

⑤ *Treaty between Denmak and China: Including Tariff and trade Regulations.* (Shanghai: F. & C. Walsh, printed, 1864).应当是包含 1863 年清政府与丹麦在天津签订的《天津条约》及《通商章程:海 关税则》细则在内的小册子。

⑥ 所谓廉价出版品,除了上节提到的日用参考,还包括欧美出版商专门面向殖民地和海外销售的平装小 说系列。

⑦ *Kelly & Co.*, NCDN, Jan 7th, 1873, AD.

通闻报馆(Celestial Empire Office)印刷的。到了 1890 年代,别发出版的书籍数量有了大幅增长。① 孙轶旻与黄海涛的文章已经搜集了大量的别发洋行出版或经销的出版物,并按照作者或出版物内容的类型进行分类介绍。在此基础上,依时间顺序将 19 世纪的有关出版物进行重新整理,不难看出别发洋行出版业务的动态发展:

表 2　19 世纪晚期与别发有关的出版物列举

No.	出版年	作者/译者	书　名	备　注
1	1864	不详	*Treaty between Denmak and China: Including Tariff and trade Regulations.* 《丹麦与中国条约:含关税与贸易规程》	由 F. & C. Walsh & Co. 印刷
2	1876	不详	*Manual of Chinese Biography, Being a list of works and essays relating to China*	在 *Celestial Empire* 印刷
3	1877	Giles, Herbert A. (翟理斯,1845—1935)	*From Swatow to Canton: overland*	在 *Celestial Empire* 印刷(含图)
4	1877	Giles, Herbert A.	*Record of the Buddhistic Kingdoms* 《佛国记》	
5	1881	Balfour, Frederic Henry (巴尔福,1846—1909)	*The Divine Classics of Nan-Hua: Bing the Works of Chuang Tsze* 《庄子》	
6	1884	Giles, Herbert A.	*Germs of Chinese Literature* 《古文选珍》	
7	1887	Giles, Herbert A.	*Chinese without a teacher* 《汉言无师自明》	初版于 1872 年由望益纸馆印刷
8	1888	Parker, Edward Harper (庄延龄,1849—1926)	*Chinese Account of the Opium War* 摘译自魏源《圣武记》最后两卷	别发宝塔丛书(Pagoda Library)第一本②

① 孙轶旻:《别发印书馆与近代中西文化交流》,第 105 页。
② 加州大学藏书 https://archive.org/details/chineseaccountof00parkrich/mode/2up?ref = ol&view = theater。

续　表

No.	出版年	作者/译者	书　名	备　注
9		Parker, Edward Harper	*China's Intercourse with Europe* 译自夏燮《中西纪事》	别发宝塔丛书系列①
10	1892	Giles, Herbert A.	*A Chinese-English Dictionary* 《华英字典》	
11	1892	Joly, H. Bencraft (trans.) （或作周骊，1857—1898）	*Hung Lou Meng: or the Dream of the Red Chamber, A Chinese Novel. Book 1* 《红楼梦》上册	
12	1893	Joly, H. Bencraft	*Hung Lou Meng: or the Dream of the Red Chamber, A Chinese Novel. Book 2* 《红楼梦》下册	
13	1893	不详	*Handbook to Hong Kong*	由香港别发公司出版
14	1895	Parker, Edward Harper	*A Thousand Years of the Tartars* 《鞑靼千年史》	别发印刷
15	1898	Giles, Herbert A.	*Chinese Poetry in English Verse* 《古今诗选》	扉页彩印
16	1898	Giles, Herbert A.	*A Chinese Biographical Dictionary* 《古今姓氏族谱》	中英文铅字混排，中字从左到右排列
17	1898	Ku, Hong Ming 辜鸿铭	*Discourse and Sayings of Confucius* 《斯文在兹》	英译《论语》，有别发宝塔商标
18	1899	Parker, Edward Harper	*Up the Yang-tse*	1891 年初版重印自 "China Review" 由香港德臣报 China Mail Office 印刷，1899 年版有宝塔标记②
19	1899	Rev. Hampden C. Du Bose 杜步西	*Beautiful Soo, the Capital of Kiangnan* 《姑苏景志》	1911 年再版有照片插图

① 密歇根大学藏书 https://hdl.handle.net/2027/mdp.39015048709029。
② 哈佛大学图书馆藏，1891 年出版。

可见，1890 年代，别发的出版业务愈发繁荣。《字林西报》提到别发公司的时候，也开始更多地称其为"出版商"。①

此外，别发洋行也有呼应全球图书贸易的举措。早在 1870 年代，别发就开始引进廉价的陶赫尼兹丛书（*Tauchnitz Edition*）；1898 年引进英国麦米伦出版公司的殖民地丛书（*Colonial Library*）系列；1899 年引进英国朗文出版公司推出的殖民地丛书（*Longman's Colonial Library*）。1888 年，别发也开始出版一套自己的"宝塔丛书"（*Pagoda Library*），并且在 1898 年开始使用宝塔样的商标。②其中"别发"二字分列一座七层宝塔两侧，整个商标用圆圈圈起（图 2）。别发把有关中国事务的论著译文集结成丛书出版，并向海外发行，这是对英国商业出版模式的模仿，也是打造自己出版品牌的尝试。浏览这一时期别发洋行的出版物，会发现仅依靠扉页的信息并不能区分别发究竟是出版、印刷商还是发行商，这反映出 19 世纪中国的西文书籍生产销售链条上的分工或许并不明确。欧美向亚洲发行书籍的长程贸易模式正在形成之中。不可忽视的是，别发由一家销售机构转变成为一家出版印刷机构，需要有足够资本购置设备，也需要有足够的空间存放不易搬动的大型印刷设备和配套的设施，因此购置设备所需资本，存放设备所需厂房，是企业在今后筹资融资过程中可以调动的资源。进入 20 世纪以后，别发洋行就曾以地产作为抵押向金融机构贷款。无论如何，1885 年的注册和 Morris 的加盟，对别发洋行的发展有至关重要的影响。

图 2　别发洋行宝塔商标

三、与字林洋行的关系

有关别发洋行经营的许多史料，可以在字林洋行出版的日报《字林西报》、周报《北华捷报》和《字林行名录》上找到。这些资料并不只是广告，而可看作

---

① *Latest Intelligence*，NCDN，Nov. 14th, 1898.
② *Latest Intelligence*，NCDN，Dec, 10th, 1898.

一种互利的合作。《字林西报》除了在头版广告栏刊登别发洋行专门的广告之外,还会在第二版的"本地新闻"(Local)或"最新消息"(Latest Intelligence)栏目,提到别发洋行销售的新书和经营的商品、票务消息,通常会使用"我们收到了来自别发洋行的某某书","我们感谢别发洋行带来某某书"等措辞,作为一种鸣谢。《字林西报》的版面空间,有相当一部分有赖于转载英国或其他口岸报刊的新闻消息来充实。除此之外,在评论中国或远东事物之时,《字林西报》的编辑也需要大量参考有关知识。因此,《字林西报》有可能通过别发洋行引进的出版物,来获取上海以外地区的知识,以丰富版面,或作新闻评论的基础。例如,《字林西报》会长篇大论地复述由别发提供的日本英文月刊《菊花》(Chrysanthemum)的内容;甲午战争时期,主编立德禄借以评论朝鲜事务的著作《隐士之国》,也是由别发洋行引进上海的。① 从这点出发,别发也可视作字林洋行的另一位情报供应商。虽然还未发现任何材料说明字林洋行在晚清以何种频率、何种花费向别发订购书刊,不过广告版面也有可能是《字林西报》用来交换别发洋行的服务的资源。以下仅就笔者初步搜索到的 19 世纪晚期别发洋行引进上海销售的几种海外期刊进行枚举:

表3 部分19世纪末别发洋行引进上海的海外刊物

刊　名	介　绍	滞后性	备　注
Illustrated London News	伦敦出版的周刊画报	不详	
Chrysanthemum	在日本出版的月刊,面向居于日本的英文读者	出版后约 1 个月到上海	
Chums	伦敦出版的少年杂志,主要内容是连载故事或小故事;1893—1894 年合订本	约 4 个月	英国 Cassell and Co. Ltd 集团出版
British Review	不详	不详	每份 3 便士
Windsor Magazine	温莎画报,月刊画报	1899 年约出版 1 个月后	内含大量插图,铜板蚀刻画和胶版印刷照片

① W. E. Griffis, *Corea the Hermit Nation*. (N. Y.: Scribner's Sons, 1888).

到了 1890 年代末期,沪上其他出版机构也开始模仿别发与字林的合作形式。《字林西报》在鸣谢别发的栏位中,也开始提到其他出版机构提供的书刊。其中,广学会的《万国公报》、法国出版商提供的书籍等,均在此之列。① 可见字林和别发的合作并不是排他的,并且形成了一定的示范效应。

别发洋行还代销字林洋行出版物。例如,1873 年,字林出版的时评合辑《中国,1868—1872》(*China 1868 to 1872*),就同时摆在字林西报馆和别发洋行店内销售,售价 2.5 墨元;由字林出版的英译《京报》(*Peking Gazette*)合订本,也同时摆在字林西报馆、别发洋行和南京路泰兴洋行(Lane, Crawford & Co.)销售;字林西报出版的工具书《字林行名录》(*North-China Desk Hong List*),也同时摆在报馆和别发洋行出售,售价 3.5 墨元,如果主顾肯多出 1 元钱,就能买到附带大张租界地图的豪华版;此外,一些廉价出版品,如中英日历,除了在别发洋行的书报铺销售之外,也会在字林报馆销售。

反观字林洋行,虽然主营报业,但报馆自身也是一处书店。别发洋行以及后来的广学会等机构提供给字林的书刊,供字林编辑同仁参考引用之余,也应当会放在字林报馆销售。从这一点来看,字林还是别发洋行进口书刊的下游零售商,二者业务范围也有类似之处。早在 1850 年代,当时还是北华捷报社的字林洋行就已开始出版年鉴、手册等日用参考,兼印商业单据,承接书籍装帧,经销文具用品。显然,字林的早期业务和别发最初成立时有相当大的重叠。到了 19 世纪末,这种业务重叠可能某种程度上还存在着。《字林行名录》中的广告插页显示,字林西报社仍然保有销售书籍、文具、廉价出版品,提供装帧和印刷代工(job printing)服务的业务,而别发的经营除了进口图书销售之外,也离不开这些领域。因此别发除了是字林的情报供应商以外,还是其出版物的销售商。在一些业务领域,二者还是同行,甚至存在潜在竞争关系。这些零星的资讯体现着,在印刷品生产和流通环节,出版商、印刷商和销售商之间角色的灵活性、复杂性与边界的模糊性。

四、别发与日本出版物的引进

19 世纪晚期,别发洋行因有横滨分支,享受进口日本出版物的便利。别

---

① NCDN, Aug 4th, 1899.

发借此渠道,向上海引进了不少有关日本知识的英文书刊。这些出版物有助于上海读者了解日本事务,别发借此不仅输入了有关知识,还在引进推广新印刷技术方面有所贡献。

日语手册和旅游指南 1870 年代,别发经销的日用手册和旅游书中就已含有大量有关日本的知识,其中包括上文提到的每年更新、连续出版的《袖珍航海手册》。到了 1890 年代,手册内容中包括的海域延伸到了日本和朝鲜,因此航海知识流通的范围扩展到了整个东亚海域;[①]1889 年,别发洋行通过横滨分支将《基林日本指南》(*Keeling's Guide to Japan*)发行到上海,使读者能够了解到当时日本的社会情况和风土人情。[②] 同年,横滨分支出版了《日文汉字字典》(*Dictionary of Chinese-Japanese Words in the Japanese Language*)并引进上海。[③] 1892 年,别发把当年出版于英国的旅游手册《无导游漫步日本》(*Rambles through Japan without a Guide*)引进上海。[④] 横滨分支也在 1896 年出版了《游客及居民实用日语手册》(*Handbook of the Japanese Language for the Use of Tourists and Residents*),于横滨印刷后引进上海。[⑤] 1899 年,横滨分支还向上海发行了英国出版的最新版《穆雷日本旅游手册》(*Murry's Handbook for Travellers in Japan*),附带最新日本铁路系统指南。[⑥] 这一类的书籍在中国租界销售,会吸引有闲情余裕的西人将日本列为休闲度假的目的地,而晚清的留日学生、赴日经商的商人,甚至翻译家们,或许也会选购一本这样的手册,帮助自己快速掌握语言,适应异国的文化和生活。

法律研究及调查报告 更严肃的出版物,如明治政府外籍顾问的研究著作也经别发洋行的经营流通到上海。例如,1892 年别发洋行发行了曾任日本内阁法律顾问的皮葛爵士(Sir Francis Piggott)于伦敦出版的著作《治外法权:与领事裁判权及东方国家居民有关的法律》。[⑦] 1895 年 6 月,《马关条

① *Local*, NCDN, Jan 4th, 1879, 11.
② NCDN, May 24th, 1889, 475.
③ NCDN, June 17th, 1892, 555.
④ NCDN, Oct 15, 1892, 367.
⑤ NCDN, Feb 29th, 1896, 3.
⑥ NCDN, Jan 5th, 1899, 2.
⑦ NCDN, June 4th, 1892, 511.

约》签订后不久,别发洋行即引进了在横滨印制的《日本商法》(*Japanese Commercial Law*)。此书由东京帝国大学德国法教授 L. H. Loenholm 创作,是一本 140 多页的小册子,包括破产法、合伙法和公司法,系统地展示了汇票、钞票以及支票的形式,配以英文翻译。《字林西报》称赞这本小册子内容丰富,来源可靠,将对参与中日贸易的商人大有用处。[①] 此外,日本政府外籍顾问出版的英文作品还包括荷兰籍水利工程师奈格为考察黄河而作的《黄河:评 A. Ronffart 报告》。这是一本 43 页的小册子,由横滨别发洋行出版。[②] 这些出版物,参与构成了晚清精英了解日本制度、思考清末改革的智识资源。

珂罗版印刷术 出版商以图片吸引读者的做法,古今中外皆然。在这一时期,传统的木雕版印刷、石印、铜板印刷和珂罗版印刷技术制成的图片,琳琅满目,吸引读者注意,竞争市场空间。[③] 当时最流行的图文印刷技术莫过于石

图 3　1899 年二月号的《万国公报》扉页

---

① NCDN, June 27th, 1895, 3.
② NCDN, Nov. 27th, 1899, 2.
③ 芮哲非(Christopher A. Reed)著,张志强等译,郭晶校:《谷腾堡在上海:中国印刷资本业的发展(1876—1937)》,商务印书馆 2014 年版,第 32—36 页。

图4　1899年4月号《温莎画报》封面

印,《点石斋画报》1884年已创刊,由《申报》经营,颇受欢迎。《字林西报》在介绍别发引进沪上的海外图书时,常强调某书中有大量插图,以作卖点。此外,1890年代《字林西报》的广告中也有锌板印刷的单色线条插图(图5);别发引进的海外期刊、艺术品中也有精美的铜板印刷产品。在1899年上海外滩传统中式印刷风格的《万国公报》毗邻色彩明丽的《温莎画报》出售,前者模仿简约朴实的木雕版外观,后者的封面则不仅带有精美的铜版画,还套印了鲜艳的装饰文字。别发洋行促进了这种同一时空下多彩的呈现。流连其间的主顾们不乏沪上的文人、出版家,他们驻足观瞧,随手翻阅,必

图5　1892年《点石斋画报》中的一幅石印插图①

① 《点石斋画报》大可堂版(第9册)"走桥韵事",最早出版于光绪十八年正月。

定会对中西印刷品在风格和技术上的对比印象深刻。

在别发引进的大量插图出版物中，当属明治时期日本摄影师、珂罗版印刷商和出版商小川一真（K. Ogawa，1860—1929）的摄影作品集最引人注目。摄影集采用了当时最新的珂罗版照相印刷技术，将照片经由硬化的感光材料，转印于纸上。这种细腻的视觉呈现使观者有全新的阅读体验。1892 年，别发洋行引进《箱根地区》摄影集，含有以箱根地区为主题的 26 张图片，并配以英文图片说明（图 7）。① 这部摄影集很受市场欢迎，随后中国的景物也很快成了摄影集的主题。1892年冬季，上海罕见地下起了大雪，次年初别发洋行宣布，小川一真即将推出珂罗版印刷的上海雪景摄影集，接受上海读者的预定。② 小川一真还曾将旅居中国的作家立德夫

图 6　1892 年《字林西报》广告插图

人（Mrs. Alicia Little）日记，配以自己拍摄的照片，制成图文并茂的《我在中国农场的日记》，于 1895 年初出版。当时饱受甲午战争消息打击的《字林西报》感叹道："这本书的封面既有中式又有日式风格，实现了这两个民族在战争中永远不可达成的结合。"③甲午战争之后，英侨目睹清朝惨败，英日同盟结成，心中一定百感交集。当年圣诞节前夕，珂罗版印刷的上海街景照片还被制为圣诞礼物发售，《字林西报》对此评论道：这是适合寄回家的纪念品，会让国内那些耸人听闻的人知道，我们在此地的"流放"生活并没有那么不堪。④

---

① Kazumasa Ogawa, *The Hakone District*. (Yokohama: Yokohama Printing and Publishing Company，1892)，这本书由澳大利亚学者詹姆斯·默多克（James Murdoch 1856—1921）配以解说词。see NCDN, Oct 8th, 1892，343. http://www.baxleystamps.com/litho/ogawa/hakone_dist.shtml.
② NCDN, Feb 4th, 1893，111.
③ NCDN, Feb 21st, 1895，3.
④ NCDN, Nov 1st, 1895，3.

图7 1892年小川一真珂罗版印刷《箱根地区》摄影集之一页

五、结语

别发洋行自1870年代成立,逐渐由汇丰银行旁边经营书报、贩售香烟彩票,兼卖廉价出版品的小摊,成长为东亚地区著名的书籍进出口和出版商,并成为沪上文化地标。1898年,严复写信给汪康年,提到最近自己打算着手翻译斯宾塞的《天人会通论》(即 *A system of Synthetic Philosophy*,《综合哲学体系》)。该书涉及的知识颇深奥,因此严复开列了一张书单,托汪康年代自己到上海的"别发洋书坊"购买一批西文书。"别发洋书坊"就是本文讨论的别发洋行。近代中国的思想先驱们可以读到欧美新出版的西文书籍,和这家公司的经营活动也有值得探索的关系。

出版如何影响思想,物质如何塑造文化,文本如何引导精神,进而参与推动社会变革?这是研究近代中外交流和中国社会的学者都不免要思考的问题。本文以别发洋行为切入点,希望能够突破中英文语言的壁垒,从一个生产、贩运和流通出版物的企业的经营入手,来看它是如何在晚清上海这个物质、信息和技术都在进行跨文化、跨国籍流动的口岸市场开展业务。由于可访求的材料范围所限,只能暂时将时间下限划到 1900 年,这个划分无疑是武断的,也因此使本文提出的问题比能够解答的问题更多。别发在上海持续经营至 20 世纪中期,后迁往香港,现隶属辰冲书店有限公司(Swindon Book Co.,Ltd),至今在香港金钟的太古广场经营不辍。研究别发洋行早期的历史沿革、经营模式中的种种细节,必定会为我们理解晚清口岸的出版物市场及其社会影响带来新的启发。

清末商业教材应用与社会经济发展的嬗变

——以商业发展为中心

余 龙

（山西大学）

鸦片战争以来，西方凭借其坚船利炮打开中国闭闭的国门。中国社会开始出现"三千年未有之大变局"，许多固有的传统内容出现颠覆性的转变。延续了千年的科举制至此受到了"冷遇"，它原本的指标性功能开始失灵，已无法承载新时代的发展。在历史的十字路口，面临着国家要发展、群体要转型、社会要进步的诸多难题，近人魏源发出了"师夷长技以制夷"的呐喊，而"师夷"的前提即学习西方的重要内容，打破过去"所取非所用"的现象，真正达到"崇实学"的原则。"盖学问者经济之原也，后世渐染浮华，而书院之设遂开声气之门，古意浸失矣，即幸而撷拾成名，识者且有羊质虎皮之讥，可耻孰甚焉，可知学以实而成，有实功夫然后有真学问，然后有大经济。"[1]因为自有人生，便有实际的日常需要。最好的学问是与个人的实际发展需要相契合，对商业的学习就是如此，既有专门"学问"的推广，又能发掘出个人的最大潜能，进而对社会产生积极的功效。商业的发展与崛起需要相关商业知识的保证，这就亟须众多适应商业发展需要的"新教材"的进入和商业报刊的发行。

进入明清，发展中的封建社会有了某种程度的经济分业，由于物产的异同带动商贸的发达，所以商人在各种有利条件下形成雄厚的地方资本。[2] 商

---

[1] 《中国地方志集成·陕西府县志辑》20，道光《大荔县志·学校志》卷九，凤凰出版社 2007 年版，第 85 页。

[2] 傅衣凌：《明清时代商人及商业资本》，人民出版社 1956 年版，第 161 页。

业在人类社会出现较早,数千年来为不断满足人们的生活、实现其各种需要而努力,但商业从业者们却处在一种劣势和低位。近世以来,随着中国与西方交往的增多,在各种屈辱和失败面前,一些有识之士认识到商业活动在当时运用的必要性和有效性,开始提倡学习中国传统和西方固有的商业专门知识,并效仿西方建立各种商业图书、报刊机构,将传统与西方的算学知识和实业理念重新进行宣传,而该宣传渠道主要就是通过各类图书、教材、报刊等方式进行传播,为晚清民初"商战"与"实业救国"的广泛开展作了充足的准备。"中西航道几间关,却喜来华做大班,商战亡人浑不觉,精华吸尽不罔还。"①因此,清末涌现出的各种商业图书、商务报刊被赋予了举足轻重的现实意义。

一、商业类教材应用的发轫

自隋代科举创设,门阀士族设置的巨大门槛被打破,寒门庶族家庭的子弟有了向上升迁的机会,打通了社会身份快速转换的渠道。无数的儒学知识分子通过科举跻身仕途,转为官绅阶层,中国由此产生出一个极其狂热的功名社会。发展至清末,科举的作用逐渐失灵,出现了"所取非所用"的现象,即不利于解决现实问题。因为许多工作,都需要有相当的文化程度和专业知识。"盖深知教学之难也,读书之士若能于他处寻出糊口之需,即可不从事于一途矣。"②中国传统的学习教材主要是儒家的"四书""五经",而且不同历史时期会根据各自需要进行内容的增减或特殊变化,③以便完成学校的日常安排,但在日常的主体传授内容依然是"四书""五经"。清后期这已然无法完成当时社会的客观需要。同时随着商业力量的崛起,商业发展需要教育行为的支持。古人有"崇实学"的传统,明清学校条例中就有"崇实学"一则,"盖学问者经济之原也,后世渐染浮华,而书院之设遂开声气之门,

---

① 罗田、王葆心辑:《汉口竹枝词》,益善书局 1933 年版,第 29 页。
② (清)刘大鹏:《退想斋日记》,山西人民出版社 1990 年版,第 59 页。
③ 宋代以《三经新义》为主,是对《诗》《书》《周礼》三部儒家著作进行注释和解读。朱绍侯等主编:《中国古代史》下,福建人民出版社 2000 年版,第 54 页。明代"四书""五经"外,还有《皇明祖训》《孝顺事实》《为善阴骘治》《通鉴》《性理》《钦定四书》等。清代有经类及《文选》《古文辞类纂》《史类》《弟子职》《小学》《说文解字》《尔雅》《广雅》《玉篇》《广韵》等。郭齐家:《中国古代学校》,商务印书馆 1998 年版,第 154—185 页。

古意浸失矣,即幸而撷拾成名,识者且有羊质虎皮之讥,可耻孰甚焉,可知学以实而成,有实功夫然后有真学问,然后有大经济"①。传统时代孩童入学早,男子到四五岁最迟五六岁,传授书法、经史,女子首要为针线技术。进入清代,商业发展愈发炽盛,在日常教育中,商人子弟被传授的是算法。② 学习商业知识是为满足今后的谋生需要,只是过去宣扬的商业内容明显落后于时代发展的步伐,商人渴望获取当时西方先进、有效的商业知识与手段,即"实学"的体现。尤其需要在学校教育中学到近代的正确商业规范,以便未来的发展转型。所以,商人虽非谋求仕途之人,对参与到学校教育并获取商业知识也显得很急迫。最高效快捷的方式就是引入那些适应现实需要、讲求实际应用的商务类"新教材"。

儒家经典《论语》提及孔子弟子子贡③曾退学经商,后成为卫国大商人,连孔子都对他很赞赏。"史学"经典《史记·货殖列传》,是最早对商业活动进行论述的文章。可见商业在古代中国的重要性,且具有长时段的发展特点。近代日本著名的大实业家涩泽荣一在其名著《论语与算盘》中指出:"现在将《论语》与算盘相提并论,似乎不伦不类,风马牛不相及,算盘要靠《论语》拨动,同时《论语》也要靠算盘才能从事真正的致富活动。因此,可以说,《论语》与算盘的关系是远在天边,近在咫尺。"④故应清晰地认识到,在商学两界,"端宜互赖、维持,本属无分畛域"。⑤ 只是传统中国的商业虽很繁盛,但所处终究不是商业的时代,清末变局的来临,促使民众认清传统商业的诸多局限,从而使商人愿意依靠学校的商业知识学习,接纳即将来临的商业时代。这样一来,商业相关内容将会广泛应用并大量出现:1. 经济分业带动商贸,进而形成雄厚的地方资本;2. 为应对西方的进入,有识之士提出"商战"的口号;3. 开始提倡引入、学习传统和西方的商业教材。

---

① 《中国地方志集成·陕西府县志辑》20,道光《大荔县志·学校志》卷九,第85页。
② 〔日〕中川忠英编著,方克等译:《清俗纪闻·居家》卷二,中华书局2006年版,第155页。
③ "子赣既学于仲尼,退而仕于卫,废著鬻财于曹、鲁之间,七十子之徒,最为饶益。并结驷连骑,束帛之币以聘享诸侯,所至,国君无不与之分庭抗礼。夫使孔子名扬天下者,子贡先后之也。"(汉)司马迁:《史记·货殖列传》卷一二九,中华书局1959年版,第3258页。
④ 〔日〕涩泽荣一编著,王中江译:《论语与算盘:人生·道德·财富》,中国青年出版社1996年版,第3页。
⑤ 朱英:《辛亥革命时期新式商人社团研究》,华中师范大学出版社2011年版,第192页。

二、商业、经济类图书的应用与普及

(一) 商业、经济类内容的讲授与应用

清前中期时已很显著。《益智录》卷二："新城李曰公,农人也,家虽不裕,而衣食不缺,年及立而无子,遂养异姓之子为己子,因名曰义,时年十四,令入外塾读,甫二年,义曰:吾天资愚鲁,不能读书,愿作生意,李以义年幼,不以为可,义曰:先用十数千作本,无利则止,李许之,遂给以本资二十千,义入市墟,视物价之低昂,贱则积之,贵则鬻之,二十年间,家业较昔大数倍矣。"这是一个商人通过"贱买贵卖"的简单经济法则获利的普通故事,是传统商业与商人发展的路径,但他又能够走多远呢? 这种简单的商业法则无须接受教育即可了解,若想发展得更长久,就陷入本应不断学习更多、更深的商业性专门知识却无路可走的困境,否则难以取得更大的发展保障。而近代商业知识的井喷就为商业与商人的崛起提供了一次机会,它有利于普通人取得事业上的成功,促使更多的人参与到这种为社会累积财富和构建人生价值的社会行为中。而学校作为具有塑造个人发展形态的专门机构,如朝廷设立的太学、国子监,或是省市兴办的各级书院、学堂,或是乡村启蒙的社学、义学,甚至是家中的私塾,形式虽有差别但本质却都相同。至此,资本与教育开始融合,商人的发展得到前者的保障,传统路径上富与贵的身份差别开始合二为一。

商人的学习并非为走入仕途,其实只为识得几个字,做买卖会算账,不至于吃亏,最终以便工商。"使习一艺以自养其天刑之躯,立学之法,可为无微不至,初训以幼学,间附数学入门。"①可是,明清以来的商业大潮和清末西方列强的涌入,却激发民众对提升自我商业知识与促进产业发展有了明确的目标,以适应传统商业向近代化商业转变的时代诉求,即需要通过学校教育或专门授课获取更为正规、全面的商业性内容,在文教政策、书籍供应等方面相应有所变动就是必然,而多样化需求也满足了商业与教育的结合。

商人在日常中不断地学习,"商人多于农工,男子十四五左右略识字知算即谋糊口外出,并无雄厚资本以树基础,迨方翘然杰出之才十不得一,故虽懋迁终其身而腰缠以归者寥若晨星"②。王熏梅"家贫无力具束脩,乃执厨学校

---

① 郑振铎编选:《晚清文选·学校》卷上,中国社会科学出版社 2002 年版,第 232 页。
② 刘莲青、张仲友等纂修:《巩县志·风俗》卷七,文海出版社 1937 年版,第 397 页。

乘间肄书识字,继司船业渐操资经商筹算"①。这是在受教育后掌握的基本技能,能够为人们的商业获利提供最基础的保障。一般的乡村学校主要教授《日用俗子》《农庄杂字》等为农家子弟、工商匠徒作启蒙之用。② 可见在乡村学校的日常教授课程中已有了为商业发展打基础的课程,说明当时商业内容已成为学校教学的一部分,这是社会发展改善的有力证明,每个学生可凭个人需要选修细分后的商业课程。除学校授课外,社会上还通过演说、派教习下乡的形式普及知识,教给他们一些基本的演算方法、买卖之道,以及工商业的各类基本知识,以满足乡村工人、小贩的燃眉之急。1904 年,"天津考工厂在万寿宫有三天的演说,听众为商铺老板、伙计,主要就是探讨'工商要理'"③,可见,培养国之高士的终南捷径,逐渐演变为塑造个人能力和时代需要的手段。为加快企业转型速度,各企业也有在沿海租界区兴办学校的努力。1865 年,上海英华书馆的办学方针"第一条即为致力于招收商界子弟,以帮助学校自养"④,1906 年纱缎业以"储材端赖学堂,生利必资实业"创办了实业学堂,学额 60 名,招本业 16 岁以下子弟,不收学费,宗旨为"注重普通各科学,以期童年皆具营业之知识及有谋生之计虑。"1907 年,经纬业"创立初等小学堂,除本业子弟外,也招本业各店学徒,并另开甲、乙补习二班。并设有新课程"⑤。以上虽非正规的学校教育,却是专门设立的用以讲授商业知识的所在,他们在课堂中传授商业专门知识与实际案例必然符合本企业的发展胃口,进而编写出实用、可行的教授内容,学生一旦学成就能立刻为本行业服务,成果高效直接。它们的设立是对时代号召的切实响应,只是最终目标的达成和各种演变还需要长久地努力和顺应商业发展的时代潮流,正规商业教材的出版则是根本之选。

从国家到地方各级政府已认识到工商、实业类学校是必要的,且逐渐打破成见,转而支持商业内容的宣传。"必于六部之外特设一商部……凡有所求,

---

① 刘莲青、张仲友等纂修:《巩县志·风俗》卷七,文海出版社 1937 年版,第 1009 页。
② 熊秉真:《童年忆往:中国孩子的历史》,麦田出版社 2000 年版,第 152 页。
③ 李孝悌:《清末的下层社会启蒙运动 1901—1911》,"中央研究院"近代史研究所 1992 年版,第 118—119 页。
④ 李长莉:《近代中国社会文化变迁录》第 1 卷,浙江人民出版社 1998 年版,第 215 页。
⑤ 朱英:《辛亥革命时期新式商人社团研究》,第 194 页。

力为保护……至于下则必于商务局中兼设商学。"①1843 年"两广总督祁墢奏请开制器通算一科";1861 年"冯桂芬在《校邠庐抗议》提出设立算科";1874 年"李鸿章《筹议海防折》提出变通科举,另开洋务进取一折,以资造就";②1887年 4 月"江南道监督御史陈莹琇奏请将明习算学人员归入正途考试,量予科甲出身。迫于国内形势的严峻,清廷于当年同意算学为一科"。而算学科的设立它也成为晚清科举改革的开端。③ 从中央到地方对商业学校及学科的设立,或出于形式所迫,或只为沽名钓誉,但客观上确实使商业的重要性得到了官方层面的认同。

表 1　清末高校商业课程设置

学　堂	学　校　课　程
京师大学堂	银行保险学
高等学堂	算　学
优级师范学堂	算　学
高等实业学堂	商业道德、商品学 理财学、财政学、统计学、商法、商业学、商业实践
高等专门学堂	算数、理财学、银行学、各国税率、税章、货币学、各国财政史、簿记学、财政学、统计学、关税论、国债论、预算决算论
北京计学观	财政学、经济学、赋税学、会计学、统计学、银行学

资料来源:张亚群:《科举革废与近代中国高等教育的转型》,华中师范大学出版社 2005 年版,第 144—147 页。全国政协文史委员会:《文史资料存稿选编·教育》24,中国文史出版社 1990 年版,第 732 页。

同文馆在第四至五学年教授算术、代数、格物、几何、平面及球面三角等课程,第六至八学年为微分积分、航海测算。④ 商院则以数学、银学、文字三者为宗,其于各国方言、土产、水路路程、税则、合约以及钱币银单、条规则例、公司

---

① 王先明:《近代绅士:一个封建阶层的历史命运》,天津人民出版社 1997 年版,第 196 页。
② 李长莉:《近代中国社会文化变迁录》第 1 卷,第 393—394 页。
③ 张亚群:《科举革废与近代中国高等教育的转型》,华中师范大学出版社 2005 年版,第 63—64 页。
④ 同上,第 57—58 页。

保险、各事,无不传习。① 而从教员来说,除国文、法文、英文教员外,以算术教员为多。但实际招生却十分得惨淡,如同治六年(1867)报名投考天文算学馆者98人,实到72人,且应考者多为年老潦倒的书生。② 传统认为以上内容为"奇技淫巧",整个洋务运动虽秉着"中学为体,西学为用"的原则,且官方并未深刻理解商业发展的积极意义,只是附庸风雅或顺应潮流,但国家层面的操作对商业地位提升无疑释放了一种积极的信号,即国家开始重视商业,其内容的传播和表达得到了支持,并逐渐在地方普及。如1914年,文水成立甲种实业学校,设立农、工、商科,老一辈革命家张稼夫于1917年进入。③ 至此,商业教育的急遽扩张也带动了对商业、经济类图书、报刊的巨大需要,带动了商业出版的蓬勃发展。

(二)商业、经济类图书的广泛普及与出版

历史上,商业图书的出版经历了一个从无到有的艰难过程。传统商业类图书主要起日常引导、行为规范等作用,如《士商类要》《寰宇通衢》《一统路程图记》《明代驿站考》主要便于商人计算、出游时使用,进而可以合理安排商品运销、储存等事宜。还有如《江湖历览杜骗新书》《三言二拍》等内容,则是为商人指出当时社会存在的一些行骗手段,提醒商人注意那些看似合理的诈骗行为,提升商人的防范意识,所以可视为一种防骗指南。以上是传统商业的实践所得,大多缘于商人长期日常的经验和实践性的商业活动,是"实学"应用的典范。若要真正地应用于商战,则缺乏理论性、系统性的商业知识和商业理念,很难将其传授于后人,也不利于后人的研究和商业思想的传播。

而中国传统算学图书也自有发展路径。《周礼》中"六艺"就有一项是"数",即术数、计算,传统书籍有《周髀算经》《九章算术》《海岛算经》《五曹算经》《孙子算经》《夏侯阳算经》《张丘建算经》《五经算术》《缉古算经》《缀术》等组成的"算经十书",另有《算学宝鉴》《算法统宗》《白芙堂算学丛书》等21种一直被沿用。自明后期利玛窦等传教士将西方算学著作引入中国,此类著作就

---

① 郑振铎编选:《晚清文选·学校》卷上,第233页。
② 张功臣:《洋人旧事:影响近代中国历史的外国人》,新华出版社2008年版,第131页。
③ 张稼夫述,束为、黄征整理:《庚申忆逝》,山西人民出版社1984年版,第7—8页。

层出不穷,对中国商业、算学发展起了很大的推动作用。虽然传统算学起源很早,但传统中国以算学为末技,并不认为它于治国齐家有多大作用,所以学之者少。它本身是为完成手工业、建筑业、水利工程乃至商业行为而出现的,①是商业发展的基础性知识,只是千年来未受到重视罢了。在西方影响下,中国才开始重视算学。中国算学亦甚备,但在内容和数量上依然不如引进算学的数量大和质量优。

表2　算学类出版图书(教材)

书名	本/卷	书名	本/卷	书名	本/卷	书名	本/卷	书名	本/卷	书名	本/卷
几何原本	数本	算法初级	一	算学启蒙述要	三	笔算数学	四	算学歌诀	一册	算法大全	十
三角数理	六	算法次级	一	数学精详	五	代数难题	六	笔算今式	二	五纬交食捷算	六
算法统宗	四	小学珠算教案	二	最新初等笔算教科书第一、二册挂图		笔式集要	一	割圜通解	一	白芙堂算学丛书	八
算式集要	二	高等小学算术教科书	二	盖氏对数表	一	勾股六术	一	盈朒一得	一	行素轩算学笔谈	六
数学理	四	高等小学几何学	一	初等小学珠算入门	二	求致书院算学课艺	一	英国续议通商行船条约	一	各国通商条约	十

① 王渝生:《中华文化通志·算学志》导言,上海人民出版社1999年版,第3页。

书名	本/卷	书名	本/卷	书名	本/卷	书名	本/卷	书名	本/卷	书名	本/卷
勾股六术	一	小学几何画法	一	高等小学最新笔算教授法	四	笔算便览	二	算学启蒙述义	三	代数启蒙	四
开方表	一	普通新代数学	六	高等小学算术书	四	中西算学比例汇通	四	数理精蕴	四十	梅光禄增删算法	四
数根开方术	一	算表合璧	一	九数通考	五	对数述	四	天算策	三	万象一源	二
代数术	二十五	经济学粹	二	学疆恕斋笔算	十	中西算学实在易	四	中西枚氏笔算合解	四	中西算学丛书	四十
对数表、八线简表、弦切对数表	各一	经济教科书	二	中西算学大成	二十	中西算学集要	六	九数存古	四	四元玉鉴细草	六
八线对数	二	东西洋各国银行教科书	六	西学大成	十二	九章细草算术	四	重学几何原本、则古昔斋算学三种	二十	中瑞通商条约	一

资料来源：周振鹤编：《晚清营业书目》，上海书店出版社2005年版。

除商人需要外，上层人士也有学习的需求。康熙皇帝曾亲笔纂写《数理精蕴》，"润色西算，嘉惠上林"[1]，且属于推陈出新之作，印制精美，但内容还是不

---

[1]　郑振铎编选：《晚清文选·上海强学会章程》卷中，第371页。

如西学精备。孙中山先生肇造民国后，深刻地认识到实业救国的必要性，在《建国方略》之二《实业计划》中提出，希望在中国发展实业，视为"此后中国存亡之关键"①。该计划的推行，实际展现的推动意义要远大于其现实意义。地方人士也在积极响应，晋省乡绅刘大鹏"在省肄业时，曾阅《几何算学原本》，筹算笔算颇能寻其门境，然今已忘之"②。可见此类商务书籍已得到传统乡绅的背书，实现了广泛传播，并且活学活用，只是需要长久训练，否则极易生疏。还有如 1895 年上海宝善书局出版的《中外通商始末记》，③1914 年由中华书局出版、农商部编的《中华民国元年第一次农商统计表》，④它们都极大地方便了普通民众乃至地方乡绅日常阅读、深入了解中外商业通行之整体情况，⑤成为表现当时商业发展成果的具体例证。

此外，当时绝大部分商业图书主要还是从西方引入并翻译，如浙江海宁人李善兰刻印《方圆阐幽》《弧矢启秘》《对数探源》《圆锥曲线说》三卷、《代微积拾级》十八卷、《重学》二十卷，1852 年与墨海书馆伟烈亚力多次合作翻译；⑥谢家述编译《算学三种》；潘慎文、谢洪赉编译《八线备旨》；华蘅芳与西人傅兰雅合作翻译《代数术》二十五卷、《微积溯源》八卷（前四卷为微分术，后四卷为积分数）、《三角数理》十二卷、《决疑数学》十卷、《对数造表法》《合数术》；海宁人李壬叔与伟烈亚力翻译《微分积拾级》一书，⑦等等。它们有钩深索隐之用，并非只是浅近的算法，极大地便利了研究者的学习。此外，如山东登州文会馆用的《三角数理》教本，讹字甚少，深得好评。

还有《代数备旨》《形学备旨》《八线备旨》《代形合参》《心算启蒙》《心算初学》等教科书。以《数学启蒙》为例，数目分为四大类：正字，是本体；官字，官吏文书以防篡改；筹式，古时用于筹算数术；暗马字，商家应用。一旦刻苦研习，在实践中得到真知，"遇有工商创成一技一艺，即献诸国家，由商部考验，上者锡以爵禄，中者酬以宝星，下次亦许其专门名家……予之文凭，以杜他商剿

---

① 周俊旗、汪丹：《民国初年的动荡——转型期的中国社会》，天津人民出版社 1996 年版，第 234 页。
② （清）刘大鹏：《退想斋日记》，山西人民出版社 1990 年版，第 68 页。
③ 全国政协文史委员会：《文史资料存稿选编·文化》23，中国文史出版社 1900 年版，第 379 页。
④ 中华书局编辑部编：《中华书局百年大事记（1912—2012）》，中华书局 2012 年版，第 13 页。
⑤ "武少云携《通商始末记》一部令余阅之，所记各国与中国通商之事，起于顺治元年，有纲有目。"（清）刘大鹏：《退想斋日记》，第 86 页。
⑥ 张功臣：《洋人旧事：影响近代中国历史的外国人》，新华出版社 2008 年版，第 132 页。
⑦ 郑振铎编选：《晚清文选·微积溯源序》卷中，第 430 页。

袭仿造"①。可见,国家已开始重视对商业产权的保护,说明已认识到它的必要性。因而大量翻译各类算学图书以供初学者学习和了解。

三、商业报刊内容的辅助传播

(一) 商务报刊的大量涌现

"报纸于今最有功,能教民智渐开通。眼前报馆如林立,不见'中央'有'大同'。"②民初各行业都涌现出各自的救国口号,诸如"实业救国、商业救国、教育救国、科学救国、文学救国"等,③伴随着各种西方思潮的大量涌入,并实际参与到改革中国社会的努力中,实现了相互影响与渗透。其中报刊被认为是启民智、促民力的重要手段和关键途径。之后尤其出现众多专门宣扬商业、实业性质的报刊,传播各类商业知识,故将其统称为商务类报刊。如《华商联合报》、《北京商务报》、广州《商务报》、《七十二行商报》、《湖北商务报》④,还有《六合丛谈》《中外新报》《香港新闻》《中西闻见录》《上海新报》等。

它们虽有地域限制、设立主体、从事业务、出版期限、服务宗旨等差异,但内容大同小异,有本地特色。创始人以在沪、浙、粤活动的传教士、富商为主体。1857 年,英教士伟烈亚力主编的《六合丛谈》在上海创刊,由墨海书馆印行,"每月一册,此年迁至日本,印刷精美。印有进口货单、出口茶价单、银票单、水脚单等商务信息"⑤。同年,伍廷芳创办《中外新报》,发刊于宁波,"为半月刊,每期四页。1856 年改为月刊"。该报就是以"有益商贾即庶民"为宗旨。"初办时,篇幅颇狭,每日出纸一小张,约容四号字一万五千字。"⑥粤省商总会值理绅董议设《商务报》,三日一册,用于启发商智,联络商情,宣达隔阂,以研究实业为宗旨。刊载的商业信息成为商人掌握商务行情的得力助手,这也是报刊设立的初衷和持续发行的保障。

除以上一些全国性的报刊外,还有些影响力有限,仅在本地发挥作用的报刊。如山西、安徽、汉口等地设立的地方性报刊,利于开展系统性的学术交流

① 郑大华等选注:《砭旧危言——唐才常宋恕集》,辽宁人民出版社 1994 年版,第 6 页。
② 雷梦水等编:《中华竹枝词·北京卷·京华百二竹枝词》,北京古籍出版社 1996 年版,第 276 页。
③ 周俊旗、汪丹:《民国初年的动荡——转型期的中国社会》,第 200 页。
④ 朱英:《中国近代史十五讲》,北京大学出版社 2011 年版,第 228—229 页。
⑤ 李长莉:《近代中国社会文化变迁录》第 1 卷,第 99 页。
⑥ 同上,第 109 页。

和技术推广,以及当地的商业推广与经济发展。山西农工局总办姚观察,近于两江会馆刊发一报,专门研究农学、工艺制造等学新法,月出一册,以振实业;汉口《工商日报》系商务局总办孙询等合资创办,专注重实业、商务。以上是各地官、商在当地设立报纸、宣传商务的情况。此外,营口商会总理潘达球等,因为营埠商情涣散,欲通商情,考虑到报章与商会实相表里,故而创设《营商日报》馆,附于商会之内,期于本埠商业、民风均有裨益;徐皆平在京组织一商报,内分十三门,凡关于商界、制造、实业各事无不备载;黄赞熙近为开通商智起见,广聘专门名家,在上海组织《万国商业报》,每月一册,业已出版。[1] 番禺沥窖乡公立阅书报社一所,业已开办,嘉应米商杜广泰等,联合各行,设一阅报所,借以扩充知识,联络商情,促进当时各地形成商贾云集,商船辐辏的盛况。这些都是地方设立商报的实例。

为使商务报刊得到准确定位和获得良好的发展前景,创设报纸后,还需考虑完成固定的订购数量,提升报刊影响力。所以,当时许多报刊都进行了从细节到整体的大范围调整与变动,如出版名称、发行期限、册数页码、价格页码等都有所调整、变动,以期满足当时的市场需求,切实做到既满足人们对商业、商务情形的了解,又迎合这种世界性的社会潮流,带动自身报刊树立正确的企业发展方向。有《香港船头货价纸》,每周二、四、六发行,采用单张两面印刷,以船期、物价、行情、广告信息为主;光绪二十三年四月出版的《农学报》,每半月发行,每册约二十五页;光绪二十四年八月出版的《工商学报》,张德坤编辑,每月四册,每册二十余页;光绪二十九年出版的《商务报》,每旬发行,每册三十余页;光绪三十三年出版的《农工商报》,江宝珩(侠庵)编辑,每旬发行,每期三十余页,后改名《广东劝业报》;《实业报》每旬发行,每册二十余页,体例与《农工商报》相似。[2] 主要就是根据日常销售中出现的问题或不足进行整顿,进而实现销售量的改善。

(二) 商业性报刊的发展与作用

西方列强以风卷云涌之势打破中国原本的固有态势,将自身见长的商业

---

[1] 杨光辉等编:《中国近代报刊发展概况》,新华出版社 1986 年版,第 83—84、88、90、101、103、105 页。

[2] 戈公振:《中国报学史》,上海古籍出版社 2014 年版,第 101—102 页。

竞争引入中国,使得清末凄风苦雨中的传统商业日渐凋零。"当此之时,大小生意发财者甚少。忆吾少年时每当开市日期,一切商贾莫不欢天喜地,可见生意之足以多获利。"①只是"大抵恒人之情,不至时穷势极,不知贤人……予自幼经商,遇事认真,而好直言。间尝自省,亦知非处世良策,无奈至性勃发,不能自禁。"②过去依靠实践得真知的行业,甚至从正规教育活动中获得发展、传播的商业活动出现了"卡壳",广泛应用的各种传统商业的营销手法已无法适应清末都市对商业的实际需要,这辆原本奔驰无阻的大车开始出现各种不适。此"为国家未有之难,亦为商界未有之奇变……区区商号如一叶扁舟,浮沉于惊涛骇浪之中,稍一不慎倾覆随之,而回顾老号诸执事,泄泄沓沓,大梦未醒"③。乍逢大变,断无退缩之道,若不思急遽振奋,只是单纯的"回顾"辉煌,于事无补发展无望。而商业报刊的大量出现就极大地便利了清末商业的再度发展,"惟恐人疑不识丁,日来送报壮门庭。月间只费钱三百,时倩亲朋念我听。"④

"日报之发生,与商业极有关系。即船期与市情之报告。外货之推销,以广告为唯一方法,不胫而走,实报纸传播之力。新经济学说输入,足以促华商觉悟,使具国际间知识,渐启从事企业之思想……在中国经济史上,诚为一大变迁。"⑤通过报刊的商业信息宣讲、披露,极大地满足了当时社会对商业内容的需要,进而形成全社会共同关注商业发展的良好氛围。但报刊无论宗旨如何,总是需要资金维持,因此报刊必然希冀通过大量商业内容,吸引广大且固定的受众维持订阅。

通过分析报刊资金来源可以了解商务报刊在当时的生存状况,除本身的销售手段和内容吸引会引起销量的差异外,大部分报刊还是需要不同渠道的资助,以维持日常运营。具体细分可以发现,有些是外国官方机构或财团资助,如《字林西报》在1859年就由英国驻上海领事馆资助。《汇报》接受上海地方官僚及江南制造局的津贴⑥。或是个人出资,如《中国日报》由孙中山、李纪

---

① （清）刘大鹏:《退想斋日记》,第38页。
② （清）李宏龄:《同舟忠告·自叙》,山西经济出版社2003年版,第95页。
③ 同上。
④ 雷梦水等编:《中华竹枝词·北京卷·看京报》,北京古籍出版社1996年版,第183页。
⑤ 戈公振:《中国报学史》,第87页。
⑥ 方汉奇:《中国近代报刊史》上,山西人民出版社1981年版,第35、63页。

堂、李煜堂资助①;《申报》《新闻报》最初由英商美查负责;《孖剌报》为华人单独主持②。或通过社会筹集,如王韬、黄平甫《循环日报》③,徐君《大同报》④。大多数报纸都需要广告刊载获得稳定的收入,所以广告属于报刊的重要收入来源。王韬在香港创办《循环日报》就靠商务版面来维持自己的独立,而庞大的商业阶层付得起此费用,加之当时香港为英国殖民地,为西方各国集聚之场所,因而其费用以美元为标准,其他殖民地或租界处的报纸也是此种情况⑤。故而王韬将年度定费为 5 美元。《六合丛谈》年定价为 15 美分。⑥ 传教士林乐如创办的《教会新报》规定,"首次刊登每字 1 美分,后为百字/月为 3 美元,包括翻译费在内一年 20 美元"⑦。故而销量大增。从收支分析而言,报刊有售报和广告收入,支出有报务、购料、薪资及运输等。⑧ 详细需要匹配所在城市、所用物料和人均收入等因素,但更多还是无力承担。《华字日报》为《德臣日报》中文版,后者"经理遽君索加租值,前者承办因费巨难办不允继续批承"⑨。

表 3　新闻广告分类百分比

	上海《申报》		北京《晨报》		天津《益世报》		汉口《中西报》		广州《七十二行商报》	
	英方寸	百分比	英方寸	百分比	英方寸	百分比	英方寸	百分比	英方寸	百分比
国内新闻	1 746	100	861	100	971	100	1 164	100	1 277	100
政治	429	24.6	338	39.3	499	51.4	572	49.1	305	23.8
经济	589	33.7	239	27.7	187	19.3	213	18.3	204	15.9
文化	129	7.4	78	9.1	41	4.3	43	3.7	157	12.3

① 杨光辉等编:《中国近代报刊发展概况》,第 31 页。
② 方汉奇:《中国近代报刊史》上,第 41—42、60 页。
③ 同上,第 68 页。
④ 杨光辉等编:《中国近代报刊发展概况》,第 88 页。
⑤ 中国人之报,最先滥觞者为港澳之地,上海继之,于以流衍内地。同上,第 16 页。
⑥ 〔美〕白瑞华著,苏世军译:《中国近代报刊史》,中央编译出版社 2013 年版,第 61—69 页。
⑦ 同上,第 70 页。
⑧ 杨光辉等编:《中国近代报刊发展概况》,第 269—271 页。
⑨ 同上,第 192 页。

续　表

	上海《申报》		北京《晨报》		天津《益世报》		汉口《中西报》		广州《七十二行商报》	
	英方寸	百分比	英方寸	百分比	英方寸	百分比	英方寸	百分比	英方寸	百分比
社会	212	12.2	65	7.5	100	10.3	201	18.1	326	25.2
罪恶	107	6.1	64	7.4	31	3.2	28	2.4	180	14.0
杂项	280	16.0	77	9.0	113	11.6	107	9.0	105	8.3

资料来源：戈公振：《中国报学史》，上海古籍出版社 2014 年版，第 160 页。

表 4　广告各门每次平均面积

	上海《申报》			北京《晨报》			天津《益世报》			汉口《中西报》			广州《七十二行商报》		
	次数	面积（英方寸）	平均（英方寸）	次数	面积（英方寸）	平均（英方寸）	次数	面积（英方寸）	平均（英方寸）	次数	面积（英方寸）	平均（英方寸）	次数	面积（英方寸）	平均（英方寸）
商务	176	1 790	10.17	54	729	13.50	115	2 539	22.08	71	1 667	23.48	85	1 190	14.00
社会	214	24.6	6.09	43	299	6.95	47	359	7.63	21	273	13.00	43	336	7.81
文化	21	33.7	10.66	12	163	13.58	5	80	16.00	5	46	9.20	8	109	13.64
交通	4	7.4	28.75	1	29	29.00	2	12	6.00	1	7	7.00	2	15	7.50
杂项	15	12.2	4.93	7	38	5.43	5	26	5.20	10	116	11.60	5	44	8.80
总平均	430	6.1	8.13	117	1 258	10.75	174	3 016	17.33	108	2 109	19.53	134	1 694	11.84

资料来源：戈公振：《中国报学史》，上海古籍出版社 2014 年版，第 167 页。

由此可见，经济、商务类广告在报纸中占比很高，只略低于政治、社会新闻的比例。报刊作为重要的信息载体，对商务情报、商业知识的传播作用至关重要。"各家画报售纷纷，销路争夸最出群。纵是花丛不识字，亦持一纸说新闻。"[1]就收

---

[1]　雷梦水等编：《中华竹枝词·北京卷·京华百二竹枝词》，第 277 页。

入因素而言,报刊通过收取一定的费用得以保证运行和日常的支出;就从商务传播而言,便利地宣扬了商情,使人们感受到浓浓的商业氛围,极便于商业信息的传播。商业类报纸被重视,一方面为国家培养众多商才,一方面使人们掌握众多的商业见识。如《大公报》办有《产业界》杂志,设有"实业家介绍"一栏。① 傅兰雅主编的《格致汇编》设有"算学奇题"专栏,主要涉及加、减、乘、除、乘方、开方、公倍数、公约数、平面几何、三角函数等内容。② 这些算学知识为商业活动的推进打下了坚实的基础。《申报》指出:"数之一道,尤为当务之亟。……另开算学为一科,废置八股,屏弃五言。"因为从现实需要来看,报刊中各类算学内容的推广、普及,完全契合了当时广大民众乃至经济从业者的现实需要,响应了社会发展的现实需求。

这可被视为某种强烈情绪得以抒发,即"商业势力将它的触角伸入到对人们情感进行操纵的活动中,情感整饰在商业社会的凸显已成为时代的特征"③,特别是那些影响力大、有责任感的报刊。这一迅速的变化,就得益于报刊的影响力,将其间风云变幻的商业经济内容传播开来。

表5　清末各地商报及其创始人

商 报 名 称	创 始 人
《大中华商报》	萧云波
《商报、商报画报》	叶庸方
《汉口中西报》	王华轩
《公论报》	宦海之
《商务报》	吴桐林
《上海商报》	汤节之

① 全国政协文史委员会:《文史资料存稿选编·文化》23,中国文史出版社1900年版,第25—26页。
② 陈玉申:《晚清报业史》,山东画报出版社2003年版,第16—17页。
③ 淡卫军:《情感,商业势力入侵的新对象——评霍赫希尔德〈情感整饰:人类情感的商业化〉一书》,《社会》2005年第2期。

商　报　名　称	创　始　人
《中国商务报》	沈祖荣
《算学报》	黄庆澄
《工商学报》	汪大钧

商业型报纸作为宣传商务理念及信息的重要阵地,按说由商人群体主办更为合理,随着其重要性的逐渐凸显,主办形式也日趋多样化。官商合办,如《江西日日官报》。官督商办《豫省中外官报》,以及官始商终、商始官终,如《汉口日报》。① 或是官办,如《商务官报》②等,它们管理几经易手,并不利于经费的落实和管理的到位。谁主办就应负责经费,但有时会名不副实。1903 年"商部郎中吴桐林奉部议创办《商务报》,每月三期,由北京工艺官局印书科印行,名义上为官商合办(官股二万,商股二万),实则纯属官办"③。《新报》"由各省商帮出名,经费实出自道库";《新中州日报》"经费则由焦作煤矿福中公司负担,故而该报经费充裕"④。不同的商务类报刊虽然面临着不同的问题,走过了不一样的道路,有的崎岖难行,世人无闻,有的平坦无阻,风光一时。但不论何种办报形式,这些报刊创办伊始都有着共同目标——"富商强国"。

四、结论

"今之恒言,曰'时代思潮',此其语最妙于形容。"⑤商业就是清末时局大变之后生出的重要社会思潮,那个时代的政治变革已积重难返,通过经济富强亦是一条出路。它对广大的民众而言更是一条相对容易进入的领域,也能带给中国和中华民族一种全新的希望和崛起的可能。所以整个社会希望通过学校教育、图书、报刊的出版为人们宣传丰富的商业知识、展示彼此各异的商务

---

① 戈公振:《中国报学史》,第 40 页。
② 杨光辉等编:《中国近代报刊发展概况》,第 88 页。
③ 陈玉申:《晚清报业史》,山东画报出版社 2003 年版,第 291—292 页。
④ 杨光辉等编:《中国近代报刊发展概况》,第 321、557 页。
⑤ 梁启超:《清代学术概论》,上海古籍出版社 2005 年版,第 1 页。

思想,正因认识到"此功非一日之可毕",而须通过春风化雨般的长久浸淫方能实现大家的初衷。涩泽荣一认为"偏于士魂而没有商才,经济上也就会招致自灭"①。因此,士魂与商才不可偏一。

从西方而言,西方报刊的设立初衷就是为了满足其特殊的商务需要和思想表达。《字林西报》发刊词指出:"是为唤起一种对于广大的商业,和亲切的国际政治关系之安适。"②而严复强调要彻底解决中国的问题,不仅要在"收大权,练军实"等治标的策略上用力,也要满足商业发展的现实需要,挽救衰亡的民族、振奋低沉的士气、激发混沌的国民,还要谋求"民智、民力和民德"③之道的深入探讨。清末各种商业性内容通过图书、报刊的出版建立发展的渠道,加速商业知识的传播,这是清末以来各阶层有识之士共同努力下的有益成果,也为开启近代"商战"铺平了道路。

---

① 〔日〕涩泽荣一编著,王中江译:《论语与算盘:人生·道德·财富》,第5页。
② 方汉奇:《中国近代报刊史》上,第36页。
③ 李孝悌:《清末的下层社会启蒙运动:1901—1911》,第12页。

近代上海早期中文商业黄页的出版

——以《华商行名簿册》（1906）为例

黄心禺

（香港中文大学）

在近代上海城市史和商业史研究中,目前所主要采用的商业黄页是字林洋行的《字林西报行名录》(1872—1941)、商务印书馆的《上海商业名录》(1918、1920、1925、1928、1931)与福利公司的《上海市行号路图录》(1939、1940、1947、1949)等,其中又以《字林西报行名录》使用最多。然而,由于该行名录为英文,所收录的中国商业机构也相对较少,因此,对于清末民初上海本土商业的变迁,相关研究领域始终缺少切实的材料。本文所讨论的 1906 年版《华商行名簿册》恰可以填补这段时间上的材料空缺。此外,由于该簿册在编辑出版时,上海总商会正处于快速形成期,其体例和出版经过本身揭示出了清末民初商业秩序的剧烈变化。

一、商业黄页的利用和研究现状

早期(商业)黄页(directory)以其所承载的丰富历史信息及逐年修订的体例,已成为研究近代城市史和商业史的常用材料之一,近代中国史的研究亦然。英国布里斯托大学(University of Bristol)的研究团队曾在全球范围内收集近代中国研究的黄页材料,如图 1 所示,近代中国大部分的早期黄页都在香港出版,这与当时该地宗教机构与印刷业的发达有关。1864 年起,香港的商业出版机构《孖剌报》行(Daily Press)还出版了近代中国的第一份商业黄页《孖剌报行名录》(*Daily Press Chronicle and Directory*)(1864—1941),涵盖当时中国、日本与菲律宾各口岸商业机构的信息。不过,由于《孖剌报行名录》以香港为主,上海字林洋行也在稍后的 1872 年开始出版自己的行名录,近代上海城市史和商业史的研究者通常也就很少用到这份《孖剌报行名录》。此外,从研究者使用的角度,由于上海徐家汇藏书楼所收藏的《字林西报行名录》(*North China Daily Press Desk Hong List*)(1872—1941)被电子化和可检索化,极大地方便了研究者的查询,因此该行名录也成为近代上海城市史和商业史研究中最常用的材料之一。

1842 The Chinese Repository, volume 11:1, A list of foreign residents in China (external link)

1845 *The Anglo-Chinese Calendar* (extract). List of all China coast foreign residents and Shanghai firms (external link)

1847 *The Anglo-Chinese Calendar* (extract). List of all China coast foreign residents and Shanghai firms (external link)

1848 Hongkong Almanack & Directory ... also includes all China coast treaty ports (external link)

1850 The Chinese Repository, volume 19:1. A List of foreign residents in China (external link)

1850 Hong Kong Almanack & Directory ... General Directory for Canton, Shanghae, Amoy, Ningpo, Fuh-chau-fu, Macau & Manila (external link)

图 1　近代中国发行的早期商业黄页①

不过,《字林西报行名录》毕竟是由英文出版机构编辑出版,内列名录主要都为洋行或与外贸相关的中国机构,很少涵盖中国本土的商业机构,而中文商业黄页则大多较晚出版,如《上海商业名录》《上海市行号路图录》。在此背景下,1906 年出版的这本《华商行名簿册》(现藏于上海图书馆、已电子化)就极为重要。此外,该簿册体例与出版经过本身就非常不同寻常、不能仅视作一般性质的商业黄页。因此,本文除了介绍《华商行名簿册》的出版经过,也将指出和解释其体例中的不同寻常之处,论述其出版对于了解和研究清末民初商业秩序剧烈变化的重要意义。

---

①　University of Bristol,*Directories*,https://www.chinafamilies.net/directories/,accessed October 29,2022.

二、《华商行名簿册》的出版与体例：上海总商会的"华商公议会" 时期

上海商界于 1905 年所组织的"抵制美货"运动曾得到各个领域学者的关注，除普遍认为其开创了后世国货运动的基本组织架构外，王冠华已注意到华侨团体在其间的活动与其所募集到的大量政治献金，季家珍也强调政治改革者曾利用《时报》等新兴传播媒介来制造全国性的舆论，朱英则直接指出此事对于上海总商会人事结构的影响，以及其作为一种外交工具上的价值为清廷所认识。① 正如这些学者所研究的，"抵制美货"对于 1905 年的上海政商学界而言是一次非常重要的转折，在原本仅办理商务的"上海商务总会"的基础上出现了仿照租界自治的"华商公议会"，而《华商行名簿册》的编辑及其体例中所反映的，正是在"抵制美货"运动以后，上海华商领袖的结构与其政治地位上的变迁。

首先，1906 年成立的华商公议会通常被认为是上海商务总会（1904）的延续、上海总商会（1912）的前身。然而，以往的研究者通常没有意识到，这一机构本身有着特殊的组织目的，即预备加入上海公共租界工部局与洋商共同议事，事涉敏感的中外交涉，因此需要冒极大的政治风险。② 于是，如图 2 所示，相比此前的上海商务总会中以官督商办大员为主导的人事体系，华商公议会的新架构几乎完全按照华商领袖在上一年"抵制美货"运动中的声望和办事能力所形成：朱葆三、祝兰舫、丁钦斋等曾在"抵制美货"运动中最肯牺牲自己商业利益的行业领袖，已取代从前官督商办派的绅商如严信厚与徐润等，成为此次华商公议会的领袖。特别是福建侨商曾少卿虽然并非什么行业巨商，但如前述王冠华所指出的，他是大量来自华侨的政治献金的经营者，更是积极利用报纸舆论塑造自己一心为公不畏身死的形象。如他曾在 1905 年 8 月 11 日的《时报》上发表《留别天下同胞书》，呼吁"曾少卿可死，抵制之策不可死！死一曾少卿，什百曾少卿且起！"③，因此成为当时整个"抵制美货"运动中的精神领

---

① 参见王冠华：《寻求正义：1905—1906 年的抵制美货运动》，江苏人民出版社 2008 年版；季家珍：《印刷与政治：〈时报〉与晚清中国的改革文化》，广西师范大学出版社 2015 年版；朱英：《曲折的抗争：近代上海商会的社会活动与生存策略》，四川人民出版社 2020 年版。

② 上海地方志办公室：《华人参政》，http://www.shtong.gov.cn/newsite/node2/node2247/node4605/node79826/node79839/userobject1ai101982.html, accessed May 13, 2022.

③ 《美国华工禁约问题　曾少卿留别天下同胞》，《时报》1905 年 8 月 11 日。

袖。在此后与工部局的交涉中,人们相信,曾少卿也将同样地一心为公不畏身死,这应当是他能够成为华商公议会总董的最主要的原因。

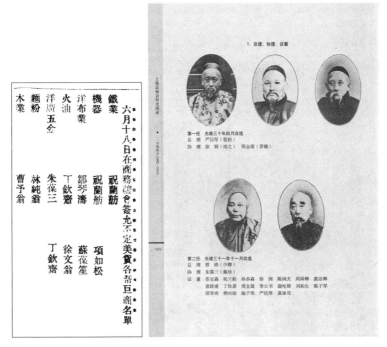

图2 左:"抵制美货"运动中的行业领袖;
右:从上海商务总会到华商公议会的改选①

历史上,上海公共租界工部局是租界全体租地人大会(ratepayers' meeting)的执行机构,相应的投票权重根据其在租界所拥有的地产价值所确定。华商公议会既然要代表所有华商加入工部局议事,则也应当确认所代表的成员范围,以及各个成员的投票权重,这是其立刻开始编辑《华商行名簿册》的原因,也使得这份行名簿不仅是一份普通的商业黄页,更是当时上海华商界权力的分配表。根据已掌握的材料,1906年6月18日,《时报》(即前述季家珍所指出曾积极参与"抵制美货"运动的媒体)刊登广告,首次宣布了华商公议会编辑出版《华商行名簿册》的计划,呼吁各大商号如实填写其所印发的调查

① 左为民任社主人编:《中国抵制禁约记》,民任社1905年版,第22页;右为上海市工商业联合会编:《上海总商会历史图录》,上海古籍出版社2011年版,第24页。

表。① 如图 3 所示,由于当时《字林西报行名录》早已出版多年,《华商行名簿册》调查表的格式也几乎完全仿照前者,包括机构名称、营业性质、营业地址与主要经营者等。此后,8 月 27 日的《新闻报》催缴过一次提交该调查表,到 11 月 28 日时,则是宣布"早已工竣",呼吁各商号及早来会取阅。② 综上,《华商行名簿册》应当是在 1906 年的 6—8 月间调查编辑,随后在当年的 11 月出版,但其发行范围应当仅限于提交报名表的商号,而不曾公开出售。

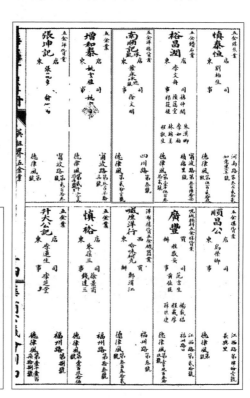

图 3　比较《字林西报行名录》(1907)与《华商行名簿册》(1906)③

值得注意的是,《字林西报行名录》每半年出版一次,《华商行名簿册》与其 1907 年 1 月版的编辑周期大致相当,因此这两份材料也就有很大的比较研

---

① 《征求行名》,《时报》1906 年 6 月 18 日。
② 参见《新闻报》1906 年 8 月 27 日;《新闻报》1906 年 11 月 28 日。
③ 左为"叶永承总号", *North China Desk Hong List*,January 1907,第 44 页;右为华商公议会:《华商行名簿册》,华商公议会 1906 年版,上海图书馆藏,第 113 页。

究的价值。如图 3 所示,两份黄页中均曾收录当时上海最大的五金业商行、叶澄衷所开设的叶永承总号。不过,《字林西报行名录》仅收录其总号(叶永承总号也是《字林西报行名录》唯一收录的洋杂货业),而《华商行名簿册》收录的是南顺记,二者虽地址不同、电话则应当是同时登记(南顺记的电话是 21 号、叶永承总号的电话是 22 号),显示出总号与分号之间的微妙关系。下文将利用《华商行名簿册》等材料指出,1906—1907 年间,上海洋杂货业曾发生一场领袖之争,或许可以解释上述的现象。

如前所述,1864 年开始出版的《孖剌报行名录》与 1872 年开始出版的《字林西报行名录》是近代中国最早的商业黄页,《华商行名簿册》模仿它们的体例是很自然的,但相比英文行名录可以完全按照字母顺序排列,中文行名录尤其是《华商行名簿册》这样的权力分配表,则需自行解决这个敏感的问题:如何安排行业之间的顺序与行业内部的名录顺序?众所周知,在中、外政治中,名字顺序绝不是一件小事。1906 年,为取得与公共租界洋商相当的政治声势,当时在上海商业上无足轻重的曾少卿居然取得上海总商会"华商公议会"时期的领袖地位,反映出由"抵制美货"运动所引起的华商领袖结构上的剧变,由此也引起当时上海行业地位的重新调整,其变化就反映在这份《华商行名簿册》中。如图 4 所示的《华商行名簿册》目录中可以看到,在钱业与银炉业之后,名列第三的是五金洋杂货业,其顺序在传统出口大宗的丝业与茶叶之前。《华商行名簿册》的编辑时间是 1906

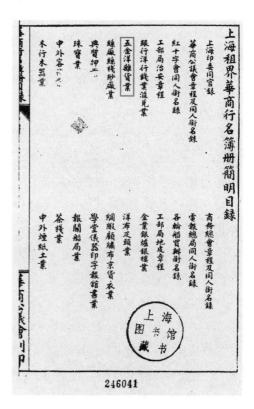

图 4 《华商行名簿册》(1906)目录①

---

① 华商公议会:《华商行名簿册》,华商公议会 1906 年版,上海图书馆藏。

年,当时的清廷已自1903年开始试行《奖励华商公司章程》,对于能够"开辟利源,制造货品,扩充国民生计"的华商均给予出身和官爵的奖励,到1907年又明文颁发《华商办理农工商实业爵赏章程》,将丝、茶等传统农产品的改良出口视为"挽回利权"的核心。而所谓的五金洋杂货业,指的是从外国进口五金建材以及煤油灯、肥皂、火柴等日用品,在当时被视为对国税的巨大漏卮。① 华商公议会在这样的政治氛围中,居然冒大不韪,将五金洋杂货这样纯进口的行业排在丝、茶等传统由绅商所主导的出口行业之前,无疑是很不同寻常的,对此,最有可能的解释就是如前文所示,这一行业在"抵制美货"运动中至关重要,因为其所做出的巨大牺牲和贡献,而获得这样不同寻常的政治声望,人们才会增加他们的投票权重,使其在日后与工部局的交涉中继续发挥影响力和作用,这就是《华商行名簿册》的目录中所透露出的重要信息。

三、行名录的比较研究:以1906—1907年间洋货业的领袖之争为例

上节通过对《华商行名簿册》的出版过程和体例的考察,勾出了"抵制美货"运动曾推动上海总商会所进入的特殊的"华商公议会"时期,也指出当时上海华商界的各行业话语权的变迁,本节则将具体通过比较研究《字林西报行名录》《华商行名簿册》及其他相关材料(如表1所示),勾勒出1906—1907年间洋货业曾发生的领袖之争。

首先需要指出的是,前述1905年的抵制美货运动中被公认代表洋货业作出巨大牺牲的朱葆三、祝兰舫与丁钦斋三人中,祝兰舫并未参与后来的这场洋货业领袖之争,如表1所示,此后与该行业相关的材料中均未出现他的身影,主要原因应当是祝在当时选择向清廷靠拢,开办实业,并且有意淡化其曾参与进口行业的经历。祝兰舫(1856—1926),又名祝大椿,江苏无锡人,出身贫寒,相比当时在上海的无锡绅商主要经营的是米业、布业等传统土货批发和金融业,他却能在宁波人(朱葆三、虞洽卿和丁钦斋都是宁波人)所主导的洋货业中分一杯羹,可见此人的眼光、毅力与心性。于是,当清廷

① 刘锦藻编:《清代续文献统考·卷三百九十一·实业十四》,第11405—11406页。

陆续颁布《奖励华商公司章程》《华商办理农工商实业爵赏章程》等明文条例,对报效朝廷的华商给予出身和官爵的奖励后,他便没有再拘泥于眼前进口洋货的利润中,而是大量投资开办面粉、纱厂等改良土货的公司,也因此在 1908 年成为最早获得奖励的华商之一(二品顶戴),成为继胡雪岩之后晚清最重要的红顶商人。①

表 1　洋货业领袖之争的发展(1906—1907)

事　件	时　间	相 关 行 业 领 袖
抵制美货运动	1905 年	朱葆三、祝兰舫、丁钦斋
华商议事会改选	1906 年初	朱葆三、祝兰舫、虞洽卿、丁钦斋
洋杂货公所成立	1906 年 5—6 月	贝润生、丁钦斋、虞洽卿 vs 叶澄衷家族、朱葆三
编辑《华商行名簿册》	1906 年 6—11 月	叶澄衷家族、朱葆三
上海洋货商业公会成立	1907 年 1 月前	朱葆三、虞洽卿、贝润生、丁钦斋

祝兰舫抓住新的发展机会淡出洋货业的同时,当然也有人希望成为洋货业的领袖,特别是此前没有能够在抵制美货运动中选对阵营、作出牺牲的人。如图 2、图 3 所示,朱葆三(1848—1926)开设的"慎裕"号主要经营洋广五金,丁钦斋所开设的"锦章"号则在洋广五金外,还代替此前的"五金大王"叶澄衷(1840—1899)成为美国美孚煤油的买办。不过,不同于传统中国各业可以通过行会、会馆来约束和分配行业利益,洋货业本身是上海开埠以后才出现的新兴产业,当时还没有形成一个正式的行业秩序。如 1905 年 10 月,顺利火油公司曾因亏本清盘而造成多角的债务纠纷,当时行业内并没有正式的行会可以调解,于是便由上海商务总会出面调停,其中就有日后将参与这场洋货业领袖之争的虞洽卿(1867—1945)的身影,他在当时已担任议董。但虞在当时其实并不实际经营洋货业,因此他的参与也就引起业内人的不满,质疑他的资格和动机,为此虞只能连续在报纸上发表声明,宣称自己在当中没有任何

---

① 祝大椿的生平可参见郁家树主编:《无锡人杰》,人民出版社 2006 年版。

相关利益。①

　　除业外的虞洽卿一度试图介入洋货业的秩序，一些业内人也试图通过发起成立一个洋杂货公所来挑战当前由朱葆三所主导的行业秩序。1906 年 5 月起，《新闻报》分七次公布新成立的洋杂货公所的捐款明细，笔者从中共统计到 349 家行(人)名，如表 2 所示，其中有 18 家是地位特殊的所谓"发起各号"，其中包括贝润生的"瑞康盛"(001 号)、丁钦斋的"锦章"(004 号)和虞洽卿(017 号)等人，他们将曾经的"五金大王"叶澄衷家族和呼声最高的朱葆三(华商议事会协理，仅次于曾少卿的二号人物)排除在外。不过，叶澄衷家族和朱葆三很快就出现在第二批名单中，而且相比贝润生所捐、一度高占榜首的 3 000 两巨资，叶澄衷家族(019 号)一下子捐出了两倍之多，高达 6 000 两，这一笔捐款也超过了全部捐款数额(54 429 两 3 钱 8 分)的十分之一。此外，朱葆三(021 号)捐出 1 000 两，少于丁钦斋的 2 000 两，合贝润生所捐才相当于叶澄衷家族的捐款数量，应当是经过审慎思考后的结果。可能是朱想要表示其无意挑衅丁钦斋这位曾经的战友，表示尊重叶澄衷家族作为行业领袖，同时更对贝润生这样的搅局行为表达不满。

表 2　洋杂货公所捐款名单(部分)(1906)②

序　号	名　称	數額/兩規元	捐款批次
001	瑞康盛	3 000	1(發起各號)
002	萬順豐	2 000	1(發起各號)
003	咸康餘	2 000	1(發起各號)
004	錦　章	2 000	1(發起各號)

① 参见冯筱才：《政商中国：虞洽卿与他的时代》，社会科学文献出版社 2013 年版，第 14—15 页。
② 根据《创办洋杂货公所》，《新闻报》1906 年 5 月 16 日，第 17 页；《上海洋杂货公所第二次捐款》，《新闻报》，1906 年 5 月 22 日，第 18 页；《上海创建洋杂货公所第三次各户捐款》，《新闻报》1906 年 5 月 30 日，第 18 页；《上海创建洋杂货公所第四批捐单》，《新闻报》1906 年 6 月 6 日，第 18 页；《上海创建洋杂货公所第五批各户捐款》，《新闻报》1906 年 6 月 7 日，第 18 页；《创建洋杂货公所第六次各户捐款》，《新闻报》1906 年 6 月 15 日，第 18 页；《创建洋杂货公所第七次各户捐款清单》，《新闻报》1906 年 6 月 20 日，第 18 页。

序　号	名　称	數額/兩規元	捐款批次
005	豐　昌	1 000	1(發起各號)
006	成　豐	1 000	1(發起各號)
007	李珊記	1 000	1(發起各號)
008	德昶潤	1 000	1(發起各號)
009	萬昌利	1 000	1(發起各號)
010	成　康	500	1(發起各號)
011	瑞　泰	500	1(發起各號)
012	興昌祥	500	1(發起各號)
013	裕　昌	500	1(發起各號)
014	馮學記	300	1(發起各號)
015	萃泰昌	300	1(發起各號)
016	永順豐	300	1(發起各號)
017	虞洽卿	300	1(發起各號)
018	周昭桂	300	1(發起各號)
合計 18		合計 17 500	
019	永承號	6 000	2
020	義盛榮	200	2
021	慎　裕	1 000	2

　　1906 年 5 月所发生的这次洋杂货公所事件曾造成洋货业内部的一度分裂,正好被反映在稍后所编印的《华商行名簿册》的名录中。据统计,《华商行名簿册》在五金洋杂货业下,又细分为五金业(18 家)、钟表业(28 家)、铜铁机

器业(32 家)与洋货业(130 家),总计 208 家,少于前述参加洋杂货公所捐款的 349 家,而作为洋杂货公所发起行的 18 家商号更是几乎无一被收入其中①,包括作为华商公议会议董的锦章号。这是很不同寻常的现象,如果不是朱葆三方面授意《华商行名簿册》所为,就是贝润生等洋杂货公所表示抵制的结果。

由于缺乏相关的材料,我们现在已不知洋货业在此次分裂后,其内部曾经过怎样的协商,但到新一版的《字林西报行名录》于不久后(1907 年 1 月)出版时,如图 5 所示,朱葆三、虞洽卿、贝润生、丁钦斋等四人已和谐地共同组成新的上海洋货商业公会(Chinese Association of Foreign Goods Merchants),成为洋货业唯一的正式代表机构,此番长达半年的洋货业领袖之争也随之告一段落。有趣的是,此前被视为业外人的虞洽卿竟与朱葆三平起平坐,一同担任总董,而贝润生则后来居上,成为第三号人物。对此,冯筱才曾指出,应当是虞洽卿与工部局和清廷的关系都十分密切的缘故,虞在当时甚至被认为是华洋间第一调人。③ 他既然几次三番地想要参与洋货业的事务,那么,洋货业将他引为总董,以后需要与中外官方交涉时也会方便得多。

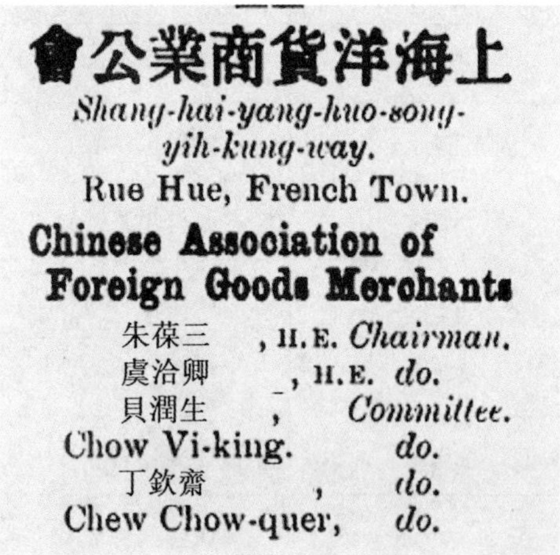
上海洋貨商業公會
Shang-hai-yang-huo-song-yih-kung-way.
Rue Hue, French Town.
Chinese Association of Foreign Goods Merchants
朱葆三 , H.E. Chairman.
虞洽卿 , H.E. do.
貝潤生 , Committee.
Chow Vi-king. do.
丁欽齋 , do.
Chew Chow-quer, do.

图 5 上海洋货商业公会领袖(1907 年 1 月)②

四、《华商行名簿册》的后续出版与中文商业黄页的式微

《华商行名簿册》(1906)虽然基本上模仿《字林西报行名录》的体例,也包含晚清上海商业变迁的丰富信息,但它起初绝不是一份商业出版物。吊诡的是,随着华商公议会的很快改组,《华商行名簿册》失去其作为权力分配表的政治意义,反而开始由商业机构所接办,成为一般的商业黄页。如前所述,华商

---

① 《华商行名簿册》上有 2 家裕昌,可能是表 2 中的 013 号裕昌,也可能是其他重名,由于材料不足而无法确定。

② "上海洋货商业公会,"*North China Desk Hong List*, January 1907, p.65。

③ 冯筱才:《政商中国:虞洽卿与他的时代》,第 16—17 页。

公议会是为华商参与工部局议事而改组的机构,不过,作为工部局权力来源的租地人大会,却在全体投票中反对华商议政,因此,华商公议会也随之丧失相应的政治功能。如图6所示,经过1906年底的改选,这一机构的领袖重新恢复为依附于清廷的传统绅商,其总董李云书(1867—1935)就曾积极响应前述改良土货、挽回利权的新政要求,在东北开设垦务公司。当上海各界的华商不再需要联合起来,排定其各自的投票权重时,《华商行名簿册》当然也就失去其作为权力分配表的政治意义,那些本就不愿公布自己太多信息,或根本就是被迫出钱(一元四角)参与编修这份名录的中小商人应当不会乐意再捐资。于是,根据已有的材料,《华商行名簿册》的发行权就被转移到广明书局的奚秉钧手中,以每本一元五角的售价向社会公开出售。据其自称,1907年2月所发售的《华商行名簿册》已经过修订。① 但目前笔者见到的《华商行名簿册》仅有

上海图书馆所存的1906年版,因此不能判断其所言是否属实,是否真的存在修订版。不过,如前节所指出,如果洋货业确实曾握手言和,且在1907年1月前顺利成立公会,他们应当是十分支持修订《华商行名簿册》的,毕竟,此前的版本中竟公然表现出行业的分裂,无论是对其社会声望还是行业形象都十分不利。此后,到1908年4月,报上又再次出现《华商行名簿册》的发行广告,其发行单位也改为申报馆。值得注意的是,除1906年版所包含的"执事名姓、住趾(址)何处"以外,这一版本的《华商行名簿册》中还包含"开设何年"这一1906年版没有、《字林西报行名录》

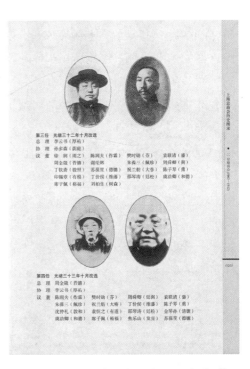

图6 华商公议会再次改选(1906年底)②

---

① 《华商公议会续刊行名簿广告》,《新闻报》1907年2月1日。
② 上海市工商业联合会编:《上海总商会历史图录》,第25页。

也从未有过的体例①，足以证明《华商行名簿册》在 1906 年以后曾经大幅修订过。只是，目前尚未找到这一版本存世或其他相关材料，因此暂不清楚 1908 年所发行的版本是否就是《华商行名簿册》的第三个版本，还是此前 1907 年版的库存。

1908 年以后，已有材料中就再也没见到《华商行名簿册》的出版信息，笔者认为，这应当与当时《上海指南》的兴起与流行有关。如第一节所指出的，近代中国早期商业黄页的出版与通商口岸的开辟相关，其主要目的是帮助来华经商的外国商人迅速了解口岸的产业分布与结构。特别是，《华商行名簿》曾有额外的政治意义。而且在当时，为响应清廷号召、改良土货，全国各地的绅商均集中到上海参与创办公司，这份行业名录对他们而言同样有很高的价值，因此才又继续出版修订。然而，由于晚清上海日益成为全国性的进出口中心，使得《华商行名簿册》的调查范围远超《字林西报行名录》，其编纂成本十分高昂，除非像 1906 年版那样有特殊的政治目的而得到总商会的支持，光凭申报馆这样的商业出版机构很难维持其品质。与此同时，1908 年起，由于沪宁线与沪杭线的相继开通，吸引大量除商务目的以外的人来上海游玩，商务印书馆开始编订出版著名的《上海指南》，很快成为当时最流行的城市指南，其中也为来上海办货的人提供了简略的黄页。② 如表 3 所示，现存最早的《上海指南》是 1909 年发行的第三版，其中第五卷就是工商业目录，列出了各行业当时最著名的商号，已足够满足一般来上海经商、采购的人的需要。而且，《上海指南》的销量极佳，足够支持商业黄页的调查成本，各行业也更加愿意配合被这样的畅销指南所收录，专业性有余、但需求很少的《华商行名簿》自然也随之式微了。此后，直到 1918 年，商务印书馆在《上海指南》的基础上，重新编订专业性更强的《上海商业名录》，中文商业黄页才重新开始繁荣。

此外，一个值得关注的问题是，如本文第二节所提出的，《上海指南》的行业顺序又是根据什么确定的呢？ 如表 3 所示，五金已与洋货（015—017 号）分开，排到很后面（053 号），应当不是延续《华商行名簿册》中的顺序。由于材料不足，笔者目前对此还不能回答，期待以后有更多相关材料的发现。

---

① 《志谢》，《神州日报》1908 年 4 月 17 日。
② 《上海指南》的出版与体例可参见孙惠敏：《何为上海，如何指南：〈上海指南〉的空间表述（1909—1930）》，收入巫仁恕主编：《城市指南与近代中国城市研究》台北民国历史文化学社 2019 年版。

表3 《上海指南·第五卷 工商业》目录(1909)①

编号	分类名称	编号	分类名称	编号	分类名称
001	各种制造厂	021	广货	041	丝栈
002	各种公司	022	外国绣货	042	木器
003	菜市	023	军装皮革	043	红木
004	中国品物陈列所	024	帽	044	寿器
005	拍卖行	025	鞋	045	漆铺
006	报关行	026	袜	046	药铺
007	金业	027	纸	047	丸药
008	银楼	028	菸纸	048	参号
009	珠宝	029	笺扇	049	药房
010	古玩	030	笔	050	磁器
011	钟表	031	墨	051	铜锡器
012	绸缎	032	书坊	052	铜铁机器
013	皮货	033	学堂仪器	053	五金
014	衣庄	034	账簿	054	水烟袋
015	洋货	035	棉纱	055	吕宋烟
016	洋广货	036	袋包	056	颜料
017	洋杂货	037	绒线	057	南货
018	洋布	038	香粉	058	海味行
019	顾绣	039	丝业	059	糖行
020	京货	040	木行	060	酱园

① 商务印书馆编:《上海指南·第三版》,商务印书馆1909年版,上海图书馆藏。

编　号	分类名称	编　号	分类名称	编　号	分类名称
061	米行	064	质	066	洋栈
062	米店	065	洋行	067	保险
063	当				

综上所述,本文略从政治史、出版史的角度简述了上海图书馆所藏 1906 年版《华商行名簿册》的出版经过及其体例,指出其中所反映的晚清上海"抵制美货"运动的巨大社会影响,也以其内容中所发现的 1906—1907 年间洋货业领袖之争为例,指出此书在商业史上的研究价值,以及其与目前最常使用的《字林西报行名录》的比较研究价值。此后,对其他行业也可利用类似的方法进行整理和调查,最终应当可以较为丰富地还原出晚清上海本土商业变迁的面貌,这也是《华商行名簿册》文本最重要的研究价值之一。

辞书与教科书出版

民国时期现代汉语语典出版研究[*]

刘善涛

（河北师范大学）

作为辞书类型的"语典"及其专业称名的产生时间并不长,但汉语中不乏类型多样的各类成语、俗语、惯用语等凝固性短语,我国学者对这些熟语单位的关注与整理历史悠久。古代文献已经产生了"语""谚"等不同称名,并对其进行了简单记录和整理,但尚未形成独立的辞书门类和稳定的编纂体例。近代以来,伴随着"字典"称名的普及和"词典"称名的定型,"语典"的词义也逐渐由语法规则义向语汇辞书义转移,成语、俗语、歇后语等不同类型的熟语辞书得以出版,对熟语的整理、现代"语典"的形成和语文现代化建设起到了积极作用。

本文首先在文献史料的基础上理清"语典"一词的古今演变脉络,并对民国时期现代汉语语典的出版进行穷尽式搜集、归类和介绍,进而总结该时期汉语语典编纂的时代特点。

一、"语典"一词的源流演变

早在先秦时期"语"就可用来指称"俗语""谚语"等凝固性较强的短语或小句,如《穀梁传·僖公二年》讲述晋国借道虞国攻打虢国,虞大夫宫之奇一再劝谏曰:"语曰:'唇亡则齿寒',其斯之谓与!"东晋大儒范宁最早为该书作注曰:"语,谚言也。"也即"谚语"的意思。再如《商君书·更法》记叙了商鞅在秦孝公面前主张变法的一场辩论,开篇一段话公孙鞅曰:"臣闻之:'疑行无成,疑事无

* 本文为河北省社科规划项目"多维视角下的百年经典辞书《辞源》研究"(编号：HB23YY007) 的阶段性成果。

功'……语曰:'愚者暗于成事,智者见于未萌。民不可与虑始,而可与乐成。'郭偃之法曰:'论至德者不和于俗,成大功者不谋于众。'……"段中三句引用即为不同的俗语、谚语,也可看作"语"的所指内容。

随着"语"使用频次的提高,内部类型划分也逐渐多样,"俗语""成语""谚语""熟语"等称名不断丰富,但在使用中词形和词义尚不固定,还没有发展为词义相对单一的专有名词。早在两汉时期就产生了"俗语"一词,《汉书》卷 16"今俗语犹谓无为耗",卷 51"故俗语曰:画地为狱议不入、刻木为吏期不对",前例指方言土语,后例指通行语句,一词多义。同时,因"语"与"言""话"等词义互通,上述称名在使用中存在同实异名现象,如"俗语""俗言""俗话""俗说""俗谈","谚语""谚言","成语""成说"等,这些称名内部和称名之间多有混用,词义交叉,词形多样,词汇化程度有待加强。

作为以凝固性短语为主要收录单位的辞书,"语典"一词在汉语的兴起主要源于汉语词汇学的发展成熟。虽然辞书意义上的"语典"在日本早已产生,但用例极少,多以"××集"代替,如日本兰学时期曾出版《兰例语典》(广川獬 1815 年版)一书,但正文均改作《兰例节用集》。20 世纪 30 年代,北新书局出版《小朋友语典》(1932),《明德女校校友会杂志》发表《语典随笔》(1933),《真光校刊》发表《教育语典》,但内中条目多为典故词和新术语,词语类型混杂,编写体例不一。由此看来,辞书意义上的"语典"在民国时期并未形成稳定的术语。改革开放以来,虽然"语典"的语法义已不复使用,但其辞书义尚不稳定,如汪靖洋主编《写作语典》(江苏教育出版社 1992 年版)收录古今中外名言佳句谚语 3 万余条,分类编排;鲁越、李淑捷主编《中国圣贤启智语典》(中国人民公安大学出版社 1995 年版)按古代圣贤姓名分类收录其名言警句,并加译文;林成西、许蓉生编著《语典》(四川人民出版社 2001 年版)分类收入中国古典文献中的哲人惠语、风流隽语、应对妙语等,下注原文、译文和点评……可见,在很长一段时间,学界对"语典"缺乏明晰的界定,进而影响到辞书定名和编纂的统一,这与词汇理论研究和国家术语规范实际明显脱节。

现代汉语词汇学建立于 20 世纪 50 年代末,至 80 年代,伴随着熟语理论研究和熟语辞书的编纂,我国熟语研究已"发展成为相对独立的语言学部门"①,

---

① 符准青:《汉语词汇学史》,安徽教育出版社 1996 年版,第 322 页。

"汉语熟语学"①建设已引起学界关注。在辞书规划中,我国正在推进"国家辞书体系优化战略(1988—2000)",辞书出版日趋繁荣,辞书数量也与日俱增,但也在一定程度上导致出版市场的不规范问题,为此国家质量技术监督局适时修订推出了《中华人民共和国国家标准术语工作辞书编纂基本术语》(GB/T 15238—2000),在词典类型中增收"语典"一类,定义为"以成语、俗语、惯用语等为收录对象的语文词典",对长期以来熟语类辞书编纂实践和"语典"的称名加以规范。随后,贾采珠、晁继周主编的《汉语语典》(汉语大词典出版社 2003 年版)出版,收成语、惯用语、谚语等不同类型的熟语 9 千余条,以四字成语居多,按照辞书编纂体例,音序编排,单独立目,配有注音、释义和典型书例,至此"语典"一词最终作为熟语专门辞书的正式称名而被学界使用。②

二、民国时期现代汉语语典的出版状况

东汉服虔所著《通俗文》是我国第一部整理诠释口俗词语的专书著作,"实为以实用为主的通俗词典之先河"③,及至宋清,此类专书日渐增多,日趋繁荣,但在编排体例上尚不统一④,收条类型、注音释义和排检方式多依著者习惯而定,尚未形成稳定成熟的辞书编纂体例。

近代以来,在西方语言学思想的影响和现代语文运动的推进下,中国学者的词语观逐渐明晰,尤其是"五四"新文化运动中对新文学、新国语的提倡,国人对俗文学、俗词语的重视也日益增高。当前学界尚缺少对民国时期现代汉语语典的专门探讨,研究成果多是对《俗语典》(1922)、《通俗常言疏证》(1925)等典型样本的举例分析,且少数举例尚不符合当代辞书学对"语典"的界定,如《国文成语辞典》(庄适 1916)虽曰"仿欧西成语辞典 *A Dictionary of Phrases* 之例,不列单字"(凡例),但收词以二字及以上词语为主,不限于四字成语,不

① 孙维张:《汉语熟语学》,吉林教育出版社 1989 年版。
② 在语言教学和学习领域,有学者将一些实用性较强的小句选编成书,名曰"句典",此称名既套用了汉语中已有的"字典""词典"等称名模式,又反映出其收条单位与已有语文辞书的差异,体现出一定的实用价值。
③ 刘叶秋:《中国字典史略》,中华书局 1983 年版,第 62 页。因该书早已佚失,学界对其作者和性质略有争议,在顾明远主编的《教育大辞典》(1991)中将其定性为蒙学课本。
④ 曾昭聪:《明清俗语辞书及其所录俗语词研究》,上海辞书出版社 2015 年版,第 62—73 页。

可被书名中的"成语"误导①,至于将《中原音韵研究》(赵荫棠,1936)、《敦煌变文字义通释》(蒋礼鸿,1959)等著作看作"语典"则更偏离了其判定标准。

在已有成果的基础上,我们将收录不同熟语、立目和释义兼备的辞书界定为"语典",并通过已出版的工具书索引、网络数据库和旧书网站等不同渠道,对民国时期现代汉语语典的出版信息进行了较为全面的采集、甄别与整理,最终建成"民国时期现代汉语语典数据库"(简称"数据库"),共搜集语典 17 部,根据编纂特点和收词类型分为成语语典 9 部、俗语语典 4 部、歇后语语典 2 部、谚语语典和隐语语典各 1 部。

代表性成语语典如:《成语汇编》(张文宽、朱焕鼎,南华书局 1924 年版)以四字成语为收录对象,义类编排分"天文、地理、岁时"等 20 门 130 类,"凡文语上必要之资料,应有尽有,按类以求,可无缺憾"(例言),所列条目"一概详载出处,遇有僻字晦句并加解释"(例言),竖版编排,文言释义;《国语成语大全》(郭后觉,中华书局 1926 年版)是民国时期第一部横排编写、白话释义的语典,专收"国语中适用的成语"(例言)3 200 余条,以四字成语为主,三字至十六字为限,"加以简明的解释,并附拼音字"。正文前附有笔画索引,正文条目按首字笔画数排列,"为一般人读书说话的时候实用上查考底便利"(例言),以北京音为标准用注音符号注音,释义通俗易懂,不再引证书例说明来源,采用新式标点,白话释义,多义成语分列义项,典故成语说明出处,如首字"一"下收"一条鞭""一了百了""一字值千金""一代不如一代""一言既出驷马难追"等成语 108 个,是民国时期体例最为成熟的成语辞书;在该书的基础上,严玉潭参考《辞源(正续编)》,选取较为通行的四字成语 4 800 余条编纂了《四字成语辞典》(上海仿古书店 1937 年版),按笔画数竖版编排,不加注音,白话释义,大多用书例标明出处;同年,《实用成语词典》(王野村,北平建国出版社 1937 年版)出版,该书"专为中等学生搜检参考之用""以适合中等程度读者为标准"(凡例),收常用成语两千余条,以四字为主,偶有二字,按笔画数编排,释义"简洁扼要,并于句旁加标点符号,以便易于明了",举例"皆注明共出处,或于可能范

---

① 因民国时期现代意义上的"词"概念尚未确立,"成语"一词既可指二字词,也可指表意较为凝固的三字四字的惯用语、成语,辞书性质也应结合具体收录单位而定,高小方在《中国语言文字学史料学》中将《国文成语辞典》归入"成语典故类"资料,当误。民国时期类似辞书还有《实用成语大辞典》(王士湜,1924)、《中国常用成语辞典》(张则之,1937)等。

围以内,举例以示其用法";《实用成语》(张萌,桂林文友书店1943年版)收四字成语三千余条,"不论出自经传或来自谣谚,只要是习常应用的,都加选辑"(例言),依所属义类和使用领域分12类,按笔画数排列,简明注释,不举例证;1946年柯槐青所编《分类成语手册》在上海新鲁书店出版,次年又出版续编,专"供中等程度学生及一般读者在阅读、作文、写信时参考之用"(编辑大意),共收四字及以上成语六千余条,"按照其含义或描写之对象,分成四门六十六类","每一类中,视全句字数之多少与第一字笔画多少而定先后",所有词条"俱加注释,力求简明浅显,不举出典或引证"。正编正文成语之后,另列12类书信成语和书信用语,"以备读者写信时之参考",其后再列"谚语""歇后语""同字异音详解"等8种附录,"足供阅读作文时之参考",续编文后列有谚语、双声句解、叠韵句解、虚字复词用法、成语检句表等五项附录;《(求解、措词、写信、作文四用)中国成语大辞典》(周如晖等,上海潮锋出版社1948年版)是民国时期收条最丰富的成语辞典,该书在参考《佩文韵府》《辞源正续编》《辞海》等古今十余种工具书的基础上,"搜集现代流行的成语谚语共计1万余条"(凡例),如首字"一"下收录成语192条,谚语93条,"搜罗之丰富,实超过坊间任何同类书籍之上"(凡例),"每条按字典笔画部首次序排列",释义"均用白话",配有书证,"庶一般程度较低之学生及工商从业员皆能领悟,充分应用",所收谚语在条目下标明"俗谚","因均明白易晓,故均不加解释,藉以节省篇幅"。此外,另有《作文成语辞典》(吴瑞书,上海春明书店1947年版)和《(求解、作文)国文成语辞典》(吴树滋,上海经纬书局1948年版),前书分自然界之部7类,人事之部47类,义类编排;后书又名《国文成语小辞典》,收二字及以上词语,以四字成语居多,如首字"一"下收四字成语52条,二字三字词语11条,五字及以上词语15条,笔画编排,白话释义,偶有例句,不标出处。

"近时语体盛行,言语一科,稍稍见重,语典一书,实为现时之所需。"(《俗语典》序)伴随着白话文的推行,俗语方言得到重视,《俗语典》(胡韫玉等,上海广益书局1922年版)是我国近代第一部"收录颇富、诠释考证翔确并易于查检的俗语词典"[1],该书收各类俗白词语8 328条,分12集,按《康熙字典》部首编排,部首下只列单字字头,不注音释义,字头下按音节数和笔画数列有该字打

---

[1] 朱一玄、陈桂声、李士金:《文史工具书手册》,辽宁教育出版社1989年版,第123页。

头的俗词俗语,如首部列"一"字打头条目 198 个,短如"一一""一丁",长如"一尺布不遮风,一碗酒暖烘烘,半夜里做号寒虫";所收词语均引用书例,说明源头,部分词语加按语,文言释义,说明用法。《上海俗语大辞典》(严芙孙,上海云轩出版部 1924 年版)为民国时期少有的方言俗语语典,收上海俗词俗语一千余条,按首字笔画编排,词目后伴有简明释义,部分词语在释义后用○说明其来源和理据,如"小"释为:妾也。○小,喻其微贱也,俗有"宁在天上做个鸟,休在人间做个小"之谚。《通俗常言疏证》(孙锦标,南通翰墨林 1925 年版)收地方俗语近七千条,按"天地、天文、时日、地理"等不同义类分为 40 类,书前有首字笔画索引,词目释义较少,重在旁征文献标明语词出处和源流,如首类"天地"收俗语 32 条,首条"开天辟地"释为"《论语》注:天开于子,地辟于丑,人生于寅。清黄周星《补张灵、崔莹合传》:此开天辟地第一吃紧事也"。《俗语考原》(1937)收二字及以上词语一千余条,以四字为主,笔画编排,全部标明书证出处,大多配有白话释义。

除俗语外,还有专门收录歇后语、谚语、隐语的语典辞书,如《歇后语选录》(陈光垚,启明学社 1933 年版)收歇后语约 1 700 余条,"谐音的约 400 则,不谐音的约 1 300 则"(序),"以各语第一字楷体的笔画多少排列次序,谐音的在前面,不谐音的在后面",条目先列谜面,再解谜底,谐音歇后语或难解处再加说明,释义后标明该语的通行地域,"所占地域达南北十一省之广",白话释义,通俗易懂。《言子选辑》(杨世才,重庆指南编辑社 1942 年版)专收四川话歇后语 633 条,分会意格、典故格、谐声格、形容格、虚构格、两用格 6 类,条目前编有序号,白话释义,释义后标明该条目的流行地域、典故来源或参考书籍。民国学人史襄哉曾编纂《中华谚海》(中华书局 1927 年版),收录各类谚语、歇后语 12 000 万余条,但该书仅列条目,不加释义和举例,为后世相关辞书的编纂提供了参考语表。徐子长、梁达善所编《民谚》(商务印书馆 1926 年版)为了"保存民间零碎的文学,供给平民和小学教育的材料"(例言),从"村妇俗子说话时口头的引用""书报上的语句"等搜集各类谚语 1 500 余条,以五字及以上词语为主,条目按字数和首字笔画数编排,所选条目"不论含义显晦,一律加以最浅明的解释",不加注音和书证来源,白话释义,如首字"一"下收"一钱如命""一麦抵三秋""一个鼻孔出气""一人做事一人当""一个和尚提水吃、两个和尚抬水吃、三个和尚买水吃"等谚语 74 个,该书被收录进王云五主编"小学生文库"第一集（1933）。《（全国各界）切口大词典》（吴汉痴，东陆图书公司 1923 年版）为"中国第一部名为'词典'的隐语行话工具书"①，该书搜集上海江浙地区各行业隐语 9 125 条，按经营领域和人群属性分为"商铺、行号、杂业"等 18 大类 376 小类，词目下用简单通俗的语言加以释义，少数词目在释义后附有简单的理据说明或背景知识介绍，书中还收入少数新词语，如商铺类金银业之切口下收录"镑""东洋""法郎""马克"等英日法德货币单位，附有详细释义。

三、民国时期现代汉语语典的时代特点

民国时期现代汉语语典的编纂和出版是在西学东渐和古今学术转型的时代大背景下进行的，在一定程度上推进了现代语言观的普及和语文现代化建设，促进了学界对俗词俗语、俗文化俗文学的关注，新文化向更广泛民众的下移；也促使了现代汉语辞书编纂类型的丰富和编纂体例的完善，为新中国成立后的语文建设和辞书编纂打下了基础。

西学东渐以来，西方进步科技文化推动了中国传统思想文化的现代转型，也推动了语文教育向着更为实用和普及的方向发展。从西方传教士到中国进步官员、学者，再到旅欧留日的先进青年，对汉语的语言维新，甚至语言革命都产生了浓厚兴趣，对汉语方言俗语、俗词俗语也给予了一定关注，推动了现代性汉外词典、汉语词典和汉语语典的编纂出版，也以工具书的形式对不同类型的汉语词汇进行搜集整理，进一步推动了语文现代化建设。

相对于现代汉语字典和词典的出版②，民国时期现代汉语语典的出版数量不大，但出版类型较为丰富，对成语、俗语、歇后语、谚语和隐语等不同熟语类型均有整理，且不同类型的编纂规模和出版数量与其自身的发展历史、语言价值密切相关，体现出现代化初期学者们对熟语辞书编纂的自觉和进步。同时，在短暂的民国时期，语典编纂体例逐渐成熟，条目类型渐趋规范，释义语言也由文言向白话转变，部分语典标注国语注音或附列典型例证，语典排检更为便利，附录内容也更为实用，有效地推进了语典类辞书的发展。

---

① 曲彦斌：《中国隐语行话大辞典》，辽宁教育出版社 1995 年版，第 23 页。
② 在已有成果的基础上，我们通过多种途径对民国时期汉语语文辞书出版信息进行了较为全面的采集、核查、甄别与整理，最终建成"民国时期汉语语文辞书出版数据库"，数据库中现代汉语字典和词典的出版总量分别为 124 部和 73 部。

　　中国语文现代化的动因之一便是"语言观老化"①,这体现在多个方面,从大的方面来说是国家通用语言意识的缺乏,从小的方面来说是长期囿于传统经典文献的单字研究,没有形成系统成熟的现代词语观念。《辞源》所开创的以字率词编纂体例标志着现代汉语词典编纂理念和国人词语观的初步确立,但词典的收词较为雅正,多为双音词,而《俗语典》等语典类辞书的编纂进一步突破了词典的限制,收条更为通俗,来源更为宽广,标志着国人词语观的深入发展,也促进了语言知识的普及和汉语词汇研究的深化与全面化。

---

① 何九盈:《汉语三论》,语文出版社 2007 年版,第 11 页。

《政法类典》的编译与发行

戴 维

（肇庆学院）

光绪二十九年（1903）和三十一年（1905），作新社发行《政法类典》。《政法类典》是近代中国第一套大型政法丛书①，在东籍汉译史、西法东渐史和近代中国出版史上占有一席之地。学界虽多有利用，但无专门研究，以至误解不少。② 有鉴于此，本文将全面考察该书的编译与发行，并追查译本的来源。

一、《政法类典》的发行

1.《政法类典》的发行者

作新社是《政法类典》的发行者。该社是近代中国第一家集翻译、编纂、制版、印刷、发行与售卖为一体的综合性、全流程、"近代化"出版机构。前人早已

---

① 翟海涛认为，"《法政丛编》是近代中国第一套正式出版的大型法政丛书"。翟海涛：《中国近代第一套大型法政丛书〈法政丛编〉编译出版考析》，《出版发行研究》2012 年第 9 期。但是，在"法政丛编"中，最早者为第 16 种《政治地理》，发行于明治三十八年（1905）八月十四日，在《政法类典》甲部发行之后两年有余；最晚者为第 5 种之二《商法》（商行为、手形、海商），发行于明治三十九年（1906）四月八日，亦在丙、丁两部发行之后半年。

② 郭延礼将书名误写作《政治类典》。郭延礼：《中国近代俄罗斯文学的翻译》（上），"清末小说"第 20 号，1997 年 12 月 1 日，第 137 页。厉无畏、谈敏认为，《政法类典》出版于 1903 年。厉无畏、谈敏主编：《二十世纪中国社会科学》（应用经济学卷），上海人民出版社 2005 年版，第 115 页。其实只有甲、乙两部初版于 1903 年。邹振环认为，乙、丁两部出版于 1906 年 5 月 15 日。邹振环：《戴元丞及其创办的作新社与〈大陆报〉》，《安徽大学学报（哲学社会科学版）》2012 年第 6 期。邹先生所见为再版，但他混淆了两种历法。李富鹏认为，1904 年上海新作社发行《政法类典》乙部"政治之部"，收书 7 种，第 4 种为《行政学》。李富鹏：《宪法知识的全球流动——以德日国法学文献的清末翻译为中心》，《中国法律评论》2021 年第 6 期。"新作社"应为作新社；乙部初版于 1903 年，再版于 1906 年；"行政学"应为"行政法"。

留意。民国十九年（1930）十月，李剑农在《最近三十年中国政治史》中述及："辛丑年一年内，没有什么惹人注目的事端，但由戢元丞在上海创设了一个作新社，从事译著新书，又发行一种《大陆报》月刊，鼓吹革命。"①1936 年，杨东莼编著的教材《高中本国史》由北新书局初版发行。② 在 1946 年 9 月发行的新版中，杨氏写道："辛丑条约成立后，戢元丞又在上海创设作新社，从事译著新书，并发行《大陆》月刊，鼓吹革命。"③但年深日久，学界对于作新社创立的经纬，包括成立的时间、社址的移动和最初的名称，所知多有不确。

戢翼翚是作新社的创立者和灵魂人物。光绪二十七年（1901）十月中旬，戢翼翚结束在东京专门学校的学业，"倚装""将归"④；十一月十四日（12 月 13 日）已在上海。⑤ 此前，他在东京开办中国语学习会，教授下田歌子、时任武子、内田薰、木村芳子、宫地利雄、有坂致太郎和边见勇彦⑥中文。⑦ 3 位男性学员后来均成为作新社的骨干。宫地利雄与戢翼翚一同前往中国，改名贯道，

---

① 李剑农：《最近三十年中国政治史》，太平洋书店 1930 年版，第 84—85 页。

② 《杨东莼传略》《杨东莼生平年表》和《杨东莼主要编译著系年》均认为，《高中本国史》上、中、下三册初版于 1935 年。杨慎之：《杨东莼传略》，周洪宇主编：《杨东莼文集·论文卷》，华中师范大学出版社 2014 年版，第 556 页。《杨东莼生平年表》，周洪宇等：《杨东莼大传》，华中师范大学出版社 2014 年版，第 394 页。《杨东莼主要编译著系年》，周洪宇主编：《杨东莼文集·论文卷》，华中师范大学出版社 2014 年版，第 625 页。但辽宁省图书馆所藏中册的版权页标示"民国二十五年四月初版"。民国二十五年即 1936 年。因笔者仅见初版的中册，而与作新社有关的内容应在下册，为谨慎起见，引用 1946 年的新版。

③ 杨东莼：《高中本国史》下册，北新书局 1946 年版，第 5 页。

④ 戢翼翚、唐宝锷：《东语正规》，"序言"，译书汇编社 1902 年版，第 1—2 页。该版为《东语正规》的三版，序言称"岁辛丑之冬，期满将归"，落款为"光绪二年十月中旬著者识于倚装"。此后，出洋学生编辑所发行的五版和作新社发行的六版、十版、十一版均载该序言。戢翼翚另辑《日本小学教育制度》，序言的落款为"光绪二十七年冬十月房州戢翼翚识于倚装"。由此可以确认，《东语正规》"序言"的作者是戢翼翚，而非唐宝锷。戢翼翚辑：《日本小学教育制度》，"自序"，第 1 页。该书无版权页，实际译自有吉忠一：《小学教育制度》，富山房 1901 年版。

⑤ 英敛之记："饭后自先至鼎升，晤瓜锡侯。有随使日本翻译戢翼翚，字符成在。少谈，约明晚江南邨会谈。"方豪编录：《英敛之先生日记遗稿：自光绪十四年（戊戌）至廿七年（辛丑）》，沈云龙主编：《近代中国史料丛刊续编》第 3 辑（21），台北文海出版社 1974 年影印版，第 389 页。

⑥ 赤间长太郎（骑风）、隈元常矩、佐藤垢石、中村忠行等人均将"边见勇彦"误作"逸见勇彦"，实藤惠秀则写作"逸见某"，因"边见"与"逸见"在日文中发音相同。赤间长太郎：《马贼の群より》，後楽社 1924 年版，第 45 页。隈元常矩：《兴亜记：满洲义军物语》，春江堂 1942 年版，第 269 页。佐藤垢石：《谋略将军 青木正纯》，墨水书房 1943 年版，第 393—396 页。中村忠行：《検証·商務印書館·金港堂の合辦》（二），《清末小説》第 13 号，1990 年版，第 86 页。さねとう·けいしゅう《中国人 日本留学史》（増補版），くろしお1970 年版，第 306 页。

⑦ 邊見勇彦（江侖波）《邊見勇彦馬賊奮闘史》，先進社 1931 年版，第 30—31 页。邊見勇彦：《下田先生と支那問題》，藤村善吉編《下田歌子先生傳》所収，故下田校長先生傳記編纂所 1943 年版，非卖品，第 427 页。

在戢翼翚病逝后担任作新社社长。① 有坂致太郎任北京作新社分局主任。②
边见勇彦化名江仑波,在作新社创办的《大陆报》任记者。③ 由此看来,戢翼翚
在东京时即已计划开设书局。次年三月中旬,戢翼翚与蔡元培、王慕陶、蒋智
由、蒯寿枢共同创办中国教育会,任干事。④ 中国教育会下设教育部、出版部
和实业部,出版部"编印教科书、教育报及一切有关学术诸书"⑤,当由戢翼翚
和王慕陶主持。但因资金匮乏,中国教育会未能启动出版事业。戢翼翚、王慕
陶遂创办出洋学生编辑所,由商务印书馆出资发行,总计编译、发行书籍12
种。五月,戢翼翚经下田歌子牵线,获得众议院议员山田顺一的资助⑥,前往
东京并木活版所购买印刷机器。⑦ 六月,商务印书馆与出洋学生编辑所因译
稿的质量问题反目。⑧ 戢翼翚在英租界大马路福源里二十号创办作新译书
局,明治三十五年(1902)七月一日发行《女子教育论》和《物竞论》的再版,这是
作新译书局最初发行的两种书籍。作新译书局后更名为作新社。光绪二十八
年七月二十五日(1902 年 8 月 28 日),黄璟记当日会面者有"作新社农学士宫
地贯通"⑨,而光绪二十八年七月初二日(1902 年 8 月 5 日)初版发行的《法学
通论》仍署"作新译书局编纂"。由此推断,更名发生在七月初三日(8 月 6 日)
至二十四日(27 日)之间。十月初六日(11 月 5 日)之前,作新社迁至英租界四
马路老巡捕房东首第五十五号,并在惠福里第五十三号设立印刷局,聘请林仁

---

① 湖北生:《長江便覽》,松翠堂書店 1909 年版,第 205 頁。芦沢駿之助:《中国・上海と日本—印刷技術の
流れ—》,20 年史編纂委員会(市村道徳代表)編《印刷同友会 20 年史》,非売品,1961 年版,第 331 頁。

② 川畑竹馬編:《北清之栞》,川畑竹馬,1906 年版,第 142 頁。曽根俊虎:《東亜各港日本人職業姓名
録》,曽根俊虎 1907 年版,第 12 頁。清国駐屯軍司令部編:《北京誌》,博文館 1908 年版,528 頁。東亜
同文会編:《支那経済全書》第 12 輯,東亜同文会編纂局 1908 年版,第 516 頁。

③ 《大陆报》第 3 年第 1 号卷首载插画(照片)《四川省自流盐井业之实景》6 副,最后 1 副左立者注明为"本
社特派员江仑波"。

④ 中国蔡元培研究会编:《蔡元培全集》第 15 卷(日记 1894—1911),第 392—393 页。

⑤ 《中国教育会章程》,《选报》第 21 期,1902 年 7 月 5 日。

⑥ 《御用書肆吉川弘文館の末路》,《無名通信》第 14 号,1909 年 11 月 1 日。

⑦ 五月初二日(6 月 7 日),吴建常乘博爱丸东渡,戢翼翚与其同舟。吴建常:《爱国行记》,第 2—3 页。该
书无版权页,卷首载癸卯春陈渊"爱国行记序",发行应在此后不久。六月十二日(7 月 16 日)吴汝纶
致函李亦元,言及:"有戢元丞者,湖北人,名翼翚,久经卒业,现归上海,专译教科,顷来买机器,据云译
成送管学鉴定颁行。此似于学堂有益,敬以奉闻。"吴汝纶:《与李亦元》,徐寿凯、施培毅校点:《吴汝纶
尺牍》,黄山书社 1990 年版,第 271 页。

⑧ 蒋维乔:《民元前后见闻录》,《人文》复刊第 1 卷第 1 期,1947 年 4 月 30 日。

⑨ "宫地贯通"为"宫地贯道"之误。八月初二日(9 月 3 日),黄璟记:"访吴汝纶、小林光太郎、宫地贯道,
谈农务。""贯道"与"贯通"在日文中发音相同。黄璟:《考察农务日记》,与《考察商务日记》《扶桑两月
记》《扶桑再游记》合刊,岳麓书社 2016 年版,第 59—60 页。

平治、芦泽多喜次等日本技工,自主印刷书籍。①

2.《政法类典》的版次

光绪二十九年(1903)和三十一年(1905),作新社将此前编译、发行的部分书籍汇编为《政法类典》,分为 4 部,收书 25 种,占其独立发行书籍的三成。在甲部的初版发行之前,作新社已发行书籍 40 种 61 版,积累了丰富的发行经验。《政法类典》各部的版次如下:

(甲)历史之部:光绪二十九年五月二十八日(1903 年 6 月 23 日)初版发行,光绪三十二年五月十五日(1906 年 7 月 6 日)再版发行。

(乙)政治之部:光绪二十九年闰五月二十九日(1903 年 7 月 23 日)初版发行,光绪三十二年五月十五日(1906 年 7 月 6 日)再版发行。

(丙)法律之部:光绪三十一年十月初七日(1905 年 11 月 3 日)初版发行,光绪三十二年五月十五日(1906 年 7 月 6 日)再版②发行。

(丁)经济之部:光绪三十一年十月初七日(1905 年 11 月 3 日)初版发行,光绪三十二年五月十五日(1906 年 7 月 6 日)再版发行。

二、《政法类典》的编译者与后援

1.《政法类典》的署名

初版所收各书除《国法学》署"乌程章宗祥译""作新社校订",《财政学》无署名外,均署"上海作新社译""作新社编译""作新社编纂"或"上海作新社编译"。再版所收各书均署"房州政治得业士 戢翼翚""乌程法律得业士 章宗祥""日本法学士 马岛渡""日本农学士 宫地贯道""编译"。

2.《政法类典》的编译者

戢翼翚,字元丞,湖北房县人,同治十二年(1874)生。③ 光绪二十二年五

---

① 井上昌言:《日本人物传》,戊辰出版社 1929 年版,第 166 页。芦沢骏之助:《中国·上海と日本—印刷技术の流れ—》,第 330—331 页。

② 再版丙、丁两部的版权页均标示,初版为"光绪二十九年后五月二十一日印刷 光绪二十九年后五月二十九日发行",有误。这是将乙部的初版时间误作丙、丁两部的初版时间。

③ 关于戢翼翚的生年,笔者另有专文考述。范铁权、孔祥吉据光绪丙午(1906)岁首戢翼翚赠章宗祥夫妇的照片,认为戢氏生于 1875 或 1874 年。范铁权、孔祥吉:《革命党人戢翼翚重要史实述考》,《历史研究》2013 年第 5 期。但这仅为孤证。

月初五日(1896 年 6 月 15 日),由清国驻日公使馆招致留学,二十日(30 日)入读嘉纳学校,①明治三十二年(1899)六月十五日卒业②,九月十九日入读东京专门学校。③ 留学期间,参加励志会和译书汇编社。

章宗祥,字仲和,浙江乌程人,光绪五年(1879)生于上海。光绪二十四年八月初二日(1898 年 9 月 17 日),由南洋公学选派赴日④,但因戊戌政变延搁,明治三十二年(1899)一月十二日前后才抵达日本⑤,二十日入读日华学堂⑥,九月作为听讲生,入读第一高等学校。⑦ 次年九月作为选科生,入读东京帝国大学法科大学政治学科,光绪癸卯(1903)夏卒业。⑧ 留学期间,参加励志会和译书汇编社。

马岛渡,祖籍丹波,明治四年(1871)生于东京。⑨ 明治三十一年(1898)七月,东京帝国大学法科大学政治学科卒业,获法学士学位⑩,九月进入大学院,学习财政学。⑪ 明治三十三年(1900)五月入职北海道拓殖银行,历任事务专员、课长、董事等职。⑫

---

① 《出使日本国大臣第一次收支各款清单》,《清光绪朝中日交涉史料》卷 50,故宫博物院 1932 年版,第 20 页。
② 吕烈煇的卒业证书在明治三十二年六月十五日授予。横山健堂:《嘉纳先生伝》,讲道馆 1941 年版,177—178 页。《宏文学院沿革概略》述:"惟唐宝锷、胡宗瀛、戢翼翚、朱光忠、冯闿模、吕烈煌等皆以良绩卒三年之业。"宏文学院编辑:《普通科师范科讲义录》,"杂录",东亚公司 1906 年版,第 1 页。吕烈煇在 1896 年 6 月 30 日入学,1899 年 6 月 15 日卒业,正是"卒三年之业"。可见,《宏文学院沿革概略》遗漏吕烈煇,戢翼翚与吕烈煇同时卒业。
③ 《早稻田大学沿革略》记载:"是日清国留学生二名,此外钱恂氏监督三名入学。此为清国学生入学本校之初。"早稻田大学大学史编集所编《早稻田大学百年史》第 1 卷,早稻田大学出版会 1978 年版,第 922 页。10 月 7 日,嘉纳学校教员三矢重松的日记记录:"戢翼翚前来,今于专门学校通学。"松本龟次郎:《中华留学生教育小史》《中华五十年游记》后付,东西书房 1931 年版,第 9 页。可知,戢翼翚是 9 月 19 日入学的"清国留学生二名"之一。
④ 何梅生:《公学第一次选派六名学生留日呈文盛宣怀》(光绪二十四年八月初二日),《交通大学校史》撰写组编:《交通大学校史资料选编》第 1 卷(1896—1927),西安交通大学出版社 1986 年版,第 60 页。
⑤ JACAR(アジア歴史資料センター)Ref. B12081623200(0047),在本邦清国留学生関係雑纂/陆海军外之部(3.10.5)(外务省外交史料馆)。
⑥ 柴田幹夫解題:《〈日華学堂日誌〉1898~1900 年》,《新潟大学国際センター紀要》第 9 卷,2013 年 3 月,第 81 页。
⑦ JACAR:B12081623300(0141-0144),在本邦清国留学生関係雑纂/陆海军外之部(3.10.5)(外务省外交史料馆)。
⑧ 章宗祥:《任阙斋主人自述》,上海市政协文史资料委员会编:《上海文史资料存稿汇编》1(政治军事),上海古籍出版社 2001 年版,第 45—46 页。《東京帝国大学一览》(従明治三十五年至明治三十六年),东京帝国大学 1903 年版,"学生及生徒姓名",第 31 页。
⑨ 東洋新報社编:《大正人名辞典》,東洋新報社 1917 年版,第 82 页。
⑩ 東京帝国大学编:《東京帝国大学卒業生氏名録》,东京帝国大学 1926 年版,第 69 页。
⑪ 金子郡平、高野隆之编:《北海道人名辞典》,北海道人名辞书编纂事务所,1914 年版,第 100 页。
⑫ 東洋新報社编:《大正人名辞典》,第 82 页。

宫地贯道,原名利雄,明治五年(1872)生于土佐。① 明治三十年(1897),札幌农学校农学科第 15 期卒业。② 明治三十四年(1901)在东京参加戢翼翚主持的中国语学习会。

以上 4 人的关系比较复杂。1900 年初至 1901 年冬,戢翼翚与章宗祥同在日本留学,均为励志会会员和译书汇编社社员。马岛渡是宫地贯道同父异母的兄长。马岛渡的母亲以知子最初嫁给札幌著名医师马岛让,生下马岛渡后离婚返回土佐,与宫地氏再婚,生下宫地利雄后因马岛渡患病,又与马岛让再婚。③ 宫地贯道是戢翼翚的学员和合作者。而马岛渡是章宗祥在东京帝国大学法科大学的前辈。

《政法类典》的译者其实不止 4 人,如后所述,甲部所收《近世政治史》的译者是富士英。至于 4 位署名者的分工,目前只能确知章宗祥是《国法学》的译者;《农政学》应归功于宫地贯道,唯有他是农学科卒业;丁部可能主要与马岛渡相关,只有他拥有经济类的学历,并从事银行业;而《新编国家学》和《行政法》,如后推论,极有可能是分别出自戢翼翚和章宗祥的译笔。

3.《政法类典》的后援

在清末,新闻出版是一种危险的事业,而在《政法类典》甲、乙两部初版发行的光绪二十九年,气氛尤为紧张。闰五月初五日(6 月 29 日),"苏报案"发生,次日章炳麟"就逮";闰五月二十五日(7 月 19 日),沈荩被捕,六月初八日(7 月 31 日)被杖毙。章炳麟与沈荩均与戢翼翚相识,前者是其在爱国学社的同人,后者是其在自立会的同志。出于安全的考虑,作新社不得不在政界寻求要人的庇护。《政法类典》四部卷帙浩繁,又用硬皮精装,即使是"未曾有之大减价",也高达 12 元④,绝非普通人能轻易购入。出于市场的考虑,作新社也不能不在政界寻求要人的推荐。而随着戢翼翚、章宗祥等人进入中央政界,

① 村上勝彦:《長江は第一線にして、満蒙は最後の塹壕なり-宮地貫道の事跡について-》(その1),《東京経済大学学会誌 経済学》,2008 年 3 月,第 138 頁。
② 札幌農学校同窓会編:《札幌農学校同窓会第十回報告》,札幌農学校同窓会,非売品,1900 年,第 7 頁。
③ 参见村上勝彦:《長江は第一線にして、満蒙は最後の塹壕なり─宮地貫道の事跡について─》(その1),第 139 頁。该文未提及马岛渡的父母姓名。马岛让的墓地位于东京都谷中灵园乙 5 号 3 侧,墓碑正面刻写"马岛让""室以知子"之墓。
④ 《订正再版政法类典》,《顺天时报》第 1672 号,1907 年 9 月 17 日。第 1673 至 1704 号同张亦刊该广告。

这种需要逐渐成为可能。部分趋新政要成为《政法类典》乃至作新社的后援，扮演庇护者和推荐者的双重角色。

初版甲部的卷首载光绪二十九年夏五月楚南陶森甲序。再版甲部的卷首载商务尚书载振序、肃亲王题词"斯道觉民"、修订法律大臣刑部左侍郎沈家本序、李盛铎题词"政海大观"及尚其亨题词"取精用宏"。陶森甲、载振、善耆、沈家本、李盛铎、尚其亨均可视为《政法类典》乃至作新社的后援。

陶森甲是作新社名誉总理。光绪二十九年正月初六日（1903 年 2 月 13 日），《大陆报》第 3 期刊载《作新社名誉社员》照片三幅，其中"陶（名誉总理）"，邹振环认为是陶模①，但陶模已在前年九月病逝。2011 年 5 月 16 日，北京雍和嘉诚拍卖有限公司拍卖"清末陶森甲老照片 1 件"，与《大陆报》所刊相同，其护封墨书"南京刘琨一之幕宾　来大阪演习时所赠"和"陶森甲"（原文为日文）。由此可知，"陶（名誉总理）"就是陶森甲。②

其他诸人亦与戢翼翚、章宗祥存在交集。光绪二十八年七月二十九日（1902 年 9 月 1 日），载振初访日本，八月初四日（9 月 5 日）到清国留学生会馆演讲③，章宗祥时任会馆庶务干事④，自应在场。光绪二十九年四月初一日（1903 年 4 月 27 日），载振再访日本，5 月 17 日，帝国教育会为载振召开欢迎会，章宗祥出席⑤，又与吴振麟、曹汝霖往见载振，陈述"保送学生事"。⑥ 光绪三十一年九月二十八日（1905 年 10 月 26 日），清廷派遣五大臣出洋考察政治。戢翼翚由李盛铎举荐⑦，担任载泽、尚其亨、李盛铎的随员。光绪三十一年六月十二日（1905 年 7 月 14 日），戢翼翚被赐予进士出身后，任外务部主事，

① 邹振环：《戢元丞及其创办的作新社与〈大陆报〉》，《安徽大学学报（哲学社会科学版）》2006 年第 6 期。
② 陶森甲另有一张同期的照片，可资比对。《特别大演习陪覧諸外国文武官ノ一行及我接待武官》（十一月十八日雨中大阪城内ニ於テ撮影），陆地测量部撮影：《明治三十一年大阪地方特别陆军演习写真版帖》（附・於神戸港常備艦隊运动），小川写真製版所 1899 年版。背注前排右起第五人为"清国陶森甲（刘坤一总督参谋长，敕任）"。此外，徐珂述及："陶美髯，素有大胡子之称。"徐珂：《清稗类钞》第 12 册"讥讽"上，商务印书馆 1917 年版，第 134 页。
③ 载振：《英轺日记》卷 12，光绪二十九年八月初四日，文明书局 1903 年版，第 7 页。
④ 清国留学生会馆干事编辑：《清国留学生会馆第一次报告：自壬寅年一月起八月止》，清国留学生会馆 1902 年版（非卖品），第 33 页。
⑤ 《贝子载振殿下歓迎会》，《教育公报》第 272 号，1903 年 6 月 15 日。
⑥ 曹汝霖：《一生之回忆》，香港春秋杂志社 1966 年版，第 20 页。
⑦ 李毓澍访问，陈存恭纪录，郭廷以校阅：《戢翼翘先生访问纪录》，"中央研究院"近代史研究所 1985 年版，第 4 页。

后由民政部委差①,该部尚书正是肃亲王善耆。沈家本与戢翼翚、章宗祥的联系大概源于修订法律馆。上海图书馆藏有一幅"法律馆同人会合影"②,前排左四为沈家本,后排左三为戢翼翚,右一为章宗祥。

三、《政法类典》的构成与来源

1.（甲）历史之部的构成与来源

该部收书 6 种,依次为《世界上古史》《世界中古史》《世界近世史》《近世政治史》《近世外交史》《世界文明史》。

《世界上古史》《世界中古史》《近世外交史》《世界文明史》均发行于光绪二十九年七月二十九日(1903 年 9 月 20 日)。《世界近世史》的初版和再版分别发行于光绪二十八年十一月初一日(1902 年 11 月 30 日)和光绪二十九年四月十五日(1903 年 5 月 11 日)。《近世政治史》的初版和再版分别发行于光绪二十九年二月二十三日(1903 年 3 月 21 日)和七月二十五日(9 月 16 日)。

各书均未交代来源,除《近世政治史》外,均署"上海作新社译"。

经查询、比对,《世界上古史》《世界中古史》与坪内雄藏的讲义录《上古史》③《中古史》④一致。⑤

《世界近世史》译自松平康国编著《世界近世史》,东京专门学校出版部版,明治三十四年(1901)九月十七日发行,"历史丛书"之一。⑥

再版《近世政治史》署"富士英译"。此前,《译书汇编》第 1、2、3、6、8 期连载《近世政治史》,署"日本有贺长雄著"。《译书汇编》刊文与作新社版的文字相同。该书与有贺长雄的讲义录《近时政治史》⑦一致。《近世政治史》是《近

---

① 张之洞:《致武昌赵制台》(丁九月初三日午刻发),中国社科院近代史研究所编:《近代史所藏清代名人稿本抄本》第 2 辑(53),大象出版社 2014 年版,第 23—24 页。

② 中国国家数字图书馆老照片数据库提供。

③ 坪内雄藏讲义:《上古史》(東京専門学校政治経済科第二回一年級講義録),東京専門学校蔵版。邬国义已经指出《世界上古史》译自坪内氏的《上古史》。邬国义:《梁启超新史学思想探源》,《社会科学》2006 年第 6 期。

④ 坪内雄藏講述:《中古史》(東京専門学校文學科第四回第三部講義録),東京専門学校蔵版。

⑤ 翻译底本若能确定,本文以"译自"表示;若不能确定,则以"原著为"表示;讲义录因在多个学期使用,采用"与……一致"表示。

⑥ 松平康国编著:《世界近世》,東京専門学校出版部 1901 年版。

⑦ 有賀長雄講述:《近時政治史》(東京専門学校文學科第三/四回第三部講義録),东京专门学校藏版。

时政治史》的节译本,译出原著的第 1 部和第 2 部。由作新社版的署名可知,《译书汇编》刊文的译者是富士英。

《近世外交史》与中村进午的讲义录《近世外交史》①一致,但第 11 章"日清战争"未译。

此前,《大陆报》第 4 至 7 期连载《世界文明史提纲》的序论、第 1 编,第 2 编第 1 章全部和第 2 章的部分内容。《世界文明史提纲》与作新社版相关章节的文字微有不同,出自同一手笔。两者的原著是高山林次郎著《世界文明史》,博文馆版,明治三十一年(1898)正月十八日初版发行,多次再版,"帝国百科全书"第 1 编。②

2.(乙)政治之部的构成与来源

该部的目次显示收书 6 种,依次为《新编国家学》《国法学》《各国宪法》《行政法》《农政学》《社会学》,其中《行政法》之后附有《警察学》,因此实际收书 7 种。

《新编国家学》的初版和再版分别发行于光绪二十八年八月初四日(1902年 9 月 5 日)和十一月初七日(12 月 6 日)。《各国宪法》的初版至三版分别发行于光绪二十八年九月初八日(1902 年 10 月 9 日)、十一月初七日(12 月 6 日)和光绪三十一年十二月初十日(1906 年 1 月 4 日),初版和再版题"各国宪法大纲"。《行政法》发行于光绪二十九年七月二十九日(1903 年 9 月 20 日)。《警察学》的初版至三版分别发行于光绪二十九年五月二十八日(1903 年 6 月 23 日)、光绪三十年四月十五日(1904 年 5 月 29 日)和光绪三十二年四月二十日(1906 年 5 月 13 日)。③《农政学》发行于光绪二十九年七月二十九日(1903 年 9 月 20 日)。《社会学》发行于光绪二十九年闰五月二十九日(1903年 7 月 23 日)。

各书均未交代来源,除《国法学》外,《新编国家学》的初版和再版分署"作新社编纂""作新译书局编纂";《警察学》署"作新社编";《各国宪法》《行政法》

---

① 中村進午講述:《近世外交史》(東京專門學校政治經濟科第二回一年級講義録),東京专门学校藏版。
② 高山林次郎:《世界文明史》,博文館 1898 年 1 月(初版),1900 年 3 月(四版)。邬国义已经指出,作新社版《世界文明史》译自高山林次郎的《世界文明史》。邬国义:《梁启超新史学思想探源》,《社会科学》2006 年第 6 期。
③ 任士英误以为,《警察学》出版于 1904 年,因其未见原书。任士英:《略论〈警察学〉与清朝警察行政创立时期的警察教育》,《中国人民公安大学学报》2003 年第 4 期。

《农政学》《社会学》均署"作新社编译"。

沈兆祎认为,《新编国家学》"似以日本人之著作辑译而成之者"①。高田
早苗著有《国家学原理》,《新编国家学》与其有较大差异,但隐约存在联系。戢
翼翚在《宪法要义》的译者"绪言"中述:

> 高田师为此学校中之校长,兼为政治、法律两学科之教员。其所著《国家学原
> 理》,为一切攻政治学者所必不可不升之一阶梯。翼翚已于一年前取昔年听讲时
> 所手录者,译成国文,公之祖国。其为吾国学人社会之所欢迎,已经公认,毋俟翼
> 翚烦言之。然则此书之出,学者不又将以信国家学原理者而笃好之乎。此固翼翚
> 之所逆料者。惜翼翚文笔鲁钝,不得侃侃述之。斯固憾事也。②

落款"一千九百三年七月将之燕京,倚装书此"。《新编国家学》初版发行
于 1902 年 9 月 5 日,正是戢翼翚写作《宪法要义》"绪言"的"一年前"。据
此,《新编国家学》或许即为《宪法要义》译者"绪言"提及的《国家学原理》,系
戢氏"取昔年听讲时所手录者,译成国文",属于听课笔记性质,与讲义录
有别。

《国法学》在明治三十五年(1902)三月三十一日已由译书汇编社发行。
正文首页署"日本""岸崎昌""中村孝""合著""乌程章宗祥译"。作新社版仅
见湖北省图书馆收藏,署"乌程章宗祥译""作新社校订",无版权页。光绪二
十八年七月初二(1902 年 8 月 5 日),《新闻报》第 3387 号第 4 版刊载广告
《开明书店发行最新书籍》,列有"国法学六角五分"。光绪二十八年十一月
初十(1902 年 12 月 9 日),《大陆报》第 1 期后附《再版国法学》广告,称"再版
已出,幸速购读",落款为开明书店总发行。"发行"一词在清末兼具出版与
出售两义。光绪二十八年至二十九年正月,作新社发行的书籍多以普通学
书室和开明社为贩卖所,开明社应即开明书店。据此,作新社版的发行时间
应在《新闻报》广告发布之前不久。该书译自岸崎昌、中村孝著《国法学》,博
文馆版,明治三十三年(1900)九月二十三日发行,"帝国百科全书"第
56 编。③

---

① 沈兆祎:《新学书目提要》(法制类)卷 1,通雅书局 1903 年版,第 25 页。
② 高田早苗著,戢翼翚译:《宪法要义》,"绪言",大宣书局藏版,第 1 页。该书无版权页。
③ 岸崎昌、中村孝:《国法学》,博文馆 1900 年版。

《各国宪法》的来源比较复杂,原著包括:高田早苗的讲义录《各国宪法》①;穗积八束著《国民教育 宪法大意》,八尾商店、八尾书店和有斐阁版,明治二十九年(1896)九月二十四日初版发行,多次再版。② 具体而言,第1至3编与高田氏讲义录的第1至3部一致,翻译底本应为1902年之前某版;第4编第1、6章的来源不明;第4编第2至5章译自穗积氏著书的第2编第1章、第4编第2章、第4编第3章、第5编第3章和第5编第4章。

《行政法》的来源也比较复杂,原著包括:一木喜德郎讲述《行政法》上卷,稿本③;穗积八束著《行政法大意》,八尾新助,明治二十九年(1896)十一月二十八日发行,多次再版④;冈实著《行政法论纲》,有斐阁书房版,明治三十五年(1902)八月二十二日发行。⑤ 具体而言,绪论第1、2、3、4章参考一木氏著书的第1、2、4、5章,其中包含“立法亦行政之一部”“司法亦行政之一部”等一木氏的标志性见解,但原著仅见稿本。这表明,译者曾经修读一木氏的课程。而在《政法类典》的4位编译者中,章宗祥和马岛渡均为东京帝国大学法科大学学生。因此,《行政法》的译者极有可能是章宗祥。绪论第5章译自穗积氏著书的第2章;第2篇第1至4章译自冈氏著书的第2编第1至4章;第2篇第5章的来源不明;第3篇第1至5章译自冈氏著书的第3编第1、2、3、6、7章。

此前,《译书汇编》第2年第1、3期连载《警察学》的绪论和前八章,署“日本 宫国忠吉著”。《译书汇编》刊文与作新社版存在明显差异,并非一人手笔。两者均译自宫国忠吉著《警察学》,博文馆版,明治三十四年(1901)六月六日发行。⑥ 原著分为两编,《译书汇编》刊文为第1编,作新社版则为全译。

《农政学》译自石坂橘树著《农政学》,博文馆版,明治三十四年(1901)十二

---

① 高田早苗讲述:《各国宪法》(早稲田大学政治経済科三十六年度一学年講義録),早稲田大学出版部蔵版。
② 穗积八束:《国民教育 憲法大意》,八尾商店、八尾書店、有斐閣1896年9月(初版),1897年1月(再版),1897年8月(三版),1898年6月4月(四版)。
③ 一木喜德郎:《行政法》上卷,国立国会図書館稲,稿本。
④ 穗积八束:《行政法大意》,八尾新助1896年11月(初版),1897年4月(再版),1909年6月(十版)。
⑤ 冈実:《行政法論綱》,有斐閣書房1902年版。
⑥ 宫国忠吉:《警察学》,博文館1901年版。任士英认为,《政法类典》所收《警察学》是“第一本中国人参与撰写的”《警察学》。任士英:《略论目录学视野下的警学文献著录及其定位——警察文献学论稿之一》,《首都师范大学学报》(社会科学版)2018年第5期。这是受译本署名误导。

月十五日发行,"帝国百科全书"第 75 编①,但第 3 章"日本的农业",译者大概认为与中国关系不大,没有译出。

孙本文认为,"上海作新社编译的《社会学》,……书末未署译著者的姓名,想系译自日文"②。经查询、比对,该书译自浮田和民讲述,帝国教育会编纂的《社会学讲义》,开发社版,明治三十四年(1901)十一月二十六日发行。③

3.(丙)法律之部的构成与来源

该部收书 6 种,依次为《法学通论》《民法要论》《刑法泛论》《商法泛论》《国际法》《罗马法大纲》。

《法学通论》的初版至五版分别发行于光绪二十八年七月初二日(1902年 8 月 5 日)、十一月初七日(12 月 6 日)、光绪三十一年七月初五日(1905 年 8月 5 日)、光绪三十二年二月初十日(1906 年 3 月 4 日)和光绪三十三年五月初十日(1907 年 6 月 20 日)。《民法要论》初版和再版分别发行于光绪三十一年四月十五日(1905 年 5 月 18 日)和十月二十五日(11 月 21 日)。《商法泛论》和《国际法》均发行于光绪三十一年五月十三日(1905 年 6 月 15 日)。《刑法泛论》发行于光绪三十一年四月十二日(1905 年 5 月 15 日)。《罗马法大纲》发行于光绪三十一年正月二十日(1905 年 2 月 23 日)。

各书均未交代来源。《法学通论》的初版署"作新译书局编纂",四版、五版署"作新社编纂"。《民法要论》《刑法泛论》《商法泛论》《国际法》均署"作新社编译"。《罗马法大纲》署"作新社编"。

《法学通论》的"凡例"声明:"法学头绪纷繁,非先习普通不可以言专门。本局因编《法学通论》一书,搜集诸说,分类详论,为学者研究专门法学之阶梯。"经查询、比对,原著包括:岸本辰雄著《法学通论》,讲法会,明治三十一年(1898)十一月十五日初版发行,多次再版④,作新社版应译自增补订正十版至十三版;冈村司著《法学通论》,和佛法律学校、明法堂,明治三十二年(1899)

---

① 石坂橘樹:《農政学》,博文館 1901 年版。
② 孙本文:《五十年来的社会学》,潘公展主编:《五十年来的中国》,胜利出版社 1945 年版,第 236 页。
③ 浮田和民講述、帝国教育会編纂:《社会学講義》,開發社 1901 年版。
④ 岸本辰雄:《法学通论》,1898 年 11 月(初版),1899 年 12 月(訂正五版),1901 年 8 月(增補訂正十版),1902 年 9 月(訂正十四版),1904 年 1 月(十七版),1907 年 11 月(訂正增補二十一版)。初版、五版、十版、十四版为讲法会发行,十七版、二十一版为明治大学出版部发行。该书初版之前尚有 1890、1895 和 1897 年 3 月版本,均为讲法会出版(发行),前两种应为讲义录。

九月十日初版发行,多次再版。① 具体而言,作新社版第 1 编第 1 章第 1 至 5 节译自岸本氏著书的相应章节;第 1 编第 1 章第 6 节译自冈村氏著书的第 2 编第 2 章第 4 节;第 1 编第 1 章第 7 节译自岸本氏著书的第 1 编第 1 章第 9 节;第 2 编译自冈村氏著书的第 2 编第 1 章;第 3 至 5 编译自冈村氏著书的相应各编。此外,《大陆报》第 1 期刊载了《法学通论》第 1 编第 1、2 节和第 3 节的部分内容。

《民法要论》与小山温的讲义录《民法要论》②一致。

《刑法泛论》译自江木衷著《改正增补　现行刑法泛论》,博闻社版,明治二十一年(1888)十一月二日三版发行。③ 作新社版对原著的章节略有整合,内容也有所压缩,但架构不变。

《商法泛论》译自添田敬一郎著《商法泛论》,博文馆版,明治三十二年(1899)五月二十三日发行,"帝国百科全书"第 29 编。④

《国际法》由"国际公法"和"国际私法"两部构成。"国际公法"译自威廉·爱德华·浩尔著,北条元笃、熊谷直太译补《国际公法》,博文馆版,明治三十二(1899)年一月三十日发行,"帝国百科全书"第 23 编⑤;"国际私法"译自中村太郎著《国际私法》,博文馆版,明治三十一年(1898)十二月二十六日发行,"帝国百科全书"第 22 编⑥,但原书第 5 章"国际私法上裁判官之职务"和第 6 章"有关外国法之适用的裁判官之职务"未译出。

《罗马法大纲》与户水宽人的讲义录《罗马法》⑦基本一致。翻译底本应是译本印刷之前的某版。

4.(丁)经济之部的构成与来源

该部收书 6 种,依次为《最新经济学》《财政学》《租税论》《货币论》《银行

① 冈村司:《法学通论》,和佛法律学校、明法堂,1899 年 9 月(初版)、1901 年 2 月(订正四版)、1901 年 10 月(订正五版)。该书初版之前尚有 1 种版本,系明治法律学校卅二年度一学年讲义录。
② 小山温讲述:《民法要論》(東京専門学校政治経済科第六回第一学年講義録),東京専門学校出版部蔵版。
③ 江木衷:《改正増訂　現行刑法汎論》,博聞社 1888 年版。
④ 添田敬一郎:《商法汎論》,博文館 1899 年版。
⑤ ウィリヤム・エドワード・ホール著、北條元篤、熊谷直太訳補:《国際公法》,博文館 1899 年版。原著为 William Edward Hall, *International Law*, Oxford: Clarendon Press, 1880.
⑥ 中村太郎:《国際私法》,博文館 1898 年版。
⑦ 戸水寛人講述:《羅馬法》(日本大学四十一/四十二年度法科第 1 学年講義録),日本大学。

论》《外国贸易论》《最新经济学》。

《最新经济学》发行于光绪二十九年正月初十日（1903 年 2 月 7 日）。《财政学》的初版和再版分别发行于光绪二十九年三月二十三日（1903 年 4 月 20 日）和六月二十五日（8 月 17 日）。《租税论》发行于光绪三十一年十月初七日（1905 年 11 月 3 日）。《货币论》发行于光绪三十一年三月初八日（1905 年 4 月 12 日）。《银行论》的初版和再版分别发行于光绪三十一年正月二十日（1905 年 2 月 23 日）和光绪三十二年四月二十二日（1906 年 5 月 15 日）。《外国贸易论》发行于光绪三十二年十月初七日（1906 年 11 月 22 日）。

各书均未交代来源，除《财政学》无署名外，均署"作新社编译"。

《最新经济学》的原著是田岛锦治著《最近经济论》，有斐阁版，明治三十年（1897）八月二十六日初版发行，多次再版。① 译本调整了原著的部分章节，内容亦有节略。此前，《大陆报》第 1、2 期连载《最近经济学》的第 1、2 章和第 3 章第 1 节的部分内容。《最近经济学》与《最新经济学》相应章节的文字基本相同，第 1 章的标题由"经济学之原"改为"经济学之要目"。

《财政学》的来源不明。沈兆祎认为，《财政学》，"览其征引各条多系日本人语气，则为东籍之译出者无疑"②。《大陆报》第 7 期所载出版广告则称："本社爰搜集欧美诸大家之名著，择其适合于吾国者，都为一帙，颜曰'最新财政学'。"

《租税论》译自高田早苗讲述《租税论》，横田书屋版，明治二十一年（1888）七月三日出版。③

《货币论》与河津暹的讲义录《货币论》④基本一致。翻译底本应是 1905 年之前的某版。

《银行论》译自野口弘毅著《银行新论》（附外国为替），博文馆版，明治三十五年（1902）十月三十一日发行，"帝国百科全书"第 90 编。⑤

---

① 田岛锦治：《最近经济论》，有斐阁 1897 年 8 月（初版），1897 年 10 月（再版），1898 年 3 月（三版），1901 年 9 月（增订八版）。

② 沈兆祎：《新学书目提要》（法制类）卷 1，第 67 页。

③ 高田早苗讲述：《租税论》，横田书屋 1888 年版。

④ 河津暹讲述：《货币论》（早稻田大学第廿八/廿九/三十/三十一/三十二回政治经济科讲义录），早稻田大学出版部藏版。

⑤ 野口弘毅：《银行新论》（附外国为替），博文馆 1902 年版。

《外国贸易论》与井上辰九郎的讲义录《外国贸易论》①一致。翻译底本应是译本印刷之前的某版。

余论

在《政法类典》中,乙部以《国法学》《新编国家学》《各国宪法》的发行时间最早,丙部以《法学通论》的发行时间最早,丁部以《最新经济学》的发行时间最早,均如《法学通论》凡例所言,先出普通而后专门。《世界上古史》《世界中古史》《近世外交史》《世界文明史》《行政法》均发行于 1903 年 9 月 20 日。这说明,作新社此前至少已有发行甲、乙两部的规划,而丙部除最后一种《罗马法大纲》之外,发行均依次进行,丁部各书也大体按照年份排列。简言之,《政法类典》是作新社发行成果的集中体现,而发行规划早已拟定。

作新社发行的书籍大多标示"作新社编纂""作新社编"或"作新社译"。前人怀疑出自东籍,但无实据。谭汝谦主编、小川博编辑《中国译日本书综合目录》收录作新社发行的书籍 17 种,只有《法学通论》和《世界近世史》为《政法类典》所收入;田雁主编《汉译日文图书总书目》收录作新社发行的书籍 19 种,没有一种为《政法类典》所收入。而据本文查考,《政法类典》所收 25 种书籍中,至少有 23 种译自日文,由此亦可补东籍汉译史之不足。

---

① 井上辰九郎講述:《外国貿易論》(早稻田大学卅七年度第二学年行政科講義録),早稻田大学出版部蔵版。

近代徐家汇教材出版策略研究[*]

莫　为

（上海海事大学/复旦大学）

　　近代徐家汇是上海城市文脉的重要源头之一。自 1870 年代起，这处河渠纵横的三角地带逐步从宗教慈善社区转型为科学文化事业的汇集之地。依照来华新耶稣会士所订立的"江南科学计划"，零散的个人化科学实践活动得到有序归置，落实为具备一定规模的机构化建制，领域涉及人文研究与自然科学，构筑起"知识生产"的宏大图景，为回应时代与环境提供了一条智慧路径。借助系列专著的深度文本和期刊杂志的时新通讯，近代徐家汇参与"远方叙事"。大量出版物流通传布，范围远及欧洲，纳地域知识入世界文明。而位于近代徐家汇最南端的土山湾印书馆，正是这一传播管道的重要枢纽与保障。

　　当下，学界对于土山湾出版物的研究已投来愈来愈多的关注，成果主要以个案研究为主。细观之，又可划分为"焦点"与"散点"两种模式：前者聚焦于单部作品、个别作者①，组成具备深刻性的完整个体案例，再置于时代横向视野，点面兼顾。后者，即"散点"类通常以品牌系列丛书②、特定馆

---

* 本文为国家社科基金"比较视野下的近代徐家汇汉学研究（1847—1953）"（编号：21CZS048）的阶段性成果。

① 这类成果如关注《中国迷信研究》及其作者禄是遒与众语种版本的研究、《中国文化教程》及其作者晁德莅的相关研究，又如对儒莲奖获得者黄伯禄的研究以及对国际耶稣会士如李问渔、徐宗泽的研究等。可参考李天纲：《禄是遒和传教士的迷信研究》，黎志添主编：《华人学术处境中的宗教研究：本土方法的探索》，三联书店（香港）2012 年版，第 313—329 页。司佳：《近代中英语言接触与文化交涉》，上海三联书店 2016 年版，第九章《晁德莅与〈圣谕广训〉的拉丁文译本》，第 191—206 页。

② 这类研究主要有如《汉学丛刊》，参考王国强：《近代华人天主教徒的西文著作及其影响——以〈汉学丛书〉为例》，《世界宗教研究》2016 年第 6 期。

藏①等为研究对象,呈现出宏观谱系化的整体性成果,便于为具体作品的文献地位划定坐标提供参考系。焦点见微,散点知著,双向并举,形成一定交叉,将土山湾出版物凝为一则则精微且具备一定景深的个案,历时性呈现"江南科学计划"架构下中国知识整编的格局部署。

珠玉在先,笔者尝试另辟蹊径,关注土山湾教材类出版物。晚近的教材出版虽为中国近代史、教育沿革史、教材法研究等领域的研究热点,但研究者通常着眼于商务印书馆②、开明书局③、世界书局④等专设教材编订部门的大型官督商办或民办出版机构,亦涉及来华新教所筹专司教科书策划出版的益智书会,⑤鲜有涉及教会背景的土山湾印书馆。⑥ 本文拟以新见史料——1934年1月出品,由拉丁文编撰而成的《土山湾慈母堂印书馆图书价目表》(以下简称为"《书目表》")——为切入点,从体量较大的完整年度书目中,提炼出具备"国民教材属性"的书籍制品,聚焦不曾开设教材科的土山湾印书馆如何试图

---

① 钟鸣旦、杜鼎克等编:《徐家汇藏书楼明清天主教文献》共五册,台北方济出版社1996年版。钟鸣旦、杜鼎克等编:《徐家汇藏书楼明清天主教文献续编》,台北利氏学社2013年版。陶飞亚主编:《汉语基督教珍稀文献丛刊》,广西师范大学出版社2017年版。上海图书馆编《文明互鉴:上海图书馆徐家汇藏书楼珍稀文献图录》(上海人民出版社2020年版)以单体馆藏为对象,范围不再是以宗教文献为界。

② 相关代表作品有王丽平:《商务版近代中小学语文教科书探究(1904—1937)》;郑蒙:《商务印书馆与清末民初中等教育教材改革》;《商务印书馆理念出版小学教科书概况》(照录1935年12月原件),商务印书馆1981年版。

③ 开明书店创办于1926年,聚集了夏丏尊、叶圣陶、朱自清、朱光潜、郑振铎、沈雁冰、赵景深、丰子恺等一大批有识之士,出于对民族前途的关心,对教育事业的自觉承担,在发展过程中,开明书店逐渐将编辑焦点和出版重心转移到青年身上,并确立了以出版中学教材和中学生课外读物为主的方针。开明书店共出版教科书117种,其中中学教材91种,占其总量的近八成,而国文类教材以其极具特色的高质量编排在当时赢得了大批支持者,并产生了广泛的社会影响。参考于萌:《20世纪40年代中学国文教材的讨论与编纂——以开明书店出版物为中心》,《中国出版史研究》2019年第3期;另可参考刘佳:《〈开明国语课本〉的传播与接受研究》,华中师范大学2018年博士学位论文;另有张仲民《出版与文化政治》,上海人民出版社2021年版,附录中列出"开明书店新书目录"中详尽列出该机构的出版物细目。

④ 参见邹振环:《民国出版史视野中的世界书局》,《文汇学人》2017年12月29日。

⑤ 关于"益智书会"的教材研究,有"人物"与"活动"两个主要切入点:前者收编了关于机构主要发起者和参与者的众多研究,将人物经历中与之相关的事件加以提炼。后者聚焦以"翻译"为主的学术活动,从阅读与接受的路径观察该机构在近代中国知识变迁中的作用。两向融合交织,使得"益智书会"成为知译史、概念史研究中具有典型性的深度案例。前项可参见熊月之:《晚清西学东渐过程中的价值取向》,《社会科学》2010年第2期;后项参见张龙平:《益智书会与晚清时期的译名统一工作》,《历史教学》2011年第5期;张美平:《傅兰雅与益智书会的译名统一与标准化》,《外国语文》2020年第2期。

⑥ 笔者仅在邹振环《疏通知译史》(上海人民出版社2012年版)中收录的《土山湾印书馆与上海印刷出版文化的发展》中查询到其"印行中西文教科书",并对土山湾提供的中西文化的教材读本、教会学校使用的教材、簿册和工具书进行爬梳。另有姚鹏《百年流泽:从土山湾到诸巷会》(中西书局2020年版)中的"泽沐桃李"章节有所提及。

回应学制更迭和时代变局,调适其教育文化活动侧重,修订编译出版策略,在纷繁的激荡中作出能动反应。

依照惯例,土山湾印书馆常以年度为单位,发布各式《书目表》罗列当年出版的作品,有单列西文语种出版物的 *Catalogue des Ouvrages Européens*,也有专为中文雕版复刻明清天主教"汉文西书"①所订的《经书总目》。而 1934 年的《书目表》并非上述两类专目,而是一本题为 *Catalogus Librorum Lingua Sinica Scriptorum*(《中文语言写作图书出品目录》)厚达 140 页的综合目录,书脊处以 *Catalogus major 1934*(《1934 年总目录》)为缩略名,可视之为该年度土山湾印书馆中文出版体量的全景式鸟瞰。《书目表》以天主教语境中最具权威性的拉丁文写就,详目部分则以吴语罗马化的注音方式表书名,再示以汉字,后缀拉丁文说明作品信息(含版本更新、印刷工艺、开面规格、页码数量、售卖单价等)。

概而览之,书目大致分为两部分,即 Libri Religiosi(宗教类书目)和 Libri Profani(教外书目)。宗教类涉及各译本《圣经》、圣徒传记、护教辩论、教义阐释、宗教仪式(如祝祷、领袖、冥想)以及相应的仪式活动配套(礼仪讲授、圣乐谱、日历等),共计 13 个分支。每条书目有独立的号码,一一相对,分支类目和起始书号相应而列,共列至 635 号,②占整本《书目表》的七成有余。教外书目也设 13 个分支,包括中文习练(De Stylo Sinico)、书法(Calligraphia)、历史(Historia)、人物传记(Biographiæ)、地理(Geographia)、哲学(Philosophia)、数学(Mathesis)、物理与自然科学(Scientiæ Physicæ et Naturales)、医药学(Medicina)、艺术(Ars Delineandi)、期刊(Periodica)、德育小说(Parvæ Narrationes Morales)及杂项(Varia)。虽然书号也唯一对应,但其中一大部分书目属多卷本的套装书,故不宜以序号清点为体量考察之准绳。

笔者拟对照"江南科学计划",将教外书目中兼备国民教材性质的出版物

---

① 1990 年代,邹振环在讨论明末清初地理学输入问题上,最早使用了"汉文西书"的概念,主要用于指明末清初西方传教士用汉语撰写,或在中国人帮助下编译的有关西学内容的各类图书和文献,包括有原本参照的译著,或无原本依据、只是西方传教士依据西方概念和内容编写的各种图书。有时或称"汉文西学文献""汉文西学典籍""中文西学著作""汉译西学书籍"。参见邹振环:《汉文西书新见史料的发现及整理与重写学术史》,《河北学刊》2014 年第 1 期。
② 极个别号码从缺,此处以列出号码为准。

提炼出来,选取国文与数理两个大类,借助这一特色鲜明的局部类型化书籍,勾连近代徐家汇各项文化事业的台前幕后,审视土山湾印书馆在试图回应时代变局和学制更迭过程中逐渐完成的沿革转型,辨析土山湾文理大类国民教材呈现出的立体面向与修正意图,提炼徐家汇新耶稣会力图能动应对社会嬗变和政教张力的编译出版策略,借助"地方化"(localization)、"本土化"(inculturation)和"网络化"(networking)三个向度①的实践活动参与中国近代化进程,此三向凝成的"适应性",客观上促成知识流转与文化认同,成为晚近徐家汇耶稣会科学文化事业的生命力之所在。

一、从印书坊到出版社:土山湾自名与转型

《书目表》封面署"土山湾慈母堂印书馆",下端注明"本馆设在上海徐家汇南首育婴堂内",拉丁文为 Typographia Missions Catholicæ in Orphanotrophio Tou-sè-wè,强调出版机构作为天主教传教地使命的特殊性,不完全对应中文名。此间疑问有二:其一,通常认为"土山湾"和"慈母堂"不并用。前者示以"江南科学计划"以来,使用新式工艺印刷出版的西文作品,凭借细致的分类、体量巨大的发行成绩,成为近世来华耶稣会的"文化品牌"。后者则常作为一种特指,对应 1870 年之前土山湾复刻出版的明清时期第一代来华耶稣会士的汉学著作与中文西书。②故本册 1934 年《书目表》点明出版方为"土山湾慈母堂",将此二者兼容一体。笔者认为此举意在明确其功能由慈善公益逐渐转向侧重知识生产,力图呈现土山湾印书馆文化属性愈臻完善的完整时序变迁;其二,中西文机构名称不完全对应且侧重不同——拉丁文名称显然希望能够明确该印书馆的大公属性,特别注明其天主教出身,是对国内外宗教时局张力的镜像折射,更启发"徐家汇—土山湾"文化使命应对时局需得智慧的自洽方式。

---

① 参见李榭熙:《西方研究中国基督教历史的新方向》,《历史人类学学刊》第 2 卷第 2 期(2004 年 10 月)。

② 初兴的土山湾印书作坊,依靠雕版印刷工艺,大量印制了利玛窦(Matteo Ricci)、柏应理(Philippe Couplet)、南怀仁(Ferdinand Verbiest)、艾儒略(Giulio Aleni)、庞迪我(Diegode Pantoja)、潘国光(Francesco Brancati)等第一代来华耶稣会士的汉学著作。关于明末清初耶稣会士中文西书的重印本,参见李天纲:《新耶稣会与徐家汇文化事业》,朱维铮主编:《基督教与近代文化》,上海人民出版社 1994 年版。

土山湾印书馆发端于清同治四年（1865）青浦横塘蔡家湾孤儿院内，后因教务与时务等诸多因素迁入徐家汇以南的土山湾，并于 1867 年正式设立印书部门。自此，土山湾印书馆先后运营了近乎一个世纪，①堪称中国天主教史上最成功的出版机构。其雏形即孤儿院内的印刷工厂，承袭了中国传统的、广泛运用的雕版印刷术，正符合明清之际耶稣会士著译的大量"汉文西书"印刷需求。于是，两代来华耶稣会士的智慧文脉在这处不起眼的印刷空间中奇妙地勾连，以孤儿院中的小堂"慈母堂"为名刊刻发行，既有现实考量，又兼慈善关怀。② 随着大量刊印且备受好评的明清之际耶稣会士留下的"汉文西书"，疏通与明清之际来华耶稣会士的智识关联，"慈母堂"也逐渐化实向虚，③升华为跨越数百年传承接续的见证者。据史式徽《江南传教史》，早期的慈母堂刻本大约有七八十部之多，④且自蔡家湾时期便已复刻大半"汉文西书"旧著，移入徐家汇南土山湾后进一步补充，如弛禁伊始抵华的新耶稣会士李秀芳（Benjamin Brueyre，1810—1859）、晁德莅（Angelo Zottoli，1826—1902）等人的作品。故而，数量庞大的"慈母堂刻本"实则较为完整地对应耶稣会来华的

① 土山湾印书馆于 1958 年并入中华印刷厂（另一说为 1962 年）。根据邹振环的考证，笔者选择 1958 年为土山湾孤儿院印书馆消匿的最后时间。

② 或许有三方面的原因：首先，从土山湾孤儿院本身的创立背景来看，由于 19 世纪中叶的水灾和太平军之乱，江南地区的许多家庭难以在天灾人祸中维持生计，弃婴数量明显上升，而自明清以降江南所行的善堂制度无法收容如此庞大数量的婴孩，因而迫切需要新抵江南的耶稣会士开办西式的、成规模的孤儿院收容弃孩，"衣之食之"，"如同慈祥的母亲般"守卫着灾乱年中被原生家庭抛弃的幼童。其次，据《江南育婴堂记》所载："不曰'育婴堂'而曰'慈母堂'者，诚以吾主之母居高听卑，经所谓无告之托也，故欲倚为依归耳。"（参考钟鸣旦等编：《徐家汇藏书楼明清天主教文献》第 5 册。）土山湾孤儿院蒙圣婴善会（The Pontifical Association of the Holy Childhood）支持，该会自 19 世纪的欧洲天主复兴以来，便将目光投往中国。直至鸦片战争迫使口岸开放后，圣婴善会受耶稣会托付，抵徐家汇负责整个江南地区的孩童事工，他们的童幼事业奉圣母玛利亚为主保，故土山湾内所建圣堂名为"慈母堂"，因而印刷工厂依此堂自名，亦可谓"名正言顺"。最后，早期的印刷工厂虽然不断补充新的工艺，但在印制中文书籍时依旧采用比较传统的雕版印刷术，这种印刷术完成的书籍通常在装订上也辅以相应的古籍线装样式，自成风格。参见莫为：《近代徐家汇的"本地化"知识生产实践——以 1923 年土山湾印书馆〈书目表〉为例》，《澳门理工学报（人文社会科学版）》2020 年第 2 期。

③ 不可否认，初创阶段的土山湾印刷工厂，也曾经历不稳定的自我命名阶段（"徐汇书坊""土山湾天主教孤儿院印刷所""土山湾育婴堂印书馆""土山湾孤儿院印书馆"等），参见邹振环：《土山湾印书馆与上海印刷出版文化的发展》，《安徽大学学报》2010 年第 3 期。

④ 也有一种说法认为土山湾慈母堂出品的数量约为百部左右，据姚鹏考证，七八十部的数字仍是比较可取的，原因大致可以归为：近代早期江南教区的书牌没有明确题署刊刻者，虽然能从工艺上辨别为土山湾慈母堂，但教廷方面于清咸丰九年（1859）方才核准新耶稣会的江南教区管理权，之后耶稣会利用早期草创的雕版重新印刷，明确署名"慈母堂"，属于重印本，应当与之前发生重叠的部分合二为一，不宜另作数量计算。故此，"慈母堂刻本"数量在七八十部左右是比较符合历史事实的数据。参见姚鹏：《百年流泽：从土山湾到诸巷会》，第 14—15 页。

历史全程：第一阶段，"巨人一代"①于明末万历崇祯至明清鼎革写作，旨在助于开教的"万历季"；第二阶段，多重属性耶稣会士聚拢争辩②的"康熙季"；第三阶段，经历"百年教禁"松绑后再度来华尝试寻回历史脉络的"道光季"。③因此，发行"慈母堂刻本"既呈现出文献层累的历史厚重，又启发近世来华耶稣会士认识宗教文化活动复调属性，为修订传教策略提供了重要的经验参考。

1872 年，法国耶稣会士在其牧辖的徐家汇堂区召开了"徐家汇会议"。巴黎会省的耶稣会士兼科学家们成立"江南科学委员会"（Comité Scientique de Kiang-nan），标志"江南科学计划"拉开帷幕。土山湾孤儿院下设的各个工厂为之提供重要器物层面的支撑，首以印书馆为先。据考证，直接用"土山湾"及其西文罗马化的表述 T'ou-sè-wè 通常和 1870 年代以后的出版物相对应。这一改变主要基于综合考量受众变迁、工艺改良及文化衍射等诸多方面。"徐家汇——土山湾"地区是新耶稣会管理和主导的区域，来自法国巴黎会省的会士们将这里经营为上海外缘的"拉丁区"。因此，大量的西文出版物使印书馆成为展示天主教"拉丁文化"属性的重要文化标识。通常"江南科学计划"的重要成果（包括徐家汇观象台的天文地磁报告、徐家汇博物院的动植物标本介绍画册、光启社的汉学研究书籍以及震旦大学的教材）皆以西文出版物形式由"土山湾"汇总，率先向世界发布。

"慈母堂"与"土山湾"二者合一的说法极为少见，也可谓别有用意：直观而言，是为操持不同语言的读者分列书目，更深层的缘由或许是机构性能在徐家汇宗教文化事业的内外交错中逐渐丰富起来，从印刷坊升格为出版社。从外来看，首先，"西学东渐"与"东学西渐"俨然从相对分离并行，发展到兼容并蓄，汇集此双向维度，土山湾印书馆最终凝为一个整体，展现新耶稣会鼓励中国文化深度研究的学术环境；其次，土山湾必须依仗完整的出版业态布局，编辑、印刷、出版、发行等链条环环相扣，方能在日益繁荣的上海文化出版业中占

---

① 借用段乔治（George Dunne，也有译为邓恩）所著 *Generation of Giants*，该书描述了沙勿略初来东方并试图进入中国的诸多经验，以及以利玛窦为代表人物的第一代来华耶稣会士，屡经调试最终成功开拓"上层路线"进入朝堂。

② 涉及葡萄牙保教权下的耶稣会士和路易十四支持的"国王数学家"为代表的法国耶稣会士，他们从清康熙年间起活跃于宫廷与京城，经历"礼仪之争"和"雍正禁教"，仍属于上层世人所期盼结交和讨教的对象。而这一阶段以康熙朝为鼎盛，故以之命名。可参见郑克晟：《关于明清之际耶稣会士来华的几个问题》，《南开史学》1981 年第 2 期。

③ 这一分期标准，可参见姚鹏：《百年流泽：从土山湾到诸巷会》，第 15—18 页。

据一席之地。再从耶稣会来华历史承续的内里脉络观照：《书目表》"教内"与"化外"的不少作品为第一代来华耶稣会士所著，经土山湾草创时期的早期雕版工艺复刻后，重新面市，随后不断修订和完善，"慈母堂"与"土山湾"二者合一，既是对明清时期第一代来华耶稣会士治学的致敬，又是为近代新耶稣会士投身社会公益难能可贵的立传。晚近世纪中，两个被间隔而开的时段由此连贯而成。

"土山湾慈母堂"的自名策略彰显了耶稣会对于近代中国社会进程的能动反应：通过凸显土山湾的完整功能，谋求突破慈善范畴积极融入商业文化社会；基于修会历史线索，[1]在很大程度上批判修正了普遍认为的"清末民初时期天主教由于侧重底层的传教模式，因而社会影响力不足，由此对于社会重大决策的回应能力亦有所欠缺"[2]；日臻完善的机构功能展现 20 世纪天主教本地化积极的进展，驳斥针对其"反文化"的控诉，为教廷获取"正声"开辟出一条智慧的途径。

而此又可回应《书目表》封面所注出版机构名称的拉丁文与中文之间的张力译介。文艺复兴时期的人文主义者强调"回到源头"（Ad fontes）的观念，他们通过对西塞罗、维吉尔等古典时期作家的追溯，使拉丁文再获新生，不再限于任何狭义层面的民族，而为之注入了强大的包容性。再转回近代中国场景，当普世性的呼吁与本地化的实践成为不可悖逆的潮流时，《书目表》辅以拉丁文呈现，视为人类智慧共襄，再次申明对于狭隘的民族边界之批驳。这有鉴于 20 世纪初叶的时代环境，即国内 1920 年代迭起的两次"非基运动"以及国际上"一战"导致"罗马问题"，梵蒂冈陷于圣俗博弈。如何秉承文化传教的历史传统和淡化宗教激进色彩，成为一对值得细细考量的矛盾。1919 年《夫至大牧函》（*Maximum Illuid*）[3]发出倡议打通世俗教育与宗教教育不可得兼的

---

[1]　通常而言，若将两代来华耶稣会士在华的传教模式进行比较的话，大致得出如下结论：明清间来华的耶稣会士奉行"利玛窦规矩"实行"自上而下"的开教策略，以官绅阶层为主要对象，进而能够影响帝王，被称为"上层路线"。但近代来华耶稣会士面临迥然不同的社会环境，更多地从底层出发，是"自下而上"的模式，一般认为施洗的教徒数量较大，但陷于社会底层，因而影响力较之前辈不足。

[2]　刘丽娟：《清末民初天主教白话圣经译写及其滞后原因》，《世界宗教文化》2020 年第 2 期。

[3]　《夫至大牧函》系教宗本笃十五世在 1919 年签署发出的一份有关传教问题的牧函。现在流传的版本仅剩马相伯在 1920 年的翻译，马相伯称此文为《教宗本笃十五世通牒》，但教宗牧函没有标题，系以文章开头做为名称，因马相伯翻译系半文言，一开头的文字为"夫至大至圣之任务"，故此档习称为《夫至大牧函》。

壁垒,就中国而言,既以"本地化"为路径,又以其为最终目的,提出"必当以充足圆满科目,详尽之教课,一如文明国"①。1924年,刚恒毅总主教(Celso Costantini,1876—1958)以宗座驻华代表的身份来华,②实践《夫至大牧函》。牧函的各项倡议,实则是针对"法国在华保教权"③的批评。经历过数个阶段,法国率先在近代中国确立起对于天主教事业的保护权:1844年中法签订的《黄埔条约》中规定了准许传教与设堂自由,自此解除了"百年教禁",而法国也取代葡萄牙主导在华保教活动;1858年的中法《天津条约》更规定"天主教原以劝人行善为本,凡奉教之人,皆全获保佑其家",据此所有中国天主教徒均受到法国保护。这对于罗马教廷而言也实属无奈之举,教廷迫于欧洲局势,特别是教宗国(the Papal States)仰法国军事力量之鼻息,故也无力直接管理中国天主教事务,须由法国领事馆中转。至1870年普法战争,法国败北,教宗国失去法国军事实力护佑,在同时期的"意大利统一"过程中陷落,挣扎于"至公"与"尘俗"之间——罗马究竟是天主教神圣事业的圆心,还是作为世俗权力国家意大利的首都——并最终搁置,形成悬而未决的"罗马问题"。"一战"结束后的巴黎和谈上,各方展开拉锯博弈,纠缠半个世纪的罗马归属也成为谈判的重大筹码。教廷方面显然意识到这一变局和可能的转机,因而《夫至大牧函》的宣道也应时而来。刚恒毅履新时,曾表明他的态度:"用十字架代替外国旗,用中国法律的保障来代替外力的政治庇护,赶快成立本籍圣统。……传教纯粹是超性工作。一个至公的教会,在法国是法国人的,在美国是美国人的,在中国是中国人的。……我不愿向中国人民要求可恶的特权,只要求自由传教和兴学,以得保障教会产权。"④伴随着国内责难基督宗教声浪的迭起,文化传教的历史传统和淡化宗教激进色彩的矛盾至1920年代发展到高潮,天主教方面

---

① 方豪编:《马相伯先生文集》,上智编译馆1947年版,第226页。
② 同年,他在上海徐家汇天主堂召集中国天主教第一次全国教务会议明确提出希冀传教士了解学习传教当地文化。"愈见其练达,则民间推崇愈甚,若与相处之人民,以求道求学为重为荣者则尤甚。"传教士当学习当地语言,不能以粗通为满足,作为自身有讲解圣教道理责任的传教士应当勤习语言,"必也言能达意,而不可委诸助教问答之人",又提到传教士不当回避与主流社会人士接触的机会,有良好的语言能力,才能周旋于文人学士或民间领袖之间。陈方中:《夫至大牧函的时代意义》,《恒毅双月刊》(Costantinian Bimonthly)第616期,2019年12月。
③ 从耶稣会来华的历史来看,第一批葡萄牙保教权下的耶稣会士和"太阳王"路易十四为康熙内廷提供的"国王数学家"本身就是两种性质。这段充满抗争与协作的经验,使得法国迫切意识到海外传教时制度保障的重要性。于是,法国在近代中国率先订立"天主教保教"的条款。
④ 刚恒毅著,刘嘉祥译:《刚恒毅枢机回忆录·在中国耕耘》,台湾主徒会印行1992年版,第63页。

需要理性思考良策以作应对。教育原本可以作为缓解张力的核心手段,而彼时的制度环境也发生着重大的变化,因此耶稣会在器物层面的应对更讲求策略,正如拉丁文名机构名所指"土山湾孤儿院内的天主教传教区印刷部门",其教会大公属性借助发行语言与机构性质界定得到伸张。

自《书目表》封面机构名称开始,徐家汇耶稣会便已主动将自身使命置于地方社会的历史情境之中,明确其不断完善的动态属性。借助这一"地方化"的命名方式,土山湾印书馆历经数十载的转型被注入历史感与现实感,历时性呈现了耶稣会一以贯之的"适应政策"。同时双语的差异化侧重,在一定程度上舒张了政教矛盾,借传统呼应时代。

二、制度环境的考量:徐家汇国民教材编录

徐家汇国民教材编录绝非出于教育活动规律单一维度的考量编订,而需要全面衡量制度环境,这包括了三个主要方面:学制沿革改良、教会在华利益与修会精英传统①。各维度的博弈与妥协,伴随着整个近代中国教育制度的探索一并展开。

1905 年,一度被认为是"杰出的社会、政治和文化生产力量"②的科举制遭遇废止,其后中国近代学制在不断探索和改良③的过程中逐渐成形。正如陈旭麓先生所言:"真实常常存在于矛盾之中,在'假维新'的过程中又实现过一部分'真改革',教育制度的变化就是其尤为显著。"④经历了清末的"壬

---

① 众所周知,耶稣会在欧洲创办了多所学校,16 至 18 世纪鼎盛时期在校学生达两个百万之巨,且众多欧洲名校与耶稣会密切相关。甚至启蒙时代的众多思想家如伏尔泰、狄德罗,都曾经就读于耶稣会创办的学校,尽管有一些启蒙时代的伟人后期在政治理念上反对甚至驳斥耶稣会,但是他们的教育陶成浸润着耶稣会精英教育的传统。

② 参见艾尔曼(Benjamin Elman):《经学、政治与宗族:中华帝国晚期的常州今文经学派研究》(*Classicism*, *Politics*, *and Kinship*: *The Cangzhou School of the New Text Confucianism in Late Imperial China*), Berkley: University of California Press, 1990。实际上,对于中国科举制的观察自利玛窦等第一代来华耶稣会士时期便已经展开,利玛窦本人也曾经写信回欧洲对科举作为人才选拔制度做出赞美,《利玛窦中国札记》中也作了收录。参见 Mungello, David E., *Curious Land*: *Jesuit Accommodation and the Origins of Sinology*, Honolulu: University of Hawaii Press, 1989, pp.46 - 48.

③ 近代中国,随着西方对华的入侵及工业文明的兴起和发展,中国传统的教育内容和体制无法应对现代工商业社会对于人才的需求。起初,清廷开明官员主持创办了一批新式学堂,成为传统教育体制外的新事物,如京师同文馆、上海广方言馆、福州船政局"堂艺局"等为近代中国提供急需的外语、军备人才,可谓开社会之先风。但不得不指出,此举并未对中国旧有的教育体制、思想内容、人才选拔等颠覆。直至甲午战败,才有有识者考虑到"近者日本胜我,亦非其将相兵士能胜我也;其国遍设各学,才艺足用,实能胜我也。"参见康有为:《康有为全集(第四集)》,中国人民大学出版社 2007 年版,第 316 页。

④ 陈旭麓:《近代中国社会的新陈代谢》,上海社会科学院出版社 2006 年,第 237 页。

寅学制"①"癸卯学制"②以及民国初年的"壬子癸丑学制"③等系列效仿日制的尝试后,最终伴随"不胜其弊"的批评声④和新文化运动的兴起⑤,学制改革势在必行。1922 年 11 月颁布《学校系统改革案》实施"新学制",即"壬戌学制"。这既是教育制度优化之举,又是国际和地区形势所向。就前者而言,此前的学制基本承照日制,无法全然适用于中国情况。近代中日两国纷纷取法西方,且甲午战败后"日本经验"在相较中显得更为成功,但由于根源上的国家体制相异,以及日本提出的"二十一条"遭遇国人强烈抵制,因此"法日"遭甚多批评⑥,进而促使近代中国也开始审视学习其他欧美国家的先进方法。这又与后者,即"一战"中后的国际格局变化相关。首先,欧美各国为拉拢中国,由美国率先尝试将"庚款"转为教育中国人才专用资金⑦,使得国人深受其惠,渐生

---

① 1902 年(光绪二十八年)清政府公布了由管学大臣张百熙制订的壬寅学制,是中国近代第一个颁布的学校系统档,标志着近代中国创建学制的开端,被《清史稿》赞誉为"教育之有系统自此始"但并未实施。
② 1904 年,清政府在张之洞等人的主持下颁行了"癸卯学制",这是中国历史上首次正式颁布,并在全国范围内普遍施行的学制,结束了中国几千年来办教育无章程学校无体系的失范状态。奠定了近代教育的基础,开启了中国教育体制的近代化进程,具有划时代的影响,并很快便成为清末新政时期各省兴学的模板。
③ 辛亥革命后,南京临时政府对教育开始了一系列适应资产阶级需要的改革,在蔡元培的主持下,1912 至 1913 年公布"壬子癸丑学制"。学制取消了专门为贵族设立的各类学校,废除了封建特权和等级限制。作为民国的第一个学制,它较全面地反映了资产阶级对教育的要求。
④ 参见璩鑫圭、唐良炎主编:《中国近代教育史资料汇编(学制演变)》,上海教育出版社 1991 年版,第 834 页。
⑤ 陶行知曾撰文评价新文化运动对推进新式教育、促进教育改革的巨大影响:"现时影响中国教育的所有各种力量之中,中国文艺复兴所施加的影响最为深刻"。这个运动作为"文学革命"开始于 1917 年,当时运动的领袖胡适博士和陈独秀先生宣称:"文言已经过时,白话乃是合法的继承者,为中国人重新发现一种活的语言,已经快使中国能够产生适应新时代的新文学作品,彻底革新小学读物及教学法,并使普及教育运动得以继续扫除文盲的计划。"参见陶行知为哥伦比亚大学师范学院国际教育研究所编《1924 年世界教育年鉴》之《中国篇(序言)》。
⑥ 如诟病各个学段年限分配不合理,指责如"加以年来国内专门学校及大学底程度有逐渐提高之趋势,中学毕业生入学常苦程度不及,致使专门及大学校增设预科","费一大部分时间复习中学校底科学"。因此,"中学校年限过短,不仅事实上在国内发生困难,就从各国中等教育的年限讲,也有延长的必要"。(璩鑫圭、唐良炎主编:《中国近代教育史资料汇编(学制演变)》,第 936、960 页)又如诟病其未能兼顾升学与就业,"制度太划一,太不活动,不管社会的需要,不管地方的情形,也不管学生的个性,总将这呆板的几样科目,尽量灌输,致学生在学校里所受的知识和训练,用到社会上去,动有枘凿之虞。"(参见朱有瓛:《中国近代学制史料(第三辑下册)》,华东师范大学出版社 1992 年版,第 742 页),还有比如批评学年制无视学生个体差异等。
⑦ 退还庚款为美国首倡,且美国退还庚款共计两次。第一次,清政府于 1911 年用美国退还的庚子赔款中的部分资金在北京建立"留美预备学堂",毕业生直接进入美国大学三年级留学。此为中国第一所专为留学美国的中国青年所建的预备学校,也是日后北京清华大学和新竹国立清华大学的前身。林语堂评价"清华大学是用美国退还的拳乱赔款建立的"。(林语堂:《信仰之旅》,四川人民出版社 2000 年版,第 41 页)清华学堂建立的同一年,民国政府同意按照 4% 的年息向各国继续支付庚子赔款,而美国继续将每年退款还给中国,用于教育事业。当代中国以及很多海外华人中的知名人士都曾接受过"庚款"奖学金资助留学,如林语堂、陈鹤琴等。第二次在 1924 年,庚款悉数退回,用于科学教育以及永久性质的文化事业,如修建图书馆。参见"第二次退还庚子赔款换文·中国驻美国公使复美国国务卿照会"(1924 年),参见王铁崖编:《中外旧约章编》第三册,生活·读书·新知三联书店 1962 年版,第 457 页。

好感。其次,"五四"前后,美国知名教育家杜威(John Dewey,1859—1952)在中国长期停留,赴各地讲演,其中在江南地区更形成"杜威热"①,其主张"实用主义"的教育理论,被中国知识分子认为是"西洋新文明的代表"②。此外,留美归国学人和美国在华教会学校的重要影响,使得中国学制转变的关键期深受美国影响。因此"壬戌学制"这一师法美国、融合中外的教育制度应运而生,被认为是中国近代教育史上影响最大、最为成熟的一个学制。③ 以往的诸多研究对"新学制"的评价偏于积极,肯定其尊重教育规律、扬弃传统"差序格局"、提倡性别平等、发展职业教育等。但若以之对法国耶稣会为主导者的徐家汇文教事业的影响来审视,则呈现出复杂多样的变奏。

近代中国,天主教和基督新教伴随不平等条约入华,这也使得"基督宗教"裹挟于殖民活动中,遭到诟病。"庚子赔款"由美国首倡退还以资中国教育,新教国家纷纷加入这一倡议。相比之下,由于民教冲突导致大量天主教宗教设施被毁,以致法国为首的天主教在华势力一般在偿还时要求获得更多田产以及资金,以作重建作为信仰标志的教堂之用。④ 故相较于新教注重将赔款教育、医疗等事业,以浸润式渗透的方式,消解中国人对基督宗教的误解,天主教则显得专注于传教活动本身。不过此番印象也并非全景。如法国"庚款"退还时被划定投入在华高等教育事业中,其中以徐家汇的震旦大学为主要接收对象。⑤ 由此,美式新学制所折射的新教教育观与法国耶稣会传统精英教育实践⑥之间的张力便在所难免了。并且自1925年"收回教育权运动",教会学校在民族主义喧嚣中遭遇连续剧烈的震荡,"徐家汇—土山湾"这一片密集的文教机构极有可能成为矛盾焦点,因而此处蓬勃兴办的教育活动,其表象下的实相究竟如何? 借助"国民教育教材"这一门类,笔者尝试进一步聚焦《书目表》

---

① 邹振环:《"五四"前后江浙地区的"杜威热"及其与江南文化的关联》,《社会科学研究》2009年第6期。
② 蔡元培:《杜威六十岁生日晚餐会演说词》(1919年10月20日),高平叔编:《蔡元培教育论著选》,人民教育出版社1991年版,第239页。
③ 韩立云:《壬戌学制与近代中国人才培养》,《云南社会科学》2014年第3期。
④ 康志杰:《中国天主教财务经济研究(1582—1949)》,人民出版社2019年版,第113页。
⑤ 也涉及北平的中法大学等机构。参见"关于庚子赔款往来照会·法使馆至外交部照会"(1923年),载王铁崖:《中外旧约章编》第三册,第377页。
⑥ 众所周知,耶稣会在欧洲创办了多所学校,十六至十八世纪鼎盛时期在校学生达两个百万之巨,且众多欧洲名校与耶稣会密切相关。甚至启蒙时代的众多思想家如伏尔泰、狄德罗,都曾经就读于耶稣会创办的学校,尽管有一些启蒙时代的伟人后期在政治理念上反对甚至驳斥耶稣会,但是他们的教育陶成浸润着耶稣会精英教育的传统。

编录策略。

首先,《书目表》中所列具备教材属性的出版物主要针对徐家汇地区开办的学校之用。徐家汇坐落着数所教育机构,有专司神职人员陶成的大小备修院以及为耶稣会士设立的神学院,有附设于圣母院下、提供从事师范教育与特殊教育的专门学堂,也有科学家兼耶稣会士担任教授的震旦大学,还有需求口径最大的中等教育,供教友或俗世人家子女分性别就读的徐汇公学和崇德女中①、启明女校②等。与之相配套的土山湾印书馆则承担了各教育机构教材的出版印刷业务,其印制的教材可分为"教会自用"和"国民通用"两大类。前者包括专为教会各级教育机构准备的宣教典籍、职修书籍、神修著作、拉丁文语法和辞典类图书,以及为西方传教士编写汉语学习的教材。后者则是按照国民政府教育部门的指导纲领进行编写,不强化宣教,为世俗学校广泛采用,并且也有不少教会学校愿意使用。《书目表》的"教内"与"化外"两部分恰好整齐对应了这一分类路径。

徐汇公学是上海开办最早的西式学校,于清道光二十九年(1849)首设于徐家汇老堂侧,翌年正式名为圣伊纳爵公学(Collège Saint Ignace)。③ 1922年,"壬戌学制"实施伊始,"六三三"制度便在举国范围内确立推广。虽然依照民国教育学制分设中小学,但直到1930年,公学方才增设高中部。1932年,按照国民政府要求,更改办学性质,成为国民教育学校,更名为"徐汇中学"。创办初期的徐汇公学已开始编纂教材,在尚未废除科举前,徐汇公学也曾经历过培养学生参与科举考试的"公塾时期"。《汇学读本》便是专为徐汇公塾编著的科举教材,也由土山湾慈母堂刊刻,1878年最初两册问世。上册开篇即是

---

① 崇德女中,原为清同治六年(1867)耶稣会创办的经言小学,1868年徐家汇新校举行奠基典礼,开始建设南北校舍、宿舍及拯亡会修女住院,遂从青浦县横塘迁至徐家汇王家堂。经言小学附设于圣母院下,招收教中女子寄宿生,开启了中国女子学校之先河。清光绪二十一年(1895),由圣母院院长多明我马兰白姆姆兼理校务。1898年,李问渔司铎为学校题名"崇德女校",取德行前进的意思。1912年,学校依"教育部"所颁学制"壬子癸丑学制",改为初级小学、高等小学、中学,每届毕业生均颁发文凭。1934年,为配合国民教育,崇德女校发展为徐汇女子中学。

② 启明女校,1904年由法国修女会拯亡会专为教外家庭的女孩教育所设,后于1930年改教会学校为国民学校,更名为启明女子中学,于1950年代与崇德女中变革而来的徐汇女子中学正式合并为"汇明女子中学",后又改为"上海市第四女子中学"。1967年兼收男女学生。1968年改校名为上海市第四中学。其在今日的天钥桥路校址,为原启明女中时期的旧址。

③ 圣伊纳爵公学为该校法文名字的直译,通常人们习惯依地而起名,因此,更加常用"徐汇公学"的称法。今天的徐汇中学校史以1850年为学校起始之年,可参见《上海市徐汇中学章程》的序言部分。https://xhzx.xhedu.sh.cn/site/template/10001/bf827dbcaa9e458e9ae9eb5d306b8339/detail.html。

"破题",旋即转入"承题"的方法,如"对面擒题""点染映合""引古""借宾定主"等。下册择选范文讲解,如《论语》《孟子》等。1888 年,又有《增订汇学读本》①,土山湾慈母堂改进以较为新式的铅活字排印出品。由于《汇学读本》皆以科举八股文的教学与习练为特定目标,虽具教材性质,但《书目表》所纳为"新学"范畴,以新式学校主导课程的教学用书为采集对象,故时过境迁的《汇学读本》属于极为个案的科举教材,未作收录,此为一特例。

其次,《书目表》所收国民教育教材的分类方式与"壬戌学制"所订立的科目几乎一致。从承上启下最为核心的初中阶段科目来看,设社会、文言、算学、自然、艺术、体育共六科,向下衔接小学课程标准中的十二科目②,向上对应高级中学普通科③的文学、社科、数理三类。鉴于初高级中学学段的改革为"壬戌学制"设计圆心,故六年制的师范学校同设上述六科相同的大类课程,仅补充教育科,共计七类。"壬戌学制"注意到各地具体情形的差异,通过划定横向标准和纵向限度,谋求对传统课程条框束缚的松绑,同时也给予地方、学校和学生一定的自主权。以徐家汇为例,国民教育体系中公民课取代修身课,而徐家汇地区的中学则予以保留。在"化外"部分将涉及公民、修身的教材与哲学类书籍并举,划入 Philosophia,《书目表》中此部分列出共 17 号作品。比较具代表性的有李问渔的《哲学提纲》《性法学要》《天演论驳议》,徐宗泽的《哲学史纲》《心理学概论》,杨维时所著《小学修身新课本》及配套《修身新课本教授法》等。从目录编号来看,《哲学提纲》六种,含《名理学》《生理学》《天宇学》《灵性学》《伦理学》《原神学》等分册,却以连续单独编号入目,并且以最新修订的版本收录其中④。前序版本中的《伦理学》作为《哲学提纲》总题下的分册,共设上中下三卷,而此《书目表》将之整合为 286 页的大部头,相较于其余五册,堪称体量最巨。此中所论及的 78 个学题之下,分有发明(即论题)、证理、释难、推理、备览等,以析学题,其内容多来自教会伦理,并注拉丁文作解。哲学修身

---

① 徐汇公塾编:《增订汇学读本》(上集),土山湾慈母堂 1888 年版。
② 十二科即国语、算术、公民、卫生、历史、地理、自然、园艺、公用艺术、形象艺术、音乐、体育。小学为表明各科性质,以及与初中衔接便利,依据初中的六个学科,明确公民、卫生、历史、地理属社会科;工用艺术属艺术科,兼属社会科;园艺附入自然科,兼属艺术科;地理的一部分属自然科;形象艺术、音乐属艺术科。参见杨文海:《壬戌学制研究》,南京大学 2011 年博士学位论文。
③ 高中另设职业科,分农、工、商、商船四类,此处从略。
④ 土山湾印书馆最早于清光绪三十三年(1907)开始出版此系列分册,陆续至 1911 年,而《书目表》中皆以 1916 至 1931 年间更新修订的版本为主。

大类下又添加 Tracts，主要是就时下社会问题发表的一些具有研究性质的论述，共 3 号。另有徐宗泽《妇女问题》《国家真注》《教育之原理》《社会问题》《三民主义节要》《公民课本》等多部作品收录于此栏，占据大半有余。在哲学修身一栏最后，注释有"至于其余哲学类著作，可参见上半部的'哲学辩护'（Argumenta Philsophica）一栏，序号自 81 号起"。可见，"哲学"类目书"化外"与"教内"相互指引，提供依据参考。

于是，上述两点又引发另一个值得注意的问题，诸如俞伯录编《辩护真教课本》等徐汇公学有关宗教课程的读本，通常在土山湾其他的出版目录中被著录为"课本"，实则不属于本文所论"国民教育教材"范畴。以徐宗泽写于 1927 年的四卷本《探原课本》为例，该作品在本册《书目表》中被列为"教内"使用书籍。虽然其开篇以笛卡尔"我思故我在"为研究起点，后续论证分为四个部分"原人学""原神学""宗教学""圣教会"，可见其虽曰"我有思想，故知我为实有；缘思想，当有所以思想者之我；从主观思想者之我，推理而至客观所思想之物，以研究万有"①，但其法实为"探万有之原，即从人为出发点，以至于神，以至于敬神之组织——宗教，令人得获其报本归原之道也"。② 故"化外"所列的哲学一栏正是由于兼顾修身与公民内容，使之与"教内"的基于纯粹哲学理念展开思辨，或是经由哲学方法论通达至神学范畴的书籍划出自然的泾渭界线。足见《书目表》的分类方式具有一定主体评判的能动性，部分作品虽明确标注"教材""课本"，却未能纳入国民教育教材的范畴。相应地，另一些作品虽未能在名称中体现教材属性，甚至原先作为教会教育事工之用，由于其符合"壬戌学制"划定的国民教育培养能力的目标取向，故此也视为"教材"。此处的交错，以哲学一类最为显著，引之为例。

最后，《书目表》编排分目时特意凸显对出版物所涉学科的鲜明功用属性。如"德育小说"类目下的作品通常兼有哲学、历史、艺术等多重属性，但归入此类主要是对作品"文学性"的强调，尤其是对作品文学功用的推崇。如费金标《古圣若瑟》《厄斯得尔传》《玛加白阿》等多部圣徒传记及神话传说，以剧本形式问世。一方面提供了文学艺术的多形态文本，可直接运用于徐家汇的宗教

---

① 参见徐宗泽：《探原课本》(序)，土山湾印书馆 1929 年版。
② 同上。

文化活动,如土山湾孤儿院的话剧演出等,另一方面也可借此达成教化之效用,颇具古希腊诗学所指涉的文艺范式。再有,女教徒陈悲鸿译介的《女儿镜》为女性教众参与社会进程提供佐证;张智良整理而成的三卷本《圣教楹联类选》,以手册方式集选了对联形式的教义,着重关注文学的形美与意美之合;匿名作者以上海方言译介的《阿里排排逢盗记》,兼备方言游记文学的生动属性。这些看似各从其类的作品,却被划归"德育小说"之栏,以功用为准绳。由于其作品本身的文学观感和产生的德育功用,而提炼为一个单类呈现。

概述之,《书目表》中"国民教育教材"位于"化外"这一区间,以近代学科分目为界,申明学科的属性与功用,并权衡制度环境。由于徐家汇地区本身集中了多所性质各异的教育机构,且它们随着学制沿革不断修正教学策略,故教材编目出版亦需作出回应,这一过程须得考量耶稣会本身的教育教学传统,特别是"本土化"的历史经验。置于近代西方势力在华利益消长的动态背景,尝试灵活地展现"适应政策"变动不居的可能性。

三、学则的立体面向:国文类教材的沿袭与革新

土山湾印书馆自清末便有意识地收编国文类教材于印刷业务,发展至 1934 年已具备一定规模。作为"化外"部分的第一栏,从《书目表》所列中文习练教材来看,教材共计 45 件,另有书法描红练习册等教辅用书共计 8 件。其中潘谷声[①]神父编订的小学国文课本所占最巨,共 18 本,其次为徐家汇汉学研究机构光启社(Bureau Sinologiqué)编纂的国语教材,共计 12 本,含《初级小学国语新课本》八册与《高级小学国语新课本》四册。另有邹发主编的专供启明女校所用教材四卷本《中学国文课本菁华》,黄伯禄神父作品四部,分别为《函牍举隅》《函牍碎锦注释》《圣母院函稿》和《契券汇式》,徐汇公学校长蒋邑虚神父的《尺牍初桄》及《书契便蒙》(上下册)共三本,以及李问渔神父《古文拾级》一本。

潘谷声热衷编纂语文习练教材,同他本人的天资与经历密不可分。幼年就读于徐汇公学时,他就被校长蒋邑虚司铎称为"神童"。他所编定的《圣教启

---

① 潘谷声(1867—1921),字秋麓,江苏青浦(今属上海市)人。先后任徐汇公学与震旦大学负责人,主笔《圣心报》,又发起创办《圣教杂志》,编辑各种国文教科书。参见徐宗泽:《创办本志的潘秋麓司铎》,《圣教杂志》1936 年第 12 期。

蒙课本》及教学用书《圣教启蒙课本教授法》与其在徐家汇修道的岁月密切相关。耶稣会尚未入驻徐家汇营建修会教务中心之时,潘谷声在支持草创的《圣教杂志》社时期便已经开始筹备教材,因此耶稣会来到徐家汇后,顺应教育改革浪潮,很快便有《初等小学国文新课本》八册、《高等小学国文新课本》六册、《高小文范撮要》等全套课本问世。还专门辅以教参如《国民学校国文新课本说明书》,并特别注明是对《国民学校文法便览表》的补充拓展。如此一来,公立私立中小学在教材选择上通常也会比较倾向经常有完整教辅资料支持的"土山湾教材"。

另值得书上一笔的是,潘谷声编订的两套完整小学国文教材还配有法、英、西语的翻译版本。其中《初等小学国文新课本》八册的法译本由《汉学丛刊》系列(*Variétés Sinologiques*)的主编者孔明道神父(Joseph de Lapparent, 1862—1953)主笔翻译而成,英译本由美国加利福尼亚省耶稣会士艾若望(John F. Magner, 1902—1975)①译出。此外,比较稀见的是西班牙语译本,来自西班牙卡斯提尔省的耶稣会士吴山(José María Huarte, 1893—1980)将八册合并译出五卷本。此三个译文版本中,以西班牙语售价最高,五卷合计的价格近 15 倍于取价最为低廉的英译本。法语本在译本中价格适中,比之中文本价格也较为接近。该系列教科书的多语种翻译与新耶稣会重回中国的历史使命密切相关。19 世纪中叶起,中华大地作为罗马教廷所牧辖的领土,由新耶稣会士最终在华的九个不同区域建立了教务中心,②每个区域都由中国籍耶稣会士与来自特定会省的新耶稣会士通力合作。其中耶稣会牧辖的江南

---

① 艾若望 1902 年出生于美国旧金山,1924 年进入耶稣会高等学府旧金山大学,同时加入耶稣会。1924 年至 1930 年期间分别完成修士见习,于 1930 年来到徐家汇学习中文,后在美国加利福尼亚耶稣会负责的金科中学(Gongaza Colege,今静安区江宁中学)、震旦大学、徐家汇神学院教授历史、英语、神学相关课程。参见 Peter Fleming 的博士论文 *Chosen for China: The California Province Jesuits in China 1928 - 1957: A Case Study in Mission and Culture*, Ph. D. Dissertation, Berkeley Graduate Theological Union,1987,p.21.

② 这九个区域是:上海,属于法国耶稣会巴黎省(该地的第一位耶稣会士于 1842 年抵达);献县,属于法国耶稣会香槟省(该地的第一位耶稣会士于 1853 年抵达);芜湖:属于西班牙耶稣会卡斯提尔省(该地的第一位耶稣会士于 1913 年抵达);安庆:属于西班牙耶稣会列昂省(该地的第一位耶稣会士于 1913 年抵达);蚌埠:属于意大利耶稣会图灵省(该地的第一位耶稣会士于 1929 年抵达);徐州:属于法属加拿大耶稣会下的加拿大省(该地的第一位耶稣会士于 1931 年抵达);大名:属于匈牙利耶稣会省(该地的第一位耶稣会士于 1935 年抵达);景县:属于奥地利耶稣会省(该地的第一位耶稣会士于 1939 年抵达);扬州:属于美国耶稣会加利福尼亚省(该地的第一位耶稣会士于 1928 年抵达)。参考由钟鸣旦为《剑桥耶稣会百科全书》所撰写的 China 词条。Thomas Worcester ed., *The Cambridge Encyclopedia of the Jesuits*, Cambridge: Cambridge University Press,2017,p.164.

地区涉及上海、芜湖、蚌埠、徐州、安庆、扬州。来自欧美地区 6 个不同会省，操持法、英、西语的耶稣会士，皆以徐家汇为入华的首站，短暂驻留进行初步的语言与文化学习。由于晚近来华的耶稣会士的准备工作不似明清之际那般充分，无法比拟第一代会士常在澳门经年的学习与通过研读来往书信获取间接且经凝练的传教经验。相较之下，新耶稣会士在徐家汇调整适应工作的强度要更大一些。故而，教材多语种译本既成为通力协作的一个重要剪影，也是检验文化习得成果的一种途径。

邹弢（1850—1931）①任教于启明女校的教学经历极少为人注意。他在那里工作长达 17 年之久，编有《速成文诀》《尺牍课选》等教材。对于这段经历，他曾叙言："启明女校，创始于前清丙午之纪。丁未秋，余受校中之聘，归自燕北，得观学其中。时女届震旦光开，大有欣欣向荣之象。"此番溢美之词，可见其对于这份教职的重视。《书目表》收录其四卷本《中学国文课本华菁》，注明为"启明女校教员邹翰飞所著"，与其他多卷本教材的印刷工艺一致，采用活字印刷 12 开本，版本为 1925 年至 1928 年陆续推出的第二版。体量相较于其他教材则更为庞大些，第三、四册厚达 300 余页，为多卷本套装教材之最。这一套作品共四册，在 1919 年首次得到土山湾整理出版前，为启明女校的内部教材②，内容相较潘谷声的《高等小学国文新课本》和《国民学校国文新课本》要深许多，足见教会学校对于学生古文基础的要求并未全然顺应"新文化运动"倡议之势。邹弢选文共 400 余篇，自《史记》《汉书》至唐宋大家之文，再到曾国藩、梁任公的时文论述。虽为教会学校教材，却是全然的文学作品选集，鲜有涉及宗教信仰，亦有国民教材之属性。对于选文初衷，正如邹弢在序中所言："清淑不钟于男子也，故天资人力，各有难齐，其所读之书，以下里而就阳春，或以生知而下侪困学，钧陶所及，岂能合大冶为一炉。"因材施教，特别是"女届震旦"的学生，理应有专门的教材。

该系列课教材下序《中学国文读本》，原为圣母院下属徐汇师范学校内部教材，于 1911 年初版，"壬戌学制"实施后，略作修订。1931 年再以同名续编，

---

① 邹弢（1850—1931），字翰飞，江苏无锡人。他是一位颇具争议的作家，少年天才，早岁即得诗名，善写狭邪小说。不过学界极少提及他曾任教于启明女校长达 17 年之久。参见李孝悌：《建立新事业：晚清百科全书家》，《东吴学术》2012 年第 2 期。
② 1919 年印制的版本为石印工艺，采用筒子页及线状装订，与后来的活字印本具有较为显著的差异。

分列"精读文"与"略读文",前者以倡古文的唐宋八大家作品为主,后者以近现代蔡元培、胡适、朱自清、巴金等作家的时文为主,更延请专营教材的世界书局总经理陆高谊①为序。

李问渔所编《古文拾级》于清宣统元年(1909)铅印首版,共收录99篇古文,编为八卷本,以倒叙为按当朝为首,故卷一为"国朝文",即清文;卷二为"明文";卷三四为"宋文";五为"宋唐文";六为"唐文";七为"汉文";卷八为"汉周文"。本册《书目表》使用的1920年第三版为长达400余页的单卷本。李问渔虽谦言该书为学生读物,但仍请来马相伯与张謇②为之作序。"五四"新文化运动提出的对文学教学的改革,推行国语,改国文为国语,白话文学亦进入国语教科书,而徐家汇则继续秉承"国文为先"的原则,在具体课文收录中尝试缓解这一张力。

再就教学法而言,"儿童本位"的教育思想③深入国民语文教材的编写原则中,"从儿童生活上着想,根据儿童之生活需要编订教材,形式注意儿童化,内容则适合儿童经验"④。而此维度与耶稣会历来重视的"童幼教育"是相互承接的。通常认为,耶稣会士具有比较良好的教育经历而常在大学部任教,以致在儿童教育领域的声望并不高,但事实上从耶稣会建立的目标来看,就特别将"教育儿童及失学的人"⑤作为主要任务之一。上溯至晚明来华耶稣会士高一志(Alfonso Vagnone, 1566—1640)撰写的《童幼教育》(*De Liberorum Educatione*)⑥,提及不同层次的教育划分:蒙学(相当于小学)、文教(相当于中学)、天文及剖性理(包含自然科学与哲学,相当于大学本科)、圣道(等于神学研究所)。欧洲的教育也随着耶稣会教育的分类发生重大变化,耶稣会建立

---

① 陆高谊(1899—1984),浙江绍兴人,毕业于杭州知名的教会学校之江大学,后历任河南第一女子师范学校校长、河南中山大学教务长、杭州之江大学附中校长等职。1933年进入世界书局,并任总经理至1946年。

② 张謇所创办的文化事业之一便是"翰墨林书局"或称"翰墨林编译印书局",该书局于1904年创立之初便为师范学校编教材。张謇所办的实业、学堂通常与书局关系甚笃,因此在"翰墨林"出版的教科书和实业类文牍占据相当大的比例。参见邹振环:《张謇与清末宪政史知识的译介与传播》,《史林》2012年第3期。

③ 如倡议小学语文的教学目的是"练习运用通常的语言文字、涵养感情德性、启发想象思想、引起读书兴趣、建立进修国文的良好基础、培养能达己意的表达能力"。参见教育部年鉴编纂委员会编:《第一次中国教育年》(丙编),开明书店1934年版,第433页。

④ 教育部年鉴编纂委员会编:《第一次中国教育年》(丙编),第434页。

⑤ 〔美〕司马礼著:宋皓文译:《耶稣会教育的开端》,周守仁主编:《耶稣会教育论文集》,台湾思维出版社2012年版,第23页。

⑥ 目前能见到最早的版本是法国国家图书馆编号为Manuscrit chinois 3389的收藏。参见谭杰:《关于〈童幼教育〉不同版本的考证及〈童幼教育今注〉的说明》,载〔意〕高一志著,〔法〕梅谦立编著:《童幼教育今注》,商务印书馆2017年版,第138页。

的大规模学校中,学生可渐次完成小学、中学、大学部的教育。因此,随着近代中国教育制度的沿革,此两向最终发生汇聚。

在国文类教材这一大类中,实则还有一部分被认为是中国礼教类书籍的一部分,更是汉语基督教珍稀文献的重要组成部分,如蒋邑虚的《尺牍初桄》《书契便蒙》和黄伯禄的《函牍举隅》《函牍碎锦注释》《圣母院函稿》《契券汇式》等。① 这些"教材"传授兼具工具性和文学性的应用文写作技能,可视为利玛窦"适应政策"在晚近时代的接续。

《尺牍初桄》书如其名,作书信入门之用。该书分为上下两卷,经由"南窗侍者子虚氏"于光绪九年(1883)删改原稿,编为两集。1921 年的第四版署"南沙南窗侍者邑虚氏"②,《书目表》收其 1922 年校订的第五版。蒋邑虚另编撰一套《书契便蒙》,上卷为"书信",初版于光绪二十年(1894)土山湾慈母堂上梓,次年下卷"契券"出版。编者于卷首说明分为十卷介绍中国人的敬辞与谦辞。上卷"书信"分"亲族往来""外戚书禀""朋友赠答"三篇,与《尺牍初桄》下卷内容接近;下卷"契券"不做分类,编列各种契书和票券样式等 84 篇。

黄伯禄的《函牍举隅》与蒋邑虚的两部著作主题接近,内容则有不同,后者偏重介绍日常生活中的函椟礼规,前者则全然为教会人员与官署衙门打交道使用的公文模板。文本之后俨然藏有两位教中人在编撰过程中的分工协商,是考察近代徐家汇知识生产与传播策略的又一考证着力点。《书目表》收 1925 年所订的第三版,保留最初的十卷十册③分订方式,八开本,印制厚达近 1 000 页。这部著作的实用性得到时代印证,它为传教士和晚清官员之间公文案牍往返提供重要的范式。尤其是在"民教冲突"迭起的时代中与教务、教案相关的公文文书写作,多以之为参考。

《圣母院函稿》是教授圣母院内修院女生写信的工具书。该书初版于光绪

---

① 由陶飞亚主编的《汉语基督教珍稀文献丛刊》于 2017 年出版第一辑十册,甄选国内外罕见的明清至民国刻本或抄本共 14 种影印出版,含《函牍举隅》《函牍举隅碎锦注释》《书契便蒙》《契券汇式》等。

② 关于蒋邑虚的别号,晚清童蒙课外读本《异闻益智丛录》的编撰者署名"种蕉艺兰生",书信写作规范用书《尺牍初桄》《通问便集》的编撰者署名"子虚氏",书信契约规范用书《书契便蒙》的编撰者署名"南沙南窗侍者",其实"种蕉艺兰生""子虚氏""南沙南窗侍者"均为蒋邑虚神父的别号。参见叶文玲,张振国:《晚清徐汇公学校长蒋邑虚生平著述考》,《成都师范学院学报》2015 年第 4 期。

③ 第一卷"阻扰类"、第二卷"请示类"、第三卷"庙捐类"、第四卷"置产类"、第五卷"风化类"、第六卷"租欠类"、第七卷"杂事类"、第八卷"知照类"、第九卷"订会类"、第十卷"贺候类"。参见陶飞亚主编:《汉语基督教珍稀文献丛刊》(第三册),广西师范大学出版社 2017 年版。

十八年(1892),由慈母堂付梓印刷,本册收 1908 年第二版,亦分为上下两册。黄伯禄在序言中明确写作意图:站在圣母院毕业生的角度,为之整理日后可能会遇到的生活、工作等方方面面的情况,①共计 79 篇书信范文,可足以覆盖其主要的日常工作。② 另附录三表"亲族称呼""寄信封面式""汇摘注释",照顾书信细节。徐家汇圣母院中的"献堂会"堪称近代中国最有影响的中国籍天主教贞女团体,她们受法国女修会"拯亡会"(Helpers of the Holy Souls)的培训,与欧洲女修会在慈善工作上进行分工③,但"国际修女会的活动范围基本限于上海租界内,只有献堂会活跃在江南的广大地区,她们的足迹踏遍了乡村、山区。……她们服务神父、服务堂口、服务穷人,她们讲解教理、管理小学,同时义务看病。……对江苏、安徽两省以及上海的教会贡献极大!"④献堂会 1855 年设立于青浦横塘,后随着耶稣会几经周折,于 1864 年迁入徐家汇王家堂地区,至 1868 年搬入肇嘉浜对岸,并入徐家汇圣母院。也正是《书目表》发布的 1934 年,惠济良主教(Auguste Haouisee,1877—1948)正式批准"圣母献堂会组织大纲",完成其历史转型。因此,《圣母院函稿》为献堂会规范化的进程提供了重要的文本支持,其高度实用性亦与时代中"女性意识"的唤醒形成呼应。

《契券汇式》原为传教士订立中国田地、房产买卖"文契"提供参考。首版于 1882 年,本册《书目表》收录 1910 年第二版,同样以八开本问世。上下两卷共有 200 余页,上卷是产业买卖租借事务的法律常用专业术语,下卷为田产地

---

① 文中写道:"吾圣教有贞女,既无主中馈、操井臼之累,而吾教中之女公学、育婴堂,随任之以掌管,其抚弃婴,诲幼女,俱视若芳兰美玉,甘心茹苦,不惮辛劳。非为名,非为利,非为德报,惟思致身行善,胞与为怀。……因念若辈,自幼在圣母院读书,及长,蒙天主圣召,矢志守贞,练习修灵之业,数年业成,奉遣他往供职,行其素愿。是与院长、同学、同事及本管长上、父母亲族,必有请示、禀承、述事、致意、往来信函也。"参见陶飞亚主编:《汉语基督教珍稀文献丛刊》(第四册),广西师范大学出版社 2017 年版。
② 内容诸如日后禀付圣母院嬷嬷日后离院履新的形成情况、如何向他人转述育婴堂与女学堂见闻、如何为其他姐妹申请准许入圣母院、如何交涉治疗婴孩与培训修女的事宜等。由于从徐家汇圣母院完成教育的女孩最有可能的还是留在修院进行相关工作,或是前往其他天主教相关女性机构服务,此外,由于从事女性事工经常需要长期"住堂"离开自己的原生家庭作品,同样也有准备为家中长辈、同辈及小辈的信函范文。参见"住堂型贞女",康志杰:《基督的新娘——中国天主教贞女研究》,中国社会科学出版社 2013 年版,第 235 页。
③ 献堂会承担的工作主要有:开设读经班、儿童教育、开设施诊所、管理教堂、从事堂口杂物等。经过欧洲修女的培训还能行医,主要是妇科和小儿科,与工作对象相吻合。面向贫困农村、面向下层民众、面向草根社会是献堂会主要的工作特点。参见杨堤:《安徽天主教传教史:元明清至 1949 年》,辅仁大学神学院编:《神学论集》第 99 号,光启出版社 1994 年版,第 753—754 页。
④ 金鲁贤:《金鲁贤文集》,上海辞书出版社 2007 年版,第 330 页。

租借契约、买卖契约、合同等格式化的模板,尝试为天主教会处理不动产提供专业的模板,试图在尤为敏感的时间段避免不必要的争执与纠纷。黄伯禄在此书序中说明了自己编著此书原为天主教会置买"善举公产"而作,希望借此"永弭衅端"。置于后世语境,仍被视为研究晚清经济制度、中国天主教财务制度①和"民教冲突"问题的稀见文献。1899 年的汉学最高成就奖"儒莲奖"(Prix Stanislas Julien)授予黄伯禄的《中国产权研究》(*Notions techniques sur la propriété en Chine*),该书正是源于其完成的中文著作《契券汇式》。考虑到晚清时期天主教与中国社会数次冲突多因置产问题导致,此书可谓用心良苦。作为天主教会解决实际问题的参考书,其转而在汉学界吸引西方汉学家们的学术兴趣的过程是非常值得推敲的。1882 年中文版初版时,黄公将《契券汇式》翻译成拉丁文(*De legali dominio practicae notions*)由土山湾印书馆出版。从后来《中国产权研究》法文版序可知,当时同在上海的皇家亚洲文会北华支会(North China Royal Asiatic Society)对之甚感兴趣,要求该会会报转载。② 受此鼓舞,黄伯禄进一步补刊,于 1891 年增订出版,其"实用性"受到在华西士好评,因而有翻译成法文再版的需要。1897 年,法国耶稣会士吕承望(Joseph Bastard, 1863—1920)、西班牙耶稣会士管宜穆(Jerónimo Tobar, 1855—1917)分别将拉丁文、中文内容翻译为法文,收入《汉学丛刊》,列为第十一号丛书。凭借这一译本,该作品出版问世后的第二年即获得汉学桂冠奖项"儒莲奖"的认可。旅居澳门的葡萄牙汉学家兼诗人庇山耶(Camilo Pessanha, 1867—1926)也曾受益于此书。庇山耶毕业于利玛窦母校葡萄牙科英布拉大学,获得法学学士学位,1894 年赴澳门后任职法官,其居澳期间曾在华政衙门(Procuratura dos Negócios Sínicos)③工作。彼时恰逢《契券汇式》西语译文问世,至今收藏于澳门公共图书馆的《中国产权研究》仍盖有庇山耶的

---

① 关于中国天主教财务经济的研究,康志杰教授的研究划定研究对象为传教经费的聚集和支出、教会不动产的积累、严格规范的财务管理制度等。其中不动产的积累是最为重要的纽带。参见康志杰:《中国天主教财务经济研究(1582—1949)》(绪论),人民出版社 2019 年版,第 3—4 页。

② 参见该会报 1888 年第 23 卷,第 118—143 页,《皇家亚洲文会北华支会会刊(1858—1948)》,上海科学技术文献出版社 2013 年版。

③ 1865 年,澳葡政府为了实现对居澳华人实质性的管理,成立了华政衙门,负责对居澳华人的行政与司法管理,分为行政科(Secção Administrativa)和法律科(Secção Forense)主理有关居澳华人的诉讼。至九十年代,受司法统一观念的影响,华政衙门不再行使对华人的司法审判权,有关华人的诉讼统一交由按察司衙门(Juizo de Direito)办理,内设注契券公所(Conservatoria)。为此,《中国产权研究》应该被认为是庇山耶供职期间的必备参考书。

中文藏书印,也有华政衙门图书馆的盖印。据此,笔者有理由相信土山湾慈母堂所刊印的具有教材属性的出版物影响力依然超脱国民教育纲领,其文化生命力借助多语种译本延展至中国各地,成为中文习练的经典标杆。

从国文类教材的不同面向和渐进梯度中可见,徐家汇的教育事业实际上是修会同历史与现实的对话和回应。历来,耶稣会重视对自身会士的教育,①他们晚近的"中国使命"过程里,崇尚教育的传统也为他们赢得开教的先机。同时,耶稣会指定明确的教育规范,于 1599 年出版《学则》(*Ratio Studiorum*,也称《教育计划》)②,兼顾古典学的教育模式和大学传统。前者按照伊拉斯谟(Erasmus, 1466—1536)的设想,力图建立跨越国家边界的共同课程,尤其强调文学、修辞学、语法和诗学。后者关注学生的理论能力,侧重逻辑学、哲学、神学并延展至自然科学。1832 年再行修订后的《新学则》将二者合一,促使道德和理智的并进。在具体安排上,小学和中学教育偏重文学教育,吸收古典学课程,高等教育重视理论教育,因此学生必须经过由低向高的发展过程。"教育计划"同样重视因时因地制宜,近世耶稣会在华原先预设培养一批博学多识的传教士,能够继续明清之际利玛窦所订立的传教路线:通过培养传教士接触经典,练就精湛的汉语能力,与中国社会精英保持良好互动。③ 但近代纷繁的社会激变,迫切需要耶稣会士作出新的应对,于是"适应政策"更多的立体面向得到进一步地挖掘。与耶稣会紧密相关的中国籍人士主导撰写和编订的国文类教材,力图与学制变革相辅、与修会教育策略传统相成,再由西士编译,并在更广范围的江南地区得到运用,构成地域与世界紧密互关的智识图

---

① 自创始初期,会祖罗耀拉(Ignacio de Loyola, 1491—1552)成立"罗马学院"(Collegium Romanum)。其下包括高中学校、哲学系及神学系,是耶稣会主要的教育机构,而利玛窦正是毕业于该校。1572 年 9 月 17 日,利玛窦进入耶稣会罗马学院攻读哲学与神学。参见〔法〕裴化行(Henry Bernard):《利玛窦神父传(上册)》,商务印书馆 1993 年版,第 24 页。

② 《学则》的建立经过比较长的修正和丰富阶段:1541 年的《学院基准》(*Fundación de Collegio*)为草拟提纲,但被认为是最早的雏形。后 1595 年,帕多瓦(Padova)大学编撰的《帕多瓦学院县长宪章》(*Constitutiones Collegii Patavini*)特别提及其中的课程依照罗耀拉在巴黎大学时期的课程计划改编而来,而后得到其本人的修订。后 1547 年、1565 年、1586、1591 年分别推出校订版本,并于 1599 年形成最终版本。进入近代后根据新的社会环境,于 1832 年重新订立,也称为《1832 年版学则》。参见 M. Redaelli, *Il mappamondo con la Cina al centro: fonti antiche e mediazione culturale nell'opera di Matteo Ricci S. J.*, ETS, 2007, p.28.

③ 〔美〕柏里安(Liam Matthew Brockey),陈玉芳译:《东游记——耶稣会在华传教史 1529—1724》(*Journey to the East*, *The Jesuit Mission to China*, 1529—1724),澳门大学出版社 2014 年版,第 192 页。

谱,而此一"网络化"范式在科学类教材的出版策略中也有所体现。

四、双重真理：科学类教材

"徐家汇会议"召开后,"江南科学计划"从星罗零散逐渐拢归为四个着重的方面：天文地理与气象服务、自然历史与博物收藏、汉学研究(侧重晚近中国史地、国情、民俗等方面的系统研究)和期刊报章编撰与学术专著出版。它们互为交叉,文理并重,倡导智性启蒙。笔者认为,《书目表》的内容架构及其本身的问世便是"江南科学计划"的重要体现,这突破了通常从科学研究活动的成果来审视的传统评判标准。尤以"化外"部分的教材为例,《书目表》较为完整地呈现数理大类,为科学人才的培养提供前期的知识准备和学养基础。

笔者试图侧重将数学、物理与自然科学、地理这三项体现"江南科学计划"构想的重要落实方面,并举列为"数理大类",从不凸显宗教功利的教材出版维度加以审视。数学是研究数量、结构、变化以及空间等概念的一门学科,此部分收录的七部作品皆仅涉及理论数学(Pure Mathematics)[1],首以佘宾王(Frank Scherer, 1860—1929)[2]的《数学问答》《量法问答》《代数问答》三部为先,首版于1901至1903年,最初是"汇塾课本"的一部分,[3]后不断补充印刷,直至本册《书目表》所收1923年第三版。后接作为震旦大学教材使用的《几何学·平面》《代数学》。这两部作品皆由近代著名的法国数学家卡罗·布尔莱(Carlo Bourlet, 1866—1913)所著,前作经戴连江译介,采用1913年首版入藏;后者则为陆翔所译,以1928年再版的单卷本收录,厚达400余页,售价极为平易。还有最后两部《课算指南》及《课算指南教授法》,初为天主教启蒙学校用书,因此不曾定价,不取分文。

这里有一处很有意思的比较,上文论及同为徐汇公塾教材的《汇学读本》,由于迎合科举制度、倡八股文,被视作逆学制革新之潮流,也与耶稣会教学方针不符,故因"纠偏"而未被入选《书目表》。同为公塾时期教材的佘懋卿三部所作"问答式"教材全被完整收录于数学部,足见耶稣会在遴选教科书时具有

---

① 与应用数学(Applied Mathematics)相对应,组成数学的主要两部分。
② 佘宾王,字懋卿,德国巴伐利亚人,1879年来到南京—上海教区服务,后于1903年正式进入法国省耶稣会,任教于徐家汇天主堂内设蒲西学馆,是一名数学教师。
③ 王鼎勋：《从〈几何原本〉第十卷到〈无比例线新解〉》,台湾师范大学2007年硕士学位论文,第34页。转引自邹振环：《疏通知译史》,第170页。

和时代对话的主动意识。如《数理问答》序言："光绪辛丑，余教算汇塾，以数理之最简明者，用官话为问答，先授小生，后又付梓，名之曰《数理问答》。尤虑小生之不易悟也。集算题如干，另为一卷，亦即镌板，名之曰《数学习题》。不期书以理浅词清适，足以启幼童之悟。"①佘宾王将自己教授徐汇公塾时期的一些经验和方法论，集为官话问答形式的课本，另补充习题卷。实际上，自"癸卯学制"后，国人自行编译教科书，其底本通常取自日本原著或日译西书。而此趋势也是分段行之，小学教科书通常以中国自编者居多，至于中学教科书或参考书，翻译与编译较多，自编者比较少。高等教育的教科书，翻译本不多，自编的更是寥寥。同时随着教会学校的发展，②科学教育程度（教学制度、内容、方法及教育思想）不断提高，国民教育的决策层显然意识到两者之间的显著差异，借助教材编译、选录与审定等系列步骤加以弥合。

以科学类教科书的编译为例，首先传教士教科书的编译难免有一定的宗教意义，但国民教科书则应尽可能做到科学与宗教的结合，不可偏废。其次，须以中文形式教科书的编译，选择能让国人接受的表述方式编订。教科书的审查制度也随学制而变，逐渐形成审定制和国定制两种，③前者为民教自由编写的教科书，须由官方审查后才能得到采用，而后者国定制，由国家统一办法，以利于国民统一的思想和教育的形成。由于国定制教材相对滞后，较晚出现，审定制教材也顺应各时期学制，随着各类学堂的剧增，率先丰富起来。

震旦大学使用的教材译自彼时最新的法国数学家成果，此举具有相当的开创性。以《代数学》同名教材为例，《书目表》收录震旦大学教授陆翔所编译

---

① 参见序言部分，〔比〕佘宾王：《数理问答》，土山湾慈母堂印书馆 1903 年版。
② 鸦片战争后，教会学校的出现与发展，其本质是列强对中国的文化和教育的侵略行径，其教育行政各成系统。且兴办学校也因传教士之间不同的主张而不同，但其共同的目的还是"传播教义"。光绪三十二年（1906）清学部行文各省，外国人所设学堂，不论已设"无庸立案"，"所有学生，概不给与奖励"，不承认此类学校的合法性，而同时意放弃教育主权，对中国近代教育产生深刻的影响，其发展大体经历了三阶段：第一个阶段，从鸦片战争爆发到第二次鸦片战争结束为教会学校的创始时期，此阶段，没有统一规范的教科书，数学教材多是由教会学校的教师根据学生的程度自行编译，程度较低。第二个阶段，从第二次鸦片战争到义和团运动为教会学校的发展时期，在这个时期，教会学校逐渐走向"正规化""世俗化""贵族化"。并依照西方的教育模式，建立正规的教学制度，明确学制年限，确立基本完备的教学体系。第三个阶段，从义和团运动到清末为教会学校的成熟时期，此时的教会学校，其教学内容主要以人文科学和自然科学为主，实行分科专业教学，其教师也开始以专业教育工作者取代，而且教学水平和学术水平都有明显的提高。参见李兆华主编：《中国近代数学教育史稿》，山东教育出版社 2005 年版，第 120—123 页。
③ 教材审查制度亦承袭日制而来，日本在明治维新时期采用审定制，1902 年（明治 35 年）转而实行国定制度。

原作,而李善兰(1811—1882)与伟烈亚力(Alexander Wylie, 1815—1887)合作的《代数学》于 1859 年已经译出,由上海墨海书馆付梓印刷,是两人完成翻译《几何原本》后九卷之后的又一力作。尽管徐利合作的美谈代代相传,但陆翔的译本显然别具用心,①底本选择法国年轻一辈的数学家。陆翔家学不凡,是近代海派书画大家陆廉夫(1851—1920)之子,于徐汇公学完成学业后,1929年进入震旦大学学习工科,后留任该校,曾为文史学家周退密(1914—2020)业师。最为有趣的是,陆翔除却理工科专业的学识背景之外,更积极参与伯希和(Paul Eugène Pelliot, 1878—1945)②的敦煌研究工作,将这位世界著名的敦煌学家所著《敦煌石室访书记》《敦煌石窟图录》译为中文。更一并延展出自己的历史研究兴趣,著有《五胡二十国史表》,完成从数学教授到敦煌学者的转变,这位通达文理的徐家汇人还具备相当的绘画知识,这也助他完成敦煌图录的重要工作。

在物理和自然科学方面,《书目表》共收录 11 部作品。涉及自然历史的四部《动物学要》《动物呈奇》《千奇万妙》《试验指南》出自赫尔瞻(Aloysius Van Hée, 1873—1951)③原作;另有关于天文气象三部分别是佘宾王《天文问答》、蔡尚质《太阴图说》、马德赉《气学通诠》,后两位正是"江南科学计划"核心机构徐家汇天文台的天文和地磁部门负责人,另有两部是关于物理学中电学的相关著作《无线电报电话学》《实用电学》,由中国会士沈良所著;余下李问渔所译的《形性学要》《西学关键》被视为科普读物,除此两部作品采用 20 世纪初年版本收录,其余皆为 20 世纪 20 年代的再版入编。

赫师慎的作品在此部分占据大比例,直署其名的占四部,而李问渔所著的两部实则为译作,原作者即为赫师慎,因此占比半数以上。先看译作,本册《书目表》所收《形性学要》为 1906 年的再版修订,将原先李问渔自 1899 年起主理

---

① 有一种说法认为,"道光季"的来华天主教传教士认为他们前辈们的"科学"著作已经过时了,天主教的经籍和神秀书记这些形而上的东西总是永恒真理,科学技术被认为是形而下,将会淘汰。参见姚鹏:《百年流泽:从土山湾到诸巷会》,中西书局 2021 年版,第 348 页。

② 伯希和,字履中,法国语言学家、汉学家、探险家,更是著名的敦煌学家。1908 年前往中国敦煌石窟探险,购买了大批敦煌文物运往法国,今藏法国国家图书馆老馆。后人评价说:"如果没有伯希和,汉学将成为孤儿。"巴黎的集美博物馆有一个画廊以伯希和命名,伯希和收集的很多文献被法国国立图书馆保存。

③ 赫师慎,字尔瞻,来自比利时,属于法国耶稣会,于 1893 年来华,入《汇报》馆谋职,后于 1912 年返回欧洲。

《汇报》时的首版十卷本,重新整合为四卷,①共近 500 页,八开本装订,价格极为低廉。另一译作《西学关键》里,最为核心的"数"的概念,在李问渔具有哲学意识的笔法中得到生动译介,以"十万个为什么"的形式告诉读者"泰西各学都兼算法,如天度地度、化学分剂欤项、出入物产盛衰,皆有数可考"。原作者赫师慎是一位较有影响力的算术史学家,关注中国古代数学中著名的百鸡问题②和剩余定理,并把中古数学的研究成果发表在《通报》(T'oung Pao)的学术专栏中,向欧洲介绍中国的古算术。而《千奇万妙》《动物学要》都是图文并茂的百科科普读物,并以问答形式介绍西方动物学知识。此两部首版于 1903年,由朱飞译出。值得注意的是,赫师慎的作品都是其在《汇报》上发表的同名文章连载集结成书,可见李问渔的期刊平台在徐家汇知识生产与传播中的重要枢纽作用。另外由于这些作品大量插图,先交付鸿宝斋印制,后续随着"江南科学计划"的硬件配套日益完善,土山湾的印刷工艺进一步提高,再转回徐家汇。赫师慎作品的广泛流传使得天主教出版物令人耳目一新,普及科学也成为教会书籍的一项使命。显然,这一系列作品能够在《书目表》中得到体现,在很大程度上凸显经典性,作为科学教材,其生命力的接续超脱意识形态范畴,进入通往"真理"的道路,这又与宗教在某种程度达成一定契合。

蔡尚质(Stanislas Chevalier, 1852—1930)是徐家汇天文台历史叙事中集大成者。19 世纪六七十年代,当"江南科学计划"尚在酝酿过程中,具备天文台主持工作经验的法国耶稣会士陆续抵华,他们是刘德耀(Henry le Lec, 1832—1882)、高龙鞶(Augustin Colombel, 1833—1905)以及能恩斯(Marcus Dechevrens, 1845—1923)。草创时期的徐家汇天文台就设在肇嘉浜畔,耶稣会士们利用数间生活起居平房的东向露台一隅进行简易的观测活动,最初零星的气象纪录仪、寒暑表、气压计和测风车,就是在这里间断缓慢地开启天文气象工作的。蔡尚质于 1883 年来到上海,原本为筹建献县气象台的仪器,因任务终止被转运到上海。次年,徐家汇天文台建起了 41 米高的测风

---

① 1899 年版本《形性学要》的十卷分别为:卷一"形体公性及动力",卷二"重学",卷三"水学",卷四"气学",卷五"声学",卷六"热学",卷七"光学",卷八"磁学",卷九"电学",卷十"气候学"。至 1906 年的版本中,前四卷合为新的第一卷,五六为第二卷,七八为第三卷,九十为第四卷。

② 百鸡问题是一个数学问题,出自中国古代约五至六世纪成书的《张丘建算经》,是原书卷下第 38 题,也是全书的最后一题,该问题导致三元不定方程组,其重要之处在于开创"一问多答"的先例。

塔,同年在外滩设立信号塔,为停泊在黄浦江进出上海港的船舰提供长江出海口及东海近海的气象预报服务。可以说,他是徐家汇天文观测与气象服务工作步入正轨的重要人物。在他主持期间,佘山天文台开办与徐家汇分工合作,以徐家汇为三大基点之一开展国际经度联测、考察长江水道,测定沿岸五十余座城市的经度,为长江的进一步开发利用奠定基础性的科学依据。蔡尚质在徐家汇的成果对中国参与地球物理学、地理学、天文学都具有里程碑式的意义。孔明道(Joseph de Lapparent,1862—1947)曾经为其作传,①附录中列出其作品,其中《太阴图说》正是罕见的中文作品②之一。1922 年,已任震旦学院教授的高均(1888—1970)③将蔡尚质的工作译为中文,与原作一并出版,成为法汉对照的《太阴图说》④,该作所采用的月球照片均由佘山天文台摄取,是《书目表》中唯一一部采用最新照相版(phototype)印制的四开本作品,尝试用最新的印刷技艺呈现"江南科学计划"成果。

中文语境的徐家汇天文台常常有诸多混淆的说法,但各种说法背后皆是对耶稣会在华科学活动的历史脉络,如徐家汇观象台,正是对明清之际耶稣会士参与天文观测及历法修订的致敬。然而该机构的法语名为 l'Obervatoire de Zi-ka-wei,则是三个各有服务侧重的分支机构⑤之总称。时代的变化与科学的推进,将原本以徐家汇为中心的科学服务事业变得更为立体和精细,除却徐家汇观象台(气象、授时服务与地震预测)、佘山天文台(以太阳研究和行星观测为主的天文活动),又设绿葭浜天文台(今陆家浜,Loh-ka-pang,以地磁研究为主)。1892 年,蔡尚质倡导设立上海气象学会(Shanghai Meteorological

---

① 该传记 Le R. P. Stanislas Chevalier(1852—1930)(《蔡尚质》)共分为八章,以编年体方式介绍了其童年与求学(1852—1871)、宗教生活初期(1871—1883)、在中国学习(1883—1888)、徐汇天文台(1888—1901)、佘山天文台(1901—1924)、各种探索(1924—1930)、宗教研究、病魔缠身与离世。最后附上"蔡尚质作品",含著作及论文共 84 件,几乎全部由土山湾出版。参考 Joseph de Lapparent, *Le R. P. Stanislas Chevalier(1852—1930)*, Paris: Jersey Maison Saint Louis, 1937.
② 其中文作品有《皇朝直省地舆全图》(1894)、《耶稣受难记略方言》(1907)、《太阳光圈图·墨子图附》(1915)及《太阴图说》(1922)。
③ 高均,字君平,号平子,江苏金山人(今属上海)。1904 年考入震旦学院理科修学法文与拉丁文。1912 年毕业后前往佘山天文台进修,随蔡尚质神父进行科学活动。1914 年担任震旦大学天象学教授,1924 年参观青岛观象台并接管工作。1928 年出任"中央研究院"天文研究所研究员。其著作及成果可参考高平子:《高平子天文历学论著选》,"中央研究院"数学研究所 1987 年第 1 期。
④ 卷一为法文原文,卷二为中文译本,另有索引为卷三,共计 20 幅地图画。
⑤ "徐家汇观象台"这一说法实际上是整体性的描述,含徐家汇(气象、地震)—佘山(天文)—绿葭浜(地磁),具体的三者分工架构图,可参考吴燕:《近代欧洲科学扩张背景下的徐家汇观象台(1873—1950)》,上海交通大学 2009 年博士学位论文,第 48 页。

Society)，以年度主题论文的形式，报告各部门进展。马德赉（Josephus Tardif de Moidrey，1858—1936）是绿葭浜天文台的负责人，专事地磁观测与研究。其作品《气学通诠》（*Manuel de Météorologie*）是专业的气象学专著，由于西文的科学作品通常是震旦大学的教学用书，因此《书目表》收录其法文原作。从书名可见，这是一部关于气象学研究的手册，1914 年初版时介绍了近代气象学的基本概念、研究方法、仪器使用等。1929 年再版时，马德赉补充道："因科学之突飞猛晋，前版已觉过简，凡曩时所认为过属专门性而予割爱之名词，兹均酌量加入。"①译本作者刘晋钰、潘肇邦将之分译为四卷本②，附上大量图示，以及五篇实用性极大的补遗，将法华气学术语一一对应起来，比较西式气象学与中国传统测候方法，侧重体现了"本地化"的特点③，呈现出与同时代其他西方近代气象学译著④不同的显著特点，可见作者与译者的用心。

自明末以来，来华耶稣会士深刻认识到"文经武律，以立其身"，因此作为经世之学的天文和地理本来就是格物致知的连襟之学。转入晚近时期的第二代来华耶稣会士承续这一脉络，在中国近代地理研究中。建树良多，《书目表》地理专栏收书共计 14 部。其中夏之时（Aloysius Richard，1868—1948）⑤的作品占比最多，共有 6 部，但实为 3 部，另有其他 3 部为他人对其作品的译制。原作《法文中国北方坤舆详志》《法文中国坤舆志略》获得巴黎地理学会（de la

---

① 更细的章节上则增加了"重力正价校正""米里巴尔（Millibar）""雨之强度""特殊骤雨""蒙气高处探讨""设备气象台论"等内容。参考"第二版序"，马德赉：《气学通诠》，上海徐家汇土山湾印书馆 1929 年版。

② 首卷"温度释要"、卷二"空气释要"、卷三"空中汽解"、卷四"天象杂志"。

③ 例如在有关气候的介绍中，该书以上海为例加以解说。作者注意到依中国阴历研究气候之难，而更为认同中国传统之二十四节气的划分："欲识气候之变迁。而平均其数。须用阳历测验。中国用阴历。境变太甚。断难测准。如正月。有大寒后二日起者。亦有雨水后二日起者。依阴历而推。焉能济事。惟用二十四节气。最为妥稳。溯本汇天文台。测验已经三十一年。所测最为作准。兹将其百度表。所测二十四节。气候平均度。列表于下。"马德赉：《气学通诠》，上海徐家汇土山湾印书馆 1914 年版，第 11 页。

④ 在《气学通诠》刊行于中国的 1910 年代，在中国境内出版的近代气象学著作还有五种，第一，广学会于 1913 年出版的《气象学》（*Climate and Weather*）；第二，1916 年由上海土山湾印书馆出版的《一九一五年七月二十八之飓风》（劳积勋著，潘肇邦译）；第三，徐家汇观象台于 1917 年出版的《观测气象之实用指导说明》；第四，《实用气象学》（蒋丙然著，北京：中央观象台，1916）；第五，《气象学》（李松龄编纂，上海：商务印书馆，1917）。参考北京图书馆编：《民国时期总书目（自然科学·医药卫生）1911—1949》，书目文献出版社 1995 年版，第 156—171 页。

⑤ 夏之时，字建周，法国耶稣会士，1887 年进入耶稣会，于 1902 年来到徐家汇，曾任真大大学图书馆馆长。

Société de Géographie）①和巴黎商贸地理协会（la Société de Géographie commerciale）②的褒奖，另绘有《华法文十八省全图》。《法文中国坤舆志略》分为两个部分，第一部分共五卷本"十八省"，按照北、中、南、沿海以及政治经济分卷；第二部分为六卷本"中国藩属地"。该作品作为一部实用性极强的工具书，它的附录至今都具有相当重要的参考价值，比如"十八省地名索引""中国道台列表""中国城镇名称索引""汉字地名索引""文武官称"等。更有意思的是，书中的51幅地图也由夏之时亲力完成，其中随着行文的插图共15幅，另有插页地图35幅，最后一幅彩色的插袋地图，正是后来得到单独印制的《十八省全图》。该作品的英语译本《英文中国坤舆详志》由爱尔兰耶稣会士甘沛澍（Martin Kennelly，1859—1926）于1908年译出，极大地补充了法文原版"志略"从简的呈现模式，共计由八卷本共700多页的体量，含插袋大地图一幅，五色小型地图三幅、数据表等八十余幅，用布料装帧，售价三倍于法文志略版本。甘沛澍的翻译活动通常具有比较强的能动意识，他善于借助经典性、实用性较强的汉学书籍英译的契机，对之增补修订③。地理类书中甘沛澍的《华英文中国府厅州县名合表》正是翻译完成《英文中国坤舆详志》的副产品，是一部地理类资料性工具书，相当于中国地理名册。第一部分为中文在前、罗马化拼音居后的城镇表格，第二部分则是罗马化拼写在前、中文在后的开放口岸及城镇名。

另有专注于地理研究的屠恩烈（Henricus Dugout，1875—1927）④的《江苏全图》，这是他来华前两年就完成的论作，作品以法语写就，后不断补充更

---

① 巴黎地理学会是一家总部位于法国巴黎的地理学的学会，是世界上历史最古老的地理学学会，设立于1821年。自1878年开始，总部就位于巴黎圣日耳曼大街184号。入口处有两个巨大的分别表现"陆"和"海"的女神柱。1879年，建设巴拿马运河的决策就是在这里做出的。学会现在定期发行有地理学的学术杂志。巴黎地理学会图书馆的地图和照片藏品的水平也是世界顶级。

② 巴黎商贸地理协会是由巴黎地理学会的成员与1873年所创立，创始人正来自巴黎地理学会，其宗旨是"为法国和世界各地公司的商业发展做出贡献"。该协会撰写决策报告，主要就勘探和贸易路线、自然和工业产品的开发、殖民和移民、教育等四个方面开展。据相关学者考证，来自巴黎外方传教会的一些研究成果同样也得到该协会的褒奖和收录。参考曾志辉：《巴黎外方传教会"科学传教"与西南边疆研究的近代转型》，《世界宗教研究》2016年第6期。

③ 比如禄是遒的《中国迷信研究》，甘沛澍与另一位耶稣会士芬戴礼（Daniel. J. Finn）将整部《中国迷信研究》从法语译成英语，并加注解释，书名也随之发生了变化，通过英语再转译回汉语时被称为《中国民间崇拜》。数量上也产生了变化，原本共18卷的《中国迷信研究》被整合为10卷本的《中国民间崇拜》。李天纲：《禄是遒和传教士的"中国迷信研究"》，载黎志添主编：《华人学术处境中的宗教研究——本土方法的探索》，三联书店（香港）2012年版。

④ 屠恩烈，字克谦，法国耶稣会士，1902年进入耶稣会，1908年来到徐家汇大修院，后在崇明教区任职。

新,本册收录至 1924 年最后一版,集成后为《汉学丛刊》第 54 号丛书,获得巴黎地理学会、巴黎商贸地理学会、巴黎地形学会(la Société de Topographie)三个协会的嘉奖,售价为此类书目之最。

最后,地理书籍《五洲地名中西合表》和《斐洲游记》实则是清末民初篇幅最大的坤地舆图类译书《五洲图考》之重要组成部分。这部作品从李问渔担任《益闻录》主编时期,专设译介世界地理的“五洲图考”专栏中的选文集成,也是不同作者分工合作的成果:龚柴撰写亚洲和欧洲部分,徐劢写作中国部分,许彬着笔斐洲(非洲)、墨洲(美洲)和澳洲,解说较为详备,介绍地理概貌辅以国家地理的形成历史,大获好评。李问渔集文成册,以栏目名命名,石印首版于 1898 年,单列本及其余相关补注于后期陆续问世。作为近代中国看世界的视角之一,李问渔序之曰:“仰观天文之外,又必俯察地理。……昔利玛窦、艾儒略、高一志、南怀仁诸公,自驻足中华,即以传授西学为己任,于是博采群言,闭门著述,……当时名公卿先快睹,脍炙一时,是中国有全球图考,自西教士始也。惟是学问之道,愈求愈博,愈考愈精。而地舆一学,亦今之详胜于古之略矣。”赫尔瞻的《五洲地名中西合表》和许彬以诗作语言写成的《斐洲游记》,可见该作品兼顾科学研究性与文学可读性。这呼应了同时期欧洲大陆的博物学兴起,及其与旅行书写相结合的潮流。当然这一合流也逐渐演变成一种以欧洲为中心的全球意识和知识体系。[1] 至于这些侨居于徐家汇的西士或是徐家汇培养而成的本土学人所作的地理游记类作品,究竟形塑了何种知识谱系,又施加了怎样的张力,是需要进一步考辨论证的。时至今日,土山湾出版物中,地图类汉学丛书籍,尤其是书中精绘的地图,可被认为保存范围最大范围得到保存的一类出版物,国内外不少图书馆与藏书机构都藏有一定数量的土山湾地图,甚至有的地图类作品辅以精工的文笔,成为《汉学丛刊》的专号,为后人提供了鲜活翔实的江南地域地理知识,成为世界图景的重要画面。

---

[1] 美国学者普拉特(Mary Louise Pratt)在《帝国之眼:旅行书写与文化互化》指出:“欧洲人写的关于非欧洲世界的旅行书,赋予欧洲读者大众一种主人翁意识,让他们有权利熟悉正在被探索、入侵、投资、殖民的遥远世界……它们创造一种好奇、兴奋、历险感,甚至引起对欧洲扩张主义的道德热情”认为这些来自西方科学的解释力量,把这些非欧洲区域都纳入一个以欧洲为中心的知识框架中,而其目的则是着眼于“欧洲殖民未来的种种可能性”,将这些非欧洲世界“编码成有待开发的资源、有待交易的剩余、有待建设的城市”。正是在此基础上,普拉特认为博物学引发并由之生产的旅行话语创造了一种“不需要诉诸征服和暴力的占有方式。”参考 Pratt, Mary L., *Imperial Eyes: Travel Writing and Transculturation*. London: Routledge. 1992. pp.6 - 10.

徐家汇科学教材的作者们专事科学事业,注重与国际接轨,也与国民教育倡议兼容并行。同时,作为耶稣会士,他们不单拥有在相对领域的绝对高度,同时也有"全人"的综合素养。比如马德赉神父另作的《中国各州府基督信众分布图》《天主教在中国高丽日本六百年铎阶制度》都是《汉学丛刊》系列的典范。又如《书目表》收录了两部电学相关作品的沈良,他的另一力作《透视学撮要》是唯一一部艺术类教材。人文与科学并行,双向维度共时互动,一方面由徐家汇耶稣会士的个人研究兴趣带动而成,另一方面"江南科学计划"的规划倡议,实则打破了学科的壁垒,鼓励以地域范畴为界,将"地方性"的知识补充到世界性的学科体系架构中去。此外,科学教材主要由西来的耶稣会传教士完成,他们在欧洲阶段积累的科学素养助力于其在中国开启实证科学活动的先河,同时他们留下的诸多科学作品,经由中国籍耶稣会士按照学制倡导和学科规律,遴选、译介和整编,成为徐家汇耶稣会的特色教材。

来华事业筹建初期的"江南科学计划"带动了徐家汇科学文化事业,随着学术人力的不断补充,制度器物的完善保障,地域性的知识经过收集、积累与分析,逐渐形成一个较为完整的世界图景,并融入全局性科学发展的趋势,成为知识系统的有机部分。这一"网络化"过程又证明完整的知识体系之所以构成,仰赖于地域信息的累加,借由一系列的科学文化活动,又在一个更高维度上促发中国教育制度的变革,为近代中国场景中寄望于教育与科学图存的知识界提供一些新的策略。

教传史学家赖德烈曾经评价:"近代来华的天主教传教士,极大地区别于新教传教士,是继续着近三个世纪以来的事业。"[1]这一断语实则提出立体解读徐家汇耶稣会"适应策略"的尝试,表面的相似被视作延续性,这或许在另一程度上掩盖了深层次的差异。尤其从 1930 年代背景的宏观维度考量:赖德烈此时"重整阶段",国人对于天主教为代表的西方文化的敌意已锐减,这给耶稣会的科学文化事业的进一步规整打开了可能性。[2] 具有"适应政策"传统的

① 赖德烈(Kenneth S. Latorette)著,雷立柏等译:《基督教在华传教史》,汉语基督教文化研究所(香港)2009年版,第620页。
② 特别是1932年"一·二八"事变后,中国与外部世界的主要矛盾已经让位于中日敌对。参见刘洁:《近代献县天主教传行考论(1856—1900)》,《河北师范大学学报(哲社版)》2017年第3期。

耶稣会在面对近代中国变革最为激荡的年代,借由1934年《土山湾慈母堂印书馆图书价目表》标注的"地方化"机构名称,展现土山湾印书馆作为宗教文化机构主动对话时代文化需求及其促发的沿革转型,对照"本土化"制度环境定向整编教材类目,力求能动应对社会嬗变和政教张力,透过"网络化"文理两大类教材呈现出修会教育实践的立体面向与修正意图,展现这一特殊的群体参与中国近代化进程的具体实践客观上促成的知识流转与文化认同。作为天主教重要的传教队伍,耶稣会的"适应策略"正是其使命得以长程接续的关键,也是其文化活动一般规律的动态凝结。本文所关注的徐家汇教材出版策略仅为解读徐家汇知识生产与传播活动的一个微小的切入点,尝试为较为宏大的近代中国的远方叙事提供一些新的思考路径。

1936年,梵蒂冈举办"世界公教出版物展览会"巡礼(Esposizione Mondiale della Stampa Cattolica),中国天主教会提前开始对牧辖各教区的出版物进行一次较为全面深入的普查①,并汇总呈报。《书目表》作为1934年度总目,实则为紧随其后举办的这场大型出版物展览会做了比较完整的前期爬梳工作,因此这一史料的典范性和影响力或许能够在更宽广的世界舞台上和更立体的比较视野下,得到进一步辨析。

---

① 时任燕京大学教授的罗文达(Rudolf Löwenthal)基于迪茨的调查表,进行了深入分析和研究,并出版了《中国的天主教刊物》(*The Periodical Press in China*)(1936)和《满洲的天主教刊物》(*The Periodical Press in Manchuria*)(1938)。1938年罗文达再行统计,对迪茨的调查作了一些补充和修正,后发表于1940年由公教联合会出版的《中国宗教期刊》(*The Religious Periodical Press in China*)。参见彭福英:《天主教在华刊物述略(1872—1949)》,《图书信息学刊》(台北)第12卷第1期(2014)。

专科与百科

——民国时期教育学科辞书编刊论析 *

李 林

（华东师范大学）

  纵观文明历史,从刻木结绳到虚拟储存,人类系统地累积、传承其知识与经验,进而赓续并推进文明发展,具体途径甚多,载体不一。其中,作为人类"知识工具"的各类辞书所发挥的特殊作用,①值得重视。一部具有代表性的专门辞书,实乃某一领域"规范知识"之合集,更是一定时期"思想、科学、文化和语言发展状况的重要见证"②。中国素有编纂辞书的悠久传统,即以今日所见而言,《尔雅》以降,各类字书、类书等递相编成,成为解读中华文明知识体系的重要锁钥。近世以降,人类知识范围大为拓展,各文明体系之间的知识流动日益增加,学科知识的分化也越益专精;加之新的出版、传播技术不断精进,编纂理念及体例亦有更新;此外,教育发展和文化普及催生市场需求,各类新型辞书的编纂出版因之兴起。根据统计,晚清民国期间出版的中文辞书(不包括双语辞书),即超过 450 部。③ 此种情势之下,承载各科专门知识的专业辞书相应增多,地位也越益重要。1923 年,蔡元培为杜亚泉等编《植物学大辞典》作序,更称"一社会学术之消长,观其各种辞典之有无与多寡而知之";且谓专

---

 * 本文的初期版本,曾以《学科知识的体系化与本土化:民国时期教育学科关联辞书编纂论析》为题,载于肖朗、张学强编:《教育史学百年求索——教育史学科的路径与走向》,浙江大学出版社 2022 年版,第 373—391 页。此处据以增补修订,承蒙编者惠允收入该专题论集,谨致谢忱。

 ① 本文取"辞书"之广义概念,即"以按一定方式编排的条目为单元提供知识信息,供检索查考的工具书。是字典、词典和百科全书的统称。"参见夏征农、陈至立主编:《辞海(第六版彩图本)》第 1 册,上海辞书出版社 2009 年版,第 336 页。

 ② 尚丁:《冷门与显学》,《辞书研究》1982 年第 1 期。

 ③ 钟少华编著:《中国近代辞书指要》,商务印书馆 2017 年版,"自序"第 2 页。

门学术与专门辞典之间,实有互为因果、转相促进的关系。① 其中所揭义理,值得重视。此种内在关联,亦可见于教育学科专业知识与专业辞书之间。

中国近代教育制度及教育学理之系统引进与革新,以晚清新式教育之创办为发端,民国时期继踵发展,前贤对此考论颇多。对于此一渐进过程中,尤其是1920—30年代,中国学界在教育辞书编纂方面的多方探索与实践,以及此类工作对于教育学科知识在中国体系化及本土化的意义,则鲜见综合研究。管见所及之关涉本题者,或针对某部辞书之编纂发行,以《辞海》研究为其代表;②或对比分析两种同类辞书的编纂过程及其部分词条;③或为近代辞书之分类与提要;④又或后编辞书将先行辞书设为词条,进行诠释与介绍。综合考论民国时期教育辞书的编纂,有助于深化对近现代中国教育学科知识体系形成的认识,在这方面,专业辞书的地位及影响显而易见。有鉴于此,笔者通过综合梳理各类近代出版书目,以及当代所编教育辞书中涉及民国教育人物及著作的条目,确定民国时期编刊的教育学科有关辞书;而后尝试参鉴辞书学和出版史的方法视野,根据其初版及相应修订版本进行检阅、统计和分析,并将此类专业辞书的编刊置于近代中国教育学术、学科转型的背景下加以考察,以期裨补于学界深入论析此一关键议题。

一、发凡起例: 编刊首部"中国的"教育辞典

本节主要论析中华书局版《中国教育辞典》之编纂、特色与影响。此乃近代中国首部正式编纂发行的教育辞书,也是编者明言编撰一部"中国的"教育辞书之具体成果。

1. 编纂缘起与旨趣

近代西学东渐,在中国学者自主编纂专门教育辞书之前,世界各国已出版多种教育辞书。⑤ 其中较有影响之代表者,法国有毕维松(F. Buisson)所编《教育

---

① 杜亚泉等编:《植物学大辞典》,商务印书馆1923年版,"序二"第1页。
② 徐庆凯、秦振庭:《辞海论》,上海辞书出版社2015年版。
③ 童富勇:《从新旧〈教育大辞典〉看70年来教育理论的发展》,《华东师范大学学报(教育科学版)》2004年第3期。
④ 钟少华编著:《中国近代辞书指要》。
⑤ 唐钺、朱经农、高觉敷主编:《教育大辞书》,商务印书馆1930年版,"序",第1034—1035页。

学与初等教育词典》(*Dictionnaire de pédagogic et d'instructionprimaire*, 1882),
以内容精审、比例匀称见长;德国有莱因(W. Rein)所编《教育百科辞典》
(*EncyclopädischesHandbuch der Pädagogik*, 1906—1098),内容范围甚为完备;
英国有瓦特孙(Foster Watson)所编《教育百科与辞典》(*The Encyclopedia
and Dictionary of Education*, 1921—1922),乃其时教育辞书之最出且较为
全面者;美国则有孟禄(Paul Monroe)所编《教育百科全书》(*Cyclopedia of
Education*, 1911),其分科各以专家负责撰写,尤称精审。近代教育制度及教
育学理大多肇自欧西,其主要国家均有多种教育辞书之编刊,亦属应然。同属
东亚的日本,也于 1907—1908 年由同文馆刊行《教育大辞书》,作为"大日本百
科全书"之一,并于 1918 年增订,1925 年再版,其中对于东方教育包括中国古
代教育包揽甚多。① 此为当时教育辞书界之"环球行情"。

　　与晚清民国不少领域的学术出版情形类似,面对这些先行辞书,中国教育
学者确有取用和受惠之便利。不过,教育研究与实践毕竟不同于自然科学,前
者更加深刻地受到本土历史、文化及现实制度影响,因此更难期待国外编纂的
辞书完全囊括本土情形,遑论提供解释及解决方案。此外,更因偌大中国此时
尚无自编教育辞书而感到使命与压力。因此,余家菊作为《中国教育辞典》总
纂,在凡例中开宗明义地指出:"本书力求成为一册'中国的'教育辞典,而不愿
为一纯粹抄译之作,故于本国固有之教育学说、教育史实、教育名家,乃至于教
育有密切关系之各项事例,莫不留意于搜采。并于篇末附《中国教育四千年大
事表》,以便翻检。"②中华书局登载的宣传中,也着重强调该辞典的"时代关
怀"与"中国特征"。此种界定与行动,反映出其时中国教育学界对于教育辞书
及其所承载的教育学科知识本土化与系统化的自觉意识及实际行动。以此而
编成的《中国教育辞典》,成为首部"中国的"教育辞书。

2. 编纂过程、辞典内容及特色

　　《中国教育辞典》由现代教育学术名家舒新城发起编纂。舒新城尚在成都
任教时,就有编辑教育辞典的计划,并着手搜集材料。1926 年秋,余家菊往东
南大学任教,与同在南京的舒新城就此达成共识,遂由余家菊任总纂,舒新城

---

① 教育大辞书编辑局编纂:《教育大辞书》,东京同文馆 1925 年版。
② 王倘等编:《中国教育辞典》,中华书局 1928 年版,"凡例"第 1—2 页。

负责教育史、教学法及教育心理学等领域的编纂。至于编纂人员,除了利用此前协助舒新城编辑《中华百科辞典》者,特请古楳来南京协助,又函请学界友人撰稿。团队成员仅用半年时间,到 1927 年 1 月,辞典已大体完稿,总计六十余万字。① 后由余家菊负责审阅全稿,分类目次及《中西名词对照表》均由舒新城编纂。② 总之,该辞书编纂工作乃由一人发起,合众人之力编成。

　　辞书编纂常需集体协作,教育辞书涉及知识领域甚广,尤其如此。编辑团队方面,《中国教育辞典》编辑人凡 14 名,撰述人凡 21 人;以编辑人而兼为撰述人者,有古楳、余家菊、舒新城、刘范猷 4 人(表 1 中姓名之后加▲)。虽然该辞典编者称其定位不在狭义之教育学术之内,但其核心编撰群体主要仍为教育学界人士。此与后文所析《教育大辞书》在编撰群体人数、身份及学科多元程度,以及辞书整体的"百科全书"取向等方面,有所不同。其团队名录及撰述人当时身份列如表 1。

表 1　《中国教育辞典》编撰团队人员信息

职 责	姓名及当时身份
总 纂	余家菊▲
编辑人	王倘、王叔明、古楳▲、田树辉、汪德全、余家菊▲、余景明、周慧专、黄龙先、舒新城▲、孙承光、刘范猷▲、萧馨君、罗文汉
撰述人	王克仁(前成都高师教务主任、暨南学校初中主任)、李璜(前武昌大学教授,北京大学、成都大学教授)、余家菊▲(前武昌师大教育系主任、东南大学校教授)、李儒勉(东南大学附中教员)、李嘉齐(中州大学教授)、金海观(前浙江第四中学教员)、邱椿(前北京师大教授、清华学校教授)、曹刍(江苏第五师范教员)、张济时(开封省立第一女子师范教员)、陈启天(前武昌中华大学教授)、陈东原(北京爱国中学教员)、舒新城▲(前成都高师教授)、汤茂如(中华平民教育促进会总会干事)、杨卫玉(中华职业教育社干事)、杨效春(江苏省立第六中学教员)、刘拓(北京师范大学教授)、潘文安(中华职业学校校长)、刘范猷▲(前湖南爱莲女子师范校长)、刘炳藜(北京爱国中学教员)、罗廷光(前河南省立第一师范教员)、古楳▲(江苏第五师范农村分校教员)

资料来源:王倘等编:《中国教育辞典》,中华书局 1928 年版,第 1 页。《中华书局发行中国教育辞典》,《申报》1927 年 11 月 25 日。《申报》所列撰述人另有刘衡如(金陵大学教授),《辞典》所列名录未见。

---

① 舒新城:《我和教育——三十五年教育生活史(1893—1929)》,中华书局 1945 年版,第 383 页。
② 《舒新城日记》第 2 册,上海辞书出版社 2013 年版,第 4、19 页。

作为一部学科专门辞典,《中国教育辞典》旨在提供专门学人研究之参考,尤其侧重专门事理之说明。因此,凡与教育有适当关系之事项,又为教育者所必须知晓者,该辞典均尽量搜罗。其取词范围除了教育原理、教育方法、教育行政及教育史传等,对于心理学、伦理学、论理学、社会学、生理学、哲学、生物学等,亦皆择要收纳,以此而见学术之整体性。① 教育辞典编纂中的内部门类划分,也是教育学科内在学术分科体系的呈现。当然,此种取法一则可见教育学确实与其余分科知识之间难以割裂的关系,同时也部分折射出教育学科知识"独立性"的困境。此外,编者还考虑到中国在新式教育创始时期,中央政府对教育影响甚大的现实,因此参撷法国毕松《新教育辞典》的体例,将重要教育法令一律收入,亦见该辞典编者参考于外而又关照于内的思路。

整体来看,《中国教育辞典》收录词目凡 2 411 条,依照词首笔划数及词目汉字总数排序,此亦中文辞书异于西文辞书以拉丁字母顺序及日文辞书以五十音顺编排之处。在条目诠解上,既有针对中国固有教育人物、机构、典籍的精要介绍,亦包括对近代外来学术名词的详细说明,并多配外文译名;此外,还包括对本国重要教育制度、教育法令的系统介绍或全文载录,必要时辅以表格。其词条释文短者数十字,长者可达千余字。中华书局刊载的广告中,列举该辞典之特色有三:一、每条均有详细说明,一阅便解;二、注意本国材料及世界新教育;三、文字明晰,依笔画编次,西洋学说、人名均注原文。② 对于此三项宣传,该辞典允称名副其实。

辞典正文之后,另附《四千年中国教育大事年表》,上限起于传说中伏羲氏画八卦,作书契、甲历,制嫁娶,造琴瑟;下限止于 1926 年国民革命军占领湖南、湖北、江西,盛倡"党化教育",收回教会学校。并以干支纪年与西历纪年对照,补列世界教育文化大事对照纪要。又附《中西名词对照表》,依字母顺序列出辞典所涉英、法、德等语种专门词汇及中文对译,总凡 2 047 条。此类附录设置,除了出于辞书编纂中便利翻检的考量,也蕴含编纂者力求反映中国教育特色并以之与世界教育参照对接的尝试。所谓"本土特色",正是在与外界的对接和对比之中,见其特色与贡献。

---

① 王倘等编:《中国教育辞典》,"凡例"第1—2页。
② 《中国教育辞典》,《申报》1928 年 3 月 5 日。

3. 辞典之发行及影响

新文化史学者以"启蒙生意"之视角,分析诸如百科全书之类的"文化产品"的生产、销售及影响。① 《中国教育辞典》发行之前,中国尚无自编教育辞书,教育学界既感使命,出版界更能预知其背后潜在的市场需求。《中国教育辞典》于 1928 年 5 月由中华书局发行初版,精装单册,定价七元。但早在初版发行之前,中华书局就开始在《申报》等主流报刊以及该局发行的书刊上,连载广告,而且预先发布词目;又制作辞典样本,以备索取预览。② 其宣传与营销策略,于此可见一斑。宣传词谓该书"体裁略仿德国莱因,法国毕松,美国孟禄等《教育辞书》之例:于教育原理、方法、行政、史传以及有关教育之他种科学,均分别叙入,而于中国近代教育制度之沿革,古今教育思想之变迁,尤三致意焉。迥非普通辞书,专钞外籍者可比"③。并言其用途,一曰可供教育行政家及学校教职员研究参考或预备论文之用,二曰可供大学教育系及师范学校学生研究参考或预备论文之用,三曰备供检查,尤为便利。④ 中华书局以此抢占先机,辞典次年再版,至 1933 年 6 月已发行第四版,可见市场之需。

《中国教育辞典》发行后,学术著作中多有正面征引。如杨鸿烈《教育之行政学的新研究》征引其"教育行政"论述;⑤浦漪人《教育概论》引其关于学校的界说;⑥常道直(导之)《教育行政大纲》亦将其中相关词条列为参阅范围;⑦陆人骥《教育哲学》引其关于教育学与教育哲学异同的论述;⑧余家菊《教育原论》参考其"教育学"条目;⑨卢绍稷《中国现代教育》亦将其列入主要参考书目,⑩等等。其时报刊亦多有宣传与介绍,并摘录其词条内容。⑪ 此外,部分报刊论及有关教育问题,亦摘录其词条,如"学校之职能""师资之培养"等,以为

① 〔美〕罗伯特·达恩顿著,叶桐、顾杭译:《启蒙运动的生意:〈百科全书〉出版史(1775—1800)》,生活·读书·新知三联书店 2005 年版。
② 《中华书局发行中国教育辞典》,《申报》1927 年 11 月 25 日;《中国教育辞典总目》,《中华教育界》1928 年第 17 卷第 1 期。
③ 《中华书局发行中国教育辞典》,《申报》1927 年 11 月 25 日。
④ 《中国教育辞典》,《申报》1928 年 3 月 5 日。
⑤ 杨鸿烈:《教育之行政学的新研究》,商务印书馆 1936 年版,第 9 页。
⑥ 浦漪人:《教育概论》,黎明书局 1936 年版,第 89 页。
⑦ 常导之:《教育行政大纲》,中华书局 1933 年版,第 120 页。
⑧ 陆人骥:《教育哲学》,商务印书馆 1934 年版,第 21 页。
⑨ 余家菊:《教育原论》,大陆书局 1933 年版,第 10 页。
⑩ 卢绍稷:《中国现代教育》,商务印书馆 1933 年版,第 171 页。
⑪ 《书报介绍》,《广西教育》1928 年第 1 号。

引证或补充。① 彼时中国出版市场尚无同类辞书，该辞典正当其时，教育行政、教育研究及教育实践一线，均可依赖参考。因此，检索民国时期各类学术及图书机构的书目，《中国教育辞典》作为教育学科重要参考资料，时见各馆购藏。

　　也应当指出的是，中华书局《中国教育辞典》出版后仅两年，商务印书馆《教育大辞书》也已刊行。因此时人多作对比介绍，如邓嗣禹和毕乃德（Knight Biggerstaff）为哈佛燕京学社所编英文《中国参考书目解题》，在详细介绍《教育大辞书》之后，亦谓《辞典》及《辞书》两者性质基本相同，惟前者在许多方面均不如后者。② 若论编辑队伍、辞书体例、内容范围等，中华《辞典》确实不及商务《辞书》。舒新城在日记中，亦谓"对于《教育辞典》亦多不满意之处，但总纂为景陶（余家菊），且其性质甚执着"，更有"以后与人合作须慎之于始"之言。③ 可见核心二人在该项目上也不无嫌隙。但无论如何，该《辞典》毕竟是

<table>
<tr>
<td>

空 前 未 有 的

中 國 教 育 辭 典

樣　本

研教究者必備
教育行政家必備
學校教職員必備
師範科學生必備
教育女子者必備

三十餘位教育家執筆

上 海 中 華 書 局 印 行

</td>
<td>

中 國 教 育 辭 典

1928

上 海 中 華 書 局 印 行

</td>
</tr>
</table>

图1　《中国教育辞典》样本及初版（皆1928年）扉页

① 《我们的教育》，《徐汇师范校刊》1931年第5卷第3期，1931年第5卷第2期，1933年第7卷第3期。
② Ssǔ-yüTêng, Knight Biggerstaff, eds., *An Annotated Bibliography of Selected Chinese Reference Works*, Peiping: The Harvard-Yenching Institute, 1936, pp.180-181.
③ 《舒新城日记》第2册，第39页。

中国教育学者编刊的首部教育辞书,且其内容体例如多收教育法令条文、编撰教育大事年表等,亦可谓其特色与贡献。此外,由于主事者兼具教育学理和教育实践的深厚背景,使得此类辞书具有很强的理论关怀和现实关怀。观照此种历史语境,更能体解《中国教育辞典》编纂之旨趣与得失。

二、兼取所长:专科辞典与"百科全书"的融合尝试

本节论述商务印书馆《教育大辞书》的编纂、特色及影响。该书作为民国时期教育辞书编纂之集大成者,对此后中国教育辞书的编纂影响深远。

1. 编纂缘起与旨趣

前文述及,在中国学者自编教育辞书之前,各国已出版多种教育辞书。即便在国内而言,中华书局版《中国教育辞典》也已于 1928 年刊行。作为深刻影响近现代中国教育与学术的两大出版机构,中华书局和商务印书馆在诸多辞书、教科书及文献整理出版项目上,都有"势均力敌"的竞争参照,《中国教育辞典》及《教育大辞书》亦为一例。由此需要辨析的是,商务印书馆《教育大辞书》出版虽在中华书局《中国教育辞典》之后,但若论正式编纂的起始时间,实以《教育大辞书》较早,而且其编辑完善时间也较长。无论如何,1920—1930 年之间,中国学界终于自主编出两部教育学专科辞书,此亦民国时期仅有的两部中文教育辞书。其中亦可得见,促成此类教育辞书编纂出版者,既有教育学界对于自编辞书的使命与"压力",也有出版人士所侦知的潜在商机与市场的"引力"。

关于《教育大辞书》之编纂缘起,王云五称其 1921 年开始主导商务印书馆编译所,规划编译事宜,即"觉参考书之需要最亟者,无如教育辞书"。并详言三条理由:其一,中国新建设大多"蹇缓不前",只有教育事业"为能猛进";不过,当时师资培养不能满足学校需求,因而"任教育者乃多有赖于参考书籍"。其二,王氏认为辞书乃"最经济的参考书籍",欧美出版发达国家教育书籍"浩如渊海",辞书的功用尚居次要;但在中国,此类书籍"寥寥可数",因此从事教育者需要以辞书作为"唯一宝库"。其三,20 世纪以来,各国教育学说日新,教育制度亦经历了重要演化;中国处于新旧学说过渡时期,日、美、法等国学制轮番输入,变革尤多,"非有系统分明之辞书,为研究教育者导线,将无以通其统系也"。[①] 王氏不愧

---

① 唐钺、朱经农、高觉敷主编:《教育大辞书》,"序"。

为近代中国出版业巨擘,能从彼时中国学校教育及教育学术两者的内、外情形入手,剀切论析自主编纂教育辞书的必要。

此种背景与定位,确切反映在项目发起人王云五为《教育大辞书》所作序言之中。王云五详列当时各国重要教育辞书,并简评其得失,进而指出这些辞书乃为彼国之教育家或教育研究者而编纂;其体例纵然极为完善,也只是对于彼国人为完善。中国编纂教育辞书,"当对象于本国教育家或研究教育者,以本国教育问题及状况为中心,采各国教育辞书之特长,而去其缺憾,方适于用也"①。由此可见,虽然体例、规模、条目不尽相同,但中华版《中国教育辞典》和商务版《教育大辞书》在编纂缘起与旨趣上,均有相通之处。两者均力求采集各国同类辞书之所长,集中国教育学界之力,编纂能呈现中国教育内涵、面向中国教育人士、助力中国教育发展,能够切合时需的"中国的"教育辞书。

至于《教育大辞书》的具体内容特点及选目标准,其预售广告中详述为八点:(1)节述各种教育学说,俾阅者易得简明之观念;(2)整理教育上所用各种术语,使有统一之解释及正确之意义;(3)提示本国各种教育法令之要点,以便国内教育界之查阅;(4)采取中外教育名著中主要之点,编入辞书,以便学者之浏览;(5)记述中外教育制度之概要及重要教育机关之组织,以便学者之稽考;(6)摘叙中外教育学者生平之经历及其主张;(7)搜集其他教育参考数据,以供学者之参证;(8)注重"专门条目",俾阅者易得系统的概念。② 整体而言,该辞书确能体现这些旨趣,颇有创获。综括言之,该辞书内容注重囊括中外教育学说、教育术语、教育法令、教育名著、教育制度、教育机构、教育学者及其思想、教育参考数据等项之要义,在呈现形式上注重篇幅较长的"专门条目"(下文详及),以求整体贯连,在内容及体例上可谓均有创获。

而且如前所述,欧美各国教育学界此前已先后编刊数种以 *Encyklopädie / Encyclopädisches* 或 *Cyclopedia/ Encyclopedia* 为题的教育辞书/百科全书;日本也已发行《教育大辞书》,其外文名特用德文 *Enzyklopädisches Wörterbuch der Erziehung*(直译可作《教育百科辞典》)。商务印书馆《教育大辞书》标于预售样本书脊之英文题名,即为 *The Chinese Cyclopedia of Education*(该题

---

① 唐钺、朱经农、高觉敷主编:《教育大辞书》,"序"。王云五此序落款时间为 1928 年 2 月,彼时中华书局版《中国教育辞典》尚未正式发行。
② 《教育大辞书》,《申报》1928 年 3 月 19 日。

名似乎尤其受到前述孟禄辞书影响），特别揭出"Chinese"及"Cyclopedia"两词。其中用意，在于宣明此乃"中国的"教育百科辞书，亦是世界教育百科全书家族的"中国成员"。彼时中国学界的使命意识与出版界的市场意识，在此项"文化工程"中均有呈现。

2. 编纂过程、辞书内容及特色

商务印书馆《教育大辞书》之编纂，于 1922 年春正式启动，起初由心理学家唐钺任主编，1926 年改由教育学家朱经农继任，1927 年再由心理学家高觉敷继续主持完成。主编领衔之外，采取常任编辑加特约编辑协作的工作模式。考察所见其常任编辑有 14 人：沈百英、俞鸿润、胡荣铨、范寿康、唐敬杲、陈正谟、陈博文、华林一、华超、贺昌群、郑贤宗、刘麟生、钱树玉、缪天绶，属于专职人员，主要负责撰写占辞书内容多数的一般词条，亦参与撰写专门词条，并负责编辑特约编辑撰写的词目，因此多为经过选拔的教育学科专业人才。特约编辑列出 75 人，多为教育界知名人士及各学科专家代表，不参与日常编辑工作，主要应约撰写专门条目。[①]

整体考察所见，《教育大辞书》共收词目 3 378 条，总约 300 万字。按照词首笔划及词条汉字数量先后编排，此为音序检字普及之前，中文辞书沿自传统字书并加以变革的编排方式。其词目除了专门教育条目，亦多收录其他学科词条与教育有关者，由此凸显该书不仅为"教育的"百科全书，更是"百科知识"中关涉教育者之合集。词条释文短者仅有数十字，长者达到数千言，部分词条后面另附参考文献，实为短篇专论。比如，蔡元培所撰"美育"一条，内容长达 3 000 余言，实为中国近代美育思想的重要文献，此乃其融合"百科全书"体例之特色与优势。该辞书所收新学词条多附外语译名，必要时并附图示、表格。自 1933 年缩印版起，兼附英文索引，以及王云五改进的四角号码检字法。

若取当时同类辞书日本同文馆《教育大辞书》（1918 年版）、中华书局《中国教育辞典》（1928 年版），可以稍作对照而窥其一斑。同文馆《教育大辞书》词目总凡 1 805 条，其中以"教"字开头 75 条，"学"字开头 49 条；中华书局《中国教育辞典》词目总凡 2 411 条，其中"教"字开头 77 条，"学"字开头 60 条；商

---

① 唐钺、朱经农、高觉敷主编：《教育大辞书》。童富勇：《从新旧〈教育大辞典〉看 70 年来教育理论的发展》，《华东师范大学学报（教育科学版）》2004 年第 3 期。

务印书馆《教育大辞书》词目总凡 3 378 条,"教"字开头 118 条,"学"字开头 90 条。三种辞书皆收的词目,"教"字开头者有教育、教育学、教育史、教育会、教科、教科用书、教材、教授、教授细目、教育行政、教育调查会、教育之可能、教育博物馆、教员免许状(许可状)、教化、教导学;"学"字开头者有学校、学校教育、学习、学年、学龄、学期、学科、学级、学位、学科担任法(担任制)、学级担任法(担任制)、学校园、学校管理法、学校仪式、学校经济,甚至包括当时流行而今日罕闻的"学校市"(School City)一词。① 循此而可考察彼时教育学科核心概念集群的特点及交集。

上述三者比较而言,商务版《教育大辞书》词目更多,内容更为丰富。不过,从书名、体裁、内部分科及编纂方式、西语东译,乃至每页三栏的呈现方式,似均受到日本《教育大辞书》的影响,其中部分词目及释文更直接编译自日本辞书。前人亦谓《教育大辞书》中的词目,涉及外国的内容占到近一半;而且抽样测试其中词首为一、二画的前 100 个词目,也发现其中直接取材、介绍、引用或翻译自国外者有 47 条,占 47%。② 此亦为近代中国教育学科知识本土化初期的实情,不应讳言。

相较于中华版《中国教育辞典》,商务版《教育大辞书》的主要特色与价值之一,在于其对"专门条目"的特别重视。此类专门条目涉及国内外教育的重要思想、理论、事件、机构等,约请专家撰写,释文普遍较长,且多附列撰者姓名。现将此类条目撰者信息整理统计如表 2。

表 2 《教育大辞书》专门条目撰署统计

作者	词目	作者	词目	作者	词目	作者	词目
胡适	1	瞿镜人	1	邹恩润	1	缪天绥(巨卿)	3
李石岑	1	周越然	1	李学清	1	孟宪承	6
段育华	1	萧友梅	1	程瀚章	1	俞凤宾	6
冯翰飞	1	傅运森	1	陆志韦	1	缪凤林	6

① 详参李林:《学校市:民国时期一种"学生自治"的实践及得失》,《近代史研究》2020 年第 3 期。
② 童富勇:《从新旧〈教育大辞典〉看 70 年来教育理论的发展》,《华东师范大学学报(教育科学版)》2004 年第 3 期。

作 者	词目	作 者	词目	作 者	词目	作 者	词目
杨铨（杏佛）	1	曾宗巩	1	袁观澜（希涛）	1	张其昀	6
方裕	1	秉志	1	王云五	1	顾寿白	7
高鲁	1	李培恩	1	何元	2	潘仰尧	7
余日章	1	黎锦熙	1	缪秋笙	2	臧玉洤	7
陈稼轩	1	姜琦	1	蔡元培	2	沈百英	7
吴致觉	1	查良钊	1	廖世承	2	高觉敷	9
叶绍钧	1	程湘帆	1	竺可桢	2	贺昌群	11
刘虎如	1	陈鹤琴	1	郑贞文	2	欧宗祐	13
计剑华	1	陶孟和	1	葛湛侯	2	郑宗海（晓沧）	14
潘文安	1	王书林	1	黄绍绪	2	唐敬杲	20
王伯祥	1	钟心煊	1	朱经农	2	胡荣铨	22
郭任远	1	张耀翔	1	周予同	2	俞颂华	22
赵乃传	1	胡道鋆	1	齐铁恨	2	华林一	47
俞子夷	1	刘海粟	1	邹秉文	2	陈正谟	72
蒋英	1	何炳松	1	任鸿隽	2	陈博文	115
周昌寿	1	庄泽宣	1	钱树玉	3	范寿康	119
周建人	1	黄炎培	1	陶行知	3	华超	164
不详	75						

资料来源：唐钺、朱经农、高觉敷主编：《教育大辞书》，商务印书馆1930年版。

由表2可见，《教育大辞书》专门署名词条凡838条，占其条目总数3 378条的24.8％。撰者署名可考者凡84人，总共贡献词条763条，其余75条作者暂难考定。① 若细究之,专门词目的主要贡献者,仍为列名常任编辑的华超、范寿康、陈博文、陈正谟、华林一等人。而且,表2中贡献词条排名前十者,总共至少撰写了608条署名词条,占全部838条的77.32%。词目作者暂难考定的75条,也是集中于极少数撰者,其中题署"刘"(刘麟生、刘秉麟或刘虎如)者占52条,题署"漪"(或为浦漪人,不在编辑名单之内)者占17条。而且,考察所见专门词条作者84人,其中48人实际各自只撰写了1个词条,13人各自只撰写了2个词条。各界学术名流之受邀撰写专门词目,在总体数量上仍属有限。或者说,其汇集中国学界精英编纂"百科辞书"的象征意涵和代表意义,实际大于该辞书日常编纂的操作意义。

无论如何,《教育大辞书》专门条目撰者诚可谓极一时之选,如胡适(一元论),李石岑(人生哲学),蔡元培(大学教育、美育),廖世承(中等教育、高级中学),高鲁(中央观象台),朱经农(光华大学、教学法概论),竺可桢(中国科学社、地理教学法),孟宪承(中学国文教学法、杜威、真谛尔[Gentile]、教育哲学、试验学校、讷恩[Nunn]),叶绍钧(文法),陶行知(生活历、教育改进、艺友制的教育),周昌寿(物理教学法),任鸿隽(科学教育、科学概论),萧友梅(音乐教学法),黎锦熙(国语教学法),陈鹤琴(教育测验),陶孟和(教育社会学),刘海粟(图书教学法),何炳松(历史教学法),周建人(优生学),王云五(检字法),庄泽宣(职业指导),黄炎培(职业教育),邹恩润(职业测验),等等,均为其所在领域之重要代表,其中甚至可以看到"因目择人"及"因人设目"两种方式的结合。由此,中国学者在吸收既有教育辞书体例及内容的基础之上,编纂出兼具教育辞典及百科全书功能的综合辞书,其内容涵盖常识领域及学术专门,兼具普及知识及研究查证的功能,照应了"教育之百科"与"百科之教育"融合的宗旨。

此外,由于中国近代教育学科系统知识乃西学东渐、不断本土化之产物,其中需要处理若干西文语汇的翻译;而中外交流的有效展开,也有赖于对中国特有的教育词汇进行恰当译解。此类早期教育辞书中,中、西、日诸种语文词汇如何对译互诠,今日教育学术研究者亦可加意探究,以明源流而深化理解。

---

① 《教育大辞书》专门词条之署名,大多仅取作者姓名之一二字,或名、字、号混用,而编辑中同姓者常有多人,且学术专长颇有重叠;部分撰写者如瞿镜人等,并不在编辑名单之中。加之文献本身难免偶有舛误,又岁久翻印,少数内容不够清晰。凡此情形,均给详考署名词目总数及各条作者造成困难。笔者多方对照考定,信疑完缺,皆从其实。

3. 辞书之发行及影响

历经八年接力编纂完善,《教育大辞书》于 1930 年 7 月由商务印书馆发行初版,分上、下两册,定价十元。此时,中华书局后发编纂但率先出版的《中国教育辞典》(定价七元),已正式印行两年。不过,商务印书馆还是赶在《中国教育辞典》正式印行之前,至迟从 1928 年 3 月起,在当时的关键媒体如《申报》等连续登载《教育大辞书》的预售广告,宣称此乃"中国教育界最伟大的参考书,教育专家六十余人的合作品"①。当然,中华书局的宣传也不遑多让。实际上,在近代中国出版史上,中华与商务两家各有其编纂团队、出版平台与流通渠道;在古籍、教科书及辞书出版等项目上,也多有"势均力敌"的参照竞争产品,对于推进中国教育及学术发展皆贡献甚多。

有此编纂团队及宣传铺垫,《教育大辞书》发行后,报刊多有宣传与介绍,评价甚高。② 又原文摘录其词条,以为论述相关问题之印证与补充。③其时学术书籍之征引该辞书者,如范寿康之《教育史》,征引多达十四处、数十条;④杨鸿烈《教育之行政学的新研究》三引该书;⑤朱有瓛《师范生怎样实习》参考其"参观""实习"条,⑥等等。其时的参考书指南,推许《教育大辞书》为中国出版之教育辞书中"最完备者",并以之与中华版《中国教育辞典》相比,称两者编制相同,但《辞典》内容远不及《辞书》之详瞻。⑦ 更称《教育大辞书》"不但是中国教育辞典中最好一部,也是中国一切专门辞典中可称道的一部"⑧。此外,《教育大辞书》亦多见于民国时期各省图书馆及大学图书馆馆藏目录。较之中华书局,商务印书馆的教育辞书编纂先发而出版在后,不过能做到后出转精,因此尤其得到学界的接纳与推重。商务印书馆还因应市场需要,1933 年将《教育大辞书》缩印为一册,至 1940 年缩印本已发行五版。在当时的环境之中,一部专业辞书能在十年之间有如此发行业绩,

---

① 《教育大辞书》,《申报》1928 年 3 月 2 日。
② 《普通参考书提要》,《图书馆副刊》1930 年第 11 号。《书报介绍》,《广西教育》1928 年第 1 号。《书报介绍》,《中华基督教教育季刊》1928 年第 4 卷第 3 期。
③ 《公民资格》,《教育周刊》1934 年第 189 期;《公民教授与公民学》,《教育周刊》1934 年第 183 期。
④ 范寿康:《教育史》,商务印书馆 1931 年版。
⑤ 杨鸿烈:《教育之行政学的新研究》,商务印书馆 1936 年版,第 236、350、392 页。
⑥ 朱有瓛著、邸爽秋校订:《师范生怎样实习》,教育编译馆 1934 年版,第 152 页。
⑦ 何多源编:《中文参考书指南》,商务印书馆 1939 年版,第 434—435 页。
⑧ 杨家骆:《图书年鉴》下册,中国图书大辞典编辑馆 1933 年版,第 120 页。

亦可佐证其受欢迎与重视程度。

而且,《教育大辞书》此后仍有修订再版。1963 年,台湾省立师范大学教授孙邦正应台湾商务印书馆之约,将该《教育大辞书》修订再版(其时王云五仍掌台湾商务印书馆),并于 1974 年印行修订"台二版"。① 此外,台湾地区后来另有《教育大辞书》之编纂发行,分为 12 大册,词目 15 000 条,总约 1 100 万字,规模更大。② 此非商务版《教育大辞书》之修订本,但是仍用"教育大辞书"之名,兼采专业辞典及"百科全书"融合之体例。纵向来看,从日本同文馆《教育大辞书》,到商务印书馆《教育大辞书》,再到文景书局《教育大辞书》,不仅辞书题名相同,词目及内容亦有交叠。追溯此类"规范知识载体"之流变,对于理解源自近代欧西的 *Encyclopedia of Education* 编撰在东亚的"本土化"接受历程,颇有裨益。

图 2 《教育大辞书》样本(1928 年)及初版(1930 年)扉页

---

① 顾明远主编:《教育大辞典(增订合编本)》上册,上海教育出版社 2002 年版,第 733 页。
② "国立编译馆"主编:《教育大辞书》,台北文景书局 2000 年版。

三、联结中西：英汉教育词典与教育术语之译解

中国近代教育学科系统知识既为"西学东渐"之产物，其中必然需要处理若干西文语汇的翻译；中西交流的有效展开，也需要对中国特有的教育词汇进行恰当译解。有鉴于此，民国学界也在中外双语、多语对照词典编纂方面进行探索。本节考述民国时期编成的三种涉及教育学专业术语的英汉对照互译词典，以见其规模及旨趣。

1. 赵明高编《英汉政治法律商业教育辞典》

《英汉政治法律商业教育辞典》(*A Dictionary of Words and Phrases of Government, Law, Commerce, and Education in English and Chinese*)，编者赵明高，曾留学康奈尔大学，主攻政治与外交，获硕士学位，辞典编成时为东北大学政治学教授。赵氏另有《中国之内政外交》(*China, Inside and out*)及《中外政论》(*Essays on Chinese and Foreigners*)等英文著述。赵氏因以英文撰述涉及中国之议题，既知译学之重要，又知初学英文之不易，并有进阶之心得，因论之云："际此学术昌明之世，外洋有用之新著述，年有千计。吾华人苟能直接通洋文，取而读之，获益当匪浅鲜。如能译为汉文，以授诸不习洋文者；凡在位之员司，在野之士农工商，无论老壮，皆得取而读之，采而行之矣。然则广译洋文有用书籍，诚属必要之事也明矣。"[①]因此，他结合自己专业所长，参酌前人译本，编成该辞典，希望能对研究英文者有所助益。

《英汉政治法律商业教育辞典》于1930年发行，共收词12 159条。因其为四个学科术语合编，并非专注教育词条，且整体编纂及排印质量亦不乏可以改进之处。以其 Education / Educational 开头的词条为例，所涉仅10条：教育(Education)，教育年龄(Educational)，教育基金(Educational fund)，教育的游戏(Educational games)，学科之教育的价值、修养的价值(Educational or culture value)，教育社会学(Educationalsociaology)，教育会(Educational societies)，教育为一科学(Education as a science)，公民教育(Education of citizenship)，敬虔派之教育(Education of pietism)。其中，"教育年龄"条英文疑漏 age，"学科之教育的价值、修养的价值"一条中英文均冗长而费解，"教育社会学"一条英文 sociology 拼写有误；以此处仅收10条的规模，"敬虔派之

---

① 赵明高编：《英汉政治法律商业教育辞典》，新华印书局1930年版，"序言"第 vii 页。

教育"是否当收亦可商榷。或因如此,辞典初版即附"勘误表";①但此处所举数条均未勘出,由此可见一斑。

尽管该辞典整体质量未尽人意,但其立场值得重视。赵明高认为,研究英文必须以研究中文为前提,并引张之洞《劝学篇》"先入者为主,讲西学必先通中学,乃不忘其祖也"等言,更称:"通中文而不通英文,或有聋瞽之讥,犹可说也。通英文而不通中文,此犹不知其姓之人,无辔之骑,无舵之舟,强者为乱首,弱者为人奴,其害更甚于不通英文者矣。"因此,该辞典后附详细"汉文索引"。② 此尤为当时英汉教育词典所无,充分考虑中英互查的功能和便利,而不仅为英文术语的汉译合集,从中可见"本土化"的考量与自觉。此外,如将Academy 对译为通儒院,Adult 对译为成丁,Optimism 对译为乐天主义,以Middle Kingdom 作为专词特指中国等,均可见编者对中文语境的特别考量。该辞典"序言"以文言写就,并多征引中国古代典籍,亦见作者此种立场与关切。

2. 庄泽宣编《英汉对照教育学小词典》

《英汉对照教育学小词典》(*An Anglo-Chinese Dictionary of Educational Terms*)为庄泽宣所编。关于编译缘起,庄氏自称尚在美国留学时,"就感到教育学上用的名词一天一天的加多,不但译名没有,就是原文的名词一览也找不到"。而且,对于此类"教育名词",教育大辞典虽然详尽,但一则大多出版年月久远,再则卷次繁多,翻检不便。庄氏归国后从事与教育学有关的教研工作,益觉此类编译工作之迫切。③ 1922 年起,他受中华教育改进社委托,编译出版《心理学名词汉译》(*Terms in Psychology*),意在考正许多尚未统一的心理学名词与定义,并考察"中国的文字适用于科学的程度如何"④。近代教育学发展的重要特色与方向之一,即是与心理科学的结合,庄泽宣的此项编译,也为他此后编译教育学词典奠定基础。此后,庄泽宣曾任广州国立中山大学教育学研究所所长,并被教育部任命为译名委员会委员,遂在工作中着意整理、编

---

① 赵明高编:《英汉政治法律商业教育辞典》,第 40、238—240 页。
② 赵明高编:《英汉政治法律商业教育辞典》,"序言"第 viii 页,第 201—237 页。诚然如此。张之洞直谓"华文不深者,不能译西书"。见张之洞著,冯天瑜、姜海龙译注:《劝学篇》,中华书局 2016 年版,第122 页。
③ 庄泽宣编:《英汉对照教育学小词典》,民智书局 1930 年版,"编译经过"第 1 页。
④ 庄泽宣编:《心理学名词汉译》,中华教育改进社 1924 年版。

译教育学名词。

1929 年,中山大学教育学研究所购得新出英文《教育学科词目一览》(*List of Educational Subject Headings*)及《教育测量与研究习用术语三百条》(*A Glossary of Three Hundred Terms Used in Educational Measurement and Research*),庄泽宣遂参考进行整理编译,步骤如下:首先,根据两书,选出 2 000 多个名词;融合前期整理词汇及旧著《心理学名词汉译》,以及生理学、心理学、统计学、进化论及社会学名词中与教育学有关者,形成名词表初稿;其次,给所选词目拟定译名。作者坦承,其中有旧译可资参考者,有查核专书始得译名者,亦有查核未得而自己"杜造"者,更有意似明了却难以表述或并不认识者,均属译事常情;再次,将多字短语分别重列,突出主词,以便检索。1930 年,《英汉对照教育学小词典》作为中山大学教育学研究所丛书之十一,由上海民智书局出版;庄泽宣的工作简报将其归入"供研究教育问题之一般参考资料"①。1938 年由中华书局重印,书后并附《中国教育辞典》广告。②

管见所及,《英汉对照教育学小词典》乃民国时期中国学者编纂的专收教育学术语的唯一英汉对照词典。该词典收词凡 3 535 条,按照首字母顺序排列,词组以突出主词为编排原则。其中,以 Education / Educational 开头的词汇(含简写)达 150 条,甚为周全。相较本节讨论的其他英汉词典,本词典以收词精当、释义简明准确见长,民国书刊亦多见介绍及参考此书者。其中对于不少教育学名词的翻译沿用至今,足见其"正名"之功。

3. 檀仁梅、陈懿祝合编《英汉对照教育学心理学词典》

《英汉对照教育学心理学词典》(*Dictionary of Educational and Psychological Terms*)为檀仁梅、陈懿祝合编。檀仁梅曾留学于宾夕法尼亚大学,获教育科学哲学博士学位,该词典编刊时任福建协和大学教育学教授。陈懿祝为哥伦比亚大学教育学及心理学硕士,时任同校心理学教授。两人此后均曾参与《韦氏大词典》的编译,③在外语能力及学科专业上均有所长。

在编译原则上,《英汉对照教育学心理学词典》以意译为主,必要时兼从音译;凡已通用之旧译名词,涵义信达者尽量采用。其目标在于"不仅可供高中

① 庄泽宣:《我的教育思想》,中华书局 1947 年版,第 213 页。
② 庄泽宣编:《英汉对照教育学小词典》,中华书局 1938 年版。
③ 林煌天主编:《中国翻译词典》,湖北教育出版社 1997 年版,第 649 页。

以上学校学生作参考书,即其他专门职业人员亦可采用"。编者所列九种主要参考书中,前两种即为商务版《教育大辞书》及庄泽宣《教育学小词典》。① 对于庄泽宣所编词典的词目及译名,《英汉对照教育学心理学词典》既有取舍,也有增补。该词典于 1945 年由私立福建协和大学农业教育学系发行。1949年,由上海广学会修订重版,收入 8282 条教育学及心理学普通名词,其中以 Education / Educational 开头的词汇(含简写)共 87 条,绝大多数译名与今日习用者相同。近代中国教育学术语及学科知识,正是在此种转译、承续和调整中,不断地体系化及本土化。

外语译名的规范化,对于促进中外学科专业知识的融通意义非凡。其间语词的"双向漂移"及其所承载的中外语言、文化之间的彼此"涵化"(acculturation),尤其值得重视。庄泽宣谦言其《小词典》译名虽不妥当,"但可以帮助初看原文书的困难"。他更希望有人能将德文、法文教育学名词也编译出来,"再把中英法德对照起来,必予我们知识饥荒的中国人便利不少"②。无论是编译词典,还是辑录史料、编制索引,庄泽宣对于此类增进学科知识积累的基础工作,都高度重视,并身体力行。

图 3 民国时期出版的三种关涉教育学科的英汉词典

---

① 檀仁梅、陈懿祝编:《英汉对照教育学心理学词典》,广学会 1949 年版。
② 庄泽宣编:《英汉对照教育学小词典》,"编译经过"第 3 页。

四、汇入百科：综合辞书所收教育词目举隅论析

近代教育学科知识成为人类知识的专门领域，需要不断调适与其他学科知识的关联。教育学科内部知识容量也不断扩大，次级分科愈益细密。综合百科辞书对教育知识与教育词目的选取与诠释，颇能看出此种关联与变化。本节以《中华百科辞典》及《辞海》为代表稍作拓展论析，以窥一斑。

1.《中华百科辞典》之知识分科与教育关怀

《中华百科辞典》系 1925 年由陆费逵提议编纂，舒新城任主编。辞典正式编纂历时两年，前后虽经多人之手，但内容体例均由舒新城拟定，全稿亦经其校阅。[①]《中华百科辞典》于 1930 年 3 月由中华书局出版，凡二百万余言。至于编纂定位，舒新城始终放在清末改行新教育以来学校与社会的实际需求中进行思考。因此，其条目与内容"一以中等学校之各种科目为标准，一以一般社会所需要之基本知识为根据，而尤注意于教科书或专业训练中所不易见之常识事项。以冀其对于在校者之修学、在职者之治事，均有相当助益"[②]。该辞典采取分科编辑法。舒新城根据多年从事中等教育及服务社会的经验，估计青年及一般社会应具的常识，再请各科专家参订，分门编撰，以浅近文言撰写；又着重于从中西报纸中辑选名词，保证知识更新。

在选目与编撰上，主事者对于"百科知识"的广纳与平衡有非常明确的自觉意识。其中科目虽多，但各科分量则依需要而定。此种自觉意识，除了在分科编辑的总体原则上有所体现，还在每个词条之后，简要注明其所属的主要学科分类；并在编纂完成之后，统计汇总各科词条及内容分量所占比例。学科分目与归类背后，实际是对于知识体系的理解及界分，其中颇能见其特色。其分科条目比例统计，列如表 3。

由表 3 可见，《中华百科辞典》大致兼顾了人文社科与数理科学两大分支的均衡。不过，具体学科子目的词条数量差异较大。辞典后附"各科分类索引"，共分 43 个学科，总计收词 11 680 条。所列分支学科词目排名前十者依次为（括注词条数量及所占百分比）：历史类（1 205，10.32%）、文学类（1 191，10.20%）、地理地质学类（820，7.02%）、教育类（720，6.16%）、政治类

---

① 舒新城：《我和教育——三十五年教育生活史(1893—1929)》，第 384—387 页。
② 舒新城主编：《中华百科辞典》，中华书局 1930 年版，"凡例"第 1 页。

表3 《中华百科辞典》分科条目比例统计

科目	子 目	百 分 比	
		以条目计	以内容分量计
社会科学	历史、教育、地理、政治、社会学、社会主义、社会问题、财政、法律、科学通论、经济、论理等	34.00	37.00
自然科学	物理、化学、植物、动物、矿物、生物学、心理学、天文学等	26.00	24.00
文艺	文学、语言、音乐、绘画、雕刻、建筑等	18.00	18.00
数学	算术、代数、几何、三角、数学通论等	8.50	7.50
应用科学	工业、商业、医学、图书馆学、军事、农业、家事、统计学、卫生等	7.00	7.00
哲学	哲学、宗教、伦理、美学等	6.50	6.50

资料来源：舒新城主编：《中华百科辞典》，"凡例"第2页。

(527，4.51％)、植物学类(513，4.39％)、化学类(489，4.19％)、动物学类(434，3.72％)、哲学类(431，3.69％)、物理学类(429，3.67％)；排名后十者为：图书馆学类(78，0.67％)、科学类(61，0.52％)、美学类(56，0.48％)、三角类(49，0.42％)、生物学类(49，0.42％)、农业类(48，0.41％)、体育类(41，0.35％)、家事类(37，0.32％)、卫生学类(25，0.21％)、统计学类(16，0.14％)。教育类词条达720条，居第四位，其中以"教"字开头者45条，以"学"字开头者35条。本书虽为辞典之体式，但"性质上则兼顾各科系统知识，冀于辞典之外而兼具常识教科书之功用"[1]。此种定位与编排，一则体现出教育学科知识在"百科知识"中的重要地位，同时，这也与作为主编的舒新城身为教育学者，对于教育学科知识的熟悉与重视。更应指出的是，由于舒新城曾实质主持《中华百科辞典》《中国教育辞典》《辞海》的编纂工作，这三部辞书的编纂团队，以及其中关涉教育的词目与内容，不少地方存在沿用和"共享"关系，值得对照细察。

---

[1] 舒新城主编：《中华百科辞典》，"凡例"第3页。

2.《辞海》之编纂宗旨及其教育词条举隅论析

《辞海》可谓近现代中国辞书编纂及知识传承之"大事因缘",影响深远。其编纂自 1915 年由原《中华大字典》主编徐元诰提议启动,断续进行;1928 年由舒新城继踵主编,沈颐、张相亦曾任主编;至 1936 年出版上册,1937 年出版下册,前后历时 20 年,从事者凡百数十人,总计撰成词条 30 余万条,定稿仅精选 10 余万条,近 800 万字。①《辞海》之编纂定位,实非一部简单功能之字典;其体例仿英文《韦氏词典》,"是语词与百科词汇兼重的综合性辞书"②。

初版《辞海》得到学界及政界名流题署称誉。蔡元培回溯中国传统辞书编撰及其得失,谓《辞海》"内容之丰富与扼要,又适合于今人之所需,诚有用之书也"③。黎锦熙序谓"整理国故,吸取新知,最系统化的工作,就在编一部大类书;正名辨物,赏奇析疑,最具体化的工作,就在编一部大辞典"④。其编辑大纲则称,"凡各科重要之理论、方法、派别、流变,一切名词术语,无不兼收并蓄,力求完备。其分量大略相称,其叙述方法亦大体相同"⑤。其学术分科且注重平衡、延请专家执笔等编撰方法,与《中华百科辞典》相类。

由于《辞海》系属大型综合辞书,且初版所收词条已逾十万,很难全面考究其中关涉教育的词条。此处拟以教育活动核心之教、学二义为例,略窥其中收录以此二字开头的词条。考察所见,1936 年初版《辞海》所收"教"字开头凡 64条,其中 18 条目录附英文或拉丁文;"学"字开头凡 73 条,其中 5 条目录附英文。《辞海》所收教、学词条中,与前文所论诸种专门教育辞书有交叉之处,如教育、教学、教材、教化、教育学、教育史、教练、学习、学科、学校、学期、学校教育等。近代教育学科已形成一些共有的核心概念,且译名也渐趋统一,因此无论综合辞书抑或专门辞书,涉及教育学科知识时均会收录。其中再次出现多部辞书皆收但只为当时习用的特殊名词,如"学校市"等。当然,《辞海》作为综合辞书,也会收录教育学科专门辞书一般不收的词目,如教、学词目中的教皇领土、学鸠、学法女、学无学等。

还应留意的是,在本文所论的教育辞书及综合辞书中,虽然《辞海》出版较

---

① 舒新城等主编:《辞海》上册,中华书局 1936 年版,"编印缘起"。
② 汪家熔:《〈辞源〉、〈辞海〉的开创性》,《辞书研究》2001 年第 4 期。
③ 舒新城等主编:《辞海》上册,"蔡元培题词"。
④ 同上,"黎锦熙序"第 1 页。
⑤ 同上,"编辑大纲"第 2 页。

晚,其发起编纂却是最早。而且作为权威综合辞书,其释义以简明扼要为第一原则。因此,其中还可得见近代中国教育学科系统化与本土化过程中,辞书这一"规范知识载体"对其核心概念的早期界定。此处略举三例。其一,《辞海》解释"教育",先引《说文解字》之释"教""育"二字,继引《孟子》"得天下英才而教育之"之句。而后谓以该词译英文之 education,有广狭二义:"广义指凡足影响人类身心之活动;狭义则并须有一定方案,具一定目的,始得称为教育。"侧重中西语源对照,且广、狭二义的界分,至今仍然基本沿用。其二,解释"教育学",谓为"从心理学、生理学、社会学诸方面研究教育事实,讲求教育之原理及方法之科学",指明近代教育研究之科学维度与社会维度;又特别以拉丁文Pedagogica 加以注明,指其西文语源意涵。其三,解释"教育史",谓"记述教育理论、教育实际之起源与变迁之学问,为文化史之一分科",亦附英文 History of education,诠解稍作理论与实际(实践)之二分,并在广义上认其为文化史之分科。① 此处所举词条,释文无不注重中西对照,并揭示学科属性、意涵及方法。这些早期的划分与界定,对于探寻各个学科基本概念的意涵源流,均有重要启示。

推展而言,近代人类社会巨变甚多,知识积累与学术分科亦愈益显著。与之相应,新型百科辞书不断推陈出新,包括教育学在内的各专门学科知识得以不断累积和更新。此外,"百科知识"中教育学科知识的独特意义更在于,人类知识的系统积累、传承和更新,主要就是依托学科和学校、在教育活动中得以实现。而即便是在教育学科之外,其余学科也需要厘清本学科知识体系的形成与承传,正因如此,关涉教育历史与文化的研究可以历久而弥新。

结语

学科知识的体系化与本土化,乃渐进的动态历程,近代中国学术、教育、文化各界为此进行了多方探索。在教育学科而言,中华书局版《中国教育辞典》及商务印书馆版《教育大辞书》,具有重要的总结兼开创意义——前者乃首部"中国的"教育辞典,后者则益加完备,添补世界教育百科辞书家族的"中国成员"。两者对于教育学专科辞书的旨趣定位、教育学科知识体系的划分,以及

---

① 舒新城等主编:《辞海》上册"卯集",第179—180 页。

其中关键词目的选定、诠释与译解,均奠定此一领域的重要基础。由此与其他教育著述相须互补,助力近代中国教育学科知识逐渐走向系统化和本土化,影响深远。此外,几种英汉教育词典的编译出版,将教育学科专门术语对译不断统一规范,不少译名至今沿用。同时,此一时期出版的综合辞书,也赋予教育学科专门条目应有地位,并不断界定和调整教育学科知识与其他学科之间的关联。

当然,肯定民国时期教育辞书编纂之成绩与贡献,非谓此类工作完满无瑕。无论在体例的借鉴沿用、词条的选目标准,还是在释文的细微全面、辞书的校刊印行等方面,都不乏可以改进之处。辞书编纂与一般撰述不同,欲网罗诠解某一领域之规范知识,其难度已然不小;更何况,"教育对象为人,而人之教育,所涉之知识范围甚广,极不易编纂一部有系统而完整之大辞书"①。因此,在民国《中国教育辞典》《教育大辞书》之后,当代继有《中国大百科全书·教育卷》(1985 年)、《教育大辞典》(1990—1992 年)、《中国教育大百科全书》(2012 年)及《大辞海·教育卷》(2014 年)等递相编成。循此而可追寻此项教育事业的"基本建设"工作中,②学科、学术及学者的承传继替。

辞书是真正的"不言之师"。中国素有编纂辞书的悠久传统,近代以降中西知识与文化的融会,加以新的编撰理论与体例引入,使得新的辞书编纂变得必要,辞书内容与体例的突破也成为可能。前贤尝谓,"一国文化,常与其辞书相比例",更言"国无辞书,无文化之可言"③。足见其要。近代中国的学校、学科与学术,皆经历传统至现代的更迭,中学与西学的交汇。在此过程中,陶冶品性、传递知识、养成技能的教育活动以及与之相伴的教育学理,亦渐次更化,需要适时总结汇编,以将教育学科知识不断体系化、规范化和本土化。先行教育辞书编撰者及其所编撰的辞书,还会成为后继教育辞书中的词条。一个学科的成立与演进,正是在此种接力式的基础工作中,将其规范知识不断累积、延续和更新。

人类因知识与经验的积累传承而进步,知识的累积已将人类送入"智能"时代,知识生产及传播的方式因此而被不断重塑,最终冲击作为知识典型载体

---

① "国立编译馆"主编:《教育大辞书》第 1 册,"副主任委员序"第 1 页。
② 连健生:《教育事业的一项基本建设——介绍新出版的〈教育大辞典〉》,《人民教育》1990 年第 9 期。
③ 陆尔奎等编纂:《辞源》,商务印书馆 1918 年版,"说略"第 4 页。

的传统辞书的编辑、出版和阅读。当然,无论是以传统纸本还是电子载体呈现,辞书并非仅为"检索知识的工具",其整体本身更是"学问的图谱"。辞书史家尝有意味深长的警句:"聪明的人经常查阅百科辞书,自满的人忽视轻蔑百科辞书,愚蠢的人自以为是百科辞书。"①今日各种碎片信息可以便捷检获,加之学科分化越益偏狭,"百科全书式"的学问不仅愈发不可能,有时反被目为"迂谈",作为"规范知识合集"的辞书也多被束之高阁。其实,无论是初阶入门,还是宿学精进,优质辞书不仅是工具阶梯,还可作为研究对象,甚至成为"研究指南"。所谓月映万川,各得其明,惟因水有清浊浅深,景致各异而已。

---

① 钟少华:《中国近代辞书指要》,商务印书馆 2017 年版,"自序"第 5 页。

整 合 与 归 类

——《中华百科辞典》与中国
现代知识体系建构

李贝贝

（河南大学）

与社会转型同步，中国现代知识体系的建构，同样肇始于民国。现代知识体系的建构，既是知识本身发展阶段的自然延伸，也是民国社会的迫切需求。因知识体系不仅关乎知识管理，更是为处于混乱和动荡之中的社会现实提供解释框架。自晚清以来，中国社会就开始大量引入外来知识，从最初的军事器械制造，到后来的政治、经济制度借鉴，再到对国外各种主义、思想的全面接纳，在根本上改变了中国社会原本的知识格局，形成与传统相抗衡的另类知识。这种新旧共存的知识生态，直接导致了知识体系的重置。外来知识如何纳入中国原本的知识架构中？传统知识如何适应大量现代科学知识进入之后的知识生态？对以上问题的探索，构成了民国知识活动的一个中心议题，而问题的解决，正是在现代知识体系的建构中。

一般而言，百科全书是纸质出版时代对社会知识的总体梳理和整合，民国时期中国知识界对国人自编百科全书充满向往，但始终都未能如愿。退而求其次之下，百科辞典成为一种权宜之计。百科辞典以语汇/词汇为线索，旨在全面呈现社会知识成果，实质上履行着建构现代知识体系的职责。1930年由中华书局出版、舒新城主编的《中华百科辞典》，是民国时期唯一一部百科知识辞书，亦是民国时期现代知识体系建构的重要实践。回望《中华百科辞典》，在知识组织、知识整序中采用了哪些思路和策略？建构了怎样的知识体系？其中蕴含着怎样的现代知识体系建构逻辑？

一、从分科到百科的知识体系化

中国传统知识的分类方法是粗线条的经史子集,并没有所谓"科"的概念。关于知识分类的表述,多使用"库",如《四库全书》;"集",如《古今图书集成》;"汇",如各种"汇编""文汇",鲜少出现"科"。传统的知识分类方式在中国近代遭遇危机,既无法容纳极大丰富了的新知识内容,也无法给外来知识以恰当的位置,将其融入自身的知识体系。因此外来的各种知识系统、知识分类方式被引入中国。正如论者所言,"在西方学术史上,好分科治学源自欧洲历史文化的共同性,缘何而分以及如何分,说到底还是因缘各异,而导致学科形态千差万别的,仍是各自不同的历史文化"①。虽然不同文化、国家、地域的知识分类截然不同,但其中"科"的概念,还是在中国近代的知识、教育、学术等方面引发了结构性变革,"教科书""分科治学""科目""科学""百科"等概念的出现即是证明。

"科"在中国近代知识社会的产生有其客观原因。首先,教育分科方面,"清季以来,西式学堂取代旧式学堂,不仅要分科教学,而且以教科书为蓝本,在模仿日本编制教科书的过程中,各种知识陆续按照日本化的西式系统初步被重新条理"②。近代教育制度的变异进一步强化了知识体系的西化。③ 学科的分化、新学科的建立,是知识分类的重要实践方式之一。其次,中国近代的知识生态也呼吁知识分科。外来知识的输入给本土的知识文化造成一种体系化的压力,逼迫中国的传统知识,不得不适应新的知识生态,整理国故运动即是传统知识的调试。最后,知识的序列化、系统化,与社会的工业化、社会分工的明确等政治、经济层面的变革相呼应。传统农业社会的中国,社会联系松散,士人知识也不成系统,围绕着政治、皇权(文人入仕)而建立,但随着社会进步、生产发展,原有的知识状态无法适应联系日益紧密的社会形态。总之,西方知识体系的影响、中国近代知识生产的旺盛、知识激增、社会生产变革等,都提出了重新条理中国近代的知识的必要性。

分科并非是为了分,而是从分科走向百科,对全部知识进行系统整理。知识的体系化能够提高知识的使用效率,中国近代对百科知识的需求与知识分

---

① 桑兵、关晓红:《近代中国的知识与制度转型》,上海人民出版社 2020 年版,第 53 页。
② 同上,第 26 页。
③ 同上,第 27 页。

科同样强烈,对百科知识的最好呈现方式,当属百科全书。"百科全书用条目的形式,编成一篇一篇文章,把各种知识、事物、人物原原本本地加以叙述,特别是把最新知识作系统的全面的介绍。"①在 1935 年的知识分子看来,百科全书的编纂目的,是以极机械的形式,记录全部"知识";是以极科学的眼光,清算全部"知识";是以极便利的手段,播散全部"知识";是以极忠实的方法,培植全部的"知识"。② 这种思路有着明显的外来印迹。

欧洲启蒙运动时期,以狄德罗为代表的百科全书派,编撰了《百科全书》,是启蒙运动的重要文化和思想成果之一。百科全书的概念在晚清时期被引入中国,《百科全书》在中国的翻译和出版引发了国人对自身文化水平的反观,而是否拥有百科全书,也被认为是一个国家、民族文化先进与落后的标准之一。1936 年在上海举办的国际百科全书展览上,中国的《四库全书》《册府元龟》等典籍位列其中,《四库全书》的主编纪昀还有画像刊登于杂志上,与狄德罗等人置于同一版面。然而,《四库全书》虽然规模浩大,囊括典籍众多,但并非现代意义上的百科全书。

对照当时见诸报端的日本、意大利、俄国等纷纷编辑出版百科全书的报道,国人对中国百科全书的渴求跃然纸上。然而,中国近代的知识生产,尚不足以提供一套学术严谨、质量上乘的百科全书,无论是期刊的百科专栏,还是书业的百科丛书,多数还都是面向大众编辑和撰写,具备较为明显的知识普及功能,而缺乏学理上的系统性。此种情形恰如《我们也需要百科全书》一文所说:

> 百科全书是工具,是有力的修学工具,那是谁也不能否认的。一个国家有没有一部百科全书,就可以看出这个国家的文化情形是怎样。法国的文化史上有百科全书派,英国有大英百科全书,而中国最近翻译的俄国书,有不少是译自苏联的大百科全书版,在这些百科全书里每一项目的说明总是几万字,甚至几十万字,其充实完备,是不言可喻的。就拿日本来说,它的百科全书也大有可观。
>
> 这是说明什么? 说明我国的文化是远远地落在人后。许多批评家们动辄责备中国文化人的知识程度浅薄,研究不深刻,以至产生不出好的作品,试问你能在

---

① 姜椿芳:《代发刊词:为什么要出中国百科全书》,《百科知识》1979 年第 1 期。
② 骆:《百科全书与教师》,《前进教育》1935 年第 5—6 期。

中国找到一部比较好一点的辞书吗?[①]

要编撰一部现代意义上的百科全书,实质上须建立一种现代知识体系。然而在中西交汇的知识聚变中,如何对纷繁杂置的知识进行条分缕析,对于转型和变动期的近代中国而言,实在不易。在求百科全书而不得的情况下,作者寄希望于辞书。民国时期的知识整理真的如此让人失望吗? 以后见之明观之,《中华百科辞典》的出现,或许是值得一提的努力。

二、《中华百科辞典》的出版

1928 年日月星公司制作了《百科全书》剧目,并在剧中设定了"百科全书"这个人物。影视行业对百科全书概念的借用,足以说明当时"百科全书"的流行。任何出版物都是对时代的回应,《中华百科辞典》同样是顺势而为的产物。百科全书的出版,在 20 世纪二三十年代曾盛行一时,多家书局纷纷推出冠以"百科全书"的出版物。期刊方面,也采用百科全书的概念开设专栏。如 1912 至 1913 年《进步》杂志的专刊《零碎百科全书》;1914 年《青年》杂志和《童子声》杂志上的专栏《童子百科全书》;1932 年《民智月报》杂志的专栏《百科全书的一角》等。百科丛书方面,有商务印书馆的"新文化丛书"、中华书局的"中华百科丛书"、世界书局的"ABC 丛书"等。百科全书方面,如商务印书馆的《日用百科全书》、世界书局的《世界百科全书》、广益书局的《国民日用百科全书》、新华书局的《家庭百科全书》等。百科辞书方面,中华书局的《中华百科辞典》一枝独秀,是民国百科知识类辞书的唯一成果。

在百科全书出版热潮的喧嚣之下,不可回避的是,这些冠以"百科全书"之名的出版物,其实并非严格意义上的"百科全书"。何为百科全书? 百科全书这个名称不见于中国传统经传,是从西文译来的。在欧洲,这个字源出于希腊,意义是"学识之总汇"。[②] 由此观之,无论日用百科还是家庭百科等,都缺乏"一切"的特质,还局限于对某一个领域进行知识整理。概念在不同地域和文化的旅行过程中,常常会发生各种变形。暂且不去判定民国时期的百科全书究竟是不是真正的百科全书,仅就表面的繁荣而言,已充分说明了当时社会

---

① 泽:《我们也需要百科全书》,《读书》1937 年第 1 期。
② 碧君:《谈谈百科全书》,《读书青年》1944 年第 1 期。

对百科类知识的迫切渴求。《中华百科辞典》可以说也赶了这场百科全书的时髦。

中华书局的辞书出版向来注重突出出版物的百科全书性质，《中华大字典》《辞海》等，都注重百科知识的收录，但毕竟是依字而编，或以字带词编入，不是以知识为单位。而由舒新城主编的《中华百科辞典》则不同，该书出版于 1930 年 2 月，此后多次重印，1935 年出版增订本，由刘济群增补大事记，是民国时期百科知识类辞书的唯一成果。该书直接以知识为纲，在内容上积极回应中国近代的百科知识需求，这一点在该书的编辑凡例中，有清晰阐述：

> 以最经济之方法，将青年及一般社会应具备之知识，分门别类，用浅显文言为客观之说明。具通用名词万余条，一以中等学校之各种科目为标准，一以一般社会所需要之基本知识为根据，而尤注意于教科书或专业训练中所不易见之常识事项，以冀其对于在校者之修学、服务者之治事均有相当助益。①

在以往的研究中，《中华百科辞典》是一部不甚突出的作品。正如 20 世纪 90 年代我国组织编写中国大百科丛书时，对民国在这一事业所作努力的回望一样，"20 年代末和 30 年代初，商务印书馆、中华书局等出版机构又在这方面进行努力，为编辑百科全书准备资料，出版了《万有文库》《中华文库》《ABC 丛书》《中国新文学大系》等一系列丛书，编辑出了小型'百科全书'，如《家庭常识》《日用百科全书》（后又有补编和重编）《少年百科全书》等书。中华书局以 20 年的时间（1916—1936 年）编辑出版百科全书型的辞书《辞海》"②。后人如此评价，显然忽略了中华书局的《中华百科辞典》。笔者之所以给这样的评语，是因为在中国近代的百科知识供应、现代知识体系建构方面，这部辞典呈现出了别样的光泽。

如上文所述，中国近代的百科知识供应，主要有如下几种形式：报纸期刊上的百科栏目；百科丛书；百科全书；百科辞书。在众多冠以"百科"的图书中，《中华百科辞典》能够凸显出来，主要有两个原因。其一，1930 年的《中华百科辞典》与 1911 年的《普通百科新大辞典》遥相呼应，代表着中国近代知识整序的重要成果。据钟少华统计，清末共出版了百科辞书 42 种，其中只有 1911

---

① 舒新城主编：《中华百科辞典》，凡例。
② 姜椿芳：《从类书到百科全书》，中国书籍出版社 1990 年版，第 15 页。

年 5 月,国学扶轮社出版的《普通百科新大辞典》是对广泛意义上的百科知识的汇编。20 年后的《中华百科辞典》,构成了对其间社会变迁、文化革新和观念转变的反映、总结和回应。其二,与杂志上的百科知识专栏、其他书局的百科类或百科性质图书相比,《中华百科辞典》试图将全部知识囊括进一部著作,不只是某类信息或知识的提供,而是能够体现出社会知识整理、分类和体系建构的一种尝试。某种程度上可以说,《中华百科辞典》的编撰,内含着现代知识体系的建构逻辑。那么,到底是一种怎样的逻辑? 如何在编撰中践行? 其背后的动因是什么? 对中国现代知识体系的建构产生了哪些影响?

三、整体观、系统观下的知识汇聚

《中华百科辞典》收百科方面 35 个学科的名称术语 12 000 条,学科 41 个,续编增订 2 000 余条,学科增至 43 个。全书 155 万余字,附录有中国历史纪元表、世界大事年表等 15 种,普通名词和西洋人名的中西名词对照表两种。[①]所附表格具体包括:中国历代纪元世界大事年表;中国省市区县名表;中国商埠表;世界各国国民及都城表;世界纪念日表;化学元素表;中外度量衡简便折合表;度量衡新制简便折合表;度量衡标准制正名表;世界各国币制表;三角函数表;平方根表;立方根表;复利表;对数表。

《中华百科辞典》的编撰中,有强烈而明确的知识系统建构自觉,其知识架构的生产,有以下几个特征,

其一,整体观。注重平衡各科之间的内容比例,体现出将全部知识纳入一体的编纂意识。在《中华百科辞典》的凡例中,述及该书的编辑方法:

> 本书系采分科编辑法:即根据主编者十余年来从事中等教育及服务社会之经验,从各方面估量青年及一般社会应具之常识,厘订纲目,再请各科专家参订之,然后分门编撰;其不属于学校科目与专门业务范围以内者,则从历年所阅关于各方面之中西报纸杂志中搜集其最流行之名词,依其性质,参考各种书籍分别选辑;编纂后,始按照笔画排比。故本书科目虽多,尚少倾倚之弊,各科分量则依需要而定,总和比例约如下表。

---

① 钱子惠:《〈辞海〉的前前后后》,中华书局编辑部:《回忆中华书局》上编,中华书局 1978 年版,第 163 页。

表1 《中华百科辞典》的各科知识占比情况

科目	子目	以条目计（百分比）	以内容计（百分比）
社会科学	历史、地理、政治、社会学、社会主义、社会问题、财政、法律、科学通论、经济学、论理学	34.00	37.00
自然科学	物理、化学、植物、动物、矿物学、生物学、心理学、天文算学	26.00	24.00
文艺	文学、语言、音乐、绘画、雕刻、建筑	18.00	18.00
数学	算术、代数、几何、三角、数学通论	8.50	7.50
应用科学	工业、商业、医学、图书馆学、军事、农业、家事、统计学、卫生	7.00	7.00
哲学	哲学、宗教、伦理、美学	6.50	6.50

上表的统计中,自然科学在条目上占26%,内容上占24%,而民国时期图书出版的总体情况,自然科学知识的占比大概在10%左右(根据《民国时期总书目》统计所得),不得不说这是《中华百科辞典》在编辑过程中,对各个学科比例的人为控制和设计。另外,对比其他百科类图书,如商务印书馆的《日用百科全书》,"举凡有用之学术。无不赅备其间"①,显然对于各科知识的平衡有更多的考量,而这种考量体现出《中华百科辞典》知识把握上的整体观。

其二,系统观。"本书原以增进国人基本常识为目的,故分科编辑、侧重实用、使各科自成系统,并于篇末附分类索引,以便按照需要及兴趣分门阅览。换言之,本书虽然为辞典之体式,性质上则兼顾各科系统知识,冀于辞典之外而兼具常识教科书之功用。"分门别类,纲举目张,一般而言是一本图书必不可少的知识组织工作,在图书的目录中最为明显地体现。对于以语汇为单元的辞书而言,知识体系的建立显得尤为不易。辞书的知识体系并非仅仅在于目录,或在于其提供的检索方式(检索方式,往往是以词汇为标准,或是字形、读音),更加在于对内部语汇单元的整编。《中华百科辞典》提供了两套并行的系统,一套是用于检索的辞书目录,一套是将不同的语汇依据其含义纳入不同的

---

① 陈铎等编:《日用百科全书》,商务印书馆1919年版,编辑大意。

知识门类,用【】的方式标注于每个词语的后面。也因此《中华百科辞典》先后出现了两种目录编排方式,一种是便于阅读的分类目录,一种是便于检索的详细全目。

其三,在整体观和系统观的视域下,《中华百科辞典》还注重语汇之间的关联性。注重各条目之间的相互参照,有意识地将各个条目在整体的框架中进行介绍、释义和界定。"辞典重在介绍知识,便利参考,本书在内容上力求充实,在篇幅上力求简要,各种名词之解释,均以通行正确者为主,而尤注意于出处之考证,异同之辨别,谬误之校订,以求自成体系,可资依据。其有数说并行者,则并存之;现代之中外人物,则就其在学术上或事业上之贡献有定评录之。各条目中有需阅读他条方能了解本条之内涵者,则于字下加 * 号以别之;有互相阐发,或异名同义,或附载他条者,则于其后书参阅某条、见某条;其日常应用之名词无需详释者,则列为图标,附录于后,以节篇幅。"①这种注重内部各词条之间勾连的编撰意识和编撰方式,是百科类图书的一个创见。

四、兼具日用与学理的知识归类

虽然无法断言中国近代社会的知识体系生产与西方截然不同,但其中存在较大差异是基本没有疑问的。西方知识体系的形成,是一个自上而下的过程,包含了较为充分的学理研究和思考,比如百科全书派的知识体系生产,有着明确的观念和思想指导。中国近代的知识体系生产,基本是一个自下而上的过程,在西方的知识体系强势进入之后,社会知识建构作出反应和调整,倒逼了中国学人对于知识建构的考察和研究。撇开单纯学术上的知识体系不谈,中国近代广义上的知识体系建构,实则是在日用与学理之间摇摆和游走。而《中华百科辞典》是为数不多的力图两者兼顾的百科辞书和百科类图书。

日用是中国近代百科类图书出版的普遍导向,如商务印书馆的《日用百科全书》编辑大意说:

> 近世学术进步。新理想新事业之发明。日诏吾人以共赴于文明之途。吾人

---

① 舒新城主编:《中华百科辞典》,凡例。

应如何预储种种学识。以应世会之文明。惟是学术繁博。将从何处预备。欲博览群书。则日苦其短。设有一书。包罗万有。举凡有用之学术。无不赅备其间。小叩则小鸣。大叩则大鸣。则正合乎时势之要求。而为文明之利器也。本书斩副斯旨。因搜集中西图籍杂志报章。取其切于实用者。汇纂成书。分四十四编。都为四万言。凡属日用不可少之常识。关于科学、艺术、职业以及国家、社会、家庭各方面。悉赅备焉。书内纲举目张。条分缕析。以便观览。务使国民省有用之脑力。而得应用之常识。至所有材料。除选录成著外。大部由撰译而成。原始要终。与剽窃成书者。不可同日而语。

民国时期冠以"百科全书"之名的出版物,如有《家庭百科全书(万事不求人)》(1930 年,国民图书公司)、《中学世界百科全书》(1926 年,世界书局)、《家庭百科全书》(1930 年,新华书局)、《社交百科全书》(1922 年)、《中西工艺制作百科全书》(1925 年)、《交际文辞百科全书》(1923 年)等,都是针对不同的功用,或是某个知识门类的百科全书,并非知识整体上的百科全书。在这种思路下建构起来的知识体系,必然指向知识的实用性,而弱化了知识体系的系统性、逻辑性等。

图书出版并非是在真空环境中的知识生产,必然要回应时代和社会的需求。《中华百科辞典》的现代知识体系建构,对于日用的满足和迎合,也在其撰述的考虑范围之内。《中华百科辞典》凡例说:

> 我国自清末改行新教育制度以来,全国教育已逐渐资本主义化,中等以上之教育,至有中产子弟不能享受之势;而世界文化,互相激荡,欧战以后,变化更大,既不能使国人不与接触,亦无相当之辞书足以解释其日常见闻之名词;即是得中等学校,而学校教育每倾重于课内的系统知识之灌输,忽略实际社会之需要,常致毕业后对于报章上习见之文字而不能完全了解;甚至一事之来,辄因五节名词而盲从传会,使社会多扰攘。

中华书局的百科辞典之所以能够在众多百科辞书中脱颖而出,在于其除了日用关照以外,在知识系统建构的学理层面同样颇有建树。从时间脉络上看,《中华百科辞典》的知识归类方式,是对以往百科类知识分类在学理上的一个发展。下表是对中国几部重要百科知识类图书的知识分类方式的比较。

表 2　中国百科类图书的知识分类

书　　名	出版时间	一　级　类　目	二级类目
古今图书集成	1726 年	6 编(历象、方舆、明伦、博物、理学、经济)	32 典
四库全书	1792 年	4 部(经、史、子、集)	
普通百科新大辞典	1911 年	4 总类(政治、教育、格致、实业)	63 分类
日用百科全书	1924 年	44 编	126 类
中华百科辞典	1930 年	6 科目(社会科学、自然科学、文艺、数学、应用科学、哲学)	43 子目

《古今图书集成》被称为古代知识的百科全书,《四库全书》是中国古代知识分类发展的最终成果,《普通百科新大辞典》是晚清第一部百科辞书,《日用百科全书》是商务印书馆对知识的汇总和呈现。通过将《中华百科辞典》与上述图书相比对,可以看出《中华百科辞典》的知识归类方式有如下特点:

第一,与称之为中国古代百科全书的《古今图书集成》《四库全书》等相比,《中华百科辞典》实现了从关于书的书,到关于知识的书的转型。中国古代的知识整理,都是以"书"为单位,收录各个朝代的著作,汇编成巨大的丛书,以七略到四部的排列方式,对知识成果进行整理。而《中华百科辞典》则是以词汇为单位,对每一个词汇编订出一个在社会知识库中的位置,层层汇总,最终建构起一种现代知识体系。

第二,就知识内容进行的分类看,《中华百科辞典》一方面采用了外来的知识分类方式,一方面又将本土与外来熔于一炉,将全部知识纳入社会科学、自然科学、应用科学等门类,呈现出当代中国知识体系的端倪。特别是对比《中华百科辞典》与《普通百科新大辞典》,这是晚清民国时期最为重要的两部百科辞典。黄人编撰的《普通百科新大辞典》,据说有其供职的岭南师范大学的外籍教师的帮助,无论如何,这部百科辞书都显示出某些知识体系建构的超前性,可以视为清末新出的百科辞书的知识系统代表:①

---

① 参考陈平原、米列娜主编的《近代中国的百科辞书》,北京大学出版社 2007 年版,第 62 页。原文为:"笔者选用 1911 年出版的《普通百科新大辞典》的分类总目,作为清末新出的百科辞书的知识系统代表。"

表3 《普通百科新大辞典》的知识分类系统

政治	宪法、行政法、法律学、民法、商法、诉讼法、刑法、国际法、计学、财政学、统计学、簿记学、军政
教育	本国史学、世界史学、本国舆地、外国舆地、哲学、教育学、宗教学、心理学、伦理学、名学、社会学、国文学、世界文学、言语学、图画学、雕刻、音乐、装饰、游戏
格致	算学、几何、三角、微积、力学、热学、声学、光学、电磁学、化学、天文学、地文学、地质学、地震学、古物学、生理学、卫生学、病理学、药物学、矿物学、动物学、植物学、人类学
实业	农业学、蚕业学、造林学、渔业、猎业、工业

《普通百科新大辞典》含一级类目4个，二级类目63个，词条11 856。其63个二级子目，已经囊括了新旧知识的诸多内容，但在一级目录的命名上，仍然有着中西的经纬之分，如"格致"一门。《中华百科辞典》在一级类目的设计上，更为融合与贯通。

其三，从书籍排版方面看，采用双重系统并行。为了检索的便利，虽然在再版时更加注重检索的细目。为明确知识归类，采取了在每个词后面标注所属学科门类的方法，对社会知识进行了整体归类。《中华百科辞典》对知识的归类，体现在该书的每个词目之后，都以【】标注出其归属的学科。如其在出版凡例中所说：

> 本书条文皆依其性质照学科项目分为各类，于题下系以为单字或二字标明之。其不限于一类者，则以其属性之程度分系数字；其难于归属者，则于题下标一杂字。惟以论理的方法区分门类，本未易言。本书不过分别大致，以便读者易于为系统之阅览与检索，非不刊之论也。各科分类所标之字如下：[①]

三	三角	伦	伦理	统	统计学
化	化学	动	动物	经	经济学
心	心理学	教	教育	图	图书馆学
代	代数	植	植物	语	语言文字学

---

① 舒新城主编：《中华百科辞典》，凡例。

续　表

工	工业	生物	生物学	医	医学药学
天	天文	宗	宗教神学等	艺	艺术（含绘画、戏剧、雕刻、建筑、舞蹈、摄影、艺术原理等）
文	文学	法	法律	体	体育（合体操游戏等）
史	历史	社	社会科学主义社会问题等	农	农业
生	生理	美	美学	算	算术
地	地理	音	音乐	数	数学（统属于算术、代数、几何、三角诸项或泛论数学原理者）
政	政治	家	家事	卫	卫生学
物	物理	财	财政	杂	杂类
军	军事	商	商业	矿	矿物学
哲	哲学	几	几何	总	41类

以"丁香"一词为例，该词既属于【植】，也属于【医】，故标注两个知识类属。对于无法或不易归类的词汇，《中华百科辞书》则注之以【杂】字。中华书局在《中华百科辞典》编撰中采用的文后标注知识类目的方式与《普通百科新大辞典》类似，但其知识类属划分，在于现代知识体系之下。

五、结语

中国近代的外来知识引入和传统知识重建，形塑了全新的知识生态，也催生了知识体系的现代转型。教育分科、图书编目和百科全书/百科辞书编撰，都在进行现代知识体系建构，其中百科辞书是对作为语汇/词汇的基本知识单元的组织，故尤为重要。《中华百科辞典》是中国近代的一部重要百科辞书，也是民国时期唯一的百科辞典，它既是对社会百科知识需求的回应，也是现代知识体系建构的重要实践。

　　《中华百科辞典》的现代知识体系建构,通过对知识的汇聚与归类达成。知识汇聚方面,总体而言,就近代知识社会的知识体系建立实践来看,百科辞典和百科类丛书的出版,相比较于彰显一国的文化和学术水平,更加注重知识的汇总和传播,为社会变革提供知识支持和动力。虽然也有时人认为应该将《中华百科辞典》更名为《通俗百科辞典》①,认为该部辞书所提供的多数还是日常知识。但该书的编辑坚持未改,也说明了《中华百科辞典》的雄心壮志,并不满足于通俗百科辞典,而在学理性、科学性方面有相当的着力。《中华百科辞典》对中国近代知识体系的建构,是在日用和学理两方面的考量上而形成的,与西方以百科全书派为代表的知识体系建立在人文思想等方面有着较大的不同和区别。在民国时期缺少百科全书的情况下,《中华百科辞典》起到了对知识进行归纳和整理的作用,更为重要的是,这种归纳和整理,是在科学观念的指导下进行的。

---

① 《新书评论·中华百科辞典·舒新城主编》,《图书馆增刊》1930 年 10 月 8 日。

出版与新文化

脚 注 秘 语

——近代知识社会变迁的一则注脚

石　慧

（南京师范大学）

通常文学家、语言学家、社会学家都将知识等同于抽象的文本内容，容易忽视其边缘空间和辅助形式。书籍史家和阅读史家则十分强调文本形式对知识表达的重要性。他们将文本形式看作一种意义的表征系统，希望通过新的分析方法，揭示文本生产过程中留下的种种痕迹具有怎样的社会功能与象征意义。书籍史家们用大量研究确定了形式的意义及其后果，唐·麦肯锡就强调对决定文本物质形态的视觉证据进行研究的必要性，认为文本的意义"依赖于形式，通过这些形式文本被读者（或听众）接受和占用"，"形式产生意义，当借以呈现内容以供解释的物质形式发生变化时，即使一个固定的文本也会被赋予新的意义和本质"。[①]

在具体的社会历史背景中，对文本形式产生影响的因素也有所不同。我们必须承认，文本的某些物质形态具有明显的历史性特征。对于 19、20 世纪的晚清民国时期而言，时代的急遽变迁和社会转型落实在文化与知识的领域之中，一种依托于印刷机器和工业主义的物质技术革命，重构了彼时的知识生态。这一时期为适应近代知识转型的需求文本生产在内容、技术、体例、形式等各个面向皆产生了不同于以往的重要变化，脚注便是其中一例。本文尝试从知识社会史的视角对脚注展开探讨，遵循的并不是主流知识社会史与书籍史研究的一般路径，而是将主要精力注入研究地图中尚未标示、人迹罕至的副文本领域——脚注。

---

① 〔英〕戴维·芬克尔斯坦等著，何朝晖译：《书史导论》，商务印书馆 2012 年版，第 47—48 页。

一、脚注：近代知识社会变迁的知识产物

20 世纪可谓中国历史上重要的转型期,彼时各种现代性的因素已经初露端倪,包括印刷资本主义的出现、现代教育制度的建立和普及、全球性的通信网络、东西方科技与文化愈来愈频繁的交流……脚注的诞生便伴随着近代工业文明的拓展,这一时期工业化和大机器生产的新式印刷机深刻地改变了知识生态。这一变化作用于知识生产领域,便出现了以标准化形式"印在书页下端的注文",在正文文本语境之外,提供解释的凭证与指引。

关于脚注的起源及其在近代中国的传播和书写历程,目前还处于模糊的状态,大多数读者对此仍感陌生。事实上,脚注并非完全诞生于近代中国的文化土壤,而是多重社会条件和环境因素共同作用的产物。这些因素包括且不限于近代知识社会变迁背景下的印刷媒介普及、阅读革命发生以及中西知识交融。下文我们将要继续探讨这些已经开始表现出重要性但尚未得到充分发展的社会因素所带来的广泛影响。尽管如此,探讨脚注在近代中国精确的起源仍然是十分困难的,其中如何区分中西知识文化交流和本土社会印刷、阅读革命之间的差异,是令学者们极为困惑的复杂问题。在本文的论述中,我们更倾向于认为,只有假定在 19 世纪前中国的知识社会并未出现根本性的变化,才能承认西方知识文化的介入,是近代知识社会变迁的主要推动力;否则,中西文化的融合与传统知识社会整体性崩溃后的诸多表现,都应视为与脚注存在紧密联系的制约关系。

我们首先需要确定的是,脚注是在近代不断得到加强的印刷文化的副产品,是与印刷媒介密不可分的现象。伴随着现代性带来的机器化大生产,印刷书籍与报刊成为最普遍、传播范围最广、影响最大的知识产品。正是基于这样的物质和技术基础,印刷文化占据了愈来愈明显的主导地位,脚注的存在恰恰突出了印刷媒介的书面性、空间性特征,从而区别于口头文化的时间性与线性延展。这是由于脚注的版面布局完全呈现为一种空间性和视觉的建构,导致读者无法像在传统知识社会时一般大声将脚注的内容朗读出来,也无法通过口语化的方式直接地表现脚注与正文之间的次序地位。此外,脚注的出现大大强化了文本的物质性特征,也突出了印刷生产的本质机械性。

其次,印刷媒介在刺激知识社会现代转型的同时,也带来了大量的"过剩

知识"和信息过载,这又间接推动了阅读革命的发生。新知识和新事物爆炸式的涌现,不仅开启了其后的型式,也不可避免地带来了信息冗余的焦虑和弊端。虽然信息过载问题的出现和应对并不是现代社会独有的产物,但尤其值得注意的是,近代以来各种传播媒介的发展,使得信息和知识增长的速度实现了从未有过的跃升。对管控和处理"过剩知识"的需要,在近代社会变得更加迫切,对脚注书写的热情同时也是面对朝夕变化的知识社会时对于信息焦虑的普遍反应。脚注的发明与应用,正是信息过载问题下应运而生的事物。

现代知识社会面临的一个重大挑战源于信息的爆炸式增长。此时无论是尚处于向现代过渡的中国,还是大洋彼岸的西方各国,都在不同程度上发生了由精读向泛读、诵读向默读转变的阅读革命。特定历史时期的社会文化背景和知识体系为阅读行为提供规范,阅读模式的产生和迭变也与前者紧密相连,19、20 世纪的文本形式变革最终影响的是读者的阅读模式和行为规范。与此同时,延续了两千余年的以精英知识阶层为主体的阅读文化已经无法适应民国社会的现代性特征,此后发展出了以普通民众为主体的大众阅读文化,同时专业性知识在细分领域得以纵深发展,知识分工趋势愈加明显。

最后,脚注同样是近代中西交融知识环境的产物。在现代社会主导的知识和价值体系下,脚注、附录、索引、参考文献等新的知识形式在对西方知识文化和其书写习惯的模仿中诞生。研究者通常认为 19 世纪是"一战"前的德国大学"脚注的地位得以巩固并获得精确表达的黄金时期"①,脚注后来逐渐成为学术研究不可或缺的部分。率先采用脚注形式的大多是报刊书籍中的翻译文本,呈现出文本形制受外来文化影响的新风貌。民国时期翻译自西方的学术书籍中,便常能见到脚注的身影。

以上我们回顾了脚注诞生于 19、20 世纪的近代知识社会变迁背景中,探讨了脚注与印刷媒介、阅读革命、中西交融等社会要素间的关联。下面我们将以知识社会史的视角展开,继续考察脚注如何作用于近代中国知识社会的不同层面。不同于传统社会的特征,在一个现代而陌生的知识社会中,个体需要其他陌生人提供服务,而脚注便担任了类似服务的凭证,赋予了作者以权威性和可靠性。脚注的出现还往往与职业化的实践捆绑在一起,它标志着知识细

---

① 〔美〕安东尼·格拉夫敦著,张弢、王春华译:《脚注趣史》,北京大学出版社 2014 年版,第 2 页。

分化和专业化的出现。学者通过专门的学术训练撰写论文,脚注则用来标注信息的来源,以此保证文章的可信程度。然而,脚注不总是处于客观中立的地带,它具有隐蔽性和迷惑性的叙事方式,实则为现代学术领域社会建构的一部分。

二、"陌生人社会"的知识凭证

齐美尔在追问"社会是如何可能的"这一极具现代意义的问题时指出,每个人都在社会生活中占据一个由他自己填充的位置,人与人之间的相互联系和作用,构成了这个社会运转的基础。城市化、工业化、现代理性等密切关联的要素构建起一个区别于传统社会秩序的"陌生人社会",这一特征同样适用于知识生产领域。在一个具有现代性特征的知识社会中,知识生产与传播链条上的每一个环节都建立在大量陌生人群体的介入。陌生人社会的价值及秩序基础显然不能像传统社会一般依赖于道德或血缘,人与人之间关系的维系依靠的是法律、契约和凭证。

此时,对于作者而言,他们需要展示某种知识服务凭证,极尽所能向读者展示自身的博学和权威性;对于读者而言,他们需要通过识别这种可信化凭证,接受并信赖作者所提供的知识服务。脚注就担任了这种知识服务凭证的功能:一方面,脚注的书写展示了作者的博学,是建立他们作为学术专业权威的一种方式;另一方面,脚注同时也是一种指引,对于专业性的文章而言,脚注提供了延展的材料,形成了无数个以主题为区分的知识网络,读者可按图索骥,根据其提供的线索查漏补缺,构筑自身的知识空间。

具有类似功能的还有书籍的附录、索引和参考文献等副文本,它们通常位于正文之后,是对正文相关内容的扩展。通常传统书籍中并不包含这些内容,它们应用在书籍中是近代以来的现象,而且最初的运用得益于翻译自西方各国的学术书籍。随着西方学术译著结构和形制的深入人心,这些源于近代欧美的文本体例便越来越多地应用于民国的书籍之中,被视为现代学术衍生品和严谨作风的象征性标识。脚注的撰写被视为谨慎踏实的有力证据,当时的一些报刊文章和书籍广告标语中,便有以脚注作为书籍言之有物的"卖点"进行宣传:

（1）脚注甚多——著者对于本书所用功力之深，可自每章中脚注（foot-notes）之多见之。每章所加脚注都在百条以上，商子与韩子一章竟有一百四十二条之多。这些脚注或标明"引用语句"之来历出处，或补充发挥书中之所未详者，这在国内出版的学术著作中是不常见的。[①]

（2）每章之末，附有脚注，使读者知道他所选择的数据之来源，又可指示读者作进一步研究之途径。这是在中国学术书中不常看见的。在这儿又可证明著者言之有物，和他的学识之根基了。[②]

（3）在篇末既加上了详细的脚注，在篇首又有具体的以研究的心得而添上正确的说明，这种严肃的研求的态度，也是他们所具有的唯一的优点。[③]

上文的广告语向读者暗示了脚注所具备的种种功能：对资料来源的准确描述、作者查找获取资料的能力、学术研究的诚信证明。对正文"言之有物"的申明，是脚注最为显著的功能之一，这不仅为作者提供了可信化的知识服务凭证，也契合了陌生人社会中以法律、契约和凭证为秩序基础的原则，体现出理性主义的色彩。晚清民国的知识社会，逐渐建立起关于知识的整体制度框架，规范和制约了知识生产环节中的诸流程与细节。正是对责任行为的划定，使大多数人对陌生人的可靠性及承担义务能力产生信任，脚注便是这一社会制度框架在文本页面上留下的痕迹。

三、精确引用与职业化同步

在晚清民国逐渐形成的陌生人社会中，脚注的书写工作由对西方知识生产和学术话语体系的模仿和援引，渐渐成为文本书写领域中漫不经心的日常。作者将引用的文献题名、姓名、出版机构和出版日期等信息以现代编码的方式放置在文章底部不起眼的角落，以标示和罗列出文章前期准备和搜集成果。较早对脚注引用和撰写格式进行规范的是 1924 年《清华学报》复刊号的《编辑部启事》：

（三）本报引用书籍，务须注明著者姓名，书名，卷数，页数，出版机关或地点，

---

① 赵震：《评中国政治思想史》，《申报》1946 年 6 月 27 日。
② 顾源和：《评〈中国政府〉》，《申报》1946 年 8 月 22 日。
③ 汤增扬：《民间文艺》，《申报》1930 年 8 月 8 日。

及出版年月,今举例如下:

　　1 中文小注,如本期第四六面第五〇小注。

　　　　五〇,<u>清文献通考</u>第二五六卷。第四页(上)—第五页(下),<u>浙江书局</u>本,<u>光绪</u>一

三年(一八八七)。

　　2 西文小注,如本期第一二〇面第二小注。

　　　　二,A Lawrence Lowell：Public opinion and popular government：pp. 36 - 47；

New York：Longmans, Green and Co., 1914.①

　　从著录项来看,《清华学报》对中西文文献分别处理,保存传统的同时追求格式上的统一,如中文文献的著录项中仍保留了封建帝制时期的年号,并在括号内注明该年的公元纪年。此外,不仅是脚注,很多书籍在书后也附上了参考文献、索引、附录等要素。如果我们从书籍史的视野重新观察这一现象,得出的结论就远不止这些。我们不应对例行公事的脚注书写等闲视之,相反,这是一个极其生动的证明,用以描述现代知识社会与前现代社会的分期和差异。对脚注发展演变的钩沉,能够揭示出历史上知识生产模式的变化线索。

　　上文中我们曾提及,脚注的书写可以被视为陌生人社会中的一种可信化知识服务凭证,给予了读者关于书籍质量和作者严谨勤奋治学态度方面积极的暗示,这也可以被认为是脚注最初发挥的主要功能之一。然而,随着脚注书写的日常化和模式化,以及脚注作为一种辅助工具演变为学术领域写作规范,我们能够捕捉到的是晚清民国知识社会的另一重要变化趋势——职业化与知识细分。

　　晚清民国时期,知识社会酝酿出了大量的职业阶层,造成了行业技能之间的分疏。这一时期,知识和信息的体量呈现爆炸式增长,社会上出现了图书馆、出版社、档案馆、学校、研究院等一大批为知识生产提供基础性、支撑性服务的机构,同时还诞生了职业化的知识群体。这三者间的互动与互构使近代社会在知识领域呈现出新样态,也成为脚注扎根于中国知识社会的先决条件。在上述知识领域的三个方面,民国社会都体现出与传统社会截然不同的特征。

　　首先便是知识规模的迅速膨胀。近代社会新知识的获取通常有两个显而易见的途径,一部分是由传统改造产生的,另一部分是从外部世界吸收而来

---

① 　张麒麟:《引文规范演变过程及其机理研究》,南京大学 2021 年博士学位论文。

的。而这一时期恰恰是一个传统与现代、东方与西式文化融合、碰撞、交流的时代,大型印刷机器和设备随着传教士来华创办出版机构引进,不仅带来了工业主义与机器化生产双重作用下的印刷资本主义产物,还使得知识生产、改造与吸收的效率均大大提升。加之大众传媒领域的兴旺发展,晚清民国时期的信息传输和知识增长的速度均远超于前,实现了知识获取、积累和处理能力的跃升,整个社会都淹没于知识的洪流之中。

其次,巨量的知识如同硬币的正反面,在降低了获取知识的门槛的同时,也为知识的接受和应用提供了一系列的挑战,这也催生了专事于知识的挑选、排列、分类、整理、加工、分析等工作的职业机构和人群。脚注的书写也被纳入这类工作程序之中,并逐渐成为专业性知识生产的固定流程。各类出版机构在知识的社会化过程中起到关键性的作用。彼得·伯克(Peter Burke)曾认为,"欧洲近代初期的所谓知识革命——文艺复兴、科学革命以及启蒙,都是先存在某种大众的或实用的知识,当其逐渐表显化后(尤其是被印刷后),经由某种学术机制使之合法化"①。因此,晚清民国时期新式印刷机的使用,推动了当时印刷文化的繁荣,也为脚注的应用提供了必要的物质性基础。

最后,职业机构也培育了专事于知识生产的职业群体,形成了职业的知识阶层。他们也许是国家机器的一部分,也许隶属于大型文化企业的核心职能部门,但都在急速变迁的时代环境中各自发展出了赖以维持生计的知识技能,最终取代传统士大夫而形成新的知识阶层。在本文的语境中,脚注的创作主体便是这些职业化的知识群体,他们的书写实践不仅仅是自发的、业余的、个体的行为,同时亦转变为有组织的、职业化的、市场化的活动。这些专业的知识阶层至少是在表面上达成了对知识生产的全面管控和支配,他们从事于职业化的知识生产,为新知识体系构建贡献了丰富的内容。

四、学术实践中的"脚注政治"

知识细分与职业化的发展势必要推动学术领域对知识专业性、合法性的

---

① 〔英〕彼得·伯克著,汪一帆、赵博囡译:《知识社会史:从〈百科全书〉到维基百科》,浙江大学出版社 2016 年版,第 15 页。

极致追求。安东尼·格拉夫敦①在其关于脚注历史研究的著作中指出,脚注的出现是西方学术职业化的标识,并逐渐沦为学术政治的工具。从这一层面意义来说,无论在西方或是近代中国,脚注无疑是现代学术的入场券,它的作用不仅仅是上文中我们所提及的作为知识服务的凭证使读者产生信赖,或是与知识生产职业化的现象相勾连,而且是构建正文以外的次级叙事,使作者的论述得到延伸。

格拉夫敦考证了西方近代历史学家们通过脚注的运用方式实现其不同的目的:或是为了建立和捍卫历史知识的权威性,或是为了回应他们所面对的史学传统,又或是为了构建史学和科学的讨论。今天的我们通过追踪脚注中的引用来证明学者们的学术贡献和工作价值,但我们同样也要意识到,脚注从来就不隶属于一个完全客观中立的地带。对脚注书写实践的进一步考察有助于我们揭示出学术政治与权威是如何以各种方式在语言中建构出来的。

“权威”是脚注书写中不可忽略的关键词,对于如何界定权威,或是构建怎样的权威,作者享有一定程度的自由。毕竟,作者可以部分决定自己的论述建立在哪些特定的“权威”观点之上,以及他认为哪些观点被排除在这场激烈而无声的争辩中。因此脚注在学术实践中充当了一种“政治无意识”的角色,这种书写行为构成一种积极的学术实践和具有象征意义的话语构建。

通常脚注可分为解释性脚注和引用性脚注两种最主要的类型:解释性脚注为正文的运行提供额外的解释和补充,以此支撑正文的论述;引用性脚注则注明论据或信息的来源,记录研究和思考的过程。脚注的定位同它和正文的联系息息相关,不仅可以用来支持已然存在的论点,还具有对比、评判、延伸、补充、驳斥、背景介绍、材料支撑等功能。它总是以正文为背景,仿佛隐匿在一级叙事之下的地下世界,晦涩而不透明。大多数人因其处于传统的边缘空间而选择忽视,但脚注的重要意义和特殊性恰恰在于所处的边缘地位。它与正文之间的界限,使其可以以一种旁观、疏离的姿态为正文叙事提供某种回应,这种回应通过上文下注的版面布局得到加强。相较于正文本备受瞩目的叙事

---

① 参见〔美〕安东尼·格拉夫敦著,张弢、王春华译:《脚注趣史》。

作用,脚注的次级叙事在文本的意义建构与生产中的作用得到了更多的关注和阐释。

正如脚注的书写在叙事中的地位变得愈加突出一样,脚注与正文之间主次有序、泾渭分明的状态在逐渐被打破,它的传统边缘空间也在不断被超越。越来越多的学者关注到这一边缘要素在文本的整体叙事中的能量,发掘其成为意想不到的中心元素的可能性。热奈特将诸如脚注这样的"副文本"视作"控制读者对文本的理解的阈限性工具",换言之,在关于脚注的撰写中总是带有某种清晰的意涵和指向——用来保证文本的命运与作者的目的相一致,使文本更好地被接受、更恰当地被阅读。由此,我们需要进一步洞悉这种隐蔽的文本生产策略,解开脚注所潜藏的闻所未闻的意义系统,并尝试破解脚注在构建一种学术话语机制时,运用了哪些影响读者的机巧,如何塑造文本中的权威。

作为一种典型的阈限性因素,脚注提供了作者某些隐藏的观点。为了更好地说明或补充正文的内容,作者会将某些文献放在至关重要的位置,同时又对另一些文献避而不谈——这并不是一种无心的疏漏,相反,作者在决定不引用某一文献时,也必须先读一读它。最终导致刻意选择结果,目的是建立起一个极具主观色彩,甚至带有偏见的知识地图。诸如此类关于脚注引用的暗号常常是隐晦的,成为学术圈内部心照不宣的交流密码。通过脚注的使用机巧,作者塑造了知识地图的个性化指南。从这个意义上来说,学术实践中的"脚注政治"构成了知识社会中"现实的社会建构"的一部分。

五、结语

在近代知识社会转型的过程中,脚注扮演了一个十分重要却时常被忽视的角色,它有助于实现科学和学术工作的有效性,包含着与专业领域知识无关的功能目的和动机。我们在文中论述了学术实践中蕴含的脚注政治,然而经验性的现实过于复杂和模糊,且受制于特定的个人解释和诸多环境的要素,因此远非本文所能一一概括。

无论如何,随着现代学术体制的建立,在有限的文本空间中,脚注为自身博得了重要的版面地位,并作为一项专业领域内的书写制度固定下来。脚注的书写实践同样被视作书籍史领域的革新和思想实践,理应得到更多的查验与考究。它丰富多样的成分和历时甚久的发展历程,甚至其中蕴含的意识形态色彩,都将成为我们追溯某一时期知识社会史的宝贵证据和材料。最初脚注得以精确表达是在 19 世纪的德国大学,后来这一书写形式伴随着中西文化交流和印刷媒介、阅读革命的发展在近代中国得以扎根。因此,脚注也可被视为近代知识社会变迁的一则注脚。通过追溯脚注的发展历程,我们也得以还原晚清民国知识社会变迁的部分历史场景。

《字林西报》和《大陆报》
对李科克幽默文学的传播 *

张睿睿

（成都大学）

中国近现代的报刊出版，开外来文化与本土交流风气之先。据统计，从鸦片战争到 19 世纪末，外国人在华创办的报刊先后大约有 300 家，占同时期中国报刊总数的 70% 以上。① 其中，《字林西报》(*The North-China Daily News*)和《大陆报》(*The China Press*)这两家英文报纸在中国的受众面最广、发行量最大，是当时上海的主流媒体。②

《字林西报》脱胎于英国人奚安门(Henry Shearman)于 1850 年创办的《北华捷报》(*The North China Herald*)，是上海乃至近代中国出刊时间最长、最有影响力的英文报纸，被誉为近代中国的《泰晤士报》，充当了英国在华的言论机关。《大陆报》则由美国著名记者密勒(Thomas Millard)于 1911 年创办，遵循了亲中立场和美式编排风格，打破了英国报纸惯用的刊登广告的模式，代之以中国的重要新闻。除了时政、商业的内容之外，这两家报刊在向中国传播外国文学作品方面，同样具有较高的史学研究价值。③

为了吸引读者、更好地实现市场盈利，《字林西报》和《大陆报》不仅会转载

---

* 本文为国家社科基金项目一般项目《中国现代幽默文学源流考辨中的史蒂芬·李科克与林语堂比较研究》(编号：21BWW019)的阶段性成果。

① 详见虞和平：《西学东渐与近代中国人文社会的分化》，《社会学研究》1995 年第 4 期。也可参见丁淦林：《中国新闻事业史》，武汉大学出版社 1990 年版。

② 田野、李永东：《新旧世界秩序中的"国际五四"——以〈大陆报〉〈字林西报〉为中心的考察》，《新闻与传播研究》2020 年第 5 期。

③ 详见王娟：《百年英文报刊〈字林西报〉探微》，《青年记者》2017 年 10 月。袁伊：《近代在华美式报刊之翘楚——〈大陆报〉》，《新闻研究导刊》2015 年第 6 卷第 11 期。

西方世界很受欢迎、非常成熟的幽默大家之著名作品,还会对最新畅销的文坛新秀进行追踪转载和评论。加拿大幽默作家史蒂芬·李科克(Stephen Leacock, 1869—1944)虽然没有狄更斯、马克·吐温那样有名,但他于1910年开始崭露头角,在1915到1925年间达到了事业的巅峰状态,成为其间英语世界最受欢迎的幽默作家。[1] 以《字林西报》和《大陆报》为代表的近代早期英文报刊,恰好在这段时间对其进行了集中报道并追踪了他在西方世界最热门的新作品和创作动向。

细致爬梳1910—1920年代在《大陆报》和《字林西报》上刊登的有关李科克的报道,可以明显发现其呈现出三大阶段性的传播特点;而这些特点,又正好印证了李科克幽默文学在英文世界的某些传播规律,并为30年代以降逐渐形成的中国现代幽默文学特点提供了源头性的参考。

一、李科克幽默文学在中国传播的萌芽期(1916—1919)

1. 传播情况

最早在中国传播李科克的媒介是大陆出版的英文报纸。考察1910年代,此阶段中文报纸或杂志对李科克的介绍,笔者找不到一篇相关报道;但上述两种主流英文报刊对李科克的谈论与引介,已经有9篇之多,具体情况如下表:

表1　1910年代李科克作品在《大陆报》和《字林西报》上的登载情况

序号	题　　目	刊物名称	发表年份
1	*He Laughs at Everybody — Does Stephen Leacock of These Moonbeams from a Larger Lunacy*	The China Press	1916年 2月10日
2	*The Lack of German Humor Discussed by Leacock-Famous Canadian Wit also Gives His Views on the Perversity of the Russian Verb*	The China Press	1917年 5月20日

---

[1] Stephen Leacock was the English-speaking world's best-known humorist between 1915 and 1925. 参见 Lynch, Gerald. Leacock, Stephen. *The Canadian Encyclopedia*. Historical Foundation. June 17, 2010.

序号	题　　目	刊物名称	发表年份
3	*To Nature and Back Again by Stephen Leacock in Which the Famous Canadian Humorist of Hearst's Magazine Pays His Diverting Respects to a Current Fad of the Serious-Minded*	The China Press	1917 年 10 月 14 日
4	*A Bit of Fun by Stephen Leacock*	The China Press	1918 年 1 月 31 日
5	*The Snake of Prohibition. Mr. Stephen Leacock's Warning to Britain.*	The North-China Daily News	1919 年 8 月 15 日
6	*Man's Work and His Wage Theory That a Worker's Reward Is a Fair Measure of His Productive Value in the Face of Shattered Faith in Our Old Social System*	The China Press	1919 年 10 月 15 日
7	*Peril of Industrial Balance of Power As Economic Force of Capital and Labor Varies, Scales Are Tipped Disastrously — Each Man Gets What He Can Extort, Not What He Produces*	The China Press	1919 年 10 月 31 日
8	*Socialism in Operation: a Prison Edward Bellamy Pictured a State in Which Every Citizen Bade Farewell to Freedom and Surrendered to the Elected Boss — Required Population of Angels*	The China Press	1919 年 11 月 15 日
9	*Socialism: a Machine Which Won't Work Born in the Bitter Discontent After the Napoleonic Wars, Utopian Dream Has Misled Thousands of Visionaries — a Tainted Creed Menacing the Social Structure*	The China Press	1919 年 11 月 16 日

　　从表 1 可见,1910 年代可以算作李科克幽默文学在中国传播的萌芽时期。这个阶段对他的介绍与引进,分为书讯、访谈、全文登载和政治经济学论文四类。

(1) 书讯：粗略介绍

　　目前笔者考证到的最早介绍李科克及其作品的中国英文报刊是《大陆

报》。早在 1916 年 2 月 10 日,《大陆报》就刊登了一则简短书讯, *He Laughs at Everybody — Does Stephen Leacock of These Moonbeams from a Larger Lunacy* (《他拿所有人开玩笑——史蒂芬·李科克先生是否是〈来自大愚的月光〉中提及的那种人》)。虽然只有两个小段落,却已经将李科克作为一个有世界影响力的幽默家来向中国读者进行推介,称其为"a humorist out of Canada"(影响力超出了加拿大的国别范围)。此文还概括出了李科克幽默的魅力——不经意间开一切人和事的玩笑,引起人们的轻松愉悦。

彼时,李科克在英文世界已经出版了六本短篇幽默小说集和两篇长篇小说,这使得他已拥有了同时在加拿大和美国炙手可热的"幽默畅销作家"头衔。虽然他的正式身份是加拿大麦吉尔大学的政治经济学教授兼系主任,但是于 1910 年出版了第一部幽默短篇小说集 *Literary Lapses*(《文学上的失误》)后,他就在英文幽默文学界一炮成名了。因为他的幽默首先是零散地登载于北美杂志,等好评如潮后再结集出版,所以往往在世界范围内广受欢迎。有学者评论说,在那个年代,听说过李科克的人比听说过加拿大的人还多。随着其两篇长篇代表作 *Sunshine Sketches of Little Town*(《艳阳小镇录》,1912)和 *Arcadian Adventure with the Idle Rich*(《闲散富人的阿卡迪亚冒险》,1914)的出版,李科克在英文世界的知名度进一步提高,直接导致了在中国发刊的《大陆报》开始介绍李科克的幽默新书。

(2) 访谈:进一步推荐

为了让中国能够阅读英文的读者对这位幽默大师有更进一步的了解,1917 年 5 月 20 日《大陆报》刊登了一则对李科克本人的访谈: *The Lack of German Humor Discussed by Leacock — Famous Canadian Wit also Gives His Views On The Perversity of The Russian Verb*(《李科克论述德国缺乏幽默——著名的加拿大才子也对俄语动词的反常用法发表意见》)。这篇评论第一次亮出李科克大学教授和麦吉尔大学政治经济系主任的身份,并戏拟了李科克式的幽默语言方式,向读者重磅推荐这么一位把"幽默"当作事业来严肃认真地写作的大家。

开篇的素描笔法,正是李科克自己幽默作品中惯用的。不仅点出了李科克最近新出的三本幽默作品——*Moonbeams from the Larger Lunacy*, *Arcadian Adventures with the Idle Rich*, *Further Foolishness*,还勾勒出李科

克的相貌和穿着——从不像其他幽默家一样穿奇装异服来哗众取宠,相反,特别本色。他的态度、外表穿搭、公开演讲,就如对着朋友聊天一样自然。这里精确地指出了李科克的语体特色——松散的小品文聊天方式。

然后话锋一转,突出了李科克对幽默的重视——说他的幽默作品是搞学术研究累了之后放松写的副产品,是对他最大的冒犯。其实,李科克本人认为学术研究好写,而幽默的东西是发自内心、花功夫得出的成果,只有付出艰苦努力、足够幸运,才能写出来。这里能看出,李科克对幽默高度重视,甚至将其放到了超越大学教授、政治经济学系主任等工作之上的崇高位置。

文章后半部分讲到文学。李科克认为,最民主的文学就是幽默文学,专制的文学从来都不幽默。作家从人文角度关心"一战"的历史背景,也许刚开始人们还羡慕专制的德国效率高,现在看来,专制导致战争,根本谈不上效率。德国向来以复杂的哲学著称,但从没听说德国有世界知名的幽默。那么,和德国宣战,就应该剔除掉德国哲学家和经济学家搞出来的最繁复最枯燥的理论,还人类文明以简洁舒适的状态。

(3) 全文刊登：展示风格

1917 年 10 月 14 日,《大陆报》不惜大篇幅首次登载了李科克幽默短文的全文(图 1),让在中国的读者粗粗领略了一下其原汁原味的幽默风采。此文名为 *To Nature and Back Again*(《去大自然又返回》),最早发表于美国《哈斯特杂志》(*Hearst Magazine*)1917 年 9 月号上。《大陆报》在刊登李科克原文的同时,也刊登了其他画家为此文作的幽默漫画配图。这种图文并茂的方式,后来被林语堂及其《论语》派同人在创办《论语》半月刊时所借鉴、采用。

这篇故事讲了一个想利用假期彻底回归自然的职员如何彻底走向了失败。原文全刊,可以让读者切身体会李科克幽默的特色:笑声中有一种难言的酸楚,让人在莞尔的同时反思城市化毁掉了原本的生活方式。另外,这展示了李科克善用的"跌落法"——最紧张处(故事主人公以为遇到了熊,结果是和他一样作为的人),突然松弛下来——让人觉得意外而产生捧腹效果。

这则故事后来于 1918 年收入李科克幽默短篇小说集 *Frenzied Fiction*(《狂乱小说集》),这本小说集再次将李科克的幽默推到一个高峰。因此,1918 年 1 月 31 日《狂乱小说集》问世不久后,《大陆报》就此发布第二则书讯 *A Bit*

图1　《大陆报》整版登载《去大自然又返回》全文并配漫画插图

of Fun by Stephen Leacock(《斯蒂芬·李科克所制造的一点乐趣》),介绍了李科克幽默的重要特点:知道人性的弱点,敏锐地观察并风趣地指出,让人在熟视无睹的事情上看出问题并发笑。它第一次精确指出了李科克幽默是以温润的心、欢乐的精神、友好而又绅士的灵魂来看待世界(warm-hearted and joyous spirit, a friendly, gentle soul)。它总结道:李科克呼吁孩子们需要平和而善意的生存环境(反战主题),他会以善意来笑一笑人本性中的荒谬和自负。

（4）政治经济学论文：平易幽默

作为政治经济学家的李科克，从 19 世纪末到 20 世纪初，在英语世界的各大报刊上撰写过很多篇时政经济分析。1919 年 8 月到 11 月，《字林西报》和《大陆报》开始陆续转载其在北美报刊上发表过的政论文章。

但颇为有趣的是，这些政治经济学文章并不那么"像论文"，而是通俗幽默。转载的内容多是摘抄其政治经济学论文的原文，如批判美国强制推行禁酒令、资本全球化导致的不平等加剧，字里行间却透露出温和善意。那些形象的比喻、笑讽，充分展示了其去精英化、去教科书化、亲近普通民众的艺术风格。比如 1919 年 8 月英国办刊背景的《字林西报》节取了李科克在 1919 年 7 月发表于美国"*National Review*（《国内评论》）"的文章 *The Warning of Prohibition in America*（《对北美禁令的警告》），只不过节取了李科克提及英国的部分，并沿用了原文中的比喻，把题目取为 *The Snake of Prohibition — Mr. Stephen Leacock's Warning to Britain.*（《毒蛇般的禁令——史蒂芬·李科克对英国的警告》），形象而幽默。

2. 传播特色

有美国办刊背景的《大陆报》，在 1910 年代最早推介李科克的幽默，因为察觉到了其中的商业价值——首先，可以用其高端的学术身份吸引眼球；其次，也是最主要的，他和朋友交流式的闲散语体色彩，亲民逗乐。这样温和友好的幽默，不带激进的挖苦讽刺，有通行性，可以跨越文化语言障碍达到沟通的目的。客观上看，李科克幽默传达的反对强权政治和不平等、反对盲目的工业化扩张以及提倡回归人性本身、脚踏实地推进社会进步等观点，让中国读者在欣赏其幽默的过程中体会到现代人文反思精神。

处于上升时期的美国，正可以用此种李科克的幽默在中国上海和老牌资本主义国家英国争抢新兴的报纸媒体地盘。虽然这个阶段有关李科克幽默的推介还不多，但已经让中国读者体会到不同于低俗恶搞的某些西方现代幽默的特色了。

二、李科克幽默文学在中国传播的发展期（1920—1922）

从全球来看，在 1920 到 1922 年间，李科克幽默的影响力开始从北美慢慢向世界其他地方扩展。特别是 1921 年李科克访问英国以后，他的幽默作品在欧洲的知名度大为增长。无独有偶,这个发展趋势也在中国发行的英文报刊中同步折射——在李科克幽默的影响力扩展到欧洲之前,一直主要是《大陆报》在中国宣传;后来李科克被欧洲,特别是被英国本土关注以后,引起大量英文媒体报道。有英国办刊背景的《字林西报》也开始加大对李科克的宣传力度。下表为该阶段两大报纸的相关报道整理。

表 2　1920—1922 年李科克作品在《大陆报》和《字林西报》上的登载情况

序号	题　　目	刊物名称	发表年份
1	*Prohibition From The Viewpoint of An Eminent Professor*	The China Press	1920 年 1 月 4 日
2	*Maddened by Mystery*	The China Press	1920 年 1 月 7 日
3	*In The Wake of Mr.Chesterton* *The Appalling Catastrophe Recently Occasioned in Our Quiet Home Town by a Public Lecture*	The China Press	1921 年 6 月 19 日
4	*Easy Marks* *A Few Remarks on the German Indemnity*	The North-China Daily News	1921 年 6 月 27 日
5	*Leacock of McGill Pities Dry American*	The China Press	1921 年 11 月 6 日
6	*Notes by the Way — Stephen Leacock: Humorist*	The North-China Daily News	1921 年 11 月 19 日
7	*Frenzied Fiction — Professor Leacock Traces Its History*	The North-China Daily News	1922 年 2 月 20 日
8	*"Let's Discover England!"* *Stephen Leacock, Noted Humorist Takes Slap at British Authors Who "See America First" and Get Rich by So Doing*	The China Press	1922 年 5 月 21 日
9	*Reflexions*	The North-China Daily News	1922 年 6 月 8 日
10	*Leacock Discovers England*	The China Press	1922 年 7 月 16 日

1. 争相报道

在李科克 1921 年 9 月访问英国之前,主要只有《大陆报》在宣传他。相关报道包括转载《纽约世界报》上的政论文章 *Prohibition from the Viewpoint of an Eminent Professor*(《一位著名教授的观点中的禁酒令》)、全文登载其幽默集 *Nonsense Novels*(《无聊小说集》)中的第一篇 *Maddened by Mystery*(《因谜团抓狂》)、全文登载其小说 *In the Wake of Mr. Chesterton*(《紧随切斯特顿先生》)。而《字林西报》仅在 1921 年 6 月刊了一篇他关于"一战"后德国向盟军赔款的评论 *Easy Marks*(《无畏的牺牲者》)。

访问英国后,李科克已经堪称英语世界著名的幽默家,他到英国后受到各大媒体的强烈关注。他的演讲实况、访问路线等安排,都被报刊详细记录报道出来。而这些英国本土的报刊,恰恰是《字林西报》的素材来源。英国报媒对李科克的宣传报道,自然在《字林西报》上反映出来。1921 年 11 月,《字林西报》隆重推出长文评论 *Notes by The Way — Stephen Leacock:Humorist*(《来自幽默家李科克的随谈》),基本代表了英媒对李科克的看法。

在英期间,李科克到处演讲。其中,他在伦敦城市教堂做的一次反响极大的演讲实况于 1922 年 2 月由《字林西报》以 *Frenzied Fiction — Professor Leacock Traces Its History*(《疯狂的小说——李科克教授追踪其历史》)为名报道出来。在宣传自己的新小说集《疯狂小说》的同时,他用幽默故事逗笑了现场观众。

而此时《大陆报》那边,几乎没有任何报道,只是在 1921 年 11 月用小幅版面发了短讯一则:*Leacock of McGill Pities Dry American*(《来自麦吉尔大学的李科克同情实施禁酒令的美国》),仍是重复李科克幽默文学在华传播萌芽期政经论文之老调。

不过,当李科克结束了英国之行回到美国,把他的英国见闻用幽默的手法写成各种短文,并随后在 1922 年结集出版为 *My Discovery of England*(《我所发现的英格兰》)时,《大陆报》趁热打铁,立马对此文集作了两次超前的宣传。一次是在 1921 年 5 月,*Let's Discover England*(《一起发现英格兰》),称李科克是以美国人发现英国最礼貌的方式写了这本新书;另一次是在 1921 年 7 月,*Leacock Discovers England*(《李科克发现了英格兰》),虽然仍是推销、介绍 *My Discovery of England* 的书讯,却是从美国的角度对比了同样诞生于英语文化的美国和加拿大幽默的异同,谈到李科克脱胎于英格兰的幽默传统,却产生了对教育和学习本身更具人文主义关怀的幽默之风。

2. 深度评论

上述两大报刊的商业竞争报道,催生出此阶段对李科克幽默艺术在全球地位和风格最为中肯的评价。比起萌芽阶段粗浅的推介,此阶段的两篇重要评论都是超长文本,高屋建瓴又极为翔实地解析了李科克的幽默特色。第一篇《来自幽默家李科克的随谈》是从英国角度来评论李科克在英美两个大国夹缝中创造的、拥有加拿大民族特色的幽默;第二篇《李科克发现了英格兰》则从美国角度,总结出了加拿大幽默的善意、人文关怀之特色。

《来自幽默家李科克的随谈》是众多评论里首次给李科克幽默高度评价和定位评语的,明确指出他是"successor to Mark Twain"(马克·吐温的继承者),认为他开拓出了新的幽默风格。这一点,也是后来全球文学研究界看重的——李科克幽默是加拿大文学的发端之作,也开启了加拿大文学的民族性风格。[①] 李科克的幽默是两种幽默文化的调和物——"Developed in English Fashion"(按照英语世界流行的方式展开故事),幽默的好点子虽然是顺着美式夸张的天性,但更多地是以遵循英格兰的时尚方式为原则。文中又辅以多处李科克幽默问世后畅销的实例,评论他真正把幽默作为事业来做:"毫无疑问,他本人是不一致的典型化身,虽然身为麦吉尔大学的经济学教授,他的幽默可比什么政治经济学教授,真的要严肃很多很多!我们必须这样强调了再强调,不断重复说——他的幽默,可是慎重其事、比政治经济学要严肃得多!"再次总结了李科克幽默的独异特色以及他对推广幽默的认真态度。

第二篇的立论核心,在于敏锐总结出李科克幽默的人本主义基础。从细微辨别李科克的用词开篇,发现了加拿大和美国这对在母亲臂膀下的孪生兄弟,与母亲的相似与相异。当他用 America 这个词时,是美国和加拿大都指的。可当他在谈论英国的幽默时,用词却是 English 而不是 Britain,似乎是故意要排除苏格兰人(Scottish)。由于作为幽默家的他,能更好地观察人性并在批评时更加带娱乐性,所以他能谈得最为有趣。他宣称世界上没有比苏格兰人更好的幽默听众了,原因是,苏格兰人是世界上受了"真正教育"的人。他所

---

① Keith, W. J. *Canadian Literature in English*. Erin, Ont.: Porcupine's Quill P, 2006, p.39.

谓的"真正教育",不是在学校拿学位,而是自己从觉得有趣的书上学到东西并尊重学习本身。最后还得出非常有意思的结论:越反思幽默,越觉得会欣赏幽默的民族,不是因为具备了什么特别的民族性,而是具备了个体生命的品味——"真正受到教育"。

同时,这篇评论式的书讯还提供了非常公允的评判和优秀的推荐语:*Oxford as I See It*(《我所见到的牛津》)是本书最经典的章节。其中以幽默形式一针见血地指出教育的核心并非拿文凭,而是培养个体生命的修养与品位。这一观点后来被中国文人学者大为赞赏,30 年间不断被接力翻译、改写,也对林语堂和"论语"派幽默的阐释教育观影响深远。①

3. 本土戏拟

李科克幽默在中国传播的发展阶段,还出现了一篇戏拟文章,突出地表现了其幽默风格在中国传播的影响。1922 年 6 月 8 日刊于《字林西报》上的 *Reflexions*(《反思》),署名为"一个纯粹的人"(A Mere Man),因为李科克在《我所发现的新英格兰》中写过 17 条苏格兰人喝威士忌的理由,便学着李科克的幽默手法也写出了 17 条有关西洋和中国本土的新闻,比如:

> 伦敦晚报上有消息评论说,现代的握手礼很不卫生,会传播细菌。那年轻人就恶意回答,那请用接吻礼来代替握手吧。
>
> 中国当地启示上登着:"我丢了一条深棕色的狗,你只要叫它张……"不,不,不是张作霖。
>
> 当然广告启示的刊登者,也不是吴佩孚。

这些描述出让人捧腹之情境的新闻,既不评论也不解释,而等着读者自己去思考其中的荒谬所在,正是深得了李科克幽默的精髓——让人在笑声中自觉反思。同时,也启发了中国的读者:原来讽刺时事的新闻,也可以用幽默的方式如此来展现。

综上,正如前面所讨论的,英美背景的两大报纸以商业竞争为目的的争相发文,客观上促进了国内继续引进李科克原文。不仅有文章逐渐开始深度评价他的文风,还出现了模仿李氏幽默来报道新闻的幽默作品。这,显示出李科

---

① 张睿睿、毛迅:《从〈我所见到的牛津〉的译介看李科克对中国现代文化的潜在影响》,《现代中国文化与文学》2020 年第 32 辑。

克幽默在中国的影响扩展开来。另外,1922 年李科克幽默小品文也第一次有了中文译本——由骆启荣翻译了部分 *Oxford as I See It*(《英国之牛津大学》),发表在《学生》杂志上。

三、李科克幽默文学在中国传播的高峰期(1923—1924)

英国之行后,李科克作品特别是 1922 年出版的《我所发现的英格兰》达到了其作品销量的顶峰。此后,李科克幽默彻底打开了欧洲市场,欧美国家掀起了一股李科克幽默热潮。1923 到 1924 年期间,李科克更是创作出了多部质量高、销量好的幽默文学作品,如 1923 年出版的 *College Days*(《大学时光》)和 *Over the Footlights*(《在脚灯之下》),1924 年出版的 *The Garden of Folly*(《愚蠢的花园》)等。反映到中国近现代的出版界,分别有美国背景和英国背景的《大陆报》和《字林西报》开始交替引介、评论和宣传李科克作品、大量整篇登载李科克的原文。下表为李科克幽默文学在中国传播的高峰期 1923 到 1924 年的登载情况整理:

表 3　1923—1924 年李科克作品在《大陆报》和《字林西报》上的登载情况

序号	题　　目	刊物名称	发表年份
1	*The Trade Balance in Impressions*	The China Press	1923 年 3 月 11 日
2	*British and American Interviewers*	The China Press	1923 年 3 月 18 日
3	*Stephen Leacock as a Hohenzollern Certain Indiscreet Memoirs Written in the Prussian Manner: Intimate Opinions on the Iron Chancellor: Bismarck as a Nut*	The North-China Daily News	1923 年 4 月 24 日
4	*As Wilhelm Didn't Tell It*	The China Press	1923 年 4 月 29 日
5	*The Cave Man as He is*	The China Press	1923 年 5 月 3 日
6	*With the Photographer*	The China Press	1923 年 5 月 9 日

序号	题　　目	刊物名称	发表年份
7	*An Attic Salt-Shaker*	The China Press	1923 年 6 月 5 日
8	*How to Live to be 200 Years* *People who Have the Health Habit and Who Die: Others Who Bother about Their Food*	The North-China Daily News	1923 年 6 月 14 日
9	*Our Scottish Letter — Some Impressions of Troon: Haven't Double Event: Drinkwater and Burns: Cricket and Athletics — Stephen Leacock's Introduction to Golf — from Our Own Correspondent*	The North-China Daily News	1923 年 8 月 9 日
10	*Mr. Stephen Leacock's Next Volume is to be a Miscellany of Poetry and Humorous Sketches of "Historical Events as They Might Have Been."*	The North-China Daily News	1923 年 10 月 20 日
11	*Leacock Under the Razor: Hurting the Barber's Trade* *What Happens to the Culprit Who Incautiously Admits that He Sometimes Shaves Himself*	The China Press	1924 年 1 月 16 日
12	*Leacock on New Movement: Pepping Your Personality*	The North-China Daily News	1924 年 7 月 18 日
13	*Leacock's Guide to Quebec: as Some Americans View It*	The China Press	1924 年 7 月 26 日
14	*On the Psychology of Animals: Leacock Studies the Hoopoo*	The North-China Daily News	1924 年 7 月 31 日

1923 年 3 月到 6 月，《大陆报》连续 4 个月推出了李科克的作品原文和评论。如 1923 年 3 月，《大陆报》分别刊出 *British and American Interviewers*（《英国和美国的采访者》）和 *The Trade Balance in Impressions*（《印象中的贸易平衡》），这两篇均出自李科克 1922 年最新出版的幽默文集 *My Discovery of England*（《我所发现的英格兰》）前两章。1924 年，李科克出版了新文集 *The Garden of Folly*（《愚蠢的花园》），其中的第一章和第三章被《字林西报》改编刊登在 7 月的报刊上。

这个阶段引入的李科克作品原文，丰富而全面；很多是不惜版面的介绍，甚至还有分两天来连载原文的。这样一来,不仅极好地还原了李科克幽默作品在英文世界里比较完整的面貌,还让近代中国能够阅读英文的读者有机会来接触这位幽默大家不同维度的作品。

整体来看,李科克作品涉及的维度可以分为六大类型:一、政治经济学;二、政治时事评论;三、对高官权贵的微讽;四、对普通小人物的微讽;五、科幻色彩的幽默;六、对新技术的评论。除了能够很好地吸引读者、达到报纸商业目的的幽默特色之外,这个阶段刊载的作品在其幽默传播萌芽期体现的亲和力强之聊天式语体色彩与温和友好的情感基调上,更加突出了面对人性中的弱点用幽默来调剂纠偏的良苦用心。

1. 促成加拿大媒体被关注

到了 1923 年 4 月,《大陆报》和《字林西报》以不同篇名刊出了李科克 1923 年 3 月在加拿大 *The Vancouver Sun*(《温哥华太阳报》)发表的同一篇文章 *Memoirs of a Certain Hohenzollern*(《一些霍亭索伦家族的回忆录》[①])。这两份刊物为了追踪李科克,都开始注意从李科克发文的原始渠道——《温哥华太阳报》来找第一手材料了。

此外还有:1923 年 5 月,《大陆报》转载了李科克 1923 年 3 月在《温哥华太阳报》上登载的 *The Cave Man as He is*(《如他一般的穴居人》)以及 *With the Photographer*(《与摄影师在一起》)。1923 年 6 月,《字林西报》刊出了 *How to Live to be 200 Years*,同样转载自 1923 年 5 月的《温哥华太阳报》。1924 年 1 月,《大陆报》刊登的 *Leacock Under the Razor: Hurting the Barber's Trade*(《剃刀之下:伤到了剃头匠自己的生意》),则出自 1923 年 11 月的《温哥华太阳报》上的 *Under the Barber's Knife*(《在理发师的剃刀下》)。

因为李科克幽默的走红,加拿大文学首次出现了独立于英美的态势,产生了一种备受英美媒体追捧的热门局面。这也同时引发了中国出版的英文报刊传播其幽默的高峰。但这一传播的高峰期,因为 1925 年底李科克妻子罹患癌症突然病逝而告歇。也许是突然丧妻的打击,还有年仅 10 岁却患有当时罕见的脑垂体分泌异常的侏儒儿子,让他无法安心于继续创作。此后,李科克似乎主动选择了更多回归到学院派的书斋式生活中去。

---

① 霍亭索伦家族,为普鲁士的王室家族。

2. 拆穿虚假理论

对待新兴的、所谓的科技理论,略用上一些带有科学幻想的夸大,混合着幽默的笑声,李科克拆穿了其中装腔作势、看起来唬人,其实违背了基本人性化原则的荒谬之处。

1923 年 6 月 14 日发表在《字林西报》上的 *How to Live to Be 200 Years — People Who Have the Health Habit and Who Die: Others Who Bother about Their Food*(《如何活到 200 岁——有健康生活习惯的和死了的人们:其他人在担忧他们的食物》)。针对当时社会流行的如何科学进食、锻炼的风气,李科克用夸张手法,幽默地讽刺了过度锻炼和专一地去按所需成分进食的人。而他的长寿秘方是:"利用好你在臭氧层上的日子。"想活得长,就得放弃所有古怪的方式,不要太早起,舒服为妙。他希望人们在看到他这则笑话时,不要再自取异化了。

对待新兴的成功学,李科克认为其伪科学的成分不少。1924 年 7 月 18 日《大陆报》上李科克创作的幽默故事 *Leacock on New Movement: Pepping Your Personality*(《李科克谈新运动:激发你的个性》)同时针对两位在美国兜售成功学的卡内基(Carnegie)。第一位卡内基,出身非常穷苦,后来成了美国的钢铁大王,是仅次于同时代的大商人洛克菲勒的美国第二富有的人。第二位卡内基出版了《卡内基励志丛书》,被称为美国现代成人教育之父。他的作品,号称是继《圣经》之后人类历史上第二大畅销书。李科克在自己故事的开篇部分,温婉讽刺了钢铁大王卡耐基的大言不惭——大佬性格中的极端自信、毫不犹豫、自认为能挣到很多钱。然后开始微讽第二位卡内基的成功学观点:只要激发出人的个性,身心和谐、保持微笑、乐观等,最终就可以取得成功。最后李科克创作了一个十分生动的幽默故事,主人公名叫爱德华·彬海德(Beanhead),就是豆子傻脑袋,讲述时却反复说是一个真实的故事。他就像第一位卡内基那样一步步发家,用的是第二位卡内基的方法。而故事里主人公去学的六节课,正是教人如何高效走向成功的。他去的那个野鸡大学,叫傻瓜大学(Nut University)。主人公虽然还想扩大业务,再不断得到提升,可是七周之后,他就要退休了。就连这份被他"不断扩大"的业务,同事也决定一并送给他。故事结尾处李科克不禁嘲笑:这就是所谓激发个性就能取得成功的钢铁大王和美国现代教育之父的方法吗?从观察人性的层面,李科克幽默了一番。

3. 纠正偏激

　　人性总爱走向偏激,无论是达官显贵,抑或标榜自己是知识分子的演讲家、记者、旅行家,还是社会底层的小人物,李科克都能温婉而富有戏剧性地勾勒出他们"走极端"犯傻的荒谬,让读者自己意识到幽默的种种纠偏效果。

　　身处社会顶层的贵族官僚和政治家,也常常迂腐犯傻,走入刚愎自用的极端状态。比如 1923 年 4 月 24 与 29 日同时在《字林西报》和《大陆报》①登载的 *Stephen Leacock as a Hohenzollern — Certain Indiscreet Memoirs Written in the Prussian Manner: Intimate Opinions on the Iron Chancellor: Bismarck as a Nut*(《李科克作为德国王室成员——用普鲁士方式写的、某些言行不谨慎的回忆录:对铁血宰相最亲密的评论:俾斯麦是个傻瓜》)和 *As Wilhelm Didn't Tell It*(《正如威廉没有说的》)。在这篇长文中,李科克戏拟了德国普鲁士王子的身份,以当事人的第一人称视角把俾斯麦近于荒诞的铁血独裁、维多利亚女王作为扩张者残忍兽性的一面、政客们平时阳奉阴违的手腕儿和选举中一手遮天的伎俩……漫画一般勾勒出来,让人忍俊不禁的同时,惊叹其观察力之敏锐。

　　自诩为受过教育的记者、知识分子,同样免不了钻入牛角尖、走极端。在 1923 年 3 月 18 日发表于《大陆报》的这篇《英国和美国的记者》,李科克像化身德国王子那样,再次用第一人称幽默地讲述了同为记者的国别差异。对比之下,美国记者是那么的充满人性化,采访李科克时从不在乎他的穿着,问的都是大众化的问题,比如对城市的印象等;英国记者就面目狰狞、问的都是很难回答的问题,比如美国的戏剧是不是比法国差(李科克觉得这个问题本身就不公平)、现代文学和其他流派的差别、现代戏剧的结构等,且穷追不舍、故意刁难。英国年轻人追问的氛围很不健康,呈现出"非人性化"的极端偏执,李科克直接表示不想让他们再来采访。

　　同样使用第一人称口吻,李科克嘲笑了社会底层的小人物理发师的可悲可笑。在 1924 年 1 月 16 日《大陆报》发表的《剃刀之下:伤到了剃头匠自己的

---

① 《大陆报》登载,使用的标题是 *As Wilhelm Didn't Tell It*。其内容,比 24 日《字林西报》的少一些。具体是去掉了原文所有的小标题、开头部分的最后一段和原文当中最后的一个部分 *Bismarck's Dismissal*。

生意——肇事者怎么啦？他们有时候承认似乎也剃到了自己》中，理发师靠辛苦地给客人刮脸、剪头发挣点儿手艺钱来营生，本来就很不易了，却依然运用手里唯一的"权力"——给客人敷毛巾、拍打按摩的机会，发泄小人物卑微的不服气、戏耍捉弄人。人性当中，似乎总隐藏着一些爱戏弄人、让别人难堪而自我开心的小小阴暗点。李科克将这种"人为刀俎、我为鱼肉"、哑巴吃黄连的局面细致地展现出来，或许正是最好的纠偏。

这一时期引入中国的李科克英文原作，丰富驳杂，凸显了李科克式现代幽默回归人本、关怀人性的温暖热度。无论是有国家权力的贵族首相、知识分子或者小市民，都有过度膨胀、走向极端的时候，幽默正好能在这个时候达成一种提醒、一点儿纠正，让犯傻和跑偏重新回到通情达理、让人愉悦的轨道上，分寸和沟通手段都不温不火。

四、小结

近现代在中国出版的《字林西报》和《大陆报》两大英文报纸，除却精准地同步印证了国外学者评价李科克在 1915 至 1925 年期间是英语世界中最受欢迎的幽默家，还展示了如下有趣的规律：

首先，在传播的萌芽期，注意到了李科克幽默文学跨越国界和文化障碍的感染力，通过刊出零星的书讯、访谈与原文，介绍了他把幽默当成严肃事业来做的独特态度。

其次，在传播的发展期，两大报刊开始争先报道李科克具有人文情怀的幽默作品和新书动向，其影响是中国本土出现了戏拟李科克幽默的作品。

最后，在传播的高峰期，从素材来源上，两大报刊撇开了之前以本国报刊为主的倾向，不约而同地选择了加拿大本土报刊作为及时获取李科克新作的渠道，推动加拿大文学脱离英美文学的附庸，形成独立的民族文学品格。

整体来看，就发文时间而言，两大报刊对李科克幽默作品的推介基本能与作品的原始登载和创作活动同步，保持一个月左右的跨海邮轮运输时间差。可见中国近现代的出版，在某些方面实现了与欧美的同步更新。而两份报刊相互竞争的态势，客观上推动了西方如李科克这种具有现代反思精神的幽默文学在中国本土的传播。从读者受众来看，有在华的外国人，还有能够阅读英文的中国人,而这些中国人多半是具有海外留学经历的上层知识分子。近现代中国的英文报刊出版,影响并改变了中国高层次人才的某些观念。比如李科克友好温和、如朋友闲谈般的语体风格,在 30 年代逐渐发展成了林语堂等提倡的幽默小品文文风;因为褪去了激进挖苦与讽刺色彩,市场销量极为可观。此外,林语堂和同人们创办的《论语》半月刊、《宇宙风》和《人间世》等杂志,还广泛学习了 10—20 年代的《字林西报》《大陆报》以及英国出版的幽默杂志 Punch(《笨拙》)等,把幽默文章和幽默漫画配合出版,进一步为《论语》派提倡的现代幽默造势。

李科克幽默更为核心的——以微笑和微讽方式让人看到人性中容易走向极端的错误,从而实现自我反思的哲学层面认识,亦最终被林语堂等吸纳进入了创作和办刊的内心深处。后来,林语堂一生推崇李科克式的幽默,30 年代去美国之前,以此和同人勠力打造性灵、闲适的新国民性格;去美国之后,在其中融入了道家阔达的东方智慧,但仍坚持以此种温和的幽默方式,在西方读者面前介绍东方文化,并绘制勾画出更为理想的世界公民性格。

"才女"的隐身与"新女性"的浮现[*]

——近代译界对新女性的熔铸

李 震

（安徽师范大学）

近代中国,内忧外患未曾间断,有识之士无不苦思冥想救亡图存之道。从"师夷长技以制夷"的声光化电学习,到维新派提倡政体改良,以及后来直接以革命手段推翻清朝统治,亡国灭种的危机感从未间断。在这一波波救国呼声的浪潮中,女性也被纳入拯救国家、挽救民族的宏大叙述之中。对女子教育的重视,成为国家富强的重要诉求。"女性"和"现代国家"两个本无直接关联的话题开始交叉、纠缠,呈现出诸多耦合关系。"女学兴,则国兴"成为时人的一种普遍共识。本文聚焦近代译界熔铸新女性的实践如何与女子教育紧紧关合,促进传统"才女"向"新女性"转变。

一、隐身的"才女"

近代是一个与异质文化广泛接触、频繁互动的时期,国家、社会和个人都在不断地新陈代谢,处于解构和再构之中。二万万的女性,自然是一个惹人注目、庞然大物般的存在。此时,域外女性形象纷至沓来,不断地涌入民族的历史文化舞台,且形式各异,有图像的、有文字的、有翻译的、有创作的。在考察这些西方女性之前,我们有必要先解决这样一个问题:中国传统的"才女"怎么了?中国古代不乏女性作家,有的更是"名垂青史",但她们往往专长于诗

---

* 本文系安徽省优秀青年人才支持计划重点项目（编号：gxyqZD2022009）和安徽省高校人文社科研究重点项目（编号：SK2021A0139）的阶段性成果。

文、曲词。① 有学者已经注意到,从 16 世纪的晚明到 19 世纪早期的清朝,即在近代之前的数百年间,女子诗社十分繁荣,出版了大量的诗集。② "女子之工诗如是之多,不亦为盛世之休风,词坛之佳话哉?"③然而,在接下来半个世纪后的近代,"才女"却逐渐退隐,不见踪影,俨然成为一种过去时。

分析其中原因,除了经济萧条、远不如清中期盛世之象,以及各类战争因素外,有一点尤为值得关注,古代"才女"形象和地位的历史记忆被近代知识分子有意地忽略和漠视。西方对于近代中国来说是一个别具特色和意蕴的"他者",这个"他者"与西方帝国主义视域中贫穷落后、野蛮愚昧的东方"他者"不同,近代中国有识之士眼中的西方"他者"是在深刻的自我反省和痛苦的自我批判后为自己设立的"标杆"。在这个标杆的比照下,中国的沉疴痼疾暴露无遗。对传统失去了信心后,虽然还有共同生活的地域、共同的语言,但"共同的信仰却开始被西洋的新知动摇,共同的历史记忆似乎也在渐渐消失"④。因而,必须对什么是"才"重新作界定和认知,对什么是真正的学问重新作思考和定位。梁启超认为古代所谓之"才女","批风抹月,拈花弄草,能为伤春惜别之语……本不能目之为学",可以称之为学的则须能够"内之以拓其心胸,外之以助其生计"。⑤ 在梁启超眼里,"才女"是一种古老的言说方式,与现代社会格格不入,对国家富强、民族独立亦丝毫没有用处;另外,"才女"和上层阶级密切相关,只是少量的存在,相较于二万万女性同胞实属冰山一角,对整个国家、民族的现代转身亦是杯水车薪、无济于事。因而,彼时的女性被描绘成"鬼脉阴阴、病质奄奄""暮色沉沉"⑥,是"罹癫病之老女"⑦,更是"不官、不士、不农、不工、不商、不兵"⑧的闲人,也是国家、民族、家庭的负担和累赘,亦即十分低劣、落后的一类人。何香凝在《敬告我同胞姐妹》(1903)中反对"无才是德"的传统

① 谭正璧:《中国女性文学史话》,百花文艺出版社 1984 年版,第 17 页。
② 参见鲍震培《清代女作家弹词研究》(南开大学出版社 2008 年版)、段继红《清代女诗人研究》(苏州大学 2005 年博士学位论文)、刘堃《晚清文学中的女性形象及其传统再构》(南开大学出版社 2015 年版)等。
③ 胡文楷:《历代妇女著作考》(增订版),上海古籍出版社 2008 年版,第 918 页。
④ 葛兆光:《中国思想史·第二卷》,复旦大学出版社 2017 年版,第 480 页。
⑤ 《梁启超全集》,北京出版社 1999 年版,第 33 页。
⑥ 同上,第 670 页。
⑦ 蔡锷:《军国民篇》,《新民丛报》1902 年第 1 期。
⑧ 《梁启超全集》,第 33 页。

女教规训,更加痛批那些固步于闺房、沉溺于词赋而又不知亡国恨的贵族家庭女性,"不知国家为何物,兴亡为何事"①。在这些充满着类似"厌女症"的表述中,"才女"俨然沦落为国家现代化的"他者"、国家独立富强的"绊脚石",是一种关于落后、旧传统的"符号"。其实,距离梁启超时代不远的才女亦还是有的,正如梁启超自己在《论女学》中所列举的二人:梁端、王照圆。乾隆年间的章学诚亦认为"妇人本自有学"②。但这些传统妇女均因为"不能目之为学"而被批判和厌弃,都被刻意塑造成"无学"的代表,她们和目不识丁的女子并无区别,均亟须女学,尤其是西学来彻底缝补和改造。

近代中国在遭遇西方冲击之后被迫思考和重新认识自身问题,内忧外患的残酷现实逼迫士人为国家命运和民族前途担忧。因此,时人有关女性的描述中虽然充斥着"女子不强""俨如废物""损人灵魂、短人志气""坐食待毙"等否定之语,但也恰恰隐喻出"新女性"的规范。此时中国女性和西方女性构成了一对反面镜像,而西方也借此建立起它优越的地位和被膜拜的身份。翻译西方著述、引进西洋新知,是近代知识分子不约而同但又别无他法的必然之举。

二、译界熔铸新女性的方式

近代译界熔铸新女性的方式多是参考借鉴邻国日本。明治维新之前,日本女权状况和中国颇为相似,除了未缠足,日本女权的黑暗情形"较之中国,还甚几倍呢!"③然而,三四十年之后,日本的女学程度已经和中国有天壤之别。究其原因,日本把西洋女学书报等译成日文,又改编成"种种记述体的文字,登入国内报章,或刊单行本,流传各地"④。近代中国如要像日本那样成为万国中的强国,就必须兴女学、译西书。

1. 编译新闻,普及女学知识

目前可以考证的刊登女子相关话题最早的报刊是《无锡白话报》(1898),第一期"无锡新闻"栏目即载有《女学将兴》的新闻报道。随后不久,第一份中国女报《女学报》在上海诞生,由上海女学堂创办。这一报刊的创办,显然是为

---

① 李又宁、张玉法编:《近代中国女权运动史料》,台北传记文学出版社1975年版,第404页。
② 章学诚:《文史通义》,上海书店出版社1988年版,第73页。
③ 炼石:《本报五大主义演说》,《新女界》第二期,第17页。
④ 同上。

了弥补女学堂地域的局限,而将相当于女学堂中、小学生水平的读者作为拟想对象,以期将女学知识扩散至全国。一时间,国内各种女报竞相出现、异彩纷呈。直接以女子、女学等命名的报刊就有《女学报》《女子世界》《女学生》《妇女时报》《新女子世界》等 31 种。① 这些报刊中经常开设"新闻""译述""译海"等专栏,编译西方女子女学(女权)新闻消息,或言简意赅百余字,或洋洋洒洒近万字。

《女报》第 6 期(1902 年 10 月 2 日)"炜管证闻录"刊载 3 篇域外新闻:《斯巴达女子》《罗马女子》《妇承夫爵》。《女子世界》1905 年 2 月 3 日"时事批评"栏目刊载《革命妇人》,又于 1907 年第 6 期"外国记事"栏目刊载《米国女子之成功》一篇新闻,"米国现今人名字典中,所载男女人数合一万一千五百五十一人,女子九百五十四人,以其职业上区别之,则著作者最多,有四百八十七人,次之美术家一百三人,教育家九十一人……其平均年龄,皆不过五十岁"。当然还有《万国公报》《时务报》《知新报》《民立报》等综合性报刊,经常刊登女学新闻,如《知新报》第 52 期、第 62 期"亚洲近事"栏目分别刊载《西妇留遇中江琐谈》和《日本大学卒业学士员数》;《民立报》(1911 年 12 月 19 日)刊登《欧洲女子发雌威》一文:"路透电云,英京二十七日开议,研究下期议院开议妇人选举权案之修改,到场者有外务大臣格雷……是日女子军在会场外群集示威,高树一旗,旗上大书劳佐治为蓝蘋儿(贼之谓也)数字,格雷之演说言一国女子无选举权,不能称进步。"类似新闻,不胜枚举。

然而,受限于新闻传播技术,近代报刊上刊登的新闻未必是"新"闻。在电报发明以前,新闻往往只能是身边发生的事情,稍远的新闻被国内报道的时间必然会推迟很多。那些西洋新闻往往以"地理包扎"②的形式面世,即从欧洲、日本带来的新闻材料完全是由轮船打包送来的,用现代的话来说就是"包裹"快递而来,国外的轮船到了,新闻"包裹"也就到了。所以,上文中《民立报》刊载的女学新闻,颇有点"旧"闻的味道。12 月 19 日翻译刊登的新闻,尽管是上个月(亦有可能是数月前)二十七日的"旧"闻,但并不妨碍其中女权思想的传播。总体而言,新闻俨然已经演化为一种知识,为读者提供"世界知识",因而

---

① 根据史和等编《中国近代报刊名录》(福建人民出版社 1991 年版)统计。
② 潘光哲:《创造近代中国的"世界知识"》,社会科学文献出版社 2019 年版,第 59 页。

女学观念得以广泛地传播和渗透,为中国女子地位的变迁积蓄了充足的能量。

2. 译述著说,宣传女权思想

鸦片战争之后,大量传教士进入华夏大地,公开传教办学。他们为了鼓吹、宣传自己的女学思想,纷纷译述国外女学著说,如林乐知翻译的《文学兴国策》(1895),将文化教育(含女子教育)与国家繁荣富强紧紧关合;传教士所办刊物《万国公报》上亦连续刊载各类女学著说,上文已有提及,不再赘述。正因为西方女学的传入,中国女学风气逐渐兴起,国内知识分子亦广泛译书宣传女学思想。马君武最为典型,翻译英国斯宾塞(Herbert Spencer)所著《女权篇》,摘译穆勒(John Stuart Mill)的《女人压制论》一书要旨,借助"天赋人权"的理论,鼓吹男女同权,均享有平等之自由。他将社会党人所主张的五大女权问题逐一译出,对女子教育权尤为"情有独钟":"凡人类一切事业,皆不能不原于教育。男人固然,女人何独不然? 文明之女人所以别异于野蛮之女人,而能有其他之诸等权者,首在于此。"①讲女权必须先讲女学,这成为近代士人的共识。因而,女权在近代历史语境中往往指的就是女学。马君武"男女平权"的口号,遂演变为女子必须和男子一样拥有教育权。

除此之外,各大报刊也翻译西方著说,宣传女学思想。《时务报》"英文报译""学校"等栏目刊登《重妇女论》《劝中国女子不宜缠足》《美女讲学》《西妇谙驾驶》等。《妇女时报》刊登《美国女子之职业(附图)》《多子之日本夫人谈》《论土耳其女子》。《教育杂志》刊载《美国之女学发达》《日本艺妓学堂》《美国师范教育及女子高等教育状况》等。近代女报数量众多,所设栏目也繁多芜杂,但无论归属哪一种,"多是关系女学纲目"②,其内容也实为女学。第一份女报《女学报》问世以降,近代女报便有意自觉地承担着教科书的功用。③ 这些报刊当时的发行量都十分可观,因而可以推知这些译述的影响力和宣传作用应当十分不错,可谓入脑入心。

3. 译介传记,构建女性典型

"才女"隐身不见,传统意义上的女性又更是被近代知识分子极度否定,成

---

① 《马君武集》,华中师范大学出版社 2016 年版,第 84 页。
② 潘璇:《上海〈女学报〉的缘起》,《女学报》1898 年第 2 期。
③ 夏晓虹:《晚清文人妇女观》(增订本),北京大学出版社 2016 年版,第 35 页。

为社会的"分利者"、社会的累赘。在对比中,西方女性则被奉为先进、现代的典范代表,其价值被无限地放大。那么,新女性究竟是什么模样呢? 西方女性传记的译介便自然成为近代知识分子的不二之选,成为直接建构新女性典型形象的有效途径,以便广大妇女同胞效仿学习。

史传在传统文学分类中属于"雅"文学范畴,因此传记体翻译自然更易被精英知识分子所接受。梁启超振臂一呼,倡导"新史学",提出"史界革命",模仿西方传记开创中国新传记之先河,采用"新式评传",率先翻译了《意大利建国三杰传》(1902)、《近世第一女杰罗兰夫人传》(1902)等西方英雄传记,并坚称这些传主可以"为今日之中国国民法者"[①]。此后,各种报刊媒介、出版商前赴后继地开始效仿、翻译西方传记,为现代中国国民的形成提供独特的文化模板。阿英对此早有观察,认为传记文学"在当时(笔者注:近代)几乎成为绝大多数革命刊物不可或缺的部分"[②]。而西方女性传记亦蓬勃发展,译介的数量尤为可观,成为近代不容忽视的别样文化景观。

以《新民丛报》(1902)和《选报》(1902)分别刊载《近世第一女杰罗兰夫人传》和《批茶女士传》为肇始,诸多女性传记随即纷至沓来、纷纷登场亮相。1903年,以日本《世界古今名妇鉴》和《世界十二女杰》为底本翻译的《世界十女杰》和《世界十二女杰》分别结集出版问世。《女子世界》《女学报》等女报以"传记(史传)"栏目为依托,大力翻译西方女性传记,作为中国女性的未来蓝图。南丁格尔(Florence Nightingale)一生奉献于医疗救护工作,是救死扶伤的化身,其事迹相继刊登在《大陆报》(1903)、《世界十女杰》、《女学报》(1903)、《女子世界》(1904)、《中国新女界杂志》(1907),甚至还进入女子教科书《女子新读本》(1904)、《(最新)初等小学女子国文教科书》(1908)和《(高等小学用)(订正)女子国文教科书》(1913),其照片"倩影"亦刊登于《教育杂志》(1911)之中,让"她"的形象变得真实可感知,并正式取代传统"才女"或者烈女,成为中国女子学习的新"偶像"、新"典型"。一时间,南丁格尔、索菲亚、罗兰夫人等西方女性成为家喻户晓的"女明星",其故事广为流传、风靡全国。

正如《女子世界》发刊词所言:"欲新中国,必新女子;欲强中国,必强女

---

① 《梁启超全集》,第827页。
② 《阿英文集》,生活·读书·新知三联书店1981年版,第836页。

子"①,《世界十女杰》的译者直言译作是为近代女学"立路标"和"指方向",让女同胞"可以学他也做一个女豪杰出来"②。近代士人在强大的西方"他者"这一参照物下重新探索、重新发掘,西方女性从"番妇"演变为"美人"③,从负面逐渐转换为典范。史传译著在近代被赋予崇高的历史价值和文化教育功能,无论是贤妻良母(国民之母)、还是爱国女侠,抑或是社会活动家(女国民),都成为近代中国女性学习的最直接典范,模仿的直接对象,成为她们的"精神导师"。这些女报、女子教科书等出版物中异彩纷呈的西方女性俨然为中国"新女性"的浮出水面,预备了最为直观、可感知的基础。

4. 翻译小说,强化女学理念

一时间,以启蒙为己任的知识分子认为,在西学传入的背景之下,"惟妇女与粗人无书可读,与求输入文化,除小说更无他途"④。士大夫眼中的小说更具普遍性,容易传播,更容易为普通女性接受和阅读,不失为一种"通俗化"的手段。

《巴黎茶花女遗事》(1899)的译介,引领了近代中国翻译域外小说的浪潮。茶花女的崭新形象,让时人眼前一亮:原来西方女性并非都是"番妇""番女",她们亦并非身着奇装异服、性情淫荡之流,而是有血有肉、饱含真感情、追逐真性情的"美女"。身处移风易俗、提倡女子教育的过渡时代,林纾敏锐地捕捉到走出闺房、走向社会、接受教育的新女性是时代所需、不可逆转的趋势,在所译言情小说《巴黎茶花女遗事》、《迦茵小传》(1901)、《埃及金塔剖尸记》(1904)、《蛇女士传》(1908)等中无不体现其女学思想,如哈葛德(Henry Haggard)在其 *Joan Haste* 中平淡地描绘迦茵受过教育的事实,"She chanced to have enjoyed a certain measure of education",但林纾却大加渲染:"迦茵者……美,文而通;……其忧患转甚于目不知书者;……赋秉绝厚,姿容既媚,复涉猎文史。"⑤可见,林纾对迦茵学问、知识的关注远比美貌更甚。

---

① 金一:《〈女子世界〉发刊词》,《女子世界》1904年第1期。
② 陈撷芬:《世界十女杰演义:西方美人》,《女学报》1903年第4期。
③ 唐欣玉:《被建构的西方女杰——〈世界十女杰〉在晚清》,四川大学出版社2013年版,第26—32页。
④ 陈平原、夏晓虹编:《二十世纪中国小说理论资料·第一卷(1897—1916)》,北京大学出版社1989年版,第61页。
⑤ 哈葛德著,林纾、魏易译:《迦茵小传》,商务印书馆1981年版,第6页。

周作人以"萍云女士"之名在《女子世界》(1904)连载译文《侠女奴》,即《阿里巴巴和四十大盗》(*Ali Baba and the Forty Thieves*)。不仅以"女士"的假名拉近与女性读者之间的距离,更是直抒胸臆赞扬侠女奴的英勇气概,"沉沉奴隶海,乃有此奇物";改写译文结尾,将"女奴"结婚的结局变更为隐居,符合中国"侠隐"的传统。当然从其变易小说标题为"侠女奴"即可看出,译者对女子承担国家任务、参与社会事务管理也极力呼吁。此外,"虚无党小说"在"女明星"索菲亚的引领之下,纷纷登堂入室。诸多重要刊物,如《新小说》《新新小说》《小说时报》①等大量翻译此类小说,《女党人》《女虚无党》《虚无党奇话》《虚无党真相》颇有影响,产生了阿英口中独特的"虚无美人"。著名报人作家陈景韩所译小说,多属此类。清末推翻清朝统治的呼声一浪高过一浪,这些"虚无党小说"应运而生,教导女子加入爱国救亡运动之中。甚至,有人在行动中效仿这些"虚无美人",如蔡元培就曾在上海女学生中大力宣传,并借机教女学生制造炸弹,参与革命。②

三、"新女性"的多元化浮现

近代译界对女学的呼应,客观上推动了中国女子教育的发展,提升了女子智识,开拓了女性眼界。由翻译引入的西方女学知识、女权思想和女性典范,在近代中国产生一种作用力,参与到近代中国女性的新陈代谢之中,也见证了性别秩序的松动和重构。"女杰""女豪杰""女英雄""英雌""巾帼之杰"等女性化的表达屡见不鲜③,更是成为一种常识性性别标识。在"英雄"前加上"女"字以示和男子的区别,已经彰显出女性地位的变迁,表达了对"新女性""女国民"的强烈诉求。在译界和女学话语的合力推动之下,中国"新女性"逐渐浮出水面,呈现出多元化特点。

首先,近代中国产生了一批接受西洋新学的"新女性"。康爱德女士便是典型的新女性代表。因在教会学校学习新知,并留美接受西方教育,铸就了迥

---

① 《小说时报》所载作品虽然不是"清一色"的译作,但"简直就是近代文学时期的翻译小说刊物"。参见范伯群:《包天笑、周瘦鹃、徐卓呆的文学翻译对小说创作之促进》,《江海学刊》1996 年第 6 期。
② 陈建华:《"虚无党小说":清末特殊的译介现象》,《华东师范大学学报》(哲学社会科学版)1996 年第 4 期。
③ 〔美〕季家珍著、杨可译:《历史宝筏——过去、西方与中国妇女问题》,江苏人民出版社 2011 年版,第 158 页。

异于传统以诗词歌赋见长的"才女"。"既至美,入小学、中学,遂通数国言语、文字、天文、地志、算法、声、光、化、电、绘画、织作、音乐诸学。……最后乃入摩尔斯根省大学(笔者注:密西根大学)。以发念救众生疾苦因缘故,于是专门医学。"①熟谙数国语言,以医学为专业,并最终毕业于大学,即便在当下亦是很多女学生的梦想和追求,何况在一百二十余年前动荡不安的年代。此外,一个没有海外求学经历的本土千金小姐亦值得关注——张竹君,她放弃传统的四书五经,转而进入现代意义上的专科学校广州博济医院医科班(即中山医学院)学习,并于1899年毕业,这为其今后创办医学院、行医济世奠定了最为坚实的专业基础。马君武曾赋诗赞扬其渊博的学识和独树一帜的女权事业:"推阐耶仁疗孔疾,娉婷亚魄寄欧魂。女权波浪兼天涌,独立神州树一军。"②

令人侧目的是,新一代女译者渐渐诞生。得益于西方语言的学习、留学海外的教育经历,近代女性能直观感受某种异域的东西,并开启了自主选择翻译西学之路。庚子事变之后,留学国外的想法逐渐深入人心,不断为有志青年所接受,其中不乏青年女性。从1901年有女学生首次留日伊始,一批女学生赴日求学。诸多小说对此现象不乏"记载"。《新水浒》(1907)中的孙二娘、顾大嫂等人均留学日本,《新石头记》(1908)中林黛玉留学西洋,成为英文教授,在日本东京教书。相较于近代庞大的男性译者群,女性译者虽然屈指可数,却颇有建树。近代第一批杰出的女译者主要有凤仙女史、汤红绂、吴弱男、张默君等。汤红绂翻译的《旅顺双杰传》(1909)风行一时,极力颂扬爱国女豪杰,鼓吹女子尚武精神,"使吾女界中,知尚武之精神,军国民之资格"③。留日学生燕斌(署名"炼石")在日本早稻田同仁医学院求学期间,担任《中国新女界》杂志主编,努力输入各国女界新文明,聚焦"女国民"精神涵养,译有《英国小说家爱里脱(笔者注:艾略特,George Eliot)女士传》《美国大新闻家阿索里(笔者注:莫特,Lucretia Mott)女士传》《创设万国红十字看护妇队者奈挺格尔(笔者注:南丁格尔,Florence Nightingale)夫人传》等11篇西方传记,丰富了中国女性学习的典范,"介入到改造旧道德、培植新品格的近代中国女界精神重塑的历

---

① 《梁启超全集》,第79页。
② 马君武著,熊柱、李高南校注:《马君武诗稿校注》,广西师范大学出版社2016年版,第15页。
③ 李今:《汉译文学序跋集·第一卷(1894—1910)》,上海人民出版社2017年版,第432页。

程中,影响深远"①。这些留学女学生,无论是在留学期间抑或是归国后,所从事的翻译工作、兴女学事业,都是前无古人之举,开辟了现代女性进入公共领域、从事公共事务、参与社会发展的先河。可以说,从女子选择进入学堂的一刹那起,她们就具备了某种"新女性"气概。

其次,近代小说中浮现出一批"英雌"形象。近代中国"英雌"一词成为一个高频词汇,广泛存在于小说和各类报刊作品中,其呈现出"一类独特人物面相",并表现出醒目的"民族国家叙事话语特征"。② 女子纷纷走出闺阁,进入社会之中,为国效力。在参与民族国家叙事话语建构中,小说中的"英雌"主要表现为两种类型:一是女豪杰,往往与革命党同时出现;另一种是与兴女学相关的女性启蒙者③。在梁启超《近世第一女杰罗兰夫人传》和汗牛充栋的俄国虚无党小说译介的影响之下,女性纷纷效仿,牺牲自己的爱情或婚姻,乃至为国捐躯。

近代女性之美并非真正地"比美",而是"比武"。《女子世界》主编丁初我认为"军人之体格"是拯救国家于危难之中的不二"良方"。享有"中国索菲亚"之称的秋瑾,选择弃文从武,并于1907年为国捐躯,其英勇就义的故事立即被人书写成小说,即钟心青之《新茶花》。与林译小说《巴黎茶花女遗事》中的茶花女风情万种不同,《新茶花》有意与《巴黎茶花女遗事》中风情万种的巴黎茶花女一争高下,并最终也的确是"东风压倒西风",以致近代"所有的茶花女多少都带有索菲亚的精神魅影"④。《新茶花》中穿插了大量有关秋瑾等革命党同志索菲亚式的暗杀故事,导致这部爱情小说中的爱情元素惨淡,甚至沦落为"英雌"形象的装点,正如小说开头的题诗所言:"茶花不是巴黎种,净土移根到武林。"中国的新茶花女,宛如索菲亚附体,张口不离"英雄造时势"这样的"英雌"话语。后来,根据《新茶花》改编的文明戏《二十世纪新茶花》(1908)、《武士魂》(1914)等,均有意将茶花女塑造成侠女,并甘愿舍身救国。《图画日报》第12期刊载的一幅"寓意画"(图1),更是直观形象地展示了近代女界风尚变迁的时代特征:缠足指代的是过去时,在公共场所看书读报意味的是现在时,拿起武器进行革命斗争象征的是不久的将来时。

---

① 夏晓虹:《晚清女子国民常识的建构》,北京大学出版社2016年版,第125页。
② 石松、石麟:《明清小说中"英雄"的正面、侧面和对应面》,《明清小说研究》2014年第1期。
③ 周乐诗:《清末小说中的女性想象(1902—1911)》,复旦大学出版社2012年版,第23页。
④ 符杰祥:《烈士风度——近现代中国的性别、牺牲与文章》,人民出版社2020年版,第18页。

图1 《图画日报》第 12 期刊载的"寓意画"

另外一种"英雌"是致力于兴女学事业的启蒙者形象。《黄绣球》(1905)中通过罗兰夫人梦中授予黄绣球天书的情节,让后者瞬间顿悟、思想焕然一新,大力兴办女学,制定建立女子学校的计划,竭力劝说他人参与其中,并在教学中接受西方新式教育理念,引入体操课程等。《女子权》(1907)中贞娘在"学堂内执业三年,居然学贯中西"①;《女狱花》(1904)中许平权留学日本,获取新知,归国兴办女学堂,传播男女平等理念;《中国新女豪》的女主角黄英娘被官方派遣至日本早稻田女学堂留学,其间组织女权会、成立妇女自治会,宣传女学思想。此外,女学不仅让女性知识技能得以提升,而且对破除封建迷信大有裨益。《玉佛缘》(1905)将女学作为破除迷信的重要武器,"多开女学堂,女子明白了道理,男子跟着他明白起来,哪里还有和尚吃饭之处?"②类似的桥段在

---

① 思绮斋:《女子权》,《中国近代小说大系:女子权・侠义佳人・女狱花》,百花洲文艺出版社 1993 年版,第 9 页。
② 嘿生:《玉佛缘》,阿英编:《晚清文学丛钞・小说卷一(上册)》,中华书局 1960 年版,第 472 页。

《黄绣球》中亦出现过,庵堂被推倒改建为女学堂,便是最好的隐喻:用女学提倡科学知识的功能来破除迷信。《新石头记》中最大的文明景观不是教堂、不是孤儿院,而是各类学堂,且男女同校、接受相同的教育。再者,近代中国大地上涌现出一群爱国"女国民"。通过对"女权""天赋人权"的理解,在近代中国的话语空间、政治空间中逐渐确立了"女国民"的个体身份①,形成了声势浩大的"女国民"舆论,涌现出一批爱国"女国民"。

　　身份不是一成不变的,更不是固定的,在特定的历史文化语境中,女性的身份、地位和作用不断变化,这是话语建构的结果。在民族先贤救国强种的言说、实践等议程中,翻译承载着相应的目的、意义和欲望。"作为半数人口的女性,也必须给予新的规训、定义或位置。"②此时,西方各种学说、著述、科普知识、小说、传记等的"翻译",肩负起传递新规训的意蕴。可以说,这种"新女性"是男子心目中的形象,是男性话语体系中的客体和对象,具有强烈的被动性。女性真正摆脱男子话语体系,开始独立建构自己的言论,形成真正意义上的"女权"理念,仍需时日。时至今日,才渐成"气候"。然而,没有近代译界的努力,又何谈五四"新女性"的到来,更遑论"新女性"的最终诞生。

---

① 乔以钢、刘堃:《"女国民"的兴起:近代中国女性主体身份与文学实践》,《南开学报(哲学社会科学版)》2008 年第 4 期。
② 刘人鹏:《近代中国女权论述——国族、翻译与性别政治》,台湾学生书局 2000 年版,第 123 页。

"先锋的先锋"

——新文化运动中的中华基督教青年会全国协会的出版事业 *

潘恩源

（南京大学）

对于如何深化五四新文化运动研究，论者先后提出引入"地方视野"并将五四放入长程革命中考察和从配角的视角重访五四等方法论启示。① 后一种方法指关注《新青年》《新潮》以外的其他新文化群体，以重访被遗忘的声音、增加比较关联的思考维度及在主角和配角的竞逐中理解新文化运动的过程。在民国初年思想界的"配角"中，除了学界较为关注的梁启超诸人、《东方杂志》的编辑、学衡诸人、江苏省教育会、中华革命党，基督教青年会也是一个重要的群体。

基督教青年会在五四新文化运动中所扮演的角色已引起学界重视②，张仲民认为青年会为《新青年》开发了诸多议题，培养了读者基础的观点尤具启

* 本文蒙何卓恩教授悉心指导，复蒙徐炳三教授耐心指正，谨致谢忱！本文原载复旦大学历史学系、复旦大学中外现代化进程研究中心编《近代中国的阅读史》（上海古籍出版社 2022 年版），收入本书时有改动和增补。

① 瞿骏：《勾画在"地方"的五四运动》，复旦大学历史学系、复旦大学中外现代化进程研究中心编：《五四新文化：现场与诠释》，上海古籍出版社 2020 年版，第 42—75 页；瞿骏：《五四：地方视野与长程革命》，《读书》2020 年第 11 期；周月峰：《从配角的视角重访五四新文化运动》，马敏主编：《近代史学刊》第 22 辑，社会科学文献出版社 2020 年版，第 18—21 页。

② 有关研究主要聚焦五四学生运动，参见高莹莹：《反日运动在山东：基于五四时期驻鲁基督教青年会即英美人士的考察》，《近代史研究》2017 年第 2 期；陈以爱：《动员的力量：上海学潮的起源》，民国历史文化学社有限公司 2021 年版，第 154—173 页。还有论者关注到青年会在将新思潮引入地方上的贡献。见武志华：《奉天基督教青年会和革命、新文化运动关系研究（1911—1925 年）》，辽宁大学 2014 年硕士学位论文。

发意义①，然青年会作为外来社会团体，其组织和杂志究竟如何参与创生民国新文化的语境，前人暂未展开讨论。这一过程至少包括青年会全国协会如何定位自己所办的系列杂志，哪些人组成主体作者并设计杂志的内容框架，青年协会如何推广自己的杂志和书籍，并影响到一般读者的思想态度和实际行动，逐渐培养起一批新文化的参与者。

史料层面，当前研究对青年会内部文件的挖掘还有待加强。20 世纪前半叶，青年会全国协会、各市会都有相当数量的西方干事，他们定期向北美协会去信描述中国国情、汇报工作状况。这批信函现藏于美国明尼苏达大学图书馆，其中年度报告的部分已影印出版。善用这批史料，有助于研究者从内部视角理解青年会何以关注世俗层面的文化改造。

一、青年协会对杂志的定位

基督教青年会(Young Men's Christian Association，简称 Y.M.C.A.)是一个世界性的跨宗派基督教社会团体，1844 年创办于伦敦，在神学思想上受到美国基督教界的影响。19 世纪下半叶，工业革命和城市化既给美国带来了迅速发展，同时也催生了种种城市病，如贫困、疾病、劳动纠纷等社会问题。部分教会人士开始强调基督教对社会问题的责任，并尝试运用基督教原则加以解决。在一批神学家的提倡下，一种名为"社会福音"(Social Gospel)的基督教神学思潮越来越具影响力。

在关于"罪"这一基督教核心命题上，社会福音从体认个人罪恶转而强调社会罪恶，故宣教的目的和重心从救赎个人灵魂转到营造社会福利、改善人们生活和工作的环境，提倡"社会秩序基督教化"(Christinizing the Social Order)。② 这种理念虽不乏争议，依然影响了很多宗教团体，其中便包括男女青年会。1854 年，包括加拿大、美国青年会在内的"基督教青年会北美协会"(International Committee of Y.M.C.A. in U.S.A. and Canada，简称"北美

---

① 张仲民提出，基督教青年会以德智体三育推行国民教育，在民初影响甚大。其出版活动所倡导的许多论述对青年非常有吸引力，为后来《新青年》的崛起提供了读者基础和议题。见张仲民：《基督教青年会与五四新文化运动》，复旦大学历史学系、复旦大学中外现代化进程研究中心编：《近代中国的阅读史》，第 130—153 页。
② 刘家峰：《中国基督教乡村建设运动研究(1907—1950)》，天津人民出版社 2008 年版，第 14—21 页。

协会"）于美国纽约州布法罗市成立。随着美国海外传教事业的扩张，北美协会有意识地向中国拓展青年会。

1895 年 10 月 5 日，在美国基督教会大会的推动和在华外籍传教士第二次全国大会的请求下，北美协会派遣生长于中国的来会理（D. W. Lyon）作为专职干事赴中国建立青年会。据来会理描述，他来华伊始，北美协会并不限制他的工作范围，而是授予他全权选择适宜之处。北京、天津、烟台、上海、汉口等地的传教士写信给来会理，有的认为青年会应注意各商埠外籍青年的需要，有的主张注意洋行中通英语的中国人，有的建议在中国学生中展开工作。①

富于敏锐性的来会理注意到，当时的天津已有四所专门或高等学堂②且交通便利，故他有意在此地以学生为主要对象展开工作。他判断："天津是在中国政府领导之下的进步的西洋教育之中心。香港的学生或许要比天津的更多，但是香港的教育是受外国人管理的，而天津的教育则完全代表中国政府所办的教育。这一事实是极其重要的，因为中国此后新文化的领袖，多半要从北洋大学出身。因此，我们若能设法感化这般学生，那就无异于感化'新中国'未来的领袖。"③可见，来会理来华伊始便观察到新式学堂在新政事业中的意义、新式学生将来在中国的地位，希望通过吸引未来的文化精英使青年会成为中国新文明的组成部分。

在 1903 年拒俄运动、1905 年抵制美货运动中，中国学生的群体意识渐渐觉醒，各大学生团体纷纷成立。④ 来会理更明确地认识到青年会"须采取较新之方法"，使自身组织及于"中国各地极有势力之学生团体"⑤，谋求对教外学生团体乃至各省广大普通学校学生的影响。鉴于中国青年会特别重视对学生

---

① 〔美〕来会理：《中国青年会早期史实之回忆》，《中华基督教青年会五十周年纪念册》，中华基督教青年会全国协会 1935 年版，第 186 页。
② 〔美〕来会理在《中国青年会早期史实之回忆》（《中华基督教青年会五十周年纪念册》，第 187 页）中提及这四所学校分别是医学堂、海军学堂、电报学堂（当时全国唯一一所）和北洋大学，在《中华基督教青年会二十五年小史》（1919）（上海市档案馆藏，档号：U120 - 0 - 63，第 3 页）则说当时天津有五所大学或高等学堂。
③ 《来会理致茂雷》（1897 年 2 月 4 日），转引自〔美〕来会理：《中国青年会早期史实之回忆》，《中华基督教青年会五十周年纪念册》，第 190 页。
④ 桑兵：《晚清学堂学生与社会变迁》，广西师范大学出版社 2007 年版，第 6—7 页。
⑤ 〔美〕来会理：《中华基督教青年会二十五年小史》（1919），上海市档案馆藏，档号：U120 - 0 - 63，第 5 页。

展开事工,1907 年的来华传教百年纪念大会特别决议将青年学生的传教事业委托给青年会。①

随着学校青年会数量的增加,筹设全国组织以协调之,并与世界基督教学生运动取得联系成为需要。1896—1915 年,中国青年会全国组织几经更名,最终在 1915 年 11 月召开的第七次全国大会上定名为"中华基督教青年会全国协会"(Young Men's Christian Association of China)(为便于行文,下面将不同时期的中国青年会全国组织统称为"青年协会")。② 也正是在一次次全国大会的调整中,城市青年会加入进来,和学校青年会一起组成青年会的基本单位,这标志着中国青年会"选择知识青年为工作对象,重要城市为工作地点"的方针逐渐确定。③

那么,中国青年会究竟做些什么工作呢?

在宗旨上,中国青年会和北美协会一样,致力于联络青年男性④,辅以德育(Spirit)、智育(Mind)、体育(Body)、社交(Social,后译为"群育")⑤,帮助青年养成符合基督伦理的完善人格,践行社会福音神学。具体的工作内容则因地制宜、十分丰富,包括办查经班、健身房、运动会、音乐会、交谊会、聚餐会、夏令会以及开展出版、演讲、劳工和平民教育事业等。其中,编辑书报是中国青年会最早开展的工作,这与晚清以来自由派传教士在中国的文字事工传统分不开。

1807 年马礼逊(Robert Morrison)东来后,新教传教士逐渐认识到深入中国内地的困难、与中国人在语言交流上的隔阂以及面对面传教的低效率,所以他们希望以出版物突破地域、语言和时间的障碍,于是办了一系列杂志、报纸,并发行大量传单、手册、书籍。文字事工由此成为近代在华新教的五大事工之一。⑥ 此外,北美协会拥有一份代表青年会整体的杂志并发行大量书籍,中国

---

① 江文汉:《四十年来的中国基督教学生运动》,《金陵神学志》第 26 卷第 1、2 期合刊,1950 年 11 月。
② 余日章:《说明中华基督教青年会全国协会之任务(未完)》,《青年进步》第 1 册,1917 年 1 月,"会务研究"。
③ 赵晓阳:《基督教青年会在中国:本土和现代的探索》,社会科学文献出版社 2008 年版,第 13 页。
④ 另有基督教女青年会专门负责女子工作。
⑤ 中国青年会有时称自己的宗旨为三育,有时又称四育,故下文表述视史料而定。关于中国青年会宗旨的翻译及演变问题,参见张志伟:《中国青年会与"三育"话语——"德育"、"智育"、"体育"》,《基督化与世俗化的挣扎:上海基督教青年会研究》,台大出版中心 2010 年版,第 407—464 页。
⑥ 其他四项是直接布道、教育、慈善、医疗。

青年会自然也需要借鉴之。这些因素共同促成出版事业很早就被提上中国青年会的日程。在1896年青年会第一次全国大会制定的四条职务中,第四条便规定"预备适用书籍,以促进学生之宗教生活"①。

1896年6月,青年协会首任总干事来会理尝试性地创办半年刊 China's Young Men(《中国青年》),该刊包含中英双语内容,每期10页。次年2月,他又办双语《学塾月报》(The Chinese Intercollegian),每期发行7页,用于刊载有关圣经学课、西方青年会会务的消息。② 在这个过程中,来会理体会到,对中国青年会而言,杂志具有不同于北美协会那般的意义:首先,由于一般的中国青年尚缺乏对青年会这一外来社会团体的了解,故急需"通过官方机构的印刷品"提供介绍;其次,已入会的青年"缺乏西方学生的独创性和进取心",理应通过杂志对他们加以指导;再次,他发现"印刷品对中国学生的影响大于对美国学生的影响",判断部分原因是当时的中国缺乏好的文学作品,部分则出于中国人对印刷品的固有尊重。由此,他相信"月刊是让中国学生接触世界其他地区学生,并在他们身上培养伟大学生运动精神的最佳途径"③。

在这样的动力下,来会理不断改良杂志,于1902年3月将《学塾月报》扩充至十三四页,改名为《青年会报》(China's Young Men)。每年6册,后又改为8册。该报除宗教论说、讲演、教会及青年会事务外,还登载读经课程,附精美的铜版画。④ 第1册会报的《本报小启》称:"本报系专为中国学塾青年会而设,总委办创此报之原意,为助各处之青年会并散居各处之青年人有所观感,籍子攻琢,以故报价极廉。"⑤该册载有《上海宴集青年会记》《广州府青年会论穆君述闻》《福州首次青年联会述》等文章,以供读者了解全国各处青年会的会务状况。如此既能使青年会中人互通声气,又能达到向会外人士广为宣传的

---

① 其余三条职务为:1. 巡视各地已经组织之青年会;2. 于适宜之地,提倡组织新青年会;3. 为青年会职员组织会务练习会。可见在当时,巩固、扩大各地组织为青年会的首要任务,演讲、体育等其他具体会务未及展开,只有预备书籍一项被提上日程。〔美〕来会理:《中华基督教青年会二十五年小史》(1919),上海市档案馆藏,第4页。

② 关于《学塾月报》每期页数的辨析,见赵晓兰、吴潮:《传教士中文报刊史》,复旦大学出版社2011年版,第253页。

③ Report of D. Willard Lyon, Second Quarter 1897,〔美〕陈肃等整理:《美国明尼苏达大学图书馆藏基督教男青年会档案:中国年度报告(1896—1949)》第2册,广西师范大学出版社2012年版,第29页。

④ 范皕海:《青年会对于文字之贡献》,《中华基督教青年会五十周年纪念册》,第34页。

⑤ 〔美〕来会理:《本报小启》,《青年会报》第1册,1902年3月,第13页。转引自赵晓兰、吴潮:《传教士中文报刊史》,第258页。

效果。当时,除此份杂志外,编辑部尚未出版书籍。

在编辑杂志时,除了依靠若干通晓英文的中国人翻译材料外,来会理几乎独自从事编辑和写作。此外,作为总干事的他还同时承担着维持青年协会日常运转、定期巡视各地以指导城市青年会建设、翻译神学作品等工作,加之他本人还在学习中文的过程中,难免力不从心。① 于是在 1903 年,任职于上海中西书院的中国基督徒谢洪赉被邀请兼职青年协会的编辑事务。

1906 年 2 月,原本双语的《青年会报》一分为二:中文月刊《青年》和英文季刊 China's Young Men,后者是面向中国留学生和在华外籍人士的英文读物,由留美学生担任主笔,如王正廷、朱友渔、徐维荣、梅华铨等。② 因本文主要探讨国内的思想变革,故下文将重点分析青年协会的中文杂志。

《青年》每年 10 册,每册 30 页,暑期停刊或减少页数出版。谢洪赉全职加入青年协会,独立负责编辑《青年》。1908、1909 年,胡贻谷和奚若相继加入编辑部。他们的大致信息如下:

表 1   初期《青年》主要编辑③

姓 名	籍贯	求学经历	此前或同时期工作经历	备 注
谢洪赉(1873—1916),号庐隐	浙江绍兴	苏州博习书院	上海中西书院教员,在商务印书馆译注英语课本《华英初阶》《华英进阶》,行销极广。此外还译有《瀛寰全志》	潘慎文的学生

---

① 来会理在 1898 年前两季的报告中说,如果想做好,编辑杂志和其他小册子需要花费其一半的时间。*Report for First and Second Quarters 1898*,〔美〕陈肃等整理:《美国明尼苏达大学图书馆藏基督教男青年会档案:中国年度报告(1896—1949)》第 2 册,第 45—46 页。

② 范皕海:《青年会对于文字的贡献》,《中华基督教青年会五十周年纪念册》,第 35 页。其中,王正廷(1882—1961)是中国留学生基督教青年会创办人和首任总干事;朱友渔(1886—1986)是中国首位社会学学者,回国后长期在教会大学任教社会学课程;梅华铨(1888—1953)的夫人江和贞是女青年会全国协会董事,在上海女界中颇有影响。见〔美〕贝德士辑,刘家峰译,章开沅校:《中国基督徒名录》,章开沅、马敏主编:《社会转型与教会大学》,湖北教育出版社 1998 年版,第 377、389、398 页。

③ 据以下史料整理:胡贻谷:《谢庐隐先生传略》,青年协会书报部 1917 年版;《个人消息》,《青年》第 14 卷第 10 号,1911 年 10 月;本社谨启:《天翼奚君遗像》,《进步》第 6 卷第 5 号,1914 年 9 月;《教会著述家骨伯绶先生行述》,中华续行委办会编:《中华基督教会年鉴》第 2 册,商务印书馆 1915 年版,中国教会研究中心、橄榄文化基金会 1983 年影印版,第 24、263—264 页;《张元济全集》第 6 卷(日记),商务印书馆 2008 年版,第 2 页;《建造人格的〈青年进步〉》《青年进步》第 59 册,1923 年 1 月,"宣言";〔美〕陈肃等整理:《美国明尼苏达大学图书馆藏基督教男青年会档案:中国年度报告(1896—1949)》第 3 册,第 400 页。

姓　名	籍贯	求学经历	此前或同时期工作经历	备　注
奚若(1880—1914)，字伯绶，笔名天翼	江苏吴县	苏州博习书院、上海中西书院、东吴大学、美国奥柏林学院	在商务印书馆编译《天方夜谭》《世界新舆图》《英华大辞典》及计学教科书等	潘慎文的学生
胡贻谷(1885—?)，笔名任夫	江苏吴县	上海中西书院、东吴大学	曾任广学会编辑，译有托尔斯泰短篇小说，在商务印书馆译有华勒士《思想的方法》(万有文库系列)	谢洪赉的学生

美国监理公会传教士潘慎文(A. P. Parker)曾先后主持苏州博习书院、上海中西书院，并任青年协会首任会长。上述三位编辑干事皆为潘慎文的学生或再传学生，且都是江浙人士。有的出身基督教家庭，自幼受洗。奚若在东吴大学时期还是校青年会干事。编辑部干事既负责编排工作，又是早期杂志的主要作者，他们常为商务印书馆编译外国教科书、英汉辞典，这既是因为商务和青年会有着密切的人际关系①，也能大体说明他们在当时的国人中拥有中上乘译著水平。

《青年》的办刊宗旨基于青年会的三育宗旨："培育少年子弟，以德育为主，智育体育为辅，凡所登载，悉视此为准。"这里的德育，主要指基于基督教伦理的修行，故《青年》所载格言、名论多为现身说法的证道谈，故事、传记、小说亦多基于《圣经》故事或信徒体会。

截至 1909 年 9 月，编辑部已编译三十余部小册子，涵盖布道、护教、修养、图表、经课、体育等主题，大多由《青年》上刊载的文章连缀而成。布道类书籍有《天国伟人》《基督教与大国民》《中国耶稣教会小史》等；护教类书籍有《日本名人证道谈》；修养类书籍种类最多，有《汉文崇实录要》《密祷论》《读经论》《修德金针》《耶稣与使徒要训学课》《小先知书日课》等；图表类有《基督终身圣迹表》《圣经历史表》；经课类有《福音史记课程》《圣经要道读课》《圣经历史简课》《耶稣传之研究》等；会务类包括《中韩基督教青年合会典章》(中、英文各版)，

---

①　商务印书馆创建人夏瑞芳、鲍咸恩皆基督徒，与谢洪赉是世交、姻亲。此外，青年协会和上海青年会的董事邝富灼曾任商务印书馆英文部主任达二十余年。汪家熔：《谢洪赉和商务创办人的关系》，《编辑学刊》1994 年第 4 期；陈应年：《英文专家邝富灼》，王涛等编：《商务印书馆一百一十年(1897—2007)》，商务印书馆 2009 年版。

及《学塾青年会典章式》《会正之职务》《查经领袖要则》(中、英文各版);体育类有《体操图说》《学生卫生谈》。①

这些册子的原作者包括世界基督教学生同盟主席、北美协会干事穆德(J. R. Mott),美国基督教学生立志传教团巡回干事路思义(H. W. Luce),青年协会的学生部干事如雅德(Arthur Rugh),青年协会首任总干事来会理。可见,当青年会在华工作处于起步阶段时,大量引入外籍青年会干事或神学家的作品,以指导青年修行和各地干事展开工作是编辑部的当务之急。在三育之中,德育又是重中之重。在谢洪赉等人的努力下,刊发报章、译著书籍渐成为会务大宗。"于数年内,青年会之出版物,遂得于中国基督教各书会中,特树一帜,且能于各国青年会书报事业中,占第二之位置。"②

《青年》侧重灵修和青年会会务,*China's Young Men* 突出留学生青年会会务。这种明确的定位一方面使青年协会的杂志较容易在基督徒和通晓外务的群体中推广,另一方面又产生了自我设限的弊端。晚清以来的自由派传教士早已重视社会事业,社会福音神学更强调对社会秩序的重构,这些传统都促使中国青年会不能仅仅在会务工作中打转,而必须以更积极的姿态去关心广义的社会问题。

1911 年,青年协会第二任总干事巴乐满(F. S. Brockman)意识到:"多年来,我们的运动非常需要一个机构(organ),通过这个机构向士绅、文人,特别是向官立大学的学生讲话。我们现在的杂志《青年》,在整个帝国的基督徒和那些对基督教有一定了解的学生中有广泛而有影响的发行量,但它非常适合目前的领域,因此不适合我们所服务的广大非基督教社区。"③职是之故,北美协会特别拨款,欲在中国发行一种旨在面向社会上流人士和大学生的新杂志,"以发展其新知识与新道德"④,即顺应并推动文化更新的潮流。同年,巴乐满、奚若、胡贻谷和编辑部新进人士范子美到庐山牯岭会晤养病中的谢洪赉,众人商议后定新杂志名为《进步》(*Progress: A Journal of Modern Civilization*),英文副标题意为"一份现代文明的杂志",由范子美担任总编辑。

---

① 《新刊介绍》,《青年》第 12 卷第 7 号,1909 年 10 月。
② 胡贻谷:《谢庐隐先生传略》,青年协会书报部 1917 年版,第 39 页。
③ *Report of F. S. Brockman, National General Secretary*,〔美〕陈肃等整理:《美国明尼苏达大学图书馆藏基督教男青年会档案:中国年度报告(1896—1949)》第 4 册,第 373 页。
④ 范丽海:《青年会对于文字之贡献》,《中华基督教青年会五十周年纪念册》,第 35 页。

表 2 1919 年前除奚若、胡贻谷以外的《进步》编辑一览①

姓名、字、号	籍贯	求学经历	此前工作经历	参加青年协会工作时间
范子美(1866—1939)，又名范祎,号皕海	江苏苏州	早年潜心宋明理学，对儒释道皆有心得，获举人功名	先后任《苏报》《实学报》《中外日报》记者，后为广学会干事，协助林乐知(Y. J. Allen)编辑《万国公报》	1911 年
叶冰心(1880? —1914)	江苏	苏州巴夫特学校、上海中西书院、东吴大学、美国奥柏林学院	无	1911 年
钱保和(1884—?)	江苏	东吴大学	无	1915 年
谢乃壬(1892—1991),字扶雅	浙江绍兴	东京高等师范学校、东京立教大学	无	1916 年

此外，当时编辑部中还有负责校对工作的助理干事黄道生(D. S. Wang)。②

可以看到，彼时编辑部干事全部由中国人担任且负责主要工作，这种情况在当时青年协会各部门中是绝无仅有的。"外籍干事们除了加以鼓励、偶尔发表不署名文章、收集新闻材料、建议每一期都要处理的主题外，都没有插手。"③三份杂志的编辑大多是籍贯江浙的基督徒，具有在教会学校求学、海外留学或编辑其他基督教中文报刊的经历，善翻译和著述。这些地缘、学缘、信仰上的共同特征并非偶然，而是晚清以来新教传教士在东南一带办理教育、出版事业的成果：培养出一批能够独立从事译著工作的中国精英基督徒，由他们从传教士手中接过文字事工。

相比于《青年》，《进步》有意在淡化自身宗教背景的同时增强其时政色彩。该刊封面在发行所的位置只印"本社发行"或"《进步》杂志社发行"，而不似《青

---

① 据以下史料整理：范皕海：《青年会对于文字的贡献》，《中华基督教青年会五十周年纪念册》；编者：《纪念范子美先生》，《同工》第 183、184 期合刊，1939 年 10 月；邢福增：《范子美：传统与现代之间》，〔美〕李可柔、〔美〕李可柔、毕乐思编，单传航、王文宗、刘红译：《光与盐：探索十位近代中国改革的历史名人》，中国档案出版社 2009 年版，第 65—82 页；〔美〕贝德士辑，刘家峰、章开沅校：《中国基督徒名录》，章开沅、马敏主编：《社会转型与教会大学》，第 379、429、434 页。

② S. E. Hening, Associate National Office Secretary for China, *Annual Report for the Year Ending September 30, 1913*，〔美〕陈肃等整理：《美国明尼苏达大学图书馆藏基督教男青年会档案：中国年度报告(1896—1949)》第 6 册，第 110 页。

③ *Report of C. L. Boynton, National Office Secretary*，〔美〕陈肃等整理：《美国明尼苏达大学图书馆藏基督教男青年会档案：中国年度报告(1896—1949)》第 3 册，第 254 页。

年》写明是"基督教青年会总委办"。再看简章和发刊辞,亦可见此用意。

《进步》首期所载《进步杂志简章》疾呼进步乃世界公理,落后于他人即灭亡。现中国门户洞开,苟不奋起直追世界大国,将祸变之至。杂志欲以进步思想鼓励国人,故定名为《进步》。

范子美在发刊辞《进步弁言》中继而说道:比之庚子年间的危急,十年之间中国进步不小,可惜十年来的进步徒具形式而缺乏精神,症结在于国民的思想心态没有变化。国民思想的发达有赖于道德和知识的进步,道德和知识的培育依靠教育。考察东西文明诸国,教育不仅在于学校的科目,还以杂志为教育手段。不仅儿童幼年需要以浅显有趣的杂志配合学校教育,学生需要在课外阅读杂志增长见识,青年自学校毕业后,更要通过杂志接受世界这所大学校的教育。"杂志者,实不愧为世界学校之课本矣。"[1]与过于严整且效力太迟的书籍和丛杂且效力太促的日报相比,杂志有介于二者之间的适当价值。他希望《进步》能成为一份国民课本,在提高国民素养以开国会、使国民知晓外务以保外交、改良风俗促成自治、输入科学振兴实业等方面发挥作用。用稿风格则务求持正切实,避免偏激浮躁。[2]

不难发现,简章和发刊辞都只谈作为一种社会教育途径的杂志在革新国民思想心态,促进中国政治、外交、实业各方面进步中所能够发挥的作用,只字不提有关基督教青年会的内容。这一点也体现在《进步》的栏目划分上:著论与移译、内政问题、外交问题、社会风俗与个人品性、科学发达与实业进行,以及附属文苑、小说、杂评、丛译和插画图片。[3] 而无读经、灵修或宗教故事等内容。

凡此种种,皆显示出编辑部欲在青年会的德、智、体三育之外,主动介入更广泛的社会问题:

> (通过新杂志)讨论中国在适应现代文明的新环境方面所面临的所有问题。
> 显然,与通过宪法、引入新的司法和金融制度、工业变革、开垦荒地、植树造林、宗教自由、社会和经济变革等有关的许多问题都是人们最感兴趣的。我们的目的是从基督教的立场(from a Christian standpoint)讨论所有这些问题,但不使杂志冒

---

[1] 范祎:《进步弁言》,《进步》第 1 卷第 1 号,1911 年 11 月,"发刊辞",第 3 页。早在协助林乐知编辑《万国公报》期间,范子美便已提出:"杂志报章者,社会之公共教科书也;杂志报章之记者,社会之公共教员也。"范祎:《〈万国公报〉第二百册之祝辞》,《万国公报》第 200 册,1905 年 9 月,"论说",第 1 页。

[2] 范祎:《进步弁言》,《进步》第 1 卷第 1 号,1911 年 11 月,"发刊辞"。

[3] 《进步杂志简章》,《进步》第 1 卷第 1 号,1911 年 11 月。

犯那些不熟悉基督教的人。①

青年协会干事们对《进步》的定位与彼时中国舆论界对报刊"新民"功用的高度推崇密切相关。戊戌以来,尤其是清末,从朝廷到督抚县令,多有鼓励办报刊、鼓励订阅报刊者。受西潮影响和刺激,国人自办报刊很注重将"舆论"与"学"结合,追求新学新民的目标。② 民初甚至出现"杂志繁荣而书籍冷寂"的现象。③ 正是在如此思想背景下,青年会干事才欲在具有青年会机关报性质的《青年》以外,另辟一刊作为舆论阵地,以更具学理、更"平实"、更贴近时事的态度建构中国的新文化,试图不动声色地将基督伦理孕育于其中。

如此,到"辛亥"前夕,青年会全国协会编辑部共办有三份杂志:一是以三育宗旨培养青年,供青年会中人互通声气,具有青年会机关报性质的《青年》;二是面向中国社会上层人士和新式学生,积极介入世俗文化的《进步》;三是面向海外中国留学生的 *China's Young Men*。三者互为补充,欲将会内会外、国内国外的青年群体皆作为目标读者。1917 年 3 月,中文《青年》与《进步》合并为《青年进步》。青年协会对所办杂志定位的调适,使其具备了走向一般中国青年的可能,而能否达成其愿景,还要看协会如何推广它们。

二、青年协会杂志的推广

美国史家罗伯特·达恩顿(Robert Darnton)曾以《百科全书》为案例,根据上万封从事书籍出版工作者的书信还原法国大革命前后"启蒙运动的生意"。④ 这提示我们在研究思想史时,有必要关注思想在物化到杂志或书籍后,是怎样在社会中被传播,又怎样被接纳的。青年协会发行系列杂志和书籍并非为了谋利,但当印刷品作为一种商品进入市场时,亦不得不遵循一般的供求规律。

《青年》是青年协会的机关报,这一性质使全国各处学校青年会和城市青

---

① *Report of F. S. Brockman*,*National General Secretary*,*China*,〔美〕陈肃等整理:《美国明尼苏达大学图书馆藏基督教男青年会档案:中国年度报告(1896—1949)》第 4 册,第 373 页。

② 章清:《"五四"思想界:中心与边缘——〈新青年〉及新文化运动的阅读个案》,《学术与社会:近代中国"社会重心"的转移与读书人新的角色》,上海人民出版社 2012 年版,第 169—201 页。

③ 王奇生:《新文化是如何"运动"起来的》,《革命与反革命:社会文化视野下的民国政治》,社会科学文献出版社 2010 年版,第 29 页。

④ 参见〔美〕罗伯特·达恩顿著,叶彤、顾杭译:《启蒙运动的生意:〈百科全书〉出版史(1775—1800)》,生活·读书·新知三联书店 2005 年版。

年会会员都成为它的潜在读者。庶务部干事鲍引登(C. L. Boynton)在1909年描述了干事们在会内进行推广的努力:

> 巡回干事们借此机会强调阅读这份杂志的价值,编辑们热情地向所有学生青年会提出了它的诉求,实际上每个学生都是该刊的订阅者:根据我们最新的报告,中国学生青年会的会员有4 007人,而活跃会员中有很大一部分是《青年》的天然支持者。值得补充的是,本刊的订阅人数是中国基督教杂志中最多的。①

编辑部也有意在价格上示以优惠。《青年》初期在国内的定价是每月每册墨西哥银元(大洋)4角,国外每册3角,含邮费。订购10册以上享5折优惠。② 以后单册价格和团购折扣虽时有调整,但订购10册以上一直有折扣,这显然有利于各处青年会以团体形式购买。

随着城市青年会和学校青年会在全国各地的组建,以及会员人数的持续增加,《青年》的销售范围也随之扩大,销售量水涨船高。具体情形见表3:

表3　学校、城市青年会数量、会员数与《青年》销售量比较表③

年份	学校青年会数量(个)	学校青年会会员数(人)	城市青年会数量(个)	城市青年会会员数(人)	《青年》销量(册)	备　注
1907	44	2 767	11	2 190	每期3 500	
1908	—	—	—	—	每期3 700	

① *Report of C. L. Boynton*, *National Office Secretary for China*,〔美〕陈肃等整理:《美国明尼苏达大学图书馆藏基督教男青年会档案:中国年度报告(1896—1949)》第3册,第400—401页。

② 《本报简章》,《青年》第10卷第6号,1907年9月,目录页。

③ 学校、城市青年会数量和会员数整理自:赵晓阳:《基督教青年会在中国:本土和现代的探索》,第31,34页;《青年》第10卷第6号,1907年9月,广告第3—4页;《青年》第12卷第9号,1909年12月,广告第15页;Charles W. Harvey, Associate National General Secretary, Young Men's Christian Association, Shanghai, China, *Annual Report for the Year Ending September 30, 1916*,〔美〕陈肃等整理:《美国明尼苏达大学图书馆藏基督教男青年会档案:中国年度报告(1896—1949)》第9册,第361页。杂志销量整理自:*Report of C. L. Boynton*, *National Office Secretary for China*,〔美〕陈肃等整理:《美国明尼苏达大学图书馆藏基督教男青年会档案:中国年度报告(1896—1949)》第3册,第400页;S. E. Hening, Associate National Office Secretary for China, *Annual Report for the Year Ending September 30, 1913*,〔美〕陈肃等整理:《美国明尼苏达大学图书馆藏基督教男青年会档案:中国年度报告(1896—1949)》第6册,第111页;S. E. Hening, National Office Secretary, Shanghai, China, *Annual Report for the Year Ending September 30, 1914*,〔美〕陈肃等整理:《美国明尼苏达大学图书馆藏基督教男青年会档案:中国年度报告(1896—1949)》第7册,第133页;《中华基督教青年会全国协会报告第九次全国大会书》(1923),上海市档案馆藏,档号:U120 - 0 - 5,第47页。中文著作或报刊史料与英文报告冲突之处,以英文报告为准。

年份	学校青年会数量（个）	学校青年会会员数（人）	城市青年会数量（个）	城市青年会会员数（人）	《青年》销量（册）	备　　注
1909	—	—	16(含东京、汉城)	—	全年 41 350，平均每期约 4 135	《青年》创刊时每月发行 1 册，暑期休刊，全年 10 册。1909 年 7 月起改为暑假不休，但页数有所减少，全年 12 册。1915 年起复改为每年 10 册。
1910	—	—	—	—	全年 56 252，平均每期约 4 688	
1911	—	—	—	—	全年 69 977，平均每期约 5 831	
1912	105	3 515	25	6 190	全年 64 086，平均每期约 5 341	
1913	105	3 876	29	11 300	平均每期 6 100	该年销量一度达到每月 7 000，后受二次革命影响而有所下降。
1914	126	5 520	29	11 718	平均每期 4 992	因严格执行购买杂志要预先付款的规定，该年的订阅数有所下降。

到 1917 年合并为止，《青年》的销量稳定在每期 5 000 册左右。

在销售范围上，1908 年时《青年》已遍及全国，甚至远销日本、美国。具体订阅状况见表 4：

表 4　1908 年《青年》订阅范围表①

地　　区	册数(Copies)	地　　区	册数(Copies)
安　徽	47	直　隶	192
浙　江	257	福　建	512

① *Report of C. L. Boynton*，*National Office Secretary*，*China*，〔美〕陈肃等整理：《美国明尼苏达大学图书馆藏基督教男青年会档案：中国年度报告(1896—1949)》第 3 册，第 257 页。

续　表

地　　区	册数(Copies)	地　　区	册数(Copies)
河　　南	47	满　　洲	57
香　　港	50	山　　西	58
湖　　南	91	山　　东	377
湖　　北	327	陕　　西	10
甘　　肃	16	四　　川	58
江　　西	65	云　　南	2
江　　苏	484	日　　本	35
广　　西	11	朝　　鲜	30
广　　东	492	北美协会 (General)	50
贵　　州	10	总　　计	3 278

其中,江浙闽粤等东南沿海地区和直隶(含天津)、山东、湖北订阅者尤多。这些地区开埠较早,自晚清以来便是重点传教区,或为通商要地,或为新政示范,大开中外沟通之风。

为此,鲍引登不无自豪地说:"帝国的每个省,无论多么遥远,都在我们的流通中有所代表(is represented in our circulation)。文章的质量已经稳步提高,很少有人停止订阅,这说明本刊已为自己在帝国青年中占据了永久性的位置。"①

此外,广告的增加也能说明《青年》的受欢迎程度在提高。鲍引登在1909年欣然道:"通过获得可观的广告,该刊的财务状况也取得了进步。12个月前,刊中连1个广告页都没有。本期杂志刊登了16页的高级广告,由于取得了这样的进步,明年很有可能将这个数字翻一番。寻找这份杂志作为广告媒

---

① *Report of C. L. Boynton*, *National Office Secretary*, *China*,〔美〕陈肃等整理:《美国明尼苏达大学图书馆藏基督教男青年会档案:中国年度报告(1896—1949)》第3册,第250页。

介的时机已经到来。"①

在这样的形势下,《青年》于 1911 年春大幅度降价,每册定价降为 4 分,全年 12 册仅售 4 角。订购 10 册以上,国内 5 折,国外 75 折。② 1913 年上调为每册 5 分,全年 12 册国内、外均 5 角,惟订购 10 册以上的折扣不同。③ 1915 年起,调整为每册 7 分,全年 10 册国内 6 角,国外 8 角。订购 10 份以上还有折扣,均含邮费。④

有研究指出,民初的学术性杂志定价大多在单册 2—5 角,大众商业杂志价格相对更低。⑤ 如 1913 年的《东方杂志》单册定价 3 角,全年 12 册共 3 元⑥;1916 年的《新青年》单册定价 2 角,全年 12 册共 2 元。邮费均另算。⑦ 比较之下,不难发现 1911 年后的《青年》可谓价廉已极。如此低价,似很难简单解释为欲以薄利谋求多销,真正的原因或许相反:正因《青年》在依靠青年会会员持续增长的基础上,已经拥有了相当可观的读者数量,所以有条件在极低的价格下继续推广。

不过,过低的定价和"先发货、后付款"的订阅制度也曾令编辑部一度犯难。1914 年初,《青年》登出一则启事,曰:"本报之销路虽与日俱进,而本报之亏蚀,亦随销路以增加。盖本报以便利一般青年学者为宗旨,其定价即工本亦有所不敷。勉力支持,负担綦重。……乃近查旧账,积欠报资至二三年者,不胜枚举。"⑧故特登广告,希望"道德高尚"的读者诸君"洞鉴",从速寄去报资。可见《青年》的销路在一定程度上是依靠低价和记账制打开的,而赊账数目一旦过大,便会产生难以负担的财务压力。为此,编辑部从 1914 年开始实行预先付款的订阅制度,与之相伴的是销量在一定范围内有所下降。

尽管如此,《青年》终究闯出了名头,成为当时"销路最广"的基督教杂

---

① *Report of C. L. Boynton*,*National Office Secretary for China*,〔美〕陈肃等整理:《美国明尼苏达大学图书馆藏基督教男青年会档案:中国年度报告(1896—1949)》第 3 册,第 400 页。
② 《青年》第 14 卷第 1 号,1911 年 2 月,目录页。
③ 《青年》第 16 卷第 8 号,1913 年 9 月,目录页。
④ 《青年》第 18 卷第 1 号,1915 年 2 月,目录页。
⑤ 刘英:《民国时期期刊经营战略探析》,《编辑之友》2016 年第 5 期。
⑥ 《东方杂志》第 9 卷第 7 号,1913 年 1 月,无页码。
⑦ 《新青年》第 2 卷第 1 号,1916 年 9 月,无页码。
⑧ 《本报启事》,《青年》第 16 卷第 12 册,1914 年 1 月,第 289 页。

志。① 1911 年《进步》创刊时,已经颇具声望的《青年》自然成为推广前者的极佳平台。《进步》甫经问世,《青年》便在广告首页大加赞扬,称其为"中国少年之最恩物",乃"输入文明之急流""社会进化之机关""提倡实业之利器""研究科学之捷径""阐发思想之导师""助人兴致之美品"。② 反过来,《进步》也为《青年》做广告,称后者"以警醒今世少年,阐扬唯一真理为目的。推勘务极精详,资料必期宏富,格言、名论、故事、传记皆浅显而有趣味,新颖而合实用"③。

此外,《进步》在民初的重要刊物《东方杂志》上刊登广告以提高自身知名度④,并邀请读者代为向身边人介绍,根据实际订购的数量,给予介绍者每月 10—20 元的丰厚报酬,或是自来水笔和墨水、橡皮图章、印色匣、新版字典、夜行电灯等赠品。⑤《青年》曾在全国城市青年会发起书报竞卖活动,邀请各地会员在一个月内代为介绍协会的三份杂志,予推广多者以奖品。⑥ 这种会员竞赛活动的形式很有可能借鉴自青年会的征求会员运动,颇能激发参与者的积极性。⑦

编辑部能够不惜成本地为《进步》大造声势,得益于北美协会的补贴。1912—1914 年间《进步》收支情况如下表所示:

表 5　1912—1914 年《进步》收支表⑧

年　　份	1912	1913	1914
支出(单位:墨西哥元,下同)	10 089.99	33 895.62	35 804.10
销售总收入与其他收入	3 710.97	12 865.76	20 914.69

① 〔美〕来会理:《中华基督教青年会二十五年小史》(1919),第 13 页。
② 《青年》第 14 卷第 9 号,1911 年 11 月,广告第 1 页。
③ 《青年报广告》,《进步》第 1 卷第 1 号,1911 年 11 月,无页码。
④ 《进步》,《东方杂志》第 9 卷第 1 号,1912 年 7 月,无页码。
⑤ 《介绍单说明》,《进步》第 1 卷第 1 号,1911 年 11 月,无页码。《本社展续赠品之广告》,《进步》第 3 卷第 3 号,第 18 册,1913 年 4 月。
⑥ 《书报竞卖通告》,《青年》第 16 卷第 10 册,1913 年 11 月,第 256 页。
⑦ 关于青年会的会员征求运动,可参见张志伟:《求才(财?)若渴——征求"会员"运动》,《基督化与世俗化的挣扎:上海基督教青年会研究(1900—1922)》,(台北)台大出版中心 2010 年版,第 223—291 页。
⑧ S. E. Hening, National Office Secretary, Shanghai, China, *Annual Report for the Year Ending September 30, 1914*,〔美〕陈肃等整理:《美国明尼苏达大学图书馆藏基督教男青年会档案:中国年度报告(1896—1949)》第 7 册,第 132 页。

续　表

年　　份	1912	1913	1914
来自美国的补贴	1 192.39	14 718.54	14 230.52
总收入	4 903.36	27 579.30	35 145.21
赤　字	5 186.67	6 316.32	658.89

初期《进步》每年都接受来自美国的补贴,且随支出上涨而增加。饶是如此,1912、1913 年编辑部还负担了每年五六千元的赤字。随着销售和广告等收入显著增加,赤字额才在 1914 年大幅减少。北美协会的补贴使青年协会的出版事业拥有了相对优越的财务基础。《青年》能够度过因赊账而产生的经济困境,应当也有赖于此种援助。

　　凡此种种,皆使《进步》创刊后迅速令人瞩目。1913 年初,该刊"在受过教育的阶层中非常受欢迎",其销售量增加到每月 3 700 册。该年 3 月,《进步》的单册价格从 1 角 5 分涨到 2 角,销量受到一定影响,但很快便赶上,突破原来的大关。由于读者不断来函购买脱销的期数,《进步》第 1 卷的第 1、5、6 号和第 2 卷的第 1 号均曾再版。最后,编辑部干脆将第 1 卷的 1—6 号和第 2 卷的 1—6 号分别装订为合订本,以皮布面、纸布面、硬纸面三种精装形式出售。① 据庶务部干事韩宁(S. E. Hening)统计,《进步》在 1913 年的同类型(时评)杂志中销量居于第二,仅次于梁启超主编的《庸言》。② 1916 年,《进步》的每册销量达到七八千。③

　　《青年》和《进步》的影响力,不仅体现在杂志本身,还应放在青年协会的整体出版事业下理解。如前所述,谢洪赉执笔《青年》后,在该刊上发表的许多文章被辑成书籍或小册子单行;此外,范子美、胡贻谷也出版了许多著作。编辑部发行的与青年会工作有关的手册、圣经学习课本或图册、宗教故事或传记、护教哲学著作、道德修养指南、赞美诗,尤其是卫生健康和体育运动类书籍,都

① 《东方杂志》第 9 卷第 8 期,1913 年 2 月。
② S. E. Hening, Associate National Office Secretary for China, *Annual Report for the Year Ending September 30, 1913*,〔美〕陈肃等整理:《美国明尼苏达大学图书馆藏基督教男青年会档案:中国年度报告(1896—1949)》第 6 册,第 111 页。
③ 范皕诲:《青年会对于文字之贡献》,《中华基督教青年会五十周年纪念册》,第 35 页。

在清末民初呈现出良好的销售态势。① 仅1907年,协会就销售1 000多本圣经读物和2 000多本宗教小册子,次年会务和宗教类著作的销量更突破12 000本。② 这些书籍和小册子的受欢迎,将带动协会杂志知名度的提高,而杂志发行量增大则有助于书籍和小册子的销售,二者形成良性互动。

在发行渠道上,编辑部最初把自家发行所充当门市,通过邮寄来销售杂志,这与当时一般商业出版机构无二。随着城市青年会在全国陆续建立,编辑部渐渐具备了其他书局不具备的优势,那就是将各地城市青年会发展为代销处。③ 四川学者吴虞曾嘱托妻子向成都青年会订购《进步》杂志,青年会的李文熙还多次将《进步》专程送到吴虞处。④

《青年进步》创刊后,在上海本埠有商务印书馆分发行所(后撤销)、协和书局、时评洋行三个代销处。在北京、天津、广州、新宁、汉口、济南、南昌、香港、厦门、杭州、烟台等城市,均通过当地青年会代销。此外,在香港还有萃文书坊代销处,在汕头则有英长老会圣教书会代销处。⑤ 各地代销处虽时有变动,如后来广州增加华南圣教书会作为代销处,天津、广州各增加一处私人代销,⑥但大体依托各城市青年会进行。民国时期的一般商业书局常在外地设立代销处。相比起需要协商、签订合同并交纳保证金的商业合作,编辑部依靠青年会这一层关系网络,通过各地城市青年会建立代销处自有其便利。能够在民初

---

① *Report of C. L. Boynton*, *National Office Secretary*, *China*,〔美〕陈肃等整理:《美国明尼苏达大学图书馆藏基督教男青年会档案:中国年度报告(1896—1949)》第4册,第393页;S. E. Hening, Associate National Office Secretary for China, *Annual Report for the Year Ending September 30*, *1913*,〔美〕陈肃等整理:《美国明尼苏达大学图书馆藏基督教男青年会档案:中国年度报告(1896—1949)》第6册,第112页;Charles W. Harvey, Associate National General Secretary, Young Men's Christian Associate, Shanghai, China, *Annual Report for the Year Ending September 30*, *1916*,〔美〕陈肃等整理:《美国明尼苏达大学图书馆藏基督教男青年会档案:中国年度报告(1896—1949)》第9册,第357页。

② *Report of C. L. Boynton*, *National Office Secretary*, *China*,〔美〕陈肃等整理:《美国明尼苏达大学图书馆藏基督教男青年会档案:中国年度报告(1896—1949)》第3册,第250页。

③ 据吴永贵研究,民国时期的许多大型书局都曾在全国各大城市设立分支机构。分支机构相当于一个个发行网点,对开拓地方书刊市场具有重要作用。然设置分处需要房屋和人员,限于资本实力,仅商务印书馆、中华书局等大型出版机构有条件普设分处。许多中小型书局充其量在中心城市或销路较畅的区域设置三五个分处。在这样的情况下,通过与各地已有书店协商,建立代销处就成为中小出版机构(如世界书局)的一大选择。外地书店向出版者交纳保证金,便有权成为某某书局在某地的代销处。吴永贵:《民国出版史》,福建人民出版社2011年版,第332—335页。

④ 中国革命博物馆整理,荣孟源审校:《吴虞日记》上册,四川人民出版社1986年版,第74、76、123、125、146、148、151、154、171、202、206、207、214页。

⑤ 《青年协会书报代售处》,《青年进步》第3册,1917年5月。

⑥ 《青年协会书报代售处》,《青年进步》第10册,1918年2月。

迅速建立起十余个代销处便是证明。

融合了《青年》与《进步》两刊之长的《青年进步》，在上述有利条件的支持下，"不独为教会人士所欢迎，亦颇得教外人士的好评"[①]。1918 年末，《青年进步》的崛起促使张元济不得不将商务的老牌杂志《东方杂志》大减价以作抵制。[②] 1922 年，在《教务杂志》(*Chinese Recorder*)所作的学生最爱读杂志的调查中，《青年进步》名列第一，月销售量一度在 8 000 册以上。[③] 到 20 世纪 20 年代，无论是美国纽约公立图书馆，还是京师图书馆和各地学校阅报室，"莫不有此种杂志"[④]，南洋一带的订阅者达 600 多人。[⑤]

如此情形，足证青年协会杂志在推广周知上取得了相当成绩。当然，无论是西方干事写给北美协会的年度报告、青年协会的会议报告，还是基督教界的调查、回忆，都可能存在过于乐观的估计或夸大影响力的情形。更重要的是，仅考察推广无法获知读者究竟如何看待青年协会的文化改造主张，进而生成自己的理解。下节即以日记史料尝试勾勒读者的阅读世界。

三、读者的阅读和参与

时人的阅读并非隔绝于世，而是处于一定的时空环境中，特定的环境将影响到时人"为什么读"和"怎么读"。清末民初全国范围内学校青年会和城市青年会的建立，不仅为青年协会杂志提供了潜在读者、推广途径，而且能够通过它们在当地的活动吸引青年学子。在上海、北京、天津、南京、汉口、长沙、成都等大城市的青年会大多建有宏富的会所。市会常举办前述各种俱乐部性质的活动，且办有阅览室，对城市青年极具吸引力。

---

① 谢颂羔：《四十年来我对于基督教出版界的一点回忆与感想》，《金陵神学志》第 26 卷第 1、2 期合刊，1950 年 11 月。

② 张元济日记 1918 年 12 月 15 日条载："拟将《东方杂志》大减。一面抵制《青年进步》及其他同等之杂志，一面推广印，借以招徕广告。"《张元济全集》第 6 卷（日记），商务印书馆 2008 年版，第 458 页。书名号的标点方式参照张仲民之修改。见张仲民：《新文化运动的"五四"起源——关于五四新文化运动史研究的再思考》，复旦大学历史学系、复旦大学中外现代化进程研究中心编：《五四新文化：现场与诠释》，第 8 页。

③ 《中华基督教青年会全年报告》(1922)，第 31 页。转引自赵晓阳：《基督教青年会在中国：本土和现代的探索》，第 222 页。

④ 《中华基督教青年会第十次全国大会全国协会报告书》(1926 年 8 月)，上海市档案馆藏，档号：U120-0-8，第 80 页。

⑤ 谢颂羔：《四十年来我对于基督教出版界的一点回忆与感想》，《金陵神学志》第 26 卷第 1、2 期合刊，1950 年 11 月。

1915 年前后，在浙江省立第一师范学校就读的杨贤江，经常到同春坊基督讲堂和杭州青年会听《圣经》讲解、名人讲演，并在两处阅览室阅读各种书籍报刊，由此接触到《青年》《进步》和相关书籍。① 有一次他赴青年会观看影灯会，亦趁着开始之前的片刻阅读《进步》。② 瞿骏指出，新文化运动期间的读者未必能连续阅读杂志，而是常常零敲碎打、断断续续地阅读。③ 阅览室的存在，为读者连续阅读多本往期协会杂志提供了便利。

阅览室是阅读场所，讲演则参与建构了阅读的心理环境。自全国协会以下，各地青年会一般都有专门的讲演部，讲演是青年会的重要活动。当时北美协会的著名干事经常来华巡回布道。北美协会总干事穆德曾于 1896、1901、1907、1913、1922 等年份共 9 次来华，北美协会亚洲部干事艾迪(Sherwood Eddy)则在 1907、1910、1913、1914、1918、1922 等年份 9 次来华，他们在中国青年会的协助下，于各大城市和学校巡回讲演，所谈不局限于宗教，更涉及中国和世界时局，包含社会公平正义等各方面话题，影响盛极一时。他们的讲演内容发表在包括青年协会杂志在内的不少杂志上，并单独成册流通。

1915 年 4 月 3 日，杨贤江在《学生杂志》上读到艾迪倡议重道德、轻金钱安逸的人生观，连连感叹"箴言，箴言，敢不折服"④？ 5 月 23 日，浙一师的言论部邀请谢洪赉讲演，题为《高尚的理想》。杨贤江听后心潮澎湃："历言思想之可贵与三育之关系，引证极博，说理极透。末言高尚之法，一须尊重自己，二须重视己之职业。平实说来，毫无矜奇。夫先生于我新学界为先导，著述丰富，学识阔通，得其一言，大足刺激人心而当勇往向上之志。吾于先生真佩服矣！"当天下午，杨贤江趁热打铁又去阅读《青年》。⑤

在 1918 年的巡回布道中，艾迪分别给杭州的杨贤江和武昌的恽代英⑥留下了深刻印象。杨贤江感艾迪之演说术"真可谓臻乎巧妙，神情透达，用语激

---

① 《杨贤江全集》第 4 卷(日记)，河南教育出版社 1995 年版，第 4、9、23、25、28、32、37、42、48、52、61 页。

② 《杨贤江全集》第 4 卷(日记)，第 57 页。

③ 瞿骏："勾画在'地方'的五四运动"，复旦大学历史学系、复旦大学中外现代化进程研究中心编：《五四新文化：现场与诠释》，第 48—49 页。

④ 《杨贤江全集》第 4 卷(日记)，第 26—27 页。

⑤ 《杨贤江全集》第 4 卷(日记)，第 62 页。

⑥ 有关恽代英与基督教青年会之关系较全面的讨论，参见覃小放、余子侠：《恽代英与基督教青年会》，《华中师范大学学报》(人文社会科学版)2009 年第 6 期。本文侧重以恽代英为例，呈现青年协会出版事业与城市青年的频繁互动。

励,洵乎能手!"①在武昌中华大学就读的恽代英则佩其精神:"艾迪以美国人来华传教,一句说五六处,一日说五六次,大声疾呼,不倦不怠。吾本国人之爱国乃不如此,宁不愧乎?"②讲演提供了作者与读者面对面互动的机会,青年会干事在广泛讲演中所形成的人格魅力将吸引人们关注青年会,进而阅读协会杂志,寻找他们发表的相关文章。且演讲内容和杂志、书籍文本互相印证,能够加深读者的理解和接受程度。

在这样的阅读过程中,协会杂志和书籍给读者带来了多样的阅读体会。首先,协会杂志和书籍都秉持青年会的三育或四育宗旨,意在通过培养基督化人格,改革中国社会。因此,个体的修养是其着力点。检诸时人日记,不难发现协会读本所载内容成为他们修身的重要依据。

至迟从 1917 年 1 月开始,恽代英便以德育、智育、体育、工作、交际、服务简要概括自己的每日活动,其中有四项内容正对应德、智、体、群四育,而青年会在当时又是倡议社会服务的有力团体。从该年 12 月 22 日开始,恽代英更以此为依据,每天对自己的"修养"和"日程"加以打分、反省。③

此外,曾在《青年》上连载,后来单独成册发行的美国人马尔滕(O. S. Marden)所著,谢洪赉、奚若翻译的修身之作《成功宝诀》在当时影响颇大。1913年 12 月,上海恒丰纱厂经理、上海青年会董事聂其杰给湖南衡山聂氏家族所办小学堂的学生们寄去一批《成功宝诀》,希望人手一册,"以为切磋之助"。④ 1914年 4 月,远在成都的吴虞读过该书后,特地借给自己的学生倪公伟,望其"常看服膺"。⑤ 1915 年 7—8 月,杨贤江依序阅读《成功宝诀》中的《辛勤篇》《慎微篇》《窒碍篇》《勇敢篇》《自治篇》《坚贞篇》《贞洁篇》,几乎每次阅读都记有感想,不断自勉。⑥

舒新城称 1913—1917 年间在长沙高等师范学校求学时,在文字方面给他以重大影响的书中,有谢洪赉著、青年协会出版的《致今世少年书》。此书本为谢洪赉在《青年》上发表的几篇文字连缀而成,包含求学、处己、待人等内容,均

---

① 《杨贤江全集》第 4 卷(日记),第 239 页。
② 中央档案馆等编:《恽代英日记》,中共中央党校出版社 1981 年版,第 368—369 页。
③ 中央档案馆等编:《恽代英日记》,第 204 页。
④ 《云台致立斋元声书》(癸丑年冬月望日),上海图书馆编,陈建华、王鹤鸣主编,顾燕整理:《中国家谱资料选编》第 15 册(教育卷),上海古籍出版社 2013 年版,第 738 页。
⑤ 中国革命博物馆整理,荣孟源审校:《吴虞日记》上册,第 125、127 页。
⑥ 《杨贤江全集》第 4 卷(日记),第 93、94、97、99、100、102、104、105、109 页。

针对青年而发。谢氏指点的青年用钱法为舒新城在日常生活中采纳,对前者的崇拜甚至影响到舒新城的宗教态度。"他的文章本流利可读,而他又为教会中人,因而对于他更加崇拜,对于《青年月刊》看得特别仔细,对于基督教也发生好感。"①舒新城由此一度皈依基督教。

在指导自己修身的同时,富有活力的年轻一辈亦在阅读方式上受到青年协会影响。1915 年 4 月 2 日,杨贤江读了六种书,马上敏锐想到昨日所读《青年》曾言"知识非由书籍可得。吾人之思想、经验,实为之主,书籍不过如显微镜、望远镜然,只能尽辅助之作用,而不能不用目专用镜也"。感慨此乃"深切著明,修学箴言",决心改过。② 说明《青年》所载之修学指导确为杨贤江所用。

5 月,杨贤江先后借《成功宝诀》《卫生新议》给同学邱祖铭,借《学生卫生谈》给同学张均金,决心"今后将关于修德养身之书与有志之同学阅看,以供同好"。上述三书均为谢洪赉所译,可见读有所得之人会主动对协会书籍加以推广。③ 6 月 5 日,杨贤江在基督讲堂读到《青年》上谢洪赉所写的《有志少年宜读之好书》,将其所介绍的八九本海外名家书目逐一记录,称"均为勉励振奋人心之书,凡欲成功立业者,不可不读者也"。④ 这些书目不仅有青年协会出版的,还有商务印书馆、文明书局发行的。青年协会推动读者不断扩大阅读范围、养成自主阅读的习惯,而且无形中使自己在读者心中跻身知名出版机构行列。

青年协会出版物对青年的指导,有的影响十分深远。1926 年,已经成为中共党员的《学生杂志》主编杨贤江,在回忆起谢洪赉时说:"当民国元年作者刚入师范学校时,即有机会读他的文章。他的文章浅显而透辟,引证极博,因之更饶兴趣;而他的诚恳、好学与虚心,更令我感受到很深切的影响。……他是个自修有得的学者。"⑤故而此时他虽反对基督教,却愿意将谢洪赉编纂、后经胡贻谷修订的《重订修学一助》推荐给广大读者。

善于组织的恽代英更进一步,公开组织同龄人共同阅读。1917 年 8 月、1918 年 7 月,恽代英两次赴九江庐山参加青年会举办的夏令会。第一次参加后,恽代英"目睹基督教前辈办事的活泼、立言的诚挚、律己的纯洁、助人

---

① 舒新城:《我和教育——三十五年教育生活史(1893—1918)》,中华书局 1948 年版,第 108—109 页。
② 《杨贤江全集》第 4 卷,第 26 页。
③ 《杨贤江全集》第 4 卷,第 47、49、56 页。
④ 《杨贤江全集》第 4 卷,第 72 页。
⑤ 杨贤江:《论读书法(四):胡贻谷重辑重订修学一助》,《学生杂志》第 13 卷第 11 号,1926 年 11 月。

的恒一,自问极为内愧",遂仿照青年会的组织与活动形式,在当年 10 月与一众同学在武昌中华大学成立互助社,"群策群力,自助助人"。① 互助社成立后的月底,恽代英收到胡贻谷所寄论互助社的信函,及其相赠的《青年进步》、谢洪赉所著《基督教与科学》。② 可见青年会干事对互助社的进展亦十分关心。

次年 6 月 6 日,恽代英联合互助社社员,在中华大学门口开办启智图书室,感"成绩甚好。看书者多守秩序",对青年修学大有裨益。③ 恽代英借存的图书室书目便包括第 6—11 卷共 32 册《进步》、第 1—13 册《青年进步》。④ 1920 年初,恽代英吸取青年会"社会服务"的理念,与朋友创办利群书社,代售的新书报中包括青年会全国协会书报部(原编辑部)发行的书刊。⑤

恽代英、杨贤江既无基督信仰,亦非缴纳年费的青年会会员,他们是为青年会所吸引,时常参加其活动的会外人士。二人的故事能够呈现一般城市青年从青年协会杂志和书籍的读者成为阅读组织者、推广者的过程。

不仅如此,当阅读进行到一定程度时,跃跃欲试的学子开始尝试向协会杂志投稿。1913—1919 年 6 月间,《进步》和《青年进步》上刊载了许多青年的来稿,其中部分如下表所示:

表 6　1913—1919 年 6 月《进步》《青年进步》部分来稿(含译文)

姓　名	文　章　标　题	卷　号　数	作者籍贯、文章发表前后的身份
陆志韦	《家庭教育之实验德国卫楷儿传》	《进步》第 5 卷第 2 号,1913 年 12 月	浙江吴兴人,东吴大学学生
朱文骐	《家庭卫生谈》《战时应用消毒饮料说》	《进步》第 5 卷第 5、6 号,第 6 卷 1—6 号,1914 年 3—10 月;《进步》第 9 卷第 5 号,1916 年 3 月	江苏昆山人,天津陆军军医学校学生

---

① 《互助社的第一年》,张允侯等编:《五四时期的社团》(一),生活·读书·新知三联书店 1979 年版,第 118 页。
② 中央档案馆等编:《恽代英日记》,第 171 页。
③ 中央档案馆等编:《恽代英日记》,第 400 页
④ 中央档案馆等编:《恽代英日记》,第 445 页。
⑤ 恽代英:《共同生活的社会服务》,1920 年 1 月 22 日《时事新报》,"来件",第 4 张第 1 版。

姓　名	文 章 标 题	卷 　号 　数	作者籍贯、文章发表前后的身份
凌道扬	《林业与民生之关系》	《进步》第 7 卷第 6 号，1915年 4 月	广东新安人，金陵大学林学教授
黄艺锡	《今年之天文》	《进步》第 9 卷第 5 号，1916年 3 月	上海人，中央政府农商部官员
王君武	《美国汤泼逊岛职业学校之大概》	《进步》第 10 卷第 3 号，1916年 7 月	籍贯不详，商务印书馆发行所经理
王兆埙	《星界之理想》	《进步》第 10 卷第 3 号，1916年 7 月	河南开封人，普通职员，后加入中国天文学会，多次准确观测星象
吴葆光	《论中国卫生之近况及促进改良方法》	《青年进步》第 3 册，1917年 5 月	籍贯不详，北京协和医学校学生
恽代英	《改良私塾刍议》《学校体育之研究》《体育之训育方法谈》	《青年进步》第 4 册，1917年 6 月；《青年进步》第 8 册，1917 年 12 月	江苏武进人，武昌中华大学学生
郑兆荣	《森林补助社会其利益若何》	《青年进步》第 5 册，1917年 7 月	籍贯不详，湖南私立修业中学校学生
彭慎行	《中文英文并重策》	《青年进步》第 7 册，1917年 11 月	籍贯不详，长沙雅礼大学来稿
陈霆锐	《解剖儿童心理之教育家》《吾国之饲猪工业》《各国农业上之稻种考略》	《青年进步》第 8 册，1917年 12 月	江苏吴县人，东吴大学法科学生
侯执中	《人生成败之关头》	《青年进步》第 10 册，1918年 2 月	黑龙江哈尔滨人，奉天省延吉县立第一女子初等小学教员
景志伊	《道德进化论》	《青年进步》第 10 册，1918年 2 月	陕西富平人，陕西陆军测量学校教员
余家菊	《潜识索隐》《勤劳浅说》	《青年进步》第 15 册，1918年 7 月；《青年进步》第 21册，1919 年 3 月	湖北黄陂人，武昌中华大学学生

姓　名	文 章 标 题	卷 号 数	作者籍贯、文章发表前后的身份
瞿宣颖	《青年如何而得优胜乎》	《青年进步》第 18 册，1918年 12 月	湖南善化人，复旦大学学生
陈启天	《国民之新精神》	《青 年 进 步》第 24、25册，1919 年 6、7 月	湖北黄陂人，武昌中华大学毕业生，长沙第一师范学校教员
苏鸿图	《世界之大恩人》	《青年进步》第 24 册，1919年 6 月	福建南安人，1920 年任教于鼓浪屿

　　上述所举文章涵盖教育、卫生、体育、林业、畜牧业、天文、国民人格、青年修养、职业选择、外文学习等诸多话题，格外善于著述的恽代英更是在《青年进步》上发表了 11 篇原创文章、3 篇译文。[①] 这些作者的籍贯和学习、工作地点大多已不限于江浙一带，而是遍布全国。他们大多有高等中学以上的求学经历，于西学有一定理解和研究。他们所发表的上述文章，主题多涉及新文化的范畴。这些青年人能够主动向《进步》《青年进步》投稿，从读者转变为作者，说明他们确乎认同青年会全国协会所发行之杂志是新文化的平台，可供交流互动。可以说，这样一批作者群的形成，标志着新文化语境逐渐成形。

　　值得注意的是，在"新青年"们被杂志上具有时代性的内容所吸引，将之作为历练自己的平台的同时，协会杂志上的各式文论还引起了老一辈读者的关注。

　　1916 年 1 月，吴虞在读了《进步》所载沈暗斋的《励志录》后，认为沈批评归震川撰文之弊的话用于批评桐城派也极为恰当，特地摘录。吴虞自己亦在《进步》上发表了《李卓吾别传》。[②] 同年 3 月，北京的恽毓鼎读了《进步》上的"古欢室笔记"系列文章，以为"论陈龙川、吴梅村，意思极好。古欢不知何人，学问识见俱高，拟函讯姓名，知南方有此佳士"[③]。恽毓鼎给予高度评价的古

① 除表 6 所列外，还有《学问与职业一贯论》，《青年进步》第 11 册，1918 年 3 月；《细菌致病说》，《青年进步》第 12 册，1918 年 4 月；《一国善势力之养成》、《理想之儿童俱乐部》，《青年进步》第 16 册，1918 年 10 月；《力行救国论》，《青年进步》第 17 册，1918 年 11 月；等等。
② 中国革命博物馆整理，荣孟源审校：《吴虞日记》上册，第 238—239、247、323 页。
③ 史晓风整理：《恽毓鼎澄斋日记》第 2 册，浙江古籍出版社 2004 年版，第 761 页。

欢,正是《进步》主笔范子美。此外,北京大学国学门教授陈垣曾在《青年进步》上发表《重刊铎书跋》《万松野人言善录跋》《明浙西李之藻传》《重刊辩学遗牍序》等目录提要、天主教史研究。[①] 陈垣之功底,当能吸引一批热衷国故者。

青年协会杂志在不同辈分读者心中激起的重重涟漪,证明其在当时是新文化时代的创生者之一。

四、结语

基督教青年会所秉持的社会福音神学要求其以基督信仰和伦理去改造社会环境,具体途径则是以三育宗旨改良、培育青年,这与清末民初的改造国民思潮十分契合。青年会以青年为服务对象的特性则得到中国众多基督教宗派或团体的承认。"社会福音神学"和"以青年为服务对象"这两大特征,使青年会比其他基督宗派或团体更容易关注转型时期中国的文化改造问题。

大体而言,青年协会的出版事业创生民初新文化语境的过程可分为三步:

第一步,协会编辑部的主持者由外籍干事转变为中国籍干事。来会理来华后很快注意到青年会的工作应尽量使推动社会变革和吸纳青年学子两方面的工作形成良性互动,最终建成一个符合社会福音理想的新国度,杂志和书籍是实现这一理想的文字阵地。尽管自《东西洋考每月统计传》开始,外籍传教士就有着在中国境内办中文报刊的经历,但他们在撰文思维和语言等方面不免与中国人有着隔膜。许多基督教报刊还是得通过中国人才能获得真正的影响力,如《万国公报》的成功在相当程度上归功于前后两位中国主笔沈毓桂和蔡尔康。[②] 类似的,青年协会杂志的销路大开也是在谢洪赉、胡贻谷、奚若等中国籍干事全权主持编辑部后。

晚清以来的教会学校和基督教报刊事业,培养起一批以地缘、学缘、信仰为纽带的江浙精英基督徒,他们主办杂志、译著书籍,既为青年会会务在全国范围内的扩展提供了交流平台和必要的知识储备,也为青年协会读物走入一般青年提供了更大的可能。

---

① 陈垣:《重刊铎书跋》,《青年进步》第 20 册,1919 年 2 月,"文录";陈垣:《万松野人言善录跋》,《青年进步》第 24 册,1919 年 6 月,"文录";陈垣:《明浙西李之藻传》,《青年进步》第 26 册,1919 年 10 月,"文录";陈垣:《重刊辩学遗牍序》,《青年进步》第 27 册,1919 年 11 月,"文录"。
② 马光仁主编:《上海新闻史(1850—1949)》,复旦大学出版社 2014 年版,第 159—167 页。

第二步,协会杂志阵容由富有浓厚宗教色彩的《青年》、面向留学生的 *China's Young Men* 扩展出面向社会各界的《进步》。中英文《青年》使协会于在华外人、中国基督徒和留学生中收获读者,为协会的出版事业打下了"基本盘"。然若仅仅满足于此,那么无异于故步自封。协会经过内部商议,在北美协会支持下创办《进步》,在淡化宗教色彩的同时增强思想启蒙性,推动了民初许多新文化主流话题的形成,也使青年会得以进入广大国人的视野。

第三步,协会杂志和书籍经由各种渠道推广到达读者手中,读者诚心悦纳并主动推广、投稿,从单纯的读者转变为读者、作者和传播者一体的身份,构成罗伯特·达恩顿所谓的"交流循环"(communication circuit)。[1] 需要指出的是,《进步》《青年进步》杂志具有两重性:既是青年协会传达自身理念的喉舌,又是一个可以讨论各种文化论题的公共平台。读者和投稿者未必认同基督信仰和伦理,但他们乐意与之互动交流,说明青年协会在搭建文化平台一事上取得了成功。正是这种平台在创生民国新文化的语境、培育新文化的参与群体。

正唯如此,陈独秀在 1915 年打算创办一份以青年为目标读者的新杂志时,模仿青年协会,取名为《青年杂志》。[2] 二者不仅名称相近,内容上亦有关联。承载着社会福音的青年会希望以基督伦理拯救世俗道德,具体途径则是以三育或四育培养青年人格。《青年杂志》及《新青年》则希望以反孔、文学革命等具有颠覆性的内容培养新国民、建立公民社会,最终将徒具政治形式的民国变成一个真正的民国。二者在培育"新人"、再造文明的根本话题上具有一致性,因此青年协会杂志和书籍所培育的趋新青年读者能够成为《新青年》崛起的社会基础。

---

[1] "交流循环"指通过作品的生产、发行和消费等事务,将作者、出版商、销售商和读者连接成一体的网络。参见〔美〕罗伯特·达恩顿著,萧知纬译:《拉莫莱特之吻:有关文化史的思考》,华东师范大学出版社 2011 年版,第 85—112 页。

[2] 1915 年 9 月,陈独秀在上海创办《青年杂志》。在第 1 卷第 1—6 号出完以后,该刊便停刊半年,直至 1916 年 9 月才更名为《新青年》继续出版。有关更名的缘由,据汪原放回忆,乃当时负责发行《青年杂志》的群益书社收到上海基督教青年会的抗议信,"说群益的《青年》杂志和他们的《上海青年》(周报)名字雷同,应该及早更名,省得犯冒名的错误"。(汪原放:《亚东图书馆与陈独秀》,学林出版社 2006 年版,第 33—34 页)后世史家就写信给群益的究竟是上海基督教青年会还是基督教青年会全国协会,有同名可能的究竟是前者所办的《上海青年》还是后者所办的《青年》进行了辨析和争论。杨华丽综合前人判断认为,真正在心理上促使陈独秀改名的,应当还是基督教青年会全国协会所办的《青年》。(杨华丽:《青年杂志》改名原因:误读与重释,《湘潭大学学报(哲学社会科学版)》2016 年第 6 期)笔者认为此说较准确。

此外,有别于晚清以来的传教士中文报刊、国人自办报刊,青年协会系列杂志在近代中国历史上首次明确提出将青年群体作为目标读者,这对"青年"在概念意义上作为一个可辨认的阅读群体的形成具有划时代意义。陈独秀先是以"青年"命名所办杂志,并在改名后仍不愿丢弃"青年"一词,可见青年协会杂志在读者群定位上对他产生的启迪。①

二者的差异则在于:建构新文化并非青年会与生俱来的组织目标,而是在其进入中国以后,会中干事为了在广大非基督徒青年群体中拓展青年会而逐渐摸索出的一种策略。这既是青年会传教事业的伴生物,也是青年会事工本土化的体现。历史地来看,青年会的文化改造处于晚清以来自由派传教士改良中国社会风俗的延长线上,且有较大增益。因此,青年会的道德拯救更偏向一种常态文明建设,《新青年》则旨在"破旧立新",具有鲜明的时代性。这种差异使《新青年》在思想内涵上具备了后来居上的潜力。五四运动的爆发,使位居北大、已在北大学子中产生一定影响的《新青年》暴得大名,在全国范围内的影响迅速提升。② 后第三国际认为基督教事业滋长了中国青年的亲美心理,视基督教为中国走苏俄式革命道路的障碍,于20世纪20年代策动以反帝国主义为指向的非基督教运动,青年会是其首先打击的对象。③

这样几番思想变革和政治、社会运动促使青年群体的注意力发生转向,引发思想界的权势转移,曾经是《新青年》榜样的青年协会杂志遂逐渐淡漠于历史记忆。1927年2月,基督教史家王治心在《青年进步》十周年百册纪念特刊上发表《十年来中国新文化运动之结果》。他清楚记得《青年进步》的前身《青年》《进步》比《新青年》创办更早,"所以要说在新文化运动中的地位,恐怕还要让《青年进步》做先锋的先锋",同时承认《新青年》《新潮》在"破坏"——推倒旧文化上力量最大,引领潮流,而《青年进步》则侧重"建设"的工作。④ 王治心这番评价,可谓对二者历史地位的切实观察。

---

① 已有新闻传播史研究者指出,在20世纪报刊史上,基督教青年会的报刊"明确地以青年为读者对象",同时又认为这一观念受到其后杜威教育观的影响。本文则强调青年协会杂志在将"青年"塑造为可辨认的阅读群体上的先行地位。陈彤旭:《二十世纪青年报刊史》,新华出版社2014年版,第8—12页。
② 王奇生:《新文化是如何"运动"起来的》,《革命与反革命:社会文化视野下的民国政治》,第16、23—27页。
③ 陶飞亚:《共产国际代表与中国非基督教运动》,《近代史研究》2003年第5期。
④ 王治心:《十年来中国新文化运动之结果》,《青年进步》第100册,1927年2月,第59—72页。

此外,沈雁冰晚年的一次"张冠李戴"也可提供有趣的线索。他回忆:"朱元善①还订了一些当时上海出版的适合中学生阅读的杂志,其中就有陈独秀编的《青年杂志》(即《新青年》之前身)。《青年杂志》提倡'德、智、体'三育……"②显然,当时提倡三育宗旨的是青年协会主办的《青年》而非陈独秀的《青年杂志》。沈雁冰曾在商务印书馆编译所工作十年,对上海出版界极为熟悉,晚年却只记得《青年杂志》、遗忘了《青年》,并将后者的主张"李戴"于前。这固然与一个人多年后记忆衰退有关,亦可从中窥见两份"青年杂志"地位的变化对历史记忆产生了形塑:最初是《青年杂志》学习《青年》,之后前者逐渐占据思想舞台的中心,遂成为后世有关新文化运动记忆的主角,原先的"老师"则在非基督教运动中边缘化而被后世淡忘,模糊于历史记忆。

因此,重访青年协会出版事业中的新文化建构,不仅对了解社会福音派中国精英基督徒的思想主张、丰富民国新文化的面相具有重要意义,而且能够在探究青年协会杂志何以、如何从新文化之先导渐次边缘化的旅途中,寻觅民初思想界结构性变动的线索。

---

① 浙江海盐人,生卒年不详,时任商务印书馆编辑,主编《学生杂志》《教育杂志》《少年杂志》,是民国时期著名教育理论家。
② 茅盾:《我走过的道路(上)》,第140页。

出版与科技知识

清末中国蚕学期刊对国外
蚕业科技的引进与传播

张德民　陶　红

（西南大学）

18 世纪以来,意大利、法国等西方国家通过改进生产技术使蚕业渐兴,日本在明治维新后也积极引进西方蚕业科技以改良本国蚕业,传统的中国蚕业在国际市场上逐渐处于丧失利权的危机之中。面对现实危机,清末一批先进知识分子和开明官僚开始积极利用报刊引进和传播国外先进的蚕业科技,图谋改良在国计民生中占据重要位置的中国蚕业。

1897 年 5 月,第一份农学综合期刊《农学报》在上海创刊,主办人是罗振玉,这开启了将国外蚕业科技传播到中国的先河。中国蚕业科技的大众启蒙,最初是融在宏观的农学报刊传播体系内,而未达到"有一学即有一报,其某学得一新义"①的理想发展状态。直到 20 世纪初,清政府颁布 10 年新政,大力支持并饬令各省创办农业期刊以阔见闻,专业性蚕学期刊才应运而生,并秉持"振兴我蚕丝国于世界第一优等地位,以挽回利权"②的办刊宗旨,大量引进和传播国外先进蚕业科技。本文以 1911 年 6 月之前的 8 份蚕学期刊为研究对象,分析其对近代国外蚕业科技的引进与传播情况,并结合中国蚕业科技发展的历史背景,深入探讨蚕业学科构建的早期历史、蚕学研究人才的培养教育,以及近代中外蚕业科技的交流与互鉴。

---

① 梁启超:《论报馆有益于国事》,《时务报》1896 年第 1 期。
② 杜同选:《发刊词》,《农桑学杂志》1907 年第 1 期。

一、清末中国蚕学期刊的出版概况

通过对报刊数据库(全国报刊索引、大成老旧刊全文数据库)和书籍(《中国早期农学期刊汇编》《中文期刊大辞典》《中国近代报刊名录》《中国大学科技期刊史》)等文献资料的爬梳与统计,发现清末创办的中国蚕学期刊共计 8 份(表 1、图 1),根据期刊的内容定位可分为蚕学类、蚕业类、农桑学科技类、家蚕养殖业类四种类型,传播形式可分为国内城市直接出版发行和日本东京出版回传中国两种,出版周期多为月刊或双月刊,发行存续时间也较短,可考的 5 份蚕学期刊在创办半年或一年之内即已停刊。

表 1 清末创办的主要蚕学期刊

期刊名称	刊期	创刊时间	停刊时间	创刊地点	主办单位	期数	类型
《蚕学报》	月刊	1904	不详	武昌	湖北农务学堂	不详	蚕学类
《蚕业白话演说》	不详	1905	不详	重庆	四川蚕桑公社	1 期	蚕业类
《柞蚕杂志》	不详	1906	1907	杭州	浙江农工研究会	1 期	蚕学类
《农桑学杂志》	月刊	1907.06.13	1907	东京	农桑学杂志社	1 期	农桑学科技类
《蚕学报》	月刊	1908.03	不详	广州	广东蚕业学堂	11 期	蚕学类
《中国蚕丝业会报》	双月刊	1909	1910	东京	中国蚕丝业会事务所	6 期	蚕业类
《四川蚕丛报》	月刊	1910	1910.11	成都	蚕丛报馆	3 期	家蚕养殖业类
《蚕丛》(后更名《农桑汇报》)	月刊	1910.11	1911.06	成都	蚕丛报馆	9 期	家蚕养殖业类

清末有 2 份由官方新式学堂创办的《蚕学报》。目前可知最早的一份《蚕学报》由湖北农务学堂于光绪三十年(1904)3 月初创办。1898 年,湖北农务学堂由湖广总督张之洞创办,地址设在武昌东门外卓刀泉,开设有农桑畜牧等研

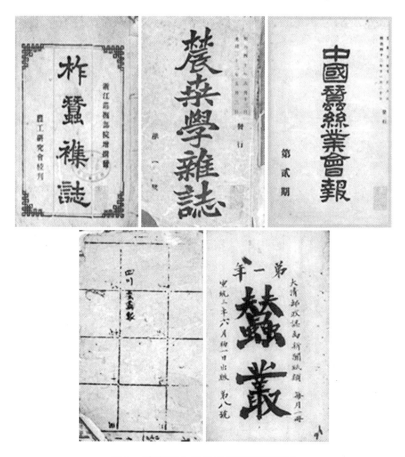

图1　清末创办部分蚕学期刊的封面

究专业,还聘有美日等国外教员。虽难以考证该刊原本,但其发行信息转见于同年出版的第252册《北洋官报》所载的一则新闻:"丹徒赵叔彝明经,究心蚕学,现拟就武昌农务学堂(即湖北农务学堂),月编蚕学报一册,闻三月初可出版云。"①另外一份《蚕学报》则由广东蚕业学堂主办。光绪三十二年(1906)3月,该新式学堂创办于广州西村的广雅书院,馆长是时任广州知府的陈望曾,1908年创办《蚕学报》,全年10册,风行一时。该刊除介绍育蚕实验、育蚕土法以及各地的蚕桑等情况外,用了大量篇幅来翻译日本书报中关于蚕学的文章。②

①　《各省新闻:纪蚕学报》,《北洋官报》1904年第252期。
②　徐丽飞:《陈望曾与清末广东农业教育》,《岭南文史》2013年第3期。

　　除新式学堂外,清末民间科学研究团体在国内的重庆、杭州、成都等城市创办了 4 份蚕学期刊。1905 年,四川蚕桑公社创办《蚕业白话演说》。该公社由合州(今合川)举人张森楷于光绪二十六年(1900)在合州大河坝(今太河镇)创办。① 原刊已散佚,其所刊内容可转见于同年《重庆商会公报》和《四川官报》,两刊分别从第 15 期和第 19 期开始,多期连载《蚕业白话演说》第 1 期的内容,提及了一些在除沙、治室、消毒等方面的科学新法。翌年,《柞蚕杂志》在杭州创刊,该刊由浙江巡抚部院直隶布政使增韫撰发并作首期序言,由浙江农工研究会校刊,专题介绍桑柞种植和养蚕知识,还设有"柞蚕问答"等栏目。除《蚕业白话演说》外,还有 2 份蚕学期刊创办于四川成都。1910 年,成都蚕丛报馆通过官绅集资创办《四川蚕丛报》。四川劝业道和农务总会为主要捐助方,熊光琦、邱鹄、陈佶、丁天择、李尚忠、陈宽等开明人士捐赠银 5 元或 10 元不等,捐赠者一半以上是报刊发起人和撰稿人。据考证,《蚕丛》应是在 1910 年 11 月前后,由同一批人在《四川蚕丛报》停刊后重办的一份刊物,且仍由蚕丛报馆主办。因为在《四川蚕丛报》第 1 期中,四川劝业道总办周善培的发刊词也直接称呼《四川蚕丛报》为"蚕丛报"②,而且《四川蚕丛报》前 3 期和《蚕丛》第 4 期的内容也能接续,同时撰稿人、栏目设置和排版形式几乎一模一样,目前也并未发现前 3 期《蚕丛》。从第 9 期开始,《蚕丛》更名为《农桑汇报》。两刊皆由蚕丛报馆担任编辑所和发行所,成都印书有限公司担任印书所,且栏目设置也基本相似,有科学、论说、译述、时评、专件、文苑、小说等。其中,两刊科学栏目的文章约 300 页,占总发行版面的 1 / 3,这足以看出其对引进和传播近代蚕业科技的重视程度。

　　20 世纪初,一批游学日本的中国农学生在日本东京创办了 2 份蚕学期刊。光绪三十三年(1907)4 月 21 日,顺气社日清蚕业学校肄业的杜用选等人创办农桑学杂志社,并在东京编辑发行《农桑学杂志》。该刊目录采取横版编排,以宣传农桑教育、增进国家富强为宗旨,刊载大量的近代农桑学科技知识。第 1 期 24 篇文章中有 12 篇是蚕学相关文章,内容涉及蚕业改良、桑树栽培、蚕体生理学、蚕体解剖学、蚕体病理学和蚕病消毒等。该刊编辑所在

---

① 叶昌林:《四川蚕桑公社始末》,《蚕学通讯》1987 年第 2 期。
② 周善培:《蚕丛报发刊词》,《四川蚕丛报》1910 年第 1 期。

日本群马县多野郡藤冈町日清蚕业学校,发行所在东京小石川区西江户川町廿一番地白石王石侠方,印刷所在牛込区神乐町一丁目二番地的翔鸾社。宣统元年(1909),中国蚕丝业会事务所又在东京创办了《中国蚕丝业会报》。该刊编辑部长为同样肄业于顺气社日清蚕业学校的刘安钦,印刷者是东京浅草区黑船町十八番地的伊藤幸吉,印刷所并木活版所也位于该町二十八番地。该刊设有图书、论说、科学、杂俎、记事、译丛、文苑等栏目,其中图书栏目刊登蚕体器官、各国蚕茧、新式蚕具、洋式制丝厂、日本蚕业讲习所等图像。据统计,该刊117篇文章中有44篇蚕业科技相关的文章,约占文章总量的37.6％。该刊主办单位中国蚕丝业会由官绅合资组建而成,该会名誉会员和捐款人士来自四川、浙江、山东等全国各地,多达上百人,包括近代著名实业家吴锦堂、广东水师提督李准、广东全省劝业道道尹陈望曾、驻日钦差大臣胡惟德等。

二、清末中国蚕学期刊对国外蚕业科技的引进与传播

1. 对新蚕具的介绍

《中国蚕丝业会报》的问答和广告体现出清末西方养蚕新器具向中国的传入。该报编辑部长刘安钦在"答广西关君问中等蚕业家应购置器具种类"时清楚地列出了养蚕器具清单:"干湿计二个;高山社养蚕用寒暖计三个;桑打达器一个;切桑刀二把(一尺二寸;八寸);扫立帚二把;蚕网一组(一分目起,四分目止);选茧器;改良蛾框;河村式消毒器;岸涧式足踏制丝器;扬返器;绸制丝器。"①第4期刊登了中日文广告"崭新农蚕器具及制丝机械制造元(图2)",以语图互文的形式介绍了41种日本崭新农蚕具,其中包括34种新蚕具,这不仅对中国传统养蚕者达成视觉启蒙,还能使他们更方便熟知需要购买的相应蚕业科技器物。清末引入的新蚕具种类极其丰富,主要分为9类40种(表2)。

同时,该报还着重强调蚕室蚕具的科学使用方法。如刊登了日本东京蚕业讲习所本科三年生邓应详的《蚕室蚕具讲议》,邓认为蚕室蚕具使用恰当与否与蚕业经营有着直接重大的关系,因此列举出4条蚕具使用要点:"(一)构

---

① 刘安钦:《答广西关君问中等蚕业家应购置器具种类》,《中国蚕丝业会报》1909年第2期。

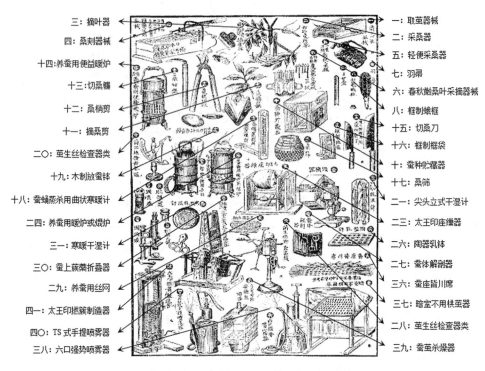

三：摘叶器
四：桑剥器械
十四：养蚕用便益暖炉
十三：切桑镰
十二：桑梢剪
十一：摘桑剪
二〇：茧生丝检查器类
十九：木制放蚕钵
十八：蚕蛹蒸杀用曲状寒暖计
二四：养蚕用暖炉或焜炉
三一：寒暖干湿计
三〇：蚕上蔟蕨折叠器
二九：养蚕用丝网
四一：太王印撚蔟制造器
四〇：TS 式手提喷雾器
三八：六口强势喷雾器

一：取茧器械
二：采桑器
五：轻便采桑器
七：羽帚
六：春秋嫩桑叶采摘器械
八：框制蛾框
十五：切桑刀
十六：框制框袋
十：蚕种贮藏器
十七：桑筛
二一：尖头立式干湿计
二三：太王印座缫器
二六：陶器乳钵
二七：蚕体解剖器
三六：蚕座皆川席
三七：暗室不用栱茧器
二八：茧生丝检查器类
三九：蚕茧杀燥器

图 2 《中国蚕丝业会报》1910 年第 4 期刊登的中日文
广告"崭新农蚕器具及制丝机械制造元"

表 2　清末引入的新蚕具种类及名称

蚕具种类	蚕 具 名 称
消毒用具	河村式消毒器;扫立帚;TS 式手提喷雾器;六口强势喷雾器
饲育用具	改良蛾框;羽帚;框制蛾框;框制框袋;木制放蚕钵;陶器乳钵;蚕座皆川席
采桑调桑用具	切桑刀二把(一尺二寸;八寸);桑剥器械;采桑器;摘叶器;轻便采桑器;春秋嫩桑叶采摘器械;摘桑剪;桑梢剪;切桑镰;桑筛
除沙用具	蚕网一组(一分目起,四分目止)
调温补湿用具	高山社养蚕用寒暖计;养蚕用便益暖炉;蚕蛹蒸杀用曲状寒暖计;尖头立式干湿计;养蚕用暖炉或焜炉

蚕具种类	蚕　具　名　称
上蔟采茧用具	选茧器;取茧器械;蚕上蔟藁折叠器;暗室不用枇茧器;太王印撚簇制造器
杀蛹储茧用具	蚕种贮藏器;蚕茧杀燥器
制丝检查用具	岸涧式足踏制丝器;扬返器;绸制丝器;太王印座缲器;茧生丝检查器类
其他	蚕体解剖器

造容易,材料低廉者;(二) 使用简便,保存持久者;(三) 更换便利,干燥迅速者;(四) 无损茧质,及其色泽者。"①除此之外,邓还提出建筑蚕室应重点考虑地势关系,若设在丘陵山岳四面环绕之处,须以"或开掘沟渠,或施排水法,或增高地盘,或改建楼房"等人力之法补救后使用。蚕具蚕室的创新在一定程度上为中国蚕业的改良提供了物质条件。

2. 对近代科技下蚕生理新认识的介绍

如果说新型蚕具的引进还是一种改良的话,那对蚕生理的新认识,则体现了现代科学开始融入养蚕之中。20 世纪以前,中国人对蚕的认识多停留在化性、眠性、颜色、茧形等表面经验上,而西方早已经在物理、化学、生物等学科基础上对蚕体有了更微观的认识,由此发展出研究蚕的形态构造和生命活动基本规律的蚕体解剖生理学,为养蚕学和蚕病学等学科奠定了理论基础。《中国蚕丝业会报》为传播此类知识发表了多篇研究文章。第 2 期和第 3 期连续登载张镜明的"蚕体解剖学(Anatomy of silkworm)",内容包括动物学上蚕的位置及其一生略说、幼虫内外形态和头胸部构成、蚕体器官(消食管、神经系、循环器)的构造和生理作用,并已有相应的中英文学术名词对照。第 2 期"蚕儿发育经过图(图 3)"更是以彩图的形式绘出了蚕从卵成长到蛾的全过程,得以让传统养蚕者清楚直观地了解蚕的一生。同时,图中还画有日本青白种茧、法国黄种茧、日本青熟种茧和中国黄种茧,开拓了蚕茧认识的国际视野。

---

① 邓应祥:《蚕室蚕具讲议》,《中国蚕丝业会报》1910 年第 3 期。

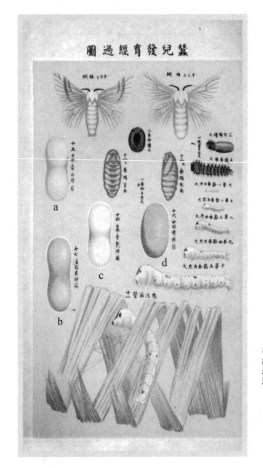

图3　《中国蚕丝业会报》1909年第2期
刊登的"蚕儿发育经过图"

a—日本青白种茧；b—法国黄种茧；
c—日本青熟种茧；d—中国黄种茧

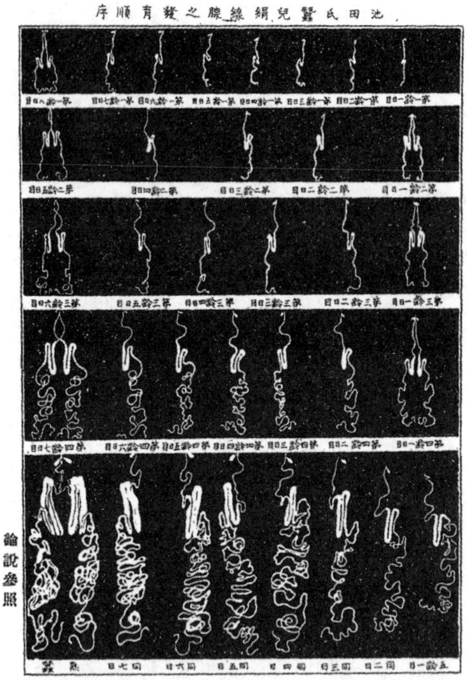

图4　《中国蚕丝业会报》1910年第3期刊
登的"池田氏蚕儿绢丝腺发育顺序图"

　　刘安钦在第3期《池田氏绢丝腺发达说》中,科学地介绍了蚕体内分泌绢丝物质的绢丝腺的发育过程(图4),并从上部丝腺、中部丝腺、下部丝腺和全长4个方面开展了为期35天的调查记录,揭示出各龄盛食期丝腺的发育情况和在各龄增大的比例。

　　甚至也有一些蚕学研究人士将该类知识整理成教育中国养蚕者的书籍讲义。如《四川蚕丛报》刊有陈佶的《女子蚕业讲义：蚕体生理论》,陈首先从蚕的同化力、成长力、繁殖力和刺激感应力依次展开解释,其次又讲述了蚕的外形颜色、蚕的内部构造和构成蚕体各种器官的组织细胞,最后针对食桑量、呼吸和血管系三项对蚕的营养关系详加释疑。

战国时的儒学大师荀况是中国古代第一个提出蚕有雌雄之分假说的人,这一科学结论直到 20 世纪初才得以证实。① 1910 年,《四川蚕丛报》第 3 期摘自《警钟报》的"蚕儿雌雄之检查"对蚕的性别检查方法做了科学化的说明:"据日本农业部京都蚕业讲习所技师石渡繁引氏发明云,用五龄蚕检查其第十一环节及第十二环节之腹面,第十一环节之腹面中有逆八字之凹型,向八字各腺头之处,各存一小黑点,如针伤之痕,外围白圈,是为生殖器之附着点,在该环节之腹面近后方环节之鋶线上,又十二环节足根部裹边稍膨胀处,与膨胀之足相连处,亦有二小黑点者,此即为雌蚕,雄则无之。"②这种科学检查方法需配以 5 倍至 10 倍的显微镜使用,方可达到每小时检查七八百头蚕种的效率。使用科学设备辅助检查固然精准,但显微镜这种光学仪器在清末还极为稀缺,对中国大部分农村地区的养蚕者来说几乎不可能获得。该报显然知晓国情,在其后便另附有摘自《商务报》的"分别雌雄术之简便方法",指出通过蚕形状的大小圆正和蚕纹深浅辨别雌雄的方法并不合适,有人发明出蚕茧重者多出雌蛾、轻者多为雄蛾的检验方法且屡试不爽。

3. 对蚕微粒子病新研究的介绍和防治科普

19 世纪中叶,欧洲蚕微粒子病的爆发扩散袭扰着中国养蚕者,也严重影响中国的生丝贸易。因此,蚕学期刊登载了一些研究蚕微粒子病的文章。如任永江在《蚕丛》第 5 期《蚕儿微粒子病之研究》中,着力分析了该病在 4 个阶段(幼虫、蛹、成虫和卵)的病征、微粒子形态(孢子、阿米巴状微粒子与原始球及包囊)及其繁殖(图 5)、病原作用和抵抗力,进而提出养蚕之前必须实行消毒工作。

同时,蚕学期刊引进了大量的蚕病消毒方法。《蚕丛》第 8 期和第 9 期连续两期刊登陈佶"蚕病消毒法",根据蚕室蚕具分用或合用的不同介绍了 7 种消毒法,包括瓦斯消毒法(亚硫酸瓦斯消毒、盐素瓦斯消毒、蚁酸阿尔武奚托瓦斯消毒)、蒸汽消毒法、液体消毒法、干热消毒法、日光曝露法、洗涤法和燻烟消

---

① 赵承泽:《中国科学技术史(纺织卷)》,科学出版社 2002 年版,第 123 页。
② 《蚕儿雌雄之检查》,《四川蚕丛报》1911 年第 3 期。

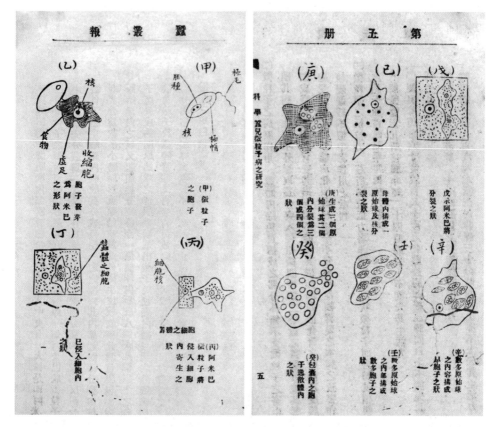

图 5 《蚕丛》1911 年第 5 期刊登的"微粒子繁殖之顺序图"

毒法。其中,蚕具单独消毒 7 种方法都适用,主用前 2 种;蚕室单独消毒只适用液体消毒法;蚕室蚕具共同消毒时适用瓦斯消毒法、液体消毒法和燻烟消毒法 3 种,主用第 1 种。并以图文并茂的形式科普了消毒器械的构造及使用(图 6)。

另外,蚕学期刊也提出了不少蚕病防治科普的建议。彭洪毅在《农桑学杂志》的《蚕病消毒》中,以日本冈山县试验消毒增产为例,强调了使中国蚕业发展必须要普及消毒法,而且还要设立蚕病消毒讲习会。《中国蚕丝业会报》连登 3 期由东京蚕业讲习所养蚕本科三年生兼任中国蚕丝业会会长的倪绍雯编写而成的《蚕体病理学讲义》,意在使中国养蚕者通过讲义学习知晓蚕病的由来,并提前做好卫生防护工作。该讲义系统地科普了六方面的内容:病原的

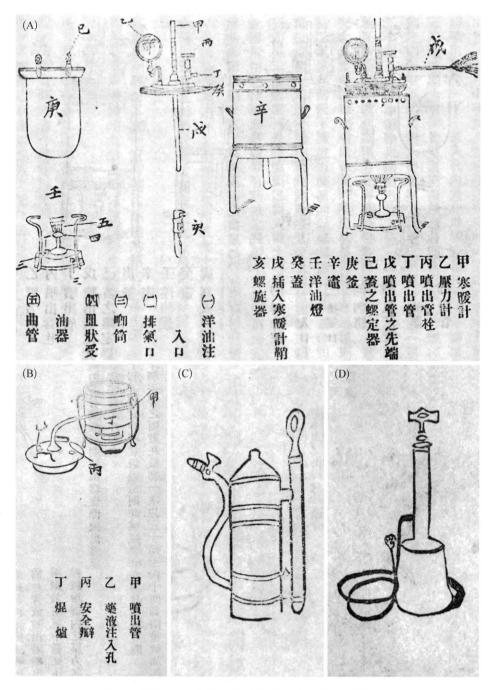

图 6 《蚕丛》1911 年第 9 期刊登的"蚕室蚕具消毒器械图"

A. 蚁酸阿尔忒奚托瓦斯消毒器　B. 福尔马林蒸发器　C. 母拉多里式喷雾器　D. 河村式消毒器

素因、主因(原生动物、菌类、细菌、昆虫)和诱因;病征;蚕病传染路径(食物传染、皮肤传染、母体传染);感受及免疫;蚕病预防法;病理实验。这对后续中国的蚕病防治工作都有所启示。

4. 对桑胚新知识的介绍

蚕学期刊通过刊登桑胚解剖图开阔了时人的认知视野。如丁天择在《四川蚕丛报》第 2 期《由植物细胞学上以研究桑树》中,从生物学的角度研究了桑树细胞的染色体及其遗传现象,并以日本小石川植物园采集的山桑为例,解剖观察其雌蕊子房,绘出经过 600 倍扩大的"山桑之胚"的图像(图 7)。还附文解释道:"其时胚囊甚大,图之所示,不过胚囊上端而已,中央如团扇者,胚也,周边包围者,胚乳也,胚乳内多数之核,胚囊初期,中心二核合一后所分裂者也。"①这为传统种桑者更科学地了解桑树发育规律提供了可能。

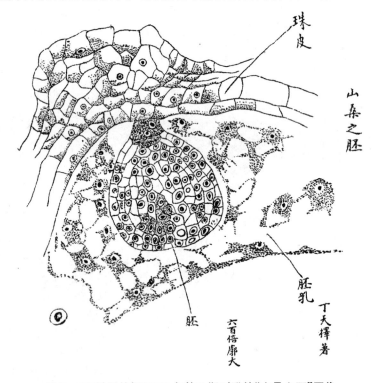

图 7　《四川蚕丛报》1910 年第 2 期刊登的"山桑之胚"图像

---

① 　丁天择:《由植物细胞学上以研究桑树》,《四川蚕丛报》1909 年第 2 期。

三、清末中国蚕学期刊科技传播的历史影响

1. 促进了中国蚕业学科的专业化趋势

蚕学期刊是农学期刊在建设农学大学科的过程中不断分化完善分支学科的结果，体现了清末蚕学逐渐专业化和学科化的发展趋势。自蚕学期刊创办以来，其分门别类地刊载了丰富广泛的蚕学分支学科知识，尤其是在日本留学的中国农学生见识到科目丰富细致的日本蚕学教育知识体系后，撰写发表蚕学知识文章：如《农桑学杂志》刊有侯放编述的《蚕体生理学》、冠群编述的《蚕体解剖学》和刘本编述的《蚕体病理学》。有的留日农学生还编写适合学堂教学的学科讲义。如倪绍雯在《中国蚕丝业会报》刊登的《蚕体病理学讲义》，陈佶在《四川蚕丛报》刊登的《女子蚕业讲义：蚕体生理论》。这都反映了清末蚕学从大农学中跳脱出来，走向学科独立的历史过程。

2. 促进了蚕学研究人才的成长和队伍的壮大

蚕学期刊在创办发展过程中，涌现出大量的蚕学研究人才，其中大部分也成为期刊的主要供稿人。这些供稿人不仅在时间上表现出对蚕学研究的持续性，而且在空间上形成了稿件来源的跨国性，构建出中国蚕学研究的学术人才网络。供稿人中，杜用选、刘安钦、侯放、彭洪毅、陈思祥、郑璜、钟子建、贺守淦、舒兴德、刘本、邱鹄等 11 人于顺气社日清蚕业学校肄业，他们首先在日本东京成立农桑学杂志社，搭建起以传播农桑科技为中心的组织团体。《中国蚕丝业会报》创刊以后，刘安钦成为该报编辑部长，杜用选等国内外蚕学人士继续为新刊供稿。宣统二年(1910)，杨熙光、刘安钦、朱显邦、倪绍雯等留日农学生归国，立志改良蚕业，推广蚕桑教育，并再次得到了对引进蚕桑教育情有独钟的著名实业家吴锦堂的大力帮助。吴锦堂将倪绍雯和刘安钦所著的《速成桑园设置法》及《蚕丝业普及捷法》集成一书，名曰《蚕桑速成捷法》，梓以问世，赠送二千部。[①] 同年，杜用选、邱鹄等人在国内相继创办《四川蚕丛报》和《蚕丛》，其主要供稿人共计 25 人，大量刊登蚕业科技文章，用以教育传统养蚕者。1913 至 1914 年间，致力于蚕学研究的杜用选还担任四川高等农业学校校长。据统计，1908 至 1912 年间，清末留日农学生中至少有 94 人毕业于蚕业

---

① 纪立新：《吴锦堂的近代农业教育实践》，《经济与社会发展》2007 年第 6 期。

学校,他们成为研究中国蚕学和促进科技教育的中坚力量。① 通过这些新式蚕学人才的协同努力,清末蚕学研究人才逐渐成长且队伍日益壮大。

3. 促进了近代中外蚕业科技的交流与互鉴

《农桑学杂志》《中国蚕丝业会报》作为留日农学生进行蚕学研究的主要阵地,依托于连通中外的蚕学期刊发行渠道(表3),与国内的民间科学研究团体和新式学堂达成了有效联动。两刊不仅在日本东京设有代派处,供留日农学生群体学习交流,还通过国内的农务学堂、讲习所、书局、公司和会社等,将国外先进的蚕业科技回传到国内各大城市,与湖北农务学堂(代派处)以及《蚕学报》和广东蚕业学堂《蚕学报》(创办人陈望曾为《中国蚕丝业会报》捐款)等国内蚕学期刊互相关联,建成蚕业科技文化交流圈。尤其《中国蚕丝业会报》创办以后,备受清政府官员重视,两江总督兼兵部尚书张人骏批准驻日钦差大臣胡惟德购买该报,以使国内各省借资蚕学实验者借镜观形。② 官方的大力支持与民间蚕学交流圈的建设,为引进和传播国外先进的蚕业科技提供了便利条件,也促进了中外蚕业科技的交流与互鉴。

表3 两份清末蚕学期刊的国内外代派处

期刊名称	国外代派所	国内代派所	总计/个
《农桑学杂志》	东京(中国留学生会馆、早稻田同文书店、神田富山房、同中国书林、三省堂)	上海(中国公学、昌明公司);北京(玻璃厂浣花书局);湖北(农务学堂);四川(成都高等学堂、合州蚕业学社);湖南(省城农务学堂);广东(广州府农务学堂);广西(梧州府蚕业学堂)	9
《中国蚕丝业会报》	东京(神田神保町中国书林、神田一つ桥通町群益书社)	上海(棋盘街新学会社);北京(琉璃厂新学会社);汉口(黄陂街新学会社);广东(双门底新学会社);宁波(日新街新学会社);浙江(杭州蚕桑学堂);四川(重庆府广益书局、永川振兴蚕业学堂);安徽(颍州蚕桑学堂、全省蚕业讲习所);湖北(武昌蚕业学堂)	13

---

① 王国席:《清末农学留学生人数与省籍考略》,《历史档案》2002年第2期。
② 《督部堂张准出使日本大臣胡咨请饬所属一体购阅中国蚕丝业会报文》,《南洋官报》1909年第57期。

四、结语

清末中国蚕学期刊在蚕具蚕室、蚕体认识、蚕病防治、桑树认知等方面引进了国外的诸多新科技，并以图文并茂的大众化传播方式，浸入传统养蚕者的旧有观念体系内，对他们的心态转变、思想启蒙和生产方式更新起到了不可忽视的助力作用，体现出清末蚕学研究人员科教兴国的学术实践。同时，蚕学期刊对蚕业科技的传播还对蚕业学科走向独立化、研究人才日趋成长和队伍壮大，以及中外蚕业科技的交流与互鉴起到了积极的促进作用，也使中国蚕业逐渐走上新的发展道路，为中国现代蚕业科技的崛起奠定了基础。

全面抗战时期大后方立信会计的
出版事业与会计知识传播

王雪梅　　张瑞玲

（四川师范大学）

　　全面抗战时期立信会计出版事业主要包括立信会计图书用品社的图书、期刊的出版活动。立信会计图书用品社创办于 1941 年,由潘序伦与出版家邹韬奋主持的生活书店集资创办于重庆,是应抗战时期大后方会计事业发展的需要而产生的。其业务范围包括以会计为主的财经类书籍的出版发行,以及会计账册、表单等用品的印刷和销售;立信出版事业还包括刊行出版《立信会计月报》。立信会计出版事业为近现代会计学知识的传播做出了重大贡献,最终形成了以立信会计师事务所、立信会计学校、立信会计图书用品社为三位一体的立信会计事业新格局。目前对近现代立信会计出版事业的研究成果,有的对民国以来立信会计出版事业的概况进行了阐述,总结了其历史贡献和经验启示;也有对民国时期的立信会计期刊的出版发行、文本价值等方面进行了一定程度的探究①。但鲜有从出版史的角度对全面抗战时期大后方的立信会计出版事业的运作及其知识传播进行专门探讨。本文拟通过梳理全面抗战时期立信会计图书用品社图书出版发行及期刊出版活动,对立信会计图书期刊的出版运作机制,及其对大后方会计学知识的传播方式、成效进行探究,以期对当代出版业与知识传播有所启示。

---

① 如赵新民、彭秋龙:《近现代立信会计出版事业的历史贡献及经验启示》,《出版与印刷》2021 年第 5 期;董昕:《潘序伦与民国时期的立信会计期刊的出版发行》,《中国出版史研究》2020 年第 2 期;周勇、韦博:《〈立信会计月报〉文本分析及价值研究》,《重庆社会科学》2019 年第 11 期;等等。

一、立信会计图书用品社的成立与发展

1. 战前立信会计丛书及期刊出版概况

近现代立信会计的出版事业与立信会计事业的发展相辅相成,随着近代工商业的迅速发展,工商业机构的规模和数量迅速增加,对各类财会人员的需求与日俱增。1927 年元月,潘序伦在上海创办会计师事务所,他借用《论语》中"民无信不立"之意,将其定名为"立信会计师事务所",以公正服务、建立信用为宗旨。立信会计师事务所的业务发展很快,先后在桂林、重庆、南京、广州、天津等地设立分所。在从事会计事务实践的过程中,潘序伦深感中国新式会计人才之培养的重要性,因而从 1928 年开始,先后创办了立信会计补习学校、函授学校、专科学校和高级职业学校;1937 年,又正式创立了立信会计专科学校。

在开展会计事务实践及会计教育的同时,潘序伦也认识到会计知识传播的迫切性。随着近现代工商业的发展,在会计知识的传播方面,我国传统的簿记模式已经不能满足要求,多数大公司、各大学商科或各类商业学校,均采用新式簿记会计进行核算,并直接选用外国书籍作为教材。但适用于外国公司的法律习惯,在中国并不能完全普及适用。随着各类会计学校增多,教材匮乏问题日渐显露。有鉴于此,潘序伦从 1924 年归国开始,即着手编著新式簿记、会计书籍,力图以编译出版西方会计学著作的方式,引进西方会计知识。

1932 年潘序伦在上海立信会计师事务所设立编辑科,开始有计划地进行"立信会计丛书"的编辑工作,开启了其会计出版事业的尝试。潘序伦组织事务所的同仁分工编写和翻译教材,他认为应该先从引进编译西方会计知识着手,再逐渐编撰适合中国国情的会计学教材。由于当时引进的教科书多为外文原版,在专业词汇的理解、会计制度和习惯用法上都不方便国内会计人员掌握。为此潘序伦组织会计人员成立了会计名词讨论会,收集英文会计名词进行翻译和规范,将其编撰成《会计名词汇译》并出版发行,该书很快成为当时国内会计学界会计名词的唯一参考用书。如 1939 年国立编译馆拟定经济学名词,嘱请潘序伦进行审核,潘对其中有关会计学各名词,与已出版的《会计名词汇译》一书相对照予以规范统一①。可见《会计名词汇译》对于促进会计名词

---

① 潘序伦:《国立编译馆拟定经济学名词初审本中与会计有关各名词之讨论》,《立信月报》第 2 卷第 10 期,1939 年 11 月。

的统一和规范运用、推进会计科目的统一和经济学的发展起着重要作用。

在西方会计知识的引进方面,以潘序伦为首的立信同仁从我国实际情况出发,在现行法规和工商惯例的基础上,注意选择国外一些重要的代表性会计著作进行编译。虽然早在1927年创办会计事务所时,潘序伦就提出以"改革中国旧式簿记,建立新式簿记"为主要目标,但不以完全西化为追求目标,注重实事求是。在编译过程中,并不是照抄照搬,而是有目的、有选择地加以编译采用,并紧随原著的修订、出版步伐,及时予以修正,不断更新知识,以适应会计学科和社会经济的不断发展。在他们的共同努力下,潘序伦编写的《高级商业簿记教科书》、《会计学》四个分册、《股份有限公司会计》,翻译的《劳氏成本会计》,和王澹如合写的《会计学教科书》,顾准编写的《银行会计》,施仁夫翻译的《陀氏成本会计》,潘序伦和顾询合写的《审计学》,以及《会计准则》《会计师查核决算表之原理与程序》《苏联会计述要》《公司会计准则绪论》《国营企业会计概要》等国内外重要的、具有代表性的会计学书籍,作为"立信会计丛书"相继编译出版。至1936年底,潘序伦及立信同仁编译的各类簿记、会计及审计书籍共计五十余种①,涉及公司会计、成本会计、银行会计、清算及破产会计、遗产及信托会计等多个方面。

"立信会计丛书"由商务印书馆代理出版,得到商务印书馆总经理王云五的大力支持②。该时期出版的"立信会计丛书",将西方会计教育和会计学术思想引入中国,既注重内容的翔实新颖、又通俗易懂,具有很强的实用性,不但满足立信会计补习学校和立信会计专科学校本身的需要,且因当时国内还没有如此系统的会计读物出版,因而畅销全国,深受业界欢迎。

在编辑出版"立信会计丛书"的同时,以潘序伦为首的立信人还通过发行期刊,及时传播西方先进的会计知识和探讨会计学术。1933年由立信会计师事务所主编的《立信会计季刊》问世,刊物内容涉及国内行业会计制度、政府财会法令等,还介绍最新的国外会计文献译文等。《立信会计季刊》虽因时局影

---

① 《潘序伦回忆录》,中国财政经济出版社1986年版,第39页。
② 王云五对立信会计事业一贯予以支持。从1937到1948年,王云五均为立信会计专科学校副董事长。据潘序伦在《立信会计学校的创办和发展》(上海市政协文史资料委员会编《文史资料选辑第29辑》,上海人民出版社1980年版)的文章中写道:"由立信同学会数以万计的校友为本校新设图书馆征募图书,在短短的一两年内就征集到中外图书5万余册,其中最大的捐赠人是校副董事长王云五,捐赠了2万册左右。"

响,断断续续出刊,但从发行的 18 期刊物来看,其内容精深、理论与实际紧密结合,并配合改良中国会计的工作,颇受学术界和工商界人士欢迎。此后,《会计学报》《立信月报》等学术刊物也相继面世。这些杂志理论和实践性兼具,对会计学术的传播、旧式会计的改革起到了指导作用,有着良好的社会效应。

总之,从全面抗战前立信会计的出版事业来看,从最初的统一规范会计名词、引进编译,到有计划、系统地出版发行丛书和期刊,以潘序伦为首的立信人一方面注意推广运用西方复式会计理论,引进西方先进的会计知识,另一方面坚持理论联系实际,为传播会计学术,改革中国旧式会计、建立新式会计制度进行了不懈努力。

2. 立信会计图书用品社的成立与发展

全面抗战爆发后,东南沿海一带轻重工业陆续向西南大后方内迁,内地新兴工商企业如雨后春笋般出现,金融机构亦相继西迁,重庆的工商业和金融业得到迅速发展。各行业对新式会计人才的需求猛增,其时"内地各项事业,突飞猛进,对于会计人才的需要非常迫切,加紧会计人员的训练刻不容缓,但观遍室内书肆,并无会计书籍可供购读,对于内地会计人员学生知识食粮如此严重之饥荒,当设法救济"①,立信会计的出版事业面临新的考验。此前代理出版"立信会计丛书"的商务印书馆已于 1940 年迁至香港,太平洋战争爆发后,商务印书馆损失惨重,因运输困难,无力继续为立信会计出书,"立信会计丛书"的供货陷入困境。另外,各级立信会计学校已在重庆陆续开办,教材问题无法解决,只能刻蜡纸油印,学校教学无法顺利开展。

在这种情况下,生活书店的邹韬奋、徐伯昕等人,对立信会计的出版事业给予了大力支持。1941 年,在生活书店总经理徐伯昕的支持下,潘序伦从商务印书馆收回了"立信会计丛书"的版权;后由蒋春牧经理将"立信会计丛书"所有纸型从上海带到香港,再转道陆路历经艰险带到重庆。1941 年 6 月 1 日,"立信会计图书用品社股份有限公司"(简称立信会计图书用品社)在重庆成立,由生活书店和立信会计师事务所共同出资设立,以解决会计教材的书荒问题②。立

---

① 《立信会计师重庆分所关于编印立信会计丛书的通告》,重庆市档案馆藏,档案号 0297000202284000 0015000。
② 《重庆市社会局、立信会计图书用品股份有限公司关于报送各项档及费币并准予登记的呈、批》,重庆市 档案馆藏,档案号 00600002017810000003。

信会计图书用品社共有职员 36 人,成立了董事会,设总管理处社长及经理副经理,推选潘序伦为社长,徐伯昕为总经理;另由生活书店派诸度凝为经理主持业务,立信会计师事务所派蒋春牧为副经理主持内部管理;下分总务、会计、文书、业务四部及印刷厂、桂林分公司、仓库等,分股办事①。创办之初共投资十万元,其中生活书店投资三万元,立信投资七万元②;由潘序伦亲自设计和题写了篆体"立信"的圆形图案,向国民政府商标局申请为图书和会计账册的注册商标。

作为出版企业,立信会计图书用品社的企业组织形式为股份有限公司。股份有限公司保证了资本的快速募集和增长。其章程明确规定了立信会计图书用品社的创办宗旨和业务范围,创办宗旨为内地迫切需要培训的会计人才提供教材,并为工商业会计核算提供账簿、表单;营业范围为出版各种会计上及商业上一切图书刊物;制售会计上及商业上一切文具用品;制售及承印会计上及商业上一切簿册表式单据③,这就为图书用品社的发展指明了方向。立信会计图书用品社的业务拓展很快,不断增加资本。1941 年底,立信会计图书用品社获利润二万五千元,潘序伦提议增资,将应得利润转为增资④;1942年 10 月,立信会计图书用品社股份有限公司股东会议决议书称,"本公司资本原额十万元,前因物价飞激增,原料飞涨,原先两次增资至肆拾万元,更因业务更为发展,所需资金更形增多,故拟再增加资本国币肆拾万元,连同原有资本共计国币捌拾万元,全股东皆赞成通过"⑤。

立信会计图书用品社自成立以来,就确立了"发扬会计文化,供应会计食粮;沟通会计学术,制售会计工具"的宗旨。其出版的图书以及印制的账册报表,为内地和迁内的广大企业、学校、机关等单位所适用,业务甚为发达。在迁内不到一年的时间,就在桂林设立了分社,并先后在成都、西安、贵阳、昆明等地设立特约经销处。抗战胜利后,立信会计图书用品社从重庆迁往上海,业务

---

① 《工商调查通讯》1944 年第 470 期。
② 生活・读书・新知三联书店文献史料集编委会编:《生活・读书・新知三联书店文献史料集(上)》,生活・读书・新知三联书店 2004 年版,第 553 页。
③ 《立信会计图书用品股份有限公司章程》,重庆市档案馆藏,档案号 00600002020440000001。
④ 生活・读书・新知三联书店史料编撰委员会编:《生活・读书・新知三联书店文献史料集(上)》,第 554 页。
⑤ 《关于增加立信会计图书用品社股份有限公司资本、修改公司章程及改选董监事的呈》,重庆市档案馆藏,档案号 00900001003360000023000。

更加发展,自己设立了印刷厂,在南京、天津、广州增设了分设,特约经销处遍及全国各大城市,并向港澳、南洋群岛一带推销书籍;后香港自行成立了立信会计图书用品社,新编出版丛书二十余种。到1956年初立信会计图书用品社结束为止,先后出版发行各种会计书籍不下一百五六十种,其中由潘序伦著作、翻译和主编的约有三四十种。潘序伦曾说过:"如果说我对我国会计学术有所贡献的话,当以编辑出版立信会计丛书为最。"①

二、立信会计出版事业的运作

1941年6月立信会计图书用品社在重庆成立后,从一开始就确立了自己的出版理念,以潘序伦先生倡导的"信以立志,信以守身,信以处世,信以待人,勿忘立信,当必有成"二十四字为训导。一方面继续出版"立信会计丛书",还适应需要编印各种会计教科书、"立信财经丛书";另一方面印制会计账簿表格单据,以满足其时工商企业之需;并由重庆立信会计事务所编辑发行期刊《立信会计月报》等。至此,潘序伦精心筹划、全力开拓的立信会计师事务所、立信会计各级各类学校、立信会计图书用品社三位一体的立信会计事业新格局正式形成。立信图书的出版,包括编写出版、印刷、发行等环节,环环相扣,从而形成一整套出版运作程序。

1. 立信图书用品社图书的编写出版

图书的出版首先要写出书稿,需要通过作者和编者的协同劳动,这是整个出版工作的中心环节,凝结着编写者的智慧和辛苦劳动。立信会计图书用品社成立后,一方面继续出版"立信会计丛书";另外,潘序伦还适应高中商科及职业教育教材的需要,编辑出版了一套内容较为浅近的立信会计教科书,另编印了一套包括财政、金融、保险、贸易、统计、计算技术、企业管理等内容的"立信财经丛书"。1941年成立至1945年迁沪前夕,抗战时期立信会计图书用品社出版图书40余种。具体出版书目如表1所示。

抗战时期立信图书用品社编写出版的这些图书,按其内容划分,可以将其分为会计审计、营业会计、银行会计、政府会计、成本会计、行业会计、法律法规和商业等种类;按其用途划分,可以分为会计实务类、会计理论和学术类、会计

---

① 《潘序伦回忆录》,第39页。

表 1　抗战时期立信会计图书用品社出版书目①

立信商业丛书(12 种)	潘序伦主编	1942 年 4 月— 1948 年 1 月出版
中华银行会计制度	顾准著	1941 年 2 月重庆初版
审计学	顾洵、唐文瑞编	1941 年 7 月重庆初版
政府审计原理	蒋明祺编著	1941 年 12 月重庆初版
成本会计教科书	潘序伦编	1942 年 1 月重庆初版
陀氏成本会计(上、下册)	〔美〕多尔等著；施仁夫译	1942 年 1 月重庆初版
会计数学	李鸿寿、英启欧编译	1942 年 4 月重庆初版
政府审计实务	蒋明祺著	1942 年 8 月重庆初版
劳氏成本会计	〔美〕劳伦斯著；潘序伦译	1942 年 2 月重庆初版
公有营业会计	余肇池编	1943 年 3 月重庆初版
奖励法规	立信会计师重庆事务所编	1944 年 4 月重庆初版
决算表之编制及内容	黄组方著	1944 年 4 月重庆修订版
会计学(1—4 册)	潘序伦著	1944 年 4 月重庆出版
政府会计人员手册	汪元铮编著	1944 年 4 月重庆初版
商业常识(立信商业教科书)	陈文、张英阁编	1942 年 4 月重庆初版
商业应用文作法	庞翔勋编著	1942 年 12 月重庆初版
财政学概论	王延超编著	1943 年 2 月重庆初版
货币学	陈绍武著	1943 年 7 月重庆初版
银行实务概要	王澹如著	1943 年 8 月重庆初版
公司实务	郑世贤编著	1944 年 1 月重庆初版
国家经济学原理	〔德〕笛尔著林和成译述	1944 年 2 月重庆初版

① 周勇主编：《中国抗战大后方出版史》，重庆出版社 2015 年版，第 349 页。

续　表

立信商业丛书(12种)	潘序伦主编	1942年4月— 1948年1月出版
广告学	于伯著	1944年5月重庆初版
商业概论(上、下册)	陈文编著	1944年5月重庆初版
银行学	金天锡陈颖光、安乐岩编译	1944年8月重庆初版
投资学	任福履编著	1944年12月重庆初版
商业管理法规	立信会计师重庆事务所编辑	1943年2月重庆初版

教科书类、公司理论和实务类,以及其他财经商业理论和实务及教科书类。这些图书的编写,均由会计名家编撰,潘序伦及事务所同仁是编著立信丛书及主办期刊的主力作者群体,是立信图书保持较高学术水准的保证。其中由潘序伦主编的就有十多种,其他如顾准、王澹如、顾洵、黄组方、唐文瑞等人,除了从事会计实务工作,也兼职在立信会计师事务所编辑科工作,既具有丰富的会计实务经验,又具有较高的理论素养。在编译出版"立信会计丛书"的编辑过程中,潘序伦等注意了几个问题:(1)书的内容必须切合实际需要,有关理论和实务的论述都要从实际出发,以满足社会需要为原则;(2)文字尽可能通俗易懂,举例做到不厌其详,使读者能够无师自通;(3)译文力求统一,含义力求确切。① 在这几个原则的指导下,立信会计图书用品社这些会计财经商业图书,质量上乘,内容精湛丰富,用途广泛,深受业界欢迎。

2. 印刷与发行

立信会计图书用品社刚成立时,有自己的小型印刷厂。但由于电力供应十分紧张,经常停电造成机器不能运作,停电时印刷厂只能雇佣人工摇动印刷机,生产缓慢致使印刷跟不上市场需求,只好再委托其他印刷厂帮助印刷以应急需;除了印刷图书,立信会计图书用品社还印制各类账册、表单,都需要大量用纸,是用纸大户,但其时重庆的纸张供应十分紧张。如在1942年,潘序伦曾就洽购纸张一事致函中央造纸厂,"敝社各项账册及机关表单等均告售缺急,

---

① 《潘序伦回忆录》,第39页。

须付印以应各业会计之急需,务祈速将该项订货赐制早日交货俾利生产"①。为更好地解决出书用纸问题,潘序伦在诸度凝的提议下,在四川广安丁家坪办起了中兴造纸厂,潘序伦为造纸厂的创办出具一切证明文件,提供了办厂的资金份额。中兴造纸厂于1942年5月正式投入生产,其出产的纸张除部分由立信自用外,绝大部分供应给《新华日报》使用。这不仅缓解了立信会计图书用品社的纸张问题,也支援了《新华日报》《群众周刊》和一些进步书店的用纸。

书刊既成,发行便成为实现其价值的关键环节。立信会计用品社出版的各种教材图书,有其固定的发行渠道,如作为立信各类会计学校的教材、会计师事务所读物,也供应各地其他会计学校使用,"抗战期间,各地大专院校和自修会计的学生,大多采用立信出版的教科书,中专学校则几乎都采用'立信会计丛书'做教材,各机关会计人员亦作为参考书"②;"当时任何学校的会计专业,无不从'立信会计'中选采课本"③;又如西迁重庆的中华职业教育社所附设的中华职业函授学校的教材,凡初级簿记、高级簿记、普通会计、政府会计等涉及会计相关的科目,均用立信会计学校的教材④。当时立信会计出版社所编的各种会计书籍风行全国,采购不易,其影响远远超出了立信会计学校、事务所的范围。即便如此,立信会计图书用品社也非常重视发行渠道的拓展。一方面建立起广泛的发行网络,另一方面进也进行广泛宣传,在当时的主要报纸如《中央日报》《新华日报》等的广告栏刊登广告,在立信所办每期刊物的封内或封底,均有"立信会计丛书"的书目与征订方式,如1941年开始在重庆发行的《立信会计月报》就附有立信会计师事务所承办业务项目和"立信会计丛书"目录,为"立信会计丛书"作宣传介绍,而且设置了书报评介栏目,以此作为推广。

3. 立信会计期刊的出版发行

除了出版各种图书、教材,立信会计的出版事业还包括发行各种会计期

---

① 《中央造纸厂、立信图书用品社股份有限公司、教育部科学仪器制造所、新益纸号等关于洽购纸张的函、代电》,重庆市档案馆藏,档案号 0268002000550000001000。
② 《潘序伦回忆录》,第 38 页。
③ 李文杰:《潘序伦创办的立信会计事业》,中国人民政治协商会议全国委员会文史资料委员会《文史资料选辑》编辑部编:《文史资料选辑第 27 辑》,中国文史出版社 1994 年版,第 133 页。
④ 李定开:《重庆教育史第 2 卷》,西南师范大学出版社 2006 年版,第 268 页。

刊。全面抗战爆发西迁重庆后,此前在上海出版的立信会计期刊难以大量运往内地。正如潘序伦所说,时抗战已历四载,后方各业百业勃兴,内地会计人才、读物双重缺乏;而在上海发行的《立信会计季刊》与《立信月报》又不能大量向内地运销,因而"熔沪所二种刊物于一炉","择要复排,以就正于内地各专家,此亦犹各大杂志发行重庆版之意旨也"①,从而促成了《立信会计月报》的诞生。

《立信会计月报》的创办得到重庆主要工商团体的支持。全面抗战时期,先后形成以迁川工厂联合会、中国全国工业协会、中国战时生产促进会、重庆国货厂商联合会等著名工商社团,这些工商团体深知,要维系工商企业的正常运行离不开健全的会计制度。其中国货厂商联合会与迁川工厂联合会等对创办《立信会计月报》表示支持,提出共同负担《立信会计月报》所需经费,并邀请各会员厂商在该月报上刊登广告,以广告费用收入来贴补经费,"查本会拟请潘序伦会计师在渝发行立信月报,计需经费五千元,由本会与迁川工厂联合会共同负担,分别邀请各会员在该月刊上登载广告,即以广告收入扩充是项经费一节。并附送广告价目表一份,请贵会员登载在案,兹因出版在即,而送表登记之……以便发排"②。之后,国货厂商联合会、迁川工厂联合会的会员企业及生活书店等纷纷在《立信会计月报》刊登广告,根据广告所占的版面大小,明码标价,如"连登三期者九折,连登六期者八折""全面一百八十元""半面一百一十元""四分之一面六十元",等等③,以实际行动来支持期刊的运行。

在各方力量的推动下,《立信会计月报》于 1941 年 1 月创刊,直至 1943 年 8 月终刊,由立信会计师重庆(分)事务所编辑并发行,发行人为潘序伦,编辑由陈文麟、王逢辛担任。论述文章的主力作者,除潘序伦外,其他如王逢辛、陈文麟、李文杰、李鸿寿、顾洵、钱素君、陈福安等,多为沪所中资深会计师。此外,大后方工商界的著名学者、实业家等也纷纷在该刊发表文章,阐述见解。

---

① 《立信会计月报》第一卷(1941 年)第 1 期《发刊词》。
② 《关于由重庆市国货厂商联合会与迁川工厂联合会共同负担潘序伦在重庆发行立信余月报所需经费的函》,重庆市档案馆藏,档案号 0260001000050000066000。
③ 《立信会计师事务所重庆分所会计月报》,重庆市档案馆藏,档案号 00850001005140000053。

三、立信出版事业与会计学知识的传播

立信会计出版事业在重庆成立、运作的这几年(1941—1945),其出版事业的受众面大为扩展,既有不同层次有志于学习会计知识、欲从事会计职业的青年学子,又有与会计业务息息相关的广大工商业界从业人员,还有会计行业的从业者及从事会计教学的研究人员等。全面抗战时期立信会计的出版事业对于大后方会计知识的宣传与普及、培育大量会计人才,传播会计业内动态与学术思想,推动会计和商业等领域的法规与制度建设起到了重要作用。

1. 适应战时会计知识传播的需要

在战时信息传播方式有限的条件下,如何让大批有志于学习会计知识、欲从事会计职业的青年,系统地学习会计知识,立信会计人从教学到书籍出版方面,都进行了不懈的探索。除了创办立信会计专科学校、各类会计补习学校之外,还尝试适应不同层次会计学习者的需求,编写各类层次不同的会计学教材。立信会计图书用品社成立后,不仅继续出版战前就已有的"立信会计丛书";另编印了一套包括财政、金融、保险、贸易、统计、计算技术、企业管理等内容的"立信财经丛书";除了这些学术性书籍外,为适应高中商科及职业学校教材的需要,由潘序伦自任主编,于 1941 年编辑了一套内容较为浅近的立信会计教科书,包括商业簿记、初级会计学、会计学、成本会计、银行会计、政府会计和审计学七种书,由立信会计图书用品社出版。这些不同层次的会计教科书和专著,供各校采为教本、各业用作参考,不仅满足了立信会计学校的需要,也满足了大后方各类会计人员对不同层次会计书籍的需求。

潘序伦曾针对有志于从事会计职业的失学青年,提出修习不同层次会计教科书的建议,按照由浅入深、循序渐进的规律进行学习。提出"若欲以会计为终生职业,或拟在会计职业中谋取发展者",必须对会计记录之制作、决算报告之编制、账目之稽核、会计制度之规划及决算表之分析解释,"均须有贯彻之了解";为此就要循序渐进阅读修习不同层次的教科书。如欲掌握会计记录之制作方法,必须修习"簿记",有初中毕业程度者,可以选读"立信会计丛书"中的《高级商业簿记教科书》一类的书籍;如尚无初中毕业之程度者,则可先读立信丛书中《初级商业簿记》或《簿记初级》等一类书籍,然后再读《高级商业簿记教科书》等。如此这般,对决算报告之编制、账目之稽核、会计制度

之规划及决算表之分析解释等不同的会计修习程度,均提出不同层次的教科书阅读要求①。另外,在讲义每章后面还附有实务操作性非常强的习题,将阅读与演练结合起来,便于学生实际掌握知识。

以上潘序伦提出的建议,是立信人在多年的会计实务、教育和知识传播实践中形成的经验之谈。在抗战时期成立起来的立信会计图书用品社,其出版的一系列会计、财经类教科书和专著,正是将这些经验付诸出版实践的体现。这些出版物由简入繁、由难到易,将抽象的会计原理渗透到会计方法中,采用循序渐进的方式促进学员的理解与把握,并强调阅读与演练相结合,既符合会计人才的成长路径和培养逻辑,又适应了战时会计知识传播的需要。

2. 及时传播会计业内动态和学术思想

立信会计图书用品社成立后,一方面继续出版"立信会计丛书",如潘序伦所著《会计学》、顾准《中华银行会计制度》等书,均是十多年来是较符合国情之专门会计应用经验之总结;又如《劳氏成本会计》《陀氏成本会计》等西方会计著作的出版,将西方会计教育和会计学术思想引入内地,西方会计思想的传播日益广泛,大后方的工商企业也开始逐渐采用先进的新式会计方法。立信会计师事务所还经常组织各行业会计专家参加会计问题讨论,如关于所得税问题、查账问题及各行业会计制度问题等,编写各种会计书籍、教材供工商各界参考。毫无疑问,这些书籍、教材对会计知识的教学、传播起了重要作用,在相当程度上推动了各类企业对于新式会计的应用。但由于图书的出版、修订需要较长的周期,不能及时呈现会计业内最新动态和学术思想的变化,因而专业会计学期刊的创办,成为及时传播业内动态和学术思想的重要途径。

早在战前和全面抗战初期,上海立信会计师事务所便陆续刊行《立信会计季刊》《立信月报》等会计学术期刊。这些期刊是立信会计事业发展的见证,反映了业界的真实心声,体现了会计实务与学术探讨的协同发展,对于会计改良的学术交流与争鸣发挥了重要平台作用。1941年《立信会计月报》创刊后,继承了战前和抗战初期上海会计刊物的主旨,始终以学术研究为导向。其内容包括论述、专著、演讲、资料、专载、附录等栏目,其中论述部分主要通过刊发会计师的文章,讨论会计学术及事业发展等问题,融合了上海立信会计师事务所

---

① 潘序伦:《为自习会计敬告职业界失学青年》,《立信月报》第3卷第11期,1940年9月。

发行的《立信会计季刊》与《立信月报》，将两者上刊载的"有价值之研究题材和较重要之实用资料，不避重复之嫌，摘要复排"①，并及时更新会计业内动态和学术思想。其刊登的内容三分之二是探讨会计学术问题，其余三分之一则是对会计时事的提示与评论，"有着强烈的问题意识与时政性"②，兼具学术性与资料性。主要内容可以分为对不同主体之会计问题、会计制度的改良、公司及行号的运作、会计教育之发展等学术问题的探讨。

对于不同主体（工商企业、政府等）之会计问题，立信的会计专家们均有相关文章阐释论述。如对于工商企业的会计制度，关于公司、行号的运作问题，潘序伦先后发表《股份有限公司增减资本问题》《股份有限公司股利及分红之分派》等文；其他会计专家对此问题也有探讨，如李文杰有《合伙企业组织与解散问题》，李鸿寿有《股份有限公司分支店未经登记时股东应否担负合伙人责任之问题》，周鲲有《登记程序未完成前股份有限公司之法律适用问题》及《两合公司有限责任股东与隐名合伙隐名合伙人权利义务之比较》，叶朝钧有《公司召集股东会应行注意之点》，等等③。对于政府机构的会计制度，随着预算法、公库法、决算法、审计法的先后颁布施行，中央各机关及所属普通公务单位会计制度的规定日趋完善，对政府机构的会计制度问题的研究也提上日程，会计专家们对此进行了专门探讨，如蔡经济《政府会计中处理应收付款之研究》，王文钧《合作金库会计制度》④，等等。还有对其时社会关注的热点问题，如所得税问题、超然主计制度、"连环账谱"等问题的探讨与阐释等。

总之，适应抗战时期大后方社会经济和工商业发展变化的需要，立信会计出版事业注重会计业内动态和学术思想的及时更新。他们紧密关注世界形势的变化趋势，敏锐地捕捉社会经济政治、法律法规等方面的变化对会计业界的影响。一方面出版各类会计财经教材图书；另一方面通过创办会计刊物，发表

① 王绿萍编著：《四川报刊五十年集成（1897—1949）》，四川大学出版社2011年版，第580页。
② 周勇、韦博：《〈立信会计月报〉文本分析及价值研究》，《重庆社会科学》2019年第11期。
③ 潘序伦：《股份有限公司增减资本问题》《股份有限公司股利及分红之分派》，《立信会计月报》1941年第1卷第3期、第4期；李文杰《合伙企业组织与解散问题》，《立信会计月报》1942年第2卷第2期；李鸿寿：《股份有限公司分支店未经登记时股东应否担负合伙人责任之问题》，《立信会计月报》1941年第1卷第3期；周鲲：《登记程序未完成前股份有限公司之法律适用问题》《两合公司有限责任股东与隐名合伙隐名合伙人权利义务之比较》，《立信会计月报》1941年第1卷第6期、1941年第1卷第3期；叶朝钧：《公司召集股东会应行注意之点》，《立信会计月报》1941年第1卷第5期。
④ 蔡经济：《政府会计中处理应收付款之研究》，王文钧：《合作金库会计制度》分别刊载于《立信会计月报》1941年第1卷第5期、1941年第1卷第6期。

各种会计学术见解,及时对会计业进行理论上的指导,促进会计学术交流。立信会计出版的图书和期刊成为会计学术交流的平台,对于传播会计业内动态和学术思想具有重要媒介作用。

3. 传播法律知识,推动会计和工商业等领域的法规与制度建设

社会经济的发展离不开法律法规的规范和引导。在抗战时期,有关商业和会计领域法律法规图书及期刊的出版和宣传,对于传播法律知识、完善法规制度建设具有积极意义。

立信会计图书用品社成立后,编辑出版了《工商奖励法规》《工商业管理法规》等,宣传普及工商法律知识,并开展向工商金融企业推销《六法全书》的活动。如1944年6月10日,立信会计用品社为推销《最新六法全书》致函中南银行,"敝社自创办以来出版会计书刊以介绍会计学术为宗旨,荷蒙各界热心爱护,业务得以发展,陆续出版会计商业书刊不下七十余种之多。近有鉴予工商各界之需要特自桂林运到《最新六法全书》一批。该书根据政府最近公布各项法令编成,极合各工商机关参考之用……如蒙惠购,尤为欢迎"[1]。

《立信会计月报》更是十分关注政府发布的相关经济政策法令,其"专载"栏目每期均登载有政府最近发布的政策及法律法规,特别是与工商业发展密切相关的政策法规条文,并发表会计专家及工商界人士对重要法规制度的解读及修订建议、应对办法。如1941年4月14日经济部公布《非常时期工商业提存特别准备办法》,1941年第4期的《立信会计月报》随即全文刊载,工商界人士吴羹梅在该期发表《对于经济部所须"非常时期工商业提存特别准备办法"贡献几点意见》;1941年第5期的《立信会计月报》,立信会计事务所的一些资深会计师也发表了对该法的看法和建议,如顾洵的《"非常时期工商业提存特别准备办法"之商榷》、李鸿寿的《非常时期工商业提存特别准备之处理方法》;1942年第1期的《立信会计月报》,潘序伦发表《工商业提存特别准备问题及其解决之经过》;1942年第2期何连玉又发表《工商业提存特别准备之计算方法》等。这些对重要法规制度的解读及修订建议、应对办法,对于工商界准确理解运用现时法律法规、解决现实问题有着实际指导意义。

---

[1] 《立信会计图书用品股份有限公司欢迎订购最新六法全书致中南银行的函》,重庆市档案馆藏,档案号0312000100130000214000。

立信会计的出版事业促进了其时法律法规的推广宣传,工商业界从中受益匪浅,因而深受各工商团体的欢迎。正如迁川工厂联合会所言,"本会会员各厂,对于会计问题,遇有疑难之处实感无咨询,深为不便。本会有鉴于此,除已聘请潘序伦会计师为本会会计顾问外,并请潘会计师编办立信月报一种,并谕发行,诸凡工商业各项法规条例,及会计疑难问题,均有详细登载,对于工商业界,裨益殊具"①。在信息传播尚不够发达的时代,立信会计在出版和宣传普及工商法律知识方面的种种努力,对于工商业界确实"裨益殊具",从而推动了会计和工商业等领域的法规与制度建设,促进了大后方工商业的有序发展。

结语

出版行业的本质是传播知识、传递信息、传承文明。1941 年立信会计图书用品社成立后,坚持以繁荣会计财经专业的教育、学术园地作为自己的办社宗旨和图书出版特色,形成了立信图书严谨、朴实、求新、操作性强的品牌特色。其策划出版的"立信会计丛书""立信财经丛书"多年来一直畅销不衰,为发展中国会计学理论、引进国外优秀会计学著作、传播会计知识、培养会计人才做出了重大贡献。综观全面抗战时期立信会计出版事业的运作发展,其特点可以概括为以下几个方面:

重视理论与实践相结合。1941 年立信会计图书用品社成立后,以潘序伦为首的立信同仁继续战前的出版事业,一方面注意推广运用西方复式会计理论,引进西方先进的会计知识,另方面坚持理论联系实际,在编写会计图书、教材内容当中,以西方簿记著作及教材为蓝本,注意结合中国实际,与相关法律法规和商界习惯相结合,注重术语专业化,并将会计理论与实务结合起来,满足了大后方各层次会计学习者对各类会计书籍的需求。在编辑出版期刊方面注意适应战时需求,急社会之所需,及时更新会计知识、传播法律知识,与工商企业紧密合作并为其提供理论指导、法律阐释,注重实效,知行合一,这是建立新式会计制度、传播会计业内动态和学术思想的重要保证。

注重出版物质量,坚持由业内专业人士编写。从一开始,立信会计的出版

---

① 《关于聘请潘序伦为迁川工厂联合会会计顾问并刊登立信月报的公函》,重庆市档案馆藏,档案号01930002005200000030000。

活动就是与会计师事务所与立信会计学校相互依托、并行拓展、互助共进的。立信同仁除了做好会计业务工作外,还把学习、研究、看书、写书与教课一样看成自己的任务,认真对待。从立信图书教材的编著来看,潘序伦及事务所同仁是立信会计图书用品社及所办刊物的主力作者群体,是图书、刊物保持较高学术水准的保证。

坚持"三位一体"的运作模式,互相协同发展。潘序伦创建了会计师事务所、会计职业教育、会计图书出版"三位一体"的"实业组合链"①;其中会计图书出版这一链,不论办刊主体为何者,始终坚持宣传"立信"品牌下的所、校、社,促进三者的业务共同拓展;将会计实务操作、会计图书与期刊的编写出版、会计教育三者融为一体;出版宗旨与目的明确,理论与实务兼并重,不仅致力于对会计学术的探讨,而且注重对到实践的指导作用,既发挥了专业出版物应有的学术影响力,也带动了新式会计学的应用推广活动与教学实践。其"三位一体"也是当代行业实务、教育、出版值得借鉴的经验。

总之,潘序伦创办了独具特色的立信会计出版品牌,立信会计出版社具备服务意识,服务于读者,服务于社会;不仅重视图书出版的质量,而且重视图书出版的社会效益,满足了社会上对于沟通会计学术、辅助教育、培养人才和服务社会等方面的需要,也及时满足了工商业界对普及会计知识和与法律法规的需要。这对于如何促进行业及学科的理论探讨与学术传播有着有益的启示。

---

① 参见王军:《奠基》,《潘序伦文集》"代序",立信会计出版社 2008 年版,第 2 页。

《证交》半月刊与证券
知识在上海的传播 *

王 玉

（中共上海市委党校）

  1990 年 11 月，上海证券交易所成立，翌年 7 月，它就创办了一份发布金融信息、普及证券知识的《上海证券报》。历史何其相似，1943 年 7 月，上海华商证券交易所决定复业，翌年 9 月，它就推出了一份服务证券市场的《证交》半月刊。为什么相隔近半个世纪，两个交易所都在第一时间创办了一份金融报刊？报刊在传播证券知识、服务金融市场中起到了什么样的作用？本文拟以 20 世纪 40 年代出版的《证交》半月刊为例，探讨其与证券知识在上海传播的关系。

一、华商证券交易所与《证交》的创刊

（一）抗战时期上海证券市场的发展

  抗战时期上海证券市场的畸形繁荣是《证交》得以创刊的宏观原因。近代中国的证券市场，诞生于 19 世纪 80 年代初。不过，真正以华商企业股票为标的物，且发展到只有中国企业的股票上市，是在抗战爆发后这个特殊时期的上海证券市场上实现的。在抗战时期上海的证券市场上，所拍卖的上市企业股票国籍之单纯和企业股票种类之丰富，都开创了近代中国证券市场有史以来的记录。①

---

* 本文为 2021 年上海市党校（行政学院）系统课题"《共产主义 ABC》在上海的出版与传播（1921—1949）"（编号：2021SHB002）的阶段性成果。

① 朱荫贵：《上海华商证券市场研究（1927—1945 年）》，上海市档案馆编：《上海档案史料研究》第 6 辑，上海三联书店 2009 年版，第 83 页。

（二）上海华商证券交易所的复业

上海华商证券交易所在抗战期间的复业,是《证交》得以创刊的微观原因。上海华商证券交易所(Shanghai China Merchants Stock Exchange Ltd.)最早可以追溯到 1914 年成立的上海股票商业公会。1920 年 5 月,经北洋政府农商部批准,上海华商证券交易所由上海股票商业公会改组成立。"1933 年,《证券交易法》颁布后,上海证券物品交易所的业务全部并入上海华商证券交易所,使其实力大增。从此,上海华商证券交易所统一了沪上证券市场,成为当时远东最大的证券交易所,垄断上海证券市场 16 年。"[1]作为中国近代规模最大的证券交易所,上海华商证券交易所的发展历程和中国政局密切相关,几度停业、复业。1937 年抗战爆发后,上海华商证券交易所第一次停业,前后达 7 年之久。直到 1943 年 7 月,汪伪政府令其复业,以华商股票为限,但外币、外股、公债、黄金亦有交易,经纪人 200 名,上市股票 109 种。[2] 抗战胜利后,华商证券交易所于 1945 年 8 月 8 日再度停业。1946 年 9 月,国民党政府以华商证券交易所为基础成立上海证券交易所。1949 年 5 月初,上海解放前夕,该所停业。

（三）《证交》半月刊的创刊

上海华商证券交易所复业后,为何第一时间就创办了《证交》半月刊? 这在该刊的《发刊词》中有所交代:

> 现代经济社会中,欲谋工商企业之发展,借图国计民生之充裕,舍流通证券而外,其道末由。而流通证券,周转资金。自非有合法公开之证券市场,指导方针,负责经营,实难显其功效。盖证券市场依法设立,交易均有保障,买卖咸循正轨,企业界可以充分获取其所需要之资金,裨益增产,投资家亦得安心择其所希望之企业,投注资本,双方交受其利,相得益彰。游资散漫,既得归宿,建设前途,收效自宏。此本所复业以来因势利导先从华商股票着手,以确定营业方针。

> 本所既为全国唯一合法之证券市场,应如何健全业务之机构,促进生产之发扬,凡足以仰裕国课,普利民生,实无日不在设法规划求改善之中。环顾国外证

---

① 　上海市银行博物馆:《图史流金:中国金融之最》,东方出版中心 2020 年版,第 69—71 页。
② 　于光远:《经济大辞典》,上海辞书出版社 1992 年版,第 134 页。

券市场,对于关系证券业之法令,上市证券公司之内容,暨平时交易之动态,分析综合,均有期刊作为报道。乃由本所同人,参互借镜,筹编刊物,半月为期,并顾及目前节约运动,提要钩玄,重质减量,暂舍空泛之理论,专叙实际之消息。俾社会人士洞悉证券情形;投资庶有准绳,生产公司事业益见推广。际兹创刊,爰作简辞。①

对国人来说,证券交易所是一种舶来品,证券投资类报刊也是一种舶来品。正如《发刊词》所言:"环顾国外证券市场,对于关系证券业之法令,上市证券公司之内容,暨平时交易之动态,分析综合,均有期刊作为报道。"另外,《证交》半月刊并没有聘请专门的采编人员,而是由上海华商证券交易所同人筹办编辑。"顾及目前节约运动"一句则透露了战时沦陷区的物资紧张,并部分地解释了《证交》半月刊印制粗糙、内容单薄的原因。

二、《证交》半月刊的栏目设置与主要内容

(一)《证交》半月刊的基本信息

《证交》半月刊的命运和抗战时期的上海华商证券交易所一样,存在时间较短。现存《证交》半月刊一共 10 册(12 期),藏于上海图书馆。第一期出版于 1944 年 9 月 16 日,由上海华商证券交易所编印。当时正处于抗战后期,上海已全部沦陷。杂志版权页显示,《证交》是一本半月刊,编辑部地址位于上海市汉口路 422 号上海华商证券交易所,电话 98070。最后一册出版于 1945 年 3 月 17 日,是第 11 期、第 12 期的合刊。五个月后,日本投降,抗战胜利。

《证交》是一种专业的金融期刊,但并非限于内部业务交流,而是一种半公开发行的刊物。在第 2 期杂志的版权页上,增印了一行字"宣传部登记证沪志第 290 号"。需要注意的是,这个所谓的宣传部是南京汪伪政权的。在第 4 期杂志的版权页上,又出现了一行"上海邮政管理局暂准登记第 439 号"。这些登记证号都表明,《证交》半月刊是一种得到沦陷区当局批准的公开发行的刊物。在它的版权页上,还印有"欢迎定阅"的宣传广告。这也再次证实了《证交》的公开发行性质。不过,《证交》半月刊并未标注售价,这一点比较罕见,说明它并不以营利为目的,只能算是一种半公开发行的期刊。这也许和《证交》半月刊的目标读者群较小且集中有关。

---

① 《发刊词》,《证交》1944 年第 1 期。

（二）《证交》半月刊的栏目设置

《证交》半月刊的栏目设置和办刊宗旨密切相关。从《发刊词》可以看出，《证交》半月刊的办刊宗旨是"暂舍空泛之理论，专叙实际之消息"，"俾社会人士洞悉证券情形；投资庶有准绳，生产公司事业益见推广"。因此，它的常设栏目有"法令及公告""行市记录""公司消息""公司内容介绍""经纪人消息"等。这些栏目的内容基本是证券交易信息的汇编，因为与当代证券报刊不同，《证交》并没有设记者岗位。

广告虽然不属于《证交》的栏目，却是该刊比较有特色的业务，这里略作介绍。《证交》每一期都有广告页，少则两三页，多则七八页。与当时的一般报刊不同，在《证交》杂志刊登广告的都是上市公司或券商。比如，第 1 期杂志刊登了泰山房地产企业、永安纺织、中法药房等股份有限公司的广告。第 2 期杂志也刊登了好几页广告，内容详略不一，基本包括公司的资本、业务、投资、高管（包括董事长、董事、总经理、厂长、工程师等）。这是上市公司向《证交》读者也即股市投资者推介的一种手段。第 4 期杂志广告页飙升，有 7 页之多，其中刊登了不少券商和经纪人的广告，如鸿大股票号（九江路）、中华股票公司（证券大楼）、润享证券股份有限公司（证券大楼）、同茂股票号（证券大楼）等。有些广告甚至还具体介绍了券商的业务，如集成证券号是第 23 号经纪人，委托收买国华银行、华美烟草、九昌织绸、上海回力球、中信实业等股票，代客买卖有价证券等。

（三）《证交》半月刊的主要内容

"法令及公告"栏目的内容。"法令及公告"栏目主要刊登涉及交易所、上市公司、经纪人的公告，未见法令。始于 1944 年 7 月 15 日第 173 号公告，终于 1945 年 3 月 7 日第 360 号公告。公告篇幅长短不一，如第 173 号公告内容为"经昌染织厂股份有限公司之股票定于 7 月 17 日上市，其交易单位为五百股"，第 360 号公告内容为"三月十二日（星期一）为总理逝世纪念，本市场循例休假一天"。

"行市记录"栏目的内容。该栏目主要以表格形式记录上市公司的股价。以"1944 年 7 月 17 日—1945 年 3 月 10 日"这张表格为例，时间涵盖两周 12 个交易日；个股则按板块划分，有金融投资股、化学工业股、纺织股、百货股、文化股、其他实业股等 6 个板块,板块下面是具体个股,如文化股包括中华电影、中华书局、世界书局、永祥书馆、商务书馆等。每个个股交易信息又细分为最高—最低、开盘—收盘、成交—交割等类别。

"公司消息"与"公司内容介绍"栏目的内容。这两个栏目类似现在的上市公司信息披露。"公司消息"比较简单,好比一个公告;"公司内容介绍"内容翔实,好比年报。如第 8 期杂志有一则公司消息的内容是,"华伦造纸厂股份有限公司定自三十四年一月八日起预发卅三年下期股利"。而第 1 期杂志"公司内容介绍"栏目中,永安纺织股份有限公司的介绍就包括创设日期、资本额、地址、增资过程、近年资产负债表、重要职员、公司历史、营业范围、最近股息记录等多项信息。其中,永安纺织股份有限公司简明比较决算表是重点,具体科目包括流动资产、长期投资、固定资产、流动负债、资本净值等详细数据。

"经纪人消息"栏目的内容。经纪人现在叫券商,是证券市场的重要组成部分。所以,关于经纪人的消息也是金融报刊必不可少的内容。如第 3 期杂志"经纪人消息"栏目有一则内容是"五十九号立信代表人俞绥之转让与立信号代表人李百强"。

此外,还有一些非常设栏目。其中,"股市珍闻"栏目,主要介绍一些大的投资集团,类似当下资本市场中的"某某系"。比如,第 7 期杂志介绍了"中法集团"的架构,包括中兴振业创设日期、资本、负责人,以及下属的已上市各业和未上市各业(公司),如永祥印书馆创设日期、资本额、负责人。"小统计"栏目主要作一些金融数据统计。比如,第 4 期杂志上的《现在上市股票资金概况表(民国三十三年十月卅一日)》,根据该表可知,此时上海华商证券交易共有股票 165 家,其中金融投资股 32 家、化学工业股 27 家、文化股 10 家、百货股 9 家、纺织股 60 家、其他实业股 27 家,纺织股占资金总额成数 35.66%,处于第一位;金融投资股占 31.19%,处于第二位。

三、"周年纪念"特刊、"论著"专栏与证券知识的普及

(一)"周年纪念"特刊

1944 年 12 月 2 日,《证交》出版了一期"周年纪念"特刊,即第 5 期。这一期杂志共 64 页,比第 4 期(28 页)的篇幅增加了一倍以上。其内容除了之前常

设的"法令及公告""公司消息"等外,还新增了"弁言""本所现况""本所复业一周间大事记""小启事""论著"等。

"弁言"的作者是时任上海华商证券交易所理事长张慰如。张慰如(1888—?),名文焕,上海人,日本早稻田大学毕业。1935年与杜月笙等创办国信银行,出任总经理。① 张慰如是上海华商证券交易所的发起人之一,在汪伪政府令华商复业后任理事长,抗战胜利后以汉奸罪被捕。"弁言"一文介绍了上海华商证券交易所的发展历程,具有较高的史料价值。比如,这篇短文回顾了抗战期间交易所复业的经过,上海华商证券交易所成立以来,"直至八一三事变,始行停业。……爰于同年(民国卅二年)七月间,由财政、实业两部会令,令饬本所早日筹备复业。……同年十一月八日筹备就绪,正式开拍"②。

"本所现况"主要介绍1944年时上海华商证券交易所的内部组织机构以及经纪人、公司股票申请上市审查程序、交易情形等制度。这些内容正是投资者、上市公司、券商等证券市场参与者高度关心的内容。从中可以探知一些关于上海华商证券交易所的细节,如在正式开市前的1943年9月29日曾举行复业典礼;交易所的组织形式是商办股份有限公司,设有股东会、理事会;交易所内设总务、业务、审计三处,处下设科,如审计处设有编纂科,等等。《证交》半月刊有可能由这个编纂科负责。其中关于交易情形的介绍也特别有价值,如上市股票达168种(1944年11月底止);经纪人增至200家;"市场中心设置经纪人座位,每座装设对讲电话,直通其营业所";"市场四周装置大黑板,顶端罗列所有上市股票名牌,及其交易单位。每种股票名牌下复分为二栏";"本所市场集会每日分前后二市。午前为前市,午后为后市";"单位计分四种,即十股、一百股、五百股、一千股",等等。③

"本所复业一周(年)间大事记"主要介绍上海华商证券交易所从1943年7月3日到1944年11月16日之间的重要事项,如1943年7月3日的"奉财实两部会令饬即筹备复业",1944年11月16日的"晋隆电话器材制造厂股份上市"。此外,第5期杂志还有一个"附录"的栏目,刊发了抗战前1935年4月27日国民政府修正公布的《交易所法》。

---

① 汤涛主编:《张寿镛校长与光华大学》,上海人民出版社2016年版,第209页。
② 张慰如:《弁言》,《证交》1944年第5期。
③ 《本所现况》,《证交》1944年第5期。

总而言之,"周年纪念"特刊不仅是当时证券市场全面了解上海华商证券交易所的一个重要渠道,也是后人研究抗战时期上海证券市场、上海华商证券交易所的一本重要史料集。

(二)"论著"专栏的开设与内容

"论著"专栏不是单纯的证券资讯栏目,它始于《证交》"周年纪念"特刊。对于开设"论著"专栏并一直延续下去的原因,编者作过解释:"本刊此次为纪念复业周年扩大篇幅,特约稿件多篇,兹以时间匆促,未及全部付印,嗣后当逐期刊载。诸祈鉴谅。"①从第5期开始一直到最后的第12期,每一期《证交》都有"论著"栏目,有时一篇,有时数篇。该栏目刊发的文章篇目、作者、刊期,统计如下:

表1 "论著"栏目文章一览

刊　期	篇　　目	作　者
第5期	银行家应如何指导民众投资	孙瑞璜
第5期	产业与资本市场之当前问题	王雨桐
第5期	新闻界应如何灌输投资常识	刘云舫
第5期	买卖股票的常识	梵　声
第6期	为华股市场有关各方进一解	潘逸民
第7期	道氏之理论与华股市价之预测	李振南
第7期	资本管理并重论	沈麟玉
第7期	股市漫谈:股票之投机、投资与赌博	七　来
第8期	股市漫谈:证交复业前之华股交易,日本股票交易所概况,股票交易所与企业繁荣	七　来
第9—10期	近年来物价涨落与股票市价升降以及通货周转率之概况	侣　松
第11—12期	最近上海股市与工商业之情况	逸　之

① 《小启事》,《证交》1944年第5期。

(三) 普及证券知识的尝试

从《证交》"周年特刊"及其开创的"论著"栏目可以看出该杂志普及证券知识的努力与尝试。在"弁言"中,张慰如对投资者、上市公司、经纪人、交易所同人提出了不同的期许。比如,他对投资者是这样说的:"社会人士从事证券交易者,自应以正当投资为目标,选择对象,稳健投资,保本生息,铢积寸累,企业增进,利益自获,若盲目投机,非法牟利,只顾目前之盈亏,罔计事业之久暂,则不特按其结果,适足以自贻伊戚,抑且可使整个证券事业,失其合理之效用。"而引导投资者树立正确的投资理念,正是证券交易所开展投资者教育的职责之一。

至于"论著"栏目,从《银行家应如何指导民众投资》《新闻界应如何灌输投资常识》《买卖股票的常识》《股票漫谈:股票之投机、投资与赌博》等文章题目就可以看出,其目的在于向社会大众传播证券投资常识。值得注意的是,这些文章的普及对象不仅是投资者,也包括上市公司的高管、证券市场的管理者与研究者。而"论著"栏目文章的作者也多是当时与金融市场密切相关的专业人士,很多人有留洋背景,他们把发达国家的投资理念介绍给国人。比如,孙瑞璜(1900—1980),名祖铭,江苏崇明县人(今属上海),1921 年赴美纽约大学、哥伦比亚大学攻读银行学,获硕士学位,曾任新华银行副经理,抗战爆发后,他在上海主持管理沦陷区新华银行业务。解放后,曾担任中国人民银行上海分行副行长。[1] 王雨桐,浙江杭州人,早年赴日留学,归国后投身商界,对日本与中国政治经济进行了深入的研究,著有《中国对日之债务问题》等。[2] 他曾在太平保险公司、金城银行、浙江兴业银行等金融机构任职。刘云舫(1897—1957),名芝生,1922 年毕业于上海圣约翰大学政治系,曾在外交部任职,1927 年在上海创办《琼报》三日刊,1943 年任《上海企业》周刊主编。[3] 李振南(1898—?),湖南宝庆人,长沙雅礼大学毕业,美国耶鲁大学博士,曾任雅礼大学教授、美国纽约标准统计公司经济统计师、中国银行首席经济研究专员、上海工部局电力节制委员会委员。[4] 沈麟玉,江苏吴县人,美国哈佛大学

---

① 马洪、孙尚清:《金融知识百科全书》,中国发展出版社 1990 年版,第 2251—2252 页。
② 张卓群、宋佳睿:《甲寅通信集》,福建教育出版社 2016 年版,第 611 页。
③ 宋路霞:《细说刘秉璋家族》,上海辞书出版社 2015 年版,第 186—190 页。
④ 南京图书馆编:《中国近现代人物像传》,上海古籍出版社 2011 年版,第 392 页。

商科硕士,曾任大夏大学商学院院长、国立上海商学院兼任讲师①、中央银行经济研究处专门委员②等职。

四、结语

《证交》半月刊在上海证券报刊史上占有一席之地。从 19 世纪末开始,证券知识开始在上海传播,当时《申报》《新闻报》等中文报纸均刊载股票消息。民国成立后,金融专业报刊开始承担起报道经济动态、普及证券知识的责任,如 1917 年 5 月在上海创办的《银行周报》、1935 年在上海创办的《交易所周刊》。在 20 世纪 40 年代,专门的证券刊物开始兴起,如《兴业股票公司市价报告》(日刊,1942 年)、《证交》(半月刊,1944—1945 年)、《证券市场》(半月刊,1946—1947 年)、《资本市场》(月刊,1948 年)、《股票新闻》(1949 年)。其中,《证券市场》《资本市场》由当时的上海证券交易所主办。由此可见,研究《证交》半月刊是研究上海证券报刊史、探讨证券知识在上海传播必不可少的一个环节。

而具体梳理《证交》半月刊的创刊过程又可以看出:《证交》半月刊是伴随着抗战时期上海证券市场的畸形繁荣、上海华商证券交易所的复业而诞生的,适应了战时市场的需求;《证交》半月刊公开透明地刊载重要的证券数据和信息,有利于上海证券市场的良性发展;《证交》半月刊作为上海华商证券交易所唯一一份证券期刊,使其在证券市场参与者中拥有较大的影响力;《证交》半月刊一开始类似公报,后来引入了"论著"栏目,使其具有普及证券知识、教育投资者的功能;《证交》半月刊是沦陷时期上海证券市场发展的重要见证者和记录者。当然,随着抗日战争的胜利,《证交》半月刊也必然与上海华商证券交易所一同走向终结。

---

① 上海财经大学校史研究室编:《国立上海商学院史料选辑》,上海财经大学出版社 2012 年版,第398 页。
② 庄志龄编选:《上海市档案馆藏近代中国金融变迁档案史料汇编·机构卷·联合征信所》(文字版),上海远东出版社 2018 年版,第 210 页。

近代出版与社会性别重构

——以商务印书馆《妇女杂志》为中心

何　玮

（华东理工大学）

从社会性别学角度看，近代出版的诞生及其发展，是"女性"这一社会性别被重新书写、赋予"近代"内涵的过程。聚焦近代出版及其传播的"知识"，探讨其对社会性别重构发挥的影响及历史作用，不仅有助于把握知识传播的近代性，也有助于我们思考"知识"与"性别"之间的辩证关系。

20世纪初，继成功推出《东方杂志》《教育杂志》《小说月报》《少年杂志》等刊物之后，商务印书馆于1915年出版专门探讨女性问题的期刊——《妇女杂志》。直至1932年商务印书馆馆舍被日军炸毁被迫停刊，《妇女杂志》持续刊行长达17年之久，在近代同类杂志中仅次于《女铎》及《妇女旬刊》①。不仅如此，以上海的商务印书馆总馆为总发行所，《妇女杂志》在全国各地商务印书馆分馆设立分销处，构建了非常发达的销售网络②。作为一份发行时间长、销售区域广的刊物，《妇女杂志》发挥的示范效应不容小觑，其建构的"贤妻良母"形象更是中国女性近代化的缩影。

---

① 广学会创办的杂志《女铎》在1912—1941年连续发行29年，在经历了短暂的停刊之后于1944年复刊，之后到1951年为止又连续发行7年，这本杂志前后共出版发行36年之久。另一本由杭州中华妇女社出版的《妇女旬刊》从1917年6月—1948年11月连续出版31年（参见前山加奈子：《女性定期刊行物全体からみた「婦女雑誌」——近現代中国のジェンダー文化を考える一助として》，村田雄二郎編著：《「婦女雑誌」からみる近代中国女性》，研文出版2005年版，第365—403页）。

② 创刊之初，《妇女杂志》充分利用商务印书馆营业据点遍及全国的优势，在多个省市进行销售。创刊号版权页上清楚标明该杂志以上海的商务印书馆为"总发行所"，同时在北京、天津、保定、奉天、龙江、吉林、长春、西安、太原、济南、开封、成都、重庆、长沙、汉口、南昌、安庆、芜湖、南京、杭州、兰溪、福州、广州、潮州、桂林、云南、澳门、香港的商务印书馆分馆设置营业据点。

鉴于此,本文以 1910 年代《妇女杂志》为主要分析文本,探讨"贤妻良母"的具体内涵,关注这一女性形象与前近代之间的关联与断裂之处,解析中国"女性"被纳入近代化轨道之际的特点。同时,对上述问题的探究和解析,也为我们思考近代性问题提供有效的方法和路径。

一、商务印书馆与《妇女杂志》的编辑方针

毋庸讳言,商务印书馆作为近代中国规模最大的出版社,在出版史及教育史方面的地位举足轻重。追溯历史,商务印书馆创立于 19 世纪末,至 1920 年代初,已在国内外拥有 36 家分馆及 1 000 个左右的营业网点,建立起自己的出版经营王国。时代所需是商务印书馆迈向成功的关键,企业宗旨亦是推动其走向巅峰的重要因素。20 世纪商务印书馆的发展史中,其内部文化人之间在各个不同历史时期的思想不尽相同,甚至存在很大差异,尽管如此,进取中蕴含稳健的文化风格却是一贯的。[①] 所谓"稳健的文化风格"是对传统与舶来文化拿捏的分寸感,是对各种激进言论、各种政治势力角逐的回避及敬而远之。这一特点在很大程度上影响了《妇女杂志》的创刊宗旨。

民国初年,中央政府与地方军阀之间的较量导致高压政治的同时,也使知识分子获得了宝贵的思考及言说空间,以租界为代表的城市近代化在夹缝中成长壮大。一方面,试图恢复儒家伦理道德正统性的遗老遗少们在高声喧嚣;另一方面,西方近代思想、摩登商品大量涌入,《妇女杂志》就诞生于这一新旧交替的历史时期。

持续刊行 17 年,《妇女杂志》的编辑方针大体经历了前后两个时期。创刊伊始,大力鼓吹贤妻良母主义女子教育;五四运动后,探讨"妇女解放"成为新的主旋律。1914 年,也就是《妇女杂志》创刊的前一年,《教育杂志》刊载了时任北洋政府教育总长汤化龙有关女子教育的文章。

> 中国今日,凡百事务,皆属过渡时代。如女子教育,尤不可不十分慎重以谋完善。考中国女学,本生长于深闺中,多不出门,故其见闻至为狭隘,知识亦颇幼稚,此一缺点,实与今日时势大不相合。其开发女子知识之方法,不可不大加研究。至于中国女子之性质,则概多静贞优美,亦幸赖遂奉一种高尚之道义,行于家庭所

---

① 杨扬:《商务印书馆与中国现代文学》,《中国现代文学研究丛刊》1999 年第 1 期。

致,故未使女子陷于败德非道之域中,诚为可喜! 民国以来,颇有一派人士倡导一种新说,主张开放女子之界限,其结果致使幽娴女子提倡种种议论,或主张男女同权,或倡导女子参政,遂至有女子法政学校之设立。虽属一时风潮所驱,为过渡时代所难免之现象。然以余观之,则实属可忧之事也。即如教育部此次禁止私立女子法政学校者,盖谓该校在今日,不但毫无利益,而反有巨害。余对于女子教育之方针,则在使其将来足为良妻贤母,可以维持家庭而已。惟对于知识技能之方面,则非设法研究,以谋发展,则不能适应于文明日进之时势也。①

将女性定位于家庭,"使其将来足为良妻贤母,可以维持家庭而已","或主张男女同权,或倡导女子参政"均与"静贞优美"的女性"美德"相背,故"幽娴女子"不得为之。换言之,使女性继续保持"静贞优美"的传统"美德",同时施以知识技能教育,使其"适应于文明日进之时势",是汤化龙眼中女子教育的"真经"。同一时期,另一篇内容相近的文章《汤总长之女子教育方针谭》②刊载于《申报》。汤化龙的谈话见诸报纸杂志后,各地政府纷纷就女子教育问题发表意见,表示"中国女教向以端静温淑为宗旨,……务使养成贤母良妻,庶于道德风俗务有裨益"③。1914 年 12 月,北洋政府颁布《教育部整理教育方案草案》,汤化龙的主张得以贯彻实施:"我国女学幼稚,数年以来,各省渐知兴办女学,而无一定陶成之方针,影响所施,流弊滋大。今且勿骛高远之谈,标示育成良妻贤母主义,以挽其委琐龌龊或放任不羁之陋习。"④

《妇女杂志》发刊辞中,明确该志以"应时世之需要。佐女学之进行。开通风气。交换知识"⑤为编辑方针。所谓"佐女学"即"妇女最大之天职岂非在相夫教子而杂志发刊之本意又岂非遵此职志为国中造多数之贤妻良母耶"⑥(着重点系笔者加)。概而言之,紧随北洋政府的教育方针,积极宣扬贤妻良母女子教育,是《妇女杂志》创刊之初的宗旨⑦。主编由王蕴章担任,

---

① 《汤总长之教育意见》,《教育杂志》6 卷 4 期,《记事》栏目,第 31—32 页。
② 《汤总长之女子教育方针谭》,《申报》1914 年 6 月 28 日。
③ 《取缔自由女子之部饬》,《申报》1914 年 9 月 12 日。
④ 《教育部整理教育方案草案》,璩鑫圭、唐良炎编:《中国近代教育史资料汇编 学制演变》,上海教育出版社 1991 年版,第 743 页。
⑤ 张芳芸:《妇女杂志发刊辞三》,《妇女杂志》第 1 卷 1 号,《发刊辞》,第 4 页。
⑥ 梁令娴:《敬述吾家旧德为〈妇女杂志〉祝》,《妇女杂志》第 1 卷 1 号,《发刊辞》,第 6 页。
⑦ 在《妇女杂志》创刊前一年(1914),袁世凯政府颁布《报纸条例》及《出版法》,对出版业采取高压政策,报纸和杂志的内容均受到严格控制。

图 1 《妇女杂志》创刊号封面 　　图 2 《妇女杂志》创刊号发刊辞

胡愈之、胡寄尘、张季鸾、蒋维乔、瞿宣颖、魏寿镛、朱梦梅等是这一时期的主要撰稿人。

创刊初期,《妇女杂志》的主要栏目包括"社说""学艺门""家政门""记(纪)述门""文苑""小说""国文范作""杂俎""余兴""中外大事"等。"社说"以探讨贤妻良母职责的论述居多,"学艺门"主要从学理方面推广家庭生活所需的科

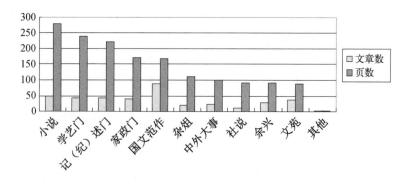

图 3 《妇女杂志》第 2 卷各栏目所含文章数及页数统计

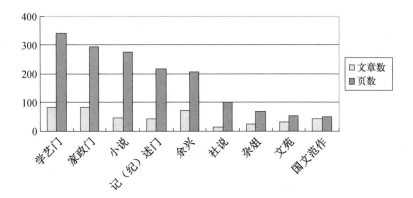

图 4 《妇女杂志》第 3 卷各栏目所含文章数及页数统计

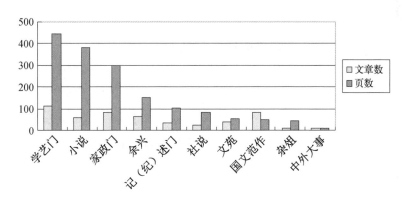

图 5 《妇女杂志》第 4 卷各栏目所含文章数及页数统计

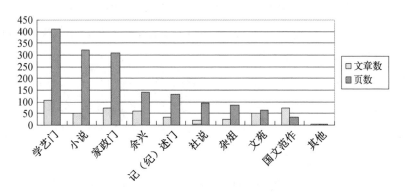

图 6 《妇女杂志》第 6 卷各栏目所含文章数及页数统计

资料来源：图 3 至图 6 为笔者统计整理。

学知识,"家政门"侧重介绍运用科学知识管理家政的具体案例,同时涉及科学育儿、教育子女等问题。"记(纪)述门"多刊载海外女性的消息及个人旅行日志。祝词、吊词等是"文苑"栏目的主要内容。"国文范作"以刊登女学生撰写的随笔、作文、诗歌等为主,"余兴"栏目着重介绍活用科学知识的游戏。此时的《妇女杂志》,文言文及半文半白的文章占据主要篇幅。

统计数据显示,与其他栏目相较,"学艺门"和"家政门"的文章数及页码数所占比例最大,讲解、探讨家政管理及家庭教育是《妇女杂志》的核心内容。具体而言,家庭医疗保健及看护知识、女性生理卫生知识等与家庭生活相关的科学知识的传播是《妇女杂志》一大特色,这些文章注重服务性、通俗性和趣味性,编排方式多样且不断拓展相关题材①。

二、"贤妻良母"与女性新价值观的传播

濑地山角②、姚毅③等学者的研究显示:在中国,作为四字熟语的"贤妻良母"并非由来已久,该语汇最初由日本"引进"而来。19 世纪末 20 世纪初,中国民族危机日益深重,为实现"富国强种",在梁启超等开明知识分子的大力宣扬下,"贤妻良母"及其倡导的新观念逐渐为国人所熟悉,"贤妻良母"也作为一个相对固定的语汇确立下来。探讨贤妻良母教育的重要性,是《妇女杂志》创刊伊始的核心议题。

> 近二十年,中外大通,形见势绌,乃见欧美列强纵横于世界,非徒船坚炮利也,实有贤母良妻淑女之教,主持与内,为国民之后盾也……吾妇女界凤秉慈善之天性,人之好善,孰不如我,合我全国妇女界二万万之心思才力以《妇女杂志》为机关,互换德智,以求有益于吾国。④

在题为《妇女之天职》的文章中,撰稿人王三云:"男女之界说。匪惟于形体上征之,亦必于性体上征之。故男子形魁梧而性伟岸,女子形窈窕而性温和。伟岸之性于心理上为严肃,温和之性于心理上为慈惠。故幼稚儿童

---

① 陶贤都、艾焱龙:《〈妇女杂志〉与中国近代的科技传播》,《中国科技期刊研究》2013 年第 24 卷第 6 期。

② 濑地山角:《東アジアの家父長制——ジェンダーの比較社会学》,劲草书房 1996 年版。

③ 姚毅:《中国における賢妻良母言説と女性観の形成》,中国女性史研究会(日本)编:《論集中国女性史》,吉川弘文館 1999 年版,第 114—131 页。

④ 刘盛:《发刊词》,《妇女杂志》第 1 卷 1 号,第 2—4 页。

恒畏父而爱母。于此焉"①,故"曰女子之天职趋重于家庭而不趋重于社会,社会上恒托男子之代理,家庭中则维女子所掌管,故女子在校日所学之学科亦恒趋重于家庭。使与男子并驰逐于社会,则家庭中几何之不荒且无也,此阐明天职上之所以然者"②。通过援引生物学及心理学知识,作者将男女之间的性差绝对化,并将其作为社会分工的依据,导出贤妻良母是妇女天职的结论。

国家社会之所需——是贤妻良母教育的又一重要依据。飘萍女史云:"可以担负家政之一部,轻男子之责任,使得专心于国家社会之事,不至使男子为身家所累,百念俱灰。且儿童之母教与社会国家之前途,均直接有大关系者也,女子而能担任此义务,即可谓尽忠于国家尽忠于社会矣。"③王三感叹道:"呜呼! 国势荏弱,无良国民不足以挽弥天之厄运。然欲造良国民必先得良国民之母,良国民之母伊何人? 吾可亲可爱可敬可钦之妇女同胞是也。然则吾妇女同胞曷鉴诸区区之言,而共商榷之,则不惟著者一人之所感纫不尽,实我中华民国国民无疆之休。"④"贤妻"通过操持家政减轻丈夫的负担,使其得以"专心于国家社会之事"。不仅如此,优良国民的缔造舍有"良母"莫能为之,其关乎国家前途命运,故而"贤妻良母"是女性"尽忠于国家尽忠于社会"的最佳舞台⑤。值得注意的是,这里有一个共同的叙述架构及论述逻辑,即将女性与国家链接在一起,通过其对于国家的意义来书写、界定女性。同时,对于国家而言,女性的意义并非通过其自身直接彰显出来,而是通过服务于"夫"与"子"的间接形式才能得以体现。

一言以蔽之,"贤妻良母"将女性定位于家庭内部,要求其将全部精力投入到家政管理及教育子女方面,以此体现作为妻子及母亲的"贤"与"良"。刊载大量教导性文章的同时,《妇女杂志》也不忘让现实生活中的"贤妻良母"现身说法,用其切身经历告诉读者该如何饰演好"妻子"与"母亲"的角色。2 卷 1号《家政门》栏目中题为《家庭经验谈》的征文活动就是一个缩影。在这次征文

---

① 王三:《妇女之天职》,《妇女杂志》第 1 卷 2 号:《论说》栏目,第 3 页。
② 同上。
③ 飘萍女史:《理想之女学生》,《妇女杂志》第 1 卷 3 号,第 4 页。
④ 王三:《妇女之天职》,《妇女杂志》第 1 卷 2 号,第 4 页。
⑤ 类似的论述,还可在遐珍、丁凤珠《妇女杂志》第 1 卷 7 号《振兴女学之功效》)等文章中看到。

活动中,一位名曰朱志淑的投稿人详细介绍了其在家相夫教子、主持家政的情况。朱志淑曾就读于南京转坤女子师范学校,毕业后在该校任教,婚后由于子女渐多辞去教职。

> 外子置身学界,为养正中学校校长,惟日孜孜从事于教育。家庭计划若何,不暇过问,皆余主持。余之性质,对于家务,虽终日操劳,不但不以为苦,反觉津津有味。故余之家务,似觉秩序井然。

> 凡家中一切需用布置,无不格外节制。每年用项,必先立表预算,综计进款之数,以为出款之支配。

> ……

> 余家中每年用度所余之钱,即回家置办田地房屋,或典或买。每年所收租洋,概存于储蓄银行,每年亦可得利息。

> 余之家庭,自余整理以来,幸能无窘迫之虞,职此故也。

> ……

> 余主持家政,每抱勤俭二字,不辞劳苦,兢兢业业,日夜操作。至于日用,节无益之费用,作正当之预备。衣饰只尚朴素,不准奢华。一切菜蔬,仅取适口,不碍卫生而止。盖以人生自立,非勤也不足生财,非俭也不足节财,故余勤俭为治家之要道。此乃余数年来家庭之经验,敢以为吾女界中之主持家计者告。非是适当,不敢许耳。①

从朱志淑的言谈中,不难看出她对操持家务的津津乐道,以及从中获得的快乐与满足。只言片语间,一位克勤克俭、乐在其中、充满自豪与自足的贤妻良母形象跃然纸上。其治家的宝贵经验当然值得借鉴,平淡的讲述之外,朱志淑更将作为一名"贤妻良母"该何去何从的价值取向传递给读者。这些无疑是《妇女杂志》编辑刊载此文的用心所在。

三、"贤妻良母"与近代科学在中国的推广

《妇女杂志》的两个重要栏目——"学艺门"及"家政门",源源不断地向读者灌输与日常家庭生活相关的技巧与方法,包括疾病的预防、治疗、护理之法,

---

① 朱志淑:《家庭经验谈》,《妇女杂志》第 2 卷 1 号,《家政门》栏目,第 1—3 页。

烹饪方法、食物营养成分、家庭百科常识,衣服的缝纫、洗涤、保存、手工编织法,以及哺育幼儿、教育儿童的方法等①。贯穿其中的是大量卫生学、生理学、医学、物理、化学、数学等近代科学知识。2卷9号起,由陆咏黄执笔,在"学艺门"②栏目中开设了名为《家事衣类整理法》的系列文章。"绪言"中作者云:

> 家事为女子普通教育之一科,而衣类整理,又为家事之一部。盖人生日用所需,食住而外,厥惟衣服。冬裘夏葛,体温赖以调节;越绮吴纨,仪容饰其外观。则整理之法,尤为主家政者所宜知。……③

"家事为女子普通教育之一科",这样的叙事呈现,首先表露出作者对女性的定位,即从事家政是理所当然和天经地义。在其看来,人生日用所需,除食、住之外就是穿衣,因此衣类整理的方法是女性必须掌握的内容。遵循这样的逻辑,陆咏黄对"衣类整理"作了系列讲解。

第一讲的主要内容,是介绍纤维的种类、性质、用途及鉴别方法。注重运用精确的数据及物理化学的专业术语是行文的一大特点。如谈及植物性纤维的代表木棉纤维的长度、直径及构成时,陆氏道:"通常长十五粍至六〇粍。直径〇.〇四〇粍""由八六％或八七％的纤维、五～八％的水、四～五％的蜡、脂肪、蛋白质、有机酸、色素组成。"④介绍动物性纤维绢丝时,他描述:"由蚕茧所得之纤

图7 《妇女杂志》2卷9号

---

① 有关这一点,仅从这两个栏目登载的文章题目就可窥见一斑。比如1卷3号的《食物之腐烂及防除法》《家庭教育简谈》,《妇女杂志》第1卷3号、4号、5号的连载文章《衣类污点拔除法》《简易家庭看护法》及《家庭医病法》等。诸如此类的文章数量之多不胜枚举。
② 这一栏目有时亦称作"学艺门"。
③ 陆咏黄:《家事衣类整理法》,《妇女杂志》第2卷9号,《学艺门》栏目,第2页。
④ 同上,第4页。

维。其一茧纤维之长度。约三五〇至一.二五〇米。其直径平均为〇.〇一八耗"①,在空气中的含水量为"百分之一或一.二"②,白色蚕丝由"腓布洛阴(丝之本之质)(Fibroin)……五四.〇三％;细利希恩(Sericine)……一九.〇八％;蛋白质……二五.四七％;蜡……一.一一％;色素……〇.〇一％;脂肪及树脂……〇.三〇％"③构成。涉及羊毛的长度、直径及组织结构时,他说"(其长度)皆自二.四糎以至二〇.三糎。直径约为〇.〇一以至〇.〇〇四五糎"④,大约由"纤维……一五～七二％;约克及写恩特(Yolk and Suint)……一二～四七％;水……四～二四％;他之物质……三～二四％"⑤组成。

其次,文中亦流露出作者对现代科学仪器及手段的信赖。考察木棉、绢丝及羊毛纤维特点的过程中,均借助显微镜并将观察结果以图显示。介绍酸对木棉纤维的作用受温度影响时,说:"曾有以六％冷硫酸液,浸于木棉纤维上,不起何等作用。易以六％煮沸之硫酸液,则立即起剧烈作用,而使木棉脆化。可知温度与酸之作用有关系焉。"⑥在此,他用试验的结果导出结论。探讨碱性液体及列叶氏试药(Loewe's reagent)对绢丝的作用及碱性溶液对羊毛所起的作用时,也无一例外地通过试验结果予以证明。第三章《纤维之鉴识》⑦中,分别介绍了用"定性的试验"与"定量的试验"来鉴别纤维种类的方法。"定性的试验"中,首先介绍包括"肉眼试验""触觉试验""燃烧试验""显微镜试验"在内的"物理的方法"。之后,将运用化学方法进行测试的步骤、判断方式等作出详细说明。这些均反映出作者注重、依托"试验"结果推导出结论的理念。

再次,文中体现了为近代科学所规范的思维方式。谈及木棉的物理性时,作者先用实验结果得出木棉"在百度前后之温度。颇富于伸缩性。此时若制成何种形式。冷后可不改变"⑧的结论,继而告诉读者:"故衣类偶有皱纹,湿以水,以熨斗熨之,即可平整。而洗濯后,必须施以熨斗完成之法者,皆不外应用

---

① 陆咏黄:《家事衣类整理法》,《妇女杂志》第2卷9号,《学艺门》栏目,第7页。
② 同上,第8页。
③ 同上,第8页。
④ 同上,第10页。
⑤ 同上,第11页。
⑥ 同上,第5页。
⑦ 同上,第12—15页。
⑧ 同上,第4页。

此种性质也。"①在此,他注重的是基于科学原理之上的因果论式的讲述。

通过细致入微的讲解,寄望女性能够掌握理化知识,据此"科学"地处理家务,是陆咏黄的初衷,如其所言"以养成有秩序之经验,及有根据之技能"②。讲解中精确的数据及专业术语的运用,对显微镜等现代科学仪器的信赖,按照科学的思维方式进行推理等,充分体现出其已被"科学"完全格式化,充分按照"科学"所推崇的严密性、精确性等价值取向进行知识生产的特点。这一点恰是"学艺门"及"家政门"栏目的缩影。诸如此类的文章不仅在内容上向读者大量宣传科学知识,更将"科学"的精神及价值取向默默地传递给读者,这一点也许比知识传授本身更加不容忽视。

又如《妇女杂志》1卷1号的《妇女卫生谈》③一文中,论及妇女为何需要掌握卫生学知识时,作者云:"盖卫生知识,为人所必不可少。自幼至老,一世之强弱,一家之盛衰,莫不与之有密切之关系。……回顾吾国,卫生知识尚在幼稚。每年因病而死亡者,不知凡几。使卫生知识普及于人人,侍病之法研究精良。亦未始不可减少也。然则吾侪为女子者,急于此时尽其天职,使卫生之学及侍病之法日益精进,以裨益于社会。"④按照这一宗旨,作者对女子卫生概要、服侍病人及哺育婴儿时应注意的事项等进行了一系列的讲解,陆续刊登在《妇女杂志》1卷1号及1卷2号之中。

《论小半臂与女子体育》⑤一文

图8 《妇女杂志》1卷1号

---

① 陆咏黄:《家事衣类整理法》,《妇女杂志》第2卷9号,《学艺门》栏目,第4页。
② 同上,第2页。
③ 沈芳女士:《妇女卫生谈》,《妇女杂志》第1卷1号,《家政门》栏目,第2—9页。
④ 同上,第2页。
⑤ 沈维桢:《论小半臂与女子体育》,《妇女杂志》第1卷1号,《家政门》栏目,第1—2页。

中,沈维桢对当时流行于女学生中间的"小半臂"①进行了批判。谈及这种衣服以束胸为目的时,作者道:"夫既以束缚胸乳为美,此即阻人天然之发育而害生理之甚者也。夫衣服贵为人之美观,尤贵合乎卫生之道,洁净为先,式样相配,艳色适时,非皆合乎卫生之道而何耶。……洗之晒之,以去污秽,而杀病毒,更易新衣,以助卫生,未尝有妨诸械官之发育者。惟过于紧小,不但运动不便,肺部不舒,血液不易流通,呼吸不易畅达。生理学家常言,人久静坐,终日埋头伏案,易生结核菌于肺端,致患肺病。矧紧紧扎之,使胸不能发达,肺部不能伸张。"②在此,作者明确表示反对女学生穿小半臂,原因在于其有碍胸部的发育和肺部的正常工作。

回顾东汉曹大家的《女诫》,其在"妇行"中云:"女有四行、一曰妇德、二曰妇言、三曰妇容、四曰妇功。……盥浣尘秽、服饰鲜洁、沐浴以时、身不垢辱、是谓妇容。"③同样是要求妇女保持服饰的洁净,曹大家视服饰的整洁为"女人之大节"④,从道德的角度对女性的服饰进行评判。与此相异,沈维桢谓之要"合乎卫生之道",以不妨碍身体各器官的功能及身体的发育等为出发点,从卫生学、生理学的角度立论。

此外,"卫生"观念也贯穿于烹饪类的文章之中⑤。《新烹饪》⑥一文里,朱梦梅在讲解各种菜肴的烹饪方法之前,在"例言"中云:"吾国于烹饪一门,素鲜专书,如中馈录、随园食单等,皆语焉不详,于卫生上尤少说明。……是编所载虽系烹饪诸法,然与卫生学生理学化学医学有关系者,均不敢从略。以期增进家庭常识。……是编所载,大半为普通家庭所不知者。惟调味虽佳而不合于卫生者,概不载入。"⑦

既往鲜有烹饪类书籍,仅有的一些讲解也较为粗略,不仅如此,涉及饮食

---

① 作者对小半臂做了如下解释"小半臂者。何物也。女学界新发明之物。小背心是也。即束缚胸乳之物。以为美观也。"(沈维桢《论小半臂与女子体育》,《妇女杂志》第1卷1号,《家政门》栏目,第1页。)

② 沈维桢:《论小半臂与女子体育》,《妇女杂志》第1卷1号,《家政门》栏目,第1页。

③ 曹大家:《女诫》,陈宏谋编:《五种遗规》,台湾中华书局,第3—4页。

④ 同上,第4页。

⑤ 此外,在涉及住居方面,也同样渗透着"卫生"意识。例如当时就读于日本三轮田高等女学校的留学生朱穗秋所言"住居选择。其要凡四。一曰卫生。所以保一家之健康也。……"(朱穗秋:《住居之选择及其建筑设计法》,《妇女杂志》第2卷6号,第2页。)另外,当时美国康奈尔大学学士章元善在《居家房屋之构造》中也持有类似的观点。(章元善:《居家房屋之构造》,《妇女杂志》第2卷4号,《家政门》栏目,第1—3页。)

⑥ 朱梦梅:《新烹饪》,《妇女杂志》第1卷7号,《家政门》栏目,第13—15页。

⑦ 同上,第13页。

与卫生二者关系的内容更是少之又少。针对这一情况，朱梦梅的讲解尤其注重后者。遐珍也提到相似的问题："烹调食物，人皆视为简易之事，故未有不委诸仆人之手。然而文明日进，科学日昌，普通理科之知识，亦为妇人所不可不备。盖应用于实地，实于家庭卫生上经济上，均大有裨益者也。矧食物烹调，为家常所必需。而其理科之知识，宁非更属紧要耶。"①遐珍认为，"过去"人们将烹饪一事看得非常简单，基本交由仆人来处理。而在"文明日进，科学日昌"的"今天"，从卫生、经济的角度考虑，妇女也须掌握"普通理科之知识"。将"过去"与"今天"进行对比，透过这种叙述方式，我们看到朱梦梅、遐珍等

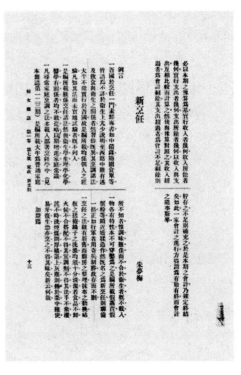

图 9　《妇女杂志》1 卷 7 号

人欲将"卫生"观念导入中国家庭的历史瞬间。

　　总之，与上述内容相似的例子不胜枚举，"学艺门""家政门"栏目一方面注重对数学、物理、化学等近代科学知识的讲解，同时，由于以家庭为主要服务对象，两个栏目中遍布强烈的"卫生"意识，以及极力要将"卫生"意识传递给读者的意图。在"每年因病而死亡者，不知凡几"②的羸弱时刻，撰稿者们将希望寄托于近代卫生学、医学等科学知识，期待有更多的人，尤其是以家政为"天职"的妇女能够借助科学的力量，从家庭入手改变中国的现状。换言之，众多撰稿者从近代国家建设的角度出发，高唱卫生的重要性，并试图通过"贤妻良母"来实现国民的健康。毋庸讳言，文章中被活用的近代卫生学、医学等知识及近代卫生意识是直接或间接从西方输入的结果。科学、卫生等观念的介入，显然已

---

① 遐珍：《关于烹饪之理科谈》，《妇女杂志》第 1 卷 5 号，《家政门》栏目，第 8 页。
② 沈芳女士：《妇女卫生谈》，《妇女杂志》第 1 卷 1 号，《家政门》栏目，第 2 页。

将"彼时"与"今日"切割开来,西方的近代化像一股涓涓细流,试图以"贤妻良母"为媒介悄无声息地改变中国家庭继而是中国社会。

四、20世纪早期近代科学在中国的本土化特点

在《妇女卫生谈》一文中,作者通过对比,强调欧美和日本在普及卫生知识及取得的成效方面远在中国之上,感慨"无怪乎彼之强而壮"而吾国"每年因病而死亡者,不知凡几"①。朱梦梅在《新烹饪》中云"与卫生学生理学化学医学有关系者,均不敢从略,以期增进家庭常识。……惟调味虽佳而不合于卫生者,概不载入"②,以此显示其对科学的重视。在另一篇名为《家庭药物学》③的连载文章中,朱梦梅试图通过讲解家庭药物学改变国人科学知识匮乏的现状,以期达到"引起一般人民关于科学上研究之兴味"④的目的,强调"是编所采各种中药,学说均本西洋"⑤。结合遐珍等人的叙述,可以清楚地看到:其一,20世纪初年,科学作为"新知识"已然确立权威性。当然,科举制的废除,近代学校的兴起,新式教育体系中科学知识占据相当大的比例,如此种种为这一权威的确立做好了铺垫。其二,这样的认同感为日后新文化运动将科学提升至一种价值观及信仰,一种意识形态的高度——科学主义——奠定了不可或缺的基础。其三,食物的防腐及烹饪、衣物的洗涤及养护、老人及婴儿的看护等与家庭生活相关的科学知识及卫生观念正积极参与妇女新规范的书写。

另一方面,西方的科学知识在本土化过程中,也呈现出另一特点。在名为《家庭药物学》的系列文章中,朱梦梅开篇即言:"科学知识,不仅在能读书,尤贵能实地练习。本编立语既极浅显,而选择各种药品,又大半为家庭习见之物。……务使未习医学之人,读此可增其医学上之新知识,兼能实地疗治疾病。"⑥希望自己的著述能够增加读者的医学知识,并指导他们在生活中的实践。

---

① 原文的部分叙述如下:"查昔英之伦敦。以传染病而死亡者。日有百计。后于一千一百四十六年。卫生知识。普及以来。患病死亡之数均减。故泰东西各国行政上。无不励行卫生。人民于卫生之知识。浅近之病理及医法。几无不知。无怪乎彼之强而壮也。回顾吾国。卫生知识。尚在幼稚。每年因病而死亡者。不知凡几。"(沈芳女士:《妇女卫生谈》,《妇女杂志》第1卷1号,《家政门》栏目,第2页。)
② 朱梦梅:《新烹饪》,《妇女杂志》第1卷7号,《家政门》栏目,第13页。
③ 由朱梦梅撰稿的名为《家庭药物学》的系列文章陆续刊登在《妇女杂志》第3卷1号至4卷10号名为《学艺》或《学艺门》的栏目中。
④ 朱梦梅:《家庭药物学》,《妇女杂志》第3卷1号,《家艺门》栏目,第2页。
⑤ 同上,第1页。
⑥ 同上,第2页。

在共计十六章的解说中,朱梦梅分别就牛乳、肉汁、鸡蛋、豆腐、小粉、饴糖、熟地黄、肉桂、人参、鹿角、鱼肝油、绿矾的性质、效用、服用方法、药方的调制、适用病症等做了详细介绍。其中"牛乳的性质"中,首先从营养学角度谈起:"牛乳之成分中,含有蛋白乳、油乳、糖及盐类各质。"①在稍后的"牛乳之处方"里,朱梦梅援用中医的处方习惯,分别讲述了四种药方的调制及其功效:"(一)牛乳四两煮沸,加入石灰水一两。(以生石灰二三钱,投入冷开水一茶碗中,用筷搅拌,徐待石灰沉下,乃取其面上之清水一两备用。)混合服之,能治呕吐。……"②这样的讲解方式贯穿始终。

旨在宣扬近代的科学知识,但在具体讲述的过程中,明显将西医与中医揉搓在一起,是该系列文章的显著特点。首先,作者并不完全否定中医。其次,西医和中医之间并不互相排斥,它们之间存在相互融通的可能性。这一点在《妇女杂志》刊载的其他文章中也多有体现。知识分子们对待中医的态度,与新文化运动的代表人物鲁迅形成了鲜明对比。在《父亲的病》③一文中,鲁迅通过将中西医对立起来,宣泄的是对中医医师的鄙夷以及对中医治疗方法的质疑与不屑之情。显而易见,在对待中西医的态度上,鲁迅与早期《妇女杂志》的撰稿者存在明显不同。

结语

"贤妻良母"作为从欧美及日本引进的舶来之物,对近代以降中国"女性"的社会性别重构产生了重要影响。就此而言,探讨"贤妻良母"的本土化过程意义深远。

如前所述,以近代国家建设、性差心理学等为由,将女性置于"家庭"内部,通过"夫"与"子"将其与国家链接在一起,明确其作为国民应尽的责任与价值所在,要求女性恪守"温顺贤良"的儒家传统,同时,宣扬近代科学知识对"妻"与"母"而言的重要性,是贤妻良母教育思想的核心内容。反观东汉曹大家《女诫》④、唐宋尚宫撰《女论语》⑤、明仁孝文皇后《内训》⑥等典籍,封建宗法社会

---

① 朱梦梅:《家庭药物学》,《妇女杂志》第 3 卷 1 号,《家艺门》栏目,第 3 页。
② 同上,第 3 页。
③ 鲁迅:《父亲的病》,《鲁迅全集(第二卷)》,人民文学出版社 1981 年版,第 284—290 页。
④ 曹大家:《女诫》,陈宏谋编:《五种遗规》,第 1—5 页。
⑤ 宋尚宫:《女论语》,陈宏谋:《五种遗规》,第 6—10 页。
⑥ 明仁孝文皇后:《内训》《女孝经(及其他两种)》,中华书局 1991 年版,第 1—30 页。

重视"德性"的培养,妇女的"美德"主要体现在其与父母、公婆、丈夫、子女等一组关系之中,即所谓的"事父母""事舅姑""事夫"及"训男女"。与此相异,如字面所示,"贤妻良母"着重强调的是女性与丈夫及子女之间的关系,父母、公婆则退到相对次要的位置。这与宗法社会中首重"孝"的观念形成鲜明对比。就此而言,"贤妻良母"所宣扬的价值观重新规范、界定了女性应该建构的人际关系,描绘出一幅近代核心家庭的图景。

另一方面,倡导女性遵从"温顺贤良""贞静幽娴"等儒家伦理,是对传统女性规范的传承和坚持。然而,这里的传承并非原封不动地照搬。根据近代家庭的需要重新进行改写,是贤妻良母教育思想的重要特点。不仅如此,近代科学知识打破了儒家思想塑造女性的绝对优势,科学精神成为一股新的力量,参与到改造女性的行列中来。贤妻良母女子教育理念中,"温婉贤淑"是灵魂,是家庭与社会美满和谐的保障,是个人服务于近代国家建设所必需的"美德"。近代科学知识服务于这一核心价值。

概而言之,"贤妻良母"的形象建构既有对传统的摒弃,也是一种传承,试图将传统与近代结合起来,谋求一种新的融合与平衡。近代出版业的发展为其提供了广阔的空间和舞台,编辑、撰稿人、读者等参与到"贤妻良母"形象的建构中来。在这一过程中,"女性"完成了从前近代到近代的角色转型。

出版与政治活动

战 时 动 员

——《大公报》与香港义演义赛(1937—1941)

张慧颖

（中国政法大学）

　　《大公报》是迄今为止我国新闻出版史上发行时间最长的中文报纸,展现了我国近百年来社会发展的缩影。据抗战时期《大公报（香港版）》(1937—1941)出版刊登情况显示,自全面抗战以来,香港虽为英殖民地,但为大陆战区支援献金开展义演义赛活动纷繁。大陆前线物资短缺,医疗资源紧张,沦陷难民增多,广大香港市民群体掀起了举办以戏剧表演和体育比赛为特征的新式慈善活动的浪潮。《大公报》广泛报道并参与这种义演义赛活动,链接着义演义赛活动的组织者和参与者,募集善款支援抗战,承托着救助灾民和支援战争的温情,重现了香港与内地的深厚情谊,也呈现出中国社会变迁进程中城市文化与慈善风尚的嬗变。

一、时代底色：战时动员的大潮

　　七七事变后,日军开始全面侵华,随着日军的攻城略地,内地城市不断陷入日军之手,作为英国殖民地的香港则暂时成为华南一带避难地之一。1937年7月到1938年10月广州沦陷之前,英国政府对中国抗战保持中立,其对华关系的原则是:"它既反对日本独占中国,排斥它的在华利益,又不愿得罪日本,同日本的矛盾激化……在保证大英帝国——包括香港整体安全的前提下支持中国,同时避免卷入对日战争。"出于对自身利益的考虑,英国对中国施予了有限的帮助,保持香港的开放地位,香港各界才有机会在相对宽松的政治环境寻找支援,为抗战活动提供了生存的土壤。

1. 抗战初期香港对华义举

交通运输在战争中起着运输军需物资、药品乃至民生必需品的重要作用。日军切断了中国战略物资的运输路线,占领中国大多数沿海省份,几乎完全封锁海岸,中国的对外运输通道只剩下三条:通往苏联的西北公路,法属印度支那以及华南口岸的香港(滇缅公路尚未开通)。随着日本不断对法国政府施加压力和对中国军用物资的运输加以种种限制,香港凭借优越的地理位置,在英国政府"不妨碍香港治安和英日邦交的条件下允许群众运动某种限制的活动"的政令下,加之对内地的民族情谊和善行义举,抗日战争中在物资运输和供应支援方面无疑发挥了重要作用。

除了地理和交通方面有足够的优势,香港市民的抗战文化也风起云涌,支援抗战的义举遍及各行业。1939 年,日军盛行的军国主义气焰和非人道主义的进攻被广泛报道,香港舆论界掀起了巨大的浪潮,打破了英帝国高压下的沉寂。[①] 市民、商人、学生等各个群体的国家意识在民族危亡的大势下逐渐上升,从震惊到愤慨,从不忿到同情,展开了一系列的救助大陆支援抗战的活动。1937 年,为缓解军需导致的财政危机,国民政府呼吁全国人民认购"救国公债",向国内外同胞劝销,香港华人领袖周寿臣被推举为"救国公债劝募委员会香港分会"主任委员。香港市民反应踊跃,到 1938 年 2 月,救国公债在香港发行未到半年就已经募得国币 535 万余元,当中 220 多万元为捐款,全数汇返内地支援抗战。救国公债在香港总共发行了 864 万余元,另外亦接受港币近 5 万元。各行各业的爱国人士筹措资金,普益商会在 1938 年的救国献金运动中捐款 4 万元,第二年献金 5 万元;县域杭总商会对购买国防公债、献金运动、募捐散赈、征募寒衣等活动无不参与,出资甚多;酒楼茶室商会用于购买国防公债、救国献金的款项达到 10 余万元;1941 年 4 月底,劝募战时公债认购 350 万元,10 月,实购公债 890 万余元。[②]

广大市民们也纷纷开展为支援抗战献金运动的义举,各业利用行业义举筹资捐款抗战,义卖、义剪、义诊、义演、义赛活动十分盛行。"药贩义卖团昨日

---

① 中央档案馆、广东省档案馆编:《广东革命历史文件汇集 1938—1941》1987(6),第 127 页。
② 刘智鹏、刘蜀永:《香港史:从远古到九七》,香港城市大学出版社 2019 年版,第 247 页。

又开始义卖献金,一连两日举行,所得义款及药材,悉数交由妇慰会办理云",
"查南北行街惠元昌药行之中医生梁羲和君,昨亦为献金事,定于本月二十二,
及二十三义诊两天,所有诊金,全数捐出"。小型义卖、义诊多转交给抗战团体
进行同意代理支援;在粤债处发动九一八大募公债时,理发行业先行响应,"全
港义剪义尉理发店数百家",承担了募集三万的任务。[1]"香港九龙酒楼、茶
室、茶居、西菜饭店联合商会昨献金数目,共约得港币一万三千余元、国币一万
二千余元","得云茶楼九一八义卖老婆饼二一万个,昨已沽清,计共得港币六
百九十一元、国币五百九十二元","旅港嘉属商会、例每月向全人劝募购救国
公债一次本月购债者,合共八百六十元,连前共购三万零四百六十五元"。[2]
大型义卖以及劝募数目较大,多由商会的名义联合进行。一时间,各行业投身
于动员抗战的慈善义举成为了时代底色。

2. 抗战中期义演义赛蔚然成风

除了传统的商业行会,文体界的兴起为抗战文化和活动的宣传注入活力。
抗战以来,香港集中了大批文化界知名人士和爱国民主人士。尤其是皖南事
变后,因国民党顽固派加紧对抗日进步人士的迫害,许多文化界人士及各界爱
国民主人士在内地不能立足,辗转来到香港,由此推动了香港抗日救亡运动的
发展,带来了香港抗战文化的繁荣。七七事变以后,香港民众除了献金救国,
也有人回乡服务,还有的直接投身抗战。最引人注目的是,以支援中国抗战为
宗旨的社会团体纷纷成立,华人赈灾会、华商总会筹赈会、香港学生赈济会、中
国妇女兵灾会等,加上香港原有的慈善团体、商会、行会、工会、同乡会、妇女会
等,开展各类活动募集捐款,为抗战提供物质援助。因内地战火影响许多社会
名流退居香港,包括戏剧名角、体育明星以及具有慈善影响力和组织力的政治
与商业人物,义卖募捐外,为在城市开展开展义演义赛活动提供了组织基础和
可行条件。

20世纪30年代以来,香港已成为远东地区有影响力的国际贸易港,经济
文化繁荣。音乐戏剧演出、体育比赛尤其是埠际球类比赛蔚然成风。一元还
债运动兴起后,剧团巡回义演、个人宣传劝募此起彼伏。香港各界赈济难民联

---

[1] 《义剪义舞齐献金 鱼茶柴石竞捐输》,《大公报》香港版1938年9月17日。
[2] 《药贩义卖 继续举行 老婆饼得千余元》,《大公报》香港版1938年9月22日。

席会为难民筹款事,举行了戏剧界大联合,于民族纪念日义演"黄花岗",参加的剧团有中华艺术剧团、红白剧团、广东剧协、炬流剧社、新社、自强体育社戏剧部、时代剧团、中华业余剧团、青年同乐社、旋周剧社、香港青年剧协、香港青年团、铁流剧团、怒涛剧社、蚂蚁儿童剧团、芦烽剧社、妇女四联会宣训班、中国旅行行剧团等。而个人义演的代表"名满南国的苏州妹"林绮梅举行义演劝销粤债,表演拿手剧本貂蝉拜月,拟定筹资港币三四千元。① 足球、篮球、网球、游泳等体育义赛也十分盛行,各报刊争相报道宣传球赛的出场成员、举办场地、票价、获得比分以及筹得款项,这些慈善赛的背后是各个体育组织、赈济团体等,票价定位也比较公道亲民,致力于全民参与支援抗战。如"东方战三会联军,是为广州儿童保育会筹赈,于香港会球场举行……华联阵容,非常强硬,翼手米杜息亦系恶霸,今番碰头,精彩自多,你看他们排来是华联队侯澄滔、宋灵胜、黎兆荣、李天生宋、包家平、刘庆才、李惠堂、麦绍汉、刘梁、梁荣照、冯景祥、曹桂成……门券计分五元,三元,二元,一元,五角,三角六种……南华场馆电话:二三零六六。香港会场电话:二三一七七"。报道详尽,力争市民参与,以便募捐抗战善款。为抗战救国,戏剧界开展义演和体育界举办义赛已然成为一股战时浪潮,裹挟在时代洪流里,成为文体界浓墨重彩的一笔。

3. 传播媒介之香港《大公报》

义演义赛之所以能如此盛大开展,重要的一环是新闻报刊对信息的传播,"近代中文报刊起源于香港"②。而抗战以来的报刊肩负着时代使命,要发射出它的火力,宣传抗战文化,弘扬民族精神,为战胜强敌提供舆论支持。在香港,当时颇具影响力的《大公报》与义演义赛活动的举办有着颇为密切的交织。

抗战时期《大公报》的经营状况较为复杂。由于时局影响文化事业南迁,《大公报》"决不在日寇铁蹄下出版一天",经历六次迁馆,辗转津、沪、汉、桂、渝、港,在抗战期间有汉口版、香港版、重庆版和桂林版等。为纪念"八一三"淞

---

① 《林绮梅演剧赠票销债成绩胜利厢已销出达半数各界劝募队明日出发》,《大公报》香港版 1938 年 10 月 3 日。

② 侯桂新:《抗战期间香港的文艺报刊和民族共同体想像》,《海南师范大学学报(社会科学版)》2014 年第 5 期。

沪抗战，香港《大公报》于 1938 年 8 月 13 日创刊。"以轻薄之纸，承受国破家亡之痛，以细弱之笔，书写万夫不当之勇"，《大公报》坚决支持抗日运动，宣传抗战文化，发挥了积极的作用，战祸之下《大公报》的发展遭遇了巨大阻力，但由于其拥有较为稳定雄厚的资本注入，因此在报社成员待遇等方面能够尽力维持战前水平。通过多方努力，《大公报》在抗战期间的文章报道水平几乎没有下降，宣传战斗能力反而有所提升，为舆论导向提供了价值指引。大量的战地报道、社评时论固然能彰显出《大公报》的战时特色，而对市民喜闻乐见的义演义赛活动报道虽然简短，但数目繁多，占据版面不在少数，相当程度上反映了香港市民对社会慈善事业和民族观念的嬗变，以及战时烽火下的家国情怀。

二、纵横互动：传递义演义赛信息

《大公报》作为各方信息的连接主体，与上游义演义赛活动的举办主体和下游的读者受众形成特定的关系场域，连接主办方宣传义演义赛活动，劝募社会捐款，发挥着重要传播信息的中介角色。

1. 媒介：传播义演义赛信息

作为近代新式传播媒介，大公报发挥了传播信息的主流功能，大量报道了义演义赛的内容和形式，是市民获取该新闻的主要途径之一。其可观性，夺人眼球，故赢得诸多市民尤以戏迷和球迷的喜爱。

义演形式丰富多样，表演性较强，分为传统和新编戏剧、音乐舞蹈会以及放映电影等，报道时也会突出其内容特征，对演出的剧名、时间以及票价、票款去向进行提前报道。戏剧是传统的演出娱乐方式，同时也会根据国外剧本进行相应改编；随着西方舞会文化的传入，舞蹈会逐渐盛行；伴随影视放映技术的提高，电影义映也较为盛行。从戏剧内容上看，最为典型的是中华艺术剧团对演出剧目进行的创新。《狄四娘》是法国嚣原俄著，东亚病夫初译原名"项日隆"，后经教育部次长张道藩改编并改名"狄四娘"。狄四娘一角由杨薇女士扮饰，是一部十分动人之悲剧。《伪君子》是法国莫里哀原著，陈治策翻译，是一部包含很丰富讽刺性之喜剧。《青纱帐里》是欧阳予倩之新作国防戏剧，故事完整。这三部剧目之所以较为典型，是因为它们是结合当下的战局环境以振奋人心,悲剧和讽刺喜剧以唤醒国民意识,可谓是戏剧的典型代表。除此之外,此处找出报道的较为流行的剧目,可观一二。

表1　1939年2月《大公报》报道香港妇女慰劳会为救济难民演剧剧目表①

日　期	剧　名	演　员	票　价
1939年 2月12日晚	花染状元红(粤剧)	薛觉先、上海妹、唐雪卿、廖侠怀、半日安、麦炳荣、	名誉券每张十元,赞助券每张五元,超等每张一元五角,普通每张一元,三楼二角
	飞渡玉门关(粤剧)	靓新华、谭秀珍、陈锦棠、李海泉、关影怜、卢海天	
	粉妆楼二本(台楚剧)	靓新华、关影怜、卢海天、陈锦棠、谭秀珍、李海泉	
1939年 2月13日晚	月底西厢(京剧)	廖侠怀、麦炳荣、唐雪卿	
	汉月照湖边	半日安、上海妹、薛觉先	

表2　1939年2月《大公报》报道中华艺术剧团为响应一元还债运动公演剧目表②

日　期	剧　名	演　员	票　价
1929年3月 中旬演出	欲魔	欧阳予倩改编(原著托尔斯泰)	此项表演,其目的在配合民族复兴运动,作有效宣传,拟不售门票,万一为限制人数起见,不得不略收券资时,则将该项收入完全作为捐款,响应一元还债运动,不得挪作别用。
	中国男儿	胡春冰	
	渔光女	中华艺术团成员	
	得意忘形	同上	
	钦差大臣	同上	
	雷雨(特别注明:表演戏剧以独幕或一幕两场的国防剧为限)		

---

① 《06港妇慰会 演剧款 薛觉先等义演两夜 期定十二十三两晚》,《大公报》香港版1939年2月4日。
② 《中艺剧团 巡回义演 向应一元还债》,《大公报》香港版1939年2月25日。

表 3　1939 年 3 月《大公报》报道中国妇女兵灾会剧筹款赈灾舞台演剧剧目表①

日　期	剧　名	演　员	票　价
1939 年 3 月 26 日晚	宇宙锋	带金殿、陈文伯	未有明确记载
	起解	金文本、白竹轩	
	骂殿	紫罗兰	
	空城计	李声叔、杨文豹	
	王宝川	金素琴	
1939 年 3 月 27 日晚	二进宫	黎安、吴剑华、沉兆屏	
	捉放曹	李声叔、杨文豹	
	铁蹄下的女性	卢翠兰	
	四郎探母	许密甫、金素琴	

演剧多以传统戏曲为主,同时出现了改编国外小说的近代舞台剧表演;另外国防剧也开始出现,反映出伦理纲常、忠孝仁义的传统文化根深蒂固的同时,封建礼教的束缚开始被逐渐冲击突破,直到近代思想文化开始解放,其中也烙印着鲜明的抗战文化的特点。而传统粤剧的艺术保留传承也有助于文化积淀和艺术传承。

除了对义演的报道,更为频繁的是宣传比赛公布比分的义赛内容。香港的足球比赛从 20 世纪初期开始兴起,随着抗战义举的盛行,足球义赛是最盛大、最频繁出现的体育活动,随着义赛文化的发展,棒球、篮球、排球、田径、游泳等多种体育义赛也风起云涌。中西对决、埠际联赛、男女双打看点十足,售票较多。影响较大的义赛有港澳埠际足球义赛、华侨队和中华队棒球义赛、思思中学女子篮球义赛、九一八圣保罗培英排球义赛、中英田径义赛、中美篮球义赛等。为救灾工作征得善款,英振华分会劝募委员会函请体

---

① 《妇女兵灾会 义剧秩序排定 廿六廿七一连两晚 妇慰会餐舞开始售票》,《大公报》香港版 1939 年 3 月 24 日。

育界协助和足球总会举办慈善足球赛及募款,足球总会义不容辞,请商南华会与港联队举行比赛一场,所有收入拨归英振会。《大公报》报道义赛具体情况如下:

表4　1939年2月《大公报》报道英振会足球义赛　南华队对阵港联队①

南　华　会	对　阵	港　联　队
刘松生(南华华)(左翼) 刘庆才(南华南) 李天生(南华南) 黎兆荣(南华南) 张荣才(南华南)(守门) 梁业照(南华南) 李惠堂(南华会)(中锋) 冯景祥(南华南) 刘伟培(南华华) 邓广森(南华南)		士(警察会) 施汉(米杜息) 许竟成(东方会) 氏(米杜息) 比路度(圣约瑟) 告利(九龙会) 大奴(圣约瑟) 容生(光华会) 韩尼(九龙会) 尼(米杜息) 巴臣(炮兵队) (后备) 礼地士(军需队) 衣史杜兰治 阜拉(香港会) 乌烈芝(九龙会) 帕架(警察会)

南华队与港联队主要为中西对决,国人和外籍人士都非常感兴趣,争相买票欲知战况,大会预售门票得 777.08 元,当场收入 2 252 元,足球摇彩共获 110.92 元②。总体看来,门票出售和善款募捐情况非常可观。

埠际小型足球义赛也是看点十足,相比中西对决组织起来较为便捷。香港中国妇女兵灾会妇女慰劳会、女青年会、广东新运会之妇女四联会救国宣传训练服务团请求全港小型足球协进会、举行港澳埠际轮小型足球义赈赛,为服务团北上购买药物而筹赈。入场券由香港妇女四联会宣传训练班服务团自行

① 《今日足球义赛 南华对港联 下午四时在嘉山举行》,《大公报》香港版 1939 年 2 月 26 日。
② 《足球义赛情况热烈 南华压倒港联队 米杜息四骑士临时无暇出席 实力大受影响结果连输三球》,《大公报》香港版 1938 年 10 月 11 日。

劝销①。可见,体育类协会主要是负责组织比赛,而场券的销售外包代理多由慰劳组织代销,义款则多转交给慰劳组织,由其分配处理捐赠。

除足球义赛外,中青健身室举办的篮球义赛,主角是华雄对南华,门票只收两角,款项拨交香港青年会随军服务团,以慰劳前线将士②。小型比赛众多,票价便宜。西方传入的棒球也开始举办义赛,下图棒球义赛是为妇女慰劳会筹赈。

表 5 《大公报》报道 1938 年 8 月海军球场棒球义赛③

华 侨 队	对 阵	全 港 联 队
李仲振,汤荣光,包家平,陈字钿,朱国伦		印度,西洋,英国,美国等精锐

香港邻海,水上运动必不可少。中华体育协进会举办水上运动大会,澳门华侨体育会水球队与香港炮兵联队在钟声游泳场作友谊赛,均以募捐门票作为善款。女子战队也较十分普遍。华雄体育会男女篮排球乒球队征澳义赛成绩甚佳,男子篮球首战联会会宇队,结果 47 比 29 胜,次战对联会联字队,结果以 34 比 43 败北;女子篮球华雄以 28 比 4 大胜华南队,男子排球华雄亦以 2 比 0 胜华南队。女子乒乓华雄败于华南队,成绩为 5 比 0,华侨足球队昨与米杜息战于九龙太子道球场,结果 1 比 0,华侨队胜。

在这些大大小小的比赛中,入场券作为善款支援抗战,或前线,或后勤,或将士,或男童,在这纷涌相至的抗战义举下,输赢显得似乎没有那么重要了,无论华侨、港民、国际人士,所有人鼓作一气,同仇敌忾,源源不断的物资、补助以及情谊传送给为国抗战需要补给的每一个人。这些纷繁的义演义赛的报道本身就是一种舆论的宣传和引领,是一种支援抗战的文化宣传,贯穿了寓乐于善的慈善思想,将商业行为赋予社会意义,市民们潜移默化地加深了与内地的联系和认同。

2. 组织:参与义演义赛事业

除了扮演传播媒介之外,作为近代新闻报业主体之一,《大公报》从业人员

---

① 《港澳埠际小球义赛 预定二场下周举行》,《大公报》香港版 1938 年 10 月 13 日。
② 《今晚二场 篮球义赛 七时华雄对南华 八时星队战华南》,《大公报》香港版 1938 年 10 月 10 日。
③ 《棒球义赛日期近 华侨队开始练习 入场券已于昨日起分处发售》,《大公报》香港版 1938 年 8 月 18 日。

参与融入慈善事业中主办义演义赛活动,以新闻行业名义募捐善款,支援前线。同时衍生代发门票、入场券、代收善款的服务活动,充分再现作为传播媒介和参与主体的双重角色定位。

大公报的记者加入香港中国新闻记者公会,参与主办了赈难杯排球赛,参加者共有 6 队,健儿 78 名,多曾出席全运或远运,球技均已登峰造极,计有培英白绿队、培正红蓝队、保罗校友队、岭南校友队、英皇汉山校友队、南华体育会。[①] 救亡金山剧团时,记者公会主持筹备演出及推销戏票,同时由四妇女联会、华商总会、钟声社等团体协助进行,可见不止时以报界为主的新闻业开展举办,以业缘、地缘形成的网络状的社会团体争相涌入慈善事业中为支援大陆抗战作贡献。棒球义赛的入场券由主办方或第三方提前代理开售,报刊业作为宣传方和主办方,有时也会进行入场券代售作为其衍生出的一项新的服务。

三、战时宣传:构建民族认同

《大公报》之所以大量报道义演义赛活动,不单纯是娱乐性,更重要在于公益性,这些活动的背后承载的是救助灾民和支援战争的温情,再现的是香港与内地的深厚情谊,以及西方人对中国战场的支持与同情,对香港地区民族观念的构建起到重要作用。

抗战初期,募集到的款项多用于购买军用物资,支援前线抗战。《大公报》的受众为广大市民,在接受了大量战地报道后,面对义演义赛他们义无反顾地支持,支持义演义赛就是支援抗战。一般情况下,主办和参与义演义赛的团体将收募的票款扣除必要开支外捐助给慰劳组织,各个组织进行提案讨论,决定如何分配这些款项。如在黄花岗七十二烈士殉国纪念日,华商总会提案通过第四战区兵站总监代伤兵难民请助款物案,需拨助电单车一辆,单车七辆,中西药品一批。[②] 第一战区第一兵团总司令薛岳请求妇女慰劳会捐助救伤包[③],各界振联会讨论决议通过。各界赈联会讨论七十四军某团指挥吕国治的请求

---

① 《记者公会主办 排球义赛 十八日开始举行》,《大公报》香港版 1939 年 2 月 15 日。
② 《义演"黄花岗"得款 抚恤阵亡将士家属 赈联会昨日常会通过 今日大会中提出讨论》,《大公报》香港版 1939 年 3 月 28 日。
③ 《重演"黄花岗"赈联会昨议决 地点普庆戏院日期未定 拨米三十包作散赈之用》,《大公报》香港版 1939 年 5 月 10 日。

抚恤阵亡将士家属,并扩大抚恤阵亡将士家属运动,将义演黄花岗筹款所得,用作抚恤费。

这些物资和抚恤金一方面能够提供实质帮助,另一方面极大鼓舞了前方士气。慰劳救济组织成立的一个宗旨就是使将士精神得到安慰,在战斗上得到民众的帮助。后方的这些运动让他们觉得同胞们没有忘记自己,表示"绝对不辜负人们的希望,即使以最后一滴血也要争取我们的胜利"①。

同时募集到的资金也用于服务医疗资源,保障后勤工作。战争不可避免地带来伤亡,医疗保障成为一道最重要的防线,后勤工作至关重要。前线的医疗资源十分匮乏。义演义赛的一个重要目的就在于支援医疗后勤工作。修顿球场举办的足球义赛,华雄对华警、香港区对九龙区联队之赛,所有收入将拨给中国港侨救护团充作北上费用。② 南华体育会为此举办水运筹赈会及足球义赛,共得港币 6 500 元,会长周文治个人捐赠港币 1 000 元,合共港币 7 500 元③。将收入券款,拨充购置救伤车辆,捐送政府,藉资救济。指定购置救护车一辆,送交广州红十字分会外,捐送广州红十字分会救护车一辆,价值 3 100 元;捐送琼崖救护车两辆,价值 3 400 元;捐送青年救护团药品及寒衣,价值 1 000 元。④ 中国旅行剧团为各界妇女联会举行义演,收入共 1 120 余元,内有一百元乃中国妇女会捐助者。除各项支销外,交由妇女新运会,代办内衣分给赠前线将士。妇女慰劳会在举行常务会议时,主席报告讨论善款和物资流向,其中的青年救护队组成前方救护队,治疗费用由本会承担。⑤

这些服务于前线的后勤工作代表着战地后方人民以另一种形式,广泛参与到抗战中。后方之所以为后方,是前线的将士们以血肉之躯在抵挡。战争使全国人民的命运归宿捆绑在一起,在时局中香港人民与内地形成了强烈的认同感和归属感。

体恤烈士难童、抚慰抗战心灵也是募集善款的重要原因之一。在宣传义演义赛的过程中,对抗战创伤的弥补是至关重要的。《大公报》对烈士难童有

---

① 《前方来信》,1940 年 4 月 20 日,《慰劳半月刊》第 12 期。
② 《小型足球 周末尚有大战》,《大公报》香港版 1938 年 8 月 18 日。
③ 《东南西北》,《大公报》香港版 1938 年 9 月 20 日。
④ 《"中旅"义演 收入共一千余元》,《大公报》香港版 1939 年 5 月 14 日。
⑤ 《各侨团续缴回 七七纪念花款 妇慰会报告筹款之成绩 超立研究社义卖已结束》,《大公报》香港版 1939 年 7 月 12 日。

相关报道,在报道支援该群体的义演义赛中收到了良好的反响。

中华艺术剧团联合香港青年戏剧协会、广东戏剧协会留港同人会,发起号召全港戏剧界义演民族革命剧历史剧"黄花岗",其主要目的就是发动大众募捐善款,抚恤阵亡将士家属。中国战时儿童保育会香港分会,为充实经费,多做抚育难童工作,邀请梅兰芳博士演剧筹款。[1] 中国旅行剧团应岭南大学学生自治会之邀,为捐助本港难童教育,义演剧目"五羊城"。该剧情节系描写沦陷区居民受压迫之痛苦,与人民奋起自救之途径,细腻壮烈,感人至深。[2] 抗争的创伤不能够轻易抚平,这些善款和善举意在能够为抗属和难童带来心理抚慰。创伤与战争似乎从来都形影相随。募捐善款作为抗战动员的一个重要组成部分,鼓舞民众的斗志、抚慰人们的心灵,为抗战胜利作出了不可磨灭的贡献。

四、百年报刊：见证时代变迁

《大公报》作为义演义赛活动的信息载体,见证了其兴起和衰退,也反映了时代的变迁,在以文体界为主体的特殊慈善方式的抗战动员热潮,见证了香港社会变迁进程中城市文化与近代风尚的嬗变。

1. 抗战色彩浓厚

据《大公报》刊载情况分析,义演的剧目开始增加了国防剧,致力于抗战文化的宣传,尤其在重大战役纪念日尤以七七事变和八一三事件,悼念捐躯将士,警醒时代战局。

1939 年 7 月 7 日抗战二周年纪念日,全港侨团学校,均下半旗,遵照中央所颁办法,隆重举行纪念仪式。娱乐界方面,一部停止,一部如新世界影戏院、太平戏院等则举行义演筹款。石塘嘴歌女义唱,铜锣湾区坊众联同音乐界唱戏筹款。

救亡剧团、中国救亡剧团因港九各社团各学校要求继续公演,第一晚公演节目为英勇悲壮之名剧"鲁南之光",各界侨胞纷纷到戏院预沽入座券,未及开演时间,各项座位已售出一空,演出成绩,较前更为美满。闻该团为纪念"七

---

[1] 《梅将再度义演 为难童请命》,《大公报》香港版 1939 年 3 月 12 日。

[2] 《"中旅"义演 五羊城 由该团粤语部演出》,《大公报》香港版 1939 年 6 月 22 日。

七"二周年起见,今日日夜特别献演伟大名剧"无定河边",日场所有收入,不除一切开支,会同利舞台戏院,全部举行献金。[①]

如浪如潮的体育比赛中,票价定位虽然不高,但是无论大小型比赛,都如数捐赠给慰劳会和赈济会,球队、球员、观众皆明白国难需要每一个人救助,这种抗战色彩渗透在每一个日常生活中和行动中。

2. 女性群体参与

随着香港近代思想解放,女性群体参与义演义赛越来越普遍,不仅体现在作为戏剧成员和体赛选手参与出场进行,如圣保罗保罗女书院的女学生们联合义演名剧"前夜",筹得款项,拨充华南难民工业社、香港慈善会、国际医药救护团及联青社慈善组。[②]

更有以女性为主要群体的团体组织从事救助筹赈的协调组织工作,如中国妇女兵灾筹赈会、妇女慰劳会香港分会、广东妇女新生活促进会驻港办事处、香港女青会等。其后由妇女慰劳会发起,乃有四妇女为会,其主要目的,为联络妇女界感情,努力抗战工作,对国家贡献意义非凡。大者如救国宣传班、防毒讲演,儿童保育会,各界赈济难民联席会等,至于小者,更不可胜计,对于抗战前途,不无相当补助。[③] 中国妇女慰劳会香港分会主办之妇女北上慰劳团一行人在战火中迎难北上,设立战地服务站,为士兵供茶水宣传慰劳。[④]

女性群体的广泛参与,不断冲击着封建礼教的桎梏,为思想解放和公平文化准备了社会条件,同时为重视女性多元需求、开拓女性参与空间、承认女性参与价值提供更加公平的社会环境。

3. 中西合作开展

中日战场作为第二次世界大战中的东方战场,英、美意识到中国承担着日军侵略的世界前线的重要战略地位,必须要给予中国相应援助。除了军事援助之外,成立了英赈华分会劝募委员会、美国援华总会的救助团体,英赈华分

① 《今日各侨团 隆重纪念七七 素食售花义演停止娱乐 公祭阵亡将士死难同胞》,《大公报》香港版1939年7月7日。

② 《联青社筹款 公演"前夜" 圣保罗女生义演》,《大公报》香港版1939年3月7日。

③ 《扩大妇女团体组织 妇慰会昨向四联会建议 改组为香港妇女联席会》,《大公报》香港版1939年3月16日。

④ 《妇慰会 慰劳团 昨由粤北上》,《大公报》香港版1938年9月15日。

会劝募委员会函请体育界协助举办足球义赛及募款。蔡惠鸿是我国青年网球名手,应美国援华总会邀请,和哈孟氏在埠举行义演,收入赈济我国难民。

球类运动尤其是足球,也常以中西方合作的形式开展,夺人眼球。圣保罗旧生会主办的排球义赛即为中西学校合作开展。为纪念九一八事件,培英(中)战圣保罗(西)开战,培英阵容为黎连泽、关桂桐、陈英宽、徐亨、丘广燮、黄耀华,生力军有马权栋,李瑞彬,关锡赋,林荣迭;圣保罗阵容为陈昌永、霍伯垣、冯汉雄、梁杰堂、陈树德、钟士元、兆棠、侯约如、李丽明,常备军:陈文干,林润明,(头排),陈润宝,李明亨,(二排),刘烱仁,郑振鹏,(三排)。同时有中西乐助庆,校友们众多,皆踊跃参加。①

中西合作的开展,一方面中西义赛能够吸引更多球迷、体迷来购票,增加募款,中西文化融合改编的戏剧更加新颖创新,赢得戏迷支持;另一方面中西合作让国人充分认识到不是中国在孤立无援地抗战,日本的法西斯行径遭到了国际社会的否定和抗拒,坚定了国际社会伸出援手的信心。

4. 民族意识激昂

七七事变后,香港人民意识到举步维艰、民族浩劫之时,关心国家民族者,要开展参与义举活动,有钱出钱,有力出力,各种义演义赛活动对调动市民士气,拯救民族,鼓舞民心,宣传抗战起到重大作用,坚定了人们非正义战争必然失败的态度和民众持久抗战的决心。

戏剧界大联合公演塑造的民族英雄的故事,抗战将儿的牺牲精神,可歌可泣的深刻印象烙在了香港人民的内心深处,使他们不同的心融为一体,激起民族意识和共同归属,坚定了正义抗战必胜的信心。关系国家存亡、民族生死、抗战成败的一件大事就是国民精神总动员。香港人民对国内局势的关注和支援,使全国人民的力量和精神凝聚在一起,民族意识空前激昂。

这些近代社会的文化表征无一不体现在《大公报》的刊载文字中,是重现当时市民社会的一个重要载体。

小结

空前盛大的义演义赛活动于 1941 年进入尾声。11 月,日军在香港岛、九

---

① 《圣保罗排球 明日出场阵容》,《大公报》香港版 1938 年 9 月 17 日。

龙的外围地区和惠阳、宝安一带集结部队,进攻香港的意图已昭然若揭。随着日本军队的进驻,香港沦陷,昔日繁华的城市,慈善体育和慈善演出虽被战火摧毁,却作为香港人民援助内地抗战的时代印记永存。

报刊业也随之受到重创,《大公报》(香港版)暂时停办,总经理胡政之以"我们吃下砒霜,毒死老虎,以报国仇"勉励报社同仁,同仇敌忾,共赴国难。《大公报》在义演义赛活动中扮演的宣传媒介和服务主体的历史不会抹去,正可谓"百年大公史,抗战最辉煌"①,《大公报》以其独有的方式筑起了香港与大陆的民族情谊。

---

① 成野:《〈大公报〉的抗战:擎一支秃笔与日阀撕拼》,《中国记者》2015 年第 10 期。

被规训的写作

——东北沦陷时期《明明》杂志的象征意义

蔡译萱

（鞍山师范学院）

1931 年 9 月 18 日爆发了震惊世界的"九一八"事变,翌年日本人炮制出"满洲国",占据了我国的东北。名义上是以爱新觉罗·溥仪为最高元首的"独立国家""满洲国",实际上是由日本关东军把持的殖民地。在所谓的"建国宣言"中宣传"五族共和",将东北沦陷地区的汉、满、蒙三族人统一称为"满人"或"满洲人",以达到模糊中国人身份认同的目的。作为日伪当局的喉舌,赵馨苏将满人的定义分为广义与狭义,"广义者,至现在在满洲之民族,生活栖息于斯土者也。狭义者,指原来之满洲土著民族,即'旗人'是也","本文所谓满人,实就是广义而言可引申为满洲国人者也"①。为更进一步切断东北与关内的联系,更在精神思想上奴化、控制东北沦陷地区的中国人,伪政府对各类出版物严加审查,大量中文报纸、杂志被取消。加之大批东北作家流亡关内,导致沦陷时期的东北文坛一度凋零荒芜,直至 1937年 3 月《明明》创刊,才将这一局面扭转。以往的研究中常常将《明明》一笔带过,将它视为研究艺文志派与文选派争论之间的过渡,或者简单地视为研究作家作品的第一手资料。但是作为东北沦陷时期的第一本纯文学杂志,《明明》为沦陷时期的东北作家提供了发表、交流作品的空间,也为沦陷时期的东北文学流派——艺文志派与文丛派——提供了争论的舞台,丰富了沦陷时期的东北文学。

---

① 赵馨苏:《我国家族制度与现代社会》,《明明》1937 年第一卷第三期。

一、《明明》概况

《明明》于 1937 年三月初在抚顺创刊,据说刊名取自"大学之道在明明德"(《大学》),月刊,是一本中文综合性杂志。发行人为"月刊满洲社"社长城岛舟礼,主编为佐久间幸吉,编辑部位于新京(长春)清和街一二一。定价为每月两角,半年一元两角,全年两元四角,含邮费在内,杂志在伪满洲国各文具书店均有出售,若附近书店没有,可直接向杂志社邮寄费用。杂志创刊时有许多社会名流与大型公司代表予以祝刊词,其中多为日本人或日企。据九一八战争研究会常务副会长收藏家詹洪阁介绍,"1939 年时伪满的米价大约是 12 元/公斤"[1]。通过对伪满时期辽宁地区大米价格比对,发现 1934 至 1937 年,辽宁省的米价增长速度平缓,由每 10 立 1.08 圆上升至 1.422 圆。随着侵华战争的扩张,受战时经济政策的影响,伪满的物价也开始上涨,1938 年米价已飙升至 1.787 圆,涨幅超过前四年的总和,但是杂志的定价却没有上调。[2] 此外,1934 年 6 月伪满政府颁布的新的官俸令,规定最低一级的官员委任官(一级—十七级)月俸为 70—20 圆。[3] 对比其他期刊,如 1935 年 10 月创刊的《新青年》,创刊之初为旬刊,1938 年 3 月又改为月刊,每册四角五分,每月四角五分。《明明》的目标读者群是普罗大众,其中又对读者进行细分,在古丁等人的干预下,将销售重点放在知识分子身上,他们通常有稳定的收入,由此可见《明明》的定价对于它的读者群还是可以接受的。可见杂志的定价还是可以接受的,且杂志受到作家们高度的评价,即便如此"其销路不过五千"[4]。版权页注明编辑为稻川朝二路(实际负责人为陈松龄),同时他也是古丁在长春公学堂就读时期的老师,在稻川回日本后,编辑权逐渐由古丁等人掌握。1937 年 8 月起,即从 1 卷 6 期开始,《明明》转为纯文学杂志,目的在于"宣言文化,启发民智","标志'满洲国'文学进入真正的文艺杂志和单行本发行时期"[5]。1938 年 9 月,《明明》因经济原因停刊,前后共发行十八期。

---

[1] https://m.krzzjn.com/show-403-110338.html.
[2] 袁文科:《战争与东北粮价研究(1931—1949)》,渤海大学 2018 年硕士学位论文。
[3] 李阳:《伪满时期满洲后裔的生存状态》,长春师范大学 2015 年硕士学位论文。
[4] 宋逸民:《满洲杂志谈》,《大同报》1942 年 7 月 4 日《艺文》副刊。
[5] 陈言:《袁犀在"满洲国"——他的阅读私史与反抗空间的形成》,《袁犀作品集》,北方文艺出版社 2017 年版,第 5 页。

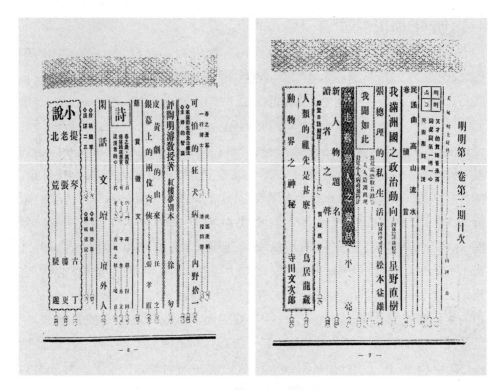

图1 《明明》杂志第一卷第二期目次

早期《明明》的封面特别漂亮,第一卷第二期是三只富有东北特色的布老虎,第一卷第三期是一对相互依偎的母女,神情愉悦,从穿着打扮可以看出她们处于社会上层,第一卷第五期是一位身着旗袍的新时代女性,她手拿着书坐在沙发上,身处一片花海之中。从这些封面上来看,"伪满洲国"好似一个民族和谐,社会安稳,女性独立自由的社会,"王道乐土""五族共和"的虚伪假象得以营造。但是从第三卷第一期(第一卷第六期至第二卷第六期已佚)开始,呈现出与早期鲜明的对比,封面变得简洁抽象,只有"明明"两个粗体字,且字迹锋利,极具先锋性,这一转变对读者来说尤为醒目,指示着杂志定位的转变,《明明》成为一本纯文学杂志。

从现存的杂志来看,每一期封底都是"满铁"的宣传广告,或是穿着洋装的美女坐在火车里欣赏外面的风景,或是一群青年人在海水浴场上嬉戏,或是穿着得体的一群人在车厢内交谈,配以"春天了可乐呵!火车的旅行","旅行乃是益智综,广见闻,养身体,增知识,开心肠,劝大家拨冗去旅行"等文字。本尼

图2 《明明》第一卷第二期、第三期、第五期封面

迪克特·安德森认为"想象的共同体"是一个"政治性的共同体",为里面的每一位成员构建一个集体身份,赋予他们一种虚假的平等,"代表这个'想象性社区'的技术媒介,就是出版文化的两种形式——报纸和小说"①。"满铁"借由宣传广告诱导大众进行,增强民众对"满洲国国民"的身份认同感,并暗示伪满洲国是一个"五族共和"、一致对外的"国家",是日本殖民者将文明与发展带入"满洲",将一个暗淡无光、零碎不堪、被剥削掠夺的殖民地粉饰成一个和谐美好,令人向往的帝国。

从该杂志的目录可以看出,杂志内容驳杂,它不设栏目,既含时政、科普,

图3 《明明》第三卷第一期封面

① 李欧梵著、毛尖译:《上海摩登——一种新都市文化在中国(1930—1945)》,浙江大学出版社 2017 年版,第 61 页。

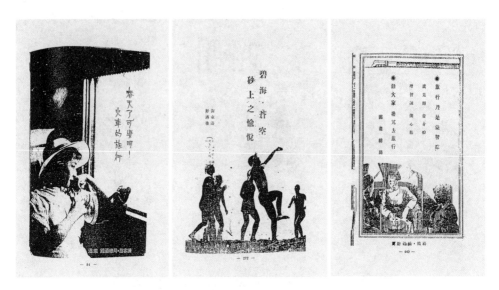

图4　《明明》第一卷第二期、第五期，第三卷第一期封底

也涉及电影、音乐、绘画，但是总体上文学与文化评论占比更大，形成了以古丁为核心的作家群，包括外文、疑迟、小松、辛嘉等人。《明明》更是将袁犀推向伪满文坛，使他逐渐被人所熟知。在杂志版面的编排上，《明明》图文并茂、竖向排版，结构美观。在殖民层面上，它无法避免伪政府的审查，势必会发表一些带有政治导向的评论，刊登了不少美化侵略、占领东北的照片、大事记、文章和翻译，以遮盖、粉饰殖民统治的事实，如第一卷第二期《我满洲国之政治动向》《张总理的私生活》等。但与此同时，《明明》也发表了大量带有消解殖民统治意味的文学作品，如古丁的《原野》《皮箱》，疑迟的《山丁花》，小松的《洪流的荫影》《夜谈》等。转为纯文学杂志后，文学作品与评论在篇幅与质量上大为提升，为沦陷时期东北文坛的繁荣打下基础。

　　纵观沦陷时期，期刊杂志总体呈现出寿命短、发行期数少的特点，像《明明》这样坚持较长时间的杂志并不多。在《大同报·夜哨》以及《国际协报·文艺》停刊的背景下，《明明》作为东北沦陷时期的第一份纯文学杂志，就这样诞生了。

二、《明明》的外部生态环境

　　伪政府为控制文学生产，企图以合法的形式对作家进行专制控制，继而提出了严苛的文学审查机制。"九一八"事变翌日"中日文化协会"就禁止任何媒介发表反日抗日言论,宣传抗日思想,随后 1932 年 7 月 25 日由日本关东军亲自策划并成立"协和会",1932 年 9 月伪政府出台《治安警察法》,"明确了警察有检查和取缔出版物的权利,而且还禁止各种文化活动"①,1932 年 10 月 24 日伪政府实施《出版法》,1933 年 4 月 1 日伪政府将思想宣传事物交由"国务院"总务厅情报处,"这个阶段,刊物、电影片、唱片等出版物的综合审检事项,由民政部警务司特务科下设的审检股办理。"②1936 年发生了震惊东北的"黑龙江民报事件",社长王复生、编辑金剑啸等 5 人于 8 月 15 日惨遭杀害,另有 26 人遭处监禁。伪政府为了进一步加强思想宣传与文化管控,以强势的姿态,从外部威胁文学场,于 1937 年 7 月 1 日将情报处改组为弘报处,一切出版物、影片、宣传资料等都要严加审查。

在殖民统治下,想要摧毁一个国家必先毁其文化。图书首当其冲,中文图书,尤其是承载中华文化的图书被大量禁毁,伪政府试图切断中华文化在东北的传承。其次,"九一八事变前,中国东北共有百余家报纸"③,"九一八"事变后这些报纸、杂志大部分被合并或停刊。审查日趋严格,对存在反满抗日问题的作品被"削除",但是文学的检查工作是相当繁复的,字里行间的隐喻、讽刺、象征等,使一些不合作作品得以逃脱审查。在语言方面,因为语言是根本性的,侵略者要改变殖民下中国人的民族性,必先从改造语言开始。伪政府将满语(指汉语)、日语、蒙语指定为国家语言,不仅能够回应虚伪的"五族共和",更旨在模糊在地东北人的身份认同,他们不是中国人,不是汉民族,而是"满洲国人"。为进一步去中国化,伪政府虽未像殖民台湾与朝鲜那样强制语言殖民化,但是默认日语为主导语言。日本殖民者用尽心机,不断地实行奴化教育,普遍地、强迫地实施日语教育。学校进行亲日教育,日语成为伪政府工作人员的指定语言,并且定期考核,一旦成绩不合格将面临被辞退的风险。《明明》中大量的日语词汇表即可证明,日语教育在日常生活中的渗入是潜移默化的。面对众多土生土长的东北人,如何更好地在思想上将他们管控? 出版中文读

① 刘晓莉:《伪满洲国文学与文学杂志》,重庆出版社 2012 年版,第 3 页。
② 张泉:《殖民拓疆与文学离散——"满洲国""满系"作家/文学的跨域流动》,北方文艺出版社 2017 年版,第 76 页。
③ 蒋蕾:《精神抵抗:东北沦陷区报纸文学副刊的政治身份与文化身份——以〈大同报〉为样本的历史考察》,吉林大学 2008 年博士学位论文。

物是手段之一。伪政府试图将殖民思想经过包装后纳入当地的文艺之中,且加以利用。可想而知,在以日语为主导语言,严查管控出版物的大背景下,面对多种力量的冲突,《明明》必然会作出妥协与让步,才能在异态时空中继续坚守。

三、《明明》的自身生存机制

面对如此严苛的审查,《明明》又是如何做到既刊登了大量的带有消解殖民意义的作品同时又在沦陷时期的东北文坛大放异彩的? 这不得不提及《明明》的出资人城岛舟礼。城岛舟礼,原名城岛德寿,日本福冈人,1917 年到中国东北,供职于"满铁",因病离职后创办日文综合性杂志《月刊抚顺》,1933 年更名为《月刊满洲》。《月刊满洲》广受欢迎,取得成功,城岛舟礼因而想效仿《月刊满洲》创办一本中文版的综合性杂志,即《明明》,来开拓"满人"的阅读市场。和其有多次交往的文人金汤说:"城岛舟礼是个唯利是图的商人,没有什么政治理想。"①此外,古丁与城岛舟礼应当私交甚好,在《原野(后记)》中古丁写道:"关于印书,我要在这里仅向月刊满洲社社长城岛德寿先生表示谢意与敬意。主要的原因并非他肯出资为我印书,倒是因为他肯不顾利害,决议刊行'城岛文库'。"②由此可见,既有利可图,又私交甚好,日本人城岛舟礼是《明明》最大的靠山。其次是编辑稻川朝二路,他是古丁在长春公学堂时的老师,也是受他邀请古丁才参与到《明明》的编辑工作之中,两人在编辑理念上是有分歧的,稻川主张综合、趣味,而古丁坚持纯文学,一番争论之后在综合性杂志《明明》的版面上保有了较大篇幅的文学板块,直至稻川返日,掌握编辑权的古丁才将《明明》改为纯文学杂志。《明明》如是获得了日本人的庇护。

紧随其后的第二个问题,是作者的身份。古丁是《明明》同人作家群中的核心人物,原名徐长吉,曾用笔名史之子等,1914 年 9 月 29 日出生于吉林省长春市。他精通日语,曾任伪满洲国总务厅统计处事务官。疑迟原名刘玉璋,辽宁铁岭人,"和古丁一样,疑迟也精通日语,曾在日本关东军司令部担任过日语翻译"③。辛嘉原名陈松龄,笔名毛利等,任《明明》编辑长。外文原名单庚生,

① 刘晓莉:《伪满洲国文学与文学杂志》,重庆出版社 2012 年版,第 4 页。
② 古丁:《原野(后记)》,《古丁作品集》,北方文艺出版社 2017 年版,第 97 页。
③ 王越:《东北沦陷时期文丛派与艺文志派比较研究》,东北师范大学 2013 年博士学位论文。

曾被伪政府逮捕后又释放。"古丁、疑迟和外文是伪满洲国总务厅的同事,辛嘉是古丁的朋友"①,他们当时都是苦闷、彷徨的青年,写作坚持"写印主义",朝着没有方向的方向写作,虽无明显的政治倾向,但作品色调灰暗,内容多为底层人物生活的挣扎,隐晦地揭露了社会的黑暗与颓败。在杂志上发表作品的倾向,以及写作的习性使他们形成了一个同人集体,成为了这个场域内真正的、主要的运作者。他们既是伪政府的职员,又通过杂志获得了社会地位,成为伪满洲国的知名作家,具有较大的社会影响力。伪政府监视他们的同时也需要通过他们编撰"王道乐土""同心同德"的谎言。在日本人的身份背景与经济支持,同人作家巧妙隐晦的写作手法与社会地位的加持下,《明明》得以在乱世生存。

最后是投资回报的问题,这是杂志是否能办下去的最现实的问题。在杂志这种文学经济中可以获得何种形式的回报?无非是名与利。前文提到《明明》的销售量不超过五千,定价为每月两角,除去杂志制作成本与支付作者稿酬("经本志登载之稿,酬一元以上二十元以下之报酬"),似乎回报并不多。城岛舟礼是一个商人,他肯出资必然要得到回报。广告是杂志的收入之一,读者类型决定了哪些广告会出现在杂志上,读者会对其产生兴趣并购买。同时杂志中广告的数量和种类也会显示出杂志的定位与特点。《明明》的广告并不多,刊登《新青年》《斯民》以及东光书苑所出版的书籍(《日语讲义录》《满洲语讲义录》《满洲帝国新法律全集》《满洲帝国教育业书(满文)》《满洲学童》)等广告,主要是为了迎合一些文学爱好者、有闲者与相关专业学习者。广告不多说明《明明》有足够的资金来支撑其办刊。城岛舟礼曾供职于"满铁",且《明明》会在封底刊登"满铁"的宣传广告。半官方企业"满铁"。表面上是一个铁路经营公司,实为日本侵华排头兵。以上种种迹象表明"满铁"必定会资助《明明》,以达到软性思想殖民的目的。《明明》也在其他报纸杂志上为自己打广告,以获得更多的销量,如1937年3月20日在《大同报》头版刊出广告,将《明明》创刊一事广而告之。另一种扩大销量的方式是在《明明》上刊登广告募集贩卖人,即地方代理人,"本志募集在各省城各数名及各县并其他小都市各一名的地方贩卖人;地方贩卖人、每月需卖

① 王越:《东北沦陷时期文丛派与艺文志派比较研究》,东北师范大学2013年博士学位论文。

五十册以上之数；对地方贩卖人、按照卖出的杂志数、而予以特优之利益"，这种规定则保障了杂志售卖的范围的广度与最低销量。其次，将已发表的作品集结单行本再次出售，如"城岛文库"就是形式之一。但即便如此，《明明》仍旧于1938年9月因脱离日资而停刊。

四、《明明》的选择与坚守

在沦陷时期的东北，伪政府对抗日反日宣传活动的镇压是血腥残酷的，制造了大量的文化惨案，如1936年"黑龙江民报事件"、1937年"哈尔滨口琴社事件"等。面对如此艰难的社会环境，沦陷区的作者们陷入了生存需要与公共道德的两难困境之中，于是一些作者选择创作出版抽象的、含糊其词的文学作品来协调个人生存与爱国感召之间的冲突。他们试图以迂回前行的方式进行消极的抵抗，避免日本人的镇压与迫害。

在掌握《明明》的编辑权后，古丁等人在杂志上多次悬赏征文，赏金为"一等五十元一名，佳作十元二名"，金额之高，主题为"满洲新文学的踪迹""学生生活素描""白话和文言"等，可见古丁等人一心想振兴东北文学，把《明明》办成一个文化启蒙和民族救亡的论坛。为接续关内的文学传统，继承五四新文学运动，将白话视为社会革新的工具。在推广白话一事上，古丁可谓煞费苦心，他化名"史之子"表演双簧，力挺白话，营造出白话势不可挡的气势。《明明》第一卷第五期更是刊登了山丁的《乡土文艺与山丁花》，由此引发了事关沦陷时期东北文学发展的一次重大争论，与山丁等人主张"乡土文学"相反，古丁坚持"写与印"，他强调朝着"没有方向的方向"写作，既然没有作品，不知该怎么写，那就先写出来再商讨。当时的东北文坛充斥着大量的通俗文学，古丁试图在写作中找到东北文学的方向，更提出"不写让人读了起好感或美感的东西，不写让人读了莫名其妙的东西，不写读了让人乐观的东西"[1]，这与胡适的八不主义有相似之处。面对殖民地的黑暗与腐朽，《明明》登载了《皮箱》《小巷》《母与女》《十天》《邻三人》等作品，借由作家之眼，我们看到一个又一个暗淡无光的世界，或零碎不堪，或颓败失控。这些作品描写了底层社会的民不聊生，夹缝中求生存的艰难，抒发了作者的心灵痛苦。征文活动直接推动了沦陷

---

[1] 古丁：《偶感偶记并余谈》，《新青年》第六十四号，1937年10月30日。

时期东北的文学创作与实践,同时也扩大了《明明》的知名度,为"艺文志派"的形成奠定了基础。

再次便是专号(特辑)众多,专号可以专题化、集中性地精心策划选题,提前宣传征稿,并且借助社团、同人的力量组稿,通过这三道工序,形成"集束效应"和"强势宣传"的效果。专号的推出往往具有革新、实验与事件意义。《明明》在 1937 年 6 月推出"创作特辑"后,陆续推出"鲁迅纪念特辑""日本文学介绍特辑""一周年纪念号",特辑会在上一期目录后宣传预告,方便读者一翻开就可以看到。专号定价 4 角,页数是平常期刊的两倍,约 160 页。在"一周年纪念号"的《城岛文库刊行辞》中我们可以看到《明明》的宗旨:"万民断非文化的绝缘体,文化倘离绝万民则自行枯萎,本社为缩短文化与万民间之距离,乃刊行《明明》"①。《明明》自觉地担负起对民众的启蒙,这些特辑对建设新文学起到了推波助澜的作用。在"一周年纪念号"上古丁与小松分别发表了《原野》和《洪流的荫影》,《原野》讲述了从日本东京留学归来的世家子弟钱经邦眼中的钱、魏两个家族,以及芜县官场。小说中所有人物都是道貌岸然、虚伪至极的,生活在一潭死水中。钱老太爷是太平村的地主,外号钱财神,口头禅是"岂有此理",因匪患带着比钱经邦还小的三太奶奶逃到儿子钱科长家中,后三太奶奶携款与范股长私奔。钱科长则是满口"no,no",虽已辞官却处处维持着"科长"的体面,与钱太太一起吸食鸦片,对着儿子们吞云吐雾。而钱经邦自己拿着假文凭在芜县署民益局混日子,每每不顺心就将"封建""迷信"挂在嘴边。魏局长天天谈论他的养生经,却死于自制的"不死之药",他的女儿则整日沉溺于"恨水先生"的言情小说。作者批判了封建宗法思想,更揭露了殖民地的失序混乱、空虚匮乏以及沉沦堕落,在这里人被异化了。

小松《洪流的荫影》则讲述编辑罗华为帮助朋友免于被辞退的命运而求助于爱慕自己的杨小姐遭到拒绝,他杀死杨小姐后投案自首,朋友被辞退的命运毫无改变。他身为知识分子被挤压为都市的失败者,性格怯懦,有心却无力反抗,对这个世界感到绝望却也只能随波逐流,向死而生。这些人物无法适应社会,在混乱颠倒的世界里,他们逃避现实,醉生梦死,而日常生活的混乱与创伤则是对占领者的一种隐藏的挑战,偏离、打断或消解了伪政府意识形态的许

---

① 《城岛文库刊行辞》,《明明》一周年纪念号,1938 年 3 月。

诺。由此可见《明明》的理念与立场——以新文学的姿态站立在沦陷时期的东北文坛,体现了一种抵抗的启蒙观。

最后不得不谈及作家袁犀。袁犀,原名郝维廉,"袁犀"是他众多笔名之一,首次启用于《明明》,他用"袁犀"这个笔名在《明明》上陆续发表了《邻三人》(第一卷第五期,1937 年 7 月)、《十天》(第三卷第一期,1938 年 3 月)、《母与女》(第三卷第四期,1938 年 6 月)三部作品,随即引起沦陷时期东北文坛的瞩目。作为一名隐蔽的抗日分子,袁犀的作品充满着热血与暴力之美,更是明显地表达出对现实的不满、仇恨与愤怒。《邻三人》中体现了对工人赵宝禄和许才的赞扬与欣赏,以及对金凤母女的同情,虽然他们身处社会底层,"妈的,他妈个的"时常挂在嘴边,但是他们显现了最热切的生命力。《母与女》则讲述了一对租客母女靠放印子、跳大神敛财,最终被劫杀的故事,女儿的死状更是惨不忍睹:"雪白的身子染满了红血,左边的胳膊垂在炕沿下,身上有七八条刀口子。"①袁犀安排这样的结局颇有江湖快意恩仇的侠义之气。《十天》中刚刚刑满释放的"我"面对繁华而喧嚣的街道变得迷茫无措,为求果腹,便是甘愿做下贱的工作也求而不得。"我"目睹狱友老庄的妻子被欺辱时,一怒之下将恶霸失手打死,短短十天再次回到监狱。在异态时空的殖民地,痛苦是常态,也是不能言说的禁忌,然而袁犀却直言:"丈夫是待死的囚徒,妻子便卖淫,在野兽的毒爪下被践踏,孩子染着酷重的疾病,这不是太平常的事情吗,什么比这个更平常,但又什么比这个更悲惨呢?"②体面的城市容不下这群艰难求生的底层群体,留给他们的只有暴虐与残酷,光鲜亮丽是属于殖民者的,袁犀将"日满亲善"的虚假嘴脸毫不留情地撕破,控诉着他的悲愤与痛苦。

结语

因经济原因《明明》于 1938 年 9 月停刊,古丁及其同人随后成立了"艺文志事务会",并创办了东北沦陷后第一本大型纯文学杂志《艺文志》。《艺文志》继承了《明明》的文学立场,在言与不言之间始终相信着文学的象征力量,曲折、隐晦地表达了殖民语境下与母体文化被迫分离的痛苦,以及对民族性的渴

---

① 袁犀:《十天》,《袁犀作品集》,第 52 页。
② 同上,第 61 页。

望。《明明》在左右逢源中求生,坚守自己的文学立场,虽避免不了对伪政府文学政策的迎合,亦不能将文化思想殖民化的阴谋挫败,但它迂回巧妙地展现了沦陷时期东北社会环境的黑暗与恶劣,人民生得痛苦,死得艰难,这在一定程度上消解了殖民地的思想文化宣传,体现了《明明》杂志与其同人抗拒殖民统治的叛逆精神。

《中国能否实行独裁政治》征文集与"独裁政治"认识建构

曾子恒

（中国人民大学）

　　20 世纪 30 年代的中国面临严重的内忧外患，国人开始思索救国之路。其中，"独裁政治"主张成为众多救国主张中耀眼的新星，可谓盛极一时，今之学者对此早有研究。但目前关于独裁政治的研究，大多集中于国民党的"领袖独裁"和 1933—1935 年知识分子的民主独裁论争中的"新式独裁"。其研究对象主要是刊物、个人与群体。他们或是从单个人物或某一政治群体入手，考察其行动及言论①；或以刊物为视角，探讨不同刊物的态度，或同一刊物内的论争。② 总体来看，这些研究成果的关注重心，都是如胡适、丁文江、

---

① 鼓吹国民党独裁政治的群体，学界关注的多是蓝衣社；其个人主要是周毓英。参考：〔美〕柯伟林著，陈谦平、陈红民、武菁、申晓云等译：《德国与中华民国》，江苏人民出版社 2006 年版；〔美〕易劳逸著，陈红民、高华等译：《流产的革命：1927—1937 年国民党统治下的中国》，中国青年出版社 1992 年版；冯启宏：《法西斯主义与三〇年代中国政治》，台北政治大学历史学系 1998 年版；张文涛：《周毓英与 20 世纪 30 年代的中国法西斯主义》，北京师范大学 2010 年硕士学位论文。"新式独裁"的群体主要是《独立评论》派的知识分子，如丁文江、胡适、蒋廷黻、钱端升、陈之迈等人。参考章清：《"胡适派学人群"与现代中国自由主义》（全新修订本），上海三联书店 2015 年版；罗志田：《再造文明之梦：胡适传》，社会科学文献出版社 2015 年版；田锡全：《丁文江"新式的独裁"探析》，《史学月刊》2017 年第 2 期；蒋倩：《从湖湘文化看蒋廷黻的"新式专制"论》，《文史博览（理论）》2014 年第 9 期；孙宏云：《陈之迈与抗战前的"民主与独裁"论战》，《社会科学研究》2005 年第 1 期。

② 学界研究国民党"独裁政治"主张时，主要聚焦的刊物是《社会主义月刊》《前途》，也有涉及《复兴月刊》《时代公论》者。参考邹渡祥：《20 世纪 30 年代中国法西斯主义思潮研究》，吉首大学 2018 年硕士学位论文；徐有威：《从〈前途〉杂志看德国法西斯主义在战前中国之影响》，《近代中国》1999 年第 9 辑；徐有威：《比拿破仑和威廉第二更危险的独裁者——从〈东方杂志〉和〈国闻周报〉看墨索里尼在中国的形象》，《近代中国》1996 年第 17 辑；蒋红艳：《〈复兴月刊〉民族复兴思想研究——以政治话语为中心》，湖南师范大学 2014 年博士学位论文；许小青：《〈时代公论〉与抗战前后南北政治文化论争》，《中山大学学报（社会科学版）》2011 年第 3 期；刘大禹：《"九一八"后舆论空间与集权政治的关系（1931—1935）——以〈独立评论〉与〈时代公论〉为中心》，《阅江学刊》2009 年第 3 期；黄民文：《从〈时 （转下页）

杨公达、程瑞霖、贺衷寒、周毓英等“中年”辈的知识的思想主张，对他们后辈——仍在校园或刚毕业不久的知识青年——的关注较少。而由学生和毕业不久的知识青年共同撰写的《中国能否实行独裁政治》征文集，为此视角提供了重要的史料，以展现知识青年关于“独裁政治”的主张。

然而，今人若仅了解知识青年或其他群体对独裁政治的主张，不足以观其全貌。实际上，每位作者在成为作者之前，必然先是一位读者。无论是行动或言论、态度或论争，都需要以相应的知识为基础。而涉世未深的知识青年，在思考中国能否实行独裁政治时，更需要翻阅诸多文本，以构建其“独裁政治”认识。因此，本文拟以《中国能否实行独裁政治》征文集为中心，不但展现征文作者们关于“独裁政治”的主张，而且通过比对当时流行的文本，追溯思想源流，尽可能地还原当时知识青年汲取、利用“独裁政治”知识的过程，既介绍“作者”的思想主张，也揭示“读者”的阅读世界。

一、征文缘起

1934 年 3 月，上海市党部王龙章、《上海周报》社社长黄香谷、《晨报》主笔许性初等三十余人，发起组织现代思潮社。[①] 3 月 19 日上午，现代思潮社举行第一次理事会议，出席者有许性初、王龙章、上海新闻社记者陈东白、上海市党部宣传科主任黄香谷、上海市党部党义教育股总干事喻仲标等九人，王龙章任会议主席。此次理事会议决定任王龙章、黄香谷、许性初为常务理事，喻仲标为社务主任，律师潘凤堂为专门委员会主任，陈东白为秘书主任，[②]现代思潮社正式成立。同年 5 月 26 日，现代思潮社在《申报》上刊登一则告示，宣称“为测验国内青年对于政治上之主张与倾向”，决定举办题为“中国能否实行独裁政治”的征文活动。“凡全国各大学学生、均可应征、不拘文体、不限篇幅”，所请评委，有浦东中学校长林众可、上海市教育局科长胡叔异、上海市教育局局长潘公展、上海市社会局

（接上页）代公论）看国民党体制内知识分子救亡的主流理念》，《湖南人文科技学院学报》2019 年第 2 期。而“新式独裁”研究所聚焦的刊物以《独立评论》为主。参考雷颐：《近代中国自由主义的困境——三十年代民主与专制论战透视》，《近代史研究》1990 年第 3 期；顾昕：《民主思想的贫瘠土壤——评述 1930年代中国知识分子关于“民主与独裁”的论战》，许纪霖主编：《二十世纪中国思想史论》，东方出版中心 2000 年版；徐晓旭：《〈独立评论〉中的“新式独裁”论——自由主义与民族主义之间的两难选择》，《东方论坛》2006 年第 4 期。
① 《王龙章等人组织现代思潮社》，《申报》1934 年 3 月 7 日。
② 《现代思潮社理事会议》，《申报》1934 年 3 月 20 日。

局长吴醒亚、上海市党部常务委员童行白、警备司令部军法处处长陶百川、上海商务印书馆总经理王云五、《时代公论》创刊人兼暨南大学教务长杨公达、暨南大学教授陈高佣、立法委员吴开先、明光中学校长丁默邨①、市教育局督学马崇淦、上海市党部书记长姜怀素。② 此次征文的活动期限,原定自 5 月底起至 6 月为止,后应各地学生所请,将征文截止日期延至 7 月 15 日。③

　　自 5 月底至 7 月中旬,现代思潮社共收到稿件 105 篇,当中有大学学历的人占 99 篇,中学学历者只有 6 篇。就内容看,105 篇文稿中有 103 篇支持独裁政治,仅 2 篇反对,反对的另一篇全文不足 300 字。收到稿件后,现代思潮社再聘十位名流作评委,除上文提及的许性初、黄香谷外,还有中国公学教授樊仲云、《时事新报》上海主编黄天鹏、《时事新报》教育栏主编蒋湘青、上海私立大公职业学校校长林美衍、上海《晨报》主笔王新命、《晨报》编辑徐则骧、《民报》编辑朱翙新、上海新闻社社长薛光前。将二十余位评委分别组成两种评判委员会,判决两组等次。其中,为平衡中学和大学的学力,还特意提高中学生的分数。同年 9 月,现代思潮社公布前十名的毕业学校与姓名,依次如下:国立上海商学院朱蔚若、中央政治学校胡济川、中国公学董秋蘋、国立暨南大学刘太戈、中国公学王国屏、上海市立敬业中学孙育才、江苏省立教育学院石玉昆、光华大学余万望、中央政治学校张学勤、上海法政大学黄长岳。④ 评出优秀文章后,王龙章提议印行专册,遂将前 10 名文章收录于此。此外,该征文集还收录了仅有的一篇反对独裁政治的长文。故而该征文集共有 11 篇文章,但获奖者仅上述 10 位。同月,该征文集由现代思潮社出版。编者王龙章自豪地称此书为"目前讨论中国能否实行独裁政治问题之唯一的专著"⑤。

二、什么是"独裁政治"?

　　在讨论中国能否实行独裁政治前,征文作者们首先需要解释什么是"独裁

---

① 丁默邨的明面身份是明光中学校长,但实际上直接领导一个直属情报小组,出版《社会新闻》。1934 年受陈立夫推荐,担任南京国民政府军事委员会调查统计局本部秘书兼第三处(即邮电检查)处处长。参考李新等编:《中华民国史 人物传》第 2 卷,中华书局 2011 年版,第 608—609 页。
② 《现代思潮社向全国大学生征文》,《申报》1934 年 5 月 26 日。
③ 《现代思潮社征文》,《申报》1934 年 6 月 20 日;《现代思潮社征文决定再展期半月》,《申报》1934 年 7 月 3 日。
④ 《现代思潮社征文全部揭晓》,《申报》1934 年 9 月 7 日。
⑤ 王龙章主编:《中国能否实行独裁政治》,现代思潮社 1934 年版,序言第 3 页。

政治",简述其定义、特征、沿革和发展。为此,他们阅读、参考甚至抄袭当时介绍"独裁政治"的各种书籍报刊上的内容以介绍之。

征文作者们引用今中次麿的《现代独裁政治学概论》,简述独裁政治的沿革。① 他们大多将独裁政治追溯至罗马共和国时代的独裁官制度,强调此官职是"为国家秩序之恢复而任命的",拥有"绝对的生杀予夺之权力"。直至苏拉、凯撒时代,随着独裁官制度的任期限制取消而逐渐变异。此后在中世纪和近代,独裁制频频出现,如英国克伦威尔的"摄政政治"、法国大革命时期雅各宾派的恐怖政治。作者们认为"他们都是革命或政变而产生之非法组织,或者说,他们均属一时的过渡的变法,而非永续的组织"。迈入现代,独裁政治以"法西斯蒂之专政"和"无产阶级之专政"的面貌出现。其目的虽然不同,但方法却是相同的,"即权能极为广大,为应付紧急处置之必要刻意单独的专断政务,甚至,不以维持政治秩序为目的,而以紧急的专断的手段来变更或废止现行之政治为目的,而且一切政治的社会的法制的秩序之改废,完全可以独裁者之意思施行之"②。

在上述制度沿革问题上,征文作者们并无太大分歧。不过在定义问题上,由于选取的思想资源不同,征文作者们的论述各有不同。一种定义来自《现代独裁政治学概论》中列宁的说法③,认为独裁政治"为无限制的绝对的不受任何法律所制限,且不根据法律而直接立于实力之上的权力"。在此意义上的独裁政治,其特质有:一党或一阶级的专政制度;大都以社会经济为其背景;均保存一部分代议制度,可称之为代议的专制政治;多采用团体代表制或职业代表制。④ 另一种则沿用《社会主义月刊》的定义⑤,朱蔚若将独裁政治直接等同于法西斯独裁,认为"独裁政治是以意志与行动为主,而以理论大纲为辅的一种政治形态,其中心意念,就是为民族求生存,为国家争地位"。其特质是"在资本主义末期,成为特殊的资本形态;在国民运动名义下,包括一民族的全阶级;采取中央集权的政治形态;在是认私有财产及私的经营上,行彻底的组合

---

① 见〔日〕今中次麿著,万青选译:《现代独裁政治学概论》,华通书局 1932 年版,第 5、14—16、18—19 页。
② 王龙章主编:《中国能否实行独裁政治》,第 137—139 页。
③ 《现代独裁政治学概论》,第 40—44、53—57 页。
④ 王龙章主编:《中国能否实行独裁政治》,第 103 页。
⑤ 〔日〕内田繁隆著,文佳骏译:《法西斯主义与民主主义》,《社会主义月刊》第 2 卷第 1 期,1934 年 3 月。

主义,和经济统制政策;排斥国际主义,主张民族主义或国家主义"①。

同样,在独裁政治的分类上也因思想资源的不同而有所差别。如董秋蘋根据《社会主义月刊》中徐渊的《独裁论》,既将独裁政治划分为五类:民主的独裁、君主的独裁、资产阶级独裁、无产阶级独裁和法西斯独裁②;也分为"权利独裁"和"义务独裁"两类。③ 王国屏则根据《现代独裁政治学概论》,将独裁政治分为"资产阶级独裁""无产阶级独裁"和"法西斯蒂独裁"。④ 黄长岳在《独裁制研究》的"法定独裁"和"非法定独裁"的基础上,将无产阶级独裁扩展为具体的独裁,以包括法西斯独裁。⑤ 虽然分类方法繁多,他们主要的讨论对象是法西斯独裁,认为法西斯独裁才是"最值得介绍的"⑥。至于同时期的无产阶级独裁,他们则认为是不合理且不必要的,"所以我们用不到再浪费时间去讨论他"⑦。

独裁政治为何会出现? 一般来说,征文作者们普遍认为现代独裁政治的出现具有三个条件:民主政治没落、经济危机和民族主义勃兴。张学勤在阐述民主政治的兴衰时,参考了萨孟武《西洋政治思想史》的相关内容。⑧ 民主政治的特征有三:代议制度、法治和责任内阁。代议制度用以监督政府,以免损失自己的利益;法治保证私有财产和个人自由不可侵犯,以保障资本家的支配权力;责任内阁掌控政府的同时又完全听命于议会,议会又是政党的工具,资本家可通过操纵政党来支配政治。⑨ 这种民主政治能否有效运行,全赖于议会"有没有力量"。要使议会有力量,"必须大多数的人民有共同一致的目的而组织一个代表大多数人民的政党"。然而,在金融资本主义时代,社会阶级分化明显,不仅有资产阶级和无产阶级敌对,两大阶级之间尚有各种利害不一致的中间阶级。中间阶级分化成不同的小集团导致议

---

① 王龙章主编:《中国能否实行独裁政治》,第 19 页。
② 徐渊:《独裁论》,《社会主义月刊》第 1 卷第 10 期,1933 年 12 月;《中国能否实行独裁政治》,第 49 页。
③ 同上,第52—53 页。
④ 王龙章主编:《中国能否实行独裁政治》,第 97—99 页;《现代独裁政治学概论》,第 61、90、113 页。
⑤ 〔英〕Max Beer 著,胡庆育译:《独裁制研究》,太平洋书店 1930 年版,第 4 页;《中国能否实行独裁政治》,第 209 页。
⑥ 王龙章主编:《中国能否实行独裁政治》,第 49 页。
⑦ 同上,第 149 页。
⑧ 萨孟武:《西洋政治思想史》(第二册),新生命书局 1933 年 5 月版,第 305—307 页。
⑨ 王龙章主编:《中国能否实行独裁政治》,第 191—193 页。

会内党派林立,无法团结起来向一个目标前进,导致议会失去力量,民主政治走向没落。同时,资产阶级和无产阶级又开始对民主政治表示不满:资产阶级生怕普选实行后会导致无产阶级的人数在议会内占据绝对多数席位,假借立法权削弱资产阶级的利益;无产阶级目睹资本已集中到少数资本家手上,他们可以利用金钱操纵选举控制议会。所以张学勤得出结论称:"民主政治既已不能得社会上两大阶级民众的拥护,就证明了民主政治已失了社会的需要。"[1]若说张学勤是借鉴《西洋政治思想史》从民主的理论层面阐述民主的兴衰,那么孙育才便是利用《社会主义月刊》的政论文章[2],以世界各国的政局变动来论述民主的没落:美国自罗斯福上台后,国会和总统的权力此消彼长;日本在犬养毅遇刺身亡、斋藤实"举国一致"内阁建立、若槻礼次郎辞去民政党总裁、松冈洋右脱离政党等一连串事件后,国内解散政党的言论高唱入云;法国在 2 月 6 日巴黎暴动后,达拉第内阁垮台,组成新的杜梅格混合内阁。毋怪彼人认为议会制民主如今已是"黔驴技穷,只有随着时代的巨轮,走上没落之运"。[3]

经济危机和民族主义勃兴也是独裁政治建立的主要因素。刘太戈以意大利为例,借鉴《国际译报》中《意大利专号》对意大利的分析[4],阐释经济恐慌如何促使意大利法西斯的建立。战后初期的意大利,土地贫瘠以致农业出产低,工业方面又缺乏必要的原材料,所以意大利在工农方面虽经营惨淡,也难以应付国内需求。加之当时人口激增加重国家负担。因此意大利先于其他列强陷入经济恐慌。但民主政治对此又无力挽回,所以从企业家到失业人员,全意大利上下都希望出现法西斯独裁以力挽狂澜。[5] 余万望借鉴李毓九在《中国革命》上发表的《民族主义的复兴与独裁政治》[6],认为民族复兴的原因有四:战后国际条约、共产主义势力的蔓延、工业的发达和统制经济的风行。在民族主义的号召下,世上各弱小的民族纷纷起而要求自己享有、自己统治及自己生存的权利,于是便采用了法西斯的手段去实现之。[7] 而要立足于民族主义,谋全

① 王龙章主编:《中国能否实行独裁政治》,第 194—196 页。
② 徐渊:《议会政治的前途》,《社会主义月刊》第 2 卷第 1 期,1934 年 3 月。
③ 王龙章主编:《中国能否实行独裁政治》,第 122—124 页。
④ G. D. H. Cole 著,左企译:《意大利政治经济概况》,《国际译报》第 6 卷第 3/4 期。
⑤ 王龙章主编:《中国能否实行独裁政治》,第 77 页。
⑥ 李毓九:《民族主义的复兴与独裁政治》,《中国革命》第 3 卷第 11 期,1934 年 3 月。
⑦ 王龙章主编:《中国能否实行独裁政治》,第 173—175 页。

民族之福利,他们认为"必须使强有力的政府有绝大的权力,一切施政不受外力的限制"①。于是,在此等条件下,现代独裁政治应运而生。

　　独裁政治建立后,便采取与民主政治截然不同的政治举措。对于独裁政治的政策,征文作者们所述不详,大多以"统制"一词总结之。董秋蘋有相对细致的区分,综合今中次麿《政治学要论》中介绍的马克斯·韦伯的政治统制论②,以及《社会主义月刊》中对文化统制③、经济统制④的介绍,认为独裁政治的措施包括经济统制、政治统制、社会统制和文化统制。对于四种统制作者并未详细讲述,但它们都有一个共同点,便是强调某一团体凭借强大的权力,在经济、政治、社会和文化领域内,对其他团体构成命令与服从的关系。⑤ 在此等强力统治下,国家走出困境,取得明显的成就。作者们普遍认为:"意国的墨索里尼,用那独裁的政治,将那积弱的意国使之苏醒,德国的希特拉用那法西斯式的手段,将那不堪收拾的德意志,使之逃脱协约国的笼牢,致使一九三三年的欧美,一变为法西斯独裁的欧美。"⑥其中,刘太戈以意大利为例,结合《意大利经济的回顾与展望》⑦和《法西斯蒂统治下的意大利农业复兴》⑧中所列的数据,称意大利政府通过对经济政治的绝大的权威,着手农业建设和统制农业、维护农村秩序,使得意大利的小麦、雀麦等谷物和其他经济作物的产量不断增加。同时意大利的工业如电力、棉业、丝业、运输等都有极快的进步。⑨

　　尽管独裁政治已经在意大利取得不小的成就,起初人们对独裁政治体制并未形成普遍兴趣。直至 1929 年"大萧条"爆发,各种类型的独裁政治"正如疾风暴雨般席卷了全世界"⑩,乘此东风,法西斯主义也从"不能出口"走向"国际化"。余万望参考《国际译报》里《意大利专号》的《法西斯主义之

---

① 王龙章主编:《中国能否实行独裁政治》,第 12 页。
② 〔日〕今中次麿:《政治学要论》,ロゴス书院,1928 年,第 91—95 页。
③ 陈起同:《文化统制的实施问题》,《社会主义月刊》第 2 卷第 1 期,1934 年 3 月。
④ 周寒梅:《统制经济的基础理论》,《社会主义月刊》第 1 卷第 12 期,1934 年 2 月。
⑤ 王龙章主编:《中国能否实行独裁政治》,第 54—57 页。
⑥ 同上,第 88 页。
⑦ 左企:《意大利经济的回顾与展望》,《国际译报》第 6 卷第 3/4 期,1934 年 4 月 16 日。
⑧ 梁我:《法西斯蒂统治下的意大利农业复兴》,《国际译报》第 6 卷第 3/4 期,1934 年 4 月 16 日。
⑨ 王龙章主编:《中国能否实行独裁政治》,第 78—80 页。
⑩ 同上,第 10—11 页。

国际化》①，介绍了法西斯主义自意大利"出口"后，在德国、奥地利、日本、西班牙、比利时、英国、法国和爱尔兰诸国的情况，②以证明此时法西斯独裁政治已然大兴。面对在世界各国先后建立独裁政治的趋势，鼓吹独裁的作者们大声疾呼："独裁政治，是现时代的产物，在这自由放任资本主义与议会民主政治暴露破绽，而未来新的政制及经济制度，没有成立的过渡时期，确为各国恢复国家自由平等的有效方法。"③

三、中国能否实行独裁政治

"独裁政治"已然席卷全球，那中国能否实践？这在鼓吹独裁的人眼里自然是可以的。那么，为什么中国可以实行独裁政治？对此问题，鼓吹独裁的作者们分析当前的中国社会情况，论证中国为什么必须要走独裁道路。同阐释独裁政治不同，亲历国难的作者们在分析当前中国现状和论证中国为何必须走向独裁时，无须过分依赖他人所述。

他们认为，中国目前的社会状况可以形容为内忧外患，危机四伏。参考前述的独裁政治诞生的三个条件，中国不但具备，而且比其他国更严重。④ 对应三个条件之经济危机，"中国农村破产，工商凋敝，失业人数增加，盗匪遍地"，其主要原因是外国经济侵略。面临经济大萧条，各国的过剩商品更是"均以中国为尾闾"，对华大量倾销。⑤ 此外，张学勤利用《申报年鉴》的统计数据，证明中国经济衰落，不仅因为经济侵略，也因为盲目的放任政策，工农业生产无统制、无计划。所以，上海市频频罢工、农业生产难以自足、各省荒地增加、失业问题加重。⑥ 对应民族主义之勃兴，外交上中国民族危机加剧。"九一八"事变后，"日本帝国主义，竟以武力强夺我东北，一手造成滑稽的傀儡国。继之破坏上海，占据热河，侵略华北，威胁华南，整个中国民族的生命，感受极大的威

---

① 该文着重介绍了德国、英国、法国、奥地利、匈牙利、波兰、日本的法西斯势力，余万望虽有所参考此文但并非仅以此为思想资源。如在介绍日本法西斯势力时，借鉴了张明养在《申报月刊》创刊号上的文章《半年来的世界》。参见范斯任：《法西斯主义之国际化》，《国际译报》第 6 卷第 3/4 期；张明养：《半年来的世界》，《申报月刊》第 1 卷第 1 期，1932 年 7 月。

② 王龙章主编：《中国能否实行独裁政治》，第 152—158 页。

③ 同上，第 234 页。

④ 同上，第 20 页。

⑤ 同上，第 16 页。

⑥ 同上，第 202 页。

胁,民族之危机,更什百倍于昔日。"不仅是日本,此时英国侵入西藏云南,法国觊觎广西,"其危机不减于东北"。①

相比前二者,作者们更加担忧的,是对应"民主政治没落"条件的政治紊乱问题。孙育才借鉴了徐渊在《中国法西斯蒂的前途》中的观点,②认为当今中国政治紊乱,是因为国民党秉政 7 年来,"和军阀妥协,容纳腐化势力,根本没有把恶势力肃清,而偷懒苟安。加之本身的分裂,没有正确的领袖,没有严密的组织,更没有伟大的力量"③。地方上,各地军阀依旧无视中央权威,自由征税,自由养兵,只为保障与扩张个人势力。与此同时,政府组织庞杂,往往因人设事,行政效率微弱。一遇重大事件,均因循守旧,互相推诿。④ 委员制下,各委员相互平等又推拉牵掣,时人将之总结为"会而不议,议而不决,决而不行,行而不动"⑤。如此,国民党无力实现三民主义,中国政府也无力一改国家颓势,民族危机便在此种"无力"的状态下日渐加深。在此紧急时刻,鼓吹独裁的作者们认为要将国家民族的"无力"变成"有力",便急需一种"有力"的政治,即独裁政治。又因为他们急需的是一种能挽救国家民族危亡的独裁,故而选择"极端尊重国家"的法西斯独裁政治。

在明确中国如今必须实行法西斯独裁政治后,作者们需要讨论建立独裁政治的办法。鼓吹独裁的征文作者们抓住独裁政治的"统制"特征,均提出此刻国人应该推戴贤良的领袖,以领袖独裁解决国民党涣散问题,再实行一党专政,统制经济,集中军权。对此,朱蔚若所述最详,他认为:"中国应同时实行,军权集中,政治独裁与经济统制。"军事与政治的独裁,可以消灭地方割据和遏止政争,巩固国防;经济统制可以使国家事业统制于国家权力之下,私人资本不能自由发展,并使用种种社会政策,消灭私人资本,防止资本主义的弊害。

具体政策如何? 首先,国家要集中军权,最重要的是用政治、经济和教育的政策以消灭地方对中央的隔阂,而要速成,就要用军事策略:中央先训练军事人才,在军事统一区域内作质量上的训练提高,逐渐使得地方武力不足以抵抗中央。然后逐步统合国内零星武力,成为中央的统一军事力量。统一军权

---

① 王龙章主编:《中国能否实行独裁政治》,第 16—17 页。
② 徐渊:《中国法西斯蒂的前途》,《社会主义月刊》第 1 卷第 6 期,1933 年 8 月。
③ 王龙章主编:《中国能否实行独裁政治》,第 133 页。
④ 同上,第 18 页。
⑤ 同上,第 36 页。

后,便大规模裁军,削减常备军数量至最低限度。内地军队除维持治安的警备队外,均集中于边疆。同时实行征兵制度,以补充常备军之不足,减少大部分军费。其次,要实行独裁政治以消灭帝国主义的在华势力,朱氏认为必须"先认定一个领导中国革命之政党,由党员与全体人员选择一能实行党纲,维护民族利益的英雄,以为行政首领,此政治领袖一被推举以后,即具有无限之权力,不受任何立法机关之制限"。不过这种权力也并非完全无限,朱氏为之划定一个"不能背叛民族利益违反党纲"的范畴。不然,人民可以用强力推翻之。最后,中国若要实行国家经济统制政策以限制私人资本,不仅需要"平均地权"和"节制资本",还需以货币政策消灭资本主义。作者提出可效仿德国实行国家义务借贷。具体言之,即是:由国家所统辖之银行以政府名义发行纸券,此种纸券在市面上流通,与货币有同等效力。人民可从银行借得纸券以偿还债务,而银行不增加利息只需按期偿还,以此逐步消灭利息借贷。同时国家欲经营大工业,也无须发行公债,只要发行流动券,就可以自由使用。因利息之消灭,则营业全部收入归国家所有,捐税也可彻底废除。不过朱蔚若也意识到,实行经济统制,政府要有绝大的威权作为先决条件,不然纸币充斥,价格飘忽不定,反而会酿成社会祸乱。此外,国家还需要运用坚强的政治力量,取得关税完全自主,以复兴农村繁荣都市。① 所述如此之详细,毋怪其文会被评委列为一等。

四、"阅读"与"表达"之间的思想选择

综合前文的分析,征文作者们作为"作者"的思想主张与作为"读者"的阅读世界皆已展现。而在"阅读"与"表达"之间,作者们还需要对知识进行自主地选择。他们会根据自己的政治主张和生活经历,接受某文本的知识和观点;也会出于某文本的重要性,在借鉴其知识的基础上稍加改写,为己所用。"读者"在阅读后,只有经历"知识过滤","作者"的思想主张才能有所表达。

虽未考证完全,但从现有情况看,征文作者们选择思想资源时,会根据其思想倾向和讨论主题,有时还会基于个人的学习经历。首先,倾向明显、主题明确的刊物是他们的首选,如《社会主义月刊》和《国际译报》中的《意大利专

---

① 王龙章主编:《中国能否实行独裁政治》,第22—26页。

号》。从法西斯主义的特质、法西斯主义在世界各国的情况、独裁政治的阐述，到中国法西斯主义的未来前景和推行策略等，征文作者们都可以在《社会主义月刊》中找到答案。而《国际译报》中的《意大利专号》，则为作者们提供了大量关于意大利法西斯政权现状和历史变革的知识，其罗列的诸多数据和政策，为征文作者们鼓吹法西斯主义提供事实依据。① 当然，还有其他不专门介绍却偶有提及且同样倾向法西斯主义的刊物，也是作者们的思想资源，如《中国革命》。面对这些志同道合的思想文本，征文作者们从论据到论点，都全然接受，少做修改。其次，作者个人的学习经历也是影响选择的要素之一。如前文提及的张学勤借鉴萨孟武的《西洋政治思想史》。张学勤不仅参考此书对民主政治崩溃的描述，也借鉴了其对独裁政治历史沿革和殖民政策的叙述。② 之所以如此，考察张、萨二人的背景即可获知。如前所述，张学勤是中央政治学校的学生。而萨孟武当时担任该校的法政系主任。③ 学生引用老师的专著，实是理所应当。顺带一提，张的同班同学徐元龙④在撰写《因时制宜的独裁政治》时，也同样参考《西洋政治思想史》。⑤ 可见，学生通过阅读老师的著述，接受独裁政治思想的情况，是当时知识青年汲取知识的方式之一。

个人的思想倾向和阅读经历会影响作者对思想文本的选择，而有些经典著作可凭借其巨大的影响，迫使征文作者们必须以彼为思想资源。与前述的全然接受不同，由于经典著作的作者们对法西斯主义的态度异于征文作者，后者并不会跟着原作者亦步亦趋，而是选择性接受；甚而会在原有知识上作出修正，创造新的知识。

在谈论独裁政治的历史沿革，与历代学者和政治家的独裁政治定义时，近半数的征文作者得益于今中次麿的《现代独裁政治学概论》，⑥这点前文已有

---

① 参考《社会主义月刊》的征文作者，除上文提及的朱蔚若、董秋颖、孙育才，还有王国屏和余万望。参考：《中国能否实行独裁政治》，第 92—93、150 页；姜治平：《论法西斯蒂》，《社会主义月刊》第 1 卷第 4 期，1933 年 6 月。SW：《独裁与革命》，《社会主义月刊》第 1 卷第 2 期，1933 年 4 月，第 34—35 页。而参考《国际译报》的《意大利专号》的作者，目前仅见于前文已有提及的刘太戈和余万望。
② 王龙章主编：《中国能否实行独裁政治》，第 196—197 页；《西洋政治思想史》，第 309—310 页。
③ 毕业生指导部编：《中央政治学校毕业同学录》，1947 年版，第 13 页。
④ 《中央政治学校毕业同学录》，《毕业生姓名目次》第 40 页。
⑤ 徐元龙：《因时制宜的独裁政治》，《中国革命》第 3 卷第 23 期，1934 年 6 月 23 日；《西洋政治思想史》（第二册），第 305—309 页。
⑥ 这其中包括王国屏、孙育才、石玉昆和余万望。参考王龙章主编：《中国能否实行独裁政治》，第 97—98、101—103、115—117、137—139、147—148、196—197 页。

考证。在阅读并引用今中氏的著作后，征文作者王国屏认为，当下“一般政治家们，对于这种的独裁政治，都认为救时良药，因为在这政府权势旁落的当中，政潮迭起，内阁频更，财政紊乱，法律不行，暴民四伏，失业加多，国势至此，若不有强有力的独断独行的政治家出现，或拥有武力的军人出来，则必难以匡救这危急存亡之时局”。之后，王国屏还列举希腊独裁者潘加洛斯（Theodoros Pangloss）、墨索里尼“以独裁挽救国家”的理想，高呼“这样超远的理想，真是伟大之至；处现在立宪的政治已到了末路的时候，舍独裁政治之外，实没有第二条方法可以挽救危殆的政局”①。而对于中国，“苏俄式的无产专政，固不宜于中国。就是法美式的议会政治，也是决不能奏效的”②。那么结合他对独裁政治的三种分类③，可知王国屏心中向往的是法西斯独裁。

无论是定义还是分类方法，王国屏无疑都参考了今中次麿之著述。但王氏的最终结论，绝非今中著文之所愿。今中氏在编书前后目睹了法西斯主义在日本的肆虐横行与不断激进，④也深知这种源于浪漫主义的反动有其所以然的理由。但倘若任由其不断发展而不向大众介绍其实质，人们在切实了解其危害并重返正轨时，一定会为此付出沉重的代价，造成巨大且不必要的浪费。所以，作者“为着不使人间继续重复这样的反动的浪费，必须使专门的知识为大众的常识化”，让大众更容易了解法西斯主义的危害，以“尽可能的减少牺牲和徒劳，尽可能的快速的进行我们的将来的历史”。⑤

而第一卷《现代独裁政治学概论》，在今中次麿的设计里，是作为整个丛书的基础。⑥ 结果到了读者王国屏笔下，用以反法西斯的基础知识，却成为鼓吹法西斯独裁的思想资源。此举确实反映出当时知识青年，乃至中国知识人阅读《现代独裁政治学概论》时，并不会全盘接受原作者的知识、全依作者之意旨，而是根据自己的主张，对知识进行筛选，并将选取的知识另作他用。

与今中次麿的《现代独裁政治学概论》有同样遭遇的，还有马克斯·卑尔的《独裁制研究》。黄长岳修改了其对独裁政治的定义。首先，他删节借鉴的

---

① 王龙章主编：《中国能否实行独裁政治》，第103—105页。
② 同上，第109页。
③ 同上，第97—100页。
④ 〔日〕今中次麿著，金奎光译：《民族的社会主义论》，华通书局1933年版，第四卷序第2页。
⑤ 《民族的社会主义论》，丛书序第1—2页。
⑥ 〔日〕今中次麿著，张我军译：《法西斯蒂主义运动论》，华通书局1933年版，丛书序第2页。

部分内容。定义独裁政治时,他说道:"它是以社会政制,和主权在民地学理为基础,构成某种自由政制底本体地一部分;它所欲达到地目的,不外从种种外患和内争地危险当中,杀出一条康庄大路,或制造出一种优良的环境,公众的自由,社会的平等,从艰难危殆中,救护出来。"这部分内容主要借鉴了马克斯·卑尔区分独裁政治与暴君政治、专制主义时的论述。但是,马克斯·卑尔所欲从外患内争中拯救者,不仅有黄长岳提到的公众的自由和社会的平等,还有黄氏在后文否定的"议会底设置"和"德模克拉西主义"。① 其次,黄长岳重新定义独裁政治的目的时,认为独裁政治"确立在以国家为本体之思想上的——以爱护国家为特质,保护国家为责任,安定国家为目的,它把国家看作最高无上的"。但是马克斯·卑尔认为,独裁政治应是"一种制成一个新的社会,和将这个新的社会底能率提高,俾能对于一般属于更高的文明阶段的职权,得以行使欲如的工具"②。简言之,黄氏突出独裁政治对于维护国家的作用,卑尔则强调它对于社会发展的意义,两者的目的差异明显。可见,黄长岳对于阅读所得的知识也非完全采纳,而是根据自己的需要作出选择和再创造。

结语

自 1932 年以来,关于独裁政治的文本不断出版、发行于中国。知识青年们得以了解新的政治知识,并以此参与中国政治制度的讨论,《中国能否实行独裁政治》征文集便是此讨论的产物。除胡勤益外,上述十位征文作者从国内外著述中习得独裁政治的基本知识,从各类具有国民党背景的舆论刊物中了解到国外独裁政治的基本情况。然后他们根据自己的思想倾向,对前者进行一定的"知识过滤",而对后者则是全盘吸收,最后结合中国当下的实际情况,认可舆论刊物的主张,把握独裁的"统制"特征,提出要在中国建立法西斯独裁政治。这不仅是征文作者们汲取、过滤与利用独裁政治知识的过程,同时也是 1933 以年后鼓吹独裁政治的知识青年的思想过程。与过去不同,他们不仅坐拥更多来自国内外的书籍,了解更多关于独裁政治的知识,也能够翻阅诸多

---

① 在后文分析独裁政治发生的原因时,黄长岳认为民主政治的缺点是构成独裁政治的因素,然后批判民主政治只求一国之平等、有财产限制、不是全民政治,以及抨击代议制度存在的流弊如选举制度是变相的封建制度、议会制度妨碍行政效力的增加。可见黄长岳对"议会底设置"和"德模克拉西主义"持批判态度。参考王龙章主编:《中国能否实行独裁政治》,第 217—222 页。

② 王龙章主编:《中国能否实行独裁政治》,第 205 页;《独裁制研究》,第 2—3 页。

舆论刊物,在更快地吸收知识、了解国内外形势之余,潜移默化地受其影响。《中国能否实行独裁政治》征文集仅是这一思潮下的产物而已。如要继续探究此时代的独裁政治思潮,或贯通前后,探明其源流,今日之学者,需比较关于独裁政治的各类文本,仔细考察其异同,于同中爬梳知识传播之履迹,于异中把握知识流变之来龙去脉。

论蒋介石对《新华日报》
党性与人民性的认识

王叶伟

（清华大学）

作为抗日战争时期活跃在国民党统治区的中共党报，《新华日报》一直是新闻史学界重点关注的对象。围绕《新华日报》的发行经过、具体报道、宣传模式及政治影响，学界立足《新华日报》的主办方中国共产党，已有不少讨论。相比之下，学界对《新华日报》发行地区的统治方国民党、主要受众国统区群众与《新华日报》的互动则研究较少。

对国民党与《新华日报》的互动关系，既有研究多从传统革命史的视角出发，叙述和分析国民党当局打压《新华日报》的过程。陈业劭利用国民党当局的新闻、宪警、特务等机构档案，指出国民党当局视《新华日报》为眼中钉，通过限令停刊、检查扣留、拘捕报差等具体措施威胁和打击《新华日报》的传播。[1] 陈陵进一步研究了国民党当局的相关档案，说明国民党当局还曾通过当场监版、组织各报联合版、抓捕人员、追查供稿人和阅报者等方式打击《新华日报》，并指出抗战期间《新华日报》迭遭打击而不停刊的原因是国共两党没有彻底决裂："在'总裁'没有同共产党反脸之前，战时新闻检查局除了给以警告，停刊等'处分'之外，别无良法。"[2] 上述研究揭露了国民党当局对《新华日报》这一进步媒体的压迫，反映了《新华日报》背后斗而不破的国共关系实质。但仅立足中共视角，研究国民党当局与《新华日报》的具体互动，无疑忽视了对国民党这

---

①　陈业劭：《从国民党档案看对新华日报的迫害》，《新闻研究资料》1980 年第 3 期。
②　陈陵：《国民党政府迫害新华日报档案探略》，《学海》1994 年第 4 期。

一主体的认知,研究过于着眼国民党当局具体措施而忽视其思想逻辑,难以形成深层次对比。

对国统区群众与《新华日报》的互动,部分研究也有所关注。群众方面,陈陵介绍了国民党军警宪特档案中对《新华日报》读者和投稿人的监视内容,指出许多进步国统区群众喜爱《新华日报》,并受《新华日报》鼓舞宣传中共抗战业绩、指责国民党官员贪赃枉法,有中学校长爱读《新华日报》以至为学校订购百余份;陈陵还指出多位群众曾投稿《新华日报》,介绍工人文化生活、揭露社会丑恶现象等。① 《新华日报》方面,李冉、邹汉阳指出《新华日报》在发展过程中实现了党性与人民性的统一,既反映党的政策,又努力加强与群众的联系,积极报道国统区的敏感问题、反映国统区的民生艰难与丑恶现象、设置专栏让国统区各群体发声。② 陈力丹全面梳理了《新华日报》关于党性和人民性关系的论述,介绍了 1945 年胡乔木在《新华日报》编辑部发表的讲话及 1947 年 1 月 11 日《新华日报》创刊 9 周年编辑部文章《检讨和勉励》。突出胡乔木"最高限度地反映人民的呼声,就是报纸有最高的党性"及《新华日报》编辑部文章中"新华日报的立场,就是全民族全人民的立场"两句话,指出《新华日报》通过突出人民性来实现党性、将党性与人民性有机结合的特点。③ 陈龙则梳理了整风运动前后《新华日报》改版的经过,指出《新华日报》因应国统区受打击的现实改版,以群众性塑造党性,因其所处环境走出了一条与《解放日报》不同的城市办报道路。④

值得注意的是,上述研究中,无论是国民党与《新华日报》的互动研究,还是国统区群众与《新华日报》的互动研究,其出发点与落脚点都是互动对中共和《新华日报》的影响。从党的宣传史研究角度出发进行研究是正确的,但考虑到《新华日报》在国统区发行的特殊境况,我们也应对另一重要方面——国民党特别是其最高领导人蒋介石关于《新华日报》的所思所想,尤其是蒋介石对《新华日报》与国统区群众互动的看法有所认识。通过认识蒋介石的态度,我们或许能对国民党当局之于《新华日报》的具体对策及逻辑有更深入的理

① 陈陵:《国民党政府迫害新华日报档案探略》,《学海》1994 年第 4 期。
② 李冉、邹汉阳:《党性、人民性的话语起源与行动逻辑》,《马克思主义研究》2014 年第 5 期。
③ 陈力丹:《党报的党性和人民性一致——新华日报最早发表的相关文章》,《青年记者》2016 年第 19 期。
④ 陈龙:《探索"党性与人民性相统一"的办报路线——重庆〈新华日报〉对〈解放日报〉改版的响应及其影响》,《新闻与传播评论》2020 年第 4 期。

解,对蒋介石本人的舆论观有所认识和批判,从反面认识《新华日报》结合党性与人民性的威力。

一、《新华日报》的创办发行:以国共关系和办报路线为重心

1936 年 12 月西安事变后,国共两党开始就抗日民族统一战线问题进行谈判。土地革命时期,中共遭到国民党的残酷镇压,在国统区没有公开宣传的媒介。1937 年 5 月 23 日,中共谈判代表周恩来致电张闻天等党的领导人,告知党内与蒋介石谈判的预定内容,其中一项重要议题即为"办报纸共同宣言或共同声明"。张闻天等人于 25 日回电,除同意周恩来所提各点外,还加提"取缔……西安扣留解放报及书籍……等行为"。① 预定谈判内容屡次出现中共报刊在国统区发行事宜,足见中共对国统区宣传媒介的重视。

经过同蒋介石的谈判,国共双方达成了一定的共识与谅解。蒋介石表示同意与中共合作,并承诺"凡有破坏合作及与共党为难者,由蒋自负责任解决"。在谅解基础上,中共决定向蒋介石提出"在全国公开发行《解放》周报"一事。② 1937 年 9 月,在国共两党代表于南京谈判时,中共代表便向国民党提出在国统区办报的问题。③ 12 月 21 日,中共代表王明、博古、周恩来会见蒋介石,周恩来正式向蒋介石提议出版日报,蒋介石称"所谈极好,照此做去,前途定见好转",首肯了中共在国统区办报的提议,而中共方面早已着手组织。④ 10 月起,中共方面就在南京筹备创办日报,后因南京形势危急退往武汉。12 月 11 日《群众》周刊在武汉出版。⑤ 中共中央在 12 月 28 日给共产国际的报告中指出,"党的日报即可在武汉出版四期"⑥。1938 年 1 月 11 日,中共主办的《新华日报》正式在汉口出刊,向国统区发行。

《新华日报》在汉口发行初期,曾与国民党方面发生摩擦,就连日方也关注到了这一情况,并将其视为国共摩擦的信号:"共产党驻汉宣传机关新华日报创立之际,因陈立夫之妨碍,几至不能发刊,卒以蒋介石之调解,始告竣事,迨

---

① 中央档案馆编:《建党以来重要文献选编》(第 14 册),中央文献出版社 2011 年版,第 262—264 页。
② 同上,第 335、338 页。
③ 石西民、范剑涯编:《新华日报的回忆·续集》,四川人民出版社 1983 年版,第 467 页。
④ 中央档案馆编:《建党以来重要文献选编》(第 14 册),第 757—758 页。
⑤ 潘梓年等著:《新华日报的回忆》,重庆人民出版社 1959 年版,第 1—2 页。
⑥ 中央档案馆编:《建党以来重要文献选编》(第 14 册),第 773 页。

来该报不揭载陈果夫、陈立夫之行动及言说,以作报复。"①蒋介石履行了"自负责任解决"的承诺,为《新华日报》的发刊解围,但这并不代表蒋介石会完全接受《新华日报》的内容。重视报刊媒体的蒋介石常常自阅报纸,其日记动辄每日记录"读报",《新华日报》自然是他的关注重点。1938年4月18日,《新华日报》发表社论《论国民参政会的职权和组织》,指出"这一民意机关,要真能包括抗日各党派各军队各有威信的群众团体代表"②。"各党派各军队"这一提法在中共看来象征着团结协作与广泛代表性,但对于高喊"军令政令之统一"的蒋介石看来则不可接受。4月19日,阅过18日《新华日报》的蒋介石亲自致电军委会政治部部长陈诚:"新华日报昨日社论有各党派各军队字样,严令不许再有'各军队'字样之登载,否则应作拆散国军有意反宣传视之。"③各党派的存在是客观事实,亦经蒋介石认可,蒋介石无法否认"各党派"的提法,但"各军队"的提法则成为形式上担任全国军队统帅的蒋介石的心口刺,必欲禁之而后快。

对《新华日报》具有防范心态的不仅是蒋介石,其他国民党高层人物多亦然。汪精卫于1938年9月3日致电陈布雷并请代转蒋介石,电文就中国援引国联盟约要求制裁日本一事,称应发动舆论督促政府向国联声索,但对不同属性舆论应"分别加以注意"。汪精卫称国民党党报不宜批评政府但可督促,《大公报》等党外报纸则不妨批评政府对国联过于软弱,至于《新华日报》"宜防其趁此挑拨英法恶感,使我益陷孤立"④。同样的内容,不一样的定性,足见国民党要人对媒体属性的好恶。

总体而言,《新华日报》在汉口出版的时期,国民党方面整体上抱持防范心态,双方也发生了一些摩擦,但总体上发行仍较顺利,蒋介石也履行诺言保证《新华日报》的顺利发行。汉口版发行较为顺利,一方面与这一时期国共合作

① 《毛庆祥呈蒋中正日军情报称汉口国共两党磨擦甚烈陈立夫阻碍新华日报发刊及广西正规军均移外地省内治安靠民团维持秩序不如以往等日电译文情报日报表等二十一则》(1938年2月27日),《蒋中正"总统"文物》,台北"国史馆"藏,数位典藏号002-080200-00505-054。
② 《论国民参政会的职权和组织》,《新华日报》1938年4月18日。
③ 《蒋中正电陈诚严禁新华日报再有"各军队"字样登载》(1938年4月19日),《蒋中正"总统"文物》,数位典藏号002-010300-00011-057。
④ 《汪兆铭电陈布雷关于国联提案此时必要发动舆论督促政府但须注意指导党报及他报发言立场如新华日报宜防其挑拨英法恶感使我益陷孤立并祈代陈总裁》(1938年9月3日),《汪兆铭史料》,台北"国史馆"藏,数位典藏号118-010100-0040-049。

较为和睦、蒋介石对国共合并(实则为"溶共")企图尚抱希望有关。1938 年 2 月 4 日蒋介石在日记中专门提及"对共党加入本党之利弊,应特加研究",2 月 25 日再提"余对内主国共合并",3 月 25 日称"对共党主感召而不主排斥"。① 既然主张同中共合作以至合并,那么打压攻击《新华日报》显非蒋介石此时的选项。另一方面,《新华日报》汉口版的办报路线也是蒋介石容忍《新华日报》的重要原因。1937 年底,曾任中共驻共产国际代表的王明由苏联回国参加抗战,来到武汉任中共代表团成员、中共中央长江局书记,一时成为国统区中共党组织的最高领导。王明归国时带着斯大林"融入全民族的浪潮……最主要的是战争"②的要求,回国后即主张"统一的军队"和"统一的政府"。③在王明的指导下,1938 年 1 月 11 日,《新华日报》创刊号发表《发刊词》,声言"抗日高于一切,一切服从于抗日",④并刊载了孔祥熙、邵力子、白崇禧、王宠惠等国民党党政高层的题词。

《新华日报》汉口版所发表文电内容,既受客观条件的限制,又在一定程度上是王明路线的产物。由于《新华日报》创办初期没有独立的通信网络,因此在稿件上不得不大量采用中央社和塔斯社的新闻稿。如此意味着《新华日报》在国内向国民党的"军令政令之统一"靠拢、在国际上成为苏联传声筒,这些现象显然都与此时领导《新华日报》的王明及其路线有关。王明受共产国际之命而来,要求"一切通过统一战线",而《新华日报》也自然秉持了这一办报方针。王明甚至还因担心报道国统区黑暗现象危及统一战线,而对报馆领导进行批评指责。⑤ 尽管如此,《新华日报》汉口版仍然刊登了毛泽东《抗日游击战争的战略问题》等大量中共的宣言、文告和通讯,同时也积极报道了苏联及世界反法西斯斗争的状况,发表了列宁等革命领袖的作品,体现出《新华日报》的党性。但对最能影响读者的副刊等版块则不够重视,版块特点不突出,在一个时期内读者来信刊登也较少。重党性而轻人民性,重统一战线而轻自身立场,使得蒋介石和国民党党政机关在防范异己的同时,又不甚重视《新华日报》的威胁。

---

① 《蒋介石日记》(手稿本),1938 年 2 月 4 日、1938 年 2 月 25 日、1938 年 3 月 25 日。
② 中共中央党史研究室第一研究部编译:《联共(布)、共产国际与抗日战争时期的中国共产党》(第 18 卷),中共党史出版社 2020 年版,第 12 页。
③ 中央档案馆编:《中共中央文件选集》(第 11 册),中共中央党校出版社 1991 年版,第 430—465 页。
④ 《发刊词》,《新华日报》1938 年 1 月 11 日。
⑤ 石西民、范剑涯编:《新华日报的回忆·续集》,四川人民出版社 1983 年版,第 474—476 页。

二、《新华日报》在重庆：办报路线革新与人民性的体现

1938 年 10 月日军攻陷武汉后，全民族抗战进入战略相持阶段，在汉口办报的《新华日报》被迫西迁国民政府陪都重庆，深入国民党的统治核心。与此同时，国共合作的蜜月期也告终结，随着第一次反共高潮的发动和国民党制定《防治异党活动办法》，两党逐渐进入斗而不破的时期。主动制约中共发展的蒋介石对中共的举动更加关注，这其中当然也包括深入国统区中心发行的《新华日报》。

蒋介石和国民党党政机关对《新华日报》的打压由头，起初主要聚焦于《新华日报》的党性立场，针对《新华日报》宣传中国共产党、抗日根据地和八路军的稿件。1939 年 1 月 9 日，蒋介石电令国民党中央宣传部，以"严守军事机密"为由禁止《新华日报》再刊登八路军战况、将领言论，实则担心《新华日报》刊载的八路军战况提高中共的声誉。① 1940 年 6 月，国民党特务组织中统局编制了《生活书店、新华日报调查报告》，开首即定性"生活书店与新华日报，为共党最重要之宣传机关，在表面上以文化服务为幌子，实际上则藉此为掩护，深入社会各界，从事别有企图之活动"②。国民党从《新华日报》作为对立党派的党报定性出发，认定其报道稿件均系"别有企图"。"别有企图"成为国民党政府打压《新华日报》的重大理由。

但与指责《新华日报》作为中共党报"别有企图"的同时，《新华日报》的人民性转向也引起国民党和蒋介石的关注。中统局的报告即指出《新华日报》"深入社会各界"，蒋介石也开始关注起《新华日报》的通信栏与通讯稿。1940年 6 月 14 日，蒋介石在日记中写下预定事项"新华报通信栏须要注明其通信人之真实姓名与地址，否则不许任意登载"③。6 月 15 日，蒋介石向国民党中宣部部长王世杰下达手谕，要求"新华日报通讯栏，须特别注意检查，以后各报馆所登载地方通讯稿，必须将通信人真实姓名与地址，负责查明，方得登载"④。引发蒋介石如此担忧的《新华日报》通讯栏，究竟都刊登了什么内容

---

① 重庆市档案馆、中国第二历史档案馆编：《白色恐怖下的新华日报》，重庆出版社 1987 年版，第 18 页。
② 中国国民党中央委员会党史委员会编印：《中华民国重要史料初编——对日抗战时期：第 5 编·中共活动真相（一）》，1981 年版，第 543 页。
③ 《蒋介石日记》（手稿本），1940 年 6 月 14 日。
④ 《蒋中正电陈诚以后争取宜昌之方针当采取持久之韧性战争又宜昌市之弱点似在沿江岸及其两端故应一面在正南岸多加炮兵一面在南津关附近或上游多备船只等又电汤恩伯指示截断敌军后方交通线之法与袭击敌军及通信联络办法另手谕王世杰新华日报通讯栏应特别注意检查》（1940 年 6 月 15 日），《蒋中正"总统"文物》，数位典藏号 002 - 060100 - 00141 - 015。

呢？以 1940 年 6 月 15 日的《新华日报》第 4 版为例，该期通讯栏的主题为《工人园地》，其中刊载署名闵廉的来稿《切实执行工厂法》，批评国统区在工人工资、工作时间、女青工保障、工厂民主等问题上均未实践国民政府《工厂法》的要求，工人待遇较差；①署名"××厂机械士"的来稿《受不了非理压迫，含泪离开了工厂》则反映其所在工厂技工月薪只有二三十元，管理方月薪则有一二百元，技工提出涨薪诉求却遭镇压；②署名"烈"的来稿《黑暗的××机器厂》则控诉所在工厂领班剥削工人的罪行。③该版还配合刊登了国民党当局的《战时保护劳工方案》法令作为对照，④暗示国民党当局有令不行。《新华日报》通讯栏所刊登的这些化名来稿都侧重揭露国统区的社会问题，批评国民政府在工人待遇问题上无所作为，引起了蒋介石的提防，蒋以其为"煽惑"的手段，下达了"通讯栏禁止化名"的手谕。此时正值 1940 年初被蒋认定为"共党煽惑"的成都抢米风潮后，蒋介石因而更加敏感。

《新华日报》迁至重庆发行后，其办报路线确实发生了根本性的转变。1938 年 10 月，与《新华日报》西迁重庆同时，中共六届六中全会决定取消中共中央长江局，周恩来开始主持《新华日报》工作。《新华日报》社长潘梓年在抵达重庆的第二天，即出席中国青年记者学会的交谊会，在会上指出"今后报纸发行网不应再局限于较大的城市，而应注意到小村镇，使民众都能见到报纸"⑤。通过构建送报员网络，《新华日报》扩大了读者基础，据统计，工人、学生、国民党机关的公务员分居重庆地区《新华日报》读者的前三位。除提出扩大报纸受众面外，《新华日报》在报纸内容方面强调立足国统区，为国统区人民鼓与呼，周恩来指出"新华日报要充当'大后方'人民的喉舌"。《新华日报》在文笔上采取通俗化方针，拒绝半文不白的文体，而用白话文写作文稿，使民众易于理解内容。《新华日报》在重庆增设了许多群众性栏目，如"地方通讯"栏目报道国统区人民的生活和斗争情形，"读者园地"栏目供读者发表时事感想和个人感受，副刊则包含小品文等各种针砭时弊的文艺作品。这些群众性栏目使《新华日报》具备了不同于中间派报纸和国民党党报的特色，敢于报道工

---

① 闵廉：《切实执行工厂法》，《新华日报》1940 年 6 月 15 日。
② ××厂机械士：《受不了非理压迫，含泪离开了工厂》，《新华日报》1940 年 6 月 15 日。
③ 烈：《黑暗的××机器厂》，《新华日报》1940 年 6 月 15 日。
④ 《战时保护劳工方案》，《新华日报》1940 年 6 月 15 日。
⑤ 石西民、范剑涯编：《新华日报的回忆·续集》，四川人民出版社 1983 年版，第 3—5 页。

人运动、青年运动、妇女运动的勇气使群众产生好感。《新华日报》还设置读者服务处负责来信回信、读者现场接谈、社会服务等工作,与群众拉近现实距离。①

《新华日报》办报路线的改革既有增强可读性的内部动力驱动,也有外部因素推动,此前《新华日报》经常刊登的中国共产党、抗日根据地及八路军的稿件,因为蒋介石及国民党当局对党性稿件的打压而无法刊出。1939 年 4 月 20日,国民党中宣部致函《新华日报》,禁止《新华日报》再使用"八路军""新四军""边区"等字样。② 1940 年 5 月,国民党中央宣传部电令新闻检查部门对《新华日报》"为某党宣传之论文"一律禁载。③ 11 月 10 日,蒋介石更亲自电令战时新闻检查局局长,要求对《新华日报》的政治性社论及抗日根据地报道"特别注意检查,严予检扣"④。在政治性稿件难以发表的情况下,以国统区社会稿件为主对国民党进行监督批评、为人民鼓与呼成为《新华日报》必然的转型方向。

三、"奸党煽惑"与"他山之石":蒋介石对《新华日报》涉国统区稿件的态度

围绕通讯栏问题的交锋并非蒋介石对《新华日报》涉国统区稿件的第一次反应。早在 1940 年 1 月 31 日,蒋介石就致电侍从室第二处主任陈布雷,询问"重庆联中学潮究竟为何,应立即解决勿延",并要求"警告新华日报以后对于学潮不应作煽动鼓惑之论文,应由宣传部特别注意"。⑤ 重庆联中一直以来受进步思潮和进步人士影响,教师多持进步思想,学生中多有阅读斯大林著作等左翼书籍的情况。国民党为加强对该校控制,于 1939 年起陆续撤换该校校长、训育主任等管理层,1940 年 1 月更要解聘所有教师重新聘任、对部分学生实行默退,导致学生发起斗争。学生们联络中间派报纸《商务日报》和《新华日报》等多家报馆进行报道声援。1 月 31 日,《新华日报》在头版发表社论《重庆联中学潮与抗战教育》,批判"学校当局不仅未能有所革新,反而同时集体开除

---

① 潘梓年等著:《新华日报的回忆》,重庆人民出版社 1959 年版,第 27—39 页。
② 重庆市档案馆、中国第二历史档案馆编:《白色恐怖下的新华日报》,重庆出版社 1987 年版,第 20 页。
③ 同上,第 79 页。
④ 同上,第 121 页。
⑤ 《蒋中正电陈布雷速解决重庆联中学潮宣传部注意新华日报煽动学潮文》(1940 年 1 月 31 日),《蒋中正"总统"文物》,数位典藏号 002 - 010300 - 00031 - 042。

学生五十九人",支持重庆联中学生"改进校务,收回开除学生成命"的诉求。①每日关注《新华日报》的蒋介石,在看到当日头版后才知有此事发生,他于《新华日报》发表社论当日就急忙致电亲信陈布雷,一面要"立即解决",一面要"警告新华日报"。在蒋的介入下,2月7日时任重庆联中校长张佐时主动联系学生代表要求和解,于2月14日同学生签订协议,接受学生的所有诉求。②

围绕此事来看,《商务日报》的报道明显早于《新华日报》社论,《商务日报》于1月26日、29日、30日连发关于学潮的报道,但直到《新华日报》在头版发出社论,才使蒋介石了解到此事并引起警觉。蒋介石要下属尽快解决学潮,且最终学潮以满足学生诉求告终,这一"解决"如此柔性,表明学潮中的过错方显为国民党当局。蒋介石明知本方可能存在过错,却不加调查就将《新华日报》的社论定性为"煽动鼓惑",说明对这一类社会事件,蒋的处理举措并非为了查明真相,而是为了稳定统治。因此与通讯栏问题一样,当《新华日报》报道国统区社会问题时,蒋介石的对策都是封口,而非以真挚态度解决问题,并以《新华日报》专事煽惑为借口打压其新闻报道活动。另外,中共领导下的《新华日报》的报道,显然比其他报刊更能引起蒋介石的关注,而其所报道的问题,也给对社会问题较不熟悉的蒋介石一个知晓的途径,使如联中学潮这类社会问题得到蒋的关注并解决,体现了新闻媒体的舆论监督功能。

《新华日报》不断深化其报道的人民性,深入报道和讨论国统区社会问题和政策,一定程度上也使蒋介石产生了兴趣,甚至在某些问题上引以为"他山之石"。1940年3月19日,《新华日报》头版发表社论《农业贷款问题》,文中由四川省合作金库总经理来重庆洽谈充实农贷资金一事引出,强调农业贷款的重要性,指出农业贷款可以帮助农民进行生产、帮助城市游资找到出路,并提出要办农业贷款必须做到防止劣绅把持合作社、降低仓库使用门槛等项,以使农业贷款的好处真正落到实处,普惠农业和农民。③ 蒋介石在看过当日的《新华日报》后,特地在边角处写下批语:

> 此篇可令四行总处与合作社及农本局作为他山之石,切实改正做到。如果此

---

① 《重庆联中学潮与抗战教育》,《新华日报》1940年1月31日。
② 中国人民政治协商会议重庆市沙坪坝区委员会文史资料研究委员会编:《文史资料选辑·第5辑·重庆七中资料专辑》,1986年版,第62—80页。
③ 《农业贷款问题》,《新华日报》1940年3月19日。

次四行总处农贷实施与监察得法,必可成为建国的基础。中正。

蒋介石对《新华日报》关于农业贷款的政策建议如此重视,以至提到了"建国基础"之语,体现出蒋对这一社论的认可,而蒋之所以对"专事煽惑"的《新华日报》破天荒地认可,正是因为办农业贷款本就是蒋介石当时的打算。早在 3 月 6 日,蒋介石就亲自下达手令,要求重视四川、陕西、甘肃等省的农贷,增加贷款释放量。《新华日报》社论将农业贷款的意义推及全国农村,指出农业贷款对农业发展和农民民生的重要作用,更提出监察农业贷款使用的办法,对蒋介石的计划形成了有效补充,蒋介石为此专门命令四行总处及经济部相关单位按《新华日报》社论精神"切实改正做到"。但蒋介石将《新华日报》的《农业贷款问题》一文称作"他山之石",则更具有深意。"他山之石"虽是有价值、可借鉴的,但本质上是他者的、异己的,蒋虽然采纳了《新华日报》的建议并要求农贷负责部门注意贯彻实行,但仍留意《新华日报》的党性。除报刊本身的异己性外,蒋介石采纳《新华日报》建议的目的也是为了打击异己。3 月 6 日蒋介石要求加大陕甘农贷量时,即称这一政策的重点区域是"接近陕北共区之陕甘各省府所属各县",其根本意图是"与各该省府党部切实联系贷放,以发挥本党政治之能力,务令陕甘各行,勿拘小利"①,说明蒋介石实行农贷并非全然关注民生,还欲以此为政治手段同中共争夺民众,终极目的是削弱中共,企图以彼之道还诸彼身。

完全以他者的视角认识《新华日报》,使蒋介石也完全以他者的视角看待《新华日报》的涉国统区稿件。蒋介石将《新华日报》完全视为中共"煽惑"民众的工具,1940 年 10 月 28 日,蒋介石电令王世杰及战时新闻检查局局长,指称当日《新华日报》刊载成都教师加薪请愿新闻"甚属不妥",要求对此类消息"绝对检扣,禁止登载"。② 在 1941 年皖南事变后,每当蒋介石企图同中共完全决裂时,就会提起取缔《新华日报》之事。1943 年 9 月 6 日蒋介石在日记中称中共宣传"诋毁政府造谣惑众",9 月 9 日更记下"对共处分时应准备之点:甲、新华日报之监视"。③ 1944 年 9 月 27 日,蒋介石向军委会战时新闻检查局副局

① 《蒋中正令四联总处等为参照新华日报农业贷款问题一文切实办理农贷》(1940 年 3 月 21 日),《国民政府》,台北:"国史馆"藏,数位典藏号 001 - 111000 - 00003 - 001。
② 重庆市档案馆、中国第二历史档案馆编:《白色恐怖下的新华日报》,第 117 页。
③ 《蒋介石日记》(手稿本),1943 年 9 月 6 日、1943 年 9 月 9 日。

长李中襄下达了"新华日报应严格检查,凡有关于军事政治与社会各项新闻未有实据者,一律禁载,如其有犯禁律,应照律依法处置"的手谕。① 尽管如此,1945 年 2 月 22 日,《新华日报》在国共围绕联合政府问题进行斗争时,仍发表了有巴金、老舍、沈钧儒、沙千里、李可染、姚蓬子等 302 位文化界著名人士署名的《文化界对时局进言》,进言要求国民党政府立刻召开包含各党派代表在内的临时会议,实现政治社会改革,停止特务活动和党化教育。② 这一进言直指国民党一党专政与施政政策,更有国统区文学界、美术界、演艺界、学术界的 300 余名重量级文化人士联署,给蒋介石和国民党以很大打击。看到当日《新华日报》的蒋介石,于下午立刻召见李中襄及新闻检查局人员,"严责其检查之不负责,又任共匪之新华日报登载其所谓《文化人对时局进言》三百余人具名之文件也"③。

抗战胜利后,中国立刻处于内战的阴霾之中,特别是 1946 年 6 月国民党军队对中原解放区全面进攻后,国共关系濒于决裂,《新华日报》在这一时期一面勇敢宣传中共革命主张和人民军队的胜利,一面继续坚持人民性,揭露国民党的黑暗腐败统治。《新华日报》先后发表《汉奸攀亲结贵尽作新官员生失业失学都沦苦海》《华北敌伪工厂接收情形极度混乱》等一系列揭露国民党大小官员"接收"为名侵吞为实行径的报道,并发表《收复区内的真象》《国民党的所谓"接收"》等社论批判国民党的腐败。蒋介石对"接收"的混乱情形并非不知,他在 1945 年 10 月 25 日的日记中写道:"随处得闻上海我文武官吏之嫖赌勒索之恶行,以及顾祝同部在杭之抢劫行为,不胜忧愤。旧部将领之性行,如不决心撤换,不仅革命必败,而且国家亦亡矣。"④但当 11 月 28 日驻华美军指挥官魏德迈来访并揭露"接收"贪污不法的情形时,蒋介石一方面表示"惭惶无地",但另一方面却将魏德迈的谴责归因于"惟彼不知,现在我国社会之复杂,共匪之造谣中伤,惟恐天下不乱,与中央不倒之阴谋,与暴动如何其凶顽

---

① 《蒋中正手令李中襄应严格检查新华日报凡有关军事政治与社会新闻未有实据者一律禁载及接孔祥熙电和平机构会议中美英一组定于明日开幕苏方所持异议之点投票问题苏方坚决未决即接徐恩曾电鲁南共匪谋建立蒙山为第二延安准备江周围各据点完全占领等》(1944 年 9 月 27 日),《蒋中正"总统"文物》,数位典藏号 002 - 060100 - 00192 - 027。

② 《文化界发表对时局进言要求召开临时紧急会议》,《新华日报》1945 年 2 月 22 日。

③ 《蒋介石日记》(手稿本),1945 年 2 月 22 日。

④ 同上,1945 年 10 月 25 日。

也"。① 蒋介石在 11 月的《上月反省录》中,更完全无视事实,进一步攻击《新华日报》对"接收"的报道和批评是"制造谣诼,以贪污腐败口号煽动人心,毁灭我国家与政府之信誉",称"对我各地接收人员之诬蔑"为"共匪最大之武器"。②

四、党性与人民性有机结合:《新华日报》的重要办报经验

蒋介石对《新华日报》涉国统区稿件的态度充分体现出他的舆论观:明知真相如此,当遭新闻媒体批评时却一味认为其报道是攻击手段,乃至不问真相而将事实性报道定性为"谣诼""污蔑"。这根本上体现出蒋介石无力也不愿解决现实问题之"本",却专注阻塞言路打压异己之"末"的倒错舆论观。蒋介石的舆论观如此,也意味着蒋介石不能正确认识《新华日报》将党性与人民性相统一的办报路线,他强调《新华日报》的党性特点,对所有报道一律视为"煽惑";他看到《新华日报》的人民性表现,却无视《新华日报》的人民性特点,对揭露出的国统区社会问题采取息事宁人或无视的态度,更认不清党性寓于人民性之中的道理。蒋介石 1940 年 3 月 21 日对中央政治学校新闻专修科毕业生讲演,即称"新闻记者应为国家意志所由表现之喉舌,亦即为社会民众赖以启迪之导师"③。在蒋的意识中新闻作用是"启迪民众"而非反映民众呼声,表明蒋并无人民性的思想,蒋认为国家对人民是"启迪"的关系,认识不到国家或党从人民中来,自然无法理解《新华日报》如何做到党性与人民性的统一。

蒋介石对《新华日报》的涉国统区稿件无可奈何又为之切齿,而对于中国共产党而言,党性与人民性相结合的做法得到充分肯定。时任中共中央政治局秘书胡乔木 1945 年到重庆视察《新华日报》时,即指出《新华日报》"是党报也是人民的报纸",强调"我们要使人民的东西能在报上反映出来,这样来加强人民报纸的党性,也就是人民性",并为《新华日报》提出"应该最大限度地反映人民的生活斗争,也只有这样的报才能是一个党报或人民的报"的要求。④ 胡

① 《蒋介石日记》(手稿本),1945 年 11 月 29 日。
② 《上月反省录》,《蒋介石日记》(手稿本),1945 年 11 月。
③ 秦孝仪主编:《先总统蒋公思想言论总集》(第 17 卷),中国国民党中央委员会党史委员会 1984 年版,第 204 页。
④ 《胡乔木传》编写组编:《胡乔木谈新闻出版》,人民出版社 1999 年版,第 17—18 页。

乔木的讲话,正体现出中共中央对《新华日报》二重特性的定位,党性与人民性是统一的,党性寓于人民性之中,只有反映国统区现实并为人民发声,《新华日报》才能真的显露活力,为人民所喜爱和接受,也由此才能更好地体现党的观点和主张,扩大党的影响。

《新华日报》将党性和人民性有机结合起来的办报经验,在今天依然具有十分重要的意义。习近平指出:"坚持党性,新闻舆论工作才能有明确的立场和指向;坚持人民性,新闻舆论工作才能获得活力源泉和动力根基……新闻媒体要把对党负责和对人民负责统一起来、把服务群众同教育引导群众结合起来""我们党以全心全意为人民服务为根本宗旨,没有自己的特殊利益……党性寓于人民性之中,没有脱离人民性的党性,也没有脱离党性的人民性。"①总书记的论述强调党性与人民性的有机融合,人民性中服务群众与教育引导群众的统一。作为正面经验的《新华日报》和作为负面典型的蒋介石的舆论观,都值得我们在新闻宣传工作中吸收与总结,以更好地做到党性与人民性的统一,将党的意志与人民的意志统一起来,更好地凝聚人心,服务于中国特色社会主义新时代建设事业。

---

① 习近平:《论党的宣传思想工作》,中央文献出版社 2020 年版,第 182—183 页。

1920年代末的新书业与政党政治

——以国民党改组派复旦书店为个案

陈李龙

（宁波工程学院）

达恩顿的"传播线路系统"（Communication Circuit），让学术界注意到中间商（middle man）在出版物传播中起到的关键作用。① 出版市场与思想市场的互动成为学界研究的热点话题。比如，有研究者关注新书业的内在商业动力在多大程度上参与与形塑了新文学的面貌。② 他们认为，在中外的启蒙运动中，"生意"占据了很重要的位置，是启蒙者与生意人精诚合作促成了《新青年》的流行。③ 甚至将晚明的启蒙思潮视作书商和李贽、袁宏道等启蒙思想家"合谋"的结果。④ 也有的研究者聚焦近代新式辞书《辞海》的编纂出版过程，讨论文化市场如何助推新学形成广泛影响。这类以"启蒙"与"生意"为代表的"去政治化"研究思路，重新发现了被巨大的思想光环所遮蔽的出版商，为出版史研究提供了新的路径。但是，这样的研究也有其弊端。对于达恩顿，有学者批评其强调图书贸易流动甚过书籍本身，忽视书籍承载的文本，以欧洲经验为标准，强调书籍对社会的影响甚于社会对书的影响等。⑤ 在中国的语境中，这一

---

① 〔美〕罗伯特·达恩顿著，高毅、高煜译：《法国大革命前夕的图书世界》，上海人民出版社2021年版，第2—3页；〔美〕罗伯特·达恩顿著，萧知纬译：《拉莫莱特之吻》，华东师范大学出版社2011年版，第104—106页。
② 刘潇雨：《新文学的"生意"——"丁玲事件"与1930年代中国新书业》，《中国现代文学研究丛刊》2014年第1期。
③ 张宝明：《"点子"成金：启蒙的生意是如何做成的？——起底"金字招牌"〈新青年〉经营路径》，《关东学刊》2021年第3期。
④ 张献忠：《启蒙的生意——晚明商业出版与启蒙思潮的兴起和传播》，《河北学刊》2017年第1期。
⑤ 戴联斌：《从书籍史到阅读史：阅读史研究理论与方法》，新星出版社2017年版，第53—54页。

类"过于自足的研究逐渐暴露其不及物性和缺少现实对话能力的弊病,已引发了新生代学人的反省,正视并重新锚定'政治'在中国历史中应有的坐标,成为人文学科的新动向"①。

复旦书店正是一个重新锚定新书业政治坐标的合理研究对象。首先,复旦书店由改组派主导,具有浓厚的政治色彩。它与同时期经营改组派出版机构卿云图书公司和天津书局不同,后二者兼有营利性质,更适于放在"启蒙"与"生意"的研究路径中,而研究复旦书店就必须把政党政治引入研究框架中。其次,现有对于政治因素如何影响新书业的研究,聚焦于1928—1930年的左翼文学,未能展现新书业公会的全部政治色彩。② 诚然,倾向于共产党的左翼文学是新书业公会的主要色彩,但并不是说新书业公会只有这一种颜色。正如樊尚·考夫曼所言,只要追随政界人士就能够找到占据主导地位的媒介。③在新书业的流行趋势中,每个党派都不甘于思想市场被别的党派独占,纷纷加入新书业的出版发行工作中。因此,对于复旦书店的研究,不仅能够揭示政治对于思想和文化生意的影响,而且能够发现新书业公会中的另一种政治色彩。

一、复旦书店出现的背景

思想与技术的革新,让出版业总会在一定的周期内迎来以"新出版"或"新书业"为名号的新业态。清末民初,伴随着西方新式出版技术和文本的输入,出现了以近代西方知识为内容、以机械和化学方法为印制手段出版图书杂志的"新书业"。④ "五四运动"前后,机器生产力的变革退居幕后,科学与民主的新思潮再次刷新了出版业,引起出版格局的重塑和编辑生产力的革新。⑤ "五四"之后,时人心目中对"新书业"的定义再一次发生转变。具有新文化运动精神的出版机构,如亚东图书馆、泰东图书局、群益书社、新潮社、北新书局等,成为20世纪二三十年代人们眼中的"新书业"。

与此同时,二三十年代的中国政治也出现了新局面。1928年"二次北伐"

---

① 邱雪松:《启蒙、生意与政治的张力——以开明书店为中心的考察》,《文艺研究》2021年第4期。
② 刘震:《左翼文学运动的兴起与上海新书业(1928—1930)》,人民文学出版社2008年版。
③ 〔瑞士〕樊尚·考夫曼,李适孈译:《"景观文学":媒体对文学的影响》,南京大学出版社2019年版,第32页。
④ 邹振环:《晚清书业空间转移与中国近代的"出版革命"》,《河北学刊》2020年第3期。
⑤ 王建辉:《"五四"与新出版》,《文史哲》2000年第2期。

结束后,南京国民政府在形式上完成了统一,中华民国至少在名义上已经不是北伐前的知识分子所认为的"五代式民国"。① 但是在政治上,中国仍然是一盘散沙。且不说共产党已经在各地燃起星星之火,即便在国民党内部,文人集团明争暗斗,军事集团各怀鬼胎。他们虽然统一于国民党的旗帜之下,但彼此之间又是一种既联合又对抗的关系。② 北伐结束到 1931 年宁粤和谈期间,派系之间的竞合尤为激烈,不同的文人集团与不同的军事集团进行了多次排列组合,构成了国民党内派系政治的基本格局。不同政党之间的斗争和国民党内部的纠纷,促成各个党派纷纷创办报刊、出版小册子以阐述本党派的思想和理论,使出版界出现了一幅热闹的景象。

在出版界与政治界双重变奏的背景下,复旦书店应运而生。1927 年底,以汪精卫为核心,陈公博、顾孟余等部分国民党"粤二届"委员为骨干的"左派",在国民党派系斗争中遭遇重大挫折,他们大都蛰伏在上海,谋求东山再起的机会。1928 年 3 月,陈公博在上海的《贡献》杂志发表《国民革命的危机和我们的错误》,提出重新改组国民党,引发国民党"左派"和支持该派的小资产阶级青年的共鸣。由于政治观点使然,"左派"不久之后即被称为改组派。发展改组派的过程中,陈公博等人先后出版《革命评论》《前进》等杂志以及一系列支持国民党改组派观点的小册子。伴随着出版物越出越多,主要经营改组派书刊的复旦书店便成立了。

二、共产党机关的嫌疑

1928 年 7 月 16 日复旦书店在法租界白来尼蒙马浪路 169 号开业,根据开业广告,其主营业务包括代售本外埠各大书局各种书籍、杂志、文具。③ 8 月,书店迁到北四川路 649 号。④ 在民国的出版史上,复旦书店是一个神秘的存在。它是新书业公会成员,参加过三次新书业公会会议,却没有在会议档案中

---

① 罗志田:《五代式的民国:一个忧国知识分子对北伐前数年政治格局的即时观察》,《近代史研究》1999 年 4 期。
② 金以林:《国民党高层的派系政治:蒋介石"最高领袖"地位的确立》(修订本),社会科学文献出版社 2016 年版,第 1 页。
③ 《复旦书店启事》,上海《民国日报》1928 年 7 月 17 日。
④ 《上海复旦书店迁移启事》,《申报》1928 年 8 月 8 日。

留下与会代表姓名。① 它出版过一份叫《熔炉》的文艺杂志，发表了丁玲的《自杀日记》，曾向鲁迅约稿（被婉拒），但其编者徐霞村直到复旦书店被当局查封后，才听闻书店的幕后老板是改组派。② 当时《大公报》有一条报道提及该书店的背景："复旦书店并非共党机关，乃粤委陈公博等所组织者。"③从这条消息可以看出，对于复旦书店的身份，外间有不同的猜测，且有人目之为共产党机关。

为什么改组派的书店会被外界视为共产党机关？ 要回答好这个问题，首先需要从复旦书店的上海新书业公会会员身份入手。1928年11月底，上海新书业公会发起成立时，泰东图书局赵南公、南新书局李志云、光华书局张静庐、太平洋书店张秉文、现代书局洪雪帆、开明书店章锡琛、真美善书店曾虚白、卿云书局陆友白、亚东图书馆汪孟邹（赵南公代）等作为沪上进步书店代表参加，民智、启智、金屋、创造社、春潮、乐群、第一线、新宇宙等出版机构也被邀请加入。④ 此时复旦书店还不在邀请之列。在1928年11月29日新书业公会第二次筹备会议时，复旦书店加入，认筹丙等会费（10元）。到12月5日上海新书业公会成立时，复旦书店列名其中。⑤ 12月，复旦书店持续出现在上海新书业公会的会议议程中。12月15日，复旦书店在福州路529会所参加第一次代表会议，商讨书刊推广、会员资格等议案。⑥

上海新书业公会的发起者创造社、现代书局、光华书局等，出版发行的很多书刊都有左翼色彩，在国民党查禁"反动"刊物名单之内，如，创造社出版的《喇叭》、现代书局出版的《洪荒》、光华书局出版的《幻洲》、第一线书店出版的《无轨列车》、泰东图书局出版的《战线》等，就在《中国国民党中央执行委员会查禁各反动刊物一览表》之内。⑦ 这些刊物左翼色彩鲜明，许多杂志都有共产

---

① 《上海市书业同业公会筹备会、成立大会、会员大会的会议记录及报告、提案等有关文书》，1928年，档号S313-1-8，上海市档案馆藏。
② 徐小玉：《霜叶红于二月花——徐霞村纪传》，山西人民出版社1999年版，第61页。
③ 《特市指委会之纪念周 杨亦周刘天素报告党政 中央民训会会务停滞 西原借款事仍须注意》，《大公报》（天津版）1928年12月25日。
④ 《出版界消息》，《申报》1928年11月28日。
⑤ 《上海新书业公会成立通告》，上海《民国日报》1928年12月8日。
⑥ 《商场消息》，《申报》1928年12月16日。
⑦ 《上海特别市教育局业务汇编》（十六年七月起至十七年十二月止），王熙华、朱一冰合辑：《1927—1949年禁书（刊）史料汇编（第一册）》，北京图书出版社2007年版，第103—104、106、109页。

党员或共青团员参与编辑。因此，创造社、现代书局、光华书局等出版机构参与的上海新书业公会被指控为"共产党的大本营"，政府始终不准许其注册。[①]笔者在上海市档案馆馆藏的一份上海公共租界临时法院档案中看到，上海特别市党务指导委员会宣传部，请求上海临时法院发函给工部局警务处查封上海新书业公会时，所提出的理由就是："有新书业公会（在福州路）系共党分子所组织。"[②]这份函件，确认了新书业公会无法完成注册的缘由，就是它在国民党政府内部被视为共产党机关。复旦书店是新书业公会的会员，新书业公会又被认为是"共党分子所组织"，或许正因如此，复旦书店才被外界误认为是共产党机关。

其次，也与其书店经理的身份有关。据 1928 年 12 月 2 日的《申报》报道，新书业公会其实召开了第三次筹备会议，只是上海新书业公会档案中没有收录这次会议的记录。报道称，1928 年 12 月 1 日，复旦书店派出郭仲容作为代表参加了新书业公会第三次筹备会议。[③] 关于郭仲容的身份，根据一份名为《上海蜀闻扈柔给中央的报告——关于新闻机关在社会中的作用及我党在蜀闻社的情形（一九二八年十二月八日）》的共产党报告显示，上海蜀闻通讯社是现统治阶级中较进步的新闻机关，其中的编辑黄汉瑞、郭仲容为改组派，先后被排除出社，并备注郭仲容"最早为同学，在粤被开除，继入第三党后又入改组派，即现在复旦书店经理"[④]。在中国共产党的暗语系统中，"同学"代表中共党员。所以，郭仲容最早是共产党员。郭仲容在 1940 年代担任过国民党军事委员会军令部驻延安联络参谋，根据其简历，他于黄埔军校第六期第一总队步科毕业，1927 年加入中国共产党，后被开除出党。[⑤] 结合之前的"扈柔报告"说他"在粤被开除"，说明他极有可能是在广州起义前后被开除党籍，随后流落上海。加入陈公博所领导的改组派后，担任复旦书店的经理。

复旦书店参加了带有共产党色彩的新书业公会，经理又曾是共产党员，很难不让外界猜测书店有共产党的背景。正因如此，才需要《大公报》的报道来

---

① 冉彬：《上海出版业与三十年代上海文学》，上海文化出版社 2012 年版，第 36 页。
② 《函请警务处处长查办新书业公会及创造社等由》，1929 年 1 月 10 日，《上海公共租界临时法院取缔我党书报、刊物、出版社和书局（一）》，档号 Q179-1-9，SC0065-SC0068，上海市档案馆藏。
③ 《新书业公会积极筹备》，《申报》1928 年 12 月 2 日。
④ 中央档案馆、江苏省档案馆编：《江苏革命历史文件汇集 1927 年 4 月—1936 年》，1987 年，第 34—36 页。
⑤ 陈予欢：《黄埔军校将帅录》，广州出版社 1998 年版，第 1262—1263 页。

澄清复旦书店并非共产党机关,而是陈公博所办。

三、因发行改组派杂志被查封

复旦书店被国民党当局查封,改组派背景就完全暴露出来。被查封的导火索是发行《检阅周刊》。根据 1928 年 12 月 6 日召开第 185 次国民党中常会记录:"中宣部查:上海北四川路复旦书店批发,并在南京光天书局分售之检阅周刊,对于中央决议,妄事诋谤,并捏造粤、桂、滇、黔、鄂五省联盟等谣言,蓄意反动,妨害治安案。决议:交国民政府令饬严切查究,对于发售此种反动刊物之书店,应予以封闭。"①可见,复旦书店在 12 月 5 日刚加入新书业公会后一日之后,就被国民党最高权力机构下令查封。这一命令在 12 月 12 日由江苏省政府(江苏省政府密令第七〇九二号)传达至上海公共租界临时法院,两天之后,公共租界临时法院负责人在文件上签下"速办"二字。② 最后,这份命令由上海特别市公安局闸北虬江路五区二所负责执行。12 月 14 日 11 时左右,该所巡长李少云率警员会同上海特别市教育局专员陆松荫前往复旦书店搜查。搜查结果如下:搜获账簿 4 本,内有出版经销《检阅周刊》的记录,但未获实物;搜获《新路》杂志第一卷第一七号 1 册;搜获其他出版物 21 种;一同被带走的还有被认为是店员的孙东生(24 岁,镇江人)、顾裕奎(26 岁,昆山人)、廖维馨(22 岁,四川人)、曾广铭(28 岁,四川人)等四人。复旦书店被查封的详情被上海主流报纸披露,《申报》《新闻报》《民国日报》都予以了登载。③

《检阅周刊》是不折不扣的国民党改组派杂志。该刊 1928 年 11 月 4 日创刊,通讯处为匿名邮箱——上海信箱 1324 号,由复旦书店出版发行。该刊的编者在发刊词中,称要"检阅以往的中国国民革命""检阅我们自己的力量""检阅本党的组织""要在整个的反动局势之下,重新检阅革命的工作和革命的队伍,完整中国国民革命大本营的中国国民党"④。导致它被国民党中宣部注

---

① 《历届中常会会议记录中与新闻业有关议题一览表(1928.3.30—1939.3.9)》,转引自刘继忠:《国民党新闻事业研究(1927—1937)》,光明日报出版社 2019 年版,第 415—484 页。
② 《江苏省政府密令第七〇九二号》,1928 年 12 月,《上海公共租界临时法院取缔我党书报、刊物、出版社和书局(一)》,档号 Q179 - 1 - 9,SC0036 - SC0044,上海市档案馆藏。
③ 《五区一分所查封复旦书局》,《新闻报》1928 年 12 月 15 日;《五区一分所查封复旦书局》,上海《民国日报》1928 年 12 月 15 日;《复旦书店被警搜查 抄去新路及出版品廿一种》,《申报》1928 年 12 月 15 日。
④ 《创刊号宣言》,《检阅周刊》第 1 期,1928 年 11 月。

意,认为其捏造五省联盟谣言的应该是 11 月 11 日出版的第 2 期。目前在上海图书馆保存的 1 到 12 期《检阅周刊》中,唯独缺失的就是第 2 期。但是,从第 4 期的广告中可以看到第 2 期的目录:

> 百年《总理诞日感到的区区》、大道《变相的特别委员会》、沈机《半革命派》、箴《五省联盟与中央统一》、田弃疾《六项运动与自治》、《这一周的民众消息》、《南京市指委辞职文》、《上海码头公会呈蒋文》、赵匡《对于三个决议案的批评》、《编辑余谈五则》。①

复旦书店被查封之后,接到中央命令的各地政府也开始了查禁《检阅周刊》的行动。在北平,警察于东安市场汉文阁书店、劝业场会文堂等书店查获该刊 1 000 余本,铺长杜佑等人被带走调查。② 在昆明,益友书社、东方书店分别被发现有《检阅周刊》28 本和 193 本,书店老板龙子敏、王志全被传讯调查。③ 在宁波,公安人员在甬江书局查获《检阅周刊》9 本、《前进》1 本,遂将书局查封。④ 在芜湖的民众图书馆,来自芜湖市公安局和十一师特别党部的检查人员除了搜获《检阅周刊》之外,还将《青年呼声》《帝国主义经济侵略下之中国》等被认为是反动的书刊一同没收,民众图书馆被查封,职员邵文秀、汪一涛被捕。由于邵文秀是芜湖市党务指委会成员,因而芜湖市党务指委会发出抗议,经交涉,邵文秀被释放,图书馆于十余日后启封。⑤ 北平的汉文阁、会文堂和宁波的甬江书局仅仅是销售了《检阅周刊》,芜湖民众图书馆甚至仅仅是馆藏了该杂志,就遭到职员被捕以及书店和图书馆被封的厄运。可见南京当局对这份杂志查禁之严厉。

被查封之后,复旦书店尝试寻求自保。首先,它将被没收书刊的名单在报纸上刊登出来,说明自己是一家主营国民党党义书刊的商业书店。12 月 17 日,被查封两天之后,复旦书店在《申报》登了一则启事,声称根据签有查封人员姓名的收据,被没收的书刊名单如下:《再造》《致力》《残夜》《参后》《白华》

---

① 《本刊第二期目录》,《检阅周刊》第 4 期,1928 年 11 月。
② 《查抄反动书籍检阅周刊》,《华北日报》1929 年 1 月 10 日。
③ 《国民党云南省主席龙云报告查禁没收〈检阅〉周刊经过呈文(一九二九年二月九日)》,查建瑜编:查建瑜:《国民党改组派资料选编》,湖南人民出版社 1986 年版,第 550—551 页。
④ 《公牍:呈文:呈省政府为呈报发封甬江书局并呈送检阅周刊前进等反动刊物请察核由(三月二十日)》,《宁波市政月刊》第 2 卷第 6 期,1929 年 4 月。
⑤ 《芜湖快信》,《申报》1929 年 1 月 11 日;《芜湖快信》,《申报》1929 年 1 月 22 日。

《革命》《海上》《战线上》《镕炉》《亚波罗》《现代小说》《少年维特之烦恼》《马来民族之生活》《色情文化》《论无产阶级专政》《资本制度浅说》《死人之叹息》《三条腿》《吴陈辩论集》《留欧通信》《长虹周刊》《陈公博论文集》《国民革命危机和我们的错误》《国民党组织和训练》《中国革命与三民主义》《革命评论》《国闻汇报》。启事特别说明:"因恐传闻失实,特此声明,以免误会。"①"恐传闻失实",是何种传闻,现在已不得而知。但是通过书刊名单可以发现,涉及的政治书刊都属于国民党的各派系,没有任何共产党色彩,也没有之前新闻报道中所提到的《新路》(研究系所办——笔者)。就政治书刊而言,虽然以改组派居多,如《吴陈辩论集》《留欧通信》《陈公博论文集》《国民革命危机和我们的错误》《国民党组织和训练》《中国革命与三民主义》《革命评论》等,但同时也包括了改组派政敌的书刊,如国民党再造派刊物《再造》和无政府主义派刊物《革命》。《论无产阶级专政》看似有共产党色彩,但其实作者毕修匀是无政府主义者,为《革命》周刊的主编。② 所以,复旦书店这则启事,最有可能的目的就是澄清自己是一家主营国民党党义的书店,并且各个派系的书刊都有销售,是在商言商。

其次,复旦书店还声明与改组派的杂志社之间纯粹是商业关系,试图洗脱自己的改组派色彩。1928 年 12 月 25 日,复旦书店又在《申报》刊登了一个"紧要启事":"前检阅社商托敝店代理批发《检阅周刊》,文责该社自负,发行以来,从未接当局禁售明令,兹以误会丛生,特此登报申明:敝店早与该社交涉,不代批发,嗣后海内外同业愿销售是项刊物者,请直向该社接洽。敝店现正努力从事编述科学丛书、文学丛书,当局认为不妥之刊物,本店概不代为发行,并希勿以此项刊物相托。此启。"③1929 年 1 月 12 日,复旦书店再次刊登启事,称对于诸多读者来函询问的《检阅周刊》和许德珩、马念一、萧淑宇等人主办的《民众先锋》不再由复旦书店发行,"本店于十七年十二月十二日后即未发行《检阅周刊》,嗣后关于该刊一切事项请直向该社交涉是幸。再《民众先锋》则系华龙路廿五号东方书店总代理代售处及全国各大书店。此启。"④1929 年 1

---

① 《上海复旦书店启事》,《申报》1928 年 12 月 17 日。
② 毕克鲁:《忆家父毕修匀》,吴汉民等主编:《20 世纪上海文史资料文库 第 6 辑 新闻出版》,上海书店出版社 1999 年版,第 372—374 页。
③ 《复旦书店紧要启事》,《申报》1928 年 12 月 23 日。
④ 《复旦书店启事》,《申报》1929 年 1 月 12 日。

月 6 日创办的《民众先锋》也是改组派杂志,所以复旦书店同时也需要声明这份杂志与自己无关。

再次,在复旦书店在被搜查后写给新书业公会的求援信中,同样声明自己是纯粹营业性质。求援信中说:"查敝店代销检阅周刊纯为营业性质且事前并未奉有当局禁止发售命令,今竟突遭意外,若不设法保障同业前途,何堪设想。钧会为代表同业利益而设,愿将经过情形陈明即希转请市公安局将在押店员立即开释,并呈请:中央通令以后不再发生此项同样事件。"①这封求援信的目的,一方面是请求公安局释放被捕店员,另一方面,也是更重要的一方面,是向当局表明自己发行《检阅周刊》是蒙在鼓里,自己是一家纯为盈利的书店。得到此信后,张静庐提议由新书业公会具送公安局请求释放店员,众会员无异议。② 但是,一家自身尚且在政府无法注册的机构,转呈一家被查封书店的请求,效果可想而知。

总之,复旦书店通过种种办法,企图说明自己与党派没有关联,寻求自保,但收效甚微。复旦书店的改组派色彩自创办之日起就有,不是几则声明可以摆脱的。

四、难以洗脱的改组派色彩

尽管复旦书店试图把自己描绘成一家与改组派无关的商业书店,但是从其出版发行的书刊名单来看,它是很难摆脱与改组派的联系的。

首先,复旦书店开业之日起就接手了改组派核心刊物《革命评论》的代理发行工作。1928 年 7 月开业之时,复旦书店在上海《民国日报》第一版刊登了两则广告,一则开业广告,另一则就是《复旦书店为总代理革命评论周刊启事》。该启事称:"本书店现受革命评论社委托,为该周刊总代理处,所有本埠批发及定阅,均由本书店直接办理,以前各代售处所欠革命评论社款项,均移交本书店负责收取,该社通讯处,亦由本书店转,特此通启。"③《革命评论》1—11 期都没有明确的代理机构,封底只写明社址为环龙路花园别墅 28

---

① 《上海市书业同业公会筹备会、成立大会、会员大会的会议记录及报告、提案等有关文书》,1928 年,档号 S313-1-8,上海市档案馆藏。
② 《新书业公会开会》,上海《民国日报》1928 年 12 月 21 日;《上海市书业同业公会筹备会、成立大会、会员大会的会议记录及报告、提案等有关文书》,1928 年,档号 S313-1-8,上海市档案馆藏。
③ 《复旦书店启事》,上海《民国日报》1928 年 7 月 17 日。

号,对于分派处只是笼统地说是"国内各大书局"①。《革命评论》出版之后,引起了诸多小资产阶级青年的精神共鸣,销量不断攀升,首期 3 000 份很快销售一空,又不断翻印,销量高时可以达到 1.5 万份。② 这在当时的期刊出版界是一个了不起的数字。这份刊物的风靡,是改组派作为政治派系走上历史舞台的关键一步。正是《革命评论》的宣传理念,帮助处于精神幻灭中"左派"青年重新燃起革命希望,从而形成了改组派的组织基础。毫不夸张地说,《革命评论》就是改组派的身份标识,是"自命是革命青年的都必手捧一册"的读物。③复旦书店甫一成立就成为《革命评论》的总代理,《革命评论》停刊后又发行过其"转世"刊物《民众先锋》。④ 可见,复旦书店与改组派的联系是非常紧密的。

其次,从复旦书店销售的改组派书刊名单中,也能够判定该书店的改组派色彩。根据笔者所掌握的材料,这家存续时间约 5 个月的书店出版和代售书刊至少 56 种(表 1)。政治书籍和杂志 38 种,文艺书籍和杂志 18 种。其中,政治书刊多为党义类,文艺书刊都为进步文艺作品,没有旧书古籍,也没有鸳鸯蝴蝶派的作品。根据作者、编者或译者的政治身份分类,属于改组派的有 31种,占比超过一半。诚然,复旦书店也代销敌对派系再造派、无政府主义派和桂系的刊物,但数量极少。

浓重的改组派色彩,让复旦书店被国民党当局视为眼中钉。蒋介石对改组派的小册子深恶痛绝,欲禁之而后快,他曾要求改组派领袖陈公博"少发议论,多做实事。此时小册子愈多,则青年心理愈纷,为害愈大"⑤。所以,带有浓厚改组派色彩的复旦书店是不可能继续经营下去的,无论刊发什么样的启事,都无法掩盖它出版发行改组派书刊的事实,也自然难以消弭当局禁绝该书店的决心。

最后,重启无望的复旦书店只能更名"转世"。1929 年 1 月,在四马路

---

① 见《革命评论》第 2 期(1928 年 5 月)封底。
② 陈公博:《苦笑录(一九二五至一九三六年)》,现代史料编刊社(内部印刷)1981 年版,第 124 页。
③ 董介如:《浙江"改组派"鳞爪》,中国人民政协商委员会会议浙江省文史资料研究委员会编:《浙江文史资料选辑 第 2 辑》中国人民政治协商会议浙江省委员会文史资料委员会,1962 年,第 85—87 页;石源华:《陈公博的一生》,上海书店出版社 2019 年版,第 185 页。
④ 《自革命评论停刊后、出版界顿呈萧条之象、现中султ陈公博等、又有民众先锋》,《福尔摩斯》1929 年 1月 14 日;田守业:《国民党改组派研究》,中国社会科学院 2001 年博士学位论文。
⑤ 《蒋总司令的重要谈话》,《中央日报》1928 年 9 月 3 日。

8－547号出现了一家尚志书屋,继续销售复旦书店出版的书籍。① 该书屋资本定额为 5 万元,为王天祥、孟明所办。② 孟明,正是复旦书局所出版《吴稚晖陈公博辩论集》《陈公博先生最近论文集》的编者。经营数月之后,当局注意到了尚志书屋的党派色彩。在一份写在"中国国民党上海特别市党部用笺"的文件上,笔者见到中国国民党上海特别市党务指导委员会发给上海公共租界临时法院查禁尚志书屋的请求函,函称"本市英租界福州路望平街尚志书屋系复旦书店之后身,转为反动分子推销反宣传刊物殊主义诱惑人心自身祸乱,业经本会第二十一次常会决函临时法院查封"③。这份请求应该没有得到临时法院或工部局警务处的有力配合,因为尚志书屋 1930 年仍在经营,且有新书出版。当时有人在《民国日报》写文章批评尚志书屋卖"反动书籍"是"'尚'了反动的志",同时卖《金瓶梅》《银瓶梅》,"'尚'了性欲的志"。文章同时称,"尚志书屋据说是复旦书局的化身",虽然"没有十分的证据",却被"除共铲奸团"的民众捣毁过一次。④

总之,复旦书店拥有浓厚的改组派色彩,这一点是确认无疑的。它在以商业身份谋求重生失败之后,只能通过"转世"为尚志书屋来继续出版发行改组派书刊。因为在 1929 年底复旦书店查封之后,改组派仍然活跃于政坛,并发起了声势浩大的反对蒋介石包办"三全大会"运动,迫切需要有相应的文化机关承担出版发行工作,"转世"而来的尚志书屋就承担了这样的角色。

五、被捕"店员"的身份

复旦书店被捕人员身份,是揭开复旦书店政治身份的另一条线索。复旦书店被搜查当日,被捕店员一共四人:孙东生、廖维馨、顾裕奎、曾广铭。依据前述复旦书店的求援信,仅有孙东生属于店员。⑤ 廖维馨身份不详。曾广铭是北大留法同学会会员、曾经赴法勤工俭学。⑥ 顾裕奎声称只是顾客,偶然走

---

① 《复旦书店出版新书》,《光报》1929 年 9 月 5 日。
② 《尚志书屋》,《申报》1929 年 1 月 22 日。
③ 《函请查封尚志书屋》,1929 年 5 月,《上海公共租界临时法院取缔我党书报、刊物、出版社和书局(一)》,档号 Q179－1－9,SC218－SC219,上海市档案馆藏。
④ 德:《尚志》,上海《民国日报》1930 年 2 月 18 日。
⑤ 《上海市书业同业公会筹备会、成立大会、会员大会的会议记录及报告、提案等有关文书》,1928 年,档号 S313－1－8,上海市档案馆藏。
⑥ 清华大学中共党史教研组:《赴法勤工俭学运动史料 第 2 册(上)》,北京出版社 1980 年版,第 108 页;张允侯等编著:《留法勤工俭学运动 2》,上海人民出版社 1986 年版,第 419 页。

进书店,恰逢当局搜捕。两天之后,顾裕奎被释放。他旋即到《申报》登报声明:"本月十四日上午,途经复旦书店拟购文具,适逢市公安局奉令搜查,误为该店职员致被拘。"①至于其他人,似乎也未审讯出什么结果。根据国闻社的消息,店员"所供住址均捏造"②。之后的情况如何,不得而知。

　　最后,我们将目光聚焦到在报纸刊登声明的顾裕奎身上。顾裕奎,昆山人,曾就读于上海持志大学国学系。③ 1927 年 10 月曾受共产党江苏省委之命返回昆山组织共产党的支部。④ 但是,顾裕奎后来坚持留在国民党内,成为国民党"左派"的一员。从 1927 年到 1929 年,他一直在国民党昆山县党部任职,先后担任执监委、常务执委等职务。⑤ 也就是说,1928 年底,他在逛复旦书店被捕时,身份属于国民党昆山县党部成员。可以确定,顾裕奎是一名国民党基层党员,而他的改组派身份则可以从其政治经历中发现蛛丝马迹:(1)1929年,顾裕奎被举报与昆山县党部的另外 12 名成员印发《微光》刊物,内载《请汪精卫同志回国主持党政》《小资产阶级之危机及其出路》等文章,与改组派论调一致。⑥ 这导致他在 1930 年 7 月被永远开除国民党党籍。⑦ 1931 年 12 月,汪精卫带领改组派成员在上海大世界舞厅召开国民党第四次全国代表大会,标志着汪蒋合作形成。这次会议过后十余天,永远被开除国民党党籍的顾裕奎就恢复了党籍。⑧(2)在改组派领袖顾孟余担任铁道部部长之后,顾裕奎进入正太路特别党部担任秘书一职,此时正太铁路管理局局长王懋功亦是改组派旧人。⑨ 将这两点结合在一起,就有比较强的证据来证明顾裕奎在政治上与

---

① 《裕奎启事》,《申报》1928 年 12 月 20 日。
② 《沪又大举捕共 本周被捕数十人 △沪杭书局纷被封》,《大公报》(天津版)1928 年 12 月 16 日。
③ 《持志大学录取新生案》,《申报》1926 年 8 月 28 日。
④ 《江苏省委最近工作报告》,中央档案馆、江苏省档案馆编:《江苏革命历史文件汇集 省委文件 1927年 6 月—12 月》,1984 年,第 439 页。
⑤ 昆山县档案馆:《国民党昆山县党部党务概况》,中国人民政治协商会议江苏省昆山县委员会文史征集委员会:《昆山文史 第 4 辑》,中国人民政治协商会议江苏省昆山县委员会文史征集委员会(内部印刷),1985 年,第 96—97 页。
⑥ 张顺良:《论国民党中央如何清除各地方党部的改组份子(1929—1931)》,《辅仁历史学报》2008 年第 21 期。
⑦ 《中央常务会议纪》,《时事新报》1930 年 7 月 25 日。
⑧ 《恢复党籍名单》,台湾中华民国史事纪要编辑委员会:《中华民国史事纪要(初稿)中华民国二十年十至十二月份》,正中书局 1983 年版,第 878 页。
⑨ 《正太路特别党部组织系统表》,铁道部参事厅第四组编:《铁道年鉴 第 2 卷》,铁道部秘书厅图书室》1935 年版,第 1227 页;《命令:部令:铁道部令:第二九六号(中华民国二十一年三月三十一日):令王懋功:派为正太铁路管理局局长由》,《铁道公报》第 254 期,1932 年 4 月。

改组派势力涨落的一致性,可以确定顾裕奎与改组派的裙带关系,他应该属于改组派成员。

所以,顾裕奎 12 月 14 日在复旦书店被捕并不完全是巧合。一名看似偶然走进书店"拟购文具"的顾客,其背后隐藏了千丝万缕的政治连带。

结论

新书业公会成立的目的,主要是维护新书业出版者和作者的权益。① 但是,新书业不可避免地会与党派产生联系。比如 1920 年代末的革命文学论争、中国社会性质论战就引发了不同党派的文人和知识分子参与其中,他们论战的主要园地就是新书业公会成员所出版的书刊。可以说,新书业公会自成立之日起就陷入了党派政治的拉扯之中,创造社、光华书局、民智书局、复旦书店、卿云图书公司等屡屡因出版反对派书刊而登上南京当局的查禁名单。加上新书业的会员都是中小型出版机构,因此,新书业公会很难为其会员提供保护。复旦书店、创造社先后被查封,说明新书业公会缺乏在政治中斡旋的资本与能力。

尽管新书业公会成立的目的是谋求新书出版从业者的共同利益,但它很难不被卷入 1920 年代末错综复杂的政治光谱中,因为新书业本身就以出版具有先锋思想的书刊为己任,而这些先锋思想的发起者往往带有反对派政治色彩。因此,我们在关注思想潮流与出版生意的勾连之外,还需要注意到政治对于二者所产生的影响,有时甚至是决定性的影响。

表 1　复旦书店发行及带销售书刊表②

序号	书刊名	类　别	作者、编者	身　份	性　质	处罚记录
1	革命评论	杂志(政治)	革命评论社	改组派	出版发行	查禁
2	前进	杂志(政治)	前进社	改组派	分销点	查禁

① 《新书业公会宣言》,《开明》第 1 卷第 8 期,1929 年 2 月。
② 说明:(1)笔者未查询到详细资料的书籍或刊物有:《海上》《马来民族之生活》《参后》《白华》《合川青年》《国闻汇报》;(2)由于尚志书屋为复旦书局后身,因此由尚志书屋销售、复旦书局出版的书刊也算为复旦书局出版发行;(3)外国作者界定身份时根据译者身份鉴别。

序号	书刊名	类　别	作者、编者	身　份	性　质	处罚记录
3	检阅周刊	杂志(政治)	检阅周刊社	改组派	出版发行	查禁
4	民众先锋	杂志(政治)	民众先锋社	改组派	出版发行	查禁
5	疾风	杂志(政治)	疾风社	改组派	出版发行和通讯处	查禁
6	党锄	杂志(政治)	党锄社	改组派	出版发行	
7	双十月刊	杂志(政治)	双十月刊社	改组派	分销点	查禁
8	青战	杂志(政治)	青战社	改组派	出版发行(7期起)	查禁
9	夹攻	杂志(政治)	南京夹攻社	改组派	分销点	查禁
10	双十月刊	杂志(政治)	双十月刊社	改组派	分销点	查禁
11	新路	杂志(政治)	新路杂志社	研究系	分销点	查禁
12	西蜀青年	杂志(政治)	西蜀青年社	改组派	出版发行和通讯处	
13	贯彻	杂志(政治)	贯彻周刊社	改组派	出版发行(10期起)	
14	留欧通信	杂志(政治)	林柏生	改组派	分销点	
15	女军	杂志(政治)	南京女军社	改组派	分销点	
16	环攻	杂志(政治)	环攻社	改组派	分销点	
17	革命	杂志(政治)	革命周报社	无政府主义	分销点	中宣部警告
18	再造	杂志(政治)	再造旬刊社	再造派	分销点	中宣部警告
19	致力半月刊	杂志(政治)	武汉政治分会秘书处党义研究会	桂系	分销点	

序号	书刊名	类　别	作者、编者	身　份	性　质	处罚记录
20	现代小说	杂志(文艺)	现代小说社叶灵凤	创造社	分销点	
21	镕炉月刊	杂志(文艺)	徐霞村	文学研究会	出版发行	
22	复旦月刊	杂志(文艺)	徐霞村	文学研究会	出版发行	
23	长虹周刊	杂志(文艺)	高长虹	狂飙社	分销点	
24	亚波罗	杂志(文艺)	浙江杭州西湖国立艺术院		分销点	
25	国民革命危机和我们的错误	书籍(政治)	陈公博	改组派	出版发行	查禁
26	中国国民革命的前路	书籍(政治)	陈公博	改组派	出版发行	查禁
27	目前中国革命问题	书籍(政治)	施存统	改组派	出版发行	查禁
28	革命的真理	书籍(政治)	公孙愈之	改组派	出版发行	查禁
29	资本制度浅说	书籍(政治)	施存统	改组派	分销点	
30	吴稚晖陈公博辩论集	书籍(政治)	孟明	改组派	出版发行	
31	陈公博先生最近论文集	书籍(政治)	孟明	改组派	出版发行	
32	中国革命与三民主义	书籍(政治)	施存统	改组派	出版发行	
33	中国国民党所代表的是什么	书籍(政治)	陈公博	改组派	出版发行	
34	中国国民党组织及训练	书籍(政治)	王乐平	改组派	出版发行	

序号	书刊名	类　别	作者、编者	身　份	性　　质	处罚记录
35	目前中国政局的解剖	书籍(政治)	许德珩	改组派	出版发行	
36	中国经济之路	书籍(政治)	桑土	改组派	出版发行	
37	中国历史上的革命	书籍(政治)	陈公博	改组派	出版发行	
38	革命评论全集	书籍(政治)	革命评论社	改组派	出版发行	
39	论无产阶级专政	书籍(政治)	毕修勺	无政府主义	分销点	
40	西欧革命史	书籍(政治)	蒙诺索夫；陆一远译		出版发行	
41	中国革命和世界的明日	书籍(政治)	细川嘉六；曹霄青译		出版发行	
42	中国国民党重要宣言汇编	书籍(政治)	党义研究会			
43	最近政治概况	书籍(政治)	政治经济研究会			
44	多情的寡妇	书籍(文艺)	施存统译	改组派	出版发行	
45	死人之叹息	书籍(文艺)	滕固	改组派	分销点	
46	三条腿	书籍(文艺)	张资平	第三党	分销点	
47	残夜	书籍(文艺)	倪贻德	创造社	分销点	
48	少年维特之烦恼	书籍(文艺)	歌德；郭沫若译	创造社	分销点	
49	战线上	书籍(文艺)	杨村人	太阳社	分销点	
50	色情文化	书籍(文艺)	刘呐鸥译	水沫社	分销点	
51	还乡集	书籍(文艺)	海涅；杜衡译		出版发行	

序号	书刊名	类　　别	作者、编者	身　份	性　质	处罚记录
52	号声	书籍（文艺）	王统照		出版发行	
53	消磨	书籍（文艺）	胡也频		出版发行	
54	红笑	书籍（文艺）	安特立夫；徐培仁译		出版发行	
55	火榴	书籍（文艺）	曹雪松		出版发行	
56	民间故事	书籍（文艺）	赵景深		出版发行	

"近现代出版与新知识传播"
学术研讨会综述

肖馥莲　林梦月　刘旭东　胡冬敏　乔　智

（复旦大学）

出版是思想和知识公之于众的重要媒介,上海则是中国近现代出版的发源地和中心。1949 年以前,全国 80％以上的出版机构集中在上海,90％以上的学术著作在上海出版,上海出版事业引领了近现代中国新知识传播与思想进步的潮流。2022 年 10 月 29 日至 30 日,由中国近现代新闻出版博物馆和复旦大学历史学系共同主办的"近现代出版与新知识传播"学术研讨会在上海召开。来自全国高校、研究机构、图书馆、博物馆、出版社的近 50 位学者以线上线下相结合的方式,围绕"出版与新知传播""出版与文化交流""出版与商业互动""辞书与教科书出版""出版与新文化""出版与科技知识""出版与政治活动"七个专题展开研讨。

开幕式上,复旦大学历史学系主任黄洋和中国近现代新闻出版博物馆馆长赵书雷代表主办方致辞,分别表达了对参会学者的欢迎。黄洋教授表示,书籍和出版是现在知识史、文化史乃至思想史研究的热点问题,此次会议聚集了来自高校、出版业、博物馆与图书馆等相关领域的专家学者,对学术推进意义非凡。"学术交流是推进学术研究的生命线",复旦大学历史学系一直致力于搭建学术交流平台,希望今后有机会邀请大家走进复旦校园,欢聚一堂,实现面对面的交流。赵书雷馆长在发言中说,中国近现代新闻出版博物馆收藏有包括原中华书局图书馆在内的大量近现代出版文献、文物,博物馆需要吸收借鉴更多的最新研究成果,与更多的专业研究力量进行合作,来为"讲好文物故事""讲好中国故事"提供更多智慧和支撑。新闻出版博物馆建设已经进入最后冲刺阶段,他向各界专家学者提前发出邀请,欢迎他们届时前来参观,博物馆愿意为研究者们利用馆藏资源开展研究提供便利。

主旨发言

主旨发言环节由复旦大学历史学系高晞教授主持。

故宫出版社有限公司董事长、故宫博物院研究馆员章宏伟首先作了题为《民国时期故宫博物院为例谈博物馆知识的传播》的报告。他指出,随着上海开埠,博物馆作为一种"舶来品"从西方传入中国,而故宫博物院的成立使博物馆的概念在中国具象化、本土化。清朝皇帝的禁宫摇身一变成为国民共享的博物院,它向民众传递了破除帝王权威、祛除旧势力的理念,建构出消解帝制合法性的有效场域。作为新兴概念和传统物质载体的巧妙结合,故宫博物院是通过旧场所、旧器物传播新知识、新思想的理想样态。它从设立、开馆、存废之争、文物南迁再到伦敦艺展,数次引起舆论热议,而舆论层层广布又进一步强化了民众对博物馆的认知。可以说故宫博物院塑造了现代文明的一个样板,开辟了中国博物馆事业的新纪元。章宏伟还着重介绍了故宫博物院发行的故宫日历,说明自己此后的研究将聚焦于博物院刊物与新知传播。

河南大学新闻与传播学院王鹏飞教授在线上作了题为《世界书局教科书的两次竞争与现代教科书市场的型塑》的报告。教科书是出版业的重要品类,也是民国大型出版机构的标配出版物。在教科书市场能否占据一席之地,极大地影响一家书局的存亡兴衰。报告以世界书局与商务和中华、与开明书店的两次中小学教科书出版竞争为案例,考察民国出版业竞争的方法、手段、途径及效果,涉及书局资本运作及市场定价、版权认证与发行许可、人脉运营及经销渠道、抄袭官司时舆论战、出版物内容迭代及视觉设计等丰富的历史细节,生动展示了1930年代以经销见长的世界书局创始人沈知方如何借"新主义教科书"重整旗鼓、突出重围,奠定民国教科书市场上世界、商务、中华"鼎足而三"的局面。报告将教科书与出版市场、知识性文本及出版媒介相勾连,最终落脚于近代出版图景的重塑:两次竞争有力打破了商务和中华对教科书市场的垄断,塑造出全新的教科书出版格局;随着党义成为教科书编辑主线,龙头出版机构错失发行先机,而正中书局等则把握住机会异军突起;中小出版机构如北新、贵阳文通获得更多生存空间,丰富了教科书出版市场;非全套教科书的,小而精、小而特的读本模式开始形成。相关研究亦可参考王鹏飞的新著《中国出版家:沈知方》,该著对世界书局及沈知方其人有系统论述。

上海大学陶飞亚教授的报告题为《〈博医会报〉与中西医界的交流》。19世纪以来中国境内流通的西文出版物、科学技术及学科知识等专刊对于近现代新知传播及中西汇通具有显著意义,然而关于此类读物的出版史研究仍很匮乏。本次报告以近代中国基督教运动三大主流刊物之一、来华医学传教士团体博医会(*The Medical Missionary Society of China*)创立的英文医学刊物《博医会报》(*The China Medical Missionary*)为研究主体,考察晚清民国中西医学的交流:《博医会报》及时引介"细菌"学说等西医学最新理论、X光射线等技术成果、奎宁等化学药物,以专栏形式跟进国际医刊的各类研究,同步、前沿、广杂地向中国输入西医学知识并将之运用于中国各地的医学实践;根植于中国本土,《博医会报》及其作者群体亦与中国医学存在千丝万缕的联系,剖析该报对中药的科学分析、对中医内外科实践的审慎观察及尝试、参照西方医学体系对中国医学提出的批评意见,可以揭示出以来华医学传教士为代表的西医从业者不断发现并深入认知中医的过程,有助于消弭当时盛行的"欧洲中心"偏见;报告最终指向新知识传播的双向性——中西方互为客体,在西方知识输入中国的同时,西方也正不断发现、接受来自他者的"域外"新知。《博医会报》搭建起中西汇通的平台,可以为19至20世纪"西学东渐"与"中学西渐"的双向流动过程提供一条可资参考的研究路径。

上海图书馆历史文献研究所副所长黄显功作了题为《新阅读的资源生产与"文""艺"类型的形成》的报告。阅读是人类获取信息与知识的过程,文献资源的生产方式及载体形式深刻地影响人类的阅读经验。19世纪以来,中国的出版与阅读生态发生巨变:西学东渐进入新阶段,西学以文化实体的形式影响到中国人的日常生活;出版形成多元化新格局,上海成为近代出版中心;阅读结构出现新转移,从传统的知识体系转向中西结合与学科化的专门知识,实现了跨文化、跨语境的知识更新,也推动中国近代新的文本类型与艺术类型的成长及发展;各种类型及功能的阅读文本还塑造出新的读者群体。报告分析了文摘创办的原因:一是顺应时局的政治需要,为官员提供执政参考,如林则徐的《澳门新闻纸》;二是对已有的报刊资源进行再生性加工,形成报刊的二次文化消费。前者形成面对官员的政治阅读空间,后者形成面对大众的私人阅读空间。尽管中国自古就有图文并重的传统,但独立的以图像为主的图书较为少见。画报进入中国后,引导大众从文字视觉转向图像视觉,发展出更多图像艺术形式,比如漫画。早期我国的漫画只是零星登载于报刊上,后来出现专门的漫画杂志,促使漫画成为独立的艺术。

出版与新知传播

出版事业引领近现代中国新知识传播的潮流。

国家图书馆出版社民国文献编辑室主任李强首先作了题为《国家图书馆出版社民国文献整理出版的探索与实践》的报告,为与会学者介绍国家图书馆民国文献整理出版的成果及数据库使用方式。国家图书馆的民国馆藏数量多,类型丰富,其中线装书约占三分之一以上,内容包括个人著述、官方文书、日记等,具有极高的研究价值。在民国文献的出版方面,国图注重开发馆藏特色文献、馆藏珍稀文献,将文献出版与学术研究、学者课题相结合。此外,国图民国文献的数据库建设成就斐然,"民国图书数据库""革命文献与民国时期文献联合目录"数据库收录丰富。

郑州大学新闻与传播学院讲师申爽作了题为《启蒙的基础建制:印刷出版与 20 世纪 30 年代的语言文字普及运动》的报告。晚清民初,印刷出版逐渐成为科学、民主等新观念传播的重要媒介。报告以 1930 年代"国语运动"与"拉丁化新文字运动"中的印刷出版实践为线索,探究印刷出版媒介在近代语文普及运动中的角色与影响。从国家建构和社会再造的层面,揭示出版业如何构建大众启蒙的"基础建制"。

上海市历史博物馆副研究馆员邵文菁分享的题目为《上海伊文思书店考略》,伊文思书店是沪上经营时间较长且规模较大的西书店,分销点辐射全国,其影响力覆盖众多领域。研究伊文思书店是了解近代上海西书业、出版业的重要环节。作者考证伊文思书店历史沿革,分析其经营理念、销售模式、产品特色,探究了其对近代中国图书市场的影响,以及对中国近代新文化、新思潮传播起到的客观作用。

贵州大学外国语学院副教授李炯里的报告题为《科学传播与文化传承：近代科技类译著的相关研究——以陈遵妫的〈宇宙壮观〉为中心》，她对比 1935 年商务印书馆出版的《宇宙壮观》及其日语原著，发现译书对原著结构、内容进行了调整，添加了中国传统天文学等内容。作者通过其中的加译、减译、改译现象，探析异质文化与自文化、科学文化与大众文化之间的翻译策略。

本场报告由章宏伟主持，黄显功点评。"出版与新知传播"讨论组从出版物、书店、启蒙与文化建设和科技翻译等角度，探讨了出版的不同环节和新知识传播的领域。黄显功指出，文献的整理与出版是学界研究的基础，国家图书馆出版社民国文献的整理与出版为学界提供了丰富且便利的资源。申爽的汇报关注印刷出版与国家建构及社会再造之间的关系，是以往学界关注较少的角度。科技翻译在整个中西文化交流中发挥着重要作用，译者在翻译过程中结合中国现状进行二次创作是文化传播中的一个普遍现象，李炯里的研究也是对科技翻译研究天文学方面的补充。黄显功认为出版史和阅读史研究中还缺乏一部完整的书店史的研究，书店史的研究意义在于探究书从出版后如何到达读者手中，对书籍流通环节的考察能够看到书籍知识传播的完整流程。伊文思书店研究能填补书店史研究空白，进而为出版史研究提供新的维度。

出版与文化交流

以出版为载体，不同的文化频繁交流与互动，拓展了中国人的阅读视野与知识疆界。

中山大学教授郭丽娜作了题为《巴外方香港纳匝肋出版社与中西文化的交融》的报告，考察了巴黎外方传教会于 19 世纪下半叶至 20 世纪上半叶在香港进行的出版活动，其创办的纳匝肋出版社以福音与科学为定位，在将自身纳入全球出版行列的过程中，也推动着华南区域文化进入全球文化的公共空间。

浙江师范大学副教授蒋硕的报告题为《19 世纪汉学家对前代汉学的阅读与接受——以晚清上海传教士晁德莅为例》，他从晁德莅编译的拉丁文《中国文化教程》切入，揭示了 19 世纪汉学家与传教士重新发现 17、18 世纪来华传教士中西文汉学著作的历程。这一现象提醒研究者重新思考 17、18 世纪传教士译著对 19、20 世纪西方汉学的影响,并为明清西学汉籍与西文汉学著作的比较与汇通提供新的视野。

北京第二外国语学院讲师彭雨新作了题为《北平日文报刊史料考证与近现代东亚的知识脉动——以日文〈东亚新报〉〈燕京文学〉为中心》的报告,在分别阐述《东亚新报》《燕京文学》发行背景、编辑群体与内容编排等基础上,揭露了报刊发行背后所隐藏的华北文化界的关系脉络;通过梳理两份报刊编辑群体的复杂交集,其与前身、周缘刊物的承继与互涉,呈现了日伪在华新闻出版网络的一个重要面向。而日文报刊印刷机构在战时华北的垄断地位,也深刻影响了近现代华北出版印刷业的发展。

南开大学历史学院助理研究员陈拓的报告题为《从敬一堂到共乐堂:明清时期上海天主教会的书籍刊刻》,他主要关注明清时期上海天主教会的书籍刊刻情况,通过对敬一堂、共乐堂刻本的全面调查,分析各自的历史与特色,并附带讨论上海其他教堂、教徒的书籍刊刻及传抄活动,追寻明清时期西方知识、思想与信仰在上海乃至江南地区的文本脉络。

云南师范大学历史与行政学院讲师朱梦中作了题为《晚清外国兵制知识在中国的传播》的报告,对外国兵制知识在晚清中国的传播历程进行了较系统的学术史梳理。外国兵制知识通过来华西人发行的汉文西书与报刊、以江南制造局为主的翻译机构、出洋国人的考察记录等层面的介绍与推广,渐次成为一种"学科化"与"制度化"的知识门类,但其所产生的实际效用则需具体而论。

华中师范大学外国语学院讲师万滢安的报告题为《从理想走入现实的知识生产:童书译介出版的语境·主体·模式(1919—1949)》,报告从知识生产的语境、主题及模式三个主题入手,探讨了 1919—1949 年的童书译介实践。这一从理想走进现实的知识生产实践活动,为中国本土现代儿童文学的发展奠定了基石,将处于社会场域边缘的儿童群体拉入社会事业之中,并参与形塑了全新的中国现代儿童群像。

本场报告由黄显功主持,浙江大学历史学院特聘研究员姬凌辉点评。姬凌辉认为本场报告的六篇论文在史料运用、语言风格及写作立意等方面皆各有特点,尤其是涉及语言文化的翻译、跨文化的实践等内容,对以往的跨语际实践研究做出了很大的推动。六篇论文涉及的外语语种较多,对法文、拉丁文、日文、英文等语种的材料运用频繁且灵活。就主题而言,论文集中于明清以来的教会及传教士的翻译活动,还有与教会关联甚密的译书群体、作者群等等。六篇论文也十分重视版本的溯源与考证,并能够在此基础上进行个人的合理阐释与解读。此外,部分论文也存在具体的局限:如对研究议题需进行更为细化的分析与全面的阐释;议题的时段需要进行一定的限制;对历史主线程度宽窄要有合理的把握,从而提升自身论述的深度等。

出版与商业互动

出版行为涉及商业运作,出版事业也推动近代中国商业知识的转型。

上海商学院副教授刘叙一的报告题为《文学性与商业性的互动——赞助者视角下的〈现代〉杂志翻译活动》,从赞助者视角考察创刊于 20 世纪 30 年代的《现代》杂志的翻译活动:出版方"现代书局"和以施蛰存为主编的编译群的双重赞助行为,既丰富了国内文学创作的内容,促进文学形式变革,也带动了上海出版业的复苏与发展,从而形成了"《现代》特色"的编译出版模式。

上海大学文学院教授石娟的报告题为《20 世纪二三十年代沈知方、沈骏声的通俗文学出版》。作为掌控世界书局与大东书局的出版商,沈知方、沈骏声以一种近似于"助产士"的角色,参与着通俗文学读物的出版。以二人为代表的近代出版商建构了近现代作家文学的诸多景观,并在其出版的文学作品中打上了自身的烙印。

中国人民大学文学院博士后周旻作了题为《〈清议报〉的传播网络与读者群体——以〈少年中国说〉的"阅读共同体"为例》的报告。作者、媒介及读者皆受限于其所处之时代。读者阅读虽是一种个体的行为,但当其由读者身份转化为作者身份后,能为其所消化、调动与重新编辑的资源,仍具有一定的模式。这种重视文本"接收端"的视角将为思想史与阅读史提供新的切入点。

中山大学历史学系博士后助理研究员李子归以《书店之外:略谈晚清上海别发洋行的经营(1876—1900)》为题,从《字林西报》刊载的有关别发洋行的消息入手,结合公司档案梳理企业发展过程,并列举了部分别发洋行在 19 世纪末期出版经销过的商品、书报,尝试勾勒该洋行书店以外的业务。进而将该洋行的经营放回晚清口岸的历史环境中,思考并拓展其经营活动的影响。

安徽大学徽学研究中心助理研究员彭晓飞的报告题为《博览会与近代中国商业广告知识的传播》,他以博览会作为近代中国商业广告知识传播的重要窗口,梳理了博览会传播商业广告知识的方式、内容及其演变特点。博览会传播之广告知识主要参考、译介欧美日本等先进资本主义国家的理论,但也重视与中国的实际相结合。如此不仅推动了广告知识的传播,也促进了近代中国商业知识的转型。

山西大学晋商研究所博士生余龙的报告《清末商业教材应用与社会经济发展的嬗变——以商业发展为中心》考察了清末商业教材的应用与社会经济发展的关系。商业教材的使用不仅满足了商业发展的需要,也在客观上支持了 20 世纪 20 年代以前的"实业救国"浪潮,更为与西方的"商战"打下了坚实的基础。

香港中文大学博士生黄心禺作了题为《从〈华商行名簿册〉到〈上海指南〉:近代上海早期的商业黄页信息》的报告,她认为当前进行近代上海城市史和商业史研究时所需采用的《行名录》与《上海市行号图录》,其间所载的商业和地理信息的参考价值,不及《华商行名簿册》和《上海指南》。报告遂欲通过对《华商行名簿册》及《上海指南》信息内容的展示与呈现,引起学界研究的重视,从而在出版史内架构起这些商业黄页的发展脉络。

本场报告由王鹏飞主持,华东师范大学教育学系副教授李林点评。李林抛出"何种'互动'?如何'互动'?"的问题,对本场汇报进行了精彩的总结点评。他认为本场汇报的七篇论文所聚焦的时段与议题各不相同,但在寻找"回归'文本'"这一"最大公约数"的基础上,能够为各位学者间的多样讨论搭建一个可共同对话的平台。基于此,李林根据七篇论文的研究路径与议题取向,划分出文本的"内史与外史""上游与下游"与"表层与里层"三种维度,对七篇论文进行总结的同时也阐明了以"文本"为对象进行研究时需进一步深化的方向。李林认为,从总体上来说,本场汇报的七篇论文聚焦不同的语境和文本,从不同角度、不同关系主体和网络交集,呈现了近代中国的出版与商业之间复杂多元的互动。但仍需追问的是,出版史与阅读史研究贡献了什么?当研究者过度关注出版与阅读的外在表象时,可能会忽视或失去什么?关注"思想的历史",即采用"思想史"的脉络来理解出版史与阅读史的内在理路成为一种可能,尽管其间会因"文本"的复杂性使研究更具挑战性。如果研究者能掌握要领,在讨论文本与书籍的生产和传播时,体察所关涉之主体与客体互相塑造的过程,重视其中异于他种商业史研究对象的"生成性",便能让研究的议题在"内史"与"外史"中互动,"上游"与"下游"间互通,"表层"与"里层"内互融。

辞书与教科书出版

近代以来,知识界革新对出版业的影响,在辞书与教科书这两种书籍中,较为典型地体现出来。

陕西师范大学文学院副教授刘善涛以《民国时期现代汉语词典编纂出版史》为题,从词典出版时间和词典类型的角度,系统整理了这一时期现代汉语词典的出版情况。这一时期的现代汉语词典,按时间可分为转型初创、缓慢发展、曲折前行三个阶段,按类型可分为综合型、普通型、专用型三类,反映出了古今词汇转型、推动话语体系建设、重视社会与读者、多方面趋于成熟等总体特点。

肇庆学院讲师戴维以《作新社的发行与编译事业——侧重教科书的考察》为题,探讨了近代中国首家综合性出版机构作新社的相关情况。经考证,该社所编译书籍多译自日文。由于市场竞争、学部审定失利、主管者离开等原因,该社的经营由盛转衰。

上海海事大学外国语学院讲师莫为的报告题为《近代徐家汇"适应性"教材出版策略研究——以 1934 年〈土山湾慈母堂印书馆图书价目表〉为例》,土山湾慈母堂印书馆所印教材分为文语、科学两大类,具有"地方化""本土化""网络化"等特征。报告通过考察机构名称、语言使用、编目策略、学术理念等方面,分析该印书馆如何应对社会嬗变与政教张力,揭示耶稣会"适应政策"在华的历史接续与使命革新,及其促成的知识流转与文化认同。

武汉大学信息管理学院博士生褚欣桐以《阅读的秩序:读书指导类书籍中的阅读理想转型(1912—1949)》为题,探讨了民国时期读书指导类书籍对理想化阅读秩序的塑造。此类书籍提出了针对性与系统化的现代阅读方法,接受新读物和新方法的读者形成了新的身份和社群认同,对阅读价值有了新的认知。

李林以《专科与百科——民国时期教育学科辞书编刊论析》为题,论析了民国时期教育辞书的编刊历程。《中国教育辞典》和《教育大辞书》等专门教育辞书的编刊,中英对照教育学辞典的出现,综合百科辞书对教育学词目的涵盖,共同促成了教育学科知识在中国的体系化和本土化。

武汉大学信息管理学院博士生李贝贝以《整合与归类:〈中华百科辞典〉与中国现代知识体系建构》为题,讨论了《中华百科辞典》这部民国唯一的百科辞典,该辞典注重知识汇聚的整体性和系统性,兼顾知识归类的日用性与学理性,并采用了独特的编辑与排版方式,成为建构现代知识体系的重要实践。

本场报告由西南大学邱雪松教授主持,上海应用技术大学讲师、复旦大学中国语言文学系博士生康添俊点评。康添俊指出,这些论文兼顾了点与面、宏观与微观、时间与空间等多个维度,正可谓罗志田所言的"观水有术,必观其澜"。本组的论文既有对新史料的发掘,也有对旧史料的开拓和推翻,显示出深厚的史料考据功底,回答了"何时、何地、何事、何以如此"等史学基本问题。辞书编纂的研究,也会对概念史的研究有所启发。

出版与新文化

出版界反映着文化风气的嬗变,也推动着新文化在中国的传播。

南京师范大学文学院讲师石慧以《脚注秘语:近代知识社会变迁的一则注脚》为题,探讨了脚注的出现与印刷媒介、阅读革命、中西知识交融之间的关系,以及脚注对近代中国知识社会的作用。脚注赋予了作者可靠性与权威性,标志着知识细分化和专业化的出现,通过隐匿性的叙事方式,成为现代学术领域社会建构的一部分。

成都大学副教授张睿睿在报告《1910—1920 年代李科克幽默文学在中国的传播:以〈字林西报〉和〈大陆报〉为对象》中,归纳了李科克幽默文学在华传播的三个阶段,考察了近现代出版对传播李科克幽默风格的助推作用,研究了李科克幽默被国人喜爱、效仿的原因。李科克幽默文学成为近现代中国幽默文学的源头之一。

安徽师范大学讲师李震的报告《"才女"的隐身与"新女性"的浮现——近代译界对新女性的熔铸》关注到近代译界与女子教育的结合,考察了译界如何通过编译新闻、译述著说、编译知识、译介传记、翻译小说等方式,推动传统"才女"向多元化"新女性"形象转变的实践。

康添俊以《何以为家？——〈家〉对现代上海都市家庭的想象与重构》为题，探讨了《家》月刊的知识翻译对重塑上海市民智识家庭观的作用。该期刊通过编译、创作、转载、读者来信等编辑方式，宣传了两性观、婚恋观、节育观、育儿观等现代智识家庭的要素，体现出了翻译与社会文化的互动。

上海大学新闻与传播学院博士生李丹作了题为《国民革命时期青年学生读者对马克思主义的阅读接受：以〈中国青年〉为中心的考察》的报告。社会主义青年团创办了《中国青年》周刊，以马克思主义为切入点开展青年宣传，唤醒了青年学生读者的学术主体意识，对建党初期党报宣传无产阶级革命思想具有象征性意义。

南京大学历史学院博士生潘恩源以《"先锋的先锋"：新文化运动中的中华基督教青年会全国协会的出版事业》为题，认为基督教青年会的社会福音神学强调以三育宗旨来改良及培育青年，基督教青年会以非基督徒青年为目标分三步开展宣传工作，这契合于民初的"改造国民"思潮，成为陈独秀办杂志时模仿的对象，是新文化运动"先锋的先锋"。

北京大学博士生陈腾以《物质技术视阈中的晚清士人游宦与书籍流通》为题，认为晚清交通、印刷、邮政三个层面的知识变革，重塑了士人的游宦行为与书籍交流。轮船、火车的出现，铅石印出版的繁兴，推动了便携式"缩本"的出现，这些"缩本"成为士人知识交流、维系人脉的重要媒介。新型邮政催生的函购和代购方式，则减弱了书籍流通对人脉关系的依赖。

本场报告由郭丽娜主持，郭丽娜、陈拓共同点评。陈拓提问，从古代的经典注释，到近代的脚注，发生了怎样的变迁？脚注在近代中国的推行是否遇到阻力？李科克的幽默文学，在1910—1920年代的中国是否立即产生了影响？近代对"新女性"的译介，是否受到教会的推动，其间"历史的噪音"如何在研究中呈现？《家》月刊译介的西方家庭观内部是否具有多元性？郭丽娜则提问，从年龄段、出身、受教育程度等角度来说，新文化运动期间的"青年"到底是什么人？晚清的技术革命使精英观念发生了什么变化？何谓晚清士人？针对点评人的提问，张睿睿回应，"论语派"对李科克式媒体宣传手段（如电影、广告、插画等）的学习和转化，是其下一步的研究方向；李震回应，他将加大对港台研究成果的关注；康添俊回应，他将结合社会历史语境，细化对《家》月刊定位和性质的研究,并关注期刊所译介的家庭观的多元性;李丹回应,她将就《中国青年》的读者类别及对读者的想象等问题进行深挖;潘恩源回应,从读者投稿来看,基督教青年会所办杂志的读者多有中等以上教育水平,包括大学教授和中小学教师,他下一步将关注非基督徒所占读者比例,以探讨基督教青年会所办杂志在多大程度上突破了宗教的边界;陈腾回应,他将加强对"士人""游宦"等概念的界定,并重视精英阶层在书籍流通中的作用。

出版与科技知识

专业性科技类出版物的涌现是近代知识结构转型的重要一环,也是以往出版史容易忽略的研究领域。

西南大学新闻传媒学院教授陶红和硕士研究生张德民合作的《清末中国蚕学期刊对国外蚕业科技的引进与传播》指出,由于西方蚕业科技的大幅发展,中国传统蚕业在国际市场上逐渐失利,清末知识分子及开明官僚积极创办蚕学报刊,大量引介国外先进蚕业科技,详细介绍新蚕具蚕室、蚕体生理知识、桑树细胞学知识、蚕微粒子病防治等内容。清末蚕学期刊对蚕业知识传播、蚕业学科独立化及专业化、研究人才的培育及中外蚕业科技的交流与互鉴,起到了积极的促进作用。

四川师范大学历史文化与旅游学院副教授王雪梅的报告题为《全面抗战时期大后方立信会计出版事业的运作与会计知识传播》,随着中国会计学校数目增多,会计教材不合时宜且种类匮乏等问题日渐显露。全面抗战时期,立信会计师事务所与生活书店在重庆集资创办了立信会计图书用品社,克服印刷及发行上的重重困难,出版"立信会计丛书"及"立信财经丛书"等,满足了大后方会计人员的专业需求,促进了大后方会计知识的传播、会计人才的培育、业内动态与学术思想的共享、相关法规与制度的建设。

南昌大学副教授杨新忠的报告题为《小空间大舞台:新中国前30年农家历书编辑设计特色研究》,新中国前30年的历书继承了旧时历书计时择时、指导农事等基本功用,又进一步反映了国家建设、意识形态及生产生活等内容,具有政治与农事并重、科普与民俗共存的鲜明时代特色。新历书的图样设计既延续传统又与时俱进;色调选用大红大艳,突出吉祥与喜庆;表现手法则采取年画、版画、宣传画及剪纸等多种形式，符合农民朋友的审美旨趣；新历书的大放异彩表明编写农家历的关键在于内容与形式的创新。

上海市委党校编辑王玉作了题为《〈证交〉半月刊与证券知识在上海的传播》的报告。1943年上海华商证券交易所复业，翌年推出《证交》半月刊，用于传播证券知识及服务金融市场。《证交》常设有法令及公告、行市记录、公司内容介绍、公司消息、经纪人消息等栏目，栏目内容基本为证券信息的汇编。自发行"周年纪念"特刊并设置"论著"专栏后，《证交》开始具备普及证券知识、教育投资者的功能。作为沦陷时期上海证券市场发展的重要见证者和记录者，《证交》半月刊最终与上海华商证券交易所一同走向终结。

华东理工大学副教授何玮作了题为《近代出版与社会性别重构——以1910年代商务印书馆〈妇女杂志〉为中心》的报告。《妇女杂志》编辑方针分两个阶段：创刊初期，杂志从近代国家建设的角度大力鼓吹"贤妻良母"及女子教育观；"五四运动"后，杂志主旋律转变为"妇女解放"。"贤妻良母"作为舶来之物，其具体内涵与中国传统女性规范既有关联也有断裂：一方面，它将女性定位于家庭内部，要求女性恪守温顺、贤良等儒家传统；另一方面，它又以"丈夫"与"子女"为桥梁，将女性与国家概念相勾连，明确女性作为"国民"的价值及应尽之责任；此外，它还宣扬近代科学比如学艺、家政及卫生知识对"妻""母"角色的塑造作用。近代出版的诞生及发展，也是"女性"这一社会性别被重新书写、赋予"近代"内涵的过程。

姬凌辉发表了《从纷繁走向统一：晚清民初细菌学名词审定工作刍议》的报告。晚清民初名词审查是审视近代学科成长的重要环节，须将其置于西学入华的艰难历程之中加以考察。本报告以微菌、霉菌、微生物、微虫、百、裂殖菌等译词为切入点，剖析本土译词、欧美译词、和制汉语等译名背后的竞争与互动。从1917年第三次医学名词审查会决议草拟微生物学名词至1934年教育部刊布《细菌学免疫学名词》，细菌学名词审查持续17年之久，相较于其他学科的术语审定而言，该工作已属进展较快。由"部订本"得以窥见，本土译词、欧美译词与和制汉语之间的竞争可以调和，但没有哪一方能够彻底胜利。

本场讨论由高晞主持，蒋硕点评。蒋硕指出：对于蚕业杂志的研究仍可拓展至域外，梳理西文知识的来源，此外，也可以进一步考察新兴养蚕技术对养蚕实践的影响；既然民国时期的会计学已有初级国际教材及高级国际教材之别,可以从该角度梳理中国会计行业的历史沿革、从业层次及考试标准;对于新中国成立后农历书的图像研究也可放置到中国近代版画运动中去考察,当时上海版画和延安版画就受到苏联版画和欧洲版画的影响;讨论《证交》半月刊需要对沦陷区经济及金融做定性,不可将考察对象完全等同于现代市场经济下的金融证券,《证交》杂志实际由证券所发行,它的职能不只是知识传播,还可能涉及证券信息的发布、信息的透明化以及证券市场的规范等;有关《妇女杂志》"贤妻良母"的研究不必过多着墨于商务印书馆的运作,可以更具体地考察"贤妻良母"这一日制汉语是否有中国来源,及其是否影响到民国新女性的形象建构;尽管 1934 年教育部已出版《细菌学免疫学名词》,但其影响仍较为有限,不同医学传统继续形塑着近代细菌学科,可以对此展开进一步论述。

出版与政治活动

出版是一种重要的传播方式,具有文化和商品的双重属性。出版也是一种政治活动,其核心功能是政治传播与政治宣传。

邱雪松在《知识青年·思想改造·文艺争鸣:围绕〈进步青年〉的讨论》的报告中,考察了《进步青年》产生的时代背景、编者创办刊物的初衷、作者身份及读者的反响。自 1948 年创刊至 1951 年底,《进步青年》杂志从一本青年政治思想的指导刊物转型为纯学辅刊物。

中国政法大学马克思主义学院硕士生张慧颖作了《战时动员:〈大公报〉与香港义演义赛(1937—1941)》的报告。抗战爆发后,《大公报》广泛报道并参与义演义赛活动,募集善款支援前线。《大公报》的活动承托着救助灾民和支援战争的温情,体现了香港人民与内地的深厚民族情谊,也折射出中国社会变迁进程中城市文化与慈善风尚的嬗变。

东北师范大学文学院博士生蔡译萱以《被规训的写作:东北时期〈明明〉杂志的象征意义》为题,从杂志的基本概况、外部环境、生存机制、殖民语境下的坚守四个维度展开论述。《明明》作为产生于殖民背景下的特殊文学刊物,拓展了东北现代文学的发展空间,培养了大批活跃在东北文坛的现代作家,为"文丛派"的形成打下基础,杂志本身也体现了抗拒殖民统治的叛逆精神。

中国人民大学历史学院博士生曾子恒以《〈中国能否实行独裁政治〉征文集与"独裁统治"认识建构》为题,从中国独裁政治的知识传播与征文缘起,独裁政治的认知嬗变,中国能否实行独裁政治,"阅读"与"表达"之间的思想选择等维度探讨了相关理论在中国建构的过程,并从争鸣中考察了知识青年的政治倾向。

首都师范大学博士生杜怀清做了题为《战动总会报刊出版工作为题进行历史考察》的报告以战动总会的报刊出版工作为研究对象,从报刊出版背景、报刊特点、报刊的实践经验、战时总会的当代价值四个方面展开论述,进一步探讨新闻出版的战时工作机制,以及战时报刊在知识传播与宣传动员方面的创造性举措。

清华大学马克思主义学院博士生王叶伟作了题为《"奸党煽惑"与"他山之石":论蒋介石对〈新华日报〉在地性的认识》的报告。通过研究国民党当局与《新华日报》的互动,发行地区的受众、国统区群众对《新华日报》的认知,来阐释国民党当局和蒋介石的媒体观及舆论观。

上海大学新闻传播学院博士生陈李龙的报告题为《1920 年代末的新书业与政党政治:以国民党改组派与复旦书店为个案》。他以复旦书店为个案,通过考证复旦书店出版物、主办人及书店顾客身份,梳理复旦书店从 1928 年开业到 1929 年被查封的脉络,来探讨 1920 年代末新书业与政党政治的关系。

本场报告由李强主持,王鹏飞点评。王鹏飞总结道,其一,本场研究者的史料意识明确,发表者围绕报纸、书店及杂志,以个案研究的形式对史料进行爬梳,治史者功力扎实,能发现历史的幽暗罅隙之处,还原被遗漏的历史细节。发表者考据学功底深厚,例如陈李龙利用到多重证据法。其二,七篇论文呈现出宏阔的视野,研究背景虽各有千秋,但都能将微观个体和宏观背景进行有机结合。其三,问题意识突出,发表者在做个案研究时,都会界定研究对象,凸显研究问题。此组论文在研究对象和群体上有所突破,前人研究多关注思想大家,而本组论文则着眼于青年组织和青年人的思考。此外,王鹏飞也提出建议,史学家面对纷繁复杂的历史材料,不得不有所选择地转述和呈现,在取舍的同时,要兼顾时代背景。

圆桌讨论

圆桌讨论环节,华东师范大学李林副教授结合教育学研究视角,从文本、作者、知识、学科多维度高屋建瓴地总结本次会议,将讨论氛围推向高潮。正如葛兆光先生在《宅兹中国》所言,看似平常的常识背后,潜伏着一个又一个悬而未决的问题。此前言及文本的内史与外史、上游与下游、表层与里层,兹不赘述。还需要关注文本产生的其他面向,如知识、学科等。作者作为文本的生产者,看似是一个简单的问题,深入研究就可以发现其中暗藏着奥秘。比如,文本生产者可能是文本的撰写者、编纂者、编者、译者,在生产文本过程中,文本生产者可能用实名、属名、笔名、化名、匿名、挂名、冒名等,也可能是单独署名、集体署名、机构署名,甚至是 AI 作者。可以发现,作者作为文本的生产者,不仅是生物学意义的个人,也具有文化身份和意义。作者在文本生产过程中,承担着不同的责任,扮演着不同的角色,肩负着文本生产的荣耀和利益。

李林提到,理解"知识"是本次会议论文讨论的第二个面向。知识不仅指语言与概念的"漂移",也涉及新知识的生产和旧知识的再创造。教育学领域关注斯宾塞提出的什么知识最有价值,以及谁的知识最有价值,而我们也要关注知识生产和流通背后的文化与权力的生产,这影响和决定着哪些知识值得传播、应该传播、如何传播。其次,近代分科教育也改变了知识分类的结构。传统中国之科经历孔门"四科"、察举之科、科举之科,最终由传统四部演变为近代七科。今日所言"学科",多数情况下是对应两个英文单词,discipline(学术分科)和 subject(教学科目)。需要注意的是,除却学术角度的解读,subject兼有"主体"及"服从"之意,discipline 暗含规训和控制的意涵。因而,在讨论此类知识的生产过程中,研究者要自觉意识到,主体的生成、专业的训练、分科的现实与局限以及专业的无奈。在讨论文本、作者、知识和学科问题时,福柯的研究方法和研究路径对当下知识史的研究有着重要的启发意义。福柯关注文本的创制、解读和结构,话语的生成和分析,知识的生产及其权力,学科的产生、科学的建制、规训及主体性诸问题,这些都有可能给出版史和阅读史研究带来启发。甚至他对于现代社会运行机制的批判洞察,对于"人"及其存在方式的省思,放在今日来看也远未过时。虽然福柯解释知识的体系未必会被所有人接受,但是其中的思想穿透力、学术敏锐度以及对人类命运深沉的悲悯,值得引发研究者进一步思考。

李子归、石娟、戴维、黄心禺、陈李龙、潘恩源、彭晓飞等与会学者以何为出版、如何理解出版史等问题展开激烈的讨论。

从文学史的角度考察出版,把出版当作一种文化现象及方法,出版过程中的每一个环节都可以作为学者思考和研究的路径和视域。在近现代文学的生产过程中,出版是一个重要的环节,涉及策划、写作、媒介与媒介的结合、传播、接受、对话和再生产。比如,报刊的出现极大赋予了现代文学"现代性",影响文学的文本生产、文本的形态和结构,改变作家的写作方式及读者的阅读方式。自20世纪90年代开始,越来越多的学者利用报刊资料,关注近现代报刊转型背景下的文学研究,至今方兴未艾。此外,文学研究开始更加关注书籍史和阅读史。

出版不仅是客观存在的技术层面的知识生产行为,也成为历史学、文学、新闻学领域研究的工具。围绕出版有许多可探讨的维度,从词源来看,清末出版一词出现时,有两层意思,一为制版、印刷,其次为发行。20世纪出版的报刊多标识为"发行"。事实上,"发行"一词最早来源于日语。民国以后,"出版"逐渐取代"发行",广泛适用于报纸的印刷出版。"出版"一词的正式运用标志着生产者生产的图书和阅读者之间发生关联,也代表书籍生产流程中最后一个环节。出版的含义也随之发生改变,包括了策划、撰写、制版、印刷和发行。从商业角度来看,出版和资本主义的发展密不可分,资本影响知识的策划、生产、选择和营销。从出版的载体来看,报纸、杂志承担不同的作用和角色:譬如报纸短小精悍、出版周期短,内容具有时效性;杂志篇幅长、出版周期较长,适合政论和社论的讨论;书籍的出版周期最为长远,从选题、策划到出版耗费时间长,因而适合内容更为深入的文章。需要注意的是,近代出版活动和其他知识传播方式比如电报、电影等也具有相关性,出版史研究的视域可以延伸更为广泛的概念。最后,出版中的"人"所承担的角色也是不容忽视的,文本生产的背后是"人",影响对象也是"人",研究者在研究过程中,需要注意"人"的作用。

此次会议可谓是一场学术盛宴,其研究者背景多元化,研究主题多样化,既有书籍史、阅读史、印刷、翻译、版本和目录学知识,又涉及新闻传播、教育学和营销学,在不同学科的对话、互动中,出版史的概念和问题可以渐渐明晰。与会学者纷纷表示收获颇丰,并表达对下一届会议的希冀与展望。

后　记

　　由复旦大学历史学系和中国近现代新闻出版博物馆共同主办的"近现代出版与新知识传播"学术研讨会于 2022 年 10 月 29 日至 30 日在上海召开。这是两家单位重启国际学术研讨会这一品牌项目后的第二届研讨会。我馆与复旦大学历史学系早在 2008 年起,就合作策划举办过不同主题的出版史国际学术研讨会。2021 年在党的百岁生日之际举办了"近现代马列主义文献汉译出版"学术研讨会。研讨会的成果已经结集,由中华书局出版,列入"新闻出版博物馆文库·研究"系列。

　　本届研讨会的主题是"近现代出版与新知识传播"。出版是思想和知识公之于众的重要媒介,上海则是中国近现代出版的发源地和中心。1949 年以前,全国 80％以上的出版机构集中在上海,90％以上的近现代学术著作在上海出版,上海出版事业引领了近现代中国新知识传播与思想进步的潮流。伴随着印刷技术现代化、作者群体专业化、基础教育大众化等因素,出版业在近现代发生了规模的极大增长和影响力的极大提升,在剧变的时代里为新知识的传播、社会的现代化贡献了重要力量。

　　我们欣喜地看到各地学者对这个主题的热情回应。征文通知发出后,我们收到了六十多份来自不同领域学者的参会回执,青年学者尤其踊跃。我们组织专家对论文提要进行了评审,选择了一批在材料、方法和观点上都有创新的论文,邀请赴会,最终有近五十位学者参加了这次会议。我们约请故宫出版社有限公司董事长、故宫博物院研究馆员章宏伟,河南大学新闻与传播学院教授王鹏飞,上海大学教授陶飞亚和上海图书馆历史文献研究所副所长黄显功来做主题报告,从不同角度提供对近现代出版与新知识传播的新见解。参会的论文内容十分丰富,既有扎实的史料整理,也有新颖的文化研究视角,还有不少学者"跨界"科技,贡献了精彩的跨学科研究。本次会期虽短,但与会学者以文会友,充分讨论。来自不同学科背景的专家学者通过研讨会这一平台建立对话,拓宽视野,互相启发,对于跨学科研究起到推动作用。这些出自不同研究视域的论文,从书籍史、阅读史、翻译史、印刷史、文学史、科技史、教育史、商业史等多维度阐释了出版在新知识传播中不可替代的作用,也成为复旦大学历史系和我馆成功合作的见证,特别申谢。

为克服新冠疫情带来的种种困难,我们第一次举办了线下线上相结合的研讨会,三分之二的专家学者通过线上参加,分享关于近现代出版与新知识传播的最新史料和洞见。在此也要特别感谢复旦大学历史学系黄洋主任在大会开幕式上致辞,感谢邹振环教授为本书作序;高晞教授和她的学生为本次研讨会筹备做了大量的细致工作,在此一并致谢。

2023年,中国近现代新闻出版博物馆在杨浦滨江正式建成开馆,我馆将坚持"深耕传统、面向世界、拥抱未来",以新颖的立意、厚重的实物、多元的手段,展示新闻出版的历史文化和事业成果,建成集"征集保护、陈列展示、学术研究、公共教育、文化交流、产业创新"等于一体的专业博物馆,填补国内新闻出版专业博物馆的空白。我馆收藏了大量的近现代出版文献、文物,其中包括由上海辞书出版社移交的全国出版系统最大单体文物——中华书局图书馆旧藏。每一件藏品都延续着中华民族的精神血脉,既需要薪火相传、代代守护,更需要与时俱进。通过这次机会,我们吸收借鉴最新的研究成果,与更多的专业研究力量合作。这次结集出版的最新研究成果,更大地拓展了我们对历史、对遗产认识的广度、深度和高度,为我们做好文化传承提供了更多智慧与助力。我馆也将继续与复旦大学等高校深入合作,共同推进新闻史、出版史学术研究,向大众介绍最新的学术成果,进一步提高理论成果的说服力、传播力和影响力。

中国近现代新闻出版博物馆
2023年8月18日